O DESAFIO E O FARDO
DO TEMPO HISTÓRICO

István Mészáros

O DESAFIO E O FARDO DO TEMPO HISTÓRICO
O socialismo no século XXI

Tradução
Ana Cotrim
Vera Cotrim

Copyright © Boitempo Editorial, 2007

Coordenação editorial
Ivana Jinkings

Editores
Ana Paula Castellani
João Alexandre Peschanski

Assistente editorial
Vivian Miwa Matsushita

Tradução
Ana Cotrim
Vera Cotrim

Revisão técnica
Maria Orlanda Pinassi

Revisão de provas
Luís Brasilino

Índice remissivo
Cristina Daniels

Capa
David Amiel
sobre imagem "The eighth wonder" [A oitava maravilha], Nova York, 1927.
Cedida por Raymon Elozua – www.lostlabor.com

Editoração eletrônica
Antonio Kehl

Produção
Livia Campos

CIP-BRASIL. CATALOGAÇÃO-NA-FONTE
SINDICATO NACIONAL DOS EDITORES DE LIVROS, RJ.

Mészáros, István, 1930-
  O desafio e o fardo do tempo histórico : o socialismo no século XXI / István Mészáros ; [tradução Ana Cotrim, Vera Cotrim]. - São Paulo : Boitempo, 2007.
  (Mundo do trabalho)

  Tradução de: The Challenge and Burden of Historical Time : Socialism in the Twenty-First Century
  ISBN 978-85-7559-100-0

  1. Capitalismo. 2. Tempo - aspectos sociológicos. 3. História. 4. Materialismo dialético. 5. Socialismo. 6. Mudança social. 7. Pós-modernismo. I. Título. II. Série.

07-4079   CDD: 330.122
                                               CDU: 330.342.14

É vedada a reprodução de qualquer parte
deste livro sem a expressa autorização da editora.

Este livro atende às normas do acordo ortográfico em vigor desde janeiro de 2009

1ª edição: novembro de 2007
1ª edição revista: maio de 2011; 1ª reimpressão: novembro de 2015

BOITEMPO EDITORIAL
Jinkings Editores Associados Ltda.
Rua Pereira Leite, 373 Sumarezinho
05442-000 São Paulo SP
Tel./fax: (11) 3875-7250 / 3872-6869
editor@boitempoeditorial.com.br | www.boitempoeditorial.com.br
www.blogdaboitempo.com.br | www.facebook.com/boitempo
www.twitter.com/editoraboitempo | www.youtube.com/imprensaboitempo

*À memória de
Antonio Gramsci (1891-1937),
Attila József (1905-1937) e
Che Guevara (1928-1967)*

Nem isten, nem is az ész, hanem
a szén, vas és olaj,

a való anyag teremtett minket
e szörnyű társadalom
öntőformáiba löttyintve
forrón és szilajon,
hogy helyt álljunk az emberiségért
az örök talajon.

Papok, katonák, polgárok után
igy lettünk végre mi hű
meghallói a törvényeknek;
minden emberi mű
értelme ezért búg mibennünk,
mint a mélyhegedű.

Attila József

Nem Deus nem a mente, senão
o carvão, o ferro e o petróleo,

a matéria real nos criou
despejando-nos ferventes e violentos
nos moldes desta
sociedade horrível,
para fincarmo-nos, pela humanidade,
no solo eterno.

Por trás dos sacerdotes, dos soldados e dos burgueses,
ao fim nos tornamos fiéis
cumpridores das leis:
por isso o sentido de toda obra humana
ressoa em nós
como um violão.

Attila József

(trecho de "A város peremén" [À margem da sociedade], de 1933. Essa versão em português é baseada na edição espanhola, com tradução do húngaro realizada por Fayad Jamís)

SUMÁRIO

Apresentação, *John Bellamy Foster* 13

Introdução 19

1 A tirania do imperativo do tempo do capital 33
   1.1 O tempo dos indivíduos e o tempo da humanidade.................... 33
   1.2 Os seres humanos reduzidos à "carcaça do tempo" 40
   1.3 A perda da consciência do tempo histórico 45
   1.4 Tempo livre e emancipação 49

2 A incontrolabilidade e a destrutividade do capital globalizante 55
   2.1 A extração do trabalho excedente no "sistema orgânico" do capital 55
   2.2 Irreformabilidade, incontrolabilidade e destrutividade 57
   2.3 A tripla fratura interna do sistema 59
   2.4 O fracasso do capital em criar sua formação estatal global 60
   2.5 A insuficiência crônica da "ajuda exterior" do Estado 62

3 Marxismo, o sistema do capital e a revolução social 65
   3.1 A visão global do capital 65
   3.2 Limites históricos da teoria do valor-trabalho 67
   3.3 A proletarização atual e suas negações ilusórias 70
   3.4 A necessária renovação das concepções marxianas 73
   3.5 A possibilidade objetiva do socialismo 76
   3.6 Revolução política e social 78
   3.7 A equalização por baixo da taxa diferencial de exploração 81

4 Socialismo ou barbárie 85
   Introdução... 85
   4.1 Capital: a contradição viva 86
   4.2 A fase potencialmente fatal do imperialismo 93
   4.3 Os desafios históricos diante do movimento socialista................ 118
   4.4 Conclusão 131
   Posfácio: O militarismo e as guerras futuras 133

5 Desemprego e "precarização flexível" 141
- 5.1 A "globalização" do desemprego 141
- 5.2 O mito da "flexibilidade" e a realidade da precarização 147
- 5.3 Da tirania do *tempo de trabalho necessário* à emancipação pelo *tempo disponível*... 154

6 Teoria e política econômica – para além do capital 161
- 6.1 Abordagens econômicas alternativas 161
- 6.2 A necessidade do planejamento abrangente 164
- 6.3 A estrutura de comando hierárquica do capital 166
- 6.4 Das previsões baseadas nas "leis econômicas que operam sem o conhecimento dos indivíduos" às antecipações de um futuro controlável 169
- 6.5 Precondições objetivas para a criação da teoria econômica não determinista 174
- 6.6 A contabilidade socialista e a política emancipatória 177

7 O desafio do desenvolvimento sustentável e a cultura da igualdade substantiva 185
- 7.1 Adeus à *Liberdade – Fraternidade – Igualdade* 185
- 7.2 O fracasso da "modernização e desenvolvimento" 188
- 7.3 A dominação estrutural e a cultura da desigualdade substantiva 190

8 A educação para além do capital 195
- 8.1 A incorrigível lógica do capital e seu impacto sobre a educação 196
- 8.2 As soluções não podem ser apenas *formais*: elas devem ser *essenciais* 202
- 8.3 "A aprendizagem é a nossa própria vida, desde a juventude até a velhice" 208
- 8.4 A educação como "transcendência positiva da autoalienação do trabalho" 214

9 O socialismo no século XXI 225
- 9.1 Irreversibilidade: o imperativo de uma ordem alternativa historicamente sustentável 226
- 9.2 Participação: a progressiva transferência do poder de decisão aos "produtores associados" 229
- 9.3 Igualdade substantiva: a condição absoluta de sustentabilidade 232
- 9.4 Planejamento: a necessidade de superar o abuso do tempo cometido pelo capital .. 237
- 9.5 Crescimento qualitativo em utilização: a única economia viável 244
- 9.6 O nacional e o internacional: sua complementaridade dialética em nosso tempo .. 261
- 9.7 A alternativa ao parlamentarismo: a unificação das esferas da reprodução material e da política 276
- 9.8 Educação: o desenvolvimento contínuo da consciência socialista 293

10 Por que socialismo? O tempo histórico e a atualidade da transformação radical 317
- 10.1 As determinações conflitantes do tempo 319
- 10.2 Por que a globalização capitalista não pode funcionar? 331
- 10.3 A crise estrutural da política 347
- 10.4 Os novos desafios em nosso horizonte e a urgência do tempo 364

Índice remissivo 381

Sobre o autor 395

APRESENTAÇÃO

Karl Marx escreveu certa vez que "a teoria [...] se torna uma força material tão logo se apodera das massas"[1]. Para que isso aconteça, explica István Mészáros em seu novo livro, a teoria deve confrontar *O desafio e o fardo do tempo histórico*, apreendendo as exigências humanas de um momento particular ao mesmo tempo que se agarra ao "caráter radicalmente ilimitado da história".

Hoje, as compreensões teóricas de Mészáros se tornam cada vez mais uma força material, apoderando-se das massas por meio de inúmeros atores histórico-mundiais no contexto da Revolução Bolivariana da América Latina. Assim, um artigo de *The New York Times* de 24 janeiro de 2007 se referiu à conhecida "admiração" do presidente venezuelano, Hugo Chávez, "por István Mészáros, um estudioso marxista húngaro relativamente obscuro que argumenta haver uma alternativa ao capitalismo em seu livro de mil páginas, *Para além do capital*".

Contudo, Mészáros está longe de ser um pensador "relativamente obscuro". Nascido em 1930, ingressou na Universidade de Budapeste em 1949, onde logo se tornou o jovem assistente do grandioso filósofo marxista do século XX, Georg Lukács. Deixou a Hungria logo após a invasão soviética em 1956 e, por fim, assumiu a cátedra de professor de Filosofia na Universidade de Sussex. Escreveu incontáveis obras filosóficas, político-econômicas e culturais, entre as quais encontram-se livros sobre Marx, Lukács e Sartre. Seu *A teoria da alienação em Marx*, de 1970, ganhou o prestigioso Prêmio Memorial Isaac Deutscher.

Foi em sua conferência em memória de Isaac Deutscher, intitulada "A necessidade do controle social", e em seu prefácio de 1971 à terceira edição de *A teoria da alienação em Marx* que Mészáros suscitou pela primeira vez a questão da "crise estrutural global

---

[1] Karl Marx e Friedrich Engels, *Collected Works* (Nova York, International Publishers, 1975, v. 3), p. 182.

do capital"[2]. Reconhecendo a enormidade das mudanças que ocorreram tanto no interior do capitalismo como no sistema pós-capitalista soviético, acabou por deixar de lado as grandes obras filosóficas que vinha escrevendo havia muito anos (na forma de dois livros manuscritos inconclusos, *A determinação social do método* e *A dialética de estrutura e história*) para se concentrar nas questões mais urgentes. O resultado foi um conjunto de três obras cruciais: *O poder da ideologia* (1989), *Para além do capital* (1995) e *O desafio e o fardo do tempo histórico*.

O monumental *Para além do capital* representou uma virada no desenvolvimento do pensamento marxista – uma mudança radical de perspectiva e uma retomada da apreensão do potencial revolucionário do marxismo clássico. Obra de enorme escopo filosófico, político e econômico, seu título reflete o triplo objetivo: desenvolver uma visão que fosse além do sistema do capital, além de *O capital* de Marx e além do projeto marxista tal como compreendido nas condições históricas dos séculos XIX e XX.

Inúmeras inovações teóricas centrais se destacam nessa obra: 1) uma ênfase no *sistema do capital*, isto é, o regime do capital enraizado na exploração da força de trabalho, como distinta da ordem institucional historicamente específica do *capitalismo* associado à propriedade privada dos meios de produção[3]; 2) o tratamento do sistema do capital como uma ordem particular de "controle sociometabólico", que permeia todos os aspectos da sociedade; 3) uma análise da "ativação dos limites absolutos do capital"; 4) uma crítica da sociedade pós-capitalista, particularmente o sistema soviético, como uma ordem que fracassou em sua tentativa de erradicar o sistema do capital em sua totalidade; e 5) uma consideração das condições históricas para a plena erradicação do capital, que envolvem uma ordem alternativa de controle sociometabólico enraizada na "igualdade substantiva".

Na síntese feita por Daniel Singer das implicações revolucionárias do argumento de Mészáros: "O que precisa ser abolido não é apenas a sociedade capitalista clássica, mas o reino do capital como tal. Com efeito, o exemplo soviético demonstra que não é suficiente 'expropriar os expropriadores' se a dominação do trabalho sobre a qual descansa do domínio do capital não for extirpada pela raiz"[4]. Utilizando uma metáfora extraída da vida de Goethe, Mészáros argumentou em *Para além do capital* que cada história do edifício que constitui o lar da humanidade deve ser refeita desde o alicerce – de

---

[2] István Mészáros, *The Necessity of Social Control* (Londres, Merlin, 1971), posteriormente incluído como um apêndice de *Para além do capital* (São Paulo, Boitempo, 2002). Ver também, de Mészáros, *Marx's Theory of Alienation* (Londres, Merlin, 1970), p. 10 [ed. bras.: *A teoria da alienação em Marx*. São Paulo, Boitempo, 2006].

[3] Para Mészáros, é essencial reconhecer que Marx dirigiu sua crítica contra o capital como uma relação social ou um sistema de controle sociometabólico oniabrangente, e não simplesmente contra o *capitalismo* como uma ordem institucional específica (modo de produção). Nesse sentido, em sua visão, é lastimável que a primeira tradução inglesa de *O capital*, sob a supervisão de Engels, tenha traduzido o subtítulo do volume I como "Uma análise crítica da produção capitalista", em lugar da correta "O processo de produção do capital". Ver István Mészáros, *Beyond Capital: Toward a Theory of Transition* (Nova York, Monthly Review Press, 1995), p. 912 [ed. bras.: *Para além do capital*. São Paulo, Boitempo, 2002].

[4] Daniel Singer, "After Alienation", em *The Nation*, 10 de junho de 1996.

modo que, ao final, irrompa uma estrutura integralmente nova –, mesmo enquanto ainda habitado pelos seres humanos[5].

Para além do capital colaborou para ampliar o escopo da crítica marxista ao incluir poderosas concepções da emancipação humana de cunho ecológico e fundadas no gênero, como componentes integrantes da transcendência do regime do capital, sem os quais as condições necessárias da igualdade substantiva e do genuíno desenvolvimento sustentável não poderiam ser alcançadas. Mais que qualquer outra obra, destacou a incontrolabilidade e o desperdício do capital. Todo o reino do capital, argumenta Mészáros, aproxima-se de seus limites absolutos como resultado de sua crescente incapacidade de eliminar suas contradições internas, criando uma crise estrutural global do capital.

Em lugar de aceitar a proclamação de Margaret Thatcher de que *não há alternativa*, *Para além do capital* insistiu que a única alternativa viável exigia a transferência completa do controle sobre a sociedade das mãos do capital para as mãos dos "produtores associados". O sonho social-democrata de um sistema "híbrido" (uma reconciliação do capitalismo com o bem-estar social) teve de ser descartado por seu caráter ilusório. Incapaz de tocar com suas reformas o metabolismo interno do sistema do capital, a social-democracia degenerava-se em toda parte em neoliberalismo ou capitalismo grosseiro.

A natureza penetrante da análise exposta em *Para além do capital* pode ser observada no reconhecimento de Mészáros, já em 1995, de que Hugo Chávez mapeava na Venezuela o caminho alternativo necessário, quando afirmou: "A soberania do povo tem de se transformar no objeto *e no sujeito* do poder. Essa opção não é negociável para os revolucionários"[6]. Em seguida, como presidente venezuelano, Chávez se voltaria diretamente à análise de *Para além do capital*, incorporando em sua própria perspectiva a insistência na necessidade de intercâmbio comunal de atividades em oposição à troca capitalista de mercadorias. Assim, Chávez seguiu Mészáros ao designar o intercâmbio comunal como o "ponto arquimediano" da transformação social revolucionária[7]. Com o intercâmbio direto de atividades entre as nações na Alternativa Bolivariana para as Américas (Alba), a emergência dos conselhos comunais da Venezuela, as novas Assembleias Constituintes na Venezuela e na Bolívia voltadas à dissolução da hegemonia política do capital transnacional e a propagação das cooperativas de trabalho na corrente revolta latino-americana – a dominação quase absoluta da troca capitalista de mercadorias vem sendo enfraquecida.

O desafio e o fardo do tempo histórico não tem o intuito de substituir *Para além do capital* como a chave indispensável à crítica de Mészáros ao capital. Antes, os dois volumes se sobrepõem e se complementam de inúmeras maneiras. *O desafio e o fardo*

---

[5] István Mészáros, *Beyond Capital*, cit., p. 423, 493. Ver também o capítulo 10 do presente volume.

[6] Hugo Chávez apud István Mészáros, *Beyond Capital*, cit., p. 711. Ver também István Mészáros, "Bolívar and Chávez: The Spirit of Radical Determination", *Monthly Review*, jul.-ago. 2007, v. 59, n. 3, p. 55-84 [publicado no Brasil como "Bolívar e Chávez: o espírito da determinação radical, em *Margem Esquerda – Ensaios Marxistas*, n. 8, São Paulo, Boitempo, out. 2006, p. 76-108].

[7] Michael Lebowitz, *Build It Now: Socialism for the Twenty-First Century* (Nova York, Monthly Review Press, 2006), p. 107-8; István Mészáros, *Beyond Capital*, cit., p. 758-60.

do tempo histórico tem a vantagem de ser mais curto e acessível. Nesse sentido, o novo livro de Mészáros deve ser lido como uma longa introdução ou um extenso posfácio a *Para além do capital*. Mas é muito mais do que apenas isso. Se a ênfase de *Para além do capital* recai sobre a crise estrutural global do capital e o caminho necessário de transição socialista, *O desafio e o fardo do tempo histórico* enfoca o próprio tempo histórico. Aborda as formas necessárias de temporalidade e o caráter radicalmente ilimitado da história. Este último constitui um tema central de *A teoria da alienação em Marx*, em que ele o elege como a característica definidora da visão de mundo revolucionária de Marx.

O que Mészáros denomina a "decapitação do tempo" opera em todos os planos do sistema do capital. Todos os maiores pensadores burgueses – tais como Locke, Smith, Kant e Hegel – apontaram de diversas maneiras ao "fim da história" identificado com a emergência do capitalismo. Percebemos hoje a mesma ideologia do fim da história nas concepções dominantes de globalização, nas ideias de modernismo/pós-modernismo, no incessante mantra neoliberal de que *não há alternativa* e na afirmação de Francis Fukuyama, segundo a qual a queda da União Soviética confirmou a antiga visão hegeliana do fim da história.

Esse fechamento ilusório do futuro tem a intenção de racionalizar como inescapável aquilo que Albert Einstein criticou em seu artigo de 1949, "Por que socialismo?", como "a mutilação dos indivíduos", que ele considerava "o pior mal do capitalismo" e a razão pela qual a busca histórica do socialismo era essencial[8]. O livre controle humano do tempo disponível é minimizado sob a contabilidade do tempo do sistema do capital, que procura reduzir a vida a um conjunto de infindáveis decisões instantâneas voltadas à ampliação da produtividade e dos lucros em benefício da rede de interesses estabelecidos. Sob essas condições, como observou Marx, "o tempo é tudo, o homem não é mais nada; ele é no máximo a carcaça do tempo"[9]. A existência vivida dos seres humanos individuais é subordinada a uma entidade abstrata – a promoção do valor abstrato.

Assim, a "contabilidade truncada do tempo" do capital tem suas raízes na promoção ao enésimo grau da divisão detalhada do trabalho, à exclusão de todas as demais considerações. O sistema do capital enxerga as terríveis perdas humanas, sociais e ecológicas impostas por sua míope perseguição da velocidade e da quantidade como meros "efeitos colaterais". Ao contrário, como Simón Rodríguez – o grande professor socialista utópico de Simón Bolívar, o Libertador da América Latina – escreveu em 1947: "A divisão do trabalho na produção de bens serve apenas para brutalizar a força de trabalho. Se, para produzir tesouras de unhas que sejam excelentes e baratas, temos de reduzir os trabalhadores a máquinas, muito melhor seria se cortássemos nossas unhas com os dentes"[10]. Para Mészáros, uma ênfase genuína no autodesenvolvimento dos seres humanos permitiria que o dia normal de trabalho se reduzisse a vinte horas por semana ou menos, ao mesmo tempo que criaria as condições para as relações sociais igualitárias.

---

[8] Albert Einstein, "Why Socialism?", *Monthly Review*, v. 1, n. 1, mai. 1949, p. 14.
[9] Karl Marx e Friedrich Engels, *Collected Works*, cit., v. 6, p. 127.
[10] Rodríguez apud Richard Gott, *In the Shadow of the Liberator* (Londres, Verso, 2000), p. 116.

O desafio e o fardo do tempo histórico insiste que o sistema do capital é incapaz de elevar-se acima da perspectiva de "curto-prazo". Essa visão se vincula ao triplo conjunto de contradições: 1) sua "incontrolabilidade" inata, derivada da natureza antagônica de seu modo de controle sociometabólico; 2) sua incessante dialética de competição e monopólio; e 3) sua incapacidade de integrar-se politicamente no plano global a despeito de suas tendências econômicas globalizantes. Por conseguinte, o sistema do capital manifesta uma profunda aversão ao planejamento.

O resultado é um máximo de desperdício e destruição, assinalados pela degradação incessante do trabalho humano, uma taxa decrescente de utilização, parasitismo financeiro inflado, ameaça crescente de aniquilação nuclear, aumento da barbárie[11] e aceleração da catástrofe ecológica planetária. Em 19 de outubro de 1999, Mészáros apresentou em Atenas uma conferência pública intitulada "Socialismo ou barbárie", que mais tarde foi expandida e transformada em um pequeno livro homônimo, publicado na Grécia e na Itália em 2000 e traduzido para o inglês no início de 2001 (esse texto foi incluído como o capítulo 4 do presente livro). Ali, ele argumentou, muito antes dos acontecimentos de 11 de setembro de 2001, que o mundo havia entrado na "fase potencialmente fatal do imperialismo". Os Estados Unidos estão hoje efetivamente em guerra com o planeta inteiro, em uma tentativa fútil de se tornarem o Estado do sistema capitalista, mesmo com o risco da aniquilação da própria humanidade[12].

O modo alternativo de controle sociometabólico proporcionado pelo socialismo em sua forma mais revolucionária-igualitária, explica Mészáros em *O desafio e o fardo do tempo histórico*, requer uma contabilidade do tempo inteiramente diferente. O desenvolvimento sustentável fundado na "economia racional" é impossível fora de uma sociedade de igualdade substantiva. É necessário um sistema em que os "produtores associados" se tornem o sujeito e o objeto da sociedade, em sincronia com o princípio salientado com grande eloquência por Bolívar de que a igualdade é "a lei das leis"[13]. Isso só se alcança por meio de um planejamento social abrangente – não prescrito por um comandismo que parte do alto, mas emergente das necessidades coletivas e da participação democrática mais generalizada[14]. O objetivo seria uma contabilidade do tempo

---

[11] De acordo com o pensamento socialista inicial, a barbárie não é transcendida plenamente sob a "civilização" capitalista, mas antes levada adiante e refinada, e é associada particularmente às formas mais extremas de exploração e privação dos direitos humanos por meio da escravidão, trabalho forçado, brutal subordinação da mulher, prisões arbitrárias, guerras imperiais, "extirpação das populações nativas" e destruição ambiental. É a barbárie nesse sentido que, segundo Mészáros, o sistema do capital está trazendo de volta à tona em uma escala cada vez maior. Ver John Bellamy e Brett Clark, "Empire of Barbarism", em *Monthly Review*, v. 56, n. 7, dez. 2004, p. 1-15.

[12] As compreensões de Mészáros nesse aspecto se sobressaem ainda mais quando comparadas às alegações vazias sobre o fim do imperialismo que compõem o alicerce de *Empire*, o tão aclamado livro de Michael Hardt e Antonio Negri. Ver John Bellamy Foster, "Imperialism and 'Empire'", em *Monthly Review*, v. 53, n. 7, dez. 2001, p. 1-9.

[13] Simón Bolívar, "Message to the Congress of Bolivia, May 25, 1826", em *Selected Works* (Nova York, The Colonial Press, 1951), v. 2, p. 603.

[14] Mészáros se baseia aqui em Harry Magdoff e Fred Magdoff, "Approaching Socialism", em *Monthly Review*, v. 57, n. 3, jul.-ago. 2005, p. 19-61.

radicalmente alterada, voltada ao desenvolvimento humano qualitativo que transcende a disjunção atual entre necessidade e produtividade. Uma revolução que se movesse de forma decisiva nessa direção se tornaria "historicamente irreversível".

Não é surpreendente que Mészáros, que muito jovem obteve inspiração da poesia de seu compatriota húngaro Attila József, o cite com frequência em sua obra e lhe dedique em parte este seu novo livro. Foi József, observa ele, quem escreveu:

> Atrás dos sacerdotes, dos soldados e dos burgueses
> ao fim nos tornamos fiéis
> *cumpridores das leis*[15]

Eis o que representa o desafio e o fardo do tempo histórico – o surgimento de uma nova força material conforme a teoria se apodera das massas, que "ao fim [se tornam] fiéis cumpridores das leis".

John Bellamy Foster
julho de 2007

---

[15] "On the Edge of the City", em Attila József, *The Iron-Blue Vault* (Newcastle upon Tyne, Bloodaxe Books, 1999), p. 100. A tradução inglesa usada aqui segue a que Mészáros cita na seção 10.1.1 da presente obra.

INTRODUÇÃO

1

Este livro é dedicado à memória de três grandes seres humanos do século XX, Antonio Gramsci, Attila József e Che Guevara: setenta anos após a morte trágica dos dois primeiros e quarenta anos após a execução do terceiro. Pois, contra todas as probabilidades, desafiando inexoravelmente as trágicas consequências que se tinha de sofrer, eles enfrentaram os permanentes desafios de uma época dilacerada pela sucessão de crises extremas e carregaram o fardo de seu tempo histórico aos últimos limites. Tempo ao qual foram confinados pelas circunstâncias mais desfavoráveis que, contudo, foram capazes de transcender, graças a seu compromisso exemplar e a sua visão perspicaz, em direção à perspectiva conscientemente adotada do único futuro viável – socialista – da humanidade, que defenderam apaixonadamente.

Gramsci, József e Che foram testemunhas da crise, cada vez mais profunda, da ordem social do capital no decorrer do século XX. Tinham plena consciência da intensidade sem precedentes dessa crise que começava a ameaçar a própria sobrevivência da humanidade. Em primeiro lugar, pela violenta tentativa fascista e nazifascista de redefinir as relações de poder político/militar internacionais e, posteriormente, nos anos finais de Che, pelo novo e agressivo desígnio, manifestado pelo imperialismo hegemônico global dos Estados Unidos, de dominar permanentemente a ordem mundial.

Todos os três percebiam claramente que somente a mais radical transformação societária, capaz de instituir uma verdadeira *mudança de época*, poderia oferecer uma saída da perigosa sucessão de crises que caracterizou o século XX como um todo. Essa mudança de época tornou-se necessária porque a ordem estabelecida prosseguiu produzindo destruição por todo o mundo, sem ter em vista um fim ao conflito de interesses devastador. Nem mesmo o terrível derramamento de sangue de duas guerras mundiais foi capaz de fazer a mais sutil diferença aos antagonismos subjacentes.

Foi totalmente irônico, na melhor das hipóteses, que os defensores da ordem vigente prometessem, em meio à Primeira Guerra Mundial, que os sacrifícios ali sofridos destinavam-se a "acabar com todas as guerras". Contudo, imediatamente prosseguiram-se os preparativos mais sinistros para um confronto ainda mais pernicioso, reunindo forças no período seguinte à "Grande Crise Econômica Mundial", de 1929 a 1933. Esses preparativos foram levados a cabo pelos partidos rivais como sua garantia autoenganadora contra a possibilidade de afundar ainda em outra crise econômica oniabrangente. A lógica perversa do capital tornou-lhes impossível compreender as desastrosas implicações de longo alcance do curso de ação que seguiam cegamente.

Por certo, os preparativos para a nova guerra trouxeram seu fruto suficientemente cedo, eclodindo em 1939 em um conflito armado global que duraria seis anos. Imediatamente antes da deflagração da Segunda Guerra Mundial, os Estados Unidos estavam, de fato, a caminho de uma outra recessão severa, não obstante as tentativas de recuperação levadas a cabo pelo New Deal de Roosevelt. Mas seu envolvimento militar e industrial ativo na guerra rapidamente reverteu essa tendência, trazendo ao país uma expansão econômica antes inimaginável. Entretanto, o fato de os Estados Unidos terem emergido da guerra como a potência econômica de longe mais poderosa não resolveu nenhuma das contradições fatais do sistema do capital. Apenas proporcionou aos Estados Unidos a esmagadora vantagem de assumir no devido tempo, de um modo ou de outro, o papel de dominador imperialista antes exercido pelos impérios coloniais inglês e francês, ao mesmo tempo consignando ao esquecimento as potências coloniais menores, como Portugal e Holanda. Assim, sob a promessa fundamentalmente falsa do fim do imperialismo e o suposto início da nova era de democracia e liberdade universalmente benéfica, bem como plenamente igualitária, o país com o maior arsenal militar de destruição, capaz de exterminar facilmente a humanidade em questão de horas, assentou sua pretensão de dominar o mundo, em primeiro lugar, durante o chamado "Século Norte-Americano" – o século XX –, e, em seguida, anunciou ainda sua firme determinação de também exercer seu domínio no decorrer do autodecretado "Milênio Norte-Americano" que temos à frente.

Gramsci e József morreram muito antes de os Estados Unidos assumirem o papel de potência hegemônica imperialista global. Mas Che já seguira, de maneira apaixonada e perspicaz, o desdobramento da Guerra do Vietnã, que apontava nessa direção. Pois, na Guerra do Vietnã, os Estados Unidos tentaram impor sua força militar esmagadora sobre uma área antes dominada pelos franceses, na esperança de estabelecer com isso uma cabeça-de-ponte inatacável para suas aventuras futuras a serviço da dominação global. Isso era parte do mesmo desígnio imperial em que os Estados Unidos estão hoje engajados no Oriente Médio, enquanto prenunciam estender sua agressão militar no futuro "indefinido", como eles dizem, também contra os países do "Eixo do Mal" arbitrariamente denunciado, sempre que esse tipo de ação se adequar a sua conveniência "preemptiva", ameaçando usar, a serviço desse fim – autoproclamado como "moralmente justificado" –, armas nucleares até mesmo contra potências não nucleares.

2

Che compreendeu bem que a questão literalmente vital não era simplesmente de qual país particular procurava impor à humanidade os sofrimentos e os sacrifícios mais horrendos sob as circunstâncias históricas predominantes. Pois, com relação a isso, o papel do agressor poderia ser transferido da derrotada Alemanha nazista de Hitler ao antagonista capitalista vitorioso, os Estados Unidos. O que era realmente decisivo à questão não eram as *contingências históricas* mutáveis, e por vezes até mesmo reversíveis, mas as *necessidades estruturais* subjacentes. Em outras palavras, o fator decisivo de extrema importância era a natureza incorrigível do controle sociorreprodutivo do capital que não poderia encontrar solução para seus próprios *antagonismos sistêmicos* insuperáveis. Consequentemente, sob as condições do desenvolvimento imperialista monopolista, a potência esmagadoramente dominante – se não uma particular, então outra – tinha de tentar impor sua força (se necessário, na forma mais violenta, independentemente das consequências) sobre seus adversários reais ou potenciais.

É por isso que, na visão de Che, a luta contra o imperialismo norte-americano – na qual sacrificou heroicamente sua vida – era inseparável de uma inflexível dedicação ao estabelecimento de uma nova ordem social positivamente sustentável e historicamente viável em escala global. Essa era a única maneira plausível de enfrentar o desafio de nosso tempo histórico, aceitando o fardo da responsabilidade que dele emerge. Pois apenas a fundação positiva da nova ordem social visada poderia fornecer a garantia necessária contra a renovação, no futuro, dos antagonismos cada vez mais destrutivos. Assim, não poderia haver em absoluto nenhum tempo a perder. O dedicado trabalho voltado ao assentamento dos alicerces de tal ordem social genuinamente cooperativa, combatendo a difusão ubiquamente promovida do *antivalor* pela ordem estabelecida, tinha de começar no presente imediato, com a consciência clara de que nada menos do que a própria sobrevivência da espécie humana estava em jogo naquele perigoso momento da história.

Nesse espírito, apelando a nossa consciência da humanidade, Che se dirigiu ao povo durante seus anos em Cuba:

> É preciso ter uma grande dose de humanidade, uma grande dose de sentido de justiça e verdade para não cair em dogmatismos extremos, em escolasticismos frios, no isolamento das massas. *É preciso lutar todos os dias para que esse amor à humanidade viva se transforme em fatos concretos, em atos que sirvam de exemplo de mobilização.*[1]

Che compartilhava integralmente com Gramsci e József essa linha de abordagem que asseverava a necessidade vital de manter um compromisso intenso com os valores duradouros da humanidade, sob as circunstâncias da ameaça cada vez mais escancarada da barbárie. No tempo de Gramsci, os promotores da ascendente ameaça fascista não só denunciaram repetidas vezes em público o líder político italiano da resistência, que apaixonadamente elevava sua voz em nome da humanidade contra o fascismo, como também o prenderam cruelmente durante os melhores anos de sua vida, até que se tornasse um moribundo.

---

[1] Epígrafe significativamente escolhida pelo MST (Movimento dos Trabalhadores Rurais Sem Terra) para sua "Agenda 2004", ano de seu vigésimo aniversário. Grifos meus.

No tempo de seu encarceramento, o Procurador Fascista Italiano, inspirado por Mussolini – o antigo editor vira-casaca do jornal socialista – escreveu com brutal cinismo: "Temos de impedir por vinte anos que esse cérebro funcione"[2]. Esperava destruir o espírito de Gramsci e com isso tornar impossível a difusão de suas ideias. Em lugar disso, sob condições de inacreditável miséria, privação e mesmo de grave enfermidade sofridas na cadeia de Mussolini, Gramsci produziu seus *Cadernos do cárcere*, uma obra magnífica cuja influência permanecerá por longuíssimo tempo. Com efeito, tempo suficiente para conseguir dizer que o poder do capital foi irreparavelmente relegado ao passado, no espírito com que Gramsci o entrevia.

No mesmo período em que Gramsci teve de confrontar e suportar as desumanidades do fascismo, também o poeta socialista húngaro, József – que percebeu com sua visão profunda e sagaz as perspectivas devastadoras da vindoura aventura militar nazifascista global – colocou no centro de inúmeros de seus poemas sua fervorosa preocupação com o destino da humanidade, tentando soar o alarme contra a barbárie que se desdobrava e sublinhando que:

> novas infâmias se erigem para pôr
> umas contra as outras as raças.
> A opressão grasna em esquadrões,
> pousa sobre o coração vivo, como sobre pútrido cadáver –
> e a miséria babuja por todo o mundo,
> como saliva na face dos idiotas.[3]

E, em um poema dirigido a Thomas Mann, que fazia naquele momento a leitura de uma passagem de sua obra em um encontro público na Hungria, József escreveu:

> Ainda ontem enterramos o pobre Kosztolányi[4]
> e, como o câncer abriu em seu corpo um abismo,
> Estados-Monstro roem sem trégua o humanismo.
> Que mais virá, perguntamos – as almas plenas de horror –,
> de onde nos incitam novas ideias-hienas?
> Fervem novos venenos que querem infiltrar-nos?
> E até quando haverá um lugar em que possas nos falar?[5]

---

[2] "Per vent'anni, dobbiamo impedire a questo cervello di funzionare." Extraído do memorando do Procurador Fascista, datado de 2 de junho de 1928.

[3] "Ös patkány terjeszt kórt miköztünk" [Rato primevo dissemina a praga entre nós], 1937. [Citamos a versão usada por Mészáros: new infamy rises up to set/ against one another the races./ Oppression croaks in squadrons,/ it lands on living heart, as on carrion –/ and misery dribbles all over the world,/ as saliva on the face of the idiots. – N. T.]

[4] Referência a um grande escritor húngaro, Dezsö Kosztolányi (1885-1936), que morreu de câncer pouco tempo antes de József escrever o poema.

[5] "Thomas Mann üdvözlése" [Saudação a Thomas Mann], 1937. Traduzido para o espanhol por Fayad Jamís. ["Saludo a Thomas Mann": Al pobre Kosztolányi enterramos ayer/ y, como abrio en su cuerpo el cáncer un abismo,/ Estados-Monstruo roen sin tregua al humanismo./ ¿Qué más vendra, inquirimos – las almas de horror plenas –,/ de dónde nos azuzan nuevas ideas-hienas?/ ¿Hierven nuevos venenos que quieren infiltrarnos?/ ¿Y hasta cuándo habrá un sitio en que puedas hablarnos? – N. T.]

Os apologistas do capital fizeram – e continuam a fazer – tudo o que puderam para obliterar a consciência do povo quanto ao tempo histórico, no interesse de eternizar seu sistema. Somente aqueles que têm um interesse vital na instituição de uma ordem social positivamente sustentável e, assim, em assegurar a sobrevivência da humanidade, podem realmente apreciar a importância do tempo histórico nessa conjuntura crítica do desenvolvimento social. Gramsci, na época em que já estava gravemente doente na prisão, prosseguia repetindo: "O tempo é a coisa mais importante; é um simples pseudônimo da vida"[6]. Os defensores da ordem vigente jamais poderiam entender o significado de suas palavras. Para eles, o tempo só pode ter uma dimensão: a do *eterno presente*. O passado para eles não é nada mais do que a projeção pregressa e a cega justificação do presente estabelecido; e o futuro é apenas a extensão autocontraditória atemporal da "ordem natural" do aqui e agora – por mais destrutiva, e, por conseguinte, também autodestrutiva – encapsulada no ditado reacionário e negligente, constantemente repetido, segundo o qual *não há alternativa*. Perversamente, supõe-se que isso deva resumir o futuro.

3

Se as pessoas em geral realmente aceitassem essa concepção do tempo que faz a apologia do capital, afundariam inevitavelmente no abismo sem fundo do pessimismo. Gramsci, mesmo quando sofria pessoalmente a maior das misérias, e ao mesmo tempo percebia a proximidade da catástrofe nazifascista para a humanidade, recusou-se absolutamente a se render ao extremo pessimismo. Não obstante as nuvens mais negras que por toda parte cobriam o horizonte, ele rejeitou vigorosamente a ideia de que se devesse permitir que o pessimismo subjugasse a *vontade humana*, por mais desfavoráveis que pudessem ser as tendências e as circunstâncias visíveis, como eram indubitavelmente no momento. Adotou como uma de suas máximas as palavras de Romain Rolland, que falou sobre "o pessimismo da razão e o otimismo da vontade"[7].

A convicção de Gramsci, que predica o "otimismo da vontade", representou e representa a determinação irreprimível de uma força social radical de superação das tendências destrutivas de desenvolvimento, inspirada por uma visão sustentável do futuro e que desafia a relação de forças estabelecida. As "personificações do capital" estão mais do que felizes por glorificar o eterno presente em que *não há alternativa*, iludindo-se – apenas porque dominam a sociedade com todos os meios que têm à sua disposição – com a crença de que o próprio processo histórico já terminou. Até mesmo pontificam sobre o feliz "fim da história" neoliberal em miscelâneas propagandísticas pseudoacadêmicas amplamente promovidas, *à la* Fukuyama, pregando de bom grado a si mesmos – os convertidos – a consumação da história para sempre livre de conflitos, enquanto empreendem guerras genocidas.

---

[6] "Il tempo è la cosa più importante: esso è un semplice pseudonimo della vita." Giuseppe Fiori, *Vita di Antonio Gramsci* (Bari, Editori Laterza, 1966), p. 324.

[7] "Il pessimismo dell'intelligenza e l'ottimismo della volontà." Ibidem, p. 323.

Entretanto, o tempo dos oprimidos e explorados, com sua dimensão vital do futuro, não pode ser obliterado. Tem sua própria lógica de desdobramento, como o tempo histórico irreprimível de *nossa época de tudo ou nada*. Somente a destruição total da humanidade pode pôr-lhe um fim. Esse tempo potencialmente emancipatório é inseparável da ação social capaz de asseverar por meio de sua luta o "otimismo da vontade" de Gramsci, a despeito de toda adversidade. Esse é o tempo histórico real do presente e do futuro que aparece em um dos poemas de József:

> O tempo está erguendo a névoa, para que vejamos melhor nosso cume.
> O tempo está erguendo a névoa, trouxemos o tempo conosco,
> trouxemos com nossa luta, com nossa reserva de miséria.[8]

Nada e ninguém podem subjugar ou destruir esse tempo que ajuda a fazer os explorados e os oprimidos adquirirem consciência dos delineamentos de uma sociedade futura radicalmente diferente. Não pode haver ilusões quanto à árdua escalada que se deve empreender para alcançar esse cume. Pois o tempo presente, desumano, alienante e unidimensional da ordem sociorreprodutiva do capital ainda detém o controle da situação. Ele é retratado por József com grande força evocativa em outro de seus poemas:

> Este tempo presente
> é o dos generais e banqueiros.
> Forjado frio, reluzente
> cutelo-tempo.
>
> O céu gotejante está blindado.
> A geada perfura, oprime o pulmão
> e o peito nu por trás dos farrapos.
> Em pedra de amolar chia o tempo.
>
> Por trás do tempo, quanto pão silencioso
> e frio!, e caixas de lata,
> e um montão de coisas geladas.
> Vitrine-vidro-tempo.
>
> E os homens gritam: Onde está a pedra?
> Onde o gelado pedaço de ferro?
> Lança-o! Faz em migalhas! Penetra!
> Que tempo! Que tempo! Que tempo![9]

---

[8] "Szocialisták" [Socialistas], 1931. [Time is lifting the fog, so that we can better see our summit./ Time is lifting the fog, we have brought time with us,/ we brought it with our struggle, with our reserve of misery. – N. T.]

[9] "Fagy" [Geada], 1932. Traduzido para o espanhol por Fayad Jamís. ["Helada": Este tiempo presente/ es el de los generales y banqueros./ Frio forjado, relumbrante/ cuchillo-tiempo.// El cielo chorreante está blindado./ La helada perfora, hiende el pulmón/ y el pecho desnudo detrás de los harapos./ En piedra de amolar chirria el tiempo.// Detrás del tiempo !cuanto pan silencioso/ y frio!, y cajas de hojalata,/ y un montón de cosas heladas./ Escaparate-vidrio-tiempo.// Y los hombres gritan: ¿Dónde está la piedra?/ ¿Dónde el escarchado pedazo de hierro?/ ¡Arrojaselo! ¡Hazlo trizas! ¡Penetra!/ ¡Qué tiempo! ¡Qué tiempo! ¡Qué tiempo! – N. T.]

Mas, seja como for, o *eterno presente* do capital, com seu "tempo gelado de vitrine", não pode em absoluto varrer a aspiração da humanidade pelo estabelecimento de uma ordem social historicamente sustentável enquanto houver opressão e exploração no mundo. No momento em que estas forem irreparavelmente consignadas ao passado, como cumpre que sejam para que a humanidade sobreviva, o próprio sistema do capital deverá ser apenas uma má lembrança.

4

O capital não pode tolerar limitações a seu próprio modo de reprodução sociometabólica. Por conseguinte, considerações sobre o tempo lhe são completamente inadmissíveis, caso demandem a restrição de seu incontrolável imperativo de expansão. Não pode haver nada isento desse imperativo. Nem mesmo quando as consequências devastadoras já são patentemente óbvias tanto no campo da produção como no terreno da ecologia. A única modalidade de tempo em que o capital pode se interessar é o *tempo de trabalho explorável*. Isso se verifica mesmo quando a exploração cruel do tempo de trabalho se torna um *anacronismo histórico*, em virtude do desenvolvimento potencial da ciência e da tecnologia a serviço da necessidade humana. Contudo, uma vez que o capital não pode contemplar essa alternativa, pois sua realização exigiria transcender as limitações fetichistas estruturais de seu próprio modo de operação, o capital se torna o *inimigo da história*. Essa é a única maneira pela qual o capital pode presumir desembaraçar-se de sua situação objetiva de *anacronismo histórico*.

Assim, o capital deve negar e aniquilar a história na sua visão do mundo, de modo que a questão da alternativa histórica a seu próprio domínio não deve sequer emergir concebivelmente, por mais anacrônico e perigoso – a despeito de toda a automitologia muito longe de ser economicamente eficiente – que seja seu controle de reprodução societária fundado na exploração do trabalho. Mas o problema é que a negação da história pelo capital não é um exercício ociosamente mental. É um processo prático potencialmente letal de acumulação ampliada do capital e concomitante destruição em todos os domínios, hoje até mesmo no plano militar.

Como sabemos, na fase ascendente de seu desenvolvimento o sistema do capital era imensamente dinâmico e, em muitos aspectos, também positivo. Somente com o passar do tempo – que trouxe objetivamente consigo a intensificação dos antagonismos estruturais do sistema do capital – este se tornou uma força regressiva perigosa. Se, entretanto, a ordem reprodutiva vigente não tem nenhum senso de tempo histórico, como, aliás, se verifica hoje, não pode sequer perceber a diferença, muito menos fazer os ajustes necessários de acordo com as condições transformadas.

A aniquilação da história é o único curso de ação plausível, inseparável da cegueira do capital ao futuro dolorosamente tangível que deve ser enfrentado. Eis porque o capital não tem alternativa ao abuso do tempo histórico. Sua máxima impiedosa segundo a qual *não há alternativa* é somente uma variante propagandística da negação geral da história correspondente à natureza recôndita do capital no estágio atual de nosso desenvolvimento histórico. Essa determinação do capital nem sempre se verificou, mas se tornou inalteravelmente presente. Assim, a única maneira de o capital se relacionar com a história em nosso tempo é *abusar* violentamente dela.

Temos aqui uma combinação óbvia de contingência histórica e necessidade estrutural. Se a humanidade tinha a sua disposição uma "infinidade de tempo", então não se poderia falar de "abuso do tempo pelo capital". A infinidade de tempo não poderia ser abusada por nenhuma força historicamente dada. Sob tais circunstâncias, a contínua *expansão do capital* seria um conceito quantitativo inofensivo, sem fim à vista. Mas a humanidade não tem a sua disposição uma infinidade de coisa alguma, como as personificações complacentes do capital absurdamente presumem, e certamente não a tem de tempo. Ademais, falar de uma infinidade de tempo histórico seria uma grotesca contradição nos termos.

Só a força mais insensível, desprovida de toda consideração humana, poderia ignorar as limitações do tempo. É isso que testemunhamos hoje de um modo característico. Nossa contingência histórica dada é o que ativa os limites estruturais insuperáveis – absolutos – do capital. São limites estruturais absolutos do sistema do capital que se tornam determinações destrutivas inclinadas a obstruir o futuro da humanidade. Nessa conjuntura da história, o capital não pode, sob nenhum aspecto, ser diferente do que efetivamente é. Eis como a necessidade estrutural do capital se torna fundida de modo devastador com sua contingência histórica brutalmente – mas totalmente em vão – ignorada. Isso ocorre precisamente porque o capital não tem, e não pode ter, a consciência do tempo histórico. Apenas aos sistemas sociorreprodutivos estruturalmente ilimitados é possível tê-la. Consequentemente, não pode haver saída dessa armadilha destrutiva da humanidade sem erradicar o sistema do capital de seu controle há muito resguardado do processo sociometabólico.

No mesmo poema de que a epígrafe deste livro é extraída, József chama nossa atenção ao fardo do tempo histórico e à enorme responsabilidade que lhe é inseparável. Ele fala dos seres humanos que cumprem o grande desafio social e histórico de nossa época como "fiéis cumpridores das leis", sublinhando que somente assim podemos nos qualificar para sermos herdeiros dignos do mandato que nos foi legado no decorrer do desenvolvimento histórico da humanidade. Ele tem plena consciência, como absolutamente se deve ter, tanto da continuidade histórica sobre a qual podemos erigir nosso futuro, como das diferenças vitais que cumpre instituir e consolidar devidamente no processo contínuo de transformação qualitativa. Eis as palavras do poeta:

> a matéria real nos criou
> despejando-nos ferventes e violentos
> nos moldes desta
> sociedade horrível,
> para fincarmo-nos, pela humanidade,
> no solo eterno.
>
> Por trás dos sacerdotes, dos soldados e dos burgueses,
> ao fim nos tornamos fiéis
> cumpridores das leis:

por isso o sentido de toda obra humana
ressoa em nós
como um violão.[10]

A exigência vital de sermos "fiéis cumpridores das leis", salientada por József, não se refere simplesmente às leis feitas pelos homens. Vale, sobretudo, para a lei absolutamente fundamental da relação da humanidade com a própria natureza: o *substrato* objetivo *de nossa própria existência*. Esse tem de ser o fundamento último de todo o sistema de leis humanas. Contudo, essa é a relação que, em nosso tempo, vem sendo violada pelo capital de todas as maneiras possíveis, ignorando irresponsavelmente as consequências. Não é preciso ter uma apreensão profética para entender que a cruel violação da base natural da existência humana não pode continuar indefinidamente.

5

Por certo, as leis feitas pelos homens estão muitíssimo envolvidas no processo destrutivo geral. O apelo de József a nosso senso de necessidade inevitável e responsabilidade consciente – que exige que se *cumpram fielmente as leis* – também as inclui. É tudo uma questão de prioridade, concernente à relação entre o *absoluto* e o *relativo*. Deveria ser perfeitamente óbvio para nós qual dos dois deve ter a precedência. Só podemos inverter sua relação – *absolutizando* irresponsavelmente *o relativo* e *relativizando* negligentemente *o absoluto* – por nosso próprio risco.

Entretanto, o capital *sempre* operou com base nessa inversão. Pode-se dizer que o capital é "daltônico" com relação a isso. Não poderia operar de nenhuma outra maneira senão subvertendo essa relação vital em razão de sua natureza recôndita. Pois o capital sempre se definiu como *o absoluto* e tudo o mais em relação a essa autodeterminação primordial como o *relativo* dependente e dispensável. Com efeito, em um sentido positivo – enquanto era possível fazê-lo sem consequências destrutivas – esse modo de operação sempre foi o segredo de seu incomparável dinamismo e êxito, eliminando tudo o que encontrasse no caminho.

Além disso, na superficialidade não parece haver em absoluto nenhuma razão pela qual não devesse ser assim. Não há nada em princípio integralmente repreensível na *destruição de determinadas partes ou formas da natureza* por sua transformação em alguma outra coisa, ainda que somente em produtos combustíveis e desperdiçados. Isso ocorre na própria natureza, de uma maneira ou de outra, o tempo todo. No entanto, o ponto é que no momento em que o capital, com seu dinamismo irrepreensível e não problemático que tudo invade, apareceu no palco histórico, a *margem de segu-*

---

[10] "A városi peremén" [À margem da cidade], 1933, traduzido para o espanhol por Fayad Jamís. [la materia real nos ha creado/ echhándonos hirvientes y violentos/ en los moldes de esta/ sociedad terrible,/ para afincarnos, por la humanidad,/ en el eterno suelo.// Tras los sacerdotes, los soldados/ y los burgueses/ al fin nos hemos vuelto fieles/ oidores de las leyes:/ por eso el sentido de toda obra humana/ zumba en nosotros/ como un violón. – N. T.]

rança de seu impacto objetivo sobre a natureza – independentemente da magnitude da destruição gerada por sua intervenção pródiga direta no processo metabólico – era tão *imensa* que as implicações negativas pareciam não fazer nenhuma diferença. Isso se verificava simplesmente porque o "momento da verdade" – que emerge necessariamente do intercâmbio entre a *finitude* de nosso mundo natural e *certo tipo* de controle reprodutivo (inalteravelmente, *desperdiçador*) – estava ainda muito longe de bater à porta. Eis o que proporcionou aos economistas liberais autocomplacentes, mesmo no século XX, a espantosa ilusão de que seu sistema sempre se qualificaria à distinta caracterização de "destruição produtiva" (Schumpeter), quando na realidade já estava se tornando cada vez mais perigosamente infestado por sua tendência irreversível à *produção destrutiva*.

Como todos os valores, a produtividade e a destruição só obtêm seu significado no contexto humano, na relação mais estreita possível com as condições históricas relevantes. O que faz da *destruição da natureza*, que ora testemunhamos, um processo irredimivelmente – e no longo prazo catastroficamente – negativo é seu impacto último na vida humana como tal. Eis porque, sob as circunstâncias de nosso tempo, a absolutização pelo capital do relativo historicamente criado – o próprio capital – e a negligente relativização do absoluto (a base natural da própria vida humana) são muito piores do que jogar roleta russa. Pois carregam consigo a *certeza absoluta* da autodestruição humana no caso de o corrente processo de reprodução sociometabólica do capital não ser levado a um fim definitivo no futuro próximo, enquanto ainda houver tempo para tal. A subversão pelo capital da relação objetiva entre o absoluto e o relativo está conduzindo a humanidade na direção oposta, sem mesmo dar a chance casual de, no jogo de roleta russa, puxar o gatilho da arma algumas vezes antes do tiro fatídico estatisticamente provável.

Novamente, podemos ver aqui a perigosa combinação de contingência histórica e necessidade estrutural. A *ampla margem de segurança* original *desapareceu para sempre*. Nossa contingência histórica dada ativou irreversivelmente os limites estruturais do capital com uma vingança, transformando-os em determinações esmagadoramente destrutivas inclinadas a obstruir o futuro. A necessidade estrutural e a destrutividade voraz do sistema estabelecido estão agora inextricavelmente fundidas com sua anacrônica – mas, para o capital, inadmissível – contingência histórica. Pois o capital continua a negar, do alto de sua fictícia autoabsolutização, a possibilidade de ser historicamente superável.

O imperativo da instituição de um sistema sociorreprodutivo ilimitado no futuro previsível emerge dessas condições. E é desnecessário dizer que não pode haver futuro sem que se *cumpram fielmente as leis*. Mas, para ser capaz disso, é preciso estabelecer a prioridade adequada em nosso sistema geral de leis. As leis do capital foram *sempre* baseadas na falsa prioridade da inversão da relação entre o *absoluto* e o *relativo*, no interesse de absolutizar seu próprio domínio mesmo ao custo da destruição da natureza; da mesma maneira como o capital teve – e sempre terá – de negar seu caráter historicamente determinado para eternizar sua própria dominação do processo sociometabólico. A humanidade jamais precisou tanto e tão fielmente ouvir e observar as leis do que nessa conjuntura crucial da história. Mas as leis em questão devem ser *radicalmente refeitas*: trazendo a uma harmonia plenamente sustentável as determinações absolutas e relativas das nossas condições de existência, de acordo com o inevitável desafio e fardo de nosso tempo histórico.

6

O século XX testemunhou não apenas a primeira grande tentativa de estabelecer uma sociedade pós-capitalista, mas também a implosão desse tipo de sociedade tanto na União Soviética, como por toda a Europa oriental. Não é surpreendente, pois, que os defensores acríticos da ordem social do capital celebrem essa implosão como o retorno saudável à sua ordem "natural" após um desvio errático. Eles têm agora a ousadia de postular a permanência absoluta das condições estabelecidas, não obstante todos os perturbadores sinais de instabilidade perigosa, ignorantes das crises econômica e ecológica que se aprofundam e da guerra, mais ou menos permanente, endêmica a seu sistema.

Seria extremamente ingênuo imaginar que a passagem da ordem sociometabólica de reprodução do capital a uma alternativa historicamente viável poderia ter lugar sem dolorosas contradições, e mesmo reincidências. Pois nenhuma transformação social em todo o curso da história humana exigiu uma mudança qualitativa nem mesmo remotamente comparável. Isso ocorre não apenas em virtude da escala quase impeditiva e da magnitude da tarefa, que envolve uma grande variedade de grupos nacionais inter-relacionados – com sua longa história e suas tradições profundamente arraigadas, bem como interesses diversos – em um cenário verdadeiramente *global*. O que, além disso, é radicalmente diferente de todas as mudanças historicamente testemunhadas de uma formação social para outra – isto é, o componente "não negociável" da exigida transformação socialista – é a absoluta necessidade de superar permanentemente todas as formas de *dominação e subordinação estrutural*, e não apenas a sua variedade capitalista. Em nosso tempo, nenhuma "mudança de pessoal", por mais bem intencionada no início, poderia sequer começar a cumprir a tarefa. Em outras palavras, a relação *conflitual/adversa** entre os seres humanos – que foi demasiado óbvia em toda a história conhecida – é o que deve ser *positivamente suplantada* pela criação e consolidação firmemente assegurada da nova ordem social. Do contrário, as contradições e antagonismos incontroláveis começarão mais cedo ou mais tarde a se avolumar rapidamente sobre os novos fundamentos estabelecidos, como realmente ocorreu nas sociedades de tipo soviético, minando-os e destruindo-os ao final.

Somente um engajamento crítico – e *autocrítico* – genuíno no curso da transformação histórica socialista pode produzir o resultado sustentável, proporcionando os *corretivos necessários* conforme as condições se modificarem e demandarem a resolução de seu desafio. Marx o evidenciou com ampla clareza desde o início quando insistiu que as

---

* Em inglês, *adversarial*. O uso dos termos combinados na tradução para o português foi uma orientação do autor. (N. E.)

revoluções socialistas não deviam esquivar-se de criticar a si mesmas "com impiedosa consciência"[11] para que fossem capazes de alcançar seus objetivos emancipatórios vitais.

O século XX transformou significativamente a maneira como se deve apreender a advertência de Marx. Pois, à luz de sete décadas de *experiência prática* extremamente custosa, o aviso marxiano original quanto à necessária crítica prática da própria ação – uma advertência que não poderia, em meados do século XIX, ser mais do que uma exortação muito geral – adquiriu uma urgência inevitável no movimento socialista. Pois, por um lado, dada a crise estrutural cada vez mais profunda de nossa ordem sociometabólica estabelecida, a instituição bem fundada da alternativa socialista é mais urgente hoje do que nunca, a despeito do ataque propagandístico autocomplacente da ideologia dominante, visível por toda parte. Mas, ao mesmo tempo, por outro lado, devido à pesada evidência histórica do desenvolvimento de tipo soviético, e dos imensos sacrifícios que se tiveram de suportar em suas longas décadas, ninguém pode negar hoje a necessidade de confrontar "com impiedosa consciência" os problemas que tendem a aparecer. Pois apenas pelo reexame socialista plenamente consciente e autocriticamente comprometido dos passos tomados com intenção emancipatória – tanto no passado como no presente – será possível tornar os fundamentos do socialismo no século XXI mais seguros do que se verificaram no século XX.

Todos os três grandes seres humanos a quem este livro é dedicado abordaram a tarefa histórica da transformação socialista nesse espírito crítico vital. Gramsci e József asseveraram firmemente sua crença na integralidade socialista implacável da mudança de época radical não somente contra o adversário de classe, mas mesmo quando tiveram de sofrer a incompreensão sectária de seu próprio lado. E Che não hesitou em proclamar com extrema clareza sua discordância de princípio com o curso de ação seguido na União Soviética – indicando profeticamente que o modo de proceder dessa nação apontava na direção da restauração capitalista – muito embora essa franca discordância carregasse consigo a rejeição ao próprio líder guerrilheiro, considerado um herege e mesmo um aventureiro. Como Fidel Castro sublinhou em uma de suas entrevistas:

> Minha admiração e sentimento de solidariedade por Che cresceu à medida que vi o que acontecia no campo socialista, porque ele se opunha categoricamente à utilização de métodos capitalistas para a construção do socialismo [...] [Os escritos de Che] são de enorme valor e devem ser estudados, pois penso que o uso desses métodos e conceitos capitalistas tinha uma influência alienante naqueles países. Penso que Che teve uma visão profética quando, já nos primeiros anos da década de 1960, previu todos os retrocessos e consequências dos métodos empregados para construir o socialismo na Europa oriental.[12]

Dessa maneira, mesmo após a sua morte, as observações de advertência de Che exerceram uma influência essencial no período de retificação de Cuba. Para citar novamente as palavras apaixonadas de Fidel:

---

[11] Ver Karl Marx, "O dezoito brumário de Luís Bonaparte", em Karl Marx e Friedrich Engels, *Obras escolhidas* (São Paulo, Alfa-Omega, s. d., v. 1), p. 206.

[12] Fidel Castro, "Interview with Tomás Borge" [1992], em David Deutschmann (ed.), *Che: a Memoir by Fidel Castro* (Melbourne & Nova York, Ocean Press, 2006), p. 215-6.

Teríamos caído no lamaçal da burocracia, do excesso de funcionários, de normas de trabalho antiquadas, no lamaçal do logro, da mentira. Teríamos caído em um conjunto inteiro de maus hábitos com que Che teria realmente se horrorizado. Se dissessem a Che que um dia, sob a Revolução Cubana, haveria empresas preparadas para roubar com o intuito de fingir que eram lucrativas, ele teria ficado horrorizado. [...] Che teria ficado horrorizado se lhe dissessem que o dinheiro, o dinheiro estava se tornando a preocupação das pessoas, sua motivação fundamental. Ele, que tanto nos advertiu contra isso, teria ficado horrorizado.[13]

Os inimigos fascistas de Gramsci não queriam apenas *impedir por vinte anos que seu cérebro funcionasse*, mas também impedi-lo de exercer qualquer influência na história. Como todos sabemos, fracassaram sob todos os aspectos. Igualmente, no caso de Che, seus algozes – o regime boliviano cliente do imperialismo dos Estados Unidos – pretendiam para ele o destino do esquecimento, procurando fazer desaparecer para sempre até seus restos terrenos. Mesmo nisso fracassaram miseravelmente. A influência de Che se mantém viva hoje não apenas em Cuba, mas por toda a América Latina – como vimos testemunhado por um dos movimentos sociais mais importantes do nosso tempo, o Movimento dos Trabalhadores Rurais Sem Terra (MST) – e além, inspirando a admiração e a solidariedade tanto das gerações mais velhas como de incontáveis jovens de todo o mundo.

Examinando as últimas décadas dos desenvolvimentos globais, a mudança na relação de forças predominante pareceria sem dúvida favorecer o capital. Isso se deve em grande medida não somente à capitulação ignominiosa de Gorbachev e seus seguidores na União Soviética, após seu engajamento na estratégia totalmente infundada de "reestruturar o socialismo" pela adoção da glasnost e da perestroica (que se verificaram ser a promoção ativa da restauração capitalista, seguida pelo mesmo tipo de implosão na Europa oriental), mas também a uma transformação capituladora similar nos maiores partidos comunistas da Europa ocidental, notavelmente o francês e o italiano. Assim, para tomar apenas o último, precisamente porque foi uma vez o partido socialista militante de Gramsci, as estratégias sonoramente proclamadas – mas, de novo, totalmente infundadas – do "caminho italiano ao socialismo" e do "grande compromisso histórico", que prometiam melhor assegurar uma transformação socialista internacional futura, na realidade mostraram ser a capitulação sem reservas às forças imperialistas do capital internacional dominadas pelos Estados Unidos, sob a bandeira partidária dos chamados "Democratas de Esquerda".

Contudo, quando observamos o que foi efetivamente alcançado, o quadro é muito diferente. E isso não é sob aspecto algum surpreendente. Pois *nenhum resultado duradouro pode ser construído sobre a capitulação*. Como os anais da história social, política e militar provam abundantemente, *a capitulação jamais pode ser a base do desenvolvimento histórico sustentável*. Só pode proporcionar um ganho unilateral e o correspondente intervalo temporário até que a próxima rodada de antagonismos irrompa no palco histórico, em uma escala crescente e afirmando-se com intensidade cada vez maior como uma regra. Uma vez que podia ser racionalmente mantida – na formulação do general Carl von Clausewitz – essa guerra era "a continuação da política por outros meios". Mas o outro

---

[13] Idem, "20th Anniversary of Che's Death" (8 de outubro de 1987), em David Deutschmann (ed.), *Che: a Memoir by Fidel Castro*, cit., p. 194-5.

lado da mesma equação – concernente à reciprocidade fatídica da política e da guerra – jamais foi explicitada no passado, porque suas penosas implicações para a destruição total da humanidade não eram claramente visíveis. A saber: que a *política* (*baseada no antagonismo*) *era o arauto da guerra necessária*, porque – em vista da natureza irresoluta dos próprios antagonismos – ela tinha de terminar na *capitulação de um lado* e em última instância na *instabilidade explosiva do intervalo resultante*.

Apenas uma *racionalidade substancialmente fundada* – em contraste com os "compromissos" efêmeros adquiridos em nome de "atos equilibrantes" violentamente impostos ou taticamente racionalizados – poderia indicar a saída desse *círculo vicioso*, pela eliminação permanente de todas as formas de *conflitualidade/adversidade antagônica*. O grande desafio e fardo do tempo histórico é que a conflitualidade/adversidade antagônica deve ser permanentemente consignada ao passado, a fim de deixar para trás, e para sempre também, o círculo vicioso fatídico – em nosso tempo inevitavelmente *fatal* – da guerra e da política, como é conhecido por nós até o presente. Isso significa a refundação radical da política sobre as bases de uma *racionalidade substantiva e historicamente sustentável*, para ser capaz de administrar *conscientemente* todos os assuntos humanos na *escala global* exigida. Eis porque a instituição viável do socialismo baseado no "tudo ou nada" do século XXI apareceu na agenda histórica com grande urgência, impondo a necessidade de confrontar os fracassos do passado "com impiedosa consciência", bem como explorar todas as vias de cooperação positiva sobre a única base plausível da *igualdade substantiva*.

Nada se resolveu de maneira durável pela implosão do sistema de tipo soviético, tampouco, de fato, pelo colapso dos maiores e mais antigos partidos comunistas em todos os lugares do mundo. A tentação do trabalho de seguir a *linha de menor resistência, favorecendo a ordem estabelecida do capital*, sem dúvida desempenhou e continua a desempenhar um importante papel nesses desenvolvimentos. Isso ocorre porque o estabelecimento da ordem reprodutiva socialista, como uma alternativa viável à ordem existente, é um empreendimento histórico imenso. Mas a linha de menor resistência não assegurará o futuro do capital. Pois essa linha é incapaz de gerar algo que não sejam *retornos cada vez mais exíguos* ao trabalho, sob as circunstâncias presentes de nossa crise histórica cada vez mais profunda, e em última instância *absolutamente nenhum retorno*, conforme o componente destrutivo da ordem reprodutiva do capital se inclina a escapar do controle.

Quanto aos sucessos falsamente alegados do próprio capital em sua fase histórica de crise estrutural, vemos na realidade seus países dominantes engajados em guerras genocidas, enquanto pregam cinicamente a democracia e a liberdade. Com efeito, o que testemunhamos no Oriente Médio e em outros lugares são conflagrações em uma escala cada vez mais destrutiva, em lugar de soluções duráveis aos graves problemas internos e internacionais da ordem sociometabólica de controle do capital.

Muitas das realizações fundamentalmente autodestrutivas do imperialismo foram construídas no passado com base no genocídio na América do Norte e Latina. Hoje, a situação é ainda mais grave pois o imperialismo hegemônico global está conduzindo a humanidade ao extermínio. Tem de haver outro caminho. Os exemplos implacáveis de Gramsci, József e Che nos mostram esse caminho.

Rochester, Inglaterra, janeiro de 2007

1
A TIRANIA DO IMPERATIVO DO TEMPO DO CAPITAL

1.1 O tempo dos indivíduos e o tempo da humanidade

Indivíduo nenhum e nenhuma forma concebível de sociedade hoje ou no futuro podem evitar as determinações objetivas e o correspondente fardo do tempo histórico, bem como a responsabilidade que necessariamente emerge de ambos. Em termos gerais, talvez a maior acusação contra nossa ordem social dada é que ela degrada o fardo inescapável do tempo histórico significativo – o tempo de vida tanto dos indivíduos como da humanidade – à tirania do imperativo do tempo reificado do capital, sem levar em conta as consequências.

O modo historicamente único de reprodução sociometabólica do capital degrada o tempo porque a determinação objetiva mais fundamental de sua forma própria de intercâmbio humano é a condução irreprimível à contínua autoexpansão, definida pelas características intrínsecas a esse modo de intercâmbio societário como a necessária *expansão do capital*, alcançada na sociedade de troca apenas por meio da exploração do tempo de trabalho. O capital, portanto, deve tornar-se cego com relação a todas as dimensões do tempo diversas da dimensão relativa ao trabalho excedente explorado ao máximo e o correspondente tempo de trabalho.

É por essa razão que se deve apagar das equações do capital todo valor e todo significado possíveis, potencialmente emergentes das relações historicamente criadas, com exceção daqueles diretamente ligados ao imperativo sistêmico da acumulação de capital. Isso ocorre quando os significados e valores envolvidos concernem tanto às relações pessoais dos indivíduos entre si – como indivíduos separados –, quanto aos grupos sociais dos quais os indivíduos particulares formam uma parte, ou de fato à humanidade em geral, quando essa relação pode e deve ser conscientemente alcançada, sob determinadas circunstâncias históricas, como nosso próprio tempo histórico atual. Significados e valores tornam-se preocupações legítimas nesse sistema reprodutivo apenas se são prontamente redutíveis aos "vínculos monetários" (no que se refere aos indivíduos isolados), ou ao imperativo da *lucrabilidade*, quando o tema em questão é a relação de classe de exploração e dominação estrutural que assegura a acumulação na ordem social estabelecida.

Naturalmente, nosso interesse nesse contexto é o *tempo histórico humano*, e não quaisquer considerações "metafísicas" ou "cosmológicas" sobre o tempo. As relações temporais ligadas à questão da "contingência cosmológica" – que consideram, por exemplo, a possibilidade de outros planetas semelhantes à Terra serem capazes de abrigar formas avançadas de vida em sistemas solares distantes: uma parte conhecida da atual pesquisa astrofísica em progresso – são, para nós, totalmente irrelevantes. Ter em foco o tempo histórico humano, no entanto, não significa que nenhuma forma de *relativismo* seja aceitável em nossa consideração das relações significativas do tempo. Ao contrário, a questão da *necessidade histórica* é aqui um tema vital, embora tenha de ser avaliada de um modo qualitativamente diferente daquele com que certos indivíduos, com intenção ideológica hostil, procuram imputar uma visão determinista, mecânica e crua à concepção marxiana – profundamente dialética – do tempo histórico. Pois o significado central da necessidade histórica humana reside precisamente no fato de que ela é *apenas histórica*, o que significa que é uma *necessidade* em última instância *fadada a desaparecer* ("eine verschwindende Notwendigkeit", nas palavras de Marx[1]), e não deve ser tratada ao modo de *determinações naturalistas*.

Como veremos no capítulo 9, com o advento da história humana na ordem natural entra em cena uma dimensão radicalmente nova do tempo. Desse momento em diante, a questão do *significado* se coloca no horizonte, mesmo que deva percorrer um desenvolvimento histórico muito longo antes que os objetivos emancipatórios nela implícitos possam tornar-se realidade e ser *conscientemente* perseguidos pelas pessoas como projetos humanos historicamente articulados. O significado em questão é o *tempo de vida dos indivíduos* potencialmente *significativo*, emergente em seu vínculo próximo com o desenvolvimento produtivo da humanidade, que pouco a pouco liberta os indivíduos dos constrangimentos brutos de sua remota existência, restrita à mera sobrevivência, e institui para eles o poder de fazer *escolhas genuínas*.

A potencialidade da vida significativa para os indivíduos sociais emerge porque, por desenvolver-se historicamente – e através de sua atividade produtiva automediadora – a espécie humana é uma parte *única* na ordem natural. Por conseguinte, os seres humanos não constituem um simples *gênero* animal, mas um complexo *corpo social* composto de uma multiplicidade de *indivíduos reais*. Na verdade, como os animais os seres humanos têm seu tempo de vida *limitado*. Contudo – muito diferente dos "indivíduos genéricos" animais – eles são também capazes de estabelecer conscientemente para si mesmos objetivos particulares a buscar tanto em ocasiões *distintas*, em contextos limitados, como também em alguma espécie de *coerência interconecta/geral*, que compreenda uma parte mais ou menos extensa de seu tempo de vida e com isso lhe confira significado.

Além disso, é ainda altamente relevante aqui que o corpo social mais abrangente ao qual os indivíduos pertencem *desenvolve historicamente a humanidade*, com seu tempo

---

[1] Na teoria socialista, isso significa que é possível descrever os aspectos negados do desenvolvimento social como históricos, no sentido significativo que visa a sua *suplantação prática*.

de vida incomparavelmente mais extenso que o dos indivíduos particulares. Nesse sentido, o tempo histórico da humanidade *transcende* o tempo dos indivíduos – trazendo consigo a dimensão mais fundamental do valor – mas mantendo-se, ao mesmo tempo, em um sentido dialético, como inseparável dele. Por conseguinte, apenas através da inter-relação mais próxima entre os indivíduos e a humanidade, um sistema de valor apropriado pode-se estabelecer e ulteriormente desenvolver – tanto expandido como intensificado – no decorrer da história. Pois a humanidade não age por si mesma, mas por meio da intervenção dos indivíduos particulares no processo histórico, inseparável dos grupos sociais aos quais os indivíduos pertencem como sujeitos sociais.

É a relação objetivamente existente entre a humanidade e os indivíduos que torna possível a instituição e a atualização de valores muito além do *horizonte imediato restritivo* dos próprios indivíduos particulares. Não apenas no sentido de que a quantidade crescente de *tempo livre* que se tornou disponível para os indivíduos pelo desenvolvimento produtivo da humanidade – ainda que, pela duração das sociedades de classe, apenas do modo mais perverso – é a condição necessária para a ampliação de suas escolhas alternativas (e para os valores associados), em agudo contraste com a sua existência restrita à mera sobrevivência no passado mais remoto. O que é diretamente relevante aqui é que a diferença objetiva entre o tempo dos indivíduos e o tempo da humanidade constitui a fundação objetiva do *valor* e do *contravalor*. Pois as *potencialidades da humanidade* nunca são *idênticas* às dos indivíduos cada vez mais restritos. Só podemos realmente falar, no que diz respeito a essa relação, do *intercâmbio* reciprocamente enriquecedor entre a humanidade e os indivíduos, por meio do qual as potencialidades reais de ambos podem ser integralmente desdobradas de modo contínuo. Pois os indivíduos podem adotar como suas aspirações próprias os valores que apontem em direção à realização das *potencialidades positivas* da humanidade e, assim, também desenvolver a si mesmos positivamente; ou, ao contrário, podem fazer escolhas que ajam contra as *potencialidades positivas* da humanidade e as conquistas historicamente alcançadas. No último caso, evidentemente, tornam-se os portadores mais ou menos conscientes do *contravalor*, ainda que suas ações sejam na realidade inteligíveis pelas determinações retrógradas de classe, e não por motivações puramente pessoais, como os discursos morais filosóficos abstratos e religiosos frequentemente as descrevem.

Por certo, as potencialidades da humanidade podem se desenvolver apenas por meio das atividades dos indivíduos em sua inseparabilidade com relação aos grupos sociais aos quais pertencem. Mas a instituição de valor, baseada na relação objetiva entre a escala temporal radicalmente diferente dos indivíduos particulares e da humanidade é uma parte essencial desse processo de progressão histórica. Nesse sentido, a *afirmação e contestação do valor* é e sempre permanecerá um órgão vital do autodesenvolvimento da humanidade.

É compreensível, pois, que os problemas complexos envolvidos nessas relações – e em primeiro lugar o próprio fato insuperável de que o tempo histórico da humanidade *transcende* o tempo dos indivíduos – reflitam-se há muito tempo na consciência social como *transcendentalismo religioso*, assumindo ao mesmo tempo a forma de *preceitos morais* religiosamente articulados. A verdadeira consciência de que a determinação subjacente vital é a relação objetiva entre a humanidade e os indivíduos particulares aparece muito tarde na história.

De uma forma literária e filosófica mais geral, ela surge na segunda metade do século XVIII (por exemplo, com Kant e Goethe), e em uma variedade mais amplamente difusa, dirigida à consciência cotidiana em uma forma não religiosa, apenas no século XX. Com efeito, no momento em que a efetividade da humanidade é claramente trazida ao primeiro plano no século XX, ela é cada vez mais associada à consciência de que aquilo que se retrata com crescente interesse não é apenas a situação contingente da humanidade, mas o destino da *humanidade gravemente ameaçada*. Em outras palavras, o que aparece no horizonte são as ameaças ainda mais tangíveis que afetam a própria sobrevivência da humanidade, devido aos atuais desenvolvimentos sociais e econômicos – cada vez mais perigosos – inseparáveis da imposição da forma mais extrema de *contravalor*. Portanto, o *papel da moralidade*, em sua capacidade de lutar pela realização das potencialidades positivas da humanidade e contra as forças do *contravalor* estruturalmente resguardadas, inerentes à crise estrutural cada vez mais profunda do capital, nunca foi tão grande quanto hoje. Apenas os gêneros mais dogmáticos de filosofia (e política associada) podem ignorá-lo ou negá-lo explicitamente.

Quando o próprio Kant descreveu a relação entre os indivíduos e a humanidade, identificou com profunda sagacidade no significado da própria atividade produtiva humana um aspecto muito importante do desenvolvimento, ao destacar que o avanço histórico é determinado de tal modo que tudo "deve ser adquirido pelo *trabalho* [...] como se a natureza pretendesse que o homem possuísse tudo para si"[2]. Ao mesmo tempo, contudo, adota integralmente o ponto de vista da economia política – correspondente à perspectiva do capital – em sua versão do idealizado "espírito comercial" proposto por Adam Smith. Por conseguinte, Kant teve de estabelecer uma *dicotomia intransponível* entre os indivíduos e a espécie humana, insistindo, em mais de uma ocasião, que em seu sistema "essas faculdades naturais que almejam o uso da razão são integralmente desenvolvidas na *espécie*, não no *indivíduo*"[3].

Inevitavelmente, essa conclusão dicotômica lhe impôs outros dilemas. Pois ele teve de estipular que, na administração racional da sociedade civil, a reconciliação do egoísmo com a justiça representava um problema *insolúvel*. Como ele o expõe: "a tarefa envolvida é, pois, das mais difíceis; de fato, uma solução completa é *impossível*. Não se pode talhar algo absolutamente plano sobre uma madeira tão curva como a de que o homem é feito"[4]. Quanto à caracterização kantiana dos seres humanos, esta é muito similar às caracterizações de todos os maiores teóricos da "sociedade civil", que representam o *antagonismo dos homens em sociedade* como diretamente emergente da própria *natureza humana* e, portanto, igualmente insolúvel. Para citar Kant mais uma vez: "Por antagonismo designo a *sociabilidade a-social* dos homens, isto é, a propensão dos homens a entrar em uma sociedade, mas tal propensão é, entretanto, vinculada a uma *constante resistência mútua* que ameaça dissolver essa sociedade. Essa propensão é aparentemente

---

[2] Immanuel Kant, "Idea for a Universal History with Cosmopolitan Intent", em Carl J. Friedrich (ed.), *Immanuel Kant's Moral and Political Writings* (Nova York, Random House, 1949), p. 119.

[3] Ibidem, p. 118.

[4] Ibidem, p. 123.

inata aos homens"[5]. Desse modo, os elementos ilustrados da abordagem histórica kantiana foram minados pelo imperativo social de dominação/subordinação do capital na "sociedade civil" e em seu Estado correspondente, concluindo-se com a *justificação explícita da desigualdade substantiva*, tão contrária à ilustração[6].

Nas várias concepções de "sociedade civil" o lugar dos indivíduos sociais reais – juntamente com suas determinações de classe e inseparabilidade fundamental com relação à humanidade (que os transcendeu apenas em sua particularidade estritamente limitada, sem aventurar-se no domínio do transcendentalismo religioso) – foi substituído pela imagem dos *indivíduos isolados* e sua "natureza humana" fixa *genericamente determinada*. Esse tipo de conceitualização foi feito com o intuito de possibilitar aos indivíduos isolados que se adequassem ao papel de eternizar e legitimar de modo espúrio as relações antagônicas/conflituais/adversas estabelecidas da "sociabilidade a-social". A consequência desse modo de descrever a ordem reprodutiva do capital foi que o fundamento social da atual instituição de valor teve de ser representado, mesmo nas melhores e mais esclarecidas dessas concepções de "sociedade civil", caso da filosofia kantiana, como o misterioso e apartado "mundo inteligível" do *transcendentalismo ético*.

Além disso, no momento em que alcançamos o século XX, quando a relação próxima entre os indivíduos e a sociedade – na dimensão, não mais possível de se negar, da dependência direta de um em relação ao outro para a sua própria sobrevivência –, qualquer forma de apego à concepção da individualidade isolada, no interesse da contínua apologética do capital, torna-se totalmente insustentável. E ainda se nos oferece, mesmo por algumas das maiores figuras intelectuais, como Max Weber, uma concepção individualista extrema das relações morais e sociais, com uma consideração individualista muito deplorável das decisões éticas arbitrárias dos indivíduos isolados, que glorifica seus incontáveis "demônios privados"[7] e aniquila, assim, todas as pretensões de racionalidade da filosofia weberiana.

---

[5] Ibidem, p. 120.

[6] Nas palavras do próprio Kant: "A *igualdade geral* dos homens como súditos de um Estado coexiste imediatamente com a *grande desigualdade* dos graus de *posses* que os homens têm, quer as posses consistam em superioridade corporal, espiritual ou ainda em bens materiais. Portanto, a igualdade geral dos homens também coexiste com a *grande desigualdade de direitos específicos* dos quais pode haver muitos. Assim, segue-se que o bem-estar de um homem pode depender em grande medida da vontade de outro homem, como os *pobres são dependentes dos ricos*, e aquele que é *dependente deve obedecer* ao outro, tal como uma *criança* obedece a seus pais ou a *esposa*, a seu marido, ou ainda, como um homem comanda outro, como um homem serve e outro paga etc. No entanto, todos os súditos são iguais aos outros perante a lei que, como um pronunciamento da vontade geral, só pode ser uma única. Essa lei concerne à *forma*, e não ao *assunto* do objeto relativo ao qual posso ter um direito". Immanuel Kant, "Theory and Practice", em Carl J. Friedrich (ed.), *Immanuel Kant's Moral and Political Writings*, cit., p. 415-6.

[7] Os valores como tais diriam respeito aos indivíduos tomados como meros indivíduos apenas. Weber o expõe da seguinte forma: "Uma coisa é o Demônio e outra é Deus no que concerne ao indivíduo, e o indivíduo deve decidir qual, *para ele*, é Deus e qual é o Demônio. E é assim em todos os domínios da vida. [...] deixemo-nos ir ao trabalho e satisfazer a 'demanda do dia' – tanto no nível humano como no profissional. Essa demanda, entretanto, é clara e simples se cada um de nós encontrar e *obedecer ao demônio* que detém a trama da *sua* vida". Max Weber, *Gesammelte Aufsätze zur Wissenschaftslehre* (Tübingen, J. C. B. Mohr, 1922), p. 545 e 555. Citado em Georg Lukács, *The Destruction of Reason* (Londres, Merlin Press, 1980), p. 616 e 618.

Assumir a "sociabilidade a-social" como a base naturalmente determinada dos valores estabelecidos só pode ser autoderrotista. Pois deve, em última instância, negar a possibilidade de *escolhas alternativas reais* se elas forem conflitantes – como invariavelmente são – com as determinações destrutivas do *eterno presente* conflitual/adverso vigente. É a suposição infundada do *eterno presente* do capital que carrega consigo a permanência circularmente postulada da "sociabilidade a-social". Por certo, a "sociabilidade" pode ser não apenas "a-social", mas até mesmo *antissocial da maneira mais destrutiva*, como é muito bem sabido. Contudo, a sociabilidade atualmente conhecida pode também ser *social* de modo profundo e responsável, assumindo a forma da *genuína cooperação*. Tudo depende da orientação seguida na instituição de valor pelos indivíduos sociais, que podem ou bem favorecer as potencialidades positivas da humanidade ou, ao contrário, alinhar-se aos contravalores cada vez mais perigosos do capital – conforme escolhem entre as alternativas reais disponíveis – ao confrontar ou esquivar-se do desafio e do fardo de seu tempo histórico.

Se realmente desejamos sair do círculo vicioso da conflitualidade/adversidade autossustentada do capital, devemos questionar as premissas práticas e as suposições necessárias predominantes no sistema. Um olhar mais atento à estrutura conceitual das teorias da "sociedade civil" revela que suas *conclusões* – que deduzem a impossibilidade de criar algo reto a partir daquilo que por sua natureza é torto – *coincidem* com suas *afirmações*. Isso pode ser visto no exemplo anteriormente citado da filosofia de Kant na forma pela qual a afirmação/conclusão da afinidade fatídica entre a natureza humana e a madeira – que é supostamente curva por sua determinação original – é apresentada. Pois nada estabelece a relação postulada entre ambas, além da asserção peremptória contida na própria suposição conclusiva alegada.

Um afastamento radical dessas concepções é vital para resolver nossos graves problemas diante da urgência de nosso tempo histórico. A esse respeito, o tempo efetivamente dado da história dos séculos XX e XXI alcançou tanto os indivíduos como a espécie. Ainda mais porque algumas tecnologias produtivas poderosas e o uso potencial ao qual elas podem ser postas trazem consigo a necessidade de tomar decisões extremamente difíceis e talvez mesmo irreversivelmente perigosas, que envolvem diretamente a questão do tempo.

Para dar um exemplo óbvio, a necessidade da energia essencial para a atividade produtiva humana colocou na agenda a perspectiva de também utilizar, já nos dias de hoje, *usinas de energia nuclear*, para não mencionar a provável multiplicação dessa necessidade em um futuro distante. Mas, mesmo que se desconsidere o imenso perigo da *proliferação das armas nucleares* possível de se atingir facilmente em conjunção estreita com a mesma tecnologia, a própria *escala temporal* espantosa dos processos produtivos relevantes e seus inevitáveis resíduos – seu tempo de radiação potencialmente letal estimado em muitos milhares de anos, isto é, que compreende o tempo de vida de inúmeras gerações – afigura-se absolutamente impeditiva. Por certo, há pessoas que, por um lucro imediato, não hesitariam um instante sequer em bulir com a escala perigosamente longa do tempo de radiação nuclear. Outras, ao contrário, simplesmente fugiriam do próprio problema rejeitando, por alguma razão apriorística, a possibilidade de produção de energia nuclear, mesmo se a necessidade desta se tornasse avassaladora.

A questão real, entretanto, diz respeito à natureza do próprio sistema produtivo em que as decisões devem ser tomadas em conjunto com a capacidade ou provável fracasso do sistema em questão para enfrentar a escala temporal apropriada às operações envolvidas. Como toda a nossa experiência histórica ensina, o sistema capitalista, mesmo em sua fase histórica marcada apenas por *crises conjunturais* recorrentes, em contraposição à *grave crise estrutural* enfrentada por ele em nosso tempo, é caracterizado por *extremo curto prazo*, seu ciclo de reprodução usual abarca não mais que poucos anos, e de modo algum os milhares de anos que seriam necessários a uma previsão confiável. Além disso, mesmo esses poucos anos sob os processos reprodutivos habituais do capital são abarcados apenas de um modo conflitual/adverso, bem como *post festum*, devido ao imperativo sistêmico da acumulação de capital e seu ciclo associado de amortização. Quão mais problemática deve se tornar essa relação com o tempo histórico sob as condições da *crise estrutural* do sistema? Pois tal crise pode apenas agravar o problema. De qualquer modo, no interior da estrutura do controle sociometabólico do capital, sob quaisquer circunstâncias, *planejar* para os próximos milhares de anos é totalmente inconcebível. Ademais, sem um planejamento integralmente consciente e responsável na escala temporal mais abrangente e de mais longo prazo, baseada na compreensão apropriada da relação inevitável em nosso tempo histórico entre as escolhas de instituição de valor pelos indivíduos sociais e o destino da humanidade, não pode haver solução viável para esses problemas.

"Sociabilidade a-social" é a situação histórica de apuro dos seres humanos apenas sob determinadas circunstâncias sociais e econômicas, não a sua predestinação ontológica absoluta. Como seres *automediados* e não *indivíduos-genéricos*, eles não são apenas aqueles que sofrem as condições antagônicas da "sociabilidade a-social", são também seus produtores. Ademais, o que é historicamente criado pelos seres humanos – mesmo que, em sua origem, sob a condição de antagonismos sociais estruturalmente engastados – pode ser também historicamente alterado e em última instância consignado ao passado. Mas a precondição necessária para o sucesso nesse respeito é o engajamento dos indivíduos na tarefa de superação dos antagonismos em questão por meio da instituição de uma ordem social radicalmente diferente e historicamente viável: o único modo concebível pelo qual os antagonismos estruturais profundamente enraizados podem ser suplantados.

Naturalmente, o tempo histórico dos indivíduos jamais será *idêntico* ao tempo da humanidade. De sua diferença não se segue, porém, que ambos devam constituir uma relação *antagônica*, sobrepondo com isso a "condição inconsciente do gênero humano" aos indivíduos na forma de determinações materiais cegas, como experimentado no passado histórico. Nem é mais que um pobre prêmio de consolação levar a cabo tal estado de coisas – enquanto se mantém cativo no interior da estrutura de antagonismos aparentemente irreconciliáveis do mundo atualmente existente – sob o halo "sobrenatural" do *transcendentalismo religioso*.

Na verdade, o tempo histórico dos indivíduos não precisa conflitar sempre com as determinações objetivas do tempo histórico da humanidade. É também passível de colocar-se em *harmonia* com o tempo da humanidade. Hoje isso pode ser alcançado se os indivíduos sociais adotarem conscientemente as alternativas positivas que apontam na direção do futuro sustentável da humanidade. A especificidade e a urgência de nosso tempo histórico determinam que eles não apenas *podem*, mas *devem* fazê-lo.

1.2 Os seres humanos reduzidos à "carcaça do tempo"

Naturalmente, a relação entre os indivíduos e a humanidade sempre depende do modo como a interação necessária entre os seres humanos e a natureza é mediada, sob as circunstâncias dadas, por um conjunto de relações sociais historicamente determinadas. O problema sério e em princípio insuperável para o sistema do capital é que ele sobrepõe às inevitáveis *mediações de primeira ordem* entre a humanidade e a natureza um conjunto de *mediações alienantes de segunda ordem*, criando, por meio disso, um círculo vicioso "eternizado" – e conceitualizado dessa maneira mesmo pelos maiores pensadores da burguesia – do qual não pode haver escapatória uma vez que se compartilhe da perspectiva do capital.

Para indicar muito brevemente a diferença fundamental entre as mediações sempre inevitáveis de *primeira ordem* e as específicas do capital de *segunda ordem*[8], deve-se ter em mente que *nenhuma* das necessidades mediadoras de primeira ordem entre os seres humanos e a natureza prescreve as óbvias *relações de classe de dominação e subordinação* inseparáveis das mediações de segunda ordem do capital, ao contrário das deturpações teóricas concebidas a partir da perspectiva autosserviente do capital, adotada mesmo pelos maiores economistas políticos clássicos, como Adam Smith. As mediações primárias entre a humanidade e a natureza, necessárias para a própria vida social, podem ser resumidas como se segue:

1) a regulação necessária, mais ou menos espontânea, da atividade reprodutiva *biológica* e a dimensão da população sustentável, em conjunção com os recursos disponíveis;

2) a regulação do *processo de trabalho* através do qual o intercâmbio necessário da comunidade dada com a natureza pode produzir os bens demandados para a satisfação humana, bem como os instrumentos de trabalho, empreendimentos produtivos e conhecimento por meio dos quais o próprio processo reprodutivo pode ser mantido e aprimorado;

3) o estabelecimento de *relações de troca adequadas* sob as quais as necessidades historicamente mutáveis dos seres humanos podem ser conjugadas com o propósito de otimizar os recursos naturais e produtivos – inclusive os culturalmente produtivos – disponíveis;

4) a organização, a *coordenação* e o controle da *multiplicidade de atividades* através das quais as necessidades materiais e culturais do processo de reprodução sociometabólica bem-sucedido das comunidades humanas progressivamente mais complexas podem se assegurar e salvaguardar;

5) a *alocação racional* dos recursos materiais e humanos disponíveis, lutando contra a *tirania da escassez* através da *utilização* econômica (no sentido de *economizar*) dos modos e meios dados de reprodução da sociedade;

6) a *promulgação* e administração de *regras e regulamentações* da sociedade dada *como um todo*, em conjunção com as outras determinações e funções mediadoras primárias.

---

[8] Sobre esse ponto, não é possível entrar em detalhes aqui. O leitor interessado encontrará essa discussão no capítulo 4 de *Para além do capital* (São Paulo, Boitempo, 2002).

As deturpações teóricas ideologicamente mais reveladoras dos atuais desenvolvimentos sociais operam de tal modo que as mediações de *segunda ordem* do capital – características dos processos reprodutivos atualmente dominantes – são *assumidas* como mediações de *primeira ordem* ontologicamente insubstituíveis da interação sociometabólica como tal. Desse modo são retratadas como as premissas práticas vitais não apenas da ordem social específica historicamente criada e mutável, mas de toda vida social em geral. Portanto, presume-se que as *premissas práticas tendenciosamente assumidas* do modo capitalista de reprodução societária ofereçam o fundamento sólido para as *conclusões* requeridas – como vimos também na seção 1.1 no caso das "suposições/conclusões" a partir das quais as "suposições conclusivas" postuladas foram derivadas – que fecham de modo irremediável o círculo sistêmico do capital.

Inevitavelmente, portanto, para superar as restrições paralisantes do círculo vicioso do capital, como constituído na forma de mediações de segunda ordem do sistema, é necessário impugnar *em sua totalidade* as próprias premissas práticas que não podem ser convenientemente compartimentadas por propostas reformistas ilusórias. Os fracassos históricos clamorosos de todas as tentativas voltadas a reformar o sistema do capital – quer tenham alguma vez tido genuinamente essa intenção ou tenham sido usadas primordialmente para o propósito da mistificação ideológica – encontram sua dolorosa explicação na circularidade impeditiva entre as próprias premissas práticas estruturalmente preconcebidas e o modo de operação absolutamente necessário da ordem sociometabólica do capital, que já é prevista como um conjunto de *imperativos reprodutivos* nessas premissas práticas.

Se compararmos as mediações de *primeira ordem* com as bem conhecidas determinações estruturais hierárquicas das mediações de *segunda ordem* do capital, percebemos que tudo se altera com o surgimento do capitalismo de modo quase irreconhecível. Pois todas as demandas mediadoras primárias devem ser modificadas de modo a adequar-se às necessidades autoexpansivas de um sistema de controle reprodutivo social fetichista e alienante, que subordina absolutamente tudo ao imperativo da acumulação de capital. É por essa razão que, para tomar apenas um exemplo, o objetivo unilateral perseguido de reduzir os "custos de produção" materiais e os custos do trabalho vivo no sistema capitalista, com base na aplicação impiedosa da *contabilidade do tempo* do capital, além da concomitante luta contra a escassez, evidencia imensas conquistas em um plano. Entretanto, tudo isso é feito, de modo autocontraditório, apenas para aniquilar completamente as alegadas conquistas em outro plano por meio da criação dos mais absurdos "apetites artificiais" e das sempre crescentes escassezes associadas, a serviço da mais desperdiçadora reprodução do modo de controle sociometabólico estabelecido.

Como resultado desses desenvolvimentos, o *valor de uso* correspondente à necessidade só pode adquirir o direito à existência se estiver em conformidade com os imperativos apriorísticos do *valor de troca autoexpansivo*. Portanto, é duplamente irônico que uma das principais filosofias da época do capital se considere a campeã do *"utilitarismo"*, ao mesmo tempo que todo interesse genuíno pela utilidade não lucrativa é suprimido de maneira impiedosa e substituído pela mercantilização universal dos objetos e, igualmente, das relações humanas. Esse processo se desdobra graças à marcha aparentemente irresistível do "espírito comercial" idealizado, cujo triunfo a mesma filosofia aprova sinceramente.

A racionalização ideológica desses desenvolvimentos, em plena consonância com as mediações de segunda ordem e as premissas práticas do capital, toma a forma de *fusão* das linhas de demarcação conceituais socialmente mais importantes. A forma de *submergir* falaciosamente o *valor de uso* no *valor de troca*, de modo a alegar uma conquista produtiva quando o oposto diametral é claramente evidente – como no caso do *desperdício* e da *destrutividade* crescentes espuriamente idealizados por seus ideólogos como "destruição produtiva" – é um exemplo notório desse gênero de *fusão* mistificadora.

Da mesma forma, significantemente, o problema-chave concernente à expropriação unilateral dos *meios de produção* pelas personificações complacentes do sistema é *fundido* na generalidade vaga dos "acidentes na distribuição desigual dos meios de subsistência", eliminando com isso a dimensão do *conflito de classe*. Como resultado, encobre-se de modo conveniente o fato de que a distribuição na sociedade capitalista significa, em primeiro lugar, a *distribuição de seres humanos em classes sociais antagônicas*, da qual se segue necessariamente a dominação da produção ordenada de forma hierárquica. Nesse contexto, não deve surpreender que mesmo o grande pensador dialético, Hegel, *funda* os *meios de produção* com os meios de *subsistência*, bem como *trabalho* em geral com *trabalho socialmente dividido*, de modo a ser capaz de glorificar aquilo que denomina "capital permanente universal"[9].

Um dos aspectos mais degradantes da ordem social do capital é que reduz os seres humanos à condição reificada, a fim de adequá-los aos estreitos limites da *contabilidade do tempo* do sistema: o único gênero de contabilidade – extremamente desumanizadora – compatível com a ordem social do capital. Esse tipo de desenvolvimento social tão humanamente empobrecedor é justificado teoricamente na forma de uma abstração ideologicamente reveladora operada pelos economistas políticos que vinculam de forma direta a individualidade abstrata (os indivíduos isolados) e a universalidade abstrata (a vigente divisão e fragmentação capitalista do trabalho decretada como regra universal atemporal criada pela própria natureza). O procedimento teórico extremo e redutivo dos economistas políticos – que abstrai todas as qualidades humanas – baseia-se no reducionismo prático subjacente ao capital que Marx expõe ao explicitar a relação objetiva entre *trabalho simples e composto* e a subordinação alienante dos seres humanos ao domínio da *quantidade e tempo* sob os imperativos vigentes do capital. Nas palavras de Marx:

> A concorrência, segundo um economista norte-americano, determina quantas jornadas de trabalho simples estão contidas em uma jornada de trabalho complicado. Esta redução de jornadas de trabalho complicado para jornadas de trabalho simples não supõe que se toma o próprio trabalho simples como medida de valor? A quantidade de trabalho somente, servindo de medida ao valor sem considerar a qualidade, supõe por sua vez que o trabalho simples tornou-se o eixo da indústria. Ela supõe que os trabalhos se equalizaram pela subordinação

---

[9] G. W. F. Hegel, *Philosophy of Right*, p. 130. [Optamos por manter os termos citados por Mészáros, uma vez que diferem da expressão utilizada na edição brasileira, onde se lê "riqueza universal, estável". G. W. F. Hegel, *Princípios da filosofia do direito* (trad. Orlando Vitorino, São Paulo, Martins Fontes, 2003), p. 178 – N. T.]

do homem à máquina, ou pela divisão extrema do trabalho; supõe que os homens se apagam diante do trabalho; que o trabalho tornou-se o balanço do pêndulo e tornou-se a medida exata da atividade relativa de dois operários, assim como o é da rapidez de duas locomotivas. Então, não é preciso dizer que uma hora de um homem vale uma hora de um outro homem, mas sim que um homem de uma hora vale um outro homem de uma hora. O tempo é tudo, o homem não é mais nada; ele é no máximo a carcaça do tempo. Não mais existe a questão da qualidade. A quantidade sozinha decide tudo: hora por hora, jornada por jornada.[10]

Portanto, no interior da estrutura do sistema socioeconômico existente, uma multiplicidade de interconexões potencialmente dialéticas é reproduzida na forma de dualismos, dicotomias e antinomias práticas perversas, que reduzem *os seres humanos à condição reificada* (por meio da qual eles são trazidos a um denominador comum com as "locomotivas" e outras máquinas e tornam-se substituíveis por elas) e à posição ignominiosa de "carcaça do tempo". E, uma vez que a possibilidade de manifestar e realizar praticamente o *valor inerente* e a especificidade humana dos indivíduos através de sua atividade produtiva essencial é bloqueada como resultado desse processo de *redução alienante* (que determina que "um homem de uma hora vale um outro homem") o *valor* como tal torna-se um *conceito* extremamente *problemático*. Pois, no interesse da lucratividade capitalista, não apenas não há espaço para a efetivação do valor específico dos indivíduos, mas, o que é ainda pior, o *contravalor* deve prevalecer sem cerimônias sobre o valor e asseverar sua absoluta dominação como a única relação de valor prática admissível.

A contabilidade socialista alternativa não pode prevalecer a menos que consiga reorientar radicalmente o processo de reprodução societária em sua totalidade, rompendo a tirania do imperativo do tempo desumanizador do capital. As categorias fundamentais do processo de sociorreprodução, como inerentes às mediações vitais de *primeira ordem* de uma interação dialética sustentável entre a humanidade e a natureza em uma escala temporal histórica indefinida, foram subvertidas no decorrer do desenvolvimento, especialmente nos últimos três séculos sob os imperativos fetichistas do controle sociometabólico do capital.

Portanto, uma das conquistas mais importantes da humanidade está na forma do *tempo livre* potencialmente emancipatório, incorporado no *trabalho excedente* produtivamente crescente da sociedade, precondição e tesouro promissor de todo avanço futuro, se libertado de seu invólucro capitalista alienante. Essa conquista, no entanto, foi forçada a vestir a *camisa de força* fundamentalmente sufocante *da mais-valia*, sob o corolário do imperativo de reduzir ao mínimo o *tempo de trabalho necessário*, de modo a ser manipulada pela *contabilidade do tempo* não apenas desumanizadora, mas também, em termos históricos, cada vez mais anacrônica, do sistema.

Por conseguinte, tudo que não possa ser acomodado *lucrativamente* no interior desses limites deve ser decretado, no melhor dos casos, como irrelevante ou inexistente, ou realmente destruído, se parecer apresentar resistência ativa ao desígnio restritivo

---

[10] Karl Marx, *A miséria da filosofia* (Tradução de J. C. Morel, São Paulo, Ícone, 2004, Coleção Fundamentos de Filosofia), p. 48-9.

mutilador do capital, como todas as tentativas de instituição de uma alternativa socialista genuína, em qualquer escala, devem apresentar. Se o *valor humano dos indivíduos* é categoricamente excluído da consideração, porque o *contravalor* assegura muito melhor a lucratividade enquanto se passa pelo único produtor viável de eficiência econômica e valor – e o faz impondo cruelmente a redução do tempo de trabalho ao mínimo, negligenciando as consequências socialmente destrutivas do desemprego crônico – nesse caso, como poderiam o regulador e a medida dos objetos a ser produzidos emergir das *necessidades humanas qualitativamente determinadas* dos indivíduos, como *valores de uso* correspondentes a essas necessidades?

O contravalor lucrativo – a todo custo – deve ditar a *medida* em consonância com o tipo historicamente dominante da contabilidade do tempo capitalista, em conjunção com a necessidade cada vez mais anacrônica da *redução* do tempo de trabalho ao mínimo necessário, inseparável da *redução* alienante *dos próprios seres humanos à carcaça do tempo*, que podem se adequar a tais parâmetros produtivos e o gênero de produtos – mercadorias lucrativamente comercializáveis que adquirem sua *raison d'être* em virtude de sua total conformidade com a redutiva contabilidade do tempo do capital. Portanto, não deve haver nenhuma questão de avaliação em relação às necessidades qualitativamente determinadas dos indivíduos sociais sobre a questão de *qual gênero de objetos* deve ser produzido, determinando conscientemente ao mesmo tempo também o *tempo dedicado a cada produto*, justificado não por um mecanismo econômico cego, mas com base em escolhas livremente realizadas que partem da necessidade humana. O *determinismo econômico* da redutiva contabilidade do tempo do capital – que constitui, aliás, em seu próprio tempo, um grande avanço produtivo, mas que além de certo ponto se torna um perigoso anacronismo histórico – pretende ser suficiente para ditar tudo, e ainda para justificar por definição tudo que pode, com êxito, ditar. Não foi à toa que Hegel decifrou a fórmula máxima do círculo integralmente completo do capital do qual nenhuma saída pode sequer ser contemplada, enunciando em tom de consentida resignação que "o que é racional é real e o que é real é racional"[11].

É por essa razão que o conceito de *tempo livre* é totalmente desprovido de sentido para o capital. Deve ser subvertido – e degradado – por sua conversão em "lazer" ocioso, com o objetivo de submetê-lo, exploradoramente, ao imperativo global da acumulação de capital. Em oposição, a contabilidade socialista deve trazer ao primeiro plano a tarefa de fazer sempre o melhor uso do tempo livre disponível da sociedade, bem como de expandi-lo ao máximo no interesse de todos. Eis como se faz possível enriquecer os indivíduos sociais de forma significativa pelo processo do exercício criativo de seu tempo livre pessoalmente disponível – o *tempo disponível* dos indivíduos, que é necessária e absolutamente negligenciado na sociedade capitalista – aumentando simultaneamente com isso as potencialidades positivas da própria humanidade, como a base do desenvolvimento individual e social no futuro.

A expansão produtiva do trabalho excedente e o tempo livre utilizado de modo criativo são importantes conceitos orientadores da contabilidade socialista, em contraste

---

[11] G. W. F. Hegel, *Princípios da filosofia do direito*, cit., p. XXXVI.

com o estreito horizonte da mais-valia. A história das sociedades de classe sempre se caracterizou pela *extração forçada de trabalho excedente*, fosse sua modalidade *política* ou *econômica* ou, na verdade, uma combinação de ambas. A extração lucrativa de trabalho excedente como mais-valia, característica da ordem social do capital, não alterou a substância da antiquíssima relação exploratória, mas apenas a sua modalidade: por tornar estruturalmente dominante a expropriação economicamente forçada de trabalho excedente, reduzindo os seres humanos – a serviço da mais-valia que se acumula cada vez mais – "à carcaça do tempo". O desafio histórico é consignar ao passado esse círculo vicioso da extração forçada por meio da alocação racionalmente determinada do tempo livre para os propósitos escolhidos de modo consciente pelos indivíduos sociais.

1.3 A perda da consciência do tempo histórico

Um exame dos desenvolvimentos teóricos do último século e meio revela que a concepção histórica ilustrada da tradição filosófica burguesa dá lugar ao ceticismo e ao pessimismo cada vez mais difundido, desde as décadas posteriores à morte de Hegel até a nossa época. Ranke e Alexis de Tocqueville deram o tom, pregando a "equidistância" de tudo em relação a Deus, bem como o desolamento de nossa inescapável situação de apuro.

O célebre historiador sir Lewis Namier resume com ceticismo pessimista – suavizado com o dogmatismo convicto daqueles que sabem que a sua classe detém as rédeas do poder – a "filosofia da história" anti-histórica que predomina nas ideologias burguesas do século XX. Segundo ele, a fim de descrever "*padrões* de entrecruzamento", depois de rejeitar a viabilidade de investigar "*lutas* envenenadas" (porque "tal investigação nos conduziria a *profundezas inescrutáveis* ou a um *vazio etéreo*"): "não há mais sentido na história humana do que nas mudanças das estações ou nos movimentos dos astros; ou, se há, escapa a nossa percepção"[12].

Com a adoção dessas visões, todas as conquistas genuínas da tradição do Iluminismo no campo da teoria da história são completamente subvertidas. Pois as principais figuras do Iluminismo procuraram traçar uma linha de demarcação significativa entre a natureza que rodeia o *homo sapiens* e o mundo da interação societária produzido pelo homem, para tornar inteligíveis as especificidades, regidas por regras, do desenvolvimento sócio-histórico que emergem da busca de objetivos humanos. Hoje, muito ao contrário, até a racionalidade e a legitimidade dessas reflexões são negadas com firmeza categórica. Assim, a temporalidade histórica é radicalmente suprimida e o domínio da história humana submerge no mundo cósmico da natureza – em princípio "desprovida de sentido".

Afirmam-nos que só podemos compreender a história em termos da imediaticidade da *aparência* – de modo que a questão de assumir o controle das *determinações estruturais*

---

[12] Sir Lewis Namier, *Vanished Supremacies: Essays on European History, 1812-1918* (Harmondsworth, Penguin Books, 1962), p. 203.

subjacentes pela apreensão das *leis socioeconômicas* vigentes não pode sequer surgir – enquanto nos resignamos à conclusão paralisante de que, "se há sentido", ele não pode mais ser encontrado nas relações sociais historicamente produzidas e historicamente mutáveis, conformadas pelo desígnio humano, mas na natureza cósmica e, por isso, deve sempre "escapar à nossa percepção".

Naturalmente, o ceticismo pessimista das teorias desse tipo – que, no entanto, não hesitam em castigar severamente todas as "concepções gerais" (exemplificadas também pelos discursos "pós-modernos" contra as "grandes narrativas") – não precisa se opor à prática social em geral em nome da "retirada do mundo", que do contrário se consideraria necessária. A necessidade desta última surge apenas quando a mudança estrutural fundamental – com referência a alguma concepção geral *radical* – está implícita na ação defendida.

Enquanto tudo puder ser incluído no interior dos parâmetros da ordem estabelecida, a "unidade da teoria e da prática" não precisará ser condenada como uma das várias supostas "confusões" de Marx. Ao contrário, sob tais circunstâncias deve ser louvada como um aspecto altamente positivo do empreendimento intelectual. Exatamente como a encontramos, de fato, na observação de sir Lewis Namier segundo a qual "é notável o quanto a *percepção é aguçada* quando o trabalho serve a uma *finalidade prática* de grande interesse", com referência a seu próprio estudo, "A queda da monarquia dos Habsburgo", fruto do trabalho "em departamentos de inteligência, primeiro sob, e depois dentro do Ministério do Exterior"[13].

Assim, o ceticismo histórico, por mais extremo, é absolutamente seletivo em seus diagnósticos e na definição de seus alvos. Pois, se o assunto em questão envolve a possibilidade de vislumbrar transformações estruturais fundamentais, então prega a "carência de sentido" de nossa situação de apuro e a inelutabilidade da conclusão de que "se há sentido, ele escapa à nossa percepção". Por outro lado, entretanto, quando a questão é: como sustentar com todos os meios e medidas necessários a ordem estabelecida, a despeito de seus antagonismos, e como dividir os espólios do (ou como mover-se no vácuo criado pelo) moribundo Império dos Habsburgo, essa "finalidade prática de grande interesse", a serviço dos departamentos de inteligência de outro império condenado, o Inglês, irá miraculosamente "aguçar a percepção" e enterrar o incômodo problemático do ceticismo.

Infelizmente, é assim que a busca emancipatória da tradição do Iluminismo termina na historiografia burguesa moderna. Os grandes representantes da burguesia em ascensão tentaram fundar o conhecimento histórico pela elucidação do poder do sujeito histórico humano de "fazer história", mesmo que não tenham podido conduzir de maneira consistente a sua investigação à conclusão pretendida originalmente. Hoje, cada um dos componentes de sua abordagem deve ser aniquilado.

A própria ideia de "fazer história" é descartada, com franco desdém por todos aqueles que podem ainda aceitá-la, uma vez que a única história que deve ser contemplada é aquela *já* feita, a qual deve permanecer conosco até o fim dos tempos. Por isso, embora

---

[13] Ibidem, p. 7.

seja correto e apropriado narrar a queda do império dos Habsburgo, a legitimidade intelectual de se investigar as tendências e os antagonismos objetivos do desenvolvimento histórico que prenuncia a dissolução necessária dos impérios britânico e francês – ou, nesse caso, também das estruturas do pós-guerra muito mais mediadas e difundidas politicamente/militarmente do imperialismo esmagadoramente dominado pelos Estados Unidos – tudo isso deve, em princípio, ser excluído.

Do mesmo modo, o relutante reconhecimento das limitações individuais na imposição das decisões políticas estatais adotadas e "de grande interesse" ao desenvolvimento histórico não conduz a uma apreensão mais realista das reciprocidades dialéticas vigentes entre os indivíduos e suas classes na constituição do sujeito histórico, nem ao reconhecimento dos parâmetros *coletivos* ineslutáveis da ação historicamente relevante. Ao contrário, traz a dissecação e a completa eliminação cética do sujeito histórico, com consequências devastadoras para as teorias que podem ser construídas no interior desses horizontes. Pois, uma vez que o sujeito histórico é lançado ao mar, não apenas a possibilidade de *fazer*, mas também de *entender* a história deve sofrer o mesmo destino, tal como as grandes figuras do Iluminismo reconheceram corretamente ao procurar soluções para os problemas que confrontavam.

E, finalmente, o resultado irônico de tudo isso no que diz respeito aos historiadores é que também seu próprio empreendimento perde completamente a *raison d'être*. Um apuro que eles causam a si mesmos ao tentar destruir o fundamento daqueles que se recusam a abandonar os conceitos intimamente interconectados de "sujeito histórico", "fazer história" e "entender a história", rompendo com isso, necessariamente, também todos os vínculos com os aspectos positivos da tradição filosófica a que pertencem.

Enfim, o que lhes resta como "saída" é a generalização e a idealização arbitrária de uma postura intelectual dúbia, que tem de se voltar, em sua busca pela autoconfiança cética, não apenas contra seu adversário social, mas também contra sua própria linhagem de origem.

Eles tentam esconder as contradições das soluções a que chegam por detrás da ideologia da "carência de sentido" universal, somada à viabilidade aparentemente autoevidente de apresentar, ao invés, "padrões" com "completude" descritiva: uma aspiração inevitavelmente fadada à derrota, se é que aspiravam alguma coisa. E justificam sua evasão programática dos problemas abrangentes – dos quais não se pode eliminar a questão de como tornar inteligíveis as tendências e necessidades que emergem da busca dos indivíduos por suas finalidades socialmente circunscritas – afirmando que eles pertencem propriamente às "profundezas inescrutáveis" dos mistérios cósmicos.

Se procurarmos as razões que estão por trás da trajetória decadente dessa reversão radical – da preocupação do Iluminismo com o significado humano e sua progressiva realização na história à apoteose do pessimismo cósmico e da "carência de sentido" universal –, destaca-se, mais do que tudo, um fator particular, com seu significado grave e irreversível, que afeta diretamente a tradição filosófica em questão em suas fases de desenvolvimento qualitativamente diferenciadas. Trata-se das condições e possibilidades de emancipação objetivamente dadas, bem como dos diferentes constrangimentos sociais envolvidos em suas conceitualizações sob circunstâncias históricas distintas.

Na verdade, até a busca emancipatória da grande tradição histórica do Iluminismo padece dos constrangimentos que induzem seus principais representantes a deixar a questão do sujeito histórico nebulosa e abstratamente definida (ou indefinida). Isso se deve em parte aos pressupostos individualistas dos filósofos que pertencem a essa tradição e, em parte, à heterogeneidade potencialmente antagônica das forças sociais a que se vinculam na fase dada dos confrontos históricos. Assim, o que temos aqui, mesmo sob circunstâncias mais favoráveis à articulação das concepções históricas da burguesia, é a presença – no início latente, mas inexoravelmente crescente – de antagonismos sociais intransponíveis que caminham em direção ao núcleo estruturador das respectivas sínteses filosóficas.

Compreensivelmente, pois, o desfecho do período histórico em questão, após a Revolução Francesa e as guerras napoleônicas, traz à tona uma conquista verdadeiramente ambivalente. De um lado, dá origem às melhores conceitualizações burguesas da dinâmica social, no mais alto nível de generalização, que antecipam magistralmente, no interior dos limites categoriais abstratos de seu horizonte, o desdobramento global da lógica objetiva do capital, ao lado das apreensões que verdadeiramente marcam época sobre o papel fundamental do trabalho no desenvolvimento histórico. De outro lado, porém, também produz a expansão antes inimaginável do *arsenal mistificador* da ideologia.

Significativamente, ambos combinam-se na síntese internamente cindida e mesmo em seus próprios termos extremamente problemática do sistema hegeliano; com sua "identidade de Sujeito/Objeto" e sua "astúcia da Razão" no lugar do sujeito histórico real; com a redução do processo histórico ao "círculo de círculos" do autoengendrado e "único progresso do Conceito", na sua construção do edifício categórico de *Ciência da lógica*, bem como na alegada "verdadeira Teodiceia" de *Filosofia da história*; e com a supressão da temporalidade histórica na conjuntura crítica do presente, que termina, em contradição consigo mesma, com a maior de todas as mentiras em uma teoria que pretende ser histórica – a saber, que "a Europa é *o fim da história universal*"[14] –, após definir a tarefa da História Universal como a demonstração de "como o Espírito chega [...] ao *reconhecimento e à adoção da verdade*"[15].

Nesse sentido, juntamente com a consolidação da ordem social após a Revolução Francesa ocorrem algumas transformações conceituais altamente significativas. No início, a substância sócio-histórica e o valor explicativo das *lutas de classes* são reconhecidos pelos historiadores burgueses, ainda que procurem inserir esses conceitos em uma estrutura geral cada vez mais conservadora. Mais tarde, porém, todas essas categorias tiveram de ser completamente descartadas como "conceitos do século XIX", atribuindo-os caracteristicamente a Marx (embora o próprio Marx não tenha nunca alegado originalidade a esse respeito) a fim de conseguirem se desfazer de sua própria herança intelectual sem embaraço. A busca por emancipação do Iluminismo sofre o mesmo destino de ser relegada ao passado remoto em todos os aspectos fundamentais, apresentada cada vez mais – na melhor das hipóteses – como uma "nobre ilusão".

Quando, "do ponto de vista da economia política" (que representa a perspectiva da ordem estabelecida do capital), a questão é: como *impedir* que a história seja feita

---

[14] G. W. F. Hegel, *Filosofia da história* (Brasília, Editora Universidade de Brasília, 1995), p. 93.
[15] Ibidem, p. 50. Grifos meus.

pelas classes subordinadas a serviço de uma nova ordem social, o pessimismo histórico da "crescente carência de sentido" e o ceticismo radical que procura desacreditar a própria ideia de "fazer história" estão em perfeita sintonia com os interesses materiais e ideológicos dominantes. Ao mesmo tempo, contudo, as forças sociais engajadas na luta pela emancipação do domínio do capital não podem abandonar nem o projeto de "fazer história", nem a ideia de instituir uma nova ordem social. Não por conta de alguma inclinação perversa ao "holismo" messiânico, mas simplesmente porque mesmo a realização de seus *objetivos imediatos* mais limitados – como alimentação, moradia, saúde e educação básicas, no que concerne à maioria esmagadora da humanidade – é completamente inconcebível sem desafiar radicalmente a ordem estabelecida, cuja própria natureza os consigna, *necessariamente*, à sua posição impotente de subordinação estrutural na sociedade.

1.4 Tempo livre e emancipação

A emancipação humana é plausível apenas com base em uma concepção histórica que rejeita não apenas a ideia do *determinismo materialista mecânico*, mas também o tipo de *desfecho da história* filosófico idealista que encontramos na monumental visão hegeliana do mundo. Pois, quando Hegel declara em um tom de resignação consentida que "o que é racional é real e o que é real é racional" (como vimos acima), para justificar sua aceitação da necessária *reconciliação com o presente*, identificando ao mesmo tempo a alegada "realidade racional" do existente com a *positividade*, ele conduz a própria dinâmica histórica a um desfecho arbitrário no *presente eterno* aprioristicamente antecipado de seu sistema especulativo, afastando-se portanto também de sua busca emancipatória original concebida no espírito do Iluminismo.

Em contraste tanto com o determinismo mecanicista quanto com o idealismo especulativo, a defesa socialista de emancipação real não faria sentido algum sem a afirmação do *caráter radicalmente ilimitado da hitória*. Pois qual seria o sentido de enfatizar o potencial emancipatório positivo do *tempo livre* produtivamente desenvolvido da humanidade, uma vez submetido ao uso criativo pelos indivíduos sociais no curso do desenvolvimento histórico, se o *processo geral* de transformação histórica estivesse fatalmente predeterminado pelos estreitos limites do determinismo mecanicista (ou *determinismo naturalista*), ou ainda, o que daria no mesmo, pelas grandiloquentes projeções *a priori* do "autorrealizado Espírito do Mundo"?

Eis porque Marx insiste, em sua concepção *dialética* do *caráter radicalmente ilimitado da história*, formulada contra toda forma de desfecho ideológico determinista, que todo processo e estágio específico levado a cabo pela determinação *histórica* é *apenas* histórico e, portanto, deve dar lugar no devido tempo a um estágio de desenvolvimento mais avançado – e, para os indivíduos, também potencialmente mais enriquecedor e realizador –, cada vez mais em sintonia com a emancipação produtivamente sustentada da humanidade. Assim, ao contrário das deturpações tendenciosas das visões de Marx – falsamente condenadas por conta de seu pretenso "determinismo econômico", que vem a ser de fato a abordagem teórica dos economistas políticos severamente criticados por Marx –, quando sublinha o poder subjugador da base material, ele o faz com qualificações muito claras. Pois salienta que a base material da transformação social atinge seu domínio paradoxal *sob as condições históricas determinadas* da ordem social do capital, quando – graças ao desenvolvimento produtivo da humanidade – surgem no horizonte algumas potencialidades emancipatórias fundamentais, ainda que sejam frustradas e minadas pelos antagonismos internos destrutivos do capital. E, precisamente com o objetivo de libertar essas potencialidades produtivas positivas, Marx contrapõe às determinações estruturais antagônicas do capital a emancipatória alternativa socialista como um modo de controle sociometabólico voltado não apenas à *substituição consciente* do poder da base material historicamente específica do capital, articulada na forma das determinações universalmente reificadoras da sociedade de mercadorias, mas também à superação da antiquíssima preponderância da base material em geral. Eis o significado do discurso marxiano sobre a *história real* da humanidade e seu "reino da liberdade" em oposição ao "reino da necessidade" esmagadoramente dominante no que ele chama de *pré-história* da humanidade.

A tirania do *imperativo do tempo do capital* encontra sua completude apropriada com respeito à escala oniabrangente de desenvolvimento no arbitrário "fim da história". Assim, não há como romper com o imperativo do tempo do capital sem obrigatoriamente asseverar – não apenas em concepções teóricas alternativas, mas sobretudo pela estratégia prática abrangente de transformação revolucionária – o *caráter radicalmente ilimitado da história*, desafiando conscientemente a conformação hierárquica estabelecida das relações sociais estruturalmente predeterminadas e arraigadas. Nesse sentido, a tirania do *imperativo do tempo* do capital, imposta praticamente no processo de reprodução societária por meio da alienante *contabilidade do tempo* do sistema, e a tirania do *desfecho histórico* do capital logram ou malogram juntas.

O *caráter radicalmente ilimitado da hitória* historicamente criada é inseparável da condição única de *automediação* da humanidade com a natureza ao longo da história. Isso é muito verdadeiro no sentido de que não há como *predeterminar* permanentemente as formas e as modalidades da automediação humana, precisamente porque ela é *auto*mediação. As complexas condições dialéticas dessa automediação pela atividade produtiva só podem satisfazer-se – uma vez que são constantemente criadas e recriadas – no curso dessa própria automediação. É por isso que todas as tentativas de produzir sistemas de explicação histórica nitidamente encerrados em si mesmos e convenientemente fechados resultam ou em alguma redução arbitrária da complexidade das ações humanas à simplicidade crua das determinações mecânicas ou na sobreposição idealista de um ou outro tipo de *transcendentalismo a priori* à *imanência* do desenvolvimento humano.

Por meio da produção do *tempo livre* da humanidade no curso da história, em uma escala crescente, torna-se possível realizar a emancipação real e a igualdade substantiva dos indivíduos sociais. Assim, os indivíduos não têm que se resignar ao prêmio de consolação idealista "da *forma* e não da *matéria* do objeto em relação ao qual podem possuir um direito"[16], tal como estipulado por Kant em nossa citação anterior: um prêmio de consolação generosamente concebido, mas, por sua própria natureza, completamente

---

[16] Ver nota 6, neste capítulo.

ilusório. E que está fadado a permanecer ilusório porque é esvaziado, pela realidade desumanizadora do modo de reprodução societária do capital, de toda significação pretendida, não apenas no que se refere à sua *matéria*, mas também à sua *forma*. E permanecerá assim enquanto o sistema do capital sobreviver.

No curso do desenvolvimento da humanidade, a *necessidade natural* progressivamente dá lugar à *necessidade historicamente criada*, enquanto, no devido tempo, a própria *necessidade histórica* se torna *necessidade potencialmente desnecessária*, com a vasta expansão da capacidade produtiva e da riqueza real da sociedade. Assim, ao representar a condição seminal da emancipação realmente plausível, percebemos que a necessidade histórica é, de fato, "uma necessidade meramente *histórica*": uma "necessidade" que necessariamente desaparecerá ou "que tende a desaparecer"[17], que deve ser conceitualizada como inerentemente *transitória*, em contraste com o caráter absoluto das determinações estritamente naturais, como a *gravidade*. A progressiva substituição da necessidade natural pela necessidade historicamente criada abre a possibilidade do desenvolvimento universal das forças produtivas, que envolve o "desenvolvimento pleno da atividade"[18] que, por sua vez, permanecem sempre o eixo das relações de troca (como a necessária *troca de atividades*), em contraste com a visão fetichista da *troca de mercadorias* inseridas clandestinamente até nos cantos mais remotos da história passada, bem como gratuitamente projetados no futuro atemporal pelos Hayeks deste mundo, os apologistas do capital.

A "tendência universal do capital", que transfere as condições objetivas de produção ao plano dos intercâmbios *globais*, no interior da estrutura de divisão internacional do trabalho e do *mercado mundial*, distingue o sistema do capital "de todos os estágios de produção anteriores"[19]. No entanto, uma vez que as condições de produção como um resultado encontram-se fora das empresas industriais particulares – fora até mesmo das corporações transnacionais e monopólios estatais mais gigantescos – a "tendência universalizante" do capital acaba sendo de fato uma dádiva muito defeituosa. Pois, enquanto por um lado ela cria a genuína *potencialidade de emancipação humana*, por outro representa a maior de todas as complicações possíveis – já que implica até mesmo o perigo de conflitos totalmente destrutivos – no sentido de que as condições necessárias de produção e controle se encontram *fora* e, por conseguinte, *em todos os lugares e em lugar nenhum, como em um pesadelo*. Em vista disso, o pior pesadelo seria esperar que a "mão invisível" solucionasse todas as contradições caoticamente engrenadas e os antagonismos destrutivos do *sistema do capital globalmente entrelaçado*, quando já não fez o que supostamente deveria fazer, a despeito da ilimitada confiança que lhe conferiram Adam Smith, Kant, Hegel e muitos outros, em uma escala bem mais modesta, nos séculos passados.

---

[17] Karl Marx, *Grundrisse der Kritik der politischen Ökonomie* (Marx-Engels-Werke, Berlim, Dietz Verlag, 1983, v. 42), p. 722. [Não há tradução dos *Grundrisse* para o português. Todas as citações dessa obra de Marx foram traduzidas do original alemão por Nélio Schneider, especialmente para este livro – N. E.]

[18] Ibidem, p. 244.

[19] Ibidem, p. 445.

A sóbria verdade é que a tendência universalizante do capital *jamais* pode chegar à fruição no interior de sua própria estrutura. Pois o capital deve decretar que as barreiras que não pode transcender – a saber, suas limitações estruturais recônditas – são limites intransponíveis de toda produção em geral. Ao mesmo tempo, o que se deve de fato reconhecer e respeitar como um limite inviolável e uma condição vital do desenvolvimento contínuo – isto é, a natureza em toda a sua complexidade como o fundamento da própria existência humana – é integralmente desconsiderado na sistemática subjugação, degradação e destruição última da natureza. Isso ocorre porque os interesses fundamentalmente cegos da expansão do capital têm de rejeitar até mesmo o fato de que as condições mais elementares da vida humana são diretamente enraizadas na natureza. Por conseguinte, em ambos os aspectos, isto é, tanto em relação àquilo que o capital se recusa a reconhecer – seus próprios limites estruturais –, quanto no que se refere ao seu impacto incorrigivelmente destrutivo sobre a natureza – o substrato vital da própria vida humana –, cumpre efetivar um *rompimento consciente* com as determinações autovantajosas do sistema do capital.

As mesmas considerações se aplicam à mitologia da "globalização", promovida com zelo missionário pelos ideólogos do capital como uma versão mais palatável da "mão invisível" para o nosso tempo. Quando projetam os benefícios supostamente globais e onilaterais, em conjunção com o mundo do mercado, ignoram ou deliberadamente distorcem que aquilo que realmente existe – e existiu durante um longo tempo – está longe de ser universal e equitativamente benéfico, mas, ao contrário, é um *mercado mundial imperialisticamente dominado*. Estabeleceu-se como um conjunto das *relações de poder* mais iníquas, operando sempre em vantagem dos mais fortes e da cruel dominação – se necessário for, mesmo do subjugo militar direto – e exploração dos mais fracos. Uma ordem "globalizada" constituída sobre essa base, sob a estrutura geral de comando do Estado moderno, só poderia piorar as coisas. Eis porque, também a esse respeito, sem um *rompimento consciente* com o modo de controle sociometabólico do capital o *potencial emancipatório positivo* de longo alcance dos intercâmbios reprodutivos globais da humanidade não pode chegar à sua fruição real. Somente o uso criativo do tempo livre pelos indivíduos sociais, em busca dos objetivos livremente escolhidos por eles, pode levar a cabo o tão necessário resultado benéfico.

A produção de *tempo livre* no curso da história, como a condição necessária da emancipação, é uma grande realização coletiva. Como tal, é inseparável do desenvolvimento progressivo da humanidade, da mesma maneira como o *conhecimento* – e o *conhecimento científico* historicamente cumulativo relevante de modo direto ao processo de reprodução societária – é também impensável sem o sujeito coletivo da humanidade, e se estende a toda a história. Contudo, o capital expropria para si o tesouro de todo o conhecimento humano e, arbitrariamente, atribui legitimidade somente às suas partes passíveis de se explorar lucrativamente – ainda que da maneira mais destrutiva – por seu próprio modo fetichista de reprodução.

Naturalmente, o capital se relaciona da mesma forma com o tempo livre historicamente produzido da humanidade. Assim, apenas a sua fração diretamente passível de submeter-se às determinações exploradoras da "indústria do lazer" pode ativar-se por meio da inserção no processo da expansão lucrativa do capital. Entretanto, o tempo livre da humanidade não é uma noção especulativa, mas uma potencialidade muito real e, por sua própria natureza, inexaurível. Existe como o *tempo disponível* virtualmente ilimitado – porque generosamente renovável e ampliável – dos indivíduos sociais, capaz de ser colocado em uso criativo por eles como indivíduos autorrealizadores, contanto que os propósitos significativos a que suas ações servem emerjam de suas próprias deliberações autônomas. Essa é a única maneira de transformar os potenciais emancipatórios da humanidade na realidade libertadora da vida cotidiana.

2
A INCONTROLABILIDADE E A DESTRUTIVIDADE DO CAPITAL GLOBALIZANTE[1]

Vivemos em uma época de crise histórica sem precedentes, cuja severidade pode ser dimensionada pelo fato de que não estamos enfrentando uma crise cíclica mais ou menos ampla do *capitalismo*, tal como experimentada no passado, mas a crise estrutural cada vez mais profunda do próprio *sistema do capital*. Como tal, essa crise afeta – pela primeira vez na história – a totalidade da humanidade e, a fim de que a humanidade sobreviva, demanda mudanças fundamentais no modo de controle do metabolismo social.

2.1 A extração do trabalho excedente no "sistema orgânico" do capital

Os elementos constitutivos do sistema do capital (por exemplo, o capital monetário e mercantil, bem como a produção esporádica originária de mercadorias) remonta há milhares de anos na história. Entretanto, durante a maior parte desses milhares de anos todos esses elementos permaneceram como partes subordinadas dos sistemas específicos de controle sociometabólico que predominavam historicamente nos vários períodos, inclusive dos modos de produção e distribuição escravista e feudal. Somente nos últimos séculos, sob a forma burguesa capitalista, o capital pôde afirmar com êxito sua vigência como um "sistema orgânico" oniabrangente. Nas palavras de Marx:

> É preciso ter em mente que as novas forças de produção e as novas relações de produção não se desenvolvem a partir do *nada*, nem caem do céu, nem nascem tampouco do útero da Ideia que a si mesma se põe; mas se formam no interior e em antítese ao desenvolvimento da produção existente e às

---

[1] Publicado pela primeira vez como "Introdução" à edição farsi de *Para além do capital*, no outono de 1997.

relações de propriedade tradicionais herdadas. Se em pleno sistema burguês cada relação econômica pressupõe todas as outras em sua forma econômica burguesa, e tudo o que foi posto é, portanto, também um pressuposto, então o mesmo se dá com qualquer *sistema orgânico*. Esse mesmo sistema orgânico, como totalidade, tem seus pressupostos, e seu desenvolvimento em direção à totalidade consiste precisamente em subordinar a si todos os elementos da sociedade, ou criar a partir dela os órgãos de que ainda carece; eis como historicamente ele se torna uma totalidade.[2]

Desse modo, libertando seus antiquíssimos componentes orgânicos das algemas dos sistemas orgânicos anteriores e demolindo as barreiras que impediam o desenvolvimento de novos componentes vitais[3], o capital como um sistema orgânico oniabrangente pôde afirmar sua vigência nos últimos três séculos como produção generalizada de mercadorias. Reduzindo e degradando os seres humanos à condição de meros "custos de produção" como "força de trabalho necessária", o capital pôde tratar até mesmo o trabalho vivo como nada mais que "mercadoria comercializável", igual a qualquer outra, sujeitando-o às determinações desumanizadoras da coerção econômica.

As formas anteriores de intercâmbio produtivo dos seres humanos entre si e com a natureza eram em sua totalidade orientadas à produção para o *uso* e tinham como determinação sistêmica um alto grau de *autossuficiência*. Isso lhes impunha uma grande vulnerabilidade aos princípios reprodutivos acentuadamente contrastantes do capital, que já operavam, ainda que de início em uma escala muito pequena, no interior dos limites dos sistemas antigos. Pois *nenhum* dos elementos constitutivos do sistema orgânico do capital que se desdobra dinamicamente jamais *precisou* ou, com efeito, *foi capaz* de limitar-se às restrições estruturais da autossuficiência. O capital pôde emergir e triunfar sobre seus antecessores históricos como um sistema de controle sociometabólico pelo abandono de todas as considerações da necessidade humana vinculada às limitações dos *valores de uso* não quantificáveis, sobrepondo-lhes – como pré-requisito absoluto de sua legitimação para se tornarem alvos aceitáveis de produção – os imperativos fetichistas do *valor de troca* quantificável e *sempre expansivo*. Eis como a forma historicamente específica do sistema do capital: sua variedade *burguesa capitalista*, passou a existir. Teve de adotar o modo esmagadoramente *econômico* de extrair trabalho excedente como *mais-valia* estritamente quantificada – em contraste tanto com a forma *pré-capitalista* quanto com a forma *pós-capitalista* de tipo soviético, primordialmente *políticas*, de controle da extração de *mais-valia* – como a maneira incomparavelmente mais dinâmica de realizar o imperativo da expansão do sistema vitorioso naquele momento. Ao lado disso, graças à perversa circularidade do sistema orgânico do capital plenamente completado – em que "cada relação econômica pressupõe todas as outras em sua forma econômica burguesa" e "tudo o que se estabeleceu é também um pressuposto" – o mundo do capital pôde também afirmar sua pretensão de ser uma "jaula de ferro" para sempre inoxidável da qual não se poderia ou deveria contemplar saída.

---

[2] Karl Marx, *Grundrisse der Kritik der politischen Ökonomie* (Marx-Engels-Werke, Berlim, Dietz Verlag, 1983, v. 42), p. 203.

[3] Sobretudo superando a proibição da compra e venda de terra e trabalho, assegurando com isso o triunfo da alienação em todos os âmbitos.

No entanto, a necessidade absoluta de satisfazer com êxito as exigências da expansão irrestringível – o segredo do invencível avanço do capital – trouxe consigo também uma limitação histórica intransponível. E a trouxe não apenas para a forma sócio-histórica específica do *capitalismo* burguês, mas inteiramente para a viabilidade do *sistema do capital* em geral. Pois esse sistema de controle sociometabólico ou conseguiria impor à sociedade sua lógica expansiva implacável e fundamentalmente irracional, por mais devastadoras que fossem as consequências, ou teria de adotar restrições racionais que contradiriam diretamente sua determinação medular como sistema expansivo irrestringível. O século XX testemunhou muitas tentativas fracassadas voltadas à superação das limitações sistêmicas do capital, desde o keynesianismo até o intervencionismo estatal de tipo soviético, além das conflagrações políticas e militares a que deram origem. E, no entanto, tudo o que essas tentativas puderam alcançar foi somente a "hibridização" do sistema do capital, comparado à sua forma econômica clássica – com implicações extremamente problemáticas para o futuro –, mas não soluções estruturalmente viáveis.

2.2 Irreformabilidade, incontrolabilidade e destrutividade

É altamente significativo nesse respeito que, de fato – e não obstante todo o triunfalismo que celebrou nos últimos anos as virtudes míticas de uma "sociedade de mercado" idealizada (para não mencionar o uso propagandístico apologético a que serviu o conceito de um "mercado social" totalmente fictício) e o "fim da história" sob a hegemonia nunca mais desafiável dos princípios capitalistas liberais –, o sistema do capital não pôde ser completado como um sistema *global* em sua forma *capitalista* apropriada; isto é, fazendo prevalecer *universalmente* o modo esmagadoramente *econômico* de extração e apropriação do trabalho excedente como mais-valia. No século XX, o capital foi obrigado a responder a crises cada vez mais amplas (que trouxeram consigo até mesmo duas guerras mundiais antes inimagináveis) aceitando a "hibridização" – na forma de uma intrusão do Estado no processo de reprodução socioeconômica – como uma saída para suas dificuldades e ignorando os perigos de longo prazo da solução adotada para a viabilidade do sistema. Caracteristicamente, as tentativas de voltar o relógio (à época de um Adam Smith grosseiramente deturpado) são proeminentes entre os defensores acríticos do sistema do capital. Assim, os representantes da "direita radical" continuam a fantasiar sobre o "recuo das fronteiras do Estado", muito embora se observe na realidade a tendência oposta, devida à incapacidade de o sistema assegurar a expansão do capital na escala exigida sem a administração de doses cada vez maiores da "ajuda exterior" do Estado, em uma ou noutra forma.

O capitalismo pode ter obtido a supremacia na antiga União Soviética e na Europa oriental; mas é equivocado descrever o presente estado do mundo como governado com êxito pelo *capitalismo* em todos os lugares, ainda que esteja certamente sob o governo do *capital*. Pois, na China, por exemplo, o capitalismo é potentemente estabelecido apenas em "enclaves" costeiros, deixando a maioria esmagadora da população (isto é, bem mais de um bilhão de pessoas) fora de sua estrutura. E mesmo nessas áreas restritas da China, em que os princípios capitalistas predominam, a extração econômica de trabalho excedente tem de ser amparada por fortes componentes políticos, para manter o custo do trabalho artificialmente baixo. De maneira semelhante, a Índia – outro país composto por uma população imensa – encontra-se apenas parcialmente sob a administração bem-sucedida do metabolismo socioeconômico capitalisticamente regulado, deixando a esmagadora maioria da população em uma situação de apuro muito diversa até o momento[4]. Mesmo na antiga União Soviética seria bastante impreciso falar de restauração bem-sucedida do capitalismo em todos os lugares, a despeito da plena dedicação dos corpos políticos governantes a essa tarefa nos últimos doze anos. Além disso, a fracassada "modernização" do chamado "Terceiro Mundo", em conformidade com as prescrições propagadas durante décadas pelos países "capitalistas avançados", sublinha o fato de que um grande número de pessoas – não apenas na Ásia, mas também na África e na América Latina – não poderiam ser levadas à terra, há muito prometida, do milênio capitalista liberal. Assim, o capital só conseguiu ajustar-se às pressões que emanam do fim de sua "ascendência histórica" voltando as costas à sua própria fase progressista de desenvolvimento, abandonando inteiramente o projeto capitalista liberal, a despeito de toda a mistificação ideológica autovantajosa do contrário. Eis porque deveria ser ainda mais óbvio hoje do que jamais fora que o alvo da transformação socialista não pode ser somente o *capitalismo*, a fim de obter um êxito duradouro; cumpre que seja o próprio *sistema do capital*.

Esse sistema em todas as suas formas capitalistas ou pós-capitalistas é (e tem de permanecer) *orientado à expansão* e dirigido pela *acumulação*[5]. Naturalmente, o que está em questão a esse respeito não é um processo designado à crescente satisfação da necessidade humana. Antes, é a expansão do capital como um fim em si mesmo, servindo à preservação de um sistema que não poderia sobreviver sem afirmar constantemente seu poder como um modo ampliado de reprodução. O sistema do capital é *antagônico* até o mais fundo de seu âmago, por conta da subordinação estrutural hierárquica do trabalho ao capital, que usurpa totalmente – e deve sempre usurpar – o poder de decisão. Esse antagonismo estrutural predomina em todos os lugares, desde os menores "microcosmos" constitutivos até o "macrocosmo" que abarca as mais abrangentes estruturas e relações reprodutivas. E, precisamente porque o antagonismo é *estrutural*, o sistema do capital é – e deve sempre permanecer – *irreformável* e *incontrolável*. O fracasso histórico da social-democracia reformista fornece um testemunho eloquente da irreformabilidade

---

[4] Um grande número de pessoas está sobrevivendo (quando consegue sobreviver) com o mínimo na "economia tradicional" e o número daqueles que permanecem completamente marginalizados, mesmo que ainda mantenham a esperança – vã, na maioria dos casos – de encontrar algum tipo de trabalho no sistema capitalista, é um desafio ao próprio entendimento. Assim: "Enquanto o número de pessoas desempregadas registradas em bolsas de emprego estava em 336 milhões em 1993, o número de pessoas empregadas no mesmo ano, de acordo com a Comissão de Planejamento, estava em apenas 307,6 milhões, o que significa que o número registrado de pessoas desempregadas é superior ao número de pessoas empregadas. E a taxa percentual de aumento de emprego é quase desprezível". Sukomal Sen, *Working Class of India: History of Emergence and Movement 1830-1990, With an Overview up to 1995* (Kolkata, K. P. Bagchi & Co., 1997), p. 554.

[5] A crise crônica de acumulação como um grave problema estrutural foi salientada por Paul Sweezy e Harry Magdoff em diversas ocasiões.

do sistema; e a crise estrutural cada vez mais profunda, com seus perigos para a própria sobrevivência da humanidade, coloca em acentuado relevo a sua incontrolabilidade. Com efeito, é inconcebível introduzir as mudanças fundamentais exigidas para remediar a situação sem superar o antagonismo estrutural destrutivo tanto nos "microcosmos" reprodutivos como no "macrocosmo" do sistema do capital como um modo de controle sociometabólico oniabrangente. E isso só se pode alcançar se for colocada em seu lugar uma forma radicalmente diferente de reprodução sociometabólica, orientada ao redimensionamento qualitativo e ao aumento da satisfação da necessidade humana; um modo de intercâmbio humano controlado não por um conjunto de determinações materiais fetichistas, mas pelos próprios produtores associados.

2.3 A tripla fratura interna do sistema

O sistema do capital é caracterizado por uma tripla fratura entre:

1) a produção e seu controle,

2) a produção e o consumo e

3) a produção e a circulação – tanto interna como internacional – dos produtos.

Como resultado, é um sistema irremediavelmente *centrífugo* em que as partes conflitantes e internamente antagônicas se dirigem para direções muito diversas.

Nas teorias formuladas no passado do ponto de vista do capital, as soluções à ausente dimensão *coesiva* eram em sua totalidade ilusoriamente conceitualizadas. Primeiramente, por Adam Smith, como a "mão invisível", que supostamente deveria tornar as intervenções políticas do Estado e seus políticos – explicitamente condenadas por Smith como extremamente prejudiciais – bastante supérfluas. Posteriormente, Kant ofereceu uma variação do "Espírito Comercial" de Adam Smith, defendendo a realização da "política moral" e esperando (ingenuamente) da ação do "Espírito Comercial" não apenas benefícios econômicos universalmente difundidos, mas também um reino politicamente louvável de "paz perpétua", no interior da estrutura de uma harmoniosa "Liga das Nações". Ainda mais adiante, no auge dessa linha de pensamento, Hegel introduziu a ideia da "astúcia da Razão", e atribuiu-lhe o desempenho de uma função muito similar à da "mão invisível" de Adam Smith. Entretanto, em completa oposição a Smith – e refletindo a situação de apuro muito mais conflituosa de seu próprio tempo – Hegel atribuiu diretamente o papel totalizante/universalista da Razão em questões humanas ao Estado-nação, zombando da crença de Kant no reino vindouro da "paz perpétua". Contudo, ele insistiu também que "o Universal deve encontrar-se no Estado, em suas leis, suas disposições universais e racionais. O Estado é a Ideia Divina tal como existe na Terra"[6], já que no mundo moderno "o

---

[6] G. W. F. Hegel, *The Philosophy of History*, p. 39. [Optamos por traduzir a passagem citada, em lugar de transcrever a passagem correspondente da edição brasileira, por conta das diferenças que esta apresenta. Na edição brasileira, lê-se: "No Estado, o universal está nas leis, em determinações gerais e racionais. Ele é a ideia divina, tal qual existe no mundo". G. W. F. Hegel, *Filosofia da história* (Brasília, Editora Universidade de Brasília, 1995), p. 40 – N. T.]

Estado como imagem e realidade da Razão tornou-se objetivo"[7]. Assim, mesmo os maiores pensadores que conceitualizaram esses problemas desde o ponto de vista do capital só puderam oferecer soluções idealizadas às contradições subjacentes – isto é, à tripla fratura fundamentalmente irremediável mencionada acima. Não obstante, eles reconheceram, ao menos por implicação, a existência dessas contradições, ao contrário dos atuais apologistas do capital – como os representantes da "direita radical", por exemplo – que jamais admitiriam a existência de algo carente de correção substantiva em seu estimado sistema.

2.4 O fracasso do capital em criar sua formação estatal global

Dada a determinação interna centrífuga de suas partes constitutivas, o sistema do capital só poderia encontrar uma dimensão coesiva – extremamente problemática – na forma de suas formações estatais nacionais. Estas incorporaram a estrutura política abrangente/totalizante de comando do capital, que se mostrou adequada ao seu papel ao longo da ascendência histórica do sistema. Entretanto, o fato de que essa dimensão coesiva e corretiva tenha se articulado historicamente na forma dos Estados-nação, que estão muito longe de serem mutuamente benevolentes e harmoniosos, mas sim absolutamente desprovidos do desejo de conformar-se ao imperativo kantiano da "paz perpétua" vindoura, significou que o Estado em sua realidade foi realmente "infectado pela contingência"[8] sob vários aspectos.

Primeiramente, porque as forças de destruição à disposição da guerra moderna tornaram-se absolutamente proibitivas, privando, com isso, os Estados-nação de sua sanção última para a resolução dos antagonismos internacionais mais abrangentes na forma de uma outra guerra mundial.

Em segundo lugar, porque o fim da ascendência histórica do capital colocou em relevo o desperdício e a destrutividade irracionais do sistema também no plano da produção[9], intensificando com isso a necessidade de assegurar novos escoamentos para os produtos do capital através da dominação hegemônica/imperialista sob condições em que o modo tradicional de impô-la não podia mais ser considerado uma opção prontamente disponível; não apenas por razões estritamente militares, mas também por causa das graves implicações desses passos em direção a uma potencial guerra comercial global.

---

[7] G. W. F. Hegel, *The Philosophy of Right*, p. 223. [Optamos por traduzir a citação de Mészáros em virtude da diferença que esta apresenta em relação à edição brasileira, onde se lê: "se tornou objetiva a reconciliação que, em imagens e em realidade da razão, desenvolve o Estado". G. W. F. Hegel, *Princípios da filosofia do direito*, cit., p. 317 – N. T.]

[8] Ibidem, p. 214. [Novamente optamos por traduzir os termos citados por Mészáros devido à diferença apresentada pela edição brasileira, onde consta que a adesão dos Estados à liga internacional proposta por Kant estaria "sujeita à contingência". G. W. F. Hegel, *Princípios da filosofia do direito*, cit., p. 304 – N. T.]

[9] Schumpeter costumava louvar o capitalismo – de maneira bastante autocomplacente – como uma ordem reprodutiva de *destruição produtiva*; hoje seria muito mais correto caracterizá-lo cada vez mais como um sistema de *produção destrutiva*.

E, em terceiro lugar, porque a contradição, velada até um momento relativamente recente, entre o impulso expansivo irrestringível do capital (que tende à plena integração global) e suas formações estatais historicamente articuladas – como Estados-nação concorrentes – irrompeu à notoriedade, sublinhando não somente a *destrutividade* do sistema, mas também sua *incontrolabilidade*.

Não é surpreendente, pois, que o fim da ascendência histórica do capital no século XX tenha carregado consigo também uma profunda crise de todas as suas formações estatais conhecidas.

Hoje em dia, como uma solução automática a todos os problemas e contradições encontrados, oferecem-nos a varinha mágica da "globalização". Essa solução se apresenta como uma novidade completa, como se a questão da globalização tivesse aparecido no horizonte histórico somente na última ou nas duas últimas décadas, com sua promessa de benevolência universal equivalente à noção certa vez similarmente aclamada da "mão invisível". Contudo, na realidade, o sistema do capital moveu-se inexoravelmente em direção à "globalização" desde sua origem. Pois, dado o caráter irrestringível de suas partes constitutivas, não era possível entrever sua completude bem-sucedida de outra forma, se não a de um sistema global oniabrangente. Eis porque o capital teve de procurar demolir todos os obstáculos que se encontravam no caminho de seu pleno desdobramento; e cumpre que continue a fazê-lo enquanto o sistema sobreviver.

É aí que uma contradição maciça se faz claramente visível. Pois, ao passo que o capital, em sua articulação produtiva – em nosso tempo primordialmente pela ação de gigantes corporações *nacionais-transnacionais* – tende à integração global (e, nesse sentido, verdadeira e substantivamente à globalização), a configuração vital do "capital social total" ou "capital global" é, até o momento, totalmente destituída de sua formação estatal apropriada. Isso é o que contradiz agudamente a determinação intrínseca do próprio sistema como inexoravelmente global e irrestringível. Assim, a ausência do "Estado do sistema do capital" como tal demonstra a incapacidade de o capital conduzir a lógica objetiva do caráter irrestringível do sistema à sua conclusão última. É essa circunstância que deve submeter as expectativas esperançosas da "globalização" à sombra do penoso fracasso, sem eliminar, contudo, o próprio problema – a saber, a necessidade de uma integração verdadeiramente global dos intercâmbios reprodutivos da humanidade – ao qual se pode entrever apenas uma solução socialista. Pois, sem uma solução socialista, o antagonismo mortal e a confrontação hegemônica necessariamente crescentes das principais potências concorrentes pelos escoamentos exigidos só podem resultar em uma ameaça à sobrevivência da humanidade. Para citar apenas um exemplo, em duas ou três décadas a economia da China (mesmo em sua atual taxa de desenvolvimento) tende a exceder a força econômica dos Estados Unidos, com um potencial militar para se lhe equiparar. E, na boa e antiga tradição do "pensamento estratégico" dos Estados Unidos, já existem "teorias" que antecipam a necessária solução desse imenso desafio econômico e político por meio de algum "ataque preventivo".

2.5 A insuficiência crônica da "ajuda exterior" do Estado

A crise estrutural do capital é a reveladora manifestação do encontro do sistema com seus próprios limites intrínsecos. A adaptabilidade desse modo de controle sociometabólico poderia ir até onde lhe permitisse a "ajuda exterior" compatível com suas determinações sistêmicas. O próprio fato de emergir a necessidade dessa "ajuda exterior" – e, a despeito de toda mitologia do contrário, ela continuou a crescer ao longo do século XX – sempre foi uma indicação de que algo muito diverso da normalidade da extração econômica e apropriação do trabalho excedente pelo capital tinha de ser introduzido para contrapor-se às severas "disfunções" do sistema. Contudo, durante a maior parte do nosso século, o capital conseguiu digerir as doses de remédio administradas e, nos poucos "países capitalistas avançados" – mas apenas nestes –, pôde até mesmo celebrar sua fase expansiva de desenvolvimento mais obviamente bem-sucedida de intervencionismo estatal keynesiano no pós-guerra.

A severidade da crise *estrutural* do sistema do capital faz com que os socialistas se confrontem com um grande desafio estratégico, embora também ofereça, ao mesmo tempo, novas possibilidades vitais para cumprir esse desafio. É preciso salientar que, por mais abundantes e variadas as formas de "ajuda exterior" do século XX – diferentemente das fases iniciais do desenvolvimento capitalista, em que a "ajuda exterior política absolutista" (como apontada por Marx com referência a Henrique VIII e outros) era instrumental, embora vital, ao estabelecimento da normalidade e funcionamento saudável do capital como um sistema oniabrangente –, toda essa ajuda em nosso tempo mostrou-se *insuficiente* para o propósito de assegurar a estabilidade permanente e a vitalidade inquestionável do sistema. Muito pelo contrário. Pois as intervenções estatais no século XX só conseguiram intensificar a "hibridização" do capital como um sistema socioreprodutivo, acumulando, assim, problemas para o futuro. Nos anos que temos à nossa frente, a crise estrutural do capital – que se afirma como a *insuficiência crônica da "ajuda exterior"* no presente estágio de desenvolvimento – tende a se aprofundar. Tende também a reverberar por todo o globo, mesmo nos cantos mais remotos, e afetar cada aspecto da vida, desde as dimensões reprodutivas diretamente materiais até as atividades intelectuais e culturais mais mediadas.

Por certo, a mudança historicamente viável só pode ser uma que verdadeiramente *marque época*, estabelecendo a tarefa de ir *além* do próprio *capital* como um modo de controle sociometabólico. Isso significa uma alteração de magnitude muito maior do que a supressão do sistema feudal pelo sistema do capital. Pois é impossível ir além do capital sem superar radicalmente a subordinação estrutural hierárquica do trabalho a toda e qualquer força controladora estranha, ao contrário da simples transformação da *forma* histórica específica pela qual se perpetua a extração e a apropriação do trabalho excedente, como sempre ocorreu no passado.

As "personificações do capital" podem assumir muitas formas diferentes, da variedade privada capitalista à atual teocracia, e dos ideólogos e políticos da "direita radical" ao partido e burocratas estatais pós-capitalistas. Podem até se apresentar como travestidos políticos, envergando os trajes do "Novo Trabalhismo" – como o atual governo da Inglaterra, por exemplo – de modo a difundir com muito mais facilidade a mistificação a serviço do contínuo domínio do capital. Nada disso, contudo, pode resolver a crise estrutural do sistema e a necessidade de superá-la por meio da alternativa hegemônica do trabalho à ordem sociometabólica do capital. É isso o que coloca na agenda histórica a tarefa da rearticulação do movimento socialista como um inflexível movimento de massa. Acabar com a separação tragicamente autodesarmadora entre o "braço industrial" do trabalho (os sindicatos) e seu "braço político" (os partidos tradicionais) e encetar a ação direta politicamente consciente contra a mansa aceitação das condições cada vez piores impostas sobre os produtores pelas regras pseudo-democráticas do jogo parlamentar são os alvos orientadores e jogadas de transição necessários de um movimento socialista revitalizado no futuro previsível. A contínua submissão ao curso globalmente destrutivo de desenvolvimento do capital globalizante não é uma verdadeira opção.

3
MARXISMO, O SISTEMA DO CAPITAL E A REVOLUÇÃO SOCIAL[1]

3.1 A visão global do capital

Em sua opinião, qual dos modelos marxianos abaixo pode explicar a crise capitalista da época moderna:
- *O modelo de reprodução social total do capital?*
- *O modelo de superprodução?*
- *A queda tendencial da taxa de lucro?*
- *Ou podemos combinar todos esses modelos em apenas um?*

Sim, pode-se fundamentalmente combiná-los. Mas a precedência é, no fim das contas, de uma visão global de capital. É bastante irônico que apenas recentemente as pessoas estejam descobrindo que vivemos em um mundo "globalizado". Isso sempre foi autoevidente para Marx, e é dessa mesma maneira que, em minha conferência em memória de Isaac Deutscher ("A necessidade do controle social", 1971), tratei extensamente da "globalização"*. Não usando essa palavra, mas sim as categorias cruciais equivalentes de "capital social total" e da "totalidade do trabalho". A estrutura conceitual capaz de dar sentido ao sistema do capital só pode ser global. O capital não tem absolutamente qualquer meio de se restringir, tampouco é possível encontrar no mundo uma contraforça capaz de restringi-lo sem superar radicalmente o sistema do capital como tal. Assim, o capital teve de seguir seu curso e sua lógica de desenvolvimento: teve de abraçar a totalidade do planeta. Isso estava implícito em Marx.

---

[1] Entrevista concedida à *Naghd* [Crítica], revista persa trimestral, em 2 de junho de 1998; publicada na edição n. 25, primavera de 1999.

* Essa conferência foi reeditada na parte IV de *Para além do capital* (São Paulo, Boitempo, 2002), p. 983. (N. E.)

As outras coisas que você mencionou, como o "declínio da taxa de lucro" etc., são de certo modo subsidiárias à lógica globalmente expansiva do capital, de modo que se pode incorporá-las todas na visão global. O sistema do capital tem uma multiplicidade de componentes particulares, plena de contradições. Há uma pluralidade de capitais, tanto aqueles que confrontam nacionalmente uns aos outros, como os internos a toda comunidade nacional. De fato, a pluralidade de capitais no interior das comunidades particulares constitui a base teórica do liberalismo, que mantém a ilusão de ser o campeão da liberdade na maior escala.

O capital não é uma entidade homogênea. Carrega consigo grandes complicações para a questão da "globalização" como um todo. Do modo como é habitualmente apresentada, a "globalização" é uma completa fantasia, por sugerir que viveremos todos sob um "governo global" capitalista, que seguramente obedecerá as regras desse governo global unificado. Isso é inconcebível. Não pode haver uma maneira de trazer o sistema do capital a um grande monopólio que proporcione a base material desse "governo global". Na realidade, temos uma multiplicidade de divisões e contradições e o "capital social total" é a categoria abrangente que incorpora a pluralidade de capitais, com todas as suas contradições.

Ora, se olharmos para o outro lado, também a "totalidade do trabalho" jamais poderá ser considerada uma entidade homogênea enquanto o sistema do capital sobreviver. Há, necessariamente, inúmeras contradições encontradas sob as condições históricas dadas entre as parcelas do trabalho, que se opõem e lutam umas contra as outras, que concorrem umas com as outras, e não simplesmente parcelas particulares do capital em confronto. Essa é uma das tragédias da nossa atual situação de apuro. E não basta desejarmos que ela não exista. Pois, como Marx há muito tempo explicitou: a concorrência aparta os indivíduos uns dos outros, não apenas os burgueses, mas ainda mais os trabalhadores, a despeito do fato de que ela os une. Por conseguinte, todo poder organizado que se ergue contra esses indivíduos isolados, que vivem em condições de reprodução cotidiana desse isolamento, só pode ser superado após longas lutas. Exigir o oposto seria equivalente a exigir que a concorrência não existisse nesta época definida da história, ou que os indivíduos banissem de seus espíritos as condições sobre as quais, em seu isolamento, não detêm o controle.

Essas divisões e contradições restam conosco e, em última instância, devem-se explicar pela natureza e funcionamento do próprio sistema do capital. É um sistema insuperavelmente contraditório baseado no antagonismo social. É um sistema concorrencial, fundado na dominação estrutural do trabalho pelo capital. Portanto, há necessariamente todos os tipos de divisões secionais.

No entanto, cumpre também termos em mente que estamos falando de um sistema que se desdobra dinamicamente. A tendência do desenvolvimento dinâmico do sistema global do capital não pode evitar que este seja um sistema total e inextricavelmente entrelaçado e, ao mesmo tempo, profundamente contraditório. Eis porque é possível submeter todos os outros modelos que você mencionou às determinações intrínsecas do "capital social total" que se desenvolve globalmente e à correspondente "totalidade do trabalho". Essa conformação geral tem sua lógica própria, no sentido de que se desdobra inexoravelmente de acordo com suas determinações e limitações estruturais intrínsecas. Há limitações absolutas – historicamente intransponíveis – a esse sistema, que procurei detalhar no capítulo 5, "A ativação dos limites absolutos do capital", de *Para além do capital*.

3.2 Limites históricos da teoria do valor-trabalho

Qual a validade da crítica relativa à teoria de Marx da "conversão do valor em preço" e ao modelo marxiano que responde a ela?

Bem, penso que seria demasiado técnico entrar em detalhes. Você sabe como a teoria econômica moderna questionou esses pontos. Mas não penso que devemos dar muita importância a isso, uma vez que o sistema de mercado sob o qual operamos torna necessária a realização dessa conversão. Isso nos remete à questão da teoria do valor-trabalho. O fundamento da estrutura conceitual marxiana é a teoria do valor-trabalho, com respeito ao modo como a mais-valia é gerada e apropriada sob o domínio do capital. Já que, sob nossas condições atuais de reprodução socioeconômica, temos na maioria dos países uma estrutura de mercado a que a "pluralidade de capitais" anteriormente mencionada deve ajustar-se. Você mencionou a "taxa de lucro", que está também em constante processo de ajuste. Mas tal ajuste não pode ocorrer sem a intermediação da conversão.

Foi isso o que alcançou um fim na antiga União Soviética, mas de modo algum em todos os lugares. Assim, quando pensamos no sistema chinês, encontramos ainda o predomínio do controle político sobre a extração do trabalho excedente. Muito embora inúmeras pessoas falem da "estrutura de mercado do sistema chinês", na realidade – quando consideramos a totalidade da reprodução sociometabólica da China – o mercado lhe é muito subsidiário. Portanto, primordialmente, no sistema chinês a apropriação política do trabalho excedente ainda prossegue e, com efeito, em uma escala maciça. Nesse sentido, quando nos voltamos ao problema da conversão a partir do ângulo do trabalho excedente, e não da mais-valia – que deve estar presente em uma variedade *particular* do sistema do capital –, percebemos que na variedade capitalista (baseada na mais-valia) é essencial operar com a intermediação da conversão, cujos detalhes particulares são historicamente contingentes. Dependem também das fases históricas dos desenvolvimentos capitalistas. Assim, quanto mais avançadas, as fases monopolistas do desenvolvimento capitalista devem obviamente realizar de uma maneira significativamente diferente a conversão da mais-valia em preços, se comparadas com a fase muito anterior de desenvolvimento conhecida por Marx.

Sob quais condições a teoria do valor não teria validade alguma? Essas condições são tecnológicas, econômicas ou relativas ao fator humano?

A teoria do valor-trabalho só pode deixar de ser operante como resultado de uma transformação socialista radical. Essa é a primeira coisa a salientar. Para abolir a teoria do valor-trabalho, temos de abolir a extração e a alocação de trabalho excedente por um corpo externo de qualquer espécie, seja político ou econômico. Mas, para aboli-las, é preciso mudar o sistema como um todo. Em outras palavras, só é possível falar em socialismo quando as pessoas detêm o controle de sua própria atividade e da alocação de seus frutos para seus próprios fins. Isso significa a autoatividade e o autocontrole da sociedade pelos "produtores associados", como Marx o expressou. Naturalmente, os "produtores associados" não podem controlar sua atividade e seus objetivos a menos que controlem também a alocação do excedente socialmente produzido. É, pois, inconcebível instituir o socialismo se um corpo separado permanece no controle da extração e da apropriação do trabalho excedente. Sob o socialismo, a teoria do valor-trabalho não tem absolutamente nenhuma validade; não há lugar para ela.

Marx fala da *base miserável* sobre a qual, no sistema do capital, a perversa extração de trabalho excedente regula o processo de sociorreprodução. Por certo, em toda sociedade é preciso haver um meio de lidar com o problema da alocação dos recursos. Pois qual é o significado de "economia"? É fundamentalmente um modo racional de *economizar*. Não temos uma infinitude de recursos que podemos esbanjar à vontade, como ocorre – para nosso risco – sob o sistema do capital. Não temos uma infinitude de coisa alguma, quer pensemos em recursos materiais ou na energia humana, em qualquer período particular do tempo. Assim, precisamos de uma regulação racional do processo de sociorreprodução. O importante é a viabilidade do processo de sociorreprodução a longo prazo, em lugar das fronteiras irresponsavelmente míopes e integralmente insustentáveis do sistema do capital. Eis porque é necessário reorientar o intercâmbio societário, afastando-o da tirania da mais-valia e da expropriação do trabalho excedente dos produtores por um corpo separado, e dirigindo-o a um intercâmbio qualitativamente diferente. Nesse último, em que os "produtores associados" detêm o controle tanto da produção quanto da alocação de seus produtos, absolutamente não há lugar para a mais-valia se impor sobre os indivíduos sociais. Quer dizer, não há lugar para os imperativos do capital e para a acumulação de capital.

Porque o capital não é simplesmente uma entidade material. Cumpre pensarmos o capital como um modo historicamente determinado de controle da reprodução sociometabólica. Esse é o seu significado fundamental. Penetra em todos os lugares. Com certeza, o capital é também uma entidade material; ouro, negócios bancários, mecanismos de preço, mecanismos de mercado etc. Mas, muito além disso, o capital também penetra no mundo da arte, no mundo da religião e das igrejas, governando as instituições culturais da sociedade. Não é possível pensar em nenhum aspecto de nossa vida que não seja, nesse sentido, controlado pelo capital sob as circunstâncias presentes. É por isso que a teoria do valor-trabalho é válida para o período histórico em que o capital é oniabrangente, em que a regulação do próprio processo é fundamentalmente irracional.

E esse não é nem de longe o fim da história. Complica-se ainda pelo fato de que, no difícil período histórico de transição do domínio do capital para um sistema muito diverso, a teoria do valor-trabalho e a lei do valor funcionam de maneira bastante imperfeita. Essa é uma das razões pela qual o sistema do capital de tipo soviético foi condenado. Era um sistema de transição que ou bem poderia seguir uma direção, rumo à transformação socialista da sociedade, o que não ocorreu; ou tinha de implodir e encetar, mais cedo ou mais tarde, o caminho da restauração capitalista. Eis o que testemunhamos, porque em um certo momento o sistema soviético estava, por assim dizer, "entre a cruz e a espada". Não dispunha de nenhum meio para regular a economia por algum tipo de mecanismo econômico como o mercado, o sistema de preço e outros dessa sorte. Portanto, não poderia dispor da força de imposição de disciplina ao trabalho como efetivamente temos sob o sistema capitalista de mercado.

Em nossa sociedade, inúmeras coisas são estabelecidas automaticamente pelas forças de mercado; o trabalho é cruelmente sujeitado à predominante tirania condicionadora do mercado. A questão crucial nesse respeito é, precisamente, o mercado de trabalho. Se olharmos para trás, ao tempo em que o sistema soviético entrou em colapso sob o governo de Gorbachev, veremos que a morte do sistema coincidiu com a tentativa malconcebida e fútil de introduzir a União Soviética no mercado de trabalho. Esse foi o fim da tão propagandeada perestroica. Pois o mercado de trabalho só pode funcionar propriamente sob condições capitalistas. Foi aí que a lei do valor prevaleceu com êxito – não parcial ou marginalmente, mas em princípio como um desdobramento típico – na reprodução ampliada do capital. Havia toda sorte de limites para além do mundo capitalista – a saber, a estrutura global – sob os quais também o sistema soviético tinha de operar.

Sob as condições do desenvolvimento do século XX, muitas coisas que no passado podiam funcionar no interior da estrutura da extração economicamente regulada do trabalho excedente tornaram-se extremamente problemáticas. Hoje, as imperfeições do mercado e a operação, muito longe de ser desprovida de problemas, da lei do valor são também em nosso sistema bastante evidentes nos países capitalisticamente avançados do Ocidente. O papel cada vez maior assumido pelo Estado – sem o qual o sistema do capital não poderia sobreviver hoje em nossas sociedades – impõe restrições muito sérias à lei do valor em nosso sistema. Estamos falando aqui de limitações potencialmente de longo alcance que são, com certeza, as autocontradições do sistema.

É preciso acrescentar que uma coisa é *tentar* a restauração plena do capitalismo na antiga União Soviética e outra muito diversa é obter êxito nessa tentativa. Porque *quinze anos* depois que Gorbachev iniciou o processo de restauração capitalista, só é possível falar de sucessos *parciais*, primordialmente restritos aos círculos comerciais dominados pela máfia das maiores cidades. A crise endêmica e crônica na Rússia se manifesta notavelmente também no modo como inúmeros grupos de trabalhadores – como os mineiros, por exemplo – passam meses, às vezes até um ano e meio, sem receber seus salários miseráveis, o que é inconcebível em uma estrutura propriamente capitalista na qual o regulador fundamental da extração de trabalho excedente é econômico, e não político. Isso realça uma tendência vital dos desenvolvimentos do século XX. É de grande significado histórico-mundial o fato de que o sistema do capital não tenha conseguido completar-se no século XX na forma de sua variedade *capitalista*, baseada na regulação econômica da extração de trabalho excedente. Tanto é assim que hoje aproximadamente a metade da população mundial – da China à Índia e importantes áreas da África, do Sudeste Asiático e da América Latina – não pertencem ao mundo próprio do capitalismo, mas vivem sob alguma variedade *híbrida* do sistema do capital, devido às condições cronicamente subdesenvolvidas, ou ao envolvimento maciço do Estado na regulação do metabolismo socioeconômico, ou, na verdade, a uma combinação de ambos. A crise endêmica da Rússia – que bem pode terminar na plena desestabilização e explosão potencial – só pode ser explicada nesse contexto. É compreensível, pois, que o verdadeiro significado desse fato histórico mundial – isto é, do fracasso sofrido pelo capitalismo em sua tentativa de impor-se em todos os lugares, a despeito de todo o discurso autocomplacente sobre a "globalização" – tenda a levar algum tempo para assentar-se, dadas as mitologias do passado e o triunfalismo ora predominante. Entretanto, isso não pode diminuir o significado do próprio fato e das suas implicações de longo alcance para o futuro, que devem emergir da crise estrutural cada vez mais profunda do sistema do capital.

3.3 A proletarização atual e suas negações ilusórias

Onde está hoje o proletariado e que papel ele desempenha na mudança social? Onde podemos encontrar hoje o agente?

Penso que sua pergunta diz respeito realmente à questão do agente social da transformação. Pois é isso que a palavra "proletariado" resumia no tempo de Marx, e com esse vocábulo as pessoas frequentemente designavam o proletariado industrial. As classes operárias industriais constituem-se, em sua totalidade, de trabalhadores manuais, desde a mineração até os diversos ramos da produção industrial. Restringir o agente social da mudança aos trabalhadores manuais não é obviamente a posição do próprio Marx. Ele estava muito longe de pensar que o conceito de "trabalhador manual" proporcionaria uma estrutura adequada de explicação sobre aquilo que uma mudança social radical demanda. Devemos recordar que ele está falando de como, pela polarização da sociedade, um número cada vez maior de pessoas é proletarizado. Assim, é o processo de proletarização – inseparável do desdobramento global do sistema do capital – que define e em última instância estabelece o problema. Ou seja, a questão é como a maioria esmagadora dos indivíduos cai em uma condição na qual perde todas as possibilidades de controle sobre sua vida e, nesse sentido, torna-se proletarizada. Portanto, novamente, tudo recai na questão de "quem detém o controle" do processo de reprodução social quando a maioria esmagadora dos indivíduos é proletarizada e degradada à condição de extrema impotência, assim como foram os membros mais vis da sociedade – os proletários – em uma fase anterior de desenvolvimento.

Até um certo ponto da história do capital, há graus e possibilidades de controle, o que significa que certas parcelas da população detêm mais o controle do que outras. Com efeito, em um dos capítulos de *O capital*, Marx descrevia o empreendimento capitalista como uma operação quase militarista em que há comandantes feitores supervisionando e regulando como sargentos a força de trabalho direta com base na autoridade do capital. Em última instância, todos os processos de controle estão sob a autoridade do capital, mas com certas mediações e possibilidades de autonomia limitada atribuídas às parcelas particulares de supervisão. Ora, quando falamos em avançar a proletarização, isso implica nivelar por baixo e negar até mesmo a autonomia mais limitada que alguns grupos de pessoas anteriormente gozavam no processo de trabalho.

Pensemos simplesmente na distinção que, já recebera acentuado destaque, entre trabalhadores de "gravata" e de "macacão". Como você sabe, os propagandistas do sistema do capital que dominam os processos culturais e intelectuais gostam de usar essa distinção como mais uma refutação de Marx, argumentando que em nossas sociedades o trabalho manual de "macacão" desapareceu completamente, e os trabalhadores de "gravata", que supostamente desfrutam de uma segurança de emprego muito superior (o que, aliás, é uma total ficção) são elevados às "classes médias" (outra ficção). Bem, mesmo sobre o postulado desaparecimento do trabalho de "macacão", eu diria: espera aí, devagar com o andor! Pois se observarmos todo o mundo e centrarmos nossa atenção na categoria crucial da "totalidade do trabalho", perceberemos que a maioria esmagadora do trabalho ainda permanece em uma categoria que poderíamos descrever como sendo de "macacão". Nesse respeito, é suficiente pensar nas centenas de milhões de trabalhadores de "macacão" na Índia, por exemplo.

Posso acrescentar mais uma coisa? A distinção de Marx entre trabalho produtivo e improdutivo é suficiente?

Bem, é suficiente no sentido de que é possível fazer essa distinção. Quando consideramos o processo de reprodução como um todo, percebemos que certos componentes desse processo de reprodução geral estão se tornando cada vez mais parasíticos. Pensemos, nesse respeito, nos custos sempre crescentes da administração e dos seguros. A forma mais extrema de parasitismo em nosso processo de reprodução contemporâneo é, evidentemente, o setor financeiro, engajado de maneira constante na especulação global, com repercussões muito severas – e em potencial extremamente graves – sobre o processo de produção propriamente dito. O parasitismo perigoso do setor financeiro especulativo internacional – que, para piorar as coisas, continua a ser glorificado sob o lema propagandístico da "globalização" inevitável e universalmente benéfica – mantém uma importante relação com as perspectivas futuras de transformação social. Isso nos remete à questão vital do agente social da mudança. O que há de decisivo não é a relação historicamente mutável entre trabalhadores de "macacão" e de "gravata", mas o confronto fundamental e socialmente intransponível entre capital e trabalho. Esse confronto não se restringe a esta ou àquela parcela particular do trabalho, mas abarca a totalidade do trabalho como o antagonista do capital. Em outras palavras, o trabalho como o antagonista do capital – isto é, daquele que se autoafirma globalmente como o "capital social total", e que só pode ser a "totalidade do trabalho", em uma escala global – submete a si todas as suas parcelas e variedades, seja qual for a sua configuração socioeconômica no presente estágio da história. É isso que testemunhamos em nossas sociedades, as chamadas "sociedades capitalistas avançadas" do Ocidente. É isso o que aconteceu e continua a acontecer com inúmeros trabalhadores de "gravata", cruelmente expulsos do processo de trabalho. Com efeito, é isso o que ocorre com centenas de milhares deles nos principais países do mundo.

Observemos essa questão nos Estados Unidos. Há tempos, os trabalhadores de "gravata" tinham alguma espécie de segurança de emprego, acompanhada por uma pequena autonomia relativa para seu tipo de atividade. Agora, tudo isso está desaparecendo, indo por água abaixo. Aqui, a "avançada maquinaria" computadorizada e a questão da tecnologia entram em cena. No entanto, mesmo nesse contexto, a tecnologia sempre pega o segundo lugar, perdendo para o problema do imperativo da acumulação do capital. Eis o que é, em última instância, decisivo, e se utiliza do "progresso inevitável da tecnologia" como álibi para esmagar vidas humanas em uma escala maciça. Por conseguinte, temos a proletarização da força de trabalho que há tempos foi mais segura. Esse é um processo contínuo. O desemprego é endêmico e ubíquo; não encontraremos hoje um único país que não o tenha em grau crescente. Mencionei em minha "Introdução"* à edição farsi de *Para além do capital* que na Índia há *trezentos e trinta e seis milhões* (336 milhões!) de pessoas nos registros de desemprego; e podemos imaginar os muitos milhões a mais que não estão registrados em lugar nenhum. Eis o apuro da humanidade hoje. É só olhar em volta e ver o que está acontecendo na América Latina, o desemprego crescente na África e mesmo no Japão – aclamado como o país do "milagre" há não muitos anos. Agora, todos os meses leio em publicações japonesas notícias sobre um novo recorde de desemprego. De fato, o Japão tem hoje uma taxa consideravelmente mais elevada de desemprego do que os Estados Unidos. Que ironia! Pois há bem pouco tempo a maneira japonesa de lidar com esses problemas era considerada a solução ideal.

O crescimento canceroso do desemprego está afetando hoje todos os países do mundo, inclusive aqueles que não o apresentavam no passado. Tomemos a Hungria como exemplo. Esse país tem hoje uma taxa de desemprego mais elevada do que a altíssima taxa encontrada na Alemanha. Aqui é possível ver a grande diferença entre o sistema capitalista e o sistema pós-capitalista de tipo soviético. No passado, não havia desemprego nos países de tipo soviético. Havia várias formas de *subemprego*, mas não desemprego. Agora, na Hungria, o desemprego é equivalente a algo muito mais elevado do que aquele que observamos não apenas na Alemanha, mas também na Inglaterra e na Itália. Você compreende a gravidade do desemprego? Vejamos o que está acontecendo na Rússia. A Rússia antes não experimentava o desemprego e agora sua taxa de desemprego é maciça. E, como mencionado anteriormente, mesmo estando empregados na Rússia, os mineiros, por exemplo, não recebem seus salários há meses. É preciso ter sempre em mente que estamos falando de um processo dinâmico de desenvolvimento e transformação. Esse processo impõe à humanidade a ameaça de devastação, e o agente social capaz de fazer alguma coisa contra isso – de fato, o único agente capaz de instituir um modo *alternativo* de controle do metabolismo social – é o trabalho. Não as parcelas particulares do trabalho, mas a "totalidade do trabalho" como o *antagonista irreconciliável do capital*.

---

* Publicado como o segundo capítulo do presente livro. (N. T.)

3.4 A necessária renovação das concepções marxianas

Antes de passar à questão da possibilidade objetiva/possibilidade real do socialismo, eu gostaria de perguntar sobre Marx. Que aspectos da teoria de Marx são vulneráveis ou precisam ser renovados? Que partes você pensa que precisam disso? A metodologia, a sociologia, a teoria histórica ou econômica?

A estrutura marxiana sempre precisa de renovação. Marx escreveu em meados do século XIX e morreu em 1883. As coisas mudaram incomensuravelmente desde então. As tendências de transformação que testemunhamos no passado recente, cujas raízes remetem às primeiras décadas do século XX, são de tal caráter que Marx não poderia sequer sonhar com elas. Acima de tudo, concernem ao modo como o sistema do capital pôde ajustar-se e se renovar, de modo a postergar o desdobramento e a maturação de suas contradições antagônicas. Marx não estava em uma situação em que pudesse avaliar as várias modalidades e as limitações fundamentais da intervenção estatal no prolongamento do período de vida do sistema do capital. Quando pensamos no desenvolvimento econômico do século XX, uma figura-chave é John Maynard Keynes. O objetivo fundamental de Keynes era precisamente encontrar um meio de salvar o sistema pela injeção de fundos estatais maciços para o benefício do empreendimento capitalista privado, de modo a regular permanentemente o processo de reprodução como um todo no interior da estrutura inalterada de acumulação do capital.

Ora, mais recentemente o "monetarismo" e o "neoliberalismo" deixaram Keynes de lado e cederam à fantasia de eliminar integralmente a intervenção estatal, visando o "recuo das fronteiras do Estado" da maneira mais absurda. Naturalmente, nada poderia na realidade corresponder a tais fantasias autovantajosas. Na verdade, o papel do Estado no sistema capitalista contemporâneo é maior do que jamais foi, e isso inclui as duas décadas e meia do pós-guerra em que houve desenvolvimentos keynesianos nos países capitalisticamente mais avançados. Esse tipo de desenvolvimento é completamente novo se comparado ao período em que Marx viveu.

A mesma coisa, acrescida de mais complicações, ocorreu na antiga União Soviética e, em geral, ao sistema de tipo soviético. Uma coisa é quando há uma revolução que tem o intuito de ser socialista, com o objetivo de levar a cabo uma transformação socialista da sociedade. Algo muito diverso é quando examinamos o tipo de sociedade que resultou dela. Porque o domínio do capital – ainda que de uma forma bem diferente – persistiu também no sistema pós-capitalista de tipo soviético. Observando-o com maior minúcia, encontramos uma importante conexão com Marx que fala das "personificações do capital", uma categoria muito importante. Marx usa essa categoria quando trata dos capitalistas privados, já que não havia nenhuma outra forma visível no momento em que vivia. Mas ele percebe, com grande sagacidade, que o que define verdadeiramente os indivíduos que estão no comando do sistema do capital é o fato de que são "personificações do capital". E têm de operar sob os imperativos objetivos do capital como tal.

Os ideólogos e propagandistas do capitalismo gostam de perpetuar, como regra geral, a mitologia do "capitalista esclarecido" e do "capitalista caridoso benevolente", mostrando que ambos se inclinam a cuidar muito bem dos trabalhadores. Ao mesmo tempo, referem-se àqueles que se comportam de maneira diversa, como a "face inaceitável do capitalismo", para empregar uma expressão do ex-primeiro-ministro britânico conservador Edward Heath. Essa é uma fantasia grotesca, mesmo quando não é proclamada com pleno cinismo, algo que o próprio Heath reconhecidamente não fez. Pois todos os capitalistas têm de se submeter aos imperativos objetivos que emanam da lógica inalterável da expansão do capital. Se não o fizerem, logo deixarão de ser capitalistas, serão expulsos sem cerimônias do processo geral de reprodução pela mesmíssima lógica, inviáveis como pessoal de comando. É inconcebível que o capitalista opere com base no objetivo de ajudar as aspirações da classe trabalhadora. Seria uma contradição nos termos, dada a necessária dominação estrutural do trabalho pelo capital em todas as variedades concebíveis do sistema do capital.

Ora, isso nos leva de volta à questão das "personificações do capital", no vínculo com a visão de Marx. Pois as "personificações do capital" devem obedecer e impor sobre os trabalhadores os imperativos objetivos que emanam da lógica do capital, de acordo com as circunstâncias sócio-históricas mutáveis. E isso é altamente relevante para compreendermos como é possível haver diferentes "personificações do capital", tal como testemunhamos no século XX. Marx conhecia apenas uma forma – o capitalista privado ("único" ou "combinado" como acionista) – de "personificação do capital". Mas nós vimos várias formas diferentes e podemos ainda entrever novas e inesperadas permutações no futuro, como a crise estrutural do sistema global do capital revela.

Uma das principais razões pelas quais escrevi *Para além do capital* foi precisamente a consideração do futuro. É o futuro que precisamos ter em mente com olhos críticos, para que sejamos participantes ativos do processo histórico, plenamente conscientes e preocupados com as implicações fatídicas do poder destrutivo do capital no estágio presente da história. O capital está conosco há muito tempo, de uma forma ou de outra; de fato, em algumas de suas formas mais limitadas, nos acompanha há milhares de anos. No entanto, somente nos últimos três ou quatro séculos assumiu a forma do capitalismo que pôde realizar plenamente a lógica autoexpansiva do capital, por mais devastadoras que fossem as consequências para a própria sobrevivência da humanidade. Eis o que se deve colocar em perspectiva. Quando pensamos no futuro, à luz de nossa dolorosa experiência histórica, não podemos imaginar uma situação em que a derrubada do capitalismo – nos termos como no passado costumávamos pensar a revolução socialista – resolveria os graves problemas que nos confrontam. Pois o capital é ubíquo; está profundamente engastado em cada área singular de nossa vida social. Por conseguinte, para que tenhamos algum êxito, o capital deve ser erradicado de todos os âmbitos por meio de um processo laborioso de profunda transformação social. As aspirações da mudança socialista em uma base duradoura devem relacionar-se a isso, com todas as suas dificuldades. Cumpre observar constantemente que as personificações potenciais do capital não se impõem sobre os objetivos das revoluções socialistas futuras. Nossa perspectiva deve orientar-se no sentido de delinear e afirmar com êxito as salvaguardas necessárias contra o reaparecimento das "personificações do capital", em toda e qualquer forma nova.

A estrutura marxiana deve ser constantemente renovada nesse sentido, para que seja capaz de enfrentar as guinadas e volteios desnorteadores da "astúcia da história".

Não há nenhuma área da atividade teórica – e Marx seria o primeiro a concordar com essa proposição como, de fato, concordou explicitamente – que possa escapar à necessidade de se renovar integralmente a cada grande mudança histórica. E o fato é que da época em que Marx viveu até as condições presentes, houve uma mudança histórica maciça.

Para mencionar só mais uma importante consideração como conclusão dessa questão, Marx já estava, em alguma medida, ciente do "problema ecológico", isto é, dos problemas da ecologia sob o domínio do capital e de seus perigos implícitos para a sobrevivência humana. Na verdade, ele foi o primeiro a conceitualizá-lo. Tratou da poluição e insistiu que a lógica do capital – que deve buscar o lucro, de acordo com a dinâmica da autoexpansão e da acumulação de capital – não pode ter nenhuma consideração pelos valores humanos e tampouco pela sobrevivência humana. É possível encontrar os elementos desse discurso em Marx. (Suas observações sobre o tema são discutidas em minha conferência de 1971 sobre "A necessidade do controle social", mencionada anteriormente.) O que não se pode encontrar em Marx, evidentemente, é a extrema gravidade da situação que temos pela frente, cujas ameaças à sobrevivência humana são uma questão de *imediaticidade*. Podemos hoje destruir facilmente a humanidade, pois os meios e armas para a sua destruição total já estão à nossa disposição. Nada disso se encontrava no horizonte nos tempos em que Marx viveu.

Os imperativos destrutivos subjacentes que só podem ser explicados nos termos da lógica insana do capital se aplicam à questão da *economia*. Como salientei anteriormente, o verdadeiro significado de economia na situação humana não pode ser senão a *economização* a longo prazo. Hoje encontramos o oposto diametral. O modo de operação do sistema do capital zomba da necessidade de economizar. Com efeito, busca em toda parte com a mais extrema irresponsabilidade o oposto da economia: o pleno *desperdício*. É seu desperdício voltado ao lucro que coloca diretamente em perigo a própria sobrevivência da humanidade e nos apresenta o desafio de fazer alguma coisa quanto a isso como uma questão de grande *urgência*. Isso era impensável sob as condições em que Marx escrevia, muito embora seja possível *projetar* as palavras sobre a poluição escritas em sua crítica da avaliação anistórica e idealizada de Feuerbach sobre a natureza, tomada como completamente apartada de seu contexto social e que ignora por completo o impacto necessariamente exercido sobre a natureza pelo processo de trabalho do capital. É possível encontrar observações críticas de Marx em *A ideologia alemã*, mas não, obviamente, um desenvolvimento pleno desse conjunto de problemas tal como nos confronta em sua imediaticidade e urgência.

Celebramos em março de 1998 o 150º aniversário do *Manifesto Comunista*. A questão é: a humanidade tem outros 150 anos pela frente? Certamente não se o sistema do capital sobreviver! Temos de enfrentar ou a catástrofe total, devido ao desperdício monstruoso promovido pelo sistema do capital, ou precisaremos encontrar um modo radicalmente diferente de regular seu metabolismo social!

3.5 A possibilidade objetiva do socialismo

Como você descreve a possibilidade objetiva/real do socialismo?

No momento, essa é uma questão muito difícil, em virtude do que aconteceu no passado recente e em certo sentido ainda está acontecendo. O que precisamos ter em mente é que o grande desafio histórico para a atual geração e para as gerações futuras é passar de um tipo de ordem sociometabólica a outra radicalmente diversa. Nunca é demais salientar quão imensa e difícil é essa tarefa histórica. Jamais teve de ser enfrentada no passado com a dramática urgência que hoje nos é inescapável.

A ordem social do capital que é familiar a todos nós culminou em um sistema oniabrangente e dominante nos últimos três ou quatro séculos. No século XX, conseguiu também sufocar, minar ou corromper todos os grandes esforços políticos que almejavam ir contra ou além dele. No entanto, seria uma enorme ilusão assumir que isso significa o fim do socialismo. Foi assim que nos últimos anos a propaganda neoliberal tentou descrever o que aconteceu, gritando triunfantemente: "acabamos com o socialismo de uma vez por todas". A sra. Thatcher, que foi a primeira-ministra da Inglaterra por mais de uma década, gabou-se de ter "acompanhado o fim definitivo do socialismo". Ela estava falando sobre o movimento da classe trabalhadora, grupos de trabalhadores e sindicalistas, especialmente os mineiros, que, à época, fazia uma greve, derrotada pelos esforços combinados do Estado capitalista e da liderança do Partido Trabalhista sob Neal Kinnock. A sra. Thatcher caracterizava os mineiros como "o inimigo interno". A despeito de suas pretensões liberais, seus partidários não têm nenhum temor, tampouco nenhuma reserva, de falar de você e de todos aqueles que mantêm aspirações pelo estabelecimento de uma ordem socialista como "o inimigo" e "o inimigo interno".

No momento presente, se olharmos para o mundo como um todo, perceberemos que o capital detém o comando em todos os lugares. Mas, será que ele é capaz de resolver os graves problemas constantemente criados pelo funcionamento de seu próprio modo de reprodução sociometabólica? Ao contrário, dadas as suas contradições antagônicas insuperáveis, o capital é incapaz de atacar esses problemas. Em lugar disso, continua a engendrá-los em uma escala sempre crescente. É isso o que mantém na agenda histórica a questão do socialismo, a despeito até mesmo dos esforços mais maciços e concentrados voltados à sua abolição. O êxito do capital consiste apenas em *postergar* o momento em que se tornará uma necessidade inevitável enfrentar os graves problemas de seu sistema, que até o momento continuam a se acumular. No passado, ocorreram muitas explosões sociais no passado em resposta às contradições da ordem social estabelecida, que remontam proeminentemente a 1848 e 1871, e sob certos aspectos à Revolução Francesa de 1789 e suas consequências. Contudo, até agora as aspirações do povo por uma ordem social verdadeiramente igualitária foram frustradas e, na totalidade, até mesmo as tentativas mais heroicas foram impugnadas e reprimidas pelo poder do capital, de um modo ou de outro. Inúmeros dos problemas encontrados permanecem perigosamente sem solução. Nesse sentido, o que é indefensável é precisamente o modo conflitual/adverso, antagônico do processo de sociorreprodução, que tanto continua a gerar nossos graves problemas como, ao mesmo tempo, impede a sua resolução. Pois as determinações conflituais/adversas estruturais constituem uma necessidade absoluta para o funcionamento e a reprodução do sistema existente, sejam quais forem as consequências. Essas determinações são impossíveis de erradicar. Não obstante todo o triunfalismo, elas não desaparecerão. As consequências devastadoras de uma tal estrutura retornarão sempre. Só pode haver um único tipo de solução: a eliminação do antagonismo social de nossa reprodução sociometabólica. E só é possível concebê-la, em seus termos próprios, se a transformação abarcar tudo, desde as menores células constitutivas de nossa sociedade às maiores corporações monopolistas transnacionais que continuam a dominar nossa vida.

Assim, muito embora em um sentido superficial, o capital seja sem dúvida triunfante, mas, em um sentido mais fundamental, ele é, de todos, o problema mais grave. Isso pode soar paradoxal. Entretanto, se reconhecermos o modo como o capital domina o processo de reprodução social em todos os lugares, cumpre reconhecermos também que ele é estruturalmente incapaz de resolver seus problemas e contradições. Onde quer que olhemos, perceberemos que aquilo que parece ser – e é sonoramente propagandeado como – uma sólida solução duradoura, mais cedo ou mais tarde desfaz-se em pó. Por exemplo, tentemos simplesmente vistoriar em nossa mente a história efêmera dos "milagres econômicos" que se sucederam nas décadas pós-guerra. Que espécie de "milagres" eram? Tivemos o "milagre alemão" e o "milagre japonês", seguidos pelos "milagres" italiano, brasileiro etc. Como bem nos lembramos, o último foi o milagre mais tendenciosamente propagandeado das "economias dos tigres asiáticos". E o que aconteceu com esse "milagre"? Como todos os outros, evaporou, deixando em seu lugar uma severa crise. Hoje não encontramos no mundo um só país que não esteja enfrentando problemas absolutamente fundamentais, incluindo as recentes calamidades nas bolsas de valores da Rússia e de diversos países do Leste Europeu. Bem, se lermos agora os jornais burgueses, estão todos em uma espécie de pânico. Suas manchetes são alarmantes e autoalarmantes quanto ao que está realmente ocorrendo. Recordo que no momento em que o "milagre asiático" estava em seu auge, a noção desse pretenso "milagre" também era utilizada como um argumento esmagadoramente disciplinador contra as classes trabalhadoras dos países capitalistas ocidentais. "Comportem-se! Aceitem o padrão de vida e as práticas de trabalho do tipo que os trabalhadores dos tigres asiáticos aceitam ou se meterão em uma tremenda encrenca!" Um sistema que alega ter resolvido todos os seus problemas nos países "pós-industriais" ocidentais de "capitalismo avançado", e em seguida tem de se fiar em uma mensagem autoritária e chantagista como essa para manter sua saúde, não promete muito para o futuro nem mesmo em seus próprios termos de referência. Mais uma vez, há, e só pode haver, a esse respeito uma única solução viável e sustentável. É o socialismo. O socialismo no sentido em que mencionei antes; isto é, a eliminação da conformação conflitual/adversa/antagônica ora dada, na qual uma parcela da população – uma minúscula minoria – tem de dominar a maioria esmagadora por uma questão de determinação estrutural intransponível. Quer dizer, uma forma de dominação que expropria totalmente para si o poder de decisão. O trabalho como o antagonista do capital não tem absolutamente nenhum poder de decisão; nem mesmo no mais limitado contexto. Essa é a questão vital e inevitável para o futuro. E, nesse sentido, estou convencido de que as chances de o movimento socialista mais cedo ou mais tarde revivificar-se são enormes e absolutamente fundamentais.

3.6 Revolução política e social

Qual o conceito de revolução na sua opinião?

O conceito de revolução mantém sua importância e validade se o definirmos como uma contínua e profunda transformação revolucionária de todas as facetas de nossa vida social. Não se deve conceber o conceito de revolução como "um único grande impulso que estabelece tudo de uma vez por todas" e alimentar a ilusão de que depois de cortar umas cabeças você venceu. Pois o uso que Marx fazia do conceito de revolução – claramente expresso em muitos contextos – era de "revolução social". Ele dizia que a grande diferença entre as revoluções passadas e uma "revolução social" socialista é que as revoluções do passado eram essencialmente políticas em seu caráter, o que significava mudar o pessoal que governava a sociedade enquanto deixava a esmagadora maioria das pessoas em sua posição de subordinação estrutural. É também nesse contexto que se deve considerar a questão das "personificações do capital". Cortar um número maior ou menor de cabeças podemos fazer com relativa facilidade, se engajados no "grande impulso" para subverter alguma coisa; e tudo isso geralmente acontece na esfera política. É nesse sentido que o conceito de revolução foi definido, mesmo em tempos recentes.

Ora, sabemos pela amarga experiência que isso não funcionou. Não é suficiente proceder dessa maneira. Portanto, temos de voltar ao que Marx dizia sobre a "revolução social". Devo também enfatizar que esse conceito da revolução social não foi originalmente uma ideia própria de Marx. É um conceito que surgiu há muito tempo com Babeuf e seu movimento, durante o turbulento período posterior à Revolução Francesa de 1789. Babeuf foi executado naquele momento, acusado, junto com seu grupo, de "conspiração", porque, na realidade, ele estava exigindo "uma sociedade de iguais". O mesmo conceito reapareceu nos anos 1830 e durante as revoluções de 1848. Naqueles tempos de sublevação revolucionária, a ideia de "revolução social" estava no primeiro plano das forças mais progressistas e Marx muito corretamente a abraçou.

Em uma transformação social radical – tratando-se de uma revolução socialista – a mudança não pode se restringir ao pessoal governante e, por conseguinte, a revolução deve ser social no sentido verdadeiro e oniabrangente. Isso significa que a transformação e o novo modo de controlar o metabolismo social devem penetrar cada segmento da sociedade. É nesse sentido que o conceito de revolução permanece válido; com efeito, à luz de nossa experiência histórica, mais válido do que nunca. Uma revolução que não apenas erradica, mas também implanta. A erradicação é tanto uma parte desse processo quanto aquilo que se põe no lugar do que foi erradicado. Marx diz em algum lugar que o significado de "radical" é "tomar as coisas pela raiz"*. Esse é o significado literal de ser radical e ele mantém sua validade na "revolução social" com o sentido há pouco mencionado de erradicar e implantar.

Muitíssimo do que está hoje firmemente enraizado tem de ser erradicado no futuro por meio do laborioso processo de uma transformação contínua – se preferir, "perma-

---

* "Crítica da filosofia do direito de Hegel – Introdução", em *Crítica da filosofia do direito de Hegel* (São Paulo, Boitempo, 2005), p. 151. (N. T.)

nente" – revolucionária. Mas o terreno sobre o qual ela se opera não pode ficar vazio. É preciso colocar no lugar do que foi eliminado algo capaz de criar raízes profundas. Ao tratar da ordem social do capital, Marx usa a expressão "um *sistema orgânico*". Citei uma passagem em que ele discorre sobre isso na "Introdução"* à edição farsi de *Para além do capital*. O sistema do capital sob o qual vivemos é um sistema orgânico. Cada uma de suas partes sustenta e reforça as demais. É esse tipo de *sustentação recíproca* das partes que torna o problema da transformação revolucionária muito complicado e difícil. Se quisermos substituir o sistema orgânico do capital, teremos de colocar em seu lugar *outro sistema orgânico*, cujas partes sustentem o todo porque sustentam-se também umas às outras reciprocamente. É assim que o novo sistema se faz viável, capaz de se manter firme, crescente e movendo-se com êxito na direção que assegura a gratificação de cada membro da sociedade.

É evidente, pois, que a revolução não pode ser simplesmente uma questão de "derrubada". Tudo o que é passível de se derrubar só o pode ser em um aspecto muito parcial da "revolução social". As variedades historicamente conhecidas do *capitalismo* podem ser derrubadas – em alguns contextos limitados isso já aconteceu – mas o próprio *capital* não pode ser "derrubado". Tem de ser erradicado, no sentido acima descrito, e cumpre colocar algo em seu lugar. Igualmente, o *Estado capitalista* pode ser derrubado. Entretanto, uma vez derrubado o Estado capitalista, o problema em si não foi eliminado, porque o *Estado como tal* não pode ser derrubado. Eis porque Marx fala de "fenecimento do Estado", que é um conceito fundamentalmente diverso. Ademais, o mais espinhoso desses problemas concernentes à tarefa da transformação revolucionária é que o *trabalho como tal* não pode ser "derrubado". Como derrubar o trabalho, uma vez que ele é – ao lado do capital e do Estado – um dos três pilares de sustentação do sistema do capital? Pois o trabalho é a base de reprodução da sociedade.

Existiram todos os tipos de fantasia, especialmente nas últimas décadas, de que a "revolução da informação" acabaria definitivamente com o trabalho e viveríamos felizes para sempre na "sociedade pós-industrial". A ideia de o trabalho se tornar divertimento tem uma linhagem respeitável e remonta a Schiller**. No entanto, suas recentes renovações apologéticas do capital constituem uma completa absurdidade. Pode-se abolir por decreto o *trabalho assalariado*. Mas isso está muito longe de resolver o problema da emancipação do trabalho, que só é concebível como a *auto*emancipação dos "produtores associados". O trabalho humano como atividade produtiva sempre permanecerá a condição absoluta do processo de reprodução. O substrato natural

---

*   Ver a nota do editor na p. 65. (N. T.)

** Uma passagem alusiva a esta referência de Mészáros pode ser encontrada no livro de Friedrich Schiller, *A educação estética* (São Paulo, Iluminuras, 1995), p. 84: "Pois, para dizer tudo de vez, o homem joga somente quando é homem no pleno sentido da palavra, e somente é homem pleno quando joga. [...] Guiados pela verdade dessa afirmação, fizemos desaparecer da fronte dos deuses ditosos tanto a seriedade e o trabalho, que marcam o semblante dos mortais, quanto o prazer iníquo, que lhes alisa a face vazia; libertaram os perenemente satisfeitos das correntes de toda finalidade, dever ou preocupação, fazendo do ódio e da indiferença o invejável destino do estamento divino: um nome apenas mais humano para a existência mais livre e mais sublime". (N. E.)

da existência dos indivíduos é a própria natureza, que deve ser *controlada* racional e criativamente pela atividade produtiva – em oposição a ser *dominada* irresponsável e destrutivamente pelos imperativos irracionais, desperdiçadores e destrutivos da expansão do capital. O metabolismo social envolve o intercâmbio necessário entre os próprios indivíduos e entre a totalidade dos indivíduos e a natureza recalcitrante. No século XVIII, até mesmo a ideia original, não apologética, do trabalho como divertimento era inseparável da idealização da natureza: a ignorância ou negação de seu necessário caráter recalcitrante. Mas as recentes réplicas de apologia ao capital são uma afronta a toda crença, dada a esmagadora evidência da devassa destruição da natureza pelo capital, cinicamente ignorada pelos proponentes dessas teorias.

Você deve ter lido livros e artigos nas últimas duas ou três décadas sobre a chamada "sociedade pós-industrial". Que diabos isso significa? "Pós-industrial?" Enquanto a humanidade sobreviver, ela tem de ser industriosa/industrial. Tem de trabalhar para reproduzir-se. Tem de criar as condições sob as quais a vida humana não apenas permanece possível, mas também se faz mais rica em satisfação humana. E isso só é concebível pela indústria, no sentido mais profundo do termo. Seremos sempre industriais, em oposição à fantasia propagandística autovantajosa segundo a qual a "revolução da informação" tornará todo trabalho industrial completamente supérfluo. Caracteristicamente, ao mesmo tempo que os campeões da apologética do capital falavam do paraíso "pós-industrial", também estavam falando positivamente em transferir as indústrias pesadas poluidoras para a Índia, ou a China, para as Filipinas, ou a América Latina. Então as indústrias pesadas poluidoras têm de ser removidas do Ocidente "capitalista avançado"! Mas onde os "capitães da indústria" põem as chaminés venenosas da *Union Carbide*? São transferidas para Bhopal, na Índia, com consequências catastróficas, matando *quinze mil* pessoas e cegando ou ferindo outros incontáveis milhares. Isso torna a sociedade "pós-industrial"? Longe disso. Tais "transferências de tecnologia" só significam que o Ocidente capitalista envia sua roupa suja para alguma parte "subdesenvolvida" do mundo – o chamado "Terceiro Mundo". (Um conceito que sempre rejeitei como a propaganda autovantajosa do capitalismo ocidental, porque o "Terceiro Mundo" é uma parte integrante do mundo único e profundamente interconectado.) Ao mesmo tempo, com extremo cinismo, os ideólogos e propagandistas do sistema também defendem que essas transferências significam a "modernização" no modelo norte-americano, que, no devido tempo, resultará na riqueza e felicidade das pessoas de todo o mundo em uma sociedade plenamente automobilizada.

A tão necessária revolução significa uma mudança fundamental em tudo isso. Nada pode se resolver apenas pela derrubada. A derrubada ou abolição de algumas instituições em situações históricas específicas é um *primeiro passo* necessário. Atos políticos radicais são necessários a fim de eliminar um tipo de pessoal e possibilitar o surgimento de alguma outra coisa em seu lugar. Mas o objetivo tem de ser um processo profundo de contínua transformação social. E, nesse sentido, o conceito de revolução se mantém absolutamente fundamental.

3.7 A equalização por baixo da taxa diferencial de exploração

Os trabalhadores ocidentais, tendo sindicatos organizados, procuram ajustar Marx à situação de trabalho do mundo atual. Sua voz e sua luta não ultrapassam ações limitadas que almejam bem-estar social, maiores salários etc. No Leste, por outro lado, devido à ditadura, às pressões da economia atrasada e à carência de conhecimento teórico, os movimentos sociais almejam não apenas uma vida melhor, mas também a derrubada de seu sistema do capital. A globalização e a privatização criaram oportunidades para os movimentos contra o capitalismo. O movimento radical parece originar-se no Leste, e não no Oeste. O que você pensa a respeito disso?

Penso que temos de examinar os fatos e, assim, você perceberá que uma parte do que diz está correta, mas carece de qualificações históricas. Quer dizer, sua descrição reflete, talvez, as condições de duas ou três décadas atrás e cada vez menos as de hoje. Quando se considera demandas cruciais do movimento do trabalho em países capitalistas ocidentais, como a França e a Itália, não é possível descrevê-las simplesmente como demandas pela melhoria dos salários. Tomemos, por exemplo, a demanda pelas 35 horas semanais de trabalho sem perda salarial, que foi concedida pelo governo francês. Há agora na França uma lei – a ser implementada a partir de 2000-2001 – de acordo com a qual a semana de trabalho será reduzida a 35 horas. Essa não é uma demanda salarial. A mesma coisa está acontecendo na Itália, onde há uma pressão muito importante pela realização do mesmo objetivo. Talvez eu consiga encontrar uma citação para você de uma das figuras líderes do movimento italiano pelas 35 horas semanais, Fausto Bertinotti. Ele teve de responder a uma pergunta proposta por uma leitora do jornal diário da Rifondazione. Como você sabe, a condição das trabalhadoras em todas as sociedades capitalistas é pior que a dos homens. (Não que seja, sob qualquer aspecto, cor-de-rosa para seus correlativos masculinos.) Ela propunha a seguinte questão: "Se tivermos mais horas para nós mesmos", como resultado das 35 horas semanais de trabalho, "como devemos utilizá-las?". Eis a resposta de Bertinotti:

> Quando dizemos que não é só uma questão de objetivos sindicais, mas de civilização, estamos nos referindo precisamente ao horizonte da questão que você está propondo: a importante questão do tempo e da relação entre tempo de trabalho e tempo de vida. Antes de mais nada, nós sabemos, por Marx, que o roubo do tempo de trabalho, em um certo estágio do desenvolvimento histórico, torna-se uma base muito miserável da produção, da riqueza e da organização da sociedade: além disso, sabemos que a luta contra a exploração só pode caminhar junto, entrelaçar-se e vincular-se estreitamente, com a luta contra a alienação; quer dizer, contra o mecanismo profundamente inerente à natureza do capitalismo, que não apenas tira de cada trabalhador o produto do "trabalho vivo", mas induz ao estranhamento, à heterodireção e à regulação opressiva do tempo de vida. Nesse sentido, as 35 horas, além dos benefícios que serão capazes de originar do ponto de vista do emprego, de fato retornam à questão central do melhoramento da própria vida: do autogoverno do tempo, para colocá-lo em termos políticos não contingentes. Porque não haverá uma transformação social real sem um projeto de autogoverno coletivo do tempo de trabalho e do tempo de vida: um projeto real, não uma hipótese elaborada externamente ao sujeito social e às subjetividades individuais. Isso também é um grande desafio para a política e para o nosso partido.

Ora, pode-se ver aí que a luta pelas 35 horas semanais de trabalho não é simplesmente uma "demanda sindical". Ela desafia a totalidade do sistema de reprodução sociometabólica e, portanto, seria muito impreciso descrevê-la como nada mais do que uma "demanda sindical".

Você está certo em dizer que por muito tempo as demandas economicistas constituíram o horizonte do movimento do trabalho nos países capitalisticamente avançados. Mas essa orientação estreita não pode mais ser mantida. Isso nos conduz à questão das chances do socialismo. O movimento do trabalho é agora empurrado em uma direção em que tem de suscitar a questão do tempo de trabalho e do tempo de vida. Somente em uma medida muito limitada pode-se afirmar que a redução do tempo de trabalho é apenas uma demanda salarial. Os trabalhadores não querem simplesmente uma melhoria nos salários. Em verdade, eles dizem: "não queremos perder o que já temos". No entanto, a lógica objetiva da situação é que eles o estão perdendo de qualquer maneira por outras razões. Porque uma das perdas importantes dos últimos trinta anos de desenvolvimento capitalista é o que denomino "equalização por baixo da taxa diferencial de exploração"[2]. Nos países capitalistas ocidentais, as classes trabalhadoras puderam desfrutar por um longo período de tempo os benefícios da taxa *diferencial* de exploração. Suas condições de existência, condições de trabalho, eram incomensuravelmente melhores do que as que haviam nos "países subdesenvolvidos" do chamado "Terceiro Mundo".

Nos dias atuais, entretanto, encontramos por toda parte as condições em processo de deterioração. A "equalização por baixo" se evidencia também nos países capitalisticamente mais avançados. Hoje, os trabalhadores têm de enfrentar a ameaça às suas condições básicas de existência, porque o desemprego – frequentemente camuflado como vínculo temporário "flexível" – está se disseminando por toda parte. A luta contra o desemprego não pode ser considerada simplesmente uma negociação salarial. Foi-se o tempo em que se podia tratar o problema em termos do "desemprego marginal" – no auge da expansão keynesiana. Assim, as classes trabalhadoras, mesmo nos países capitalisticamente mais avançados, têm de enfrentar esse desafio.

Com certeza, você está certo em dizer que as condições são incomparavelmente piores no Leste. Mas é importante salientar que os países em questão são parte integrante do sistema do "capital social total" e da "totalidade do trabalho". Qualquer coisa que aconteça em uma parte produz impacto sobre as condições de todas as outras partes. As condições do mercado de trabalho estão se deteriorando em todos os lugares, inclusive nos países capitalistas ocidentais. Tanto no Canadá como nos Estados Unidos, ou na Inglaterra, Alemanha, França e Itália. As pressões estão se intensificando e devo acrescentar que isso significa uma mudança necessária na orientação do movimento da classe trabalhadora ocidental. Se examinarmos a história do movimento da classe trabalhadora do século XX, perceberemos que uma das grandes tragédias dessa história foi a divisão interna descrita como a separação entre o chamado "braço industrial" do movimento

---

[2] Ver a seção "A intensificação da taxa de exploração" do capítulo 21, "A necessidade do controle social", em *Para além do capital*, cit., p. 1006-8.

(os sindicatos) e seu "braço político" (os partidos políticos). Essa separação significou a severa restrição do movimento do trabalho, pelo confinamento de sua ação a limites muito estreitos. Os partidos políticos restringem-se a uma situação em que as pessoas que devem representar têm a oportunidade de votar – colocar um pedaço de papel na urna eleitoral uma vez a cada quatro ou cinco anos – e, com isso, renunciam a seu poder de decisão em favor de qualquer um que esteja no parlamento.

Ora, o que é significativo nas mudanças que estão sucedendo é que se faz necessário tornar o próprio movimento sindical (o "braço industrial") diretamente político. Isso começa a acontecer agora em alguns países capitalistas europeus (notavelmente na França e na Itália), bem como no Japão. E penso que acontecerá em um futuro não tão distante também no Canadá e nos Estados Unidos. Essa é a qualificação que eu acrescentaria à sua pergunta. As coisas estiveram e estão mudando significativamente sob o impacto da lei tendencial do desenvolvimento do capital para a "equalização por baixo da taxa diferencial de exploração", na era da *crise estrutural* do *sistema do capital como tal*, e não simplesmente do *capitalismo*. Você sabe do que estou falando; discuto esse problema de maneira bastante detalhada em *Para além do capital*. Sob tais condições, não é mais possível deter as pessoas em sua submissa situação de apuro.

Posso mencionar os mineiros ingleses que travaram uma luta de um ano; não por melhoria salarial. Seria inconcebível suportar durante um ano inteiro as privações, a miséria, a discriminação, a hostilidade e a repressão do Estado a fim de melhorar seus salários em 10, 20 ou mesmo 50 dólares por semana, quando estão perdendo muito mais, mesmo em termos financeiros, no curso de sua luta. Os mineiros da Inglaterra foram por fim derrotados pela ação concentrada do Estado e, tristemente, como já mencionado, também do Partido Trabalhista, seu suposto "braço político". E o que se sucedeu à força de trabalho dos mineiros ingleses? No momento da greve, seu número girava em torno de 150 mil; hoje, esse número baixou para menos de 10 mil! Eis a realidade da situação. É contra isso que os trabalhadores tinham de lutar. O extermínio de seu número, a transformação de suas cidades e vilas mineradoras na terra devastada do desemprego. Assim, hoje, cada vez mais grupos de trabalhadores, também nos países capitalisticamente avançados, são obrigados a proceder da mesma maneira como procederam os mineiros ingleses. Posso mencionar um outro caso, dos estivadores de Liverpool, que suportaram as privações extremas da greve não por um ano, mas por dois anos e meio. Esse tipo de ação, esse tipo de luta simultaneamente industrial e política, é impensável no interior da estreita estrutura dos "objetivos sindicais".

Muito obrigado por nos conceder essa entrevista. Você gostaria de acrescentar algo ao leitor persa?

Posso apenas desejar grande sucesso a todos vocês em nosso empreendimento e luta conjunta por uma transformação social radical, de que todos nós tanto precisamos. E acredito que vocês caminharão nesse sentido.

4

SOCIALISMO OU BARBÁRIE*

Introdução

Chegou ao fim o século XX, descrito pelos apologistas mais entusiasmados como o "Século Norte-Americano". Essas opiniões se manifestam como se não houvesse ocorrido a Revolução de Outubro de 1917, nem as revoluções Chinesa e Cubana, nem as lutas pela libertação colonial das décadas seguintes, isso sem mencionar a humilhante derrota dos Estados Unidos no Vietnã. De fato, os defensores acríticos da ordem estabelecida antecipam confidencialmente que não apenas o século XXI, mas todo o próximo milênio, está destinado a se conformar às regras incontestáveis da "Pax Americana". Ainda assim, a verdade é que as causas profundas, subjacentes aos grandes terremotos sociais do século XX acima mencionados – aos quais se poderia facilmente acrescentar outros, tanto positivos como negativos, a exemplo das duas guerras mundiais –, não foram solucionadas pelos acontecimentos subsequentes, não obstante o enorme realinhamento das forças favoráveis ao capitalismo durante a última década. Pelo contrário, a cada nova fase de protelação forçada, as contradições do sistema do capital só se podem agravar, trazendo consigo um perigo ainda maior para a própria sobrevivência da humanidade.

A insolvência crônica de nossos antagonismos, composta pela incontrolabilidade do capital, pode, por algum tempo ainda, continuar a gerar uma atmosfera de triunfalismo, bem como ilusões enganadoras de permanência, como aconteceu em passado recente. Mas, no devido tempo, os problemas crescentes e destrutivamente intensos terão de ser enfrentados. Pois, se no século XXI ocorrer realmente o triunfalismo do "Século Norte-Americano" do capital, não haverá no futuro outros séculos para a humanidade,

---

* Este capítulo integra *O século XXI: socialismo ou barbárie?* (trad. Paulo Cezar Castanheira, São Paulo, Boitempo, 2003). O posfácio deste capítulo 4 é uma versão ampliada do prefácio do supracitado livro.

muito menos um milênio. Isso nada tem a ver com "antiamericanismo". Já em 1992 eu expressei minha convicção de que:

> o futuro do socialismo será decidido nos Estados Unidos, por mais pessimista que isso possa parecer. Tento mostrar isso na última parte de *The Power of Ideology*[1], no qual discuto o problema da universalidade. Ou o socialismo se afirma universalmente e de forma a incorporar todas as áreas, inclusive as áreas capitalistas mais desenvolvidas do mundo, ou estará condenado ao fracasso.[2]

Dada a atual situação do desenvolvimento, com seus grandes problemas intrínsecos que reclamam uma solução duradoura, somente uma resposta universalmente válida pode funcionar. Mas, não obstante sua globalização imposta, o sistema irreversivelmente perverso do capital é estruturalmente incompatível com a universalidade, em cada sentido do termo.

4.1 Capital: a contradição viva

4.1.1

Independentemente das alegações da atual "globalização", é impossível existir universalidade no mundo social sem *igualdade substantiva*. Evidentemente, portanto, o sistema do capital, em todas as suas formas concebíveis ou historicamente conhecidas, é totalmente incompatível com suas próprias projeções – ainda que distorcidas e estropiadas – de universalidade globalizante. E é enormemente mais incompatível com a única realização significativa da universalidade viável, capaz de harmonizar o desenvolvimento universal das forças produtivas com o desenvolvimento abrangente das capacidades e potencialidades dos indivíduos sociais livremente associados, baseados em suas aspirações conscientemente perseguidas. A *potencialidade* da tendência universalizante do capital, por sua vez, se transforma na *realidade* da *alienação desumanizante e na reificação*. Conforme diz Marx:

> Quando se descarta a forma burguesa estreita, o que é a riqueza senão a universalidade das necessidades, capacidades, fruições, forças produtivas etc. dos indivíduos, geradas por meio do intercâmbio universal? O que é senão a elaboração plena do domínio humano sobre as forças da natureza, tanto as da assim dita natureza como as da sua própria natureza? O que é senão o desdobramento absoluto de suas potencialidades criativas, sem qualquer outro pressuposto que não o desenvolvimento histórico anterior que compõe essa totalidade do desenvolvimento, ou seja, o desenvolvimento de todas as capacidades humanas como um fim em si, não medido por um padrão preestabelecido? O que é senão uma situação em que o homem não se reproduz numa especificidade, mas produz sua própria totalidade? Em que ele não busca permanecer na condição que assumiu, mas se encontra em meio ao movimento absoluto do devir? Na economia burguesa – e na era de produção que lhe corresponde –,

---

[1] *The Power of Ideology* (Londres/Nova York, Harvester Wheatsheaf/New York University Press, 1989), p. 462-70. [Ed. bras.: *O poder da ideologia*. São Paulo, Boitempo, 2004 – N. T.]

[2] "Marxism Today", entrevista publicada em *Radical Philosophy*, n. 62, outono de 1992.

essa elaboração plena do íntimo humano se manifesta como um esvaziamento pleno, essa objetificação universal, como alienação total, e a demolição de todos os fins limitados e unilaterais, como sacrifício do fim-em-si a um fim inteiramente externo.[3]

O desenvolvimento da divisão *funcional* – em princípio, universalmente aplicável – do trabalho constitui a dimensão *horizontal* potencialmente libertadora do processo de trabalho do capital. Contudo, essa dimensão é inseparável da divisão *vertical/hierárquica* do trabalho no quadro da *estrutura de comando do capital*. A função da dimensão vertical é proteger os interesses vitais do sistema, assegurando a expansão contínua da extração do sobretrabalho baseada na exploração máxima praticável da totalidade do trabalho. Consequentemente, a força estruturante horizontal só pode se desenvolver até o ponto em que permanece sob o controle firme da dimensão vertical no horizonte reprodutivo do capital.

Isso quer dizer que ela só pode seguir sua própria dinâmica até o ponto em que os desenvolvimentos produtivos seguintes permaneçam *contidos* nos parâmetros dos imperativos do capital (e limitações correspondentes). As exigências de controle da ordenação vertical do capital constituem o momento supremo na relação entre as duas dimensões. Mas, ao passo que na fase ascendente do desenvolvimento do sistema as dimensões horizontal e vertical se complementavam por meio de trocas recíprocas relativamente flexíveis, uma vez terminada a fase ascendente, o que antes era *momento predominante* de um complexo dialético se transforma numa *determinação disruptiva unilateral*, que traz em si graves limitações ao desenvolvimento produtivo e uma importante crise de acumulação já completamente evidente em nosso tempo. É por isso que, no interesse de salvaguarda e da parcialidade auto-orientada e da insuperável hierarquia estrutural do capital, aborta-se a prometida universalidade potencial no desenvolvimento das forças produtivas.

O sistema do capital se articula numa rede de contradições que só se consegue *administrar* medianamente, ainda assim durante curto intervalo, mas que não se consegue *superar* definitivamente. Na raiz de todas elas encontramos o antagonismo inconciliável entre capital e trabalho, assumindo sempre e necessariamente a forma de *subordinação estrutural e hierárquica do trabalho ao capital*, não importando o grau de elaboração e mistificação das tentativas de camuflá-la. Para nos limitarmos apenas a algumas das principais contradições a serem enfrentadas, temos:

- produção e controle;
- produção e consumo;
- produção e circulação;
- competição e monopólio;
- desenvolvimento e subdesenvolvimento (ou seja, a divisão entre norte e sul, tanto globalmente quanto no interior de cada país);

---

[3] Karl Marx, *Grundrisse der Kritik der politischen Ökonomie* (Marx-Engels-Werke, Berlim, Dietz Verlag, 1983, v. 42), p. 395-6.

- expansão das sementes de uma contração destinada a produzir crises;
- produção e destruição (essa última geralmente glorificada como "produtiva" ou "destruição criativa");
- dominação estrutural do capital sobre o trabalho e sua dependência insuperável do trabalho vivo;
- produção de tempo livre (sobretrabalho) e sua paralisante negação com o imperativo de reproduzir e explorar o trabalho necessário;
- forma absolutamente autoritária da tomada de decisões no processo produtivo e a necessidade de sua implementação "consensual";
- expansão do emprego e geração do desemprego;
- impulso de economizar recursos materiais e humanos combinado ao absurdo desperdício deles;
- crescimento da produção a todo custo e a concomitante destruição ambiental;
- tendência globalizadora das empresas transnacionais e restrições necessárias exercidas pelos Estados nacionais contra seus rivais;
- controle sobre unidades produtivas específicas e falta de controle sobre seu ambiente (daí o caráter extremamente problemático de todas as tentativas de *planejamento* em todas as formas concebíveis do sistema do capital); e
- contradição entre a regulação econômica e política de extração de sobretrabalho.

É absolutamente inconcebível superar qualquer uma dessas contradições, muito menos essa rede inextrincavelmente combinada, sem instituir uma alternativa radical ao modo de controle do metabolismo social do capital. Uma alternativa baseada na *igualdade substantiva*, cuja ausência total é o denominador comum e o núcleo vicioso de todas as relações sociais sob o sistema existente.

Diante da *crise estrutural* do capital enquanto tal, em contraste com as crises *conjunturais periódicas* do capitalismo observadas no passado, é importante ainda sublinhar que os problemas são fatalmente agravados no estágio atual de desenvolvimento, inserindo na agenda histórica a necessidade de um controle global viável da produção material e dos intercâmbios culturais da humanidade como questão da maior urgência. Marx ainda podia falar do desenvolvimento do sistema do capital como aquele que, apesar de suas próprias barreiras e limitações, "amplia o círculo de consumo" e "derruba todas as barreiras que restringem o livre desenvolvimento das forças produtivas, a expansão das necessidades, o desenvolvimento geral da produção e a exploração e o intercâmbio das forças mentais e naturais"[4]. Nesse espírito ele pôde caracterizar o completo desenvolvimento do sistema do capital como "a *pressuposição* de um novo modo de produção"[5]. Hoje não há sentido em falar de um *desenvolvimento geral da produção* associado à expansão das *necessidades humanas*. Assim, dada a forma em que

---

[4] Ibidem, p. 408 e 410.
[5] Ibidem, p. 540. Grifos meus.

se realizou a deformada tendência globalizante do capital – e que continua a se impor –, seria suicídio encarar a realidade destrutiva do capital como o pressuposto do novo e absolutamente necessário modo de reproduzir as condições sustentáveis da existência humana. Na situação de hoje, o capital não tem mais condições de se preocupar com o "aumento do círculo de consumo", para benefício do "indivíduo social pleno" de quem falava Marx, mas apenas com sua reprodução ampliada a qualquer custo, que pode ser assegurada, pelo menos por algum tempo, por várias modalidades de destruição. Pois, do perverso ponto de vista do "processo de realização" do capital, *consumo e destruição são equivalentes funcionais*. Houve época em que o aumento do círculo do consumo se fazia acompanhar do imperativo destrutivo da autorrealização ampliada do capital. Com o fim da ascensão histórica do capital, as condições de reprodução expandida do sistema foram radical e irremediavelmente alteradas, empurrando para o primeiro plano suas tendências destrutivas e seu companheiro natural, o desperdício catastrófico. Nada ilustra melhor esse fato do que o "complexo industrial/militar" e sua contínua expansão, apesar da fábula de uma "nova ordem mundial" e do assim chamado "dividendo da paz", depois do "fim da Guerra Fria" (voltaremos a esse complexo de problemas na seção 4.2.7).

4.1.2

Paralelamente a esses desenvolvimentos, a questão do desemprego também foi significativamente alterada para pior. Ele já não é limitado a um "exército de reserva" à espera de ser ativado e trazido para o quadro da expansão produtiva do capital, como aconteceu durante a fase de ascensão do sistema, por vezes numa extensão prodigiosa. Agora a grave realidade do desumanizante desemprego assumiu um caráter *crônico*, reconhecido até mesmo pelos defensores mais acríticos do capital como "desemprego estrutural", sob a forma de autojustificação, como se ele nada tivesse que ver com a natureza perversa do seu adorado sistema. Em contraste, nas décadas de expansão contínua do pós-guerra, o problema do desemprego foi considerado permanentemente resolvido. Assim, um dos piores apologistas do capital – Walt Rostow, figura de proa no "tanque de cérebros" do presidente Kennedy – declarou arrogantemente num livro oco, mas maciçamente divulgado, que:

> Há muitas razões para crer, examinando a reação do processo político até mesmo aos pequenos bolsões de desemprego nas sociedades democráticas modernas, que as políticas lentas e tímidas das décadas de 1920 e 1930 já não podem mais ser toleradas nas sociedades ocidentais. E agora já se conhecem amplamente os truques técnicos dessas políticas – devidos à revolução keynesiana. Não se deve esquecer que Keynes se impôs a tarefa de derrotar o prognóstico de Marx sobre o desenvolvimento do desemprego sob o capitalismo; e no geral ele teve sucesso.[6]

No mesmo espírito, Rostow e todo o exército da economia burguesa previram confiantemente que não somente os "bolsões de desemprego" das democracias ocidentais

---

[6] Walt Rostow, *The Stages of Economic Growth* (Cambridge, Cambridge University Press, 1960), p. 155. [Ed. bras.: *Etapas do desenvolvimento econômico: um manifesto não comunista*. Rio de Janeiro, Zahar, 1964 – N. T.]

se transformariam rápida e permanentemente em oásis de "riqueza" e prosperidade, mas que graças às suas receitas e truques de mestres da "modernização", que são universalmente aplicáveis, o "Terceiro Mundo" também chegaria ao mesmo nível de "desenvolvimento" e da feliz realização das "nossas democracias ocidentais". Pois acreditava-se que era parte da natureza predeterminada do universo atemporal que o "subdesenvolvimento" seria seguido pela "decolagem" capitalista, que, por sua vez, traz inexoravelmente consigo um "impulso para a maturidade", desde que as forças políticas das "democracias ocidentais" evitem as más ações de revolucionários criadores de problemas que têm a tendência a se opor àquela ordem.

A euforia produziu uma indústria generosamente financiada de "estudos de desenvolvimento", que se expandem em círculos cada vez maiores e que finalmente caem nas areias do completo esquecimento, como as gotas de chuva na praia, à medida que, com o surgimento da crise estrutural do capital, o monetarismo neoliberal assumia a posição de orientador ideológico até então ocupada pelos sumos sacerdotes da salvação keynesiana. Isso excluiu a premissa básica que justificava a expansão da disciplina. E quando finalmente se tornou claro que os truques keynesianos não seriam capazes de recriar os "milagres" anteriores (ou seja, as condições descritas como "milagres" por aqueles que à época ilogicamente acreditavam neles, não por seus adversários críticos), os antigos propagandistas da solução final keynesiana das imperfeições do capital simplesmente viraram a casaca e, sem o menor sinal de autocrítica, convidaram todos os que ainda não haviam atingido seu próprio grau de esclarecimento transcendental a acordar de seu sono para dar ao velho herói um enterro decente[7].

Assim, a ideologia da "modernização do Terceiro Mundo" teve de ser abandonada – de forma até certo ponto humilhante. A questão ficou ainda mais complicada pela ameaça crescente de um desastre ecológico e pelo fato evidente de que se o "impulso para a modernidade do Terceiro Mundo" levasse à prevalência dos níveis de desperdício e poluição produzidos pelo país modelo de "modernização" – os Estados Unidos – apenas na China e na Índia, as consequências seriam devastadoras também para as "democracias ocidentais" idealizadas. Ademais, a solução egoísta advogada recentemente pelos Estados Unidos – a compra dos "direitos de poluição" dos países do Terceiro Mundo – seria um conceito autodestrutivo se não admitisse ao mesmo tempo a continuidade do "subdesenvolvimento do Terceiro Mundo".

Assim, a partir de agora, a ideologia da "modernização" teria de ser usada por toda parte, inclusive pelas "democracias ocidentais", como um novo tipo de arma para punir e desqualificar o "Velho Trabalhismo" que se recusa a modernizar-se como o "Novo Trabalhismo"; ou seja, por não ser capaz de se modernizar pelo abandono completo até mesmo dos princípios e compromissos levemente social-democratas, como fez o "Novo Trabalhismo". Os novos objetivos de propaganda universalmente recomendáveis e impostos são "democracia e desenvolvimento": democracia modelada pelo consenso político entre democratas e republicanos, dos Estados Unidos, cujo resultado é a *perda*

---

[7] Ver editorial em *The Economist* de Londres, intitulado "Time to bury Keynes?" [Hora de enterrar Keynes?], 3 de julho de 1993, p. 21-2; a pergunta foi respondida pelos editores de *The Economist* com um enfático "sim".

completa de liberdade da classe operária até mesmo no sentido estritamente parlamentar; e desenvolvimento como nada mais além do que se pode introduzir na concha vazia da definição mais tendenciosa de "democracia formal", a ser imposta a todo o mundo, desde às "recém-emergentes democracias" da Europa oriental e da antiga União Soviética até o Sudeste da Ásia e África, bem como a América Latina. Como afirmou um importante órgão de propaganda do G7, dominado pelos Estados Unidos, *The Economist* de Londres, com seu cinismo inimitável:

> Não há alternativa ao livre mercado como forma de organizar a vida econômica. A expansão da economia de livre mercado deverá levar gradualmente à democracia multipartidária, pois as pessoas que têm liberdade de escolha econômica tendem a insistir na posse também da liberdade de escolha política.[8]

Para o trabalho, como antagonista do capital, a "livre escolha econômica" no emprego só pode significar submissão às ordens emanadas dos imperativos expansionistas do sistema; e, para o número sempre crescente de outros não tão "felizes", significa a exposição às humilhações e ao extremo sofrimento causado pelo "desemprego estrutural". Quanto à livre escolha política a ser exercida no quadro de uma "democracia multipartidária", ela se resume, na verdade, à aceitação amargamente resignada das consequências de um *consenso* político que se estreita cada vez mais, levando não menos que 77% dos eleitores ingleses – e quase a mesma proporção em outros países da União Europeia – a se recusar a participar de ritual tão sem significado como as últimas eleições nacionais convocadas para escolher os membros do Parlamento europeu.

Assim, tal como aconteceu no campo do emprego produtivo, como resultado da redução das margens do capital, testemunhamos dramáticas reversões também no campo da representação e da administração políticas. No domínio da produção, o desenvolvimento da fase ascendente do capital trouxe consigo a expansão intensiva do emprego, que hoje dá lugar à perigosa tendência ao desemprego crônico. Quanto ao domínio político, percebeu-se um movimento de ampliação espetacular dos direitos, desde o sufrágio universal à correspondente formação dos partidos operários de massa, sucedida pela reversão completa da perda dos direitos não formais, mas efetivos dos trabalhadores, no universo da sua própria representação parlamentar. A esse respeito, basta lembrar das típicas formações políticas do "Novo Trabalhismo" e seus semelhantes, que, do "outro lado", operam com camarilhas restritas, uma peculiaríssima "tomada de decisão política", impondo implacavelmente a ideia de que *não há alternativa* a qualquer voz dissidente, se por acaso nascer algum dissenso entre os membros do governo, cuja função é aprovar tudo o que está preestabelecido.

4.1.3

A tendência devastadora ao desemprego crônico hoje afeta até mesmo os países capitalistas mais adiantados. Ao mesmo tempo, também as pessoas ainda empregadas naqueles países têm de suportar a piora de suas condições materiais de existência, o que é admitido até

---

[8] *The Economist*, 31 de dezembro de 1991, p. 12.

mesmo pelas estatísticas oficiais. Pois o fim da ascensão histórica do capital também trouxe consigo uma *equalização por baixo da taxa diferencial de exploração*[9].

O fim da "modernização do Terceiro Mundo" acentua um problema fundamental do desenvolvimento do sistema do capital. Ele enfatiza o relevante significado histórico do fato de o capital ter-se mostrado incapaz de completar seu próprio sistema na forma de capitalismo global, ou seja, como a regulação absolutamente econômica da extração do *sobretrabalho* como *mais-valia*. Apesar de todas as fantasias passadas da "decolagem" e do "impulso para a maturidade", hoje quase a metade da população do mundo é forçada a reproduzir suas condições de existência sob formas que contrastam fortemente com o "mecanismo de mercado" idealizado como o regulador absolutamente dominante do metabolismo social. Em vez de se completar como sistema capitalista global propriamente, o capital, a não ser nos países onde predominou seu modo de controle econômico da apropriação do sobretrabalho, também conseguiu criar *enclaves capitalistas*, com uma relativamente vasta *hinterlândia não capitalista*. Sob esse aspecto, a Índia é um exemplo óbvio, e a China, pelo contrário, um exemplo muito mais complicado, pois lá o Estado não pode ser qualificado como capitalista (entretanto, o país tem importantes enclaves capitalistas, ligados a uma hinterlândia não capitalista com mais de um bilhão de pessoas). De certa forma, isso é análogo a alguns antigos impérios coloniais, por exemplo, o Império Britânico. A Inglaterra exerceu absoluto controle político e militar na Índia, explorando completamente seus enclaves capitalistas, deixando ao mesmo tempo a maioria esmagadora da população abandonada a seus próprios recursos de subsistência pré-colonial, ulteriormente agravados durante o colonialismo.

Por uma série de razões, incluindo a articulação estrutural do "capitalismo avançado" com a catastroficamente perdulária taxa de utilização decrescente como importante condição de expansão contínua, não é concebível que esse fracasso do capitalismo seja remediado no futuro. Assim, o fracasso da modernização capitalista do "Terceiro Mundo", apesar de todos os esforços nela investidos durante as décadas de expansão do pós-guerra, chama nossa atenção para um defeito estrutural fundamental de todo o sistema.

Nesse contexto, é preciso mencionar um problema adicional: a "hibridização" em evidência até nos países capitalistas mais avançados. Sua principal dimensão é o sempre crescente envolvimento direto e indireto do Estado em salvaguardar a continuidade do

---

[9] Um exemplo gritante da taxa diferencial de exploração nos foi oferecido pelo ensaio de um importante historiador filipino, Renato Constantino. Segundo ele, "A Ford Filipinas Inc., fundada em 1967, é hoje (quatro anos depois) a 37ª entre as mil maiores empresas das Filipinas. Em 1971 ela anunciou um retorno sobre o patrimônio líquido de 121,32%, ao passo que a taxa de retorno global da empresa em 133 países foi de apenas 11,8%. Além de todos os incentivos extraídos do governo, os altos lucros da Ford se devem principalmente aos baixos salários. Enquanto nos Estados Unidos a remuneração da mão-de-obra qualificada era de 7,50 dólares por hora (em 1971), a remuneração por trabalho equivalente nas Filipinas era de apenas 0,30 dólar". (Renato Constantino, *Neo-Colonial Identity and Counter-Consciousness: Essays in Cultural Decolonization*. Londres, Merlin Press, 1978, p. 234.) Os relativos privilégios desfrutados no passado pelas classes trabalhadoras nos países capitalistas avançados começaram a se erodir nas três últimas décadas, como resultado do estreitamento das margens do capital e da globalização transnacional em andamento. Essa *equalização por baixo da taxa diferencial de exploração* é uma tendência muito significativa de desenvolvimento no nosso tempo e deverá se afirmar com severidade crescente nas décadas vindouras.

modo de reprodução do metabolismo social do capital. Apesar de todos os protestos em contrário, combinados com fantasias neoliberais relativas ao "recuo das fronteiras do Estado", o sistema do capital não sobreviveria uma única semana sem o forte apoio que recebe do Estado. Já discuti esse problema em outra parte e, portanto, uma breve menção aqui deve ser suficiente. A questão remete ao reaparecimento maciço no século XX daquilo que Marx denominou de "ajuda externa", termo já empregado por Henrique VIII e outros aos primeiros desenvolvimentos capitalistas, desde as "políticas agrícolas comuns" e garantias de exportação até os imensos fundos de pesquisa financiados pelo Estado e o apetite insaciável do complexo industrial-militar[10]. O que torna muito mais grave esse problema é a insuficiência da ajuda independentemente da quantidade oferecida. O capital, na fase atual de desenvolvimento histórico, tornou-se completamente dependente da oferta sempre crescente de "ajuda externa". Contudo, também sob esse aspecto, estamos nos aproximando de um limite sistêmico, pois somos obrigados a enfrentar a *insuficiência crônica de ajuda externa* referente àquilo que o Estado tem condições de oferecer. Na verdade, a crise estrutural do capital é inseparável da insuficiência crônica dessa "ajuda externa", sob condições em que os defeitos e as falhas desse sistema antagonístico de reprodução social exigem uma oferta ilimitada dela.

4.2 A fase potencialmente fatal do imperialismo

4.2.1

Uma das contradições e limitações mais importantes do sistema se refere à relação entre a tendência globalizante do capital transnacional no domínio econômico e a dominação continuada dos Estados nacionais como estrutura abrangente de comando da ordem

---

[10] Rosa Luxemburgo já enfatizava profeticamente, em 1913, a importância crescente da produção militarista, mostrando que "o Capital em si é o controlador último desse movimento automático e rítmico da produção militarista por meio do legislativo e de uma imprensa cuja função é moldar a assim chamada 'opinião pública'. É por isso que esta província particular da acumulação capitalista parece à primeira vista capaz de expansão infinita". (Rosa Luxemburgo, *The Accumulation of Capital*. Londres, Routledge, 1963, p. 466.) [Ed. bras.: *A acumulação do capital*: contribuição ao estudo econômico do imperialismo. São Paulo, Abril Cultural, 1984, col. Os economistas.] O papel do nazifascismo na extensão da produção militarista é suficientemente óbvio, como também o é a prodigiosa (e muito pródiga) "ajuda externa" oferecida ao capital das "democracias ocidentais" e em outras partes pelo complexo militar-industrial depois da Segunda Guerra Mundial. Uma espécie importante, ainda que ligeiramente diferente, de "ajuda externa" foi oferecida ao capital por todas as variedades de keynesianismo nas décadas do pós-guerra. Sob esse aspecto, o que não é tão óbvio é a dedicação conscienciosa de F. D. Roosevelt ao mesmo objetivo mesmo antes de sua eleição à presidência. Ele chegou até a antecipar a condenação do que mais tarde ficaria conhecido como "neoliberalismo" ao insistir – num discurso de 2 de julho de 1932 – que "devemos repelir imediatamente as provisões legais que impõem ao Governo Federal a obrigação de ir ao mercado para comprar, vender e especular com produtos agrícolas numa tentativa fútil de reduzir os excedentes agrícolas. E são essas pessoas que falam em *manter o governo longe dos negócios*". (F. D. Roosevelt, "The New Deal Speech Before the Democratic Convention", Chicago, Illinois, 2 de julho de 1932; todas as citações dos discursos de Roosevelt foram tiradas de *Nothing to Fear: The Selected Adresses of Franklin Delano Roosevelt, 1932-1945*, de B. D. Zevin (ed.), Londres, Hodder & Stoughton, 1947.)

estabelecida. Em outras palavras, apesar de todos os esforços das potências dominantes para fazer seus próprios Estados nacionais triunfarem sobre os outros, e dessa forma prevalecer como Estado do sistema do capital em si, precipitando a humanidade, no curso dessas tentativas, para as vicissitudes sangrentas das duas horrendas guerras mundiais do século XX, o Estado nacional continuou sendo o árbitro último da tomada de decisão socioeconômica e política abrangente, bem como o garantidor real dos riscos assumidos por todos os empreendimentos econômicos transnacionais. É óbvio que essa contradição tem uma magnitude tal que não se pode admitir que dure indefinidamente, qualquer que seja a retórica mentirosa incansavelmente repetida que finge resolver essa contradição por meio do discurso sobre "democracia e desenvolvimento" e seu corolário tentador: "Pense globalmente, aja localmente". Por isso é fundamental que a questão do imperialismo seja trazida para o primeiro plano da atenção crítica.

Há muitos anos, Paul Baran caracterizou corretamente a mudança radical das relações internacionais de poder no mundo capitalista e a "incapacidade crescente das velhas nações imperialistas de resistir diante da busca norte-americana por maior influência e poder", insistindo que a

> afirmação da supremacia americana no mundo "livre" implica a redução da Grã-Bretanha e da França (para não falar da Bélgica, da Holanda e de Portugal) ao *status* de sócios minoritários do imperialismo americano.[11]

Ele citou também as palavras amargamente acauteladoras de *The Economist* de Londres que afirmava com subserviência característica que

> precisamos aprender que já não somos iguais aos norte-americanos, nem temos condições de sê-lo. Temos o direito de declarar nossos interesses nacionais mínimos e esperar que os norte-americanos os respeitem. Mas, uma vez isso feito, devemos seguir a liderança deles.[12]

Afirmação semelhante de aceitação da liderança norte-americana – embora talvez ainda não pronta a transferir aos Estados Unidos, de uma forma ou de outra, o Império Britânico – foi expressa um quarto de século antes pelo jornal *The Observer* de Londres, que anunciou com entusiasmo, acerca do presidente Roosevelt, que "a América encontrou um homem. Nele o mundo deve encontrar um líder"[13].

E ainda assim, o fim do Império Britânico – bem como o de todos os outros – já fora profetizado no primeiro discurso de posse de Roosevelt, que deixou absolutamente claro que, como presidente dos Estados Unidos, "não hei de poupar esforços para *restaurar o comércio mundial por meio de reajustes econômicos internacionais*"[14]. E, no mesmo espírito, alguns anos mais tarde ele defendeu o direito de "comerciar numa atmosfera de *liber-*

---

[11] Paul Baran, *The Political Economy of Growth* (Nova York, Monthly Review Press, 1957), p. vii. [Ed. bras.: *A economia política do desenvolvimento econômico*. Rio de Janeiro, Zahar, 1960 – N. T.]

[12] *The Economist*, 17 de novembro de 1957.

[13] Comentário do jornal *The Observer* sobre o primeiro discurso de posse de Roosevelt, pronunciado em Washington, D.C., em 4 de março de 1933, citado na p. 13 de *Nothing to Fear: The Selected Adresses of Franklin Delano Roosevelt, 1932-1945*, cit.

[14] F. D. Roosevelt, "Primeiro Discurso de Posse", 4 de março de 1933. Grifos meus.

dade de competição desigual e de domínio por monopólios no país e no exterior"[15]. Assim, o Império Britânico já estava avisado desde o início da presidência de Roosevelt, e a questão do colonialismo tornou a relação com Churchill muito infeliz para este, o que foi revelado por Roosevelt ao retornar da Conferência de Yalta, onde se reunira com Churchill e Stalin. Com relação à questão da Indochina francesa, Roosevelt propôs como solução um protetorado de transição antes da independência, de forma a

> educá-los para o autogoverno. Foram necessários cinquenta anos para realizá-lo nas Filipinas. Stalin gostou da ideia. A China (Chiang Kai-Shek) gostou da ideia. Os ingleses não gostaram. Ela poderia destruir seu império, porque, se os indochineses se unissem e conseguissem a própria independência, os birmaneses poderiam fazer o mesmo com a Inglaterra.
> *Pergunta:* É esta a ideia de Churchill com relação a todos os territórios de lá, ele os quer de volta tal como eram?
> *Presidente:* É verdade, ele é meio vitoriano quando se trata de semelhantes questões.
> *Pergunta:* Essa ideia de Churchill parece incoerente com a ideia da autodeterminação?
> *Presidente:* É verdade.
> *Pergunta:* O senhor se lembra do discurso pronunciado por Churchill em que ele diz não ter sido feito primeiro-ministro para ver a derrocada do Império?
> *Presidente:* O meu velho amigo Winston nunca vai entender essa questão. Especializou-se nela. Evidentemente, isso não deve ser publicado.[16]

Naturalmente, no "reajuste econômico internacional" proposto – uma exigência resultante da grande crise mundial de 1929-1933 e ainda mais imperativa para os Estados Unidos em razão da instalação de outra recessão naquele país pouco antes da eclosão da Segunda Guerra Mundial –, todo o Império Britânico estava em jogo. Pois Roosevelt acreditava que a

> Índia deveria ter o *status* de *commonwealth* durante a guerra e o direito à escolha da independência completa nos cinco ou dez anos seguintes. A sugestão mais amarga para os britânicos da velha guarda foi sua proposta apresentada em Yalta de transformar Hong Kong (bem como Dairen) em porto internacional livre. Do ponto de visa britânico, sua posição parecia ingênua e errada. Advertiam que ele não entendia os objetivos e resultados do imperialismo real. Mais importante, avisaram que a derrocada do Império enfraqueceria o Ocidente no mundo da "política de poder". Seriam abertas áreas perigosas de confusão e conflito – um "vácuo de poder" em que agressores potenciais (os vermelhos) poderiam penetrar.[17]

Com o surgimento de um competidor imperialista incomparavelmente mais poderoso, os Estados Unidos, selou-se o destino do Império Britânico. Esse fato se tornou ainda mais urgente, e enganosamente atraente para as colônias, porque Roosevelt apresentava suas políticas de conquista da supremacia internacional norte-americana com a retórica da liberdade para todos, e até mesmo com a alegação de um "destino" universalmente aceitável. Ele não hesitou em declarar que

---

[15] Idem, "Mensagem Anual ao Congresso", Washington, D.C., 11 de janeiro de 1944. Grifos meus.
[16] P. C. n. 992, 23 de fevereiro de 1945. Citado em Thomas H. Greer, *What Roosevelt Thought: The Social and Political Ideas of Franklin D. Roosevelt* (Londres, Angus & Robertson, 1958), p. 169.
[17] Idem.

uma civilização melhor que a que sempre conhecemos está reservada para a América e, por meio de nosso exemplo, talvez para o mundo. O destino aqui parece ter se detido longamente.[18]

Logo depois de ridicularizar os argumentos ideológicos transparentemente imperialistas dos britânicos da velha guarda, os *slogans* de propaganda destes foram adotados pelos norte-americanos para justificar as intervenções militares na Indochina e em outros lugares a fim de evitar a geração de um "vácuo de poder" e de bloquear a possibilidade de um "efeito dominó" (produzido pelos "vermelhos"). Esse fato só poderia surpreender os que continuaram a alimentar ilusões com relação ao "fim do imperialismo".

4.2.2

Para entender a seriedade da situação atual, é preciso colocá-la em perspectiva histórica. A penetração imperialista inicial das várias partes do globo foi comparativamente muito diferente da incomensuravelmente mais extensiva – e intensiva – penetração de algumas das principais potências capitalistas no resto do mundo ao longo das últimas décadas do século XIX. O contraste foi enfatizado por Harry Magdoff:

> O mesmo tipo de pensamento que aborda o conceito de imperialismo econômico, no sentido restrito de um demonstrativo de balanço, também confina o termo ao controle (direto ou indireto) de uma potência industrial sobre um país subdesenvolvido. Tal limitação ignora a característica essencial do novo imperialismo que surge no final do século XIX: a luta competitiva entre as nações industriais para conquistar posições dominantes com relação ao mercado mundial e às fontes de matérias-primas. A diferença estrutural que distingue o novo imperialismo do antigo é a substituição de uma economia em que muitas empresas competem por outra em que um punhado de empresas gigantescas competem em cada setor industrial. Ademais, durante esse período, o avanço das tecnologias de transporte e comunicação e o desafio que as nações industriais mais novas (como a Alemanha) lançam à Inglaterra trouxeram duas características adicionais ao palco imperialista: a intensificação da luta competitiva na arena mundial e a maturação de um sistema capitalista verdadeiramente internacional. Sob tais circunstâncias, a competição entre grupos de empresas gigantescas e seus governos ocorre em todo o globo: nos mercados das nações adiantadas, bem como nos de nações semi ou não industrializadas.[19]

Com o sucesso da imposição da hegemonia norte-americana no mundo do pós-guerra – que teve suas raízes no primeiro mandato de Roosevelt, como vimos anteriormente –, fomos submetidos a uma terceira fase de desenvolvimento do imperialismo, com as mais graves implicações para o futuro. Pois hoje os perigos catastróficos que acompanhariam uma conflagração global, como as que ocorreram no passado, são evidentes até para os defensores menos críticos do sistema. Ao mesmo

---

[18] F. D. Roosevelt, "Discurso Comemorativo dos Cinquenta Anos da Estátua da Liberdade", Nova York, 28 de outubro de 1936.

[19] Harry Magdoff, *The Age of Imperialism: The Economics of US Foreign Policy* (Nova York, Monthly Review Press, 1966), p. 15. [Ed. bras.: *Era de imperialismo*: a economia da política externa dos Estados Unidos. São Paulo, Hucitec, 1978 – N. T.]

tempo, ninguém em sã consciência pode excluir a possibilidade de erupção de um conflito mortal, e com ele a destruição da humanidade. Ainda assim, nada se faz para resolver as maciças contradições ocultas que apontam para essa assustadora direção. Pelo contrário, o crescimento contínuo da hegemonia econômica e militar da única superpotência remanescente – os Estados Unidos – lança uma sombra cada vez mais escura sobre o futuro.

Chegamos a um novo estágio histórico no desenvolvimento transnacional do capital: aquele em que já não é possível evitar o afrontamento da contradição fundamental e a limitação estrutural do sistema. Ou seja, o fracasso em constituir o Estado do sistema do capital em si como complemento de suas aspirações e articulação transnacionais, de forma a superar os antagonismos explosivos entre Estados nacionais que caracterizaram o sistema de forma constantemente agravada ao longo dos dois últimos séculos.

Sob esse aspecto, a retórica capitalista, mesmo a melhor delas, como a que Roosevelt praticou numa situação de emergência, não é uma solução prudente. A retórica de Roosevelt – nostalgicamente lembrada ainda hoje por muitos intelectuais de esquerda dos Estados Unidos – foi bem-sucedida exatamente por responder a uma situação de emergência[20]. Apesar de exagerar enormemente a validade universal das ações propostas e de atenuar ou simplesmente mentir sobre os elementos de construção do império norte-americano, havia alguma unidade de interesses tanto no tratamento dos sintomas da depressão econômica mundial (ainda que não as suas causas, geralmente reduzidas à má moral, identificada com a má economia e com as ações de "homens cegamente egoístas"[21]), quanto na participação dos Estados Unidos na derrota da Alemanha de Hitler. Hoje, pelo contrário, em vez do melhor discurso dos anos do New Deal, somos bombardeados com discurso da pior espécie: uma camuflagem cínica da realidade que apresenta os mais gritantes interesses imperialistas dos Estados Unidos como a panaceia da "democracia multipartidária", a defesa seletivamente tendenciosa dos "direitos humanos" (que acomoda, entre muitos outros, o genocídio turco contra os curdos, ou o extermínio de meio milhão de chineses na Indonésia na época da subida de Suharto, e mais tarde de centenas de milhares de pessoas no Timor Leste pelo mesmo regime cliente dos Estados Unidos), e a denunciada "dominação por monopólios no país e no exterior" como o "mercado livre".

---

[20] Roosevelt não ocultava que pretendia justificar seus atos em nome de uma emergência de guerra. Ele disse: "Solicitarei ao Congresso amplos poderes executivos para uma guerra contra a emergência, tão amplos quanto os que me seriam concedidos se fôssemos de fato invadidos por um inimigo estrangeiro". F. D. Roosevelt, "Primeiro Discurso de Posse", cit.

[21] F. D. Roosevelt, "Segundo Discurso de Posse", Washington, D.C., 20 de janeiro de 1937. Roosevelt também afirmou, no mesmo espírito, que pequena parte do lucro gerado era "dedicada à redução dos preços. *O consumidor era esquecido*. Uma parte muito pequena se destinava ao aumento de salários; *o trabalhador era esquecido*, e uma proporção absolutamente insuficiente era paga a título de dividendos – *o acionista era esquecido*" ("Discurso do New Deal de Roosevelt", grifos meus). Ninguém perguntou por que eram esquecidos. O que importava é que agora eles foram *lembrados* e, portanto, tudo poderá ser e será corrigido. O que falta nesse discurso é o reconhecimento de *incompatibilidades* objetivas insuperáveis. É o que, em diversas ocasiões, torna irrealisticamente retórico o discurso rooseveltiano.

Hoje, "a competição entre grupos de empresas gigantescas e seus governos" tem um importante elemento limitante: o enorme poder dos Estados Unidos, que tendem perigosamente a assumir o papel do Estado do sistema do capital em si, submetendo, por todos os meios ao seu alcance, todas as potências rivais. O fato de ser impossível alcançar esse outro objetivo sobre base duradoura não inibe as forças que buscam implacavelmente a sua realização. E o problema não se limita a um equívoco subjetivo qualquer. Como ocorre com toda contradição importante de um dado sistema, as condições objetivas tornam imperativo que se persiga hoje a estratégia da dominação hegemônica por uma superpotência econômica e militar, não importa a que custo, para tentar superar a separação estrutural entre o capital transnacional e os Estados nacionais. Contudo, a própria natureza da contradição subjacente faz prever o necessário fracasso dessa estratégia no longo prazo. Houve muitas tentativas de abordar a questão das conflagrações potenciais e da forma de lhes dar solução, desde o sonho kantiano da Liga das Nações, que asseguraria a paz perpétua, até a sua institucionalização depois da Primeira Guerra Mundial; desde os princípios solenemente declarados do Tratado do Atlântico até a operacionalização das Nações Unidas. Todas se mostraram penosamente inadequadas à tarefa proposta. O que não causa espanto, pois o fracasso na instituição de um "governo global" sobre a base do modo estabelecido de reprodução do metabolismo social do capital resulta do fato de estarmos diante dos limites absolutos e insuperáveis do sistema do capital em si. Desnecessário dizer, sob esse aspecto, que o fracasso do capital, isto é, do antagonista estrutural do trabalho, está longe de ser causa de tranquilidade.

4.2.3

Evidentemente, a dominação imperialista não é novidade na história norte-americana, ainda que tenha sido justificada como os "cinquenta anos de educação do povo filipino para se autogovernar", conforme as palavras do presidente Roosevelt (para não falar em bem mais que cinquenta anos de "educação adicional" por meio da ação de representantes dos Estados Unidos, tais como o ditador Marcos e seus sucessores). Como enfatizou Daniel B. Schirmer em seu livro penetrante e meticulosamente documentado sobre o breve movimento anti-imperialista nos Estados Unidos da virada do século:

> A Guerra do Vietnã é apenas a última, mais prolongada e mais brutal, de uma série de intervenções dos Estados Unidos nos negócios de outros povos. A invasão de Cuba, patrocinada pelas autoridades dos Estados Unidos, fracassou na Baía dos Porcos. Já em outros casos, como na República Dominicana, na Guatemala, na Guiana Inglesa, no Irã e no Congo, a intervenção foi mais eficaz. E a lista ainda não está completa: outros povos coloniais (bem como alguns europeus) já sentiram os efeitos da agressiva intrusão norte-americana em suas políticas internas, às vezes também sob a forma de violência direta. [...] As políticas atuais de contrainsurgência e intervenção se originaram de acontecimentos ocorridos no início do século XX. Os Estados Unidos derrotaram a Espanha na guerra e lhe tomaram as colônias do Caribe e do Pacífico, arrebatando Porto Rico sem rodeios, dando a Cuba uma independência nominal e anexando as Filipinas depois de abafar, pela força, uma revolução nacionalista. O que distingue particularmente a política externa atual da guerra do México e da maioria das guerras

contra os índios é o fato de ela ser o produto de outra era na história norte-americana e de responder a pressões sociais absolutamente diferentes. A política externa de hoje está associada à ascensão da grande empresa, industrial ou financeira, como a força econômica dominante do país, exercendo poderosa influência sobre o governo dos Estados Unidos. A guerra hispano-americana e a guerra para derrotar Aguinaldo e os rebeldes filipinos foram as primeiras conduzidas em consequência dessa influência, as primeiras guerras da América corporativa moderna.[22]

Quando proclamou a estratégia do "reajuste econômico internacional" em seu "Primeiro Discurso de Posse", o presidente Roosevelt indicava a determinação de trabalhar pela dissolução de todos os impérios coloniais, e não somente o britânico. Como outros importantes percursos históricos, essa abordagem também teve um precedente várias décadas antes. De fato, ela se ligava intimamente com a "Política de Porta Aberta" proclamada na virada do século XIX para o XX. A "Porta Aberta" que se exigia de outros países visava a penetração econômica (em contraste com a ocupação colonial), mantendo um silêncio característico sobre a dominação política que a acompanhava. Portanto, não causa espanto que muitas pessoas considerassem essa política absolutamente hipócrita. Quando, em 1899, em função dela, os Estados Unidos abriram mão de estabelecer um enclave colonial na China, acompanhando outras potências equivalentes, não o fizeram por esclarecimento liberal ou por generosidade democrática. A oportunidade foi recusada porque – como a maioria das articulações dinâmicas do capital à época – os Estados Unidos queriam para si toda a China e esperavam, no devido tempo, atingir esse objetivo. Esse propósito ficou absolutamente claro no curso dos acontecimentos históricos subsequentes, chegando até nossos dias.

Contudo, conquistar a dominação mundial por meio da "Política de Porta Aberta" – dada a relação de forças na configuração global das principais potências imperialistas – seria ainda muito prematuro na virada do século XIX para o XX. Foi necessário que ocorresse a assustadora mortandade da Primeira Guerra Mundial, assim como o surgimento da grave crise econômica mundial após um curto período de reconstrução, antes que se pudesse anunciar, com a devida cautela, a versão rooseveltiana da estratégia. Ademais, ela exigiu a carnificina ainda maior da Segunda Guerra Mundial, associada à emergência, durante aquela guerra, dos Estados Unidos como a maior potência econômica, antes de se tornar necessário impor, pela força, a estratégia rooseveltiana no período. A única complicação importante que restou – a existência do Sistema Soviético

---

[22] Daniel B. Schirmer, *Republic or Empire: American Resistance to the Philippine War* (Rochester, Schenkman Books, s. d.), p. 1-3. Fiel ao contexto histórico, o autor também deixa clara a razão do fracasso do movimento anti-imperialista da virada do século: "Em 1902, George S. Boutwell, presidente da liga anti-imperialista e antigo sócio de Lincoln, concluiu que a liderança de uma luta bem-sucedida contra o imperialismo deveria ficar nas mãos do movimento trabalhista. Ele afirmou perante uma plateia de sindicalistas em Boston: 'O esforço final para a salvação da república deve ser feito pelas classes produtoras e trabalhadoras'. Se fosse realmente o caso, estava claro que o movimento operário norte-americano não estava pronto para assumir essa responsabilidade, dominado que era por homens como Gompers, que desenvolviam uma política de conciliação com os trustes e de apoio às suas políticas externas. Independentemente do que o futuro reservasse para a crença de Boutwell, já naquela época os anti-imperialistas estavam perdendo influência; representavam uma ideologia sem base social estável e crescente" (ibidem, p. 258).

(já que o outro complicador, a China, só se materializaria definitivamente em 1949) – era considerada estritamente temporária. Esse ponto de vista foi confiantemente afirmado nas inúmeras declarações do secretário de Estado John Foster Dulles sobre a política de "contenção do comunismo".

Assim, ao longo dos acontecimentos do século XX, chegamos ao ponto em que a existência lado a lado – bem como a coexistência competitiva – das potências imperialistas já não pôde mais ser tolerada, apesar de tudo o que se diz a respeito do "mundo policêntrico". Como bem observou Baran, já em 1957, "os orgulhosos donos de impérios coloniais foram reduzidos à condição de 'sócios minoritários' do imperialismo norte-americano". Quando se discutiu o futuro das possessões imperiais, já perto do fim da Segunda Guerra, os interesses britânicos foram desconsiderados como noções irremediavelmente "vitorianas" do "meu querido Winston". Ao mesmo tempo, ninguém consultou De Gaulle[23], para não mencionar os belgas, os holandeses e os portugueses, que sequer foram considerados. Toda conversa a respeito do "mundo policêntrico", sob o princípio de algum tipo de igualdade entre Estados, pertence ao mundo da pura fantasia, ou daquela cínica camuflagem ideológica. É evidente que não há nada de surpreendente nesse fato. Pois o "pluralismo" no mundo do capital nada significa senão a *pluralidade de capitais* que não admite nenhuma consideração de igualdade. Pelo contrário, ele sempre se caracterizou pela mais pérfida ordem de hierarquias estruturais e relações de forças correspondentes, que sempre favorecem o mais forte no seu impulso para engolir o mais fraco. Assim, dada a inexorabilidade da lógica do capital, era apenas uma questão de tempo até que o dinamismo do sistema atingisse, também no nível das relações entre Estados, o estágio em que uma única potência hegemônica submetesse todas as menos poderosas, independentemente do tamanho, e afirmasse seu direito exclusivo – em última análise insustentável e extremamente perigoso para o conjunto da humanidade – de ser o Estado do sistema do capital por excelência.

4.2.4.

Extremamente significativa, sob esse aspecto, é a atitude assumida em relação à questão dos *interesses nacionais*. De um lado, sua legitimidade é afirmada pela força quando as questões em pauta afetam, direta ou indiretamente, os supostos interesses dos Estados Unidos, que não hesitam em usar as formas mais extremas de violência militar, ou a ameaça de tal violência, para impor ao resto do mundo suas decisões arbitrárias. De outro, entretanto, interesses nacionais legítimos de outros países são arrogantemente ignorados como "nacionalismo" intolerável ou como "pandemônio étnico"[24]. Ao mesmo tempo, as Nações Unidas e outras organizações internacionais são tratadas como

---

[23] A questão não se limitava à Indochina francesa. A atitude de Roosevelt foi igualmente contrária à manutenção das possessões francesas do Norte da África, principalmente o Marrocos. Ver, a esse respeito, sua carta a Cordell Hull, datada de 24 de janeiro de 1944 (p. 168 do livro de T. H. Greer citado na nota 16 deste capítulo).

[24] Ver o conhecido livro do senador democrata Daniel Moynihan, *Pandaemonium: Ethnicity in International Relations* (Nova York, Oxford University Press, 1993).

joguetes dos Estados Unidos e desafiadas com o maior cinismo quando suas resoluções não caem no agrado dos guardiães dos interesses nacionais norte-americanos mais ou menos abertamente declarados. Os exemplos são incontáveis. Sobre alguns dos mais recentes, Chomsky teceu ácidos comentários:

> As mais altas autoridades explicaram com brutal clareza que o Tribunal Mundial, as Nações Unidas e outras agências haviam se tornado irrelevantes, pois já não seguiam as ordens dos Estados Unidos, como faziam nos primeiros anos do pós-guerra. [...] No governo Clinton, o desprezo pela ordem mundial se tornou tão extremado a ponto de gerar preocupações até mesmo entre os falcões da análise política.[25]

Para serem ainda mais ofensivos, os Estados Unidos se recusam a pagar sua enorme dívida de contribuições atrasadas como membro das Nações Unidas, impondo ao mesmo tempo suas políticas à organização, inclusive os cortes de recursos para a cronicamente carente Organização Mundial de Saúde. Esse escandaloso obstrucionismo foi observado até por figuras do *establishment*, como Jeffrey Sachs, cuja devoção à causa da "economia de mercado" dominada pelos Estados Unidos está fora de dúvida. Ele escreveu em artigo recente:

> A recusa dos Estados Unidos em pagar as contribuições devidas às Nações Unidas é certamente o caso mais significativo de falta de pagamento de obrigações internacionais. [...] Os Estados Unidos reduziram sistematicamente o orçamento de agências das Nações Unidas, inclusive as mais vitais, como a Organização Mundial de Saúde.[26]

É necessário mencionar aqui também os esforços – tanto ideológicos como organizacionais – investidos para superar a estrutura nacional de tomada de decisões. O *slogan* superficialmente tentador "pense globalmente, aja localmente" é um exemplo interessante. Pois é óbvio que as pessoas em geral, que são privadas de todo poder significativo de decisão numa escala mais ampla (que não o ritual eleitoral, que é uma espécie de abdicação), talvez considerem viável intervir de alguma forma no nível estritamente local. De mais a mais, não é possível negar a importância potencial da ação local adequada. Entretanto, o "global", a que se espera que prestemos atenção acrítica – subscrevendo obedientemente as teses relativas à "impotência dos governos nacionais" e à "inevitabilidade da globalização multinacional", que descreve errada e tendenciosamente as empresas *nacionais-transnacionais* (dominadas em grande parte pelos Estados Unidos) como "multinacionais" e portanto universalmente aceitáveis – torna-se totalmente vazio sem as complexas relações com as comunidades nacionais. Ademais, uma vez que se divorcia o "global" de sua inserção nos múltiplos ambientes nacionais, desviando a atenção das relações contraditórias que entrelaçam os Estados, também o "local", dentro do qual se espera agir, torna-se absolutamente míope e, em última análise, sem significado[27]. Se a "democracia" ficar confinada dessa forma a essas "ações locais" resumidas, seria então

---

[25] Noam Chomsky, "The Current Bombings", em *Spectre*, n. 7, verão de 1999, p. 18.
[26] Jeffrey Sachs, "Helping the World's Poorest", em *The Economist*, 14 de agosto de 1999, p. 16 e 22.
[27] De forma característica, *The Economist*, em seu editorial sobre a pobreza no "mundo subdesenvolvido", enfatiza as questões municipais ("fornecimento confiável de água" – a ser obtida de "vendedores de água", e não por meio da instalação de dispendiosas redes de distribuição até as casas" – "drenagem segura", e a "coleta regular

o caso de "a tomada de decisão e a ação globais", que inevitavelmente afetam a vida de todos os indivíduos, serem autoritariamente exercidas pelas forças econômicas e políticas dominantes – naturalmente dos Estados Unidos – de acordo com a posição ocupada por elas na hierarquia global do capital. Os recursos investidos pelo Banco Mundial e por outras organizações dominadas pelos Estados Unidos na tentativa de aprimorar o "local" à custa do nacional, de arregimentar o apoio das elites acadêmicas e outras elites intelectuais por meio de conferências e projetos de pesquisa bem patrocinados (especialmente, mas não exclusivamente no "Terceiro Mundo"), indicam o propósito de criar um "governo global" que contorne efetivamente os processos de decisão potencialmente problemáticos do nível intermediário nacional, com sua inevitável recalcitrância, e legitimar a escandalosamente autoritária dominação da vida social por um "governo global" implacavelmente imposto de cima em nome de uma "democracia" fictícia, sinônimo da pretensa "ação local" dos "coletores regulares de lixo".

4.2.5

As manifestações do imperialismo econômico dos Estados Unidos são numerosas demais para serem relacionadas aqui, e muitas delas são suficientemente bem conhecidas, tornando desnecessários outros comentários. Já discuti no passado algumas das questões mais destacadas, inclusive aquelas contra as quais até mesmo os políticos conservadores foram obrigados a protestar, tais como

> os regulamentos sobre transferência de tecnologia, as leis protecionistas norte-americanas, os controles extraterritoriais coordenados pelo Pentágono e protegidos pelo Congresso. [...] canalizados para as maiores e mais ricas empresas do mundo. [...] São irresistíveis e, se não forem contidos, abrirão caminho num setor após o outro das tecnologias avançadas mundiais...[28]

Discuti também no mesmo artigo "a vantagem industrial do segredo militar", "pressões como as diretamente impostas pelo Legislativo e Executivo dos Estados Unidos" e "o verdadeiro problema da dívida"[29] no mundo. Ou seja, a dívida astronômica dos Estados Unidos, imposta ao mundo por aquela potência imperialista dominante, enquanto o mundo for capaz de continuar pagando-a.

No que se refere ao "imperialismo do dólar", os protestos são ouvidos, mas de nada valem. O imperialismo econômico do país continuará seguro enquanto os Estados Unidos mantiverem sua dominante posição opressora, não somente por meio do dólar, como a moeda mundial privilegiada, mas também pelo domínio de todos os órgãos de intercâmbio econômico, desde o Fundo Monetário Internacional (FMI) até o Banco

---

de lixo"), concluindo que "as principais respostas estão no aumento da eficiência e responsabilidade dos *governos locais*" ("Helping the Poorest", em *The Economist*, 14 de agosto de 1999, p. 11). A verdade é que os governos locais dos países em questão são irremediavelmente tolhidos pelos parcos recursos oferecidos pelos governos nacionais, que por sua vez são iniquamente presos às estruturas hierárquicas autoperpetuadoras do sistema global do capital.

[28] Declaração de renúncia ministerial de Michael Heseltine, 9 de janeiro de 1986, citada em István Mészáros, "A crise atual", republicado na parte IV de *Para além do capital* (São Paulo, Boitempo, 2002), p. 1079.

[29] Ibidem, p. 954-8.

Mundial, desde o GATT até sua sucessora, a Organização Mundial do Comércio. Hoje, na França, milhares de pessoas protestam contra o "imperialismo econômico norte-americano" em razão das tarifas punitivas recentemente impostas a elas pelos Estados Unidos sob o julgamento pretensamente independente da OMC. O mesmo tipo de medida foi imposto diversas vezes, no passado, com a maior sem-cerimônia ao Japão, terminando pela submissão relutante ou voluntária das autoridades japonesas aos ditames norte-americanos. Se na última rodada de tarifas punitivas, impostas à Europa, a Grã-Bretanha foi tratada com um pouco mais de indulgência, foi apenas uma recompensa pelo servilismo absoluto com que o atual governo do "Novo Trabalhismo" atende a todas as ordens que chegam de Washington. Mas, mesmo assim, as escaramuças de uma guerra comercial internacional que já vimos no passado, e que ainda hoje observamos, revelam uma séria tendência com potenciais consequências de longo alcance para o futuro.

Da mesma forma, não se pode admitir que a intervenção prepotente de agências governamentais dos Estados Unidos no campo da alta tecnologia, tanto militar quanto civil, continue indefinidamente. Numa área crucial – tecnologia de computadores, tanto no *hardware* quanto no *software* –, a situação é extremamente grave. Para mencionar apenas um caso, a Microsoft desfruta de uma posição de monopólio mundial quase absoluto, por meio da qual seus programas geram consequências pesadas também para a aquisição do equipamento mais adequado. Além dessa questão, descobriu-se há pouco um código secreto embutido nos programas da Microsoft, que permite aos serviços militares e de inteligência dos Estados Unidos espionar qualquer pessoa no mundo que seja usuária do "Windows" e da Internet.

Também em outra área de vital interesse, a produção de alimentos geneticamente modificados por gigantes transnacionais norte-americanos, como a Monsanto, o governo dos Estados Unidos está fazendo o possível para impor ao resto do mundo produtos cuja adoção garantiria – ao forçar eternamente os agricultores de todo o mundo a comprar sementes não renováveis da Monsanto – o domínio absoluto para os Estados Unidos no campo da agricultura. As tentativas de empresas norte-americanas de patentear genes visam objetivo semelhante.

Por outro lado, os conflitos em torno dos "direitos de propriedade intelectual"[30], que os Estados Unidos tentam impor ao resto do mundo através da OMC – visando, entre

---

[30] As boas intenções de Jeffrey Sachs ficam claras quando ele escreve que "o regime global sobre direitos de propriedade intelectual exige uma nova abordagem. Os Estados Unidos prevaleceram sobre o mundo para endurecer códigos de patente e reduzir a pirataria intelectual. Mas agora as empresas transnacionais e as instituições dos países ricos estão patenteando tudo, desde o genoma humano até a biodiversidade da floresta equatorial. Os pobres serão espoliados, a menos que se introduza nesse processo desgovernado um pouco de bom-senso e equidade" (J. Sachs, op. cit., p. 22). Entretanto, ele assume um irrealismo sem remédio quando descreve as determinações por trás das políticas criticadas como "incrivelmente mal orientadas" (ibidem, p. 16). Não há nada de mal orientado nessas políticas, muito menos "incrivelmente mal orientadas", o que sugere que elas possam ser corrigidas por uma boa dose de esclarecimento racional (como Roosevelt, ao se "lembrar" do que havia sido "esquecido"). Pelo contrário, elas são representações de decisões deliberadas, calculadas e implacavelmente impostas, que emanam das hierarquias estruturalmente protegidas e dos imperativos objetivos do capital. Mais uma vez, o nó da questão não é a falta de uma ideia racional – que agora é alegremente oferecida –, mas a realidade

outras coisas (inclusive vastos interesses econômicos), garantir a dominação permanente do cinema e da televisão mundiais pelos produtos de terceira e até décima categoria com que Hollywood nos invade –, mostram outra questão de grande importância, gerando gritos contra o "imperialismo cultural norte-americano". Ao mesmo tempo, o "imperialismo do negócio cultural" norte-americano, fenomenalmente bem financiado, sob a forma da penetração de um exército de "consultores de administração" por todo o mundo, é parte do mesmo quadro.

Mas talvez a mais séria das atuais tendências de dominação econômica e cultural seja a forma voraz e terrivelmente perdulária com que os Estados Unidos tomam para si os recursos de energia e de matérias-primas do mundo: *25% deles para não mais que 4% da população do mundo*, com dano imenso e crescente para as condições ambientais de sobrevivência humana. Pois, nesse mesmo espírito, os Estados Unidos continuam o processo de sabotagem ativa de todos os esforços internacionais que visam introduzir alguma forma de controle para limitar e, talvez no ano 2012, reduzir em certo grau a atual tendência catastrófica de dano ambiental, que já não pode mais ser negada nem mesmo pelos mais empedernidos apologistas do sistema.

4.2.6

A dimensão militar de tudo isso é grave. Portanto, não é exagero afirmar – tendo em vista também o antes inimaginável poder destrutivo dos armamentos acumulados ao longo da segunda metade do século XX – que entramos na *fase mais perigosa do imperialismo em toda a história*; pois o que está em jogo hoje não é o controle de uma região particular do planeta, não importando o seu tamanho, nem a sua condição desfavorável, por continuar tolerando as ações independentes de alguns adversários, mas o controle de sua *totalidade* por uma superpotência econômica e militar hegemônica, com todos os meios – incluindo os extremamente autoritários e violentos meios militares – à sua disposição. É essa a racionalidade última exigida pelo capital globalmente desenvolvido, na tentativa vã de assumir o controle de seus antagonismos inconciliáveis. A questão é que tal racionalidade – que se pode escrever sem aspas, pois ela corresponde genuinamente à lógica do capital no atual estágio histórico de desenvolvimento global – é ao mesmo tempo a forma mais extrema de irracionalidade na história, incluindo a concepção nazista de dominação do mundo, no que se refere às condições necessárias para a sobrevivência da humanidade.

Quando Jonas Salk recusou-se a patentear sua descoberta da vacina contra a poliomielite, dizendo que seria o mesmo que pretender "patentear o sol", ele não imaginava que chegaria o tempo em que o capital seria forçado a tentar exatamente isso, patentear não somente o sol, mas também o ar, ainda que isso implicasse o abandono de toda preocupação pelos perigos mortais que essas ambições trazem para a sobrevivência humana.

---

de *incompatibilidades* esmagadoras: no caso de Sachs, a que existe entre "bom-senso e equidade". Pois o que recomenda o bom-senso, a exclusão radical de todas as considerações sobre equidade nega em termos absolutos. É por isso que o artigo de Jeffrey Sachs – dada a atitude reverente do autor perante a "sociedade de mercado" (que nem pode ser chamada por seu próprio nome) – termina numa "solução de mercado" totalmente fictícia

Pois a lógica última do capital no seu processo de tomada de decisão só pode pertencer a uma variedade *categoricamente autoritária*, de cima para baixo, desde o microcosmo das pequenas empresas econômicas até os níveis mais altos de tomada de decisão política ou militar. Mas como se podem impor patentes sobre o sol e o ar?

A esse respeito, há dois aspectos impeditivos, ainda que o capital – no seu afã de demolir seus próprios limites intranscendíveis – seja obrigado a lhes negar reconhecimento. O primeiro é o fato de a *pluralidade de capitais* não poder ser eliminada, por mais inexorável e brutal que seja a tendência monopolista de desenvolvimento manifesta no sistema. E, segundo, o fato de a correspondente *pluralidade do trabalho social* não poder ser eliminada, de forma a transformar a força total de trabalho da humanidade, com todas as suas variedades e divisões nacionais e seccionais, num "servo obediente" e sem inteligência do setor hegemonicamente dominante do capital. Pois o trabalho, em sua insuperável pluralidade, nunca será capaz de abdicar do seu direito de acesso ao ar e ao sol; e muito menos sobreviver, sem o sol e o ar, para o próprio benefício do capital – uma necessidade absoluta desse modo de controle metabólico da reprodução social.

Os que sustentam que hoje o imperialismo não implica a ocupação militar de território não apenas subestimam os perigos que nos esperam, mas também aceitam as aparências mais superficiais e enganadoras como as características substantivas definidoras do imperialismo de nosso tempo, ignorando tanto a história como as tendências contemporâneas de desenvolvimento. Com suas bases militares, os Estados Unidos ocupam militarmente o território de nada menos que *69 países*: um número que continua a crescer com a ampliação da Organização do Tratado do Atlântico Norte (Otan). Essas bases não existem para benefício das pessoas – a grotesca justificativa ideológica –, mas para benefício único do poder de ocupação, de forma a lhe dar condições de impor políticas que melhor atendam aos seus interesses.

De qualquer forma, no que tange à ocupação militar direta de territórios coloniais no passado, sua extensão é apenas parcial. De outra forma, como a exígua população da Inglaterra teria sido capaz de dominar a população e o território incomparavelmente maior que seu imenso império, principalmente a Índia? Tamanha desproporcionalidade não foi uma característica exclusiva do Império Britânico. Como bem nos lembra Renato Constantino com relação às Filipinas:

> Desde o início, a colonização espanhola operou mais pela religião que pela força, afetando assim profundamente a consciência. Isso permitiu às autoridades impor tributos, trabalhos forçados e recrutamentos apesar da pequena força militar. Sem o trabalho dos padres, isso seria impossível. Eles se tornaram os pilares do estabelecimento colonial; tanto que ficou conhecida a afirmação de que "em cada frei nas Filipinas o rei tinha um capitão-geral e todo um exército". A manipulação das consciências no interesse do controle colonial viria a se repetir em outro plano pelos norte-americanos, que, depois de uma década de feroz repressão operada igualmente pela consciência, dessa vez usaram a educação e outras instituições culturais.[31]

---

[31] Renato Constantino, *Identity and Consciousness: The Philippine Experience* (Quezon City, Malaya Books, 1974), p. 6. Os norte-americanos só abandonaram o controle do sistema educacional filipino em 1935, quando já exercem um controle indireto muito eficaz.

A China, outro exemplo de importância vital, nunca foi ocupada militarmente, a não ser em pequenas partes de seu território. Nem mesmo quando os japoneses a invadiram com grandes forças militares. Contudo, durante muito tempo, o país foi completamente dominado por potências estrangeiras. Tanto que o jovem Mao comentou sarcasticamente que "o peido do estrangeiro deve ser saudado como um perfume celestial". O que importava em todas as aventuras imperialistas era sempre a habilidade de impor *leis* ao país dominado numa base contínua, pelo uso de intervenções militares punitivas somente quando o governo "normal" fosse desafiado. A famosa expressão "diplomacia das canhoneiras" encapsulou bem o que era viável e praticável com os recursos militares disponíveis.

As principais características dessa dominação imperialista continuam a existir hoje. A multiplicação do poder destrutivo do arsenal militar em uso atualmente – especialmente o potencial catastrófico das armas aéreas – modificou em certo grau as formas de impor comandos militaristas a um país que se quer subjugar, mas não a sua substância. Com toda probabilidade, a forma última de ameaçar um adversário no futuro – a nova "diplomacia das canhoneiras" exercida pelo "ar patenteado" – será a *chantagem nuclear*. Mas seu objetivo será análogo ao do passado, embora a modalidade imaginada apenas acentue a inviabilidade absurda de tentar impor dessa forma a racionalidade última do capital às partes recalcitrantes do mundo. Hoje também é inconcebível a tentativa de ocupar a China em sua totalidade, com seu 1,250 bilhão de pessoas, e manter a ocupação ainda que pela maior força militar externa de ocupação economicamente sustentável. Não que o caráter inconcebível de tal ocupação seja capaz de desencorajar os aventureiros imperialistas mais extremados, incapazes de aceitar qualquer alternativa à sua dominação mundial; mas enquanto isso os "mais sóbrios" – que no fim não são menos perigosos – imaginam movimentos estratégicos com o objetivo de quebrar a China com a ajuda da ideologia do "mercado livre" em fragmentos controláveis do centro hegemônico do capitalismo mundial.

É evidente que as forças militares têm de ser economicamente sustentadas, o que as confina a empresas limitadas tanto no porte das máquinas militares empregadas como no período de operações. O registro histórico das aventuras imperialistas passadas mostra que, quando elas se tornam muito extensivas – como foi o caso da França, primeiro sobre a Indochina, depois sobre a Argélia, e mais tarde dos Estados Unidos sobre o Vietnã –, é inevitável enfrentar o fracasso, ainda que às vezes seja demorada a sua conclusão. Com relação às incontáveis operações militares imperialistas do passado, é preciso lembrar não apenas as que ocorreram nas Filipinas ou na fracassada guerra em grande escala de intervenção no Vietnã[32], mas também as da Guatemala, da República Dominicana, da Guiana Inglesa, de Granada, do Panamá e do Congo, bem como outras operações militares em outros países, desde o Oriente Médio e dos Bálcãs até várias partes da África. Uma das formas favoritas de fazer prevalecer os interesses imperialistas dos Estados Unidos foi sempre a de depor governos desagradáveis, impor

---

[32] Com relação ao desastroso envolvimento dos Estados Unidos no Vietnã, ver o livro fundamental de Gabriel Kolko, *Vietnam: Anatomy of a War, 1940-1975* (Londres, Allen & Unwin, 1986).

ditadores totalmente dependentes do novo senhor e governar os países em questão por meio desses ditadores bem controlados. Estamos falando aqui de Marcos e Pinochet, Suharto e os generais brasileiros, Somoza e os generais títeres dos Estados Unidos, sem esquecer os coronéis gregos (a quem Lyndon Johnson chamou de "filhos-da-puta"[33]) e Mobutu (chamado, num tipo esquisito de elogio, de o "nosso filho-da-puta"[34] por um alto funcionário do Departamento de Estado). É bastante evidente o desprezo com que membros do governo dos Estados Unidos tratavam seus serviçais nos países sob sua dominação militar, enquanto cinicamente os apresentavam, para consumo público, como defensores do "Mundo Livre".

4.2.7

O início da crise estrutural do capital ocorrida na década de 1970 produziu mudanças importantes na postura do imperialismo. Foi o necessário para adotar uma atitude cada vez mais agressiva e aventureira, apesar da retórica da conciliação, e mais tarde o absurdo propagandístico de uma "nova ordem mundial", com sua promessa sempre adiada de um "dividendo da paz". Ao contrário de algumas afirmações, seria errado atribuir essas mudanças à implosão do sistema soviético, embora seja verdade que a Guerra Fria e a presumida ameaça soviética tenham sido usadas com muito sucesso no passado para justificar a expansão descontrolada daquilo que o general Eisenhower, no fim de seu mandato, chamou de "complexo industrial-militar". Os desafios que justificavam a adoção de uma atitude mais agressiva – e em última análise aventureira – já existiam muito antes do colapso do sistema soviético. Em 1983, ou seja, oito anos antes da implosão soviética, eu escrevi a seguinte lista:

- o fim do regime colonial em Moçambique e Angola;
- o fracasso do racismo branco e a transferência do poder para o Zanu em Zimbábue;
- o colapso do regime cliente dos Estados Unidos administrado pelos coronéis na Grécia e a subsequente vitória do Pasok de Papandreou;
- a desintegração do eterno governo de Somoza, mantido pelos Estados Unidos na Nicarágua, e a impressionante vitória da Frente Sandinista;
- as lutas armadas de libertação em El Salvador e em outros pontos da América Central e o fim do controle até então fácil da região pelo imperialismo norte-americano;

---

[33] Andreas Papandreou me contou em 1973 como foi libertado da prisão dos coronéis. Um antigo membro do "tanque de cérebros" de Kennedy, John Kenneth Galbraith, numa atitude louvável, visitou o presidente Johnson e lhe pediu que intercedesse em favor do velho amigo de Harvard. Johnson chamou uma secretária e mandou que ligasse para a embaixada norte-americana em Atenas. Isso feito, Johnson disse ao embaixador: "Mande esses filhos-da-puta soltarem esse homem bom, Papandreou, imediatamente" – o que foi feito. Pois eles sabiam muito bem quem mandava de verdade na Grécia.

[34] *The Economist* informou poucas semanas antes da derrubada do regime de Mobutu. A sentença completa citada por *The Economist* foi: "Sabemos que ele é um filho-da-puta, mas é o *nosso* filho-da-puta". Essa descrição de um aliado oportuno é do tempo de Roosevelt, embora haja controvérsia se foi o próprio Roosevelt ou Cordell Hull quem usou a expressão de Somoza.

- a total bancarrota – literal e não apenas no sentido figurado – das estratégias de desenvolvimento inspiradas e dominadas pela "metrópole" por todo o mundo, e a erupção de pesadas contradições nas três principais potências industriais da América Latina: Argentina, Brasil e México; e
- a desintegração dramática e total do regime do Xá no Irã, e com ela uma importante derrota da estratégias norte-americanas há muito estabelecidas, gerando, a partir de então, *estratégias substitutivas, desesperadamente perigosas* – a serem implementadas *diretamente ou por terceiros*[35].

O que mudou depois do colapso do sistema soviético foi a necessidade de encontrar justificativas para a postura crescentemente agressiva do imperialismo dos Estados Unidos em diferentes partes do mundo, especialmente depois dos desapontamentos associados às tentativas de revitalizar o capital ocidental por meio da restauração economicamente sustentável do capitalismo – em contraste com os sucessos relativos mas ainda instáveis da manipulação da máquina política do Estado por meio da ajuda ocidental – na antiga União Soviética. As *estratégias substitutas desesperadamente perigosas implementadas diretamente ou por terceiros* tornaram-se proeminentes nos anos que precederam e se seguiram à implosão soviética. Mas o advento dessas perigosas estratégias aventureiras não pode ser atribuído, como pensam alguns, ao fatídico enfraquecimento do adversário da Guerra Fria. Pelo contrário, o colapso soviético só pode ser entendido como parte integrante da crise estrutural do sistema do capital.

O Xá, como agente norte-americano – e como o garantidor de que não haveria outro Mossadegh –, atendeu aos seus objetivos pelo controle implacável de seu povo e pela compra maciça de armas do Ocidente, que tornaram possível exercer tal controle. Uma vez desaparecido, era necessário encontrar outro agente para destruir o antagonista que falava do "Satã norte-americano". Armado até os dentes pelos Estados Unidos e outros países ocidentais, o Iraque de Saddam Hussein parecia ser o indicado. Mas o Iraque fracassou na tentativa de derrotar o Irã e se tornou dispensável como elemento de instabilidade numa das regiões mais instáveis do mundo, de acordo com a definição da estratégia imperialista norte-americana. Ademais, Saddam Hussein, como ex-agente dos Estados Unidos, poderia servir melhor a um objetivo maior: ser promovido à condição de inimigo mítico todo-poderoso que representa não apenas o mesmo perigo atribuído à União Soviética, nos anos da Guerra Fria, mas, muito mais que isso, aquele que ameaça com a guerra química e biológica – além do holocausto nuclear – todo o mundo ocidental. Dado esse inimigo mítico, esperávamos ver a justificação não apenas da Guerra do Golfo, mas das várias intervenções importantes no Iraque desde então, bem como da matança de um milhão de crianças em virtude das sanções impostas ao país por ordem dos Estados Unidos, vergonhosamente aceitas por nossas "grandes democracias", que continuam a se ufanar de suas "políticas externas éticas".

---

[35] István Mészáros, "Radical Politics and Transition to Socialism: Reflections on Marx's Centenary", publicado pela primeira vez no periódico brasileiro *Escrita Ensaio*, ano V, n. 11-12, verão de 1983, p. 105-24. Uma versão mais curta foi apresentada como conferência em Atenas, em abril de 1983. O artigo foi republicado na íntegra na parte IV de *Para além do capital*, cit.

Mas tudo isso não basta para arranhar a superfície da instabilidade crônica até mesmo na região do Oriente Médio, sem falar do resto do mundo. Aqueles que pensam que o imperialismo atual não exige ocupação territorial devem refletir melhor. Já existem, em partes dos Bálcãs, ocupações militares que se mantêm por período indefinido de tempo (que também se admite serem um "compromisso indefinido"), e quem é capaz de jurar que outras intervenções similares não venham a ocorrer em outras partes do mundo? As tendências atuais são nefastas e o aprofundamento da crise é um agravante ainda maior.

Já vimos no passado dois desenvolvimentos extremamente perigosos da ideologia e da estrutura organizacional do imperialismo norte-americano. O primeiro está relacionado à Otan. Não apenas a sua significativa expansão para o Leste, que pode ser considerada ameaçadora pelas autoridades da Rússia, se não hoje, talvez no futuro. Mas, ainda mais importante, as metas e os objetivos da organização foram radicalmente redefinidos, em contradição com o direito internacional, transformando-a do que antes se dizia ser uma associação militar *puramente defensiva* numa aliança potencialmente mais ofensiva, capaz de fazer o que quiser sem se reportar a nenhuma autoridade jurídica – ou melhor, é capaz de fazer o que os Estados Unidos quiserem e mandarem fazer. Numa reunião da cúpula (abril de 1999) da Otan, em Washington, sob pressão norte-americana, "adotou um novo conceito estratégico, segundo o qual eles podem realizar intervenções militares até fora da área da Otan, sem se preocupar com a soberania de outros países e desconsiderando completamente as Nações Unidas"[36]. Sob esse aspecto, é também muito significativo o fato de a justificação ideológica da nova postura, claramente ofensiva – oferecida sob a forma de 24 "fatores de risco" –, ser transparentemente fraca. Admite-se até mesmo que, "dos 24 fatores de risco, só se pode considerar que apenas cinco representam perigo militar real"[37].

O segundo desenvolvimento recente, que é extremamente perigoso – quase completamente ignorado no Ocidente, infelizmente até pela esquerda[38] –, refere-se ao novo Tratado de Mútua Segurança entre Japão e Estados Unidos, que foi rapidamente aprovado pelas câmaras legislativas do Japão (a Dieta e a Suprema Câmara dos Conselheiros). Sob esse aspecto, os novos desenvolvimentos desafiam cinicamente o direito internacional e também violam a Constituição japonesa. Um importante líder político japonês, Tetsuzo Fuwa, comentou:

> A natureza perigosa do Tratado de Segurança Japão-Estados Unidos poderá mesmo arrastar o Japão para as guerras promovidas pelos Estados Unidos, desafiando a Constituição japonesa, que renuncia à guerra. Por trás disso está a extremamente perigosa *estratégia de*

---

[36] Shoji Niihara, "Struggle Against US Military Bases", em *Dateline Tokyo*, n. 73, jul. 1999, p. 2.

[37] József Ambrus, "A polgári védelem feladatai" [As tarefas da defesa civil], numa edição especial de *Ezredforduló*, dedicada aos problemas gerados pela entrada da Hungria na Otan, *Strategic Enquiries of the Hungarian Academy of Sciences*, 1999, p. 32.

[38] Para uma notável exceção, ver a carta de John Manning a *Spectre*, n. 6, primavera de 1999, p. 37-8. Sobre questão afim, ver *US Military Bases in Japan: A Japan US Dialogue*, Relatório do Simpósio de Boston, 25 de abril de 1998, Cambridge, Massachusetts.

ataque preventivo, segundo a qual os Estados Unidos podem interferir em outro país e atacar arbitrariamente qualquer nação que lhes aprouver.[39]

Desnecessário dizer, a posição que se pretende atribuir ao Japão na "estratégia de ataque preventivo", cujas ordens emanam de Washington, é o papel de "bucha de canhão", contribuindo generosamente ao mesmo tempo para cobrir os custos das operações militares[40], como o país já foi forçado a fazer no caso da Guerra do Golfo.

Um dos aspectos mais sinistros desses acontecimentos vieram recentemente à luz quando da renúncia forçada do vice-ministro da Defesa do Japão, Shingo Nishimura, por se precipitar e insistir agressivamente que o Japão deveria se armar nuclearmente. E ele foi ainda mais longe ao projetar, numa entrevista, o uso de força militar com referência ao litígio das ilhas Senkaku. Segundo ele, "caso a diplomacia se mostre incapaz de resolver a questão, a Agência de Defesa deve agir". Como bem observou o editorial do jornal *Akahata*:

> O verdadeiro problema nesse caso é o fato de um político, que abertamente propõe armas nucleares para o Japão e o uso da força militar como meio de resolver questões internacionais, ter assento no governo. É natural que outras nações asiáticas tenham expressado graves preocupações com relação a essa questão. O que é pior, segundo um acordo secreto com o governo dos Estados Unidos, os governos do Partido Liberal Democrático esvaziaram os três princípios antinucleares (não possuir, nem fabricar, nem permitir a vinda de armas nucleares ao Japão). Ademais, a recente "legislação de emergência" visa dar prioridade às operações militares das forças dos Estados Unidos e da FAD (Força de Autodefesa) no caso de uma guerra pela mobilização em favor da cooperação militar, confiscando produtos locais em terra, edifícios, e assumindo o controle de navios, aviões e ondas elétricas. Tal legislação solapa a Constituição.[41]

A nova postura agressiva do "Tratado de Segurança Japão-Estados Unidos" é justificada em nome das necessidades de defesa do Japão. Na verdade, entretanto, a "Defesa Comum" alegada no Relatório de Legitimação (citado na nota 39) nada tem que ver com a "defesa do Japão" contra um agressor fictício, mas tudo a ver com a proteção e o progresso dos interesses imperialistas dos Estados Unidos.

Os Estados Unidos usam suas bases no Japão, inclusive as de Okinawa, para realizar intervenções militares em situações politicamente instáveis nos países do Sudeste da Ásia,

---

[39] Tetsuzo Fuwa, "Discurso perante a Comissão de Paz no seu 50º Aniversário", *Japan Press Weekly*, 3 de julho de 1999, p. 15. Ao comparar o primeiro-ministro Obuchi com a principal figura da oposição, *The Economist* escreveu: "Até agora os acontecimentos tenderam a mostrar o sr. Obuchi como um amador despreparado, especialmente quando enfrenta profissionais consumados como Tetsuzo Fuwa". Em "A Pity about Uncle Obuchi", *The Economist*, 20 de novembro de 1999, p. 97-8.

[40] É o que já está acontecendo, na medida em que o Japão é forçado a pagar o pesado custo da ocupação militar norte-americana representado pelas inúmeras bases no país. "Os custos assumidos pelo Japão em 1997 para manter as bases norte-americanas no Japão chegaram a 4,9 bilhões de dólares, primeiro lugar entre outras nações do mundo (conforme "Allied Contribution to Common Defence, 1999 Report"), o que representa um custo de 122.500 dólares por soldado norte-americano no Japão (Shoji Niihara, "Struggle Against US Military Bases", cit., p. 3).

[41] *Akahata*, 1º de novembro de 1999; citado no *Japan Press Weekly*, 6 de novembro de 1999, p. 6-7.

inclusive a Indonésia. Em maio do ano passado, quando caiu o regime de Suharto, unidades das Forças Especiais do Exército dos Estados Unidos retornaram rapidamente para a Estação Norte-Americana de Torii na aldeia de Yomitan, Okinawa, passando pela Base de Kadena, também em Okinawa. Elas haviam treinado as forças especiais do Exército indonésio que reprimiam manifestações no país. O retorno repentino das forças especiais dos Estados Unidos denunciaram a atividade secreta das unidades dos boinas-verdes de Okinawa na Indonésia.[42]

A forma pela qual se impõem essas perigosas políticas e práticas aos países, cujos governos "democráticos" se submetem mansamente às ordens dos Estados Unidos, fala por si só. As mudanças em geral não são discutidas nos respectivos parlamentos, que são contornados por meio de protocolos e tratados secretos. E, no mesmo espírito de cínica evasão, quando, por qualquer razão, eles aparecem na agenda parlamentar, tramitam como um trator, desprezando toda oposição da maneira mais autoritária. Os políticos que continuam a espalhar as "sementes-dragão" parecem não se lembrar do perigo representado pelos dragões reais que no devido tempo aparecem no palco da história. Também não parecem entender ou admitir que a chama devastadora dos dragões nucleares não pode ser confinada a um único local – o Oriente Médio ou o Extremo Oriente, por exemplo –, mas atingem todo o planeta, inclusive os Estados Unidos e a Europa.

4.2.8

O alvo último da projetada "estratégia norte-americana de ataques preventivos" é naturalmente a China. Ao comentar os ruídos agressivos e as informações vazadas de Washington referentes àquele país logo após o bombardeio da embaixada chinesa em Belgrado, o contra-almirante Eugene Carroll, do Centro de Informações de Defesa, um órgão independente de informações, disse:

> Existe aqui uma *demonização da China*. Não tenho certeza de quem a está produzindo, mas os vazamentos são orquestrados para mostrar a China como o *perigo amarelo*.[43]

Inicialmente, o bombardeio da embaixada chinesa em Belgrado foi apresentado pelos porta-vozes da Otan como um "acidente inevitável, ainda que lamentável". Quando mais tarde se tornou claro que a embaixada não fora atingida por uma bomba perdida, mas por foguetes vindos de três direções diferentes, e que portanto ela teria sido alvejada de modo acurado, Washington ofereceu uma explicação fabulosa: que a CIA não conseguiu um mapa atualizado de Belgrado, coisa que qualquer um poderia comprar na loja da esquina mais próxima. Mas ainda assim continuou o mistério sobre o que havia de tão importante e legítimo com relação ao alegado alvo previsto que antes havia ocupado

---

[42] Shoji Niihara, "Struggle Against US Military Bases", cit., p. 3.
[43] "Washington Tells China to Back Off or Risk Cold War", em *The Daily Telegraph*, 16 de maio de 1999, p. 15. O mesmo artigo informa que "a onda de histórias de espionagem parece ter sido vazada por figuras importantes do Partido Republicano e do Pentágono, que consideram ser do melhor interesse dos Estados Unidos ter um grande inimigo". É claro que Saddam Hussein não é suficientemente grande para atender aos requisitos ideológicos e aos gastos militares crescentes que correspondem no longo prazo ao projeto da agressiva postura imperialista dos Estados Unidos.

o espaço da embaixada chinesa. Ainda esperamos respostas aceitáveis, que obviamente nunca chegarão. Uma explicação racional seria, sob dois aspectos, o fato de a operação ter sido realizada como campo de teste. Primeiro, para testar como o governo chinês reagiria a tais atos de agressão, forçando-o a engolir a humilhação que os acompanhava. E, segundo, talvez mais importante, para testar a resposta da opinião pública mundial, que foi absolutamente submissa e complacente.

Os problemas que afetam profundamente as relações entre os Estados Unidos e a China não poderiam ser mais graves. Segundo artigo de Jonathan Story, em certo sentido, eles resultam do fato inconveniente de "O Estado-Partido ainda não ter encontrado um lugar no mercado livre mundial"[44]. Quando o imperialismo hegemônico global usa os conceitos de "democracia" e "mercado livre" para se legitimar ideologicamente, qualquer desvio em relação a essa ideologia – apoiada em importante poder militar e econômico – significa um desafio grave. E o que torna o desafio absolutamente intolerável é a perspectiva de desenvolvimentos econômicos desvantajosos para os Estados Unidos, dadas as atuais taxas de expansão, combinadas com o fato de a população chinesa superar em um bilhão de pessoas a dos Estados Unidos. Como afirma o mesmo artigo, refletindo as graves preocupações com os atuais acontecimentos: "Em 2020, a economia da China seria por si só equivalente a três vezes a norte-americana"[45]. Não é difícil imaginar o alarme gerado por tais perspectivas nos círculos governantes dos Estados Unidos.

Fiel ao seu papel de apologista, *The Economist* tenta dar um brilho de respeitabilidade à preparação e à prontidão militar para morrer pela causa da "democracia" e pela "liberdade de mercado". No artigo "The New Geopolitics", a revista exige a admissão de montanhas crescentes de cadáveres. Não por parte dos Estados Unidos, naturalmente, mas por parte daqueles a quem a revista denomina de "assistentes locais" dos Estados Unidos. Com uma hipocrisia sem fim, *The Economist* fala do necessário "comprometimento moral" das democracias com a guerra, conclamando-as, em nome daquela moral, a aceitar o fato de ser "a guerra um tempo de morrer e de matar".

Ser um devotado "assistente local" dos Estados Unidos é o papel atribuído ao Japão, justificado pela projetada ameaça chinesa. A séria oposição no país à redefinição e perigosa expansão do Tratado de Segurança Japão–Estados Unidos é caracterizada como uma "reação nervosa". Felizmente, a China há de fazer com que o Japão veja a luz e passe a colaborar com decisão. Pois "uma China em expansão significa um Japão apreensivo, pronto a agarrar-se à sua aliança com os Estados Unidos". O mesmo papel de assistente devotado é atribuído à Turquia, e também, expressando as esperanças de *The Economist*, à Índia, com o argumento de

> ser necessário recrutar o apoio dos exércitos de países aliados cujos povos admitem que seus soldados façam o *trabalho corpo-a-corpo* [ou seja, morrer]; é esta a razão da grande

---

[44] Jonathan Story, "Time is Running out for the Solution of the Chinese Puzzle", em *The Sunday Times*, 1º de julho de 1999, p. 25.

[45] Idem. O artigo de Jonathan Story é um extrato de seu livro, *The Frontiers of Fortune* (Londres, Financial Times/Prentice Hall, 1999).

importância da Turquia para a aliança[46], e a razão pela qual algum dia poderia ser uma boa ideia pedir a ajuda da Índia.

Nessa conjuntura, a Rússia deverá também ocupar um lugar ativamente pró-norte--americano, em razão de sua inevitável oposição projetada à China.

Preocupada com a vulnerabilidade de seus territórios orientais, a Rússia talvez opte afinal por introduzir um pouco mais de substância na sua Parceria pela Paz com a Otan.

A caracterização dos países como "apreensivos" e "preocupados" – se não hoje, quem sabe amanhã – se deve aos conflitos esperados com a "estrela gigante que surge no leste", a China. Na "nova geopolítica", a China é apresentada como o denominador comum de todos os problemas e, simultaneamente, como a solução para agregar todos os "preocupados" e "nervosos" numa "Aliança pela Democracia" e numa "Parceria pela Paz", que talvez "atraísse até mesmo a Índia democrática (tradicionalmente um país não alinhado) para uma versão sul-asiática dessa questão"[47] sob a liderança dos Estados Unidos. Mas ninguém afirma que viveremos felizes para sempre, nem mesmo que continuaremos vivos.

Naturalmente, essa espécie de "doutrina" inspirada por Washington não se limita a *The Economist* de Londres. Já havia sido encontrada no Extremo Oriente, onde o primeiro-ministro australiano, John Howard, apresentou a "Doutrina Howard", que trata de como seu próprio país poderá cumprir o papel de fiel "assistente local". Para consternação da opinião política do Sudeste da Ásia, ele declarou que a "Austrália deverá agir como o subdelegado dos Estados Unidos encarregado da manutenção da paz na região"[48]. O líder da oposição da Malásia, Lim Kit Siang, respondeu a essa ideia dizendo que

> o sr. Howard havia feito mais do que qualquer outro primeiro-ministro australiano para prejudicar as relações da Austrália com a Ásia desde que se aboliu a política da Austrália Branca na década de 1960.[49]

Mas foi o acadêmico indonésio, formado nos Estados Unidos, Hadi Soesastro quem acertou na mosca ao dizer que "o subdelegado sempre é aquele a ser morto"[50]. De fato, é precisamente esse o papel dos "assistentes locais" dos Estados Unidos: matar e morrer pela causa que lhes foi determinada de cima.

Marx escreveu em *O dezoito brumário de Luís Bonaparte* que os acontecimentos históricos sempre aparecem duas vezes de formas contraditórias: primeiro, como uma

---

[46] A importância da Turquia como "assistente local" dos Estados Unidos foi enfaticamente exposta na primavera de 1999 com a ignominiosa entrega de Ocalan, líder do PKK curdo, ao governo de Ankara, sob grande pressão dos Estados Unidos, humilhando vários "assistentes locais" europeus envolvidos no incidente. Ver Luigi Vinci, *La social-democrazia e la sinistra antagonista in Europa* (Milão, Punto Rosso, 1999), p. 13. Ver também Fausto Bertinotti entrevistado por Giorgio Riolo, em *Per una società alternativa: intervista sulla politica, sul partito e sulle culture critiche* (Milão, Punto Rosso, 1999), p. 30-1.

[47] Todas as citações deste parágrafo são de "The New Geopolitics", em *The Economist*, 31 de julho de 1999, p. 15-6.

[48] David Watts, "Howard's Sheriff Role Angers Asians", em *The Times*, 27 de setembro de 1999, p. 14.

[49] Idem.

[50] Idem.

tragédia (napoleônica) e, mais tarde, como a *farsa* de *Napoléon le petit*. O papel atribuído ao Japão na recente revisão do Tratado de Segurança Japão–Estados Unidos só poderia gerar uma grande tragédia no Sudeste da Ásia e uma devastação igualmente trágica do próprio Japão. E quanto à "Doutrina Howard", o papel de "subdelegado dos Estados Unidos" nela proclamado só pode ser descrito como a comédia que chega correndo ansiosa antes da tragédia.

4.2.9

A história do imperialismo mostra três fases distintas:

1. *o primeiro imperialismo colonial moderno construtor de impérios*, criado pela expansão de alguns países europeus em algumas partes facilmente penetráveis do mundo;
2. *imperialismo "redistributivista" antagonisticamente contestado pelas principais potências em favor de suas empresas semimonopolistas*, chamado por Lenin de "estágio supremo do capitalismo", que envolvia um pequeno número de contendores e alguns pequenos sobreviventes do passado, agarrados aos restos da antiga riqueza que chegou ao fim logo após o término da Segunda Guerra Mundial; e
3. *imperialismo global hegemônico*, em que os Estados Unidos são a força dominante, prenunciado pela versão de Roosevelt da "Política de Porta Aberta", com sua fingida igualdade democrática, que se tornou bem pronunciada com a eclosão da crise estrutural do sistema do capital – apesar de ter se consolidado pouco depois do fim da Segunda Guerra Mundial – que trouxe o imperativo de constituir uma estrutura de comando abrangente do capital sob um "governo global" presidido pelo país globalmente dominante.

Os que tiveram a ilusão de que o "neocolonialismo" do pós-guerra havia criado um sistema estável, em que a dominação política e militar havia sido substituída pela dominação econômica direta, tenderam a atribuir um peso excessivo à permanência do poder dos antigos senhores imperialistas depois da dissolução formal de seus impérios, subestimando ao mesmo tempo as aspirações exclusivistas de dominação hegemônica global dos Estados Unidos e as causas que lhes davam sustentação. Imaginavam que ao fundar "Institutos de Estudos para o Desenvolvimento" – com o propósito de "completar a educação" das elites políticas e administrativas pós-coloniais de suas possessões anteriores, induzindo-as a adotar as recém-promovidas teorias e políticas de "modernização" e "desenvolvimento" –, as antigas metrópoles coloniais poderiam garantir a continuidade substantiva de seu antigo sistema. O que deu fim a tais ilusões foi não apenas o poder de penetração esmagadoramente maior das empresas norte-americanas (fortemente apoiadas pelo governo dos Estados Unidos), mas, ainda mais significativo, o completo colapso da "política de modernização" por toda parte, como discutido acima.

Mas o fato de ter sido tão bem-sucedido, e de ainda continuar dominante, não significa que o imperialismo hegemônico dos Estados Unidos possa ser considerado estável, muito menos permanente. O sonhado "governo global", sob a administração dos Estados Unidos, continua sendo um sonho propagandístico, assim como o foi a "Aliança para o Progresso" e a "Parceria para a Paz", projetadas – numa época de colisões militares e de explosões sociais cada vez mais frequentes – como a fundação firme da mais nova versão da "nova ordem mundial". Já vimos esse filme, quando – depois da implosão do sistema soviético – essa visão

> encontrou apoio nos Estados Unidos, então ansiosos para manter em atividade o mecanismo gerador do capitalismo ao fim da Guerra Fria. Associações seletivas com importantes Estados considerados "mercados emergentes" ofereciam uma alternativa de política externa para substituir a então moribunda estratégia de contenção. Essa política imaginava os Estados Unidos no topo de um "Mundo Único" que se movia em direção à prosperidade comum, à democracia e a melhores condições de vida para todos. As empresas ocidentais derramariam novas tecnologias nas regiões mais pobres do mundo, onde a mão-de-obra era abundante, barata e talentosa. Mercados financeiros globais, já livres do rígido controle político, ofereceriam o capital. No espaço de um par de décadas despontaria um enorme mercado consumidor transnacional.[51]

Bem mais de dez anos se passaram desde o que foi prescrito há um par de décadas e nossas condições estão hoje muito piores do que em qualquer outra época anterior, mesmo num país de capitalismo avançado como a Grã-Bretanha, onde – de acordo com as estatísticas mais recentes – *uma em cada três crianças* vive abaixo da linha de pobreza, sendo que o número de crianças nessa situação *se multiplicou por três* ao longo dos últimos vinte anos. E que ninguém tenha ilusões sobre os efeitos da crise estrutural do capital até mesmo no país mais rico do mundo, os Estados Unidos, pois também lá as condições se deterioraram muito ao longo das duas últimas décadas. De acordo com um relatório recente do Escritório Orçamentário do Congresso – e ninguém pode acusar esse escritório de possuir "tendência esquerdista" –, o *1% mais rico* da população ganha tanto quanto os *cem milhões mais pobres* juntos (ou seja, quase *40% da população*). E, significativamente, esse número assustador *dobrou desde 1977*, quando a renda do 1% mais rico era equivalente à renda de "somente" *49 milhões* dos mais pobres, ou seja, menos de 20% da população[52].

Quanto ao resto das projeções otimistas citadas anteriormente, já não nos oferece a miragem de um "enorme mercado transnacional" a trazer a "prosperidade para todos", inclusive aos povos do leste. O primeiro-ministro da China, Zhu Rongji, é hoje louvado pelas "tentativas ousadas de reforma do setor estatal, que significam *desemprego para milhões de operários chineses*"[53]. Quantos milhões de outros trabalhadores – quem sabe centenas de milhões – deverão perder o emprego antes que se possa afirmar que a China se qualificou para ocupar "um lugar no livre mercado mundial"? Por enquanto o editorial de *The Economist* se limita a expressar sua esperança, prognosticar a certeza de que o sistema chinês será derrubado de dentro para fora[54] e projetar em outros

---

[51] Jonathan Story, "Time is Running out for the Solution of the Chinese Puzzle", cit., p. 33.
[52] Ver David Cay Johnston, "Gap Between Rich and Poor Found Substantially Wider", em *The New York Times*, 5 de setembro de 1999.
[53] "Worried in Beijing", em *The Economist*, 7 de agosto de 1999, p. 14.
[54] Idem. Grifos meus. A imprescindível derrubada da China foi prognosticada diversas vezes nesse insignificante – menos de uma página – editorial.

artigos uma solução militar externa, como já vimos. Comum às duas abordagens é a total ausência de senso de realidade. Pois ainda que o sistema chinês pudesse ser derrubado hoje ou amanhã, isso não impediria absolutamente o completo fracasso das confiantes expectativas outrora associadas aos "mercados emergentes" e seu projetado impacto "na manutenção da atividade do mecanismo gerador do capitalismo no fim da Guerra Fria".

Enquanto isso, continua a intensificação das contradições e dos antagonismos associados a causas irremovíveis. Sob o comando do capital, *estruturalmente* incapaz de dar solução às suas contradições – e daí a maneira como ele *adia* o "momento da verdade" até que as pressões econômicas resultem em algum tipo de explosão –, existe uma tendência à representação equivocada do tempo histórico, tanto em direção ao passado quanto ao futuro, no interesse da eternização do presente. A leitura tendenciosa do passado resulta do imperativo ideológico de representar erroneamente o presente como a moldura estrutural necessária de toda mudança possível. Pois é precisamente em razão da necessidade de se projetar o presente estabelecido no futuro indefinido que o passado deve também ser imaginado – na forma de um *déjà vu* – como o domínio da presença eterna do sistema sob roupagens diferentes, de modo a remover as determinações históricas reais e as limitações temporais do presente.

O resultado dos perversos interesses que estão na raiz da relação do capital com o tempo é ser ele incapaz de uma *perspectiva de longo prazo* e de um senso de *urgência* mesmo na iminência de uma explosão. As empresas são orientadas a realizar as projeções concebidas na mais míope das escalas de tempo e a avaliar seu sucesso na mesma escala. É por isso que os intelectuais que adotam o ponto de vista do capital gostam de argumentar que tudo o que funcionou no passado – encapsulado no método idealizado de "fazer um pouco de cada vez" – há de funcionar também no futuro. É uma falácia perigosa, dada a pressão crescente de nossas contradições, pois o tempo não está do nosso lado. Para realizar um alinhamento feliz de todos os países "nervosos" e "preocupados" com as estratégias dos Estados Unidos, na melhor das hipóteses, *The Economist* comete uma projeção arbitrária do presente no futuro, para não dizer uma representação absolutamente errada das realidades do presente para que elas se ajustem ao futuro desejosamente antecipado. Pois até mesmo as contradições atuais entre os Estados Unidos e o Japão, bem como as que existem entre a Rússia e os Estados Unidos, são muito maiores que a capacidade de absorção do atual esquema de coisas, para não mencionar seus desdobramentos no futuro. Não se pode também ignorar os conflitos objetivos de interesse entre a Índia e os Estados Unidos para ver ambos os países numa harmonia perfeita em razão do "desassossego" do primeiro em relação à China.

Ademais, nem mesmo a aparente harmonia predominante entre os Estados Unidos e a "União Europeia", no âmbito da Otan, deve persistir no futuro, dados os sinais claros de conflitos "interimperialistas" tanto no interior da União Europeia como entre os Estados Unidos e essa organização[55]. Por vezes, até mesmo *The Economist* trai

---

[55] Ver a discussão preocupante dessas questões no volume de Luigi Vinci citado na nota 46 deste capítulo, particularmente p. 60-6.

sua preocupação de que nem tudo está correndo como esperado nas relações ocidentais carregadas de conflitos, ao insistir que ninguém deveria pensar em desafiar o domínio dos Estados Unidos. Como foi dito no seguinte editorial:

> Mesmo os motivos de uma política externa comum variam. Alguns a desejam como expressão da vontade comum da Europa; outros, como rivais ou com restrição dos Estados Unidos. Se ela se transformar em nada além de uma forma de antinorte-americanismo, será um desastre. Para o futuro previsível, a Otan, preferivelmente em sincronia com a ONU, será o elemento aglutinador da segurança ocidental. Os Estados Unidos ainda deverão assumir a responsabilidade de tratar com a maioria das zonas de perigo do mundo. Mas em regiões próximas como os Bálcãs, os Estados Unidos prefeririam transferir essa responsabilidade para a Europa. E mesmo em áreas como o Oriente Médio ou a Rússia, a Europa deve ser capaz de cumprir um papel complementar ao dos Estados Unidos. A Europa pode e deve exercer uma influência maior no mundo, mas não há de ser uma superpotência ainda por muitos anos.[56]

A frase vazia "a Europa pode e deve exercer uma influência maior no mundo" (qual? e onde?) é ofertada como um "prêmio de consolação", de forma a legitimar aos olhos dos ingênuos a supremacia absoluta dos Estados Unidos, alardeada por *The Economist*. Mas, na verdade, não se trata de saber em quanto tempo a Europa vai se transformar numa superpotência com poder militar equivalente ao dos Estados Unidos, mas de que forma e com que intensidade deverão irromper os antagonismos interimperialistas num futuro não tão distante.

De fato, a administração dos Estados Unidos já está preocupada com as perspectivas de evolução dos acontecimentos na Europa.

> Strobe Talbot, vice-secretário de Estado, disse que a última coisa que Washington desejava ver era uma identidade europeia (defensiva) "que começa na Otan, mas se autonomiza fora e se afasta da Otan". O risco, disse ele num seminário no Royal Institute of International Affairs, é o de uma "estrutura de defesa da União Europeia que primeiro duplique a aliança e em seguida rivalize com ela". As palavras do sr. Talbot [...] se referem também à ambiguidade essencial norte-americana perante uma maior unidade europeia: isso é muito bom, *desde que não coloque em risco a preeminência global dos Estados Unidos*.[57]

Assim, o Departamento de Estado norte-americano não perde a oportunidade de deixar clara a sua determinação de manter o resto do mundo subserviente às exigências de sua "preeminência global". Naturalmente, o mais subserviente de todos os governos ocidentais, o britânico, se apressou em aquiescer e reafirmar seu apoio no mesmo seminário do Royal Institute of International Affairs.

> Para aplacar as preocupações norte-americanas, lorde Robertson, que está deixando o cargo de secretário de Estado para a Defesa a fim de, na próxima semana, receber o posto na Otan das mãos de Xavier Solana, declarou que a aliança atlântica continua sendo a peça básica da política britânica de defesa.[58]

---

[56] "Superpower Europe", em *The Economist*, 17 de julho de 1999, p. 14.
[57] Rupert Cornwell, "Europe Warned not to Weaken NATO", em *The Independent*, 8 de outubro de 1999, p. 18. Grifos meus.
[58] Idem.

É possível que assim seja, desde que o papel de "cavalo de Troia" atribuído pelos Estados Unidos ao governo britânico continue sendo desempenhado sem contestação. Mas tais reafirmações nada mais são que "assobios no escuro" que não trazem tranquilidade com relação às contradições objetivas de interesse existentes entre as potências ocidentais e que deverão se intensificar no futuro, por mais que o Departamento de Estado norte-americano não se canse de lembrar à União Europeia quem rege a música, ainda que se recuse a pagar por isso.

4.3 Os desafios históricos diante do movimento socialista

4.3.1

Como vimos anteriormente, o movimento anti-imperialista dos Estados Unidos na virada do século XIX para o XX fracassou por causa da "conciliação entre o movimento operário e os trustes e também devido ao apoio que aquele ofereceu à política externa destes". A conclusão a que chegou, em 1902, o antigo sócio de Lincoln, George S. Boutwell, de que "o esforço final de salvação da república deve ser feito pelas classes trabalhadoras e produtoras", soa profética até hoje, pois as condições de sucesso continuam as mesmas e somente "as classes trabalhadoras e produtoras" norte-americanas têm capacidade de pôr um fim ao impulso destrutivo do imperialismo hegemônico global. Nenhuma potência militar ou política na Terra seria capaz de realizar de *fora* o que só pode ser feito de *dentro* por um movimento que ofereça uma alternativa positiva para a ordem existente nos Estados Unidos.

Naturalmente, isso não quer dizer que possamos todos descansar e esperar até que se complete a ação necessária, porque isoladamente ela nunca se completará. Os problemas e as contradições são tão intrincadamente entrelaçados que sua solução exige mudanças profundas também em outras partes do mundo. As causas mais profundas de contradições tão explosivas devem ser atacadas em todos os lugares, com iniciativa verdadeiramente internacional, cujos elementos particulares se ocupem de sua própria parcela na rede de contradições selvagens do capital, em solidariedade às "classes trabalhadoras e produtoras", nos Estados Unidos e em outras partes do mundo. A conciliação entre o "movimento operário norte-americano e os trustes, e o apoio daqueles à política externa destes" no início do século XX[59] deveram-se, de um lado, à existência de espaço para a expansão imperialista e, portanto, para o deslocamento das contradições do capital; e, do lado do trabalho, à ausência das condições objetivas e subjetivas[60] para uma *alternativa hegemônica viável* ao modo de controle da reprodução societal pelo capital. Essa

---

[59] Para uma história esclarecedora e atualizada do movimento operário norte-americano, ver Paul Buhle, *Taking Care of Business: Samuel Gompers, George Meany, Lane Kirkland, and the Tragedy of American Labor* (Nova York, Monthly Review Press, 1999), particularmente p. 17-90 e 204-63. Um livro muito informativo sobre o papel estratégico do trabalho sindicalizado de hoje é *Why Unions Matter?*, de Michael D. Yates (Nova York, Monthly Review Press, 1998).

[60] É certo que o reconhecimento da existência de condições objetivas desfavoráveis não pode representar uma justificativa geral das contradições geralmente autoimpostas do "lado subjetivo". Michael Yates enfatiza, com

alternativa é inconcebível sem uma solidariedade internacional dirigida para a criação de uma ordem de igualdade substantiva.

Não é necessário ser um socialista militante para perceber os perigos que nos esperam. É relevante lembrar, nesse contexto, o alarme causado por Joseph Rotblat, ganhador do Prêmio Nobel da Paz em 1995, a respeito da orientação para o lucro das atividades de pesquisa nas áreas de biotecnologia e clonagem. Como sabemos, sob as leis do capital, essas atividades – tolhidas pelos imperativos expansionistas do sistema, quaisquer que sejam as consequências humanas e ecológicas – representam uma nova dimensão do potencial de autodestruição da humanidade. Essa nova dimensão se acrescenta ao arsenal já existente de armas nucleares, químicas e biológicas, cada uma delas capaz de nos infligir muitas vezes um holocausto universal.

Tal como Joseph Rotblat, Denis Noble, um destacado cientista liberal que teve grande importância no movimento de protesto que impediu a eleição de Margaret Thatcher para a chancelaria da Universidade de Oxford, suscitou a questão do perigo da incontrolabilidade e do potencial de autodestruição humana, como problema de grande urgência, com relação à forma em que é produzido e utilizado o conhecimento científico em geral na nossa ordem social. Num recente artigo sobre a integridade acadêmica, Noble escreveu:

> As estruturas da sociedade – sociais, políticas e religiosas – estão rangendo pesadamente sob o peso da nossa incapacidade de assimilar o que sabemos em sistemas éticos e sociais amplamente aceitos. O problema é urgente. [...] Um dos resultados possíveis é, naturalmente, uma fuga para várias formas de fundamentalismo, o que certamente representaria uma grave ameaça à integridade acadêmica. A alternativa é reconhecer que existe a obrigação, por parte dos criadores desse estoque de conhecimento, de imaginar meios para *desarmar sua capacidade de nos destruir*.[61]

Não se pode exagerar a responsabilidade social dos cientistas de lutar contra tais perigos. De fato, os melhores cientistas participaram dessa iniciativa no século XX.

---

toda razão, o impacto e a responsabilidade históricos dos indivíduos que estavam em posição de tomar decisões como protagonistas do movimento operário norte-americano. Em recente artigo, ele afirma que "Gompers não precisava ter traído e denunciado à polícia o IWW [Industrial Workers of the World – Trabalhadores da Indústria Mundial] e a liderança socialista, mas a liderança socialista não precisava ter-se aliado a Gompers e se tornado tão agressivamente conservadora quanto ele. Gompers e seus seguidores não precisavam ter-se comprometido com o imperialismo dos Estados Unidos e solapado os movimentos operários progressistas por todo o mundo, recebendo dinheiro da CIA no instante mesmo em que essa agência da morte apoiava a prisão e o assassinato de líderes sindicais em todo o mundo. Os líderes da CIO [Congress of Industrial Organizations – Congresso das Organizações Industriais] não precisavam ter participado da caça às bruxas, que tornou aquela organização virtualmente indistinguível da AFL [American Federation of Labor – Federação Norte-Americana do Trabalho] quando da fusão das duas em 1955. Mas os comunistas também não precisavam ter insistido para que o governo prendesse os trotskistas nem obedecido como escravos as diretivas de Stalin. Tudo isso não significa que as ações de alguns radicais e as de Gompers e outros estejam no mesmo plano, quer dizer apenas que os radicais também fizeram sua própria história". Michael D. Yates, "The Road Not Taken", em *Monthly Review*, v. 51, n. 6, nov. 1999, p. 40.

61 Denis Noble, "Academic Integrity", em Alan Montefiore e David Vines (orgs.), *Integrity in the Public and Private Domains* (Londres/Nova York, Routledge, 1999), p. 184, grifos meus.

Einstein, por exemplo, lutou durante muitos anos contra a militarização da ciência e em favor da causa vital do desarmamento nuclear. Numa mensagem em que propunha um Congresso Nacional de Cientistas – que, na verdade, em razão de pesadas interferências jamais conseguiu se reunir –, Einstein afirmou:

> Estou sinceramente feliz de a grande maioria dos cientistas ser totalmente consciente de suas responsabilidades como intelectuais e cidadãos do mundo; e por não terem eles sido vítimas da histeria generalizada que ameaça nosso futuro e o de nossos filhos. É apavorante perceber que o veneno do militarismo e do imperialismo ameaça trazer mudanças indesejáveis à atitude política dos Estados Unidos [...]. O que estamos vendo não é uma expressão dos sentimentos do povo norte-americano; pelo contrário, reflete a vontade de uma poderosa minoria que usa sua força econômica para controlar os órgãos da vida política. Se o governo se mantiver nesse curso catastrófico, nós, os cientistas, devemos recusar a submissão às suas exigências imorais, ainda que apoiadas por aparato jurídico. Existe uma lei não escrita, a da nossa consciência, que é muito mais impositiva que qualquer outra que venha a ser inventada em Washington. E, naturalmente, existem armas definitivas à nossa disposição: a não cooperação e a greve.[62]

O cancelamento dessa reunião fundamental, programada para os dias 10 a 12 de janeiro de 1946, demonstrou imediatamente que a crença declarada de Einstein na responsabilidade social conscientemente aceita da grande maioria dos cientistas foi um grande desapontamento. Ainda assim ele continuou sua luta até a morte, desafiando ameaças de denúncias públicas. Ele sabia muito bem que "somente pela ação revolucionária os homens libertar-se-iam do jugo intolerável, congelado em lei"[63] e insistiu em que

> atos, e não palavras, são necessários: simples palavras não levam os pacifistas a lugar algum. É preciso iniciar a ação e começar pelo que for possível conquistar agora.[64]

Apesar de seu imenso prestígio e acesso sem paralelo aos chefes de governo e aos meios de comunicação, no fim Einstein estava completamente isolado e derrotado pelos apologistas do crescente "complexo militar-industrial", que chegaram mesmo a pedir que fosse levado a julgamento[65] e expulso dos Estados Unidos, trovejando no Congresso que "esse agitador estrangeiro gostaria de nos lançar a uma outra guerra na Europa para facilitar o avanço do comunismo por todo o mundo"[66].

Assim, nem mesmo o protesto do cientista de maior preocupação social e de maior consciência política do século passou de um "grito no deserto". Pois não foi amplificado por um *movimento de massa* capaz de, por sua própria visão alternativa viável de

---

[62] Otto Nathan e Heinz Norden (orgs.), *Einstein on Peace* (Nova York, Schocken Books, 1960), p. 343. A mensagem de Einstein só foi publicada postumamente.

[63] Ibidem, p. 107.

[64] Ibidem, p. 116.

[65] Ibidem, p. 344.

[66] Citado em Ronald W. Clark, *Einstein: The Life and Times* (Londres, Hodder and Stoughton, 1973), p. 552. O congressista citado, que lançou essa violenta denúncia contra Einstein na Câmara de Representantes, foi o deputado John Rankin, político do Mississippi.

como ordenar os interesses sociais, enfrentar e desarmar as forças destrutivas fortemente entrincheiradas. Uma alternativa também foi imaginada por Boutwell que insistiu que "o esforço final de salvação da república" – contra as grandes empresas construtoras de impérios e seu Estado – "deverá ser feito pelas classes trabalhadoras e produtoras". Boutwell proferiu essas palavras há um século e sua verdade não cessou de crescer a partir de então. Pois os perigos aumentaram enormemente para toda a humanidade, não apenas em relação a 1902, ocasião da fala de Boutwell, mas mesmo em comparação com a época de Einstein. Os megatons do arsenal nuclear que preocupavam Einstein não somente se multiplicaram desde sua morte, mas também proliferaram, apesar de toda a conversa mentirosa a respeito do "fim da Guerra Fria". A verdade da conjuntura atual nos foi violentamente relembrada há alguns anos quando o presidente Yeltsin tentou justificar o "direito soberano" da pavorosa guerra de seu país contra a Chechênia, avisando ao resto do mundo que a Rússia ainda possuía um arsenal nuclear completo.

Hoje, além da ameaça nuclear da MAD*, o conhecimento de como empregar armas químicas e biológicas para extermínio de massa está disponível para todo aquele que não hesitar em usá-las em caso de ameaça ao domínio do capital. E isso não é tudo. A destruição do meio ambiente, a serviço dos interesses cegos do capital, assumiu proporções tais – dramaticamente ilustradas pela terrível calamidade que atingiu, nos últimos dias do século XX, o povo da Venezuela, causada pelo desflorestamento irresponsável e por projetos "especulativos" – que mesmo que amanhã se reverta o processo, seriam necessárias várias décadas para produzir mudanças significativas visando neutralizar a articulação perniciosa, autoimpelida e autossustentada do capital, que deve perseguir sua "racionalidade", expressa em termos imediatamente "econômicos", por meio da *linha de menor resistência*; ademais, implicações potencialmente letais de se brincar com a natureza pelo uso imprudente da "biotecnologia", "clonagem" e pela modificação genética descontrolada de alimentos, sob os ditames de gigantes empresariais gananciosos e de seus governos. Tais implicações representam a abertura de uma nova "caixa de Pandora".

Na atual conjuntura, são esses os perigos claramente evidentes no nosso horizonte; e ninguém sabe quais perigos adicionais para nossos filhos surgirão em razão da incontrolabilidade destrutiva do capital! Contudo, o que está absolutamente claro à luz da nossa experiência histórica é que somente um movimento de massa genuinamente socialista será capaz de conter e derrotar as forças que hoje empurram a humanidade para o abismo da autodestruição.

4.3.2

A constituição urgentemente necessária da alternativa radical ao modo de reprodução do metabolismo social do capital não ocorrerá sem um reexame crítico do passado. É necessário examinar o fracasso da esquerda histórica em concretizar as expectativas otimistas expressas por Marx quando ele postulou, em 1847, a associação sindical e o

---

* Em inglês, *mad* significa maluco, louco. A sigla equivale a *Mutually Assured Destruction* (Destruição Mutuamente Assegurada). (N. E.)

consequente desenvolvimento político da classe trabalhadora paralelamente ao desenvolvimento industrial dos vários países capitalistas. Como ele expressou:

> o grau de desenvolvimento da associação num país qualquer marca claramente a posição que ele ocupa na hierarquia do mercado mundial. A Inglaterra, cuja indústria atingiu o mais alto grau de desenvolvimento, tem as maiores e mais organizadas associações. Na Inglaterra não se parou nas *unidades parciais* [...] continuaram as lutas políticas dos trabalhadores, que hoje constituem um grande partido político, os Cartistas.[67]

E Marx esperava que esse processo tivesse continuidade de forma que:

> A classe operária, ao longo de seu desenvolvimento, substituirá a velha sociedade civil por uma associação que há de excluir as classes e seus antagonismos, e *deixará de existir o poder político propriamente dito*, pois o poder político é exatamente a expressão oficial do antagonismo na sociedade civil.[68]

Contudo, no desenvolvimento histórico da classe trabalhadora, a parcialidade e a setorialidade não se confinaram às "associações parciais" e aos vários sindicatos que delas surgiram. Já no início, a parcialidade inevitavelmente afetou todos os aspectos do movimento socialista, inclusive sua dimensão política. De fato, tanto isso é verdade que um século e meio mais tarde ela ainda apresenta um problema imenso, que esperamos seja resolvido num futuro não muito distante.

Já no seu início, o movimento operário não conseguiu deixar de ser setorial e parcial. Não era simplesmente uma questão de adotar subjetivamente uma estratégia errada, como geralmente se afirma, mas uma questão de determinações objetivas. Como foi mencionado antes, a "pluralidade de capitais" não pôde e não pode ser superada no quadro da ordem sociometabólica do capital, apesar da tendência inevitável à concentração e à centralização monopolística – e também para o desenvolvimento transnacional, mas precisamente por seu caráter *trans*nacional (e não genuinamente *multi*nacional), necessariamente globalizante. Ao mesmo tempo, a "pluralidade do trabalho" também não pode ser superada no terreno da reprodução sociometabólica do capital, por maior que seja o esforço despendido na tentativa de transformar o trabalho de antagonista estruturalmente inconciliável do capital em seu servo obediente; tentativas que variaram desde a absurda e mistificadora propaganda do "capitalismo do povo", baseado na propriedade de ações, até a generalizada extração política direta de sobretrabalho exercida pelas personificações pós-capitalistas do capital que tentaram legitimar-se por meio da alegação espúria de ser a representação dos "verdadeiros interesses" da classe operária.

O caráter fragmentado e parcial do movimento operário combinou-se com sua articulação *defensiva*. O sindicalismo inicial – do qual mais tarde surgiram os partidos políticos – representava uma *centralização da setorialidade* de tendência autoritária

---

[67] Karl Marx, *The Poverty of Philosophy*, em Marx e Engels, *Collected Works* (Nova York, International Publishers, 1976), v. 6, p. 210. [Ed. bras.: *Miséria da filosofia: resposta à "filosofia da miséria" de Pierre-Joseph Proudhon* (Rio de Janeiro, Leitura, 1965) – N. T.]

[68] Ibidem, p. 212. Grifos meus.

e através dela a transferência do poder de decisão das "associações" locais para os centros do sindicalismo e em seguida para os partidos políticos. Assim, já no seu início, todo o movimento sindical foi inevitavelmente *setorial e defensivo*. De fato, devido à lógica interna de desenvolvimento desse movimento, a *centralização da setorialidade* trouxe consigo o *entrincheiramento defensivo* que resultou no abandono dos ataques esporádicos por meio dos quais as combinações locais conseguiam infligir sérios prejuízos aos antagonistas regados pelo capital local. (Os precursores luddistas tentaram fazer o mesmo de forma mais destrutiva e generalizada, o que, por isso mesmo, logo se tornou inviável.) O entrincheiramento defensivo representou assim um avanço histórico paradoxal, já que, por meio de seus primeiros sindicatos, o trabalho se tornou também o *interlocutor* do capital, sem deixar de ser objetivamente seu antagonista estrutural. Dessa nova posição defensiva generalizada do trabalho resultaram, *sob condições favoráveis*, algumas vantagens para uns poucos setores do operariado. Isso foi possível na medida em que os elementos correspondentes do capital foram capazes de se ajustar nacionalmente – em sintonia com a dinâmica da expansão e acumulação do capital – às exigências que lhes eram encaminhadas pelo movimento operário defensivamente articulado. Um movimento que operava no interior das premissas estruturais do sistema do capital, como interlocutor legalmente constituído e regulado pelo Estado. O desenvolvimento do *Estado de Bem-Estar* foi a última manifestação dessa lógica, que só se tornou viável em um número restrito de países. Ele foi limitado tanto pelas *condições favoráveis* de expansão capitalista nos países envolvidos, precondição para o surgimento do *Estado de Bem-Estar*, como pela escala de tempo, marcada ao fim pela pressão da "direita radical" em torno da completa liquidação desse Estado, nas três últimas décadas, em razão da crise estrutural generalizada do sistema do capital.

Com a constituição dos partidos políticos operários – sob a forma da divisão do movimento em um "braço industrial" (os sindicatos) e um "braço político" (os partidos social-democratas e vanguardistas) –, a defensiva do movimento se arraigou ainda mais, pois os dois tipos de partido se apropriaram do direito exclusivo de tomada de decisão, que já se anunciava na setorialidade centralizada dos próprios movimentos sindicais. Essa defensiva agravou-se ainda mais pelo modo de operação adotado pelos partidos políticos, cujos sucessos relativos implicaram o desvio do movimento sindical de seus objetivos originais. Pois na estrutura parlamentar capitalista, em troca da aceitação da legitimidade dos partidos operários pelo capital, tornou-se absolutamente ilegal usar o braço industrial para fins políticos. Isso significou uma severa restrição à qual os partidos trabalhistas se submeteram, condenando dessa forma o imenso potencial combativo do trabalho produtivo, de base material e politicamente eficaz, à completa impotência. Agir dessa forma era ainda mais problemático, pois o capital, por meio de sua supremacia estruturalmente assegurada, continuou sendo uma *força extraparlamentar por excelência* que dominava de fora o parlamento a seu bel-prazer. A situação também não podia ser considerada melhor nos países pós-capitalistas, pois Stalin degradou os sindicatos à condição do que ele denominou de "correias de transmissão" da propaganda oficial, tolhendo qualquer possibilidade de decisão e controle, no aparato político pós-capitalista, por parte da base da classe trabalhadora.

É compreensível, portanto, em vista da experiência histórica infeliz com os dois tipos principais de partido político, que não haja esperança de rearticulação radical do movimento socialista sem que se *combine completamente o "braço industrial" do trabalho com seu "braço político"*: o que se fará, de um lado, conferindo poder de decisão política significativa aos sindicatos (incentivando-os assim a ser diretamente políticos) e, de outro, fazendo os partidos políticos adotarem uma atitude desafiadoramente ativa nos conflitos industriais como antagonistas irredutíveis do capital, assumindo a responsabilidade por sua luta *dentro e fora* do parlamento.

Ao longo de toda a sua história, o movimento operário sempre foi setorial e defensivo. De fato, essas duas características definidoras constituíram um verdadeiro círculo vicioso. O trabalho, na sua pluralidade dividida e em geral divergente, não conseguiu se libertar de suas restrições setoriais paralisantes, na dependência da pluralidade dos capitais, por estar articulado defensivamente como movimento geral; e, vice-versa, ele não foi capaz de superar as graves limitações de sua postura necessariamente defensiva em relação ao capital por ter permanecido setorial na sua articulação industrial e política. Ao mesmo tempo, para estreitar ainda mais o círculo vicioso, o papel defensivo assumido pelo trabalho conferiu uma estranha forma de legitimidade ao modo de controle sociometabólico do capital. Pois, por inércia, a posição defensiva do movimento, explícita ou tacitamente, aceitou tratar a ordem socioeconômica e política estabelecida como estrutura e pré-requisito necessários de tudo o que se poderia considerar "realisticamente viável" dentre as exigências apresentadas, demarcando ao mesmo tempo a única forma legítima de resolver os conflitos que poderiam resultar de reivindicações rivais dos interlocutores. Para júbilo das "personificações do capital", isso foi o equivalente a uma espécie de *autocensura*. Representou uma autocensura anestesiante que resultou numa inatividade estratégica que continua ainda hoje a paralisar até mesmo o resquício mais radical da esquerda histórica, sem falar nos seus elementos antes genuinamente reformistas, hoje totalmente domesticados e integrados.

Enquanto a postura defensiva de "interlocutor racional" do capital – cuja racionalidade foi *a priori* definida pelo que pudesse se ajustar às premissas e restrições práticas da ordem dominante – foi capaz de produzir ganhos relativos para os trabalhadores, a autoproclamada *legitimidade* da estrutura política e reguladora geral do capital permaneceu fundamentalmente incontestada. No entanto, uma vez sob pressão de sua crise estrutural, o capital não podia conceder nada de significativo para o seu "interlocutor racional", mas, ao contrário, tinha de retomar as concessões anteriores, atacando sem piedade os fundamentos do *Estado de Bem-Estar* como também as salvaguardas legais de defesa e proteção do trabalho, por meio de um conjunto de leis antissindicais autoritárias "democraticamente aprovadas". Com isso a ordem política estabelecida perdeu toda a sua legitimidade, expondo também ao mesmo tempo a total inviabilidade da postura defensiva do trabalho.

A *crise da política*, que hoje não pode ser negada nem mesmo pelos piores apologistas do sistema – embora, é claro, se tente confiná-la à esfera da manipulação política e ao seu consenso imoral, no espírito da "terceira via" do "Novo Trabalhismo" –, representa uma profunda crise de legitimidade do modo estabelecido de reprodução sociometabólica e sua estrutura geral de controle político. É o que trouxe consigo a *atualidade histórica da ofensiva socialista*[69], ainda que a procura, por parte do movimento, de sua *linha de menor resistência* continue, por enquanto, a propiciar a manutenção da ordem existente, apesar da perda cada vez mais evidente de sua capacidade de "cumprir o que foi prometido" – até mesmo nos países capitalistas mais avançados –, que foi a base de sua antes amplamente aceita legitimidade. Hoje, o "Novo Trabalhismo", em todas as suas variedades europeias, é o signatário do "cumprimento das promessas" feitas apenas aos interesses mais arraigados do capital, seja no domínio do capital financeiro – cinicamente defendido pelo governo de Tony Blair até mesmo contra alguns de seus parceiros europeus – ou em alguns de seus setores industriais e comerciais semimonopolistas. Ao mesmo tempo, para defender o sistema nas margens cada vez mais estreitas de viabilidade reprodutiva do capital, os interesses da classe trabalhadora são totalmente ignorados, facilitando também, sob esse aspecto, os interesses vitais do capital ao manter em vigor toda a legislação autoritária antissindical do passado recente[70], e ao apoiar com o poder do Estado a pressão do capital em favor da maciça precarização da força de trabalho, como solução cinicamente mentirosa para o problema do desemprego. É por isso que não se pode remover da agenda histórica a necessidade de uma ofensiva socialista por nenhuma variedade imaginável de acomodação defensiva do trabalho.

Não é surpreendente que sob as atuais condições de crise se ouça o canto de sereia do keynesianismo, visto como o sonhado remédio, apelando para o espírito do velho "consenso expansionista" a serviço do "desenvolvimento". Mas hoje aquele canto soa fraco, vindo através de um longo tubo lá do fundo do túmulo de Keynes. Pois o tipo de consenso cultivado pelas variedades existentes de trabalhismo assimilado tem, na realidade, de tornar palatável a *incapacidade estrutural* de acumulação e expansão dos capitais, em nítido contraste com as condições que tornaram possíveis as políticas keynesianas durante um curto período. Luigi Vinci, figura proeminente do movimento italiano da *Rifondazione*, enfatizou corretamente que hoje a autodefinição adequada e a viabilidade organizacional autônoma das forças radicais socialistas estão "fortemente tolhidas por um keynesianismo de esquerda vago e otimista em que a magia da palavra 'desenvolvimento' ocupa a posição central"[71]. Uma noção de "desenvolvimento" que nem mesmo no auge da expansão keynesiana foi capaz de tornar mais próxima a alternativa socialista, porque sempre aceitou sem contestação as premissas práticas necessárias do capital como estrutura orientadora de sua própria estratégia, sob as firmes restrições internalizadas da *linha de menor resistência*.

---

[69] Ver o capítulo 18 de *Para além do capital*, cit., p. 787-860. Uma versão anterior desse capítulo faz parte do estudo intitulado "Il rinnovamento del marxismo e l'attualità storica dell'offensiva socialista", publicado em *Problemi del socialismo* (jornal fundado por Lelio Basso), ano XXIII, jan.-abr. 1982, p. 5-141.

[70] De qualquer forma, não se pode esquecer que a legislação antissindical na Inglaterra foi iniciada no governo trabalhista de Harold Wilson, com a proposta legislativa que recebeu o nome de "em lugar da discórdia", na fase inicial da crise estrutural do capital. Continuou durante o curto governo de Edward Heath, e outra vez nos governos trabalhistas de Wilson e Callaghan, dez anos antes de receber um claro "selo neoliberal" no governo de Margaret Thatcher.

[71] Luigi Vinci, *La social-democrazia e la sinistra antagonista in Europa*, cit., p. 69.

É preciso também destacar que o keynesianismo é, por sua própria natureza, *conjuntural*. Como opera no âmbito dos parâmetros estruturais do capital, ele é forçosamente conjuntural, independentemente de as circunstâncias favorecerem uma conjuntura mais longa ou mais curta. O keynesianismo, mesmo a variedade chamada "keynesianismo de esquerda", está necessariamente contido na "lógica *stop-go*" do capital e por ela é restringido. Mesmo no seu apogeu, o keynesianismo nada representou além da fase "go" de um ciclo de expansão, que mais cedo ou mais tarde chega ao fim, substituído pela fase "stop". Nas suas origens o keynesianismo tentou oferecer uma alternativa à lógica "stop-go", por meio da administração "equilibrada" das duas fases. Mas não foi capaz de completá-la, continuando preso à fase "go", devido à própria natureza de sua estrutura capitalista reguladora orientada pelo Estado. A longa duração da expansão keynesiana – anormal, mas significativamente confinada a um punhado de países capitalistas avançados – se deveu em grande parte às condições favoráveis da reconstrução do pós-guerra e à posição dominante nela assumida pelo "complexo industrial-militar" maciçamente financiado pelo Estado. Em compensação, o fato de que a fase "stop" de correção e contra-ação à fase "go" ter de assumir a forma dura e dolorosa do "neoliberalismo" (e "monetarismo", conforme sua racionalização ideológica pseudo-objetiva) – já no governo trabalhista de Harold Wilson, presidido monetária e financeiramente por Denis Healey na qualidade de chanceler do Tesouro – deveu-se ao início da *crise estrutural* (não mais a crise cíclica tradicional) do capital, englobando toda uma época histórica. É o que explica a duração excepcional da fase "stop" neoliberal, agora já muito mais longa que a fase "go" do keynesianismo do pós-guerra. Fase que, ainda sem fim à vista, se vê perpetuada pela atenção igualmente cuidadosa de governos conservadores e trabalhistas. Ou seja, tanto a dureza antissindical quanto a duração assustadora da fase "stop" neoliberal, mais o fato de o "neoliberalismo" ser praticado por governos que deveriam estar situados de lados opostos do divisor político parlamentar, só podem ser entendidos como manifestações da crise estrutural do capital. A circunstância de a brutal longevidade da fase neoliberal ser racionalizada ideologicamente por alguns teóricos trabalhistas como o "longo ciclo recessivo" do desenvolvimento normal do capitalismo, a ser seguido por um outro "longo ciclo de expansão", acentua apenas a incapacidade do "pensamento estratégico" reformista de entender a natureza das atuais tendências de desenvolvimento. Tanto mais que a selvageria do "neoliberalismo" continua a avançar sem as contestações de uma esquerda acomodada e já começam a nos faltar os anos necessários até mesmo para a realização da caprichosa noção do próximo "longo ciclo de expansão", como teorizam os apologistas do capital na esquerda.

Assim, dada a crise estrutural do sistema do capital, mesmo que uma alteração conjuntural fosse capaz de criar durante algum tempo uma tentativa de instituir alguma forma de administração financeira keynesiana do Estado, ela teria forçosamente uma duração muito limitada, devido à ausência das condições materiais que poderiam favorecer sua extensão por um período maior, mesmo nos países capitalistas avançados. Ainda mais importante, esse renascimento conjuntural limitado nada poderia oferecer para a realização da alternativa socialista radical. Pois seria impossível construir uma alternativa estratégica viável ao modo de controle do metabolismo social do capital sobre uma modalidade conjuntural interna de administração do sistema; uma forma que depende da expansão e da acumulação saudáveis do capital como precondição necessária de seu próprio modo de operação.

4.3.3

Como vimos nas páginas anteriores, as limitações setoriais e defensivas do trabalho não foram superadas pela centralização sindical e política do movimento. Esse fracasso histórico é hoje fortemente enfatizado pela globalização transnacional do capital, para a qual o trabalho parece não ter respostas a oferecer.

Deve-se lembrar aqui que, ao longo do último século e meio, *quatro Internacionais* foram fundadas para tentar criar a necessária unidade internacional do movimento. Entretanto, todas elas foram incapazes até mesmo de se aproximar de seus objetivos declarados, muito menos de realizá-los. Não se pode entender esse fato simplesmente em termos de traições, que, embora estejam corretos em termos pessoais, representam uma petição de princípio, ignorando as ponderáveis determinações objetivas que não podem ser esquecidas caso se pretenda remediar essa situação no futuro. Pois ainda não se conseguiu explicar as razões *pelas quais* as circunstâncias favoreceram esses desvios e traições durante um período histórico tão longo.

O problema fundamental é que a pluralidade setorial do trabalho está intimamente ligada à pluralidade conflituosa hierarquicamente estruturada dos capitais, tanto no interior de cada país em escala global. Não fosse por isso, seria muito mais fácil imaginar a constituição bem-sucedida da unidade internacional do trabalho contra o capital unificado ou unificável. Contudo, dada a articulação conflituosa e necessariamente hierárquica do sistema do capital, com sua prioridade interna e internacional inevitavelmente predatória, a unidade global do capital – a qual se poderia contrapor à correspondente unidade global do trabalho – é inviável. O deplorado fato histórico de, nos principais conflitos internacionais, as classes trabalhadoras terem se aliado aos exploradores de seus próprios países, em vez de voltar contra eles suas armas, atendendo aos insistentes convites feitos pelos socialistas, tem sua base material de explicação na relação antagônica de poder a que nos referimos aqui e não podem ser reduzidas à questão da "clareza ideológica". Da mesma forma, os que esperam da unificação do *capital globalizante* e de seu "governo global" uma mudança radical desse aspecto – que poderia ser combativamente enfrentada por uma classe trabalhadora internacionalmente unida e dotada de consciência de classe – deverão mais uma vez se desapontar. O capital não vai fazer tamanho "favor" à classe trabalhadora pela simples razão de que é incapaz de realizar tal feito.

A articulação hierárquica e conflituosa do capital permanece como o princípio estruturador geral do sistema, não importando o seu tamanho, nem o gigantismo de suas unidades constituintes. Isso se deve à natureza íntima do processo de tomada de decisão do sistema. Dado o inconciliável antagonismo estrutural entre capital e trabalho, este último é categoricamente excluído de toda tomada de decisão significativa. E é forçoso que seja assim, não apenas no nível mais abrangente, mas até mesmo em seu "microcosmo", em cada unidade produtiva. Pois o capital, como poder de decisão alienado, seria incapaz de funcionar sem tornar suas decisões absolutamente inquestionáveis (pela força de trabalho) nos locais de trabalho, nem (por complexos produtores rivais no próprio país) no nível intermediário, nem mesmo numa escala mais abrangente (pelo pessoal de comando encarregado das unidades internacionais competidoras). Esta é a razão por que o modo de tomada de decisão – em todas as variedades conhecidas e viáveis do sistema do capital – é sempre uma forma autoritária, de cima para baixo, de administrar as várias empresas. É compreensível, portanto, que toda a conversa sobre "divisão de poder" com os trabalhadores, ou de "participação" deles nos processos de decisão do capital, pertença ao reino da pura ficção, ou de uma camuflagem cínica do real estado de coisas.

Essa incapacidade estruturalmente determinada de dividir o poder explica por que a ampla variedade de evoluções monopolistas ocorridas no século XX assumiu a forma de "integrações forçadas" (*take-overs*) – fossem elas hostis ou não hostis (hoje ubíquas numa escala assustadora), mas invariavelmente tomadas de controle em que uma das partes envolvidas sobressai, mesmo quando a racionalização ideológica do processo seja representada enganosamente como um "casamento feliz de iguais". A mesma incapacidade explica, de forma particularmente significativa em nossos dias, o fato importante de ter a atual globalização do capital produzido e ainda continuar a produzir gigantescas empresas *trans*nacionais, mas não *multi*nacionais, apesar da enorme conveniência ideológica dessas últimas. Não há dúvida de que o futuro mostrará tentativas de corrigir essa situação por meio da criação e da operação de companhias propriamente multinacionais. Mas, mesmo que isso venha a ocorrer, o problema subjacente deverá persistir. Pois as "gestões codivididas" das multinacionais genuínas só seriam viáveis na *ausência de conflitos significativos de interesse* entre os membros nacionais particulares das multinacionais em questão. Uma vez que surjam tais conflitos, os "acordos harmoniosos e colaborativos" de antes se tornarão insustentáveis e o processo geral reverterá à variedade conhecida de tomada de decisão autoritária de cima para baixo, sob o peso esmagador do membro mais forte. Pois esse problema é inseparável da relação dos capitais nacionais com sua *própria força de trabalho*, que há de continuar sempre estruturalmente conflituosa e antagonística.

Assim, numa situação de conflito grave, nenhum capital nacional particular pode se dar o luxo de perder uma posição de vantagem em razão de decisões tomadas em favor de uma força de trabalho nacional adversária e, por implicação, de seu adversário capitalista de outra nação. O projetado "governo global" sob a lei do capital só se tornaria viável se fosse possível encontrar uma solução para esse problema. Mas nenhum governo, e muito menos um "governo global", será viável sem uma base material bem estabelecida e eficiente. A ideia de um governo mundial viável implicaria, como base material necessária, que se eliminassem da constituição global do sistema do capital todos os antagonismos materiais significativos e a consequente administração harmoniosa da reprodução do metabolismo social por *um* monopólio global incontestado, que abrangeria *todas as facetas* da reprodução social com a alegre cooperação da força de trabalho global – uma verdadeira contradição em termos; ou que um único país imperialista hegemônico governasse todo o mundo de modo permanente e autoritário e, sempre que necessário, violento, uma forma também insustentável e absurda de governar a ordem mundial. Só um modo de reprodução do metabolismo social autenticamente socialista é capaz de oferecer uma alternativa genuína para essas assustadoras soluções.

Outra determinação objetiva vital a ser enfrentada, por mais desagradável que possa parecer, refere-se à natureza da esfera política e aos partidos nela contidos, pois a centralização da setorialidade do trabalho – questão que seus partidos deveriam resolver – deveu-se em grande parte ao modo necessário de operação dos próprios partidos políticos, em oposição inevitável ao seu adversário *político* dentro do Estado capitalista representado pela estrutura geral de comando político do capital. Dessa forma, todos os partidos políticos operários, inclusive o leninista, tiveram de buscar uma dimensão política abrangente para poder espelhar em seu próprio modo de articulação a estrutura política subjacente (o Estado capitalista burocratizado) a que estavam sujeitos. Problemático em tudo isso era o fato de o espelhamento do princípio de estruturação política do adversário, politicamente necessário e bem-sucedido, não permitir a visão prática de uma forma *alternativa* de controle do sistema. Os partidos políticos operários não foram capazes de elaborar uma alternativa viável por estarem, dada a sua função de negação, centrados exclusivamente na *dimensão política* do adversário, permanecendo portanto absolutamente dependentes do seu objeto de negação.

A dimensão vital ausente, que os partidos políticos não podem suprir, é o capital, não como *comando político* (esse aspecto foi sem dúvida abordado), mas como *regulador do metabolismo social do processo de reprodução material* que basicamente determina não somente a dimensão política, mas também muitas outras coisas além dela. Essa correlação única no sistema do capital, entre as dimensões política e reprodutiva material, é o que explica por que, em tempos de crises socioeconômicas e políticas graves, vemos movimentos periódicos de articulações parlamentares democráticas da política, em suas formas mais extremas e autoritárias. Isso quando os processos do metabolismo social em agitação exigem e permitem tais variações, para retornar, no devido tempo, ao quadro político regulado pelas *regras democráticas formais* de *conflitualidade/adversidade*, agora no terreno metabólico social recém-reconstituído e consolidado do capital.

Como controla *realmente* todos os aspectos vitais do metabolismo social, o capital é capaz de definir separadamente a esfera constituída da legitimação política como uma questão estritamente *formal*, excluindo *a priori* a possibilidade de qualquer contestação legítima em sua esfera *substantiva* de operação reprodutiva socioeconômica. Para se ajustar a tais determinações, o trabalho, como antagonista do capital realmente existente, é obrigado a se condenar à permanente impotência. Sob esse aspecto, a experiência histórica pós-capitalista é um relato triste e premonitório, pelos erros nos diagnósticos dos problemas fundamentais da ordem social negada e consequentes erros das tentativas de solução.

O sistema do capital é formado por componentes inevitavelmente *centrífugos* (conflitantes e conflituais/adversos), complementados sob o capitalismo pelo poder absoluto da "mão invisível" e pelas funções legais e políticas do Estado moderno, que compõem a sua dimensão *coesiva*. O fracasso das sociedades pós-capitalistas foi ter tentado equilibrar a determinação estruturadora centrífuga do sistema herdado pela imposição sobre seus constituintes fortemente conflituais/adversos da *estrutura de comando extremamente centralizada* de um Estado político autoritário. Foi o que fizeram, em vez de atacar o problema crucial de como *remediar* – por meio da reestruturação interna e da instituição de um *controle democrático substantivo* – o caráter conflitual/adverso e o simultâneo modo centrífugo de operação das unidades distributivas e reprodutivas particulares. A remoção das personificações privadas do capital foi portanto incapaz de cumprir o que dela se esperava, nem mesmo como primeiro passo na estrada da prometida transformação socialista. Pois a natureza conflitual/adversa e centrífuga do sistema negado foi mantida pela superposição de um controle político centralizado em prejuízo do trabalho. De fato, o sistema metabólico social tornou-se mais incontrolável do que em qualquer época anterior, como resultado da incapacidade de substituir produtivamente a "mão invisível" da antiga ordem reprodutiva pelo autoritarismo voluntarista das novas personificações "visíveis" do capital pós-capitalista.

Ao contrário da evolução do assim chamado "socialismo realmente existente", o que se exigia como condição vital de sucesso seria a progressiva reaquisição pelos indivíduos dos poderes alienados de tomada de decisão política – além de outros tipos de decisão – na transição para uma sociedade autenticamente socialista. Sem a recuperação desses poderes, nem o novo modo de controle político da sociedade por seus indivíduos seria concebível, nem a operação diária *não conflitual/adversa* e, portanto, *coesiva/planejável*, das unidades produtivas e distributivas, autoadministradas pelos produtores associados.

A reconstituição da unidade da esfera material reprodutiva e política é a característica essencial definidora do modo socialista de controle do metabolismo social. Criar as mediações necessárias é tarefa que não pode ser deixada para um futuro distante. É aqui que a articulação defensiva e a centralização setorial do movimento socialista no século XX demonstraram seu verdadeiro anacronismo e sua inviabilidade histórica. Confinar à esfera política a dimensão abrangente da alternativa radical hegemônica ao modo de controle do metabolismo social do capital jamais poderá produzir um resultado favorável. Entretanto, no atual estado de coisas, a incapacidade de enfrentar a dimensão vital do metabolismo social do sistema permanece uma característica da expressão política organizada do trabalho. Esse é o grande desafio histórico do futuro.

4.3.4

A possibilidade de um movimento socialista radicalmente rearticulado enfrentar esse desafio é indicada por quatro importantes considerações.

A primeira é negativa. Resulta das contradições constantemente agravadas da ordem existente que acentuam a vacuidade das projeções apologéticas de sua permanência absoluta, pois a destrutividade pode se prolongar por muito tempo, como bem sabemos, em virtude de nossas condições em processo de constante deterioração, mas não eternamente. A globalização atual é saudada pelos defensores do sistema como a solução de seus problemas. Na realidade, ela aciona forças que colocam em relevo não somente a incontrolabilidade do sistema por qualquer processo racional, mas também, e ao mesmo tempo, sua própria incapacidade de cumprir as funções de controle que se definem como sua condição de existência e legitimidade.

A segunda consideração indica a possibilidade – e apenas a possibilidade – de uma evolução positiva dos acontecimentos. Contudo, essa possibilidade é muito real devido ao fato de a relação entre capital e trabalho ser não simétrica. Isso quer dizer que, enquanto o capital depende absolutamente do trabalho – dado que o capital nada é sem o trabalho, e de sua exploração permanente –, a dependência do trabalho em relação ao capital é *relativa, historicamente criada e historicamente superável*. Noutras palavras, o trabalho não está condenado a continuar eternamente preso no círculo vicioso do capital.

A terceira consideração é igualmente relevante. Refere-se a uma importante mudança histórica na confrontação entre capital e trabalho, e traz consigo a necessidade de buscar uma nova forma de afirmar os interesses vitais dos "produtores livremente associados". Isso contrasta nitidamente com o passado reformista que levou o movimento a um beco sem saída, liquidando simultaneamente até mesmo as concessões mais limitadas que foi possível arrancar do capital no passado. Assim, pela primeira vez na história, tornou-se totalmente inviável a manutenção da falsa lacuna entre *metas imediatas* e *objetivos estratégicos globais* – que tornou dominante no movimento operário a rota que conduziu ao beco sem saída do reformismo. O resultado é que a questão do *controle real de uma ordem alternativa do metabolismo social* surgiu na agenda histórica, por mais desfavoráveis que fossem as suas condições de realização no curto prazo.

E, finalmente, como corolário necessário dessa última consideração, surgiu também a questão da *igualdade substantiva*, por oposição tanto à igualdade *formal* e à pronunciada *desigualdade hierárquica substantiva* do processo de tomada de decisão do capital, como a forma pela qual ela foi espelhada na fracassada experiência histórica pós-capitalista, pois o modo socialista alternativo de controle de uma ordem do metabolismo social não conflitual/adversa se genuinamente planejável – uma necessidade absoluta no futuro – é totalmente inconcebível se não tiver a igualdade substantiva como princípio estruturador e regulador.

4.4 Conclusão

Seguindo os passos de Marx, Rosa Luxemburgo expressou de forma notável o dilema que teremos de enfrentar: "socialismo ou barbárie". Quando Marx formulou sua primeira versão dessa ideia, ele a situou no último horizonte histórico das contradições em evolução. Conforme sua visão, num futuro indeterminado os indivíduos seriam forçados a enfrentar o imperativo de fazer as escolhas certas com relação à ordem social a ser adotada, de forma a salvar a própria existência.

Quando Rosa Luxemburgo comentou essa dura alternativa, a segunda fase histórica do imperialismo estava em pleno apogeu, provocando em enorme escala o tipo de destruição inimaginável num estágio anterior de desenvolvimento. Mas a escala de tempo em que o sistema de capital continuaria a se afirmar na forma de "destruição produtiva" e de "produção destrutiva" ainda era indeterminada durante a vida de Rosa Luxemburgo. Não havia naquele tempo nenhuma potência – nem mesmo a união de todas – capaz de destruir a humanidade com seus conflitos devastadores.

Hoje a situação é qualitativamente diferente e, por isso, a frase de Rosa Luxemburgo adquiriu uma urgência dramática. Não existem rotas conciliatórias de fuga. Ainda assim, nem mesmo o fato de se poder afirmar com certeza que a fase histórica do imperialismo hegemônico global haverá também de fracassar em razão de sua incapacidade de dar solução para as contradições explosivas do sistema, ou mesmo de adiá-las indefinidamente, é promessa de solução para o futuro. Muitos dos problemas que teremos de enfrentar – desde o desemprego estrutural crônico até os graves conflitos econômicos, políticos e militares internacionais indicados acima, e até a destruição ecológica generalizada observada por toda parte – exigem ação combinada em futuro muito próximo. A escala temporal dessa ação talvez possa ser medida em algumas décadas, mas certamente não em séculos. O tempo está se esgotando. Assim, somente uma alternativa radical ao modo estabelecido de controle da reprodução do metabolismo social pode oferecer uma saída da crise estrutural do capital.

Os que falam a respeito de uma "terceira via" como solução ao nosso dilema, e que afirmam não haver espaço para a revitalização de um movimento radical de massa, ou querem nos enganar cinicamente ao dar o nome de "terceira via" à aceitação submissa da ordem dominante, ou não entendem a gravidade da situação, acreditando num sonhado resultado positivo que vem sendo prometido por quase um século, mas que não dá sinais de se realizar. A verdade desagradável hoje é que se não houver futuro para um movimento radical de massa, como querem eles, também não haverá futuro para a própria humanidade.

Se eu tivesse de modificar as palavras dramáticas de Rosa Luxemburgo com relação aos novos perigos que nos esperam, acrescentaria a "socialismo ou barbárie" a frase "barbárie se tivermos sorte" – no sentido de que o *extermínio da humanidade* é um elemento inerente ao curso do desenvolvimento destrutivo do capital. E o mundo dessa terceira possibilidade, além das alternativas de "socialismo ou barbárie", só abrigaria baratas, que suportam níveis letais de radiação nuclear. É esse o único significado racional da *terceira via do capital*.

A terceira fase, potencialmente a mais mortal, do imperialismo hegemônico global, que corresponde à profunda crise estrutural do sistema do capital no plano militar e político, não nos deixa espaço para tranquilidade ou certeza. Pelo contrário, lança uma nuvem escura sobre o futuro, caso os desafios históricos postos diante do movimento socialista não sejam enfrentados com sucesso enquanto ainda há tempo. Por isso, o século à nossa frente deverá ser o século do "socialismo ou barbárie".

Rochester, julho-dezembro de 1999

POSFÁCIO
O militarismo e as guerras futuras

1

Não é a primeira vez na história, em nossos dias, que o militarismo pesa sobre a consciência das pessoas como um pesadelo. Tratá-lo em detalhes seria muito demorado. Entretanto, bastará aqui voltar na história apenas até o século XIX, quando o militarismo se afirmou como o principal instrumento da prática política, com o desdobramento do imperialismo moderno em uma escala global, em contraste com as suas variações anteriores – muito mais limitadas. Nas últimas três décadas do século XIX, não apenas os Impérios Britânico e Francês dominaram majoritariamente vastos territórios, mas também os Estados Unidos impuseram seu pesado jugo assumindo direta ou indiretamente a direção das antigas colônias do Império Espanhol na América Latina, impondo-lhes a repressão sangrenta de uma grande luta de libertação nas Filipinas e instalando-se como dominadores nessa área, de uma maneira que até hoje persiste sob uma forma ou outra. Nem poderíamos esquecer as calamidades causadas pelas ambições imperialistas do "Chanceler de Ferro" Bismarck e a posterior intensificação desses objetivos por seus sucessores, o que resultou na erupção da Primeira Guerra Mundial e suas consequências profundamente antagônicas, que trouxeram consigo o revanchismo nazista de Hitler e, desse modo, prenunciaram muito claramente a própria Segunda Guerra Mundial.

Os perigos e o imenso sofrimento causado por todas as tentativas de resolver problemas sociais profundamente arraigados por meio de intervenções militares, em qualquer escala, são bastante óbvios. Entretanto, se considerarmos mais de perto a tendência histórica das aventuras militaristas, tornar-se-á assustadoramente evidente que elas manifestam uma intensificação cada vez maior e uma escala sempre crescente, desde confrontos locais às duas horrendas guerras mundiais no século XX e à potencial aniquilação da humanidade quando atingimos a nossa época.

É fundamental mencionar nesse contexto o distinto oficial militar e estrategista prático e teórico prussiano, Karl Marie von Clausewitz (1780-1831), que morreu no mesmo ano que Hegel; ambos atingidos pela cólera. Foi Von Clausewitz, diretor da Escola Militar de Berlim nos últimos anos de sua vida, quem, em seu livro publicado postumamente – *Vom Kriege* [Sobre a guerra, 1833]* – ofereceu uma definição clássica ainda hoje frequentemente citada da relação entre a política e a guerra: "a guerra é a continuação da política por outros meios".

Essa famosa definição era passível de defesa até muito recentemente, mas se tornou totalmente indefensável no nosso tempo. Supunha a racionalidade das ações que conecta os dois domínios, da política e da guerra, como continuação uma da outra. Nesse sentido, a guerra em questão tinha de ser vencível, ao menos em princípio, ainda que

---

* A obra foi publicada em português sob o título *Da guerra* (2. ed., São Paulo, Martins Fontes, 1996). (N. E.)

os erros de cálculo que levassem à derrota pudessem ser contemplados no nível instrumental. A derrota por si só não poderia destruir a racionalidade da guerra enquanto tal, uma vez que, após a nova consolidação da política – por mais desfavorável – a parte derrotada poderia planejar outra rodada de guerra como a continuação racional de sua política por outros meios. Assim, a condição absoluta a ser satisfeita pela equação de Von Clausewitz era a vencibilidade da guerra em princípio, de modo a recriar o "ciclo eterno" da política que conduz à guerra, e de volta à política, que conduz à nova guerra, e assim *ad infinitum*. Os atores envolvidos nesses confrontos eram os Estados nacionais. Por mais monstruoso que fosse o dano infligido por eles a seus adversários, ou mesmo ao seu próprio povo (basta lembrar de Hitler!), a racionalidade da atividade militar era garantida se a guerra pudesse ser considerada vencível em princípio.

Hoje, a situação é qualitativamente diferente. Por duas razões principais. Primeiro, o objetivo da guerra factível na fase atual do desenvolvimento histórico, de acordo com as exigências objetivas do imperialismo – a dominação do mundo pelo Estado mais poderoso do capital, em sintonia com seu próprio projeto político de "globalização" implacável e autoritária (disfarçada de "livre comércio" num mercado global dominado pelos Estados Unidos) –, é em última instância não vencível e prenuncia, em lugar disso, a destruição da humanidade. Esse objetivo não pode, nem que se deem asas à imaginação, ser considerado racional de acordo com a exigência racional estipulada da "continuação da política por outros meios" conduzida por uma nação, ou por um grupo de nações, contra outra. Impor agressivamente a vontade de um Estado nacional poderoso sobre todos os outros, ainda que por razões táticas cínicas a guerra defendida seja absurdamente camuflada como uma "guerra puramente limitada" que conduz a outras "infindáveis guerras limitadas", pode, portanto, qualificar-se como total irracionalidade.

A segunda razão corrobora fortemente a primeira. Pois as armas já disponíveis para travar a guerra ou as guerras do século XXI são capazes de exterminar não apenas o adversário, mas toda a humanidade, pela primeira vez na história. Tampouco podemos ter a ilusão de que o armamento existente é o definitivo. Outros, ainda mais instantaneamente letais, podem aparecer amanhã ou depois de amanhã. Além disso, ameaçar o uso de tais armas é agora considerado um dispositivo estatal estratégico aceitável. Assim, basta somar as razões um e dois para determinar a conclusão inescapável: a contemplação da guerra como o mecanismo do "governo global" no mundo atual implica que nos encontramos no precipício da absoluta irracionalidade, do qual não haverá volta se aceitarmos o presente curso de desenvolvimento. O que faltou na definição clássica de Von Clausewitz da guerra como a "continuação da política por outros meios" foi a investigação das causas profundas e subjacentes da guerra e da possibilidade de evitá-las. O desafio de enfrentar essas causas é hoje mais urgente do que nunca. Pois a guerra do século XXI que se assoma diante de nós não apenas "não é vencível por princípio". Pior do que isso, é por princípio não vencível. Consequentemente, almejar a guerra, tal como expresso no documento estratégico de 17 de setembro de 2002 da administração norte-americana, faz a irracionalidade de Hitler parecer um modelo de racionalidade.

2

Desde o 11 de setembro de 2001, Washington tem imposto suas políticas agressivas ao resto do mundo com aberto cinismo. A justificativa dada para a pretensa mudança de curso da "tolerância liberal" para o que hoje é chamado de "defesa resoluta da liberdade e da democracia" é que em 11 de setembro de 2001 os Estados Unidos tornaram-se vítimas do terrorismo mundial, em resposta ao qual é imperativo empreender uma "guerra contra o terror" indefinida e indefinível – mas, na realidade, arbitrariamente definida da maneira mais conveniente aos círculos mais agressivos dos Estados Unidos. Admite-se que a aventura militar no Afeganistão seja apenas a primeira de uma série ilimitada de "guerras preventivas" que serão empreendidas no futuro e, com efeito, num futuro muito próximo, no país que foi há pouco tempo um aliado extremamente favorecido da América, o próprio Iraque, a fim de apropriar para os Eestados Unidos os recursos petrolíferos vastos e – para o controle, rivais potenciais – estrategicamente cruciais do Oriente Médio.

Entretanto, a ordem cronológica na atual doutrina militar norte-americana é apresentada completamente de cabeça para baixo. Na realidade, não pode haver a possibilidade de uma "mudança de curso" posterior ao 11 de setembro de 2001, que se considerava possível em virtude da eleição duvidosa de George W. Bush para a presidência no lugar de Al Gore. Pois o presidente democrata Clinton visava aos mesmos tipos de políticas que seu sucessor republicano, mesmo que de uma forma um pouco mais camuflada. Já o ex-candidato democrata à presidência, Al Gore, declarou em dezembro de 2002 que apoiava inteiramente a guerra contra o Iraque, porque essa guerra "não significaria uma mudança de regime", mas simplesmente o "desarmamento de um regime que possui armas de destruição em massa". Será que alguém pode ser mais cínico e hipócrita que isso?

Estou fortemente convencido há muito tempo de que, desde o início da crise estrutural do capital no fim dos anos 1960 ou no início dos 1970, vivemos em uma fase qualitativamente nova do imperialismo, com os Estados Unidos como sua força esmagadoramente dominante. Eu a chamei de "a nova fase histórica do imperialismo hegemônico global" em meu livro *Socialism or Barbarism: From the "American Century" to the Crossroads* [Socialismo ou barbárie: do "século norte-americano" à encruzilhada]*.

A crítica do imperialismo dos Estados Unidos – em contraste com as fantasias elegantes do "imperialismo desterritorializado", que não deveria carregar consigo a ocupação militar dos territórios de outras nações – constitui o tema central de meu livro. O capítulo mais longo, intitulado "A fase potencialmente fatal do capitalismo"**, foi escrito dois anos antes do 11 de setembro de 2001 e proferido em uma palestra pública em Atenas em 19 de outubro de 1999. Ali, enfatizei fortemente que "a forma última de ameaçar um adversário no futuro – a nova 'diplomacia das canhoneiras' [do

---

* A obra foi publicada em português sob o título *O século XXI: socialismo ou barbárie* (São Paulo, Boitempo, 2003). (N. T.)

** Equivalente à seção 4.2 do presente capítulo. (N. E.)

imperialismo do passado] exercida pelo 'ar patenteado' – será a *chantagem nuclear*"[72]. Desde que essas linhas foram publicadas, primeiro em março de 2000 em um periódico grego e depois em um livro completo em italiano, em setembro de 2000, a repulsiva mudança estratégica militar prevista para a ameaça nuclear final – que poderia iniciar uma aventura militar que precipitaria a destruição da humanidade – deixou de ser camuflada para se tornar uma política oficial dos Estados Unidos abertamente professada. Nem se poderia imaginar que a declaração aberta de uma doutrina estratégica como essa seja uma ameaça vazia contra um "Eixo do Mal" retoricamente propagandeado. Afinal, foram precisamente os Estados Unidos que, na verdade, utilizaram a arma atômica de destruição em massa contra o povo de Hiroshima e Nagasaki.

Quando consideramos essas questões de extrema gravidade, não podemos nos satisfazer com nenhuma sugestão que aponte a uma conjuntura política particular e mutável. Antes, devemos situá-las sobre seu pano de fundo de desenvolvimento estrutural profundamente enraizado – tanto econômica como politicamente necessário. Isso é ainda mais importante para vislumbrarmos uma estratégia viável de impugnação das forças responsáveis por nosso perigoso estado de coisas. A nova fase histórica do imperialismo hegemônico global não é simplesmente a manifestação das relações existentes da "grande política de poder", com esmagadora vantagem para os Estados Unidos, contra a qual um futuro realinhamento entre os Estados mais poderosos ou mesmo algumas demonstrações bem organizadas na arena política poderiam afirmar-se com sucesso. Infelizmente é muito pior que isso. Pois tais eventualidades, ainda que pudessem ocorrer, deixariam intocadas as causas subjacentes e determinações estruturais.

Por certo, a nova fase do imperialismo hegemônico global está preponderantemente sob o controle dos Estados Unidos, ao passo que as outras aspirantes a potências imperialistas como um todo parecem aceitar se pendurar no rabo da saia norte-americana, mas, obviamente, não por toda a eternidade. Com efeito, é possível entrever, sem hesitações, com base nas instabilidades já visíveis, a explosão de antagonismos significativos entre as principais potências no futuro. Mas será que isso por si só ofereceria alguma resposta às contradições sistêmicas em jogo, sem abordar as determinações causais que se encontram nas raízes dos desenvolvimentos imperialistas? Seria muita ingenuidade acreditar que sim.

Desejo aqui apenas sublinhar uma preocupação central, isto é, que a lógica do capital é absolutamente inseparável do imperativo da dominação do mais forte sobre o mais fraco. Mesmo quando pensamos naquilo que é geralmente considerado o componente mais positivo do sistema, a competição que resulta em expansão e avanço, vemos que o impulso ao monopólio e à subordinação ou extermínio dos concorrentes que estiverem no caminho da autoasserção de um monopólio lhe é necessariamente concomitante. As fases mutáveis do imperialismo tanto incorporam como afetam mais ou menos diretamente as transformações nos desenvolvimentos históricos em andamento.

No que diz respeito à atual fase do imperialismo, dois aspectos estreitamente vinculados são de suma importância. O primeiro é que há uma tendência material/

---

[72] Ver p. 106.

econômica fundamental do capital para a integração global que, no entanto, ele não pode assegurar no plano político. Isso se deve em grande medida ao fato de que o sistema capitalista global desdobrou-se no decorrer da história na forma de uma multiplicidade de Estados nacionais divididos e, com efeito, antagonicamente opostos. Nem mesmo os mais violentos embates imperialistas do passado poderiam produzir um resultado duradouro a esse respeito. Não conseguiriam impor de forma permanente a vontade do Estado nacional mais poderoso sobre seus rivais. O segundo aspecto de nosso problema, que constitui o outro lado da mesma moeda, é que, a despeito de todos os seus esforços, o capital fracassou em produzir o Estado do sistema do capital como tal. Essa continua sendo a complicação mais grave para o futuro, não obstante todos os discursos sobre a "globalização". O imperialismo hegemônico global dominado pelos Estados Unidos é, em última instância, uma tentativa condenada de sobrepor-se aos outros Estados nacionais, cedo ou tarde recalcitrantes, como o Estado "internacional" (global) do próprio sistema do capital. Aqui, também, nos deparamos com uma enorme contradição. Pois mesmo os recentes, mais agressivos e abertamente ameaçadores documentos estratégicos dos Estados Unidos procuram justificar a defesa de suas políticas "universalmente válidas" em nome dos "interesses nacionais norte-americanos", enquanto negam tais considerações para as outras nações.

3

Aqui podemos ver a relação contraditória entre a contingência histórica – o capital norte-americano em sua posição preponderante na época atual – e a necessidade estrutural do próprio sistema do capital. Esta pode ser resumida como o impulso material irreprimível do capital à integração global monopolista a qualquer custo, ainda que isso signifique colocar diretamente em risco a própria sobrevivência da humanidade. Por conseguinte, mesmo se fosse possível impugnar com êxito no plano político a força da contingência histórica norte-americana ora predominante – que se seguiu a outras configurações imperialistas do passado e pode muito bem ser sucedida por outras no futuro (isto é, se pudermos sobreviver aos perigos explosivos do presente) – a necessidade estrutural ou sistêmica que emana da lógica fundamentalmente global e monopolista do capital manteria a pressão que sempre exerceu no passado. Pois qualquer que seja a forma particular que uma futura contingência histórica possa assumir, a necessidade sistêmica subjacente permanece obrigatoriamente como o impulso à dominação global.

A questão, portanto, não se resume apenas às dadas aventuras militaristas de alguns círculos políticos. Isto é, às aventuras militares que poderiam ser enfrentadas e superadas com êxito no plano político/militar. As causas são muito mais arraigadas e não podem ser combatidas sem que se introduzam mudanças fundamentais nas determinações sistêmicas recônditas do capital como modo de controle sociometabólico – de reprodução geral – que abarca não somente os domínios econômico e político/militar, mas também as inter-relações culturais e ideológicas mais mediadas. Mesmo a expressão "complexo militar-industrial" – introduzida em um sentido crítico pelo presidente Einsenhower, que conhecia uma coisa ou outra sobre esse assunto – indica claramente que o que nos aflige é algo muito mais firmemente enraizado e tenaz que algumas determinações (e manipulações) políticas/militares diretas, as quais em princípio poderiam ser revertidas nesse plano. A guerra como a "continuação da política por outros meios" sempre nos ameaçará no interior da atual estrutura social, e hoje com a possibilidade de aniquilação total. Ela nos ameaçará enquanto formos incapazes de enfrentar as determinações sistêmicas que residem nas raízes do processo de decisão política, que no passado tornaram necessária a aventura das guerras. Tais determinações encurralavam os vários Estados nacionais no círculo vicioso da política, levando a guerras, que traziam consigo políticas antagônicas mais intensas que tinham de explodir em outras guerras, cada vez maiores e mais numerosas. Retiremos da cena, em nome do argumento um tanto otimista, a contingência histórica do capital norte-americano atual e ainda restará a necessidade sistêmica da ordem de produção cada vez mais destrutiva do capital, que traz à tona contingências históricas específicas mutáveis, mas progressivamente mais perigosas.

A produção militarista, hoje essencialmente incorporada no "complexo militar-industrial", não é uma entidade independente, regulada por forças militares autônomas que também são, pois, responsáveis pelas guerras. Rosa Luxemburgo foi a primeira a colocar essas relações em perspectiva adequada, já em 1913, em seu clássico livro sobre *A acumulação do capital*, publicado em inglês cinquenta anos depois. Profeticamente, ela salientou há noventa anos a importância crescente da produção militar, apontando que:

> a alavanca desse movimento rítmico e automático da produção bélica capitalista encontra-se em mãos do próprio capital – mediante o mecanismo da legislação parlamentar e da criação dos meios de comunicação destinados à formação da assim chamada opinião pública. Eis por que esse campo específico da acumulação de capital parece ser dotado, em princípio, de uma capacidade de ampliação indeterminada.[73]

Estamos, portanto, preocupados com um conjunto de interdeterminações que devem ser vistas como partes de um sistema orgânico. Se quisermos combater a guerra como um mecanismo de "governo global" – como devemos, a fim de salvaguardar nossa própria existência –, cumpre situarmos as mudanças históricas que aconteceram nas últimas décadas em suas estruturas causais corretas. O desígnio de um Estado nacional que subjuga e controla todos os outros, seguindo os imperativos que emanam da lógica do capital, só pode conduzir a humanidade ao suicídio. Ao mesmo tempo, deve-se reconhecer também que uma contradição aparentemente insolúvel entre aspirações nacionais – que explodem de tempos em tempos em antagonismos devastadores – e o internacionalismo pode apenas resolver-se se regulada em uma base amplamente equitativa, o que é totalmente inconcebível na ordem do capital estruturada de forma hierárquica.

Como conclusão, portanto, a fim de entrever uma resposta historicamente viável aos desafios propostos pela fase atual do imperialismo hegemônico global, devemos

---

[73] Rosa Luxemburgo, *A acumulação do capital* (São Paulo, Abril Cultural, 1984, col. Os economistas), v. II, p. 97.

impugnar a necessidade sistêmica do capital de subjugar globalmente o trabalho por meio de qualquer agente social particular que possa assumir o papel designado a ele de acordo com as circunstâncias. Naturalmente, isso é possível somente por meio de uma alternativa radicalmente diferente à tendência do capital à globalização monopolista/ imperialista, no espírito do projeto socialista, incorporada em um movimento de massa em progressivo desenvolvimento. Pois, somente quando "patria es humanidad" se tornar uma realidade irreversível, para citar as bonitas palavras de José Martí, a contradição destrutiva entre o desenvolvimento material e as relações políticas humanamente re-compensadoras poderá ser consignada ao passado de forma permanente.

Rochester, 10 de dezembro de 2002 – 6 de janeiro de 2003

5
DESEMPREGO E "PRECARIZAÇÃO FLEXÍVEL"

5.1 A "globalização" do desemprego

Os socialistas de vários países europeus – bem como das Américas do Sul e do Norte – estão lutando pelo objetivo de reduzir o tempo de trabalho para 35 horas semanais sem perda salarial. Essa importante demanda estratégica não está de modo algum livre de dificuldades. Pois ressalta tanto o problema urgente do desemprego mundial, quanto as contradições de um sistema socioeconômico que por sua própria necessidade perversa impõe sobre incontáveis milhões de pessoas a privação e o sofrimento que acompanham o desemprego.

Portanto, a luta pelas "35 horas de trabalho", para que seja bem-sucedida, não pode constituir uma demanda sindicalista tradicional confinada ao mecanismo de negociações salariais há muito estabelecido. Ao contrário, deve ter plena consciência não apenas da magnitude da tarefa e das implicações de longo prazo das questões em jogo, mas também da resistência inevitavelmente tenaz da ordem socioeconômica, que deve seguir seus próprios imperativos para anular toda e qualquer concessão que possa ser feita na esfera jurídica/política sob condições temporariamente favoráveis aos sindicatos e representantes políticos de esquerda. É, portanto, compreensível que na Itália, por exemplo, o partido da *Rifondazione*, em seu modo de suscitar a questão, destaque simultaneamente a preocupação com o aumento do emprego e com a melhoria das condições de vida (*"per l'occupazione e per migliorare la vita"*) e a necessidade de *mudar a sociedade* (*"per cambiare la società"*) a fim de assegurar o objetivo visado de um tempo de trabalho reduzido sobre uma base social viável. Pois o êxito duradouro nessa questão só é factível por meio de um intercâmbio sustentado – uma reciprocidade dialética – entre a luta pelo objetivo imediato de reduzir significantemente o tempo de trabalho e a transformação progressiva da ordem social estabelecida, que não pode deixar de resistir e anular todas essas demandas.

Aqueles que negam a legitimidade dessas demandas, exaltando em oposição as virtudes de seu estimado sistema, continuam idealizando o modelo norte-americano para resolver o problema do desemprego, bem como todos os males sociais inseparáveis dele. Contudo, mesmo um exame superficial do atual estado de coisas revela que as certezas que idealizam os Estados Unidos pertencem ao reino da fantasia. Pois, como um editorial do jornal *The Nation* enfatizou:

> A taxa de pobreza do último ano, 13,7%, foi mais alta do que em 1989, apesar dos sete anos de crescimento quase ininterrupto. Aproximadamente 50 milhões de norte-americanos – 19% da população – vivem abaixo da linha de pobreza nacional. Estão incluídos na faixa de pobreza uma em cada quatro crianças com menos de 18 anos, um em cada quatro idosos e três em cada cinco chefes de famílias mono-parentais. Em dólares constantes, o ganho semanal médio dos trabalhadores baixou do máximo de 315 dólares em 1973 para 256 dólares em 1996, um declínio de 19%. No último ano, as 20% mais pobres dentre as famílias tiveram sua renda reduzida em 210 dólares, ao passo que os 5% mais ricos ganharam em média 6.440 dólares a mais (sem contar seus ganhos de capital). [...] O número de norte-americanos sem seguro saúde atingiu 40,6 milhões em 1995, um aumento de 41% desde meados da década de 1970. Em 1995, quase 80% dos não segurados pertenciam a famílias cujos chefes estavam empregados.[1]

Eis como o róseo modelo norte-americano realmente se mostra quando estamos dispostos a abrir os olhos. É possível acrescentar aqui um quadro muito significativo fornecido pelo Escritório Orçamentário do Congresso dos Estados Unidos, incontestável mesmo para os piores apologistas do capital. Relata que a renda do 1% mais rico da população é equivalente à dos 40% mais pobres. E, ainda mais relevante, é também conhecido que esse quadro espantoso, na verdade, *dobrou* nas últimas duas décadas como consequência da *crise estrutural* do capital. Portanto, por maior que seja, a cínica camuflagem das condições de trabalho deterioradas, independentemente do modo como são avidamente distorcidas na santificada "flexibilidade", pode esconder as sérias implicações dessa tendência para o futuro da expansão e acumulação do capital.

Naturalmente, as estatísticas sobre desemprego podem ser fraudadas, ou definidas e redefinidas de forma arbitrária, não apenas na América, mas em todo país do chamado "capitalismo avançado". Na Inglaterra, por exemplo, até os apologistas profissionais do sistema capitalista – os editores de *The Economist* de Londres – tiveram de admitir que os quadros do desemprego foram "revisados" pelo governo 33 vezes para fazê-los parecer melhores. Sem mencionar o fato de que todos aqueles que trabalham 16 horas por semana na Inglaterra contam como contemplados por *emprego em tempo integral*. E, de modo ainda mais impressionante, no Japão – um país até recentemente aclamado como caso paradigmático de "capitalismo avançado dinâmico" – "aqueles que trabalham por salário por mais de *uma hora* na *última semana* do mês não são incluídos nas estatísticas de desemprego"[2]. Mas quem se deixa

---

[1] "Underground Economy", em *The Nation,* 12 a 19 de janeiro de 1998, p. 3.
[2] *Japan Press Weekly*, 16 de maio de 1998. Grifo do autor.

enganar por tais artifícios da manipulação econômica e política? Pois, não importa como a deturpação do atual estado de coisas seja coordenada e sorrateira, o desafio do desemprego potencialmente muito grave não pode ser evitado nem mesmo nos países capitalisticamente mais avançados. Portanto, independentemente do que sugiram os quadros da estatística apologista, hoje não é mais possível esconder o temor em relação ao recorde de desemprego sempre crescente no Japão e à recessão econômica cada vez mais profunda que o acompanha.

Na realidade, o drástico crescimento do desemprego nos países capitalisticamente avançados não é um fenômeno recente. Apareceu no horizonte – após duas décadas e meia de expansão relativamente intacta do capital no pós-guerra – com o assalto da *crise estrutural do sistema capitalista* como um todo. Surgiu como o aspecto necessário e cada vez pior dessa crise estrutural. Por conseguinte, argumentei já em 1971 que, sob as condições de desemprego que se desdobravam,

> o problema não mais se restringe à difícil situação dos trabalhadores não qualificados, mas atinge também um grande número de trabalhadores *altamente qualificados*, que agora disputam, somando-se ao estoque anterior de desempregados, os escassos – e cada vez mais raros – empregos disponíveis. Da mesma forma, a tendência da amputação "racionalizadora" não está mais limitada aos "ramos periféricos de uma indústria obsoleta", mas abarca alguns dos mais *desenvolvidos* e modernizados setores da produção – da indústria naval e aeronáutica à eletrônica, e da indústria mecânica à tecnologia espacial.
>
> Portanto, não estamos mais diante dos subprodutos "normais" e voluntariamente aceitos do "crescimento e do desenvolvimento", mas de seu movimento em direção a um colapso; nem tampouco diante de problemas periféricos dos "bolsões de subdesenvolvimento", mas diante de uma contradição fundamental do modo de produção capitalista como um todo, que transforma até mesmo as últimas conquistas do "desenvolvimento", da "racionalização" e da "modernização" em fardos paralisantes de subdesenvolvimento crônico. E o mais importante de tudo é que quem sofre as consequências dessa situação não é mais a multidão socialmente impotente, apática e fragmentada das pessoas "desprivilegiadas", mas *todas* as categorias de trabalhadores qualificados e não qualificados: ou seja, obviamente, a *totalidade da força de trabalho* da sociedade.[3]

Desde a época em que essas linhas foram escritas, testemunhamos um aumento notável do desemprego na Inglaterra e em outros lugares. Do modo como as coisas se colocam atualmente, mesmo de acordo com os quadros oficiais – grosseiramente atenuados –, existem mais de *40 milhões* de desempregados nos países industrialmente mais desenvolvidos. Desse quadro, a Europa responde por mais de *20 milhões* e a Alemanha – uma vez elogiada por produzir o "milagre alemão" – ultrapassou a marca dos *5 milhões*. Como já ressaltei anteriormente, a Índia – bastante aplaudida pelos órgãos tradicionais de ciência econômica por suas conquistas como um país em saudável desenvolvimento

---

[3] István Mészáros, *The Necessity of Social Control*, conferência em memória de Isaac Deutscher, proferida na London School of Economics and Political Science em 26 de janeiro de 1971 (Londres, Merlin Press, 1971), p. 54-5; reeditada em *Beyond Capital* (Londres, Merlin Press, 1995; e Nova York, Monthly Review Press, 1996). Citação das p. 889-90 de *Beyond Capital* [*Para além do capital* (São Paulo, Boitempo, 2002), parte IV, capítulo 21, "A necessidade do controle social", p. 1005, de onde extraímos a tradução da passagem citada – N. T.].

– possui nada menos do que *336 milhões* de pessoas em seu registro de desemprego[4], e muitos outros milhões sem trabalho apropriado, que deveriam ser contabilizados mas não se encontram nos registros.

Além disso, a intervenção do Fundo Monetário Internacional (FMI) nos países "em desenvolvimento", como convém ao mandato da organização imposto pelos Estados Unidos, piora a situação dos desempregados enquanto pretende aprimorar as condições econômicas dos países em questão. Nos termos de um outro editorial de *The Nation*:

> A economia do México pode parecer ótima, mas em detrimento de seu povo. Desde o socorro financeiro do FMI, a classe média foi esmagada; 25 mil pequenos negócios faliram; 2 milhões de trabalhadores perderam seus empregos ao mesmo tempo. Em dólares, os salários decaíram 40%. O FMI teve de destruir a economia doméstica para salvá-la.[5]

Ao mesmo tempo, os antigos países pós-capitalistas pertencentes ao sistema de tipo soviético, desde a Rússia até a Hungria – que no passado não sofreram desemprego, embora tenham desenvolvido suas economias com altos níveis de subemprego – precisaram se ajustar, frequentemente sob pressão direta do FMI, às condições desumanizadoras do desemprego massivo. A Hungria, por exemplo, foi congratulada pelo FMI[6] por "estabilizar" o desemprego em aproximadamente 500 mil. Na realidade, o quadro é consideravelmente mais alto e ainda crescente. Mas mesmo 500 mil, em termos da população húngara relativamente pequena, equivalem a 6,5 milhões de desempregados na Inglaterra ou na Itália, e algo próximo não de 5, mas de 8 milhões na Alemanha. Na Federação Russa, a situação é igualmente ruim, e piora cada vez mais, incluindo ultrajes como o não

---

[4] Cumpre recordarmos nesse contexto que "Enquanto o número total de pessoas desempregadas registradas em bolsas de emprego alcançava *336 milhões* em 1993, o número de pessoas empregadas no mesmo ano, de acordo com a Comissão de Planejamento, era de apenas *307,6 milhões*, o que significa que o número de pessoas desempregadas era superior ao de pessoas empregadas. E a taxa de crescimento de emprego era quase desprezível". Sukomal Sen, *Working Class of India: History of the Emergence and Movement 1830-1990. With an Overview up to 1995* (Kolkata, K.P. Bagchi & Co., 1997), p. 554.

[5] "Waterloo in Asia?", em *The Nation*, 12 a 19 de janeiro de 1998, p. 4. Os interesses dos Estados Unidos são cinicamente perseguidos e impostos onde quer que haja oportunidade. Portanto, "os dirigentes norte-americanos, que efetivamente vetaram a criação de um Fundo Regional Asiático independente do FMI e, por conseguinte, de Washington, declararam ainda – mais recentemente no caso da Coreia – que nenhum auxílio direto dos Estados Unidos estaria disponível até que os países enfermos se submetessem às demandas do FMI. Até agora, as autoridades tailandesas concordaram em remover todos os limites à propriedade estrangeira de empresas financeiras e estão pressionando a legislação para permitir que estrangeiros possuam terras, o que há muito tempo constitui um tabu. Mesmo antes de procurar ajuda do FMI, Jacarta aboliu suas restrições à propriedade estrangeira de ações comercializadas publicamente, passo repetido por Seul quando concedeu aos investidores estrangeiros acesso aos 64 bilhões de dólares do mercado de ações garantido e de longo prazo, acesso que havia sido perseguido por anos". Walden Bello, "The End of the Asian Miracle", em *The Nation*, 12 a 19 de janeiro de 1998, p. 19.

[6] As congratulações do FMI, com efeito, significam muito pouco, para não dizer nada, mesmo em seus próprios termos de referência. Caracteristicamente, "quando a economia tailandesa entrou em apuros, o FMI ainda louvava 'o recorde consistente de sólidas políticas administrativas macroeconômicas'". Walden Bello, "The End of the Asian Miracle", cit., p. 16. De modo similar, nos poucos meses desde que o FMI "salvou" a economia sul-coreana, o desemprego *dobrou* no país. Ver também um perspicaz artigo de János Jemnitz, "A review of Hungarian politics 1994-1997", em *Contemporary Politics*, v. 3, n. 4, 1997, p. 401-6.

pagamento dos salários dos mineradores e outros trabalhadores durante vários meses. O Vietnã apresenta um exemplo particularmente trágico. Uma vez que, após a vitória heroica de seu povo sobre a guerra intervencionista devastadora do imperialismo norte--americano, vem se perdendo a paz sob a pressão da restauração capitalista[7]. E mesmo a China não é exceção à regra geral do desemprego crescente, apesar do modo muito especial como a sua economia é politicamente controlada. Um relatório confidencial que, entretanto, vazou, preparado pelo Ministério do Trabalho, adverte o governo chinês que o desemprego no país está fadado a atingir dentro de poucos anos o espantoso quadro de *268 milhões* de pessoas – apontando também para as importantes explosões sociais que podem segui-lo – a menos que se adotem medidas apropriadas (mas não especificadas) para conter a presente tendência[8].

Desse modo, alcançamos um ponto no desenvolvimento histórico em que o desemprego se coloca como um traço dominante do sistema capitalista como um todo. Em sua nova modalidade, constitui uma malha de inter-relações e interdeterminações pelas quais hoje se torna impossível encontrar remédios e soluções parciais para o problema do desemprego em áreas restritas, em agudo contraste com as décadas do pós-guerra de desenvolvimento em alguns países privilegiados, nos quais os políticos liberais podiam falar sobre *pleno emprego em uma sociedade livre*[9].

Nos últimos anos, um grande número de discursos propagandearam as virtudes universalmente benéficas da "globalização", deturpando a tendência de expansão e integração globais do capital como um fenômeno radicalmente novo destinado a resolver todos os nossos problemas. A grande ironia da tendência real do desenvolvimento – inerente à lógica do capital desde a constituição inicial desse sistema séculos atrás, e que atinge sua maturidade em nosso próprio tempo de uma forma inextrincavelmente associada à sua crise estrutural – é que o avanço produtivo desse modo antagônico de controle do metabolismo social lança uma parcela cada vez maior da humanidade na categoria de *trabalho supérfluo*. Já em 1848, no *Manifesto Comunista*, Marx salientou que

> para oprimir uma classe é preciso poder garantir-lhe condições tais que lhe permitam pelo menos uma existência servil [...] [Mas] a burguesia é incapaz de continuar desempenhando o papel de classe dominante e de impor à sociedade, como lei suprema, as condições de existência de sua classe. Não pode exercer o seu domínio porque não pode mais assegurar a existência de seu escravo, mesmo no quadro de sua escravidão, porque é obrigada a deixá-lo afundar numa situação em que deve nutri-lo em lugar de ser nutrida por ele.[10]

---

[7] Ver o excelente livro de Gabriel Kolko, *Vietnam: Anatomy of a Peace* (Londres/Nova York, Routledge, 1997). Ver também a réplica apaixonada de Nhu T. Le em sua resenha do livro de Kolko em *The Nation*, "Screaming Souls", 3 de novembro de 1997.

[8] Anthony Kuhn, "268 million Chinese will be out of jobs in a decade", em *The Sunday Times*, 21 de agosto de 1994.

[9] Ver o livro de lorde Beveridge de mesmo título [*Full Employment in a Free Society*] e seu importante papel no estabelecimento do "Estado de bem-estar social" britânico.

[10] Karl Marx e Friedrich Engels, *Manifesto Comunista* (São Paulo, Boitempo, 2002), p. 50. Ver o artigo profundamente apreciativo de Marshall Berman no 150º aniversário do *Manifesto*, "Unchained Melody", em *The Nation*, 11 de maio de 1998, p. 11-6.

Ironicamente, pois, o desenvolvimento do sistema produtivo de longe o mais dinâmico da história culmina com a geração de um número cada vez maior de seres humanos supérfluos a seu maquinário de *produção*, muito embora – verdadeiro para o caráter incorrigivelmente contraditório do sistema – nada supérfluos como *consumidores*. A novidade histórica do tipo de desemprego no sistema globalmente completo é que as contradições de qualquer parte específica complicam e agravam o problema em outras partes e, por conseguinte, no todo. Pois a necessidade da produção de desemprego, "enxugamento" etc., surge necessariamente dos imperativos produtivos antagônicos do capital que buscam o lucro – e a acumulação – a que não pode absolutamente renunciar, de modo a restringir-se de acordo com os princípios racionais e humanamente gratificantes. O capital deve manter seu impulso inexorável em direção aos seus alvos autoexpansivos, por mais devastadoras que sejam as consequências, ou, do contrário, perde a capacidade de controlar o metabolismo social de reprodução. Não há interposição, nem sequer a mínima atenção às considerações humanas. Eis porque emerge pela primeira vez na história um sistema dinâmico – e dinamicamente destrutivo em suas implicações últimas – de controle sociometabólico autoexpansivo, que elimina cruelmente, se necessário, a esmagadora maioria da humanidade do processo de trabalho. Esse é hoje o significado profundamente perturbador da "globalização".

Quando o capital alcança esse estágio de desenvolvimento, não tem como tratar as *causas* de sua crise estrutural; pode apenas perder tempo com esforços e manifestações superficiais. Por conseguinte, uma vez que o capital "não pode assegurar a existência de seu escravo", as "personificações" de seu sistema (para usar a expressão de Marx) procuram resolver o problema encurtando até mesmo os limitados benefícios concedidos ao trabalho na forma do "Estado de bem-estar social" – durante o período pós-guerra de expansão intacta do capital – por meio de sua impugnação e abolição. Assim, nos Estados Unidos, os desempregados são obrigados a submeter-se aos ditames do *workfare** para receber algum benefício. E, tipicamente, na Inglaterra, o governo de um partido que já foi considerado socialista procura agora instituir a mesma mudança, do "bem-estar social" [*welfare*] para o *workfare*. Por conseguinte, quando o artigo de oito colunas de um jornal inglês liberal (que, aliás, é muito amigável ao governo do "Novo Trabalhismo") anuncia: "Desocupados são avisados: entrem no Exército ou perderão o benefício"[11], oferece uma amostra das medidas que aguardam ser implementadas para a juventude desempregada. Isso, mais uma vez, ao lado dos outros aspectos do nosso problema mencionados até o momento, sublinha o fato de que a "globalização" agora plenamente concluída do desemprego e da precarização

---

* Referência a um programa governamental, adotado nos Estados Unidos e na Inglaterra, entre outros países, que oferece a pessoas desempregadas assistência social, mas obriga, em contrapartida, os beneficiários a aceitar um emprego, geralmente mal remunerado, ou participar de um treinamento profissional. (N. E.)

[11] "Jobless told: join Army or lose benefit", de Stephen Castle (editor da seção "Política"), em *Independent on Sunday*, 10 de maio de 1998. Uma outra manchete na mesma página relata as reações ao nível miserável a que o salário mínimo foi fixado pelo governo do "Novo Trabalhismo" inglês, sob o título: "Union fury as Labour sets minimum wage at £3.60" [Fúria sindical ao estabelecimento do salário mínimo em 3,60 libras pelo Trabalhismo].

não pode ser solucionada sem a suplantação do próprio sistema do capital. Há não tantos anos, antecipou-se confiantemente que todos os males sociais conhecidos, até mesmo nas partes mais "subdesenvolvidas" do mundo, seriam superados pela "modernização" universal, em conformidade com o modelo norte-americano. Entretanto, caracteristicamente, enfrentamos hoje o oposto diametral do róseo quadro projetado. Pois as condições que antes se limitavam, nos contos de fada da "teoria desenvolvimentista" e da sabedoria governamental, às dificuldades supostamente temporárias do "subdesenvolvimento" estão agora se tornando claramente visíveis mesmo nos países capitalisticamente mais avançados.

5.2 O mito da "flexibilidade" e a realidade da precarização

Em 19 de maio de 1998, o Parlamento francês aprovou uma lei que reduz a semana de trabalho a 35 horas. Também na Itália instituiu-se uma legislação semelhante. Seria muito ingênuo, contudo, pensar que a história termina assim. Pois, em Paris, a medida foi imediatamente "descrita por muitos economistas e líderes comerciais como *suicídio econômico*"[12], e, na Itália, mesmo antes de qualquer medida legislativa, o líder da Confederação da Indústria Italiana (Confindustria), Giorgio Fossa, deixou absolutamente claro que a sua organização tinha a intenção de anular todo tipo de legislação semelhante a esta[13]. Ademais, Fossa (cujo nome em italiano significa, muito propriamente, "túmulo"), declarou também, da maneira mais descarada (como se fosse óbvio para todos os que conhecem a sua organização), que pretendiam enterrar a lei, se aprovada no Parlamento, com a ajuda de uma "grande coalizão" que incluiria até os defensores dos partidos de extrema direita[14]. E, como convém a seu cinismo habitual, *The Economist* de Londres pontificou a lei proposta da seguinte maneira:

> Ora, quem realmente quer as 35 horas semanais de trabalho, de Lionel Jospin? Por certo, não os empregadores da França, que alegam que isso elevará os custos de trabalho e reduzirá sua competitividade. Tampouco o contribuinte, que suspeita que terá de pagar impostos mais elevados para financiar o esquema. E, cada vez mais, nem mesmo os sindicatos, que temem que isso conduza à diminuição dos salários e dos direitos trabalhistas. E sequer os trabalhadores, cuja maioria espera continuar trabalhando tanto quanto antes, mas com mais turnos inoportunos e horas não sociais. Mesmo os desempregados, os supostos beneficiários do esquema, imaginam quantas vagas de trabalho serão efetivamente criadas, se é que alguma será criada. [...] O sr. Jospin se encontra envolvido em um esquema em que nem mesmo ele – conforme boatos sussurrados – acredita.[15]

---

[12] Susan Bell, "Paris pass law on 35-hour week", em *The Times*, 20 de maio de 1998.

[13] "Nem resignado, nem mais brando quanto à questão das 35 horas, o presidente dos industrialistas está mais determinado que nunca a promover um referendo de revogação." ("Né rassegnato, né ammorbidito sul tema delle 35 ore, il presidente degli industriali è più deciso che mai a promuovere un referendum abrogativo.") Vittorio Sivo, "Referendum sulle 35 ore", em *La Repubblica*, 22 de abril de 1998.

[14] Idem.

[15] "The working week: Fewer hours, more jobs?", em *The Economist*, 4 de abril de 1998, p. 50.

Aparentemente, pois, a lei em questão representou um mistério total. Isso nos é certificado por *The Economist*, com base na autoridade dos misteriosos e bem informados sussurradores.

Naturalmente, há sérias dificuldades que precisam ser enfrentadas pelo movimento operário em sua luta por uma redução real das horas de trabalho semanais sem perda salarial. Mas são de uma espécie muito diversa se comparadas com os contos aterrorizantes legados por *The Economist* e por outros porta-vozes da ordem estabelecida. Os verdadeiros obstáculos confrontados pelo trabalho no presente e no futuro próximo podem ser resumidos em duas palavras: "flexibilidade" e "desregulamentação". Dois dos mais estimados lemas das "personificações do capital" hoje, tanto no comércio quanto na política. Tais termos têm a intenção de soar bastante atraentes e progressistas. Na verdade, porém, incorporam as mais agressivas aspirações antitrabalho e políticas do neoliberalismo, que se alegam ser tão louváveis a todo ser racional quanto a maternidade ou uma torta de maçã. Pois a "flexibilidade" com relação às práticas do trabalho – que devem ser facilitadas e aplicadas por meio de vários tipos de "desregulamentação" – equivale, na realidade, à implacável *precarização* da força de trabalho. Com frequência, faz-se acompanhar por uma legislação autoritária antitrabalho – desde a supressão de Reagan dos controladores de voo dos Estados Unidos à longa série de viciosas leis antitrabalho de Margaret Thatcher: caracteristicamente mantidas pelo governo do "Novo Trabalhismo" de Tony Blair. E as mesmas pessoas que chamam a difusão das mais precárias condições de trabalho pelo nome da "flexibilidade" universalmente benéfica também têm o sangue frio de chamar de "democracia" a prática da autoritária legislação antitrabalho.

Espera-se que a "flexibilidade" cuide da concessão das 35 horas, se, em virtude da contingência política, ela se tornar inevitável, como parece verificar-se na França e na Itália. Assim, na França, "alguns ministros estão falando em tornar o mercado de trabalho *mais flexível*, especialmente permitindo que os empregadores variem a carga horária de trabalho semanal de acordo com a demanda sazonal, de modo que as horas trabalhadas por semana sejam calculadas como uma média ao longo do ano"[16]. Espera-se que o mesmo truque alcance resultado semelhante na Itália. No momento de sua introdução, o primeiro-ministro da Itália, Prodi – mais tarde recompensado com a Presidência da Comissão Europeia – reafirmou sua crítica de que a "flexibilidade" apropriada deveria ser capaz de impugnar os efeitos negativos da lei.

A preocupação real das "personificações do capital" é promover a "flexibilidade do trabalho" e lutar de todas as maneiras possíveis contra os "rígidos mercados de trabalho". Assim, um artigo proeminente do *Financial Times* insiste que "tanto no Japão quanto na Europa, as empresas estão intensificando a supressão de postos de trabalho mais rápido do que os rígidos mercados de trabalho podem criá-los", indicando com aprovação que a "*desregulamentação* pode forçar o passo" e acrescentando, em nome da reafirmação propagandística, que "Os otimistas acreditam que a desregulamentação ao final levará à criação de postos de trabalho suficientes em novos mercados para absorver grande parte

---

[16] Ibidem, p. 51.

do excesso de força de trabalho. Mas, para que isso aconteça, o Japão precisará do tipo de *mobilidade de trabalho* que opera dos Estados Unidos"[17]. (A história da aquisição do controle da Nissan pela Renault, que demitiu 30 mil trabalhadores da fábrica japonesa, deve agradar aos defensores dessas soluções, no sentido de que demonstra que o Japão está se movendo na "direção certa".) Da mesma maneira, um documento da equipe do FMI – resenhado com entusiasmo por *The Economist* – assevera que "estudos sugerem que na Europa os salários reais têm apenas a *metade da flexibilidade* dos salários da América, e que os trabalhadores europeus são muito menos dispostos a *circular* para procurar trabalho do que os norte-americanos". E afirmam-no ao mesmo tempo que se esquecem alegremente da reclamação de John Kenneth Galbraith, proferida muitos anos antes, de que os trabalhadores dos Estados Unidos só podem culpar a si mesmos por seu desemprego, porque se recusam a "circular", em virtude do "instinto caseiro" que os prende ao lugar onde nasceram e cresceram. Nada parece ter mudado ao longo dessas décadas, seja no diagnóstico ou na sabedoria corretiva. E, para completar o inestimável raciocínio autovantajoso, os autores do documento da equipe do FMI apresentam uma solução muito longe de ser resultado de ponderação cuidadosa, pelo contrário, tal solução é um reflexo automático e pavloviano, na forma das ilusórias projeções do capital baseadas no que "deve ser":

> Suponhamos, por exemplo, que um governo corte os benefícios aos desempregados. Os trabalhadores terão, agora, um incentivo mais pronunciado para procurar trabalho e, portanto, o desemprego *deve* cair. Um aumento no número daqueles que procuram emprego irá também pressionar uma queda nos salários. Os custos mais baixos de salário *devem*, por sua vez, impulsionar o emprego.[18]

Naturalmente, como resultado desse admirável encolhimento do salário, viveremos felizes para sempre. E, por outro lado, se – a despeito dos sacrifícios muito reais dos trabalhadores (descritos em nossa citação pelas palavras "terão agora" e "irá") – as expectativas fictícias do "deve ser" não se materializarem, isso de modo algum poderia invalidar a teoria compartilhada do FMI e de *The Economist*. Apenas revelaria que os porcos do conhecido adágio* inglês teimariam em recusar que lhes crescessem asas, que parecessem gigantes abelhas vacilantes, a fim de voarem em direção ao futuro "otimista" ilusoriamente projetado do capital.

---

[17] Michiyo Nakamoto, "Revolution coming, ready or not", em *Financial Times*, 24 de outubro de 1997. Ver ainda nessa edição de *Financial Times* um artigo de John Plender, "When capital collides with labour", escrito no mesmo espírito.

[18] "Policy Complementation: The Case for Fundamental Labour Market Reform", de David Coe e Dennis Snower. *IMF Staff Paper*, v. 44, n. 1, 1997. Resenhado em *The Economist*, 15 de novembro de 1997, p. 118. Significativamente, o título da resenha é "All or nothing: Piecemeal labour-market reforms will not cure Europe's unemployment problem. Governments need to go the whole way" [Tudo ou nada: reformas parciais no mercado de trabalho não resolverão o problema do desemprego na Europa. Governos precisam ir até o fim].

* "If pigs had wings, they could fly" [Se porcos tivessem asas, voariam], adágio inglês utilizado em resposta à sugestão de que algo impossível pode acontecer. (N. E.)

Nesse meio tempo, a selvageria real do sistema continua firme, não somente expulsando cada vez mais pessoas do processo de trabalho, mas, com uma contradição característica, também *prolongando* o tempo de trabalho, sempre que o capital consegue fazê-lo impunemente. Para mencionar um exemplo muito importante, no Japão, o governo introduziu uma declaração parlamentar "para elevar os limites superiores do dia de trabalho, *de 9 para 10 horas*, e a semana de trabalho, *de 48 para 52 horas*. Essa cláusula permitirá que uma empresa obrigue os empregados a trabalhar mais horas quando estiver atarefada, contanto que o total de horas trabalhadas em um ano não exceda o limite fixado"[19], assim como os "mercadores da flexibilidade" propõem na França, na Itália, e em outras partes do mundo. Além disso, a mesma declaração pretende também ampliar os chamados "regimes de trabalho arbitrários" a fim de "permitir que uma empresa *pague seus trabalhadores de gravata por apenas 8 horas* de trabalho ainda que estes tenham trabalhado por mais tempo"[20]. Alguns casos aterrorizantes dos efeitos destrutivos desumanos desse regime de "trabalho arbitrário" são relatados a partir das áreas em que já estão em operação e devem agora estender-se a outras. Por exemplo, um jovem programador de computador morreu por excesso de trabalho, de acordo com a sentença da Corte Distrital de Tóquio. Lemos que "sua média anual de tempo de trabalho superava 3 mil horas. Nos três meses imediatamente anteriores a sua morte, ele trabalhou trezentas horas por mês. Nessa ocasião, ele estava empenhado em desenvolver um software de computador para bancos"[21]. Um outro jovem, que morreu de parada cardíaca devido ao excesso de trabalho, "trabalhou em média, nas duas semanas anteriores à sua morte, *16 horas e 19 minutos* por dia"[22]. Nas palavras de um outro jornal japonês, mesmo hoje:

> os empregadores impõem cotas estritas aos trabalhadores, o que significa muitas horas de trabalho e trabalho não remunerado sobre os ombros dos trabalhadores. [...] Um condutor de trem, por exemplo, que trabalha para a East Japan Railways Co., a maior empresa ferroviária do Japão, realizava de fato a sua função durante 14 horas e 5 minutos, mas era mantido no local de trabalho por 24 horas e 13 minutos, e a empresa não lhe pagava pelas 10 horas e 8 minutos excedentes, dizendo que essas horas não eram "nem horas de trabalho, nem período de repouso".[23]

É significativo que, na era da crise estrutural do capital, nem mesmo esse nível de exploração é suficiente. Tem de ser ampliado até o ponto em que o movimento operário tolerar. No Japão, o Parlamento fez a seguinte declaração: "é o *maior ataque do período pós-guerra contra os direitos dos trabalhadores*"[24]. Não é surpreendente, pois, que

---

[19] *Japan Press Weekly*, 14 de fevereiro de 1998, p. 25. Em uma outra edição do *Japan Press Weekly*, lemos: "Os principais objetivos da declaração são: ampliar a aplicação de regimes de trabalho arbitrários, facilitar as restrições sobre o sistema existente de horas de trabalho variadas (flexíveis) e legalizar contratos de emprego de curto prazo", 18 de abril de 1998.

[20] *Japan Press Weekly*, 14 de fevereiro de 1998.

[21] *Japan Press Weekly*, 28 de março de 1998.

[22] *Japan Press Weekly*, 4 de abril de 1998. Grifo do autor.

[23] Akira Inukai, "Attack against workers' rights", em *Dateline Tokyo*, n. 58, abril de 1998, p. 3.

[24] Idem.

alguns sindicatos estejam entrevendo para si mesmos um papel muito mais diretamente político no futuro, comparado à sua linha tradicional do passado. Para citar Kanemichi Kumagai, secretário-geral da Confederação Nacional Japonesa de Sindicatos: "Neste ano, a ofensiva de primavera não seguirá somente o que foi feito no passado, mas almejará *mudar as tendências da política* e do movimento operário, incluindo a definição de como devem ser as políticas e a economia do Japão. Para isso, consideramos muito importante conseguir que *os trabalhadores e os sindicatos empreendam ações* para alcançar influência sobre a sociedade"[25].

O Japão é um exemplo particularmente importante, porque não se trata de um país do chamado "Terceiro Mundo", com relação ao qual as práticas mais cruéis e desumanas de exploração sempre foram subentendidas como algo necessário e natural. Ao contrário, o Japão representa a segunda economia mais poderosa do mundo: um paradigma de avanços capitalistas. E hoje, mesmo nesse país, o desemprego está aumentando perigosamente, sendo preciso tornar as condições de trabalho piores do que jamais foram no longo período pós-guerra de desenvolvimento e expansão do capital, o que inclui não apenas a grande intensificação de regimes de trabalho exploradores em nome da "flexibilidade", mas também – o que é bastante incompreensível para muitas pessoas – o imperativo de uma semana de trabalho mais longa.

Na raiz dessa defesa confusa e, sob alguns aspectos, autocontraditória da "flexibilidade", em conjunto com uma *rígida e autoritária* legislação trabalhista, encontramos a lei tendencial, de vital importância, da *equalização por baixo da taxa diferencial de exploração*, que se torna acentuadamente pronunciada pela globalização cada vez mais destrutiva do capital no período da crise estrutural do sistema. Essa é a razão por que, em 1971, escrevi que:

> as classes trabalhadoras de algumas das mais desenvolvidas sociedades "pós-industrais" estão experimentando uma amostra da real perniciosidade do capital "liberal". [...] Expõe-se, assim, a natureza real das relações capitalistas de produção: a implacável dominação [do trabalho] pelo capital evidenciando-se cada vez mais como um fenômeno *global*. [...] A compreensão do desenvolvimento e da autorreprodução do modo de produção capitalista é completamente impossível sem o conceito de capital social *total* [...] Do mesmo modo, é completamente impossível compreender os múltiplos e agudos problemas do trabalho, nacionalmente diferenciado e socialmente estratificado, sem que se tenha sempre presente o quadro analítico apropriado: a saber, o irreconciliável antagonismo entre o capital social *total* e a *totalidade* do trabalho. Esse antagonismo fundamental [...] é inevitavelmente modificado em função:
> a) de circunstâncias socioeconômicas locais;
> b) da posição relativa de cada país na estrutura global da produção do capital;
> c) da maturidade relativa do desenvolvimento sócio-histórico global. De fato, em diferentes períodos o sistema como um todo revela a ação de um complexo conjunto de diferenças objetivas de interesse em *ambos* os lados do antagonismo social. A realidade objetiva de *diferentes taxas de exploração* – tanto no interior de dado país quanto no sistema mundial do capital monopolista – é tão inquestionável como o são as diferenças objetivas nas *taxas de lucro* em qualquer período em particular. [...] De todo modo, a realidade das diferentes taxas de exploração e de lucro não altera em nada a própria lei fundamental: isto é, *a crescente*

---

[25] Ibidem, p. 4. Grifo do autor.

equalização das taxas diferenciais de exploração como *tendência geral* do desenvolvimento do capital mundial.[26] Decerto, essa lei de equalização é uma tendência de longo prazo no que tange ao sistema global do capital. [...] Por ora, basta salientar que "capital social total" não deve ser confundido com o "capital nacional total". Quando este último sofre os efeitos de um enfraquecimento relativo de sua posição no sistema global, tenta inevitavelmente compensar suas perdas com o aumento de sua taxa de exploração específica sobre a força de trabalho diretamente sob seu controle – de outro modo, terá sua competitividade ainda mais comprometida na estrutura global do "capital social total". [...] Não pode haver outra forma de escapar [...] a não ser pela intensificação das taxas específicas de exploração, o que só pode conduzir, tanto em termos locais quanto globais, a uma explosiva intensificação do antagonismo social fundamental a longo prazo.

Aqueles que pregam a "integração" da classe trabalhadora – pintando o "capitalismo organizado" como um sistema que obtêve sucesso na dominação radical de suas contradições sociais – identificaram irremediavelmente mal o sucesso manipulador das taxas diferenciais de exploração (que prevaleceram na fase histórica relativamente "livre de distúrbios" da reconstrução e expansão do pós-guerra) como um *remédio estrutural* básico.[27]

Como algo necessariamente concomitante à presente globalização das relações produtivas e distributivas, a equalização por baixo da taxa diferencial de exploração afeta todo país capitalisticamente avançado, até mesmo os mais ricos. Não pode mais haver espaço para a manipulação paternalista das relações de trabalho, por mais "tradicionais" ou "profundamente enraizadas" que se presumem, nem tampouco, com efeito, pode haver condições de se evitar permanentemente o impacto negativo severo da ubíqua crise estrutural por meio de vantagens comerciais e tecnológicas relativas. (Lembremos dos quadros reveladores do jornal *The Nation* citados à página 142.) De fato, como o apelo de alguns distintos intelectuais em um jornal italiano salientou, o que torna grave a situação é que a precarização e a insegurança ("la precarietà e l'insicurezza") crescem por toda parte no mundo do trabalho: "o trabalho desprotegido e não pago está se espalhando como manchas de óleo, ao passo que o trabalho mais estável sofre a pressão direcionada a uma intensificação sem precedentes de sua realização e à plena disponibilidade a uma submissão às mais diversas horas de trabalho"[28].

Em outras palavras, temos de enfrentar aqui uma tendência extremamente significativa e de longo alcance: a volta da *mais-valia absoluta* em um grau crescente nas sociedades de "capitalismo avançado" durante as últimas décadas. O professor Augusto Graziani falou com muita eloquência em fevereiro de 1998, no Convegno da Rifondazione em Milão,

---

[26] István Mészáros, *The Necessity of Social Control*, cit., p. 56-9.

[27] *Beyond Capital*, cit., p. 890-2. [*Para além do capital*, São Paulo, Boitempo, 2002, p. 1006-7, de onde extraímos a tradução da passagem citada. A expressão entre colchetes pertence à citação em inglês, mas não à tradução brasileira – N. T.]

[28] "Il lavoro sottotutelato e sottopagato si allarga a macchia d'olio, mentre anche il lavoro più stabile subisce la pressione verso una intensificazione senza precedenti della sua prestazione lavorativa e verso una piena disponibilità alla sottomissione ai più diversificati tempi di lavoro." Em: "Trentacinque ore della nostra vita", um apelo de intelectuais assinado por Mario Agostinelli, Pierpaolo Baretta, Heinz Birnbaum, Carla Casalini, Marcello Cini, Giorgio Cremaschi, Pietro Ingrao, Oskar Negt, Paolo Nerozzi, Valentino Parlato, Marco Revelli, Rossana Rossanda, Claudio Sabattini e Arno Teutsch; *Il Manifesto*, 13 de fevereiro de 1998, p. 5.

dedicado à questão das 35 horas semanais de trabalho, sobre as condições de trabalho do "Mezzogiorno" em geral, e sobre a tenebrosa exploração do trabalho feminino na Calábria em particular. A extrema relevância de sua intervenção diz respeito à questão da *mais-valia absoluta* em um país capitalisticamente avançado, como a Itália, no sentido de que algumas práticas altamente exploradoras podem ser também identificadas no Norte do país, industrialmente mais desenvolvido. Ao mesmo tempo, na Inglaterra, um documentário exibido na televisão ilustrou a ampla difusão do *trabalho infantil*, muito embora essa prática seja claramente *contrária à lei*. Naturalmente, a lei não é sequer minimamente aplicada. Ao contrário, promove-se todo tipo de falsos argumentos para justificar indiretamente essas práticas ilegais. Assim, os interesses empresariais conduzem uma campanha estrondosa contra o salário mínimo em geral, com a desculpa de que a sua introdução diminuiria muito a possibilidade de emprego dos jovens. Um outro modo de manipular o mesmo problema, levado a cabo pela Confederação Britânica da Indústria, pelo Instituto de Diretores, e por várias organizações empresariais de alta consultoria (*think tank*), é pressionar pela "isenção dos jovens" da legislação do salário mínimo ou apenas a concessão de um salário mínimo bem mais baixo. Além disso, as condições de trabalho cada vez piores de pessoas de todas as idades em inúmeros estabelecimentos escravizantes (*sweatshops*) – imigrantes legais ou ilegais, bem como uma parcela nada desprezível da força de trabalho inglesa, escocesa, galesa e irlandesa – demonstram com nitidez a reaparição do direcionamento para a *mais-valia absoluta*, como uma tendência muito retrógrada do desenvolvimento do capital no século XX, em um dos países "capitalistas avançados" mais privilegiados. Não é preciso dizer, tanto a busca implacável da *mais-valia absoluta* em geral, como sua manifestação particularmente obnóxia na forma de trabalho infantil foram *sempre proeminentes* (e, por certo, continuam a ser hoje) nos países de "Terceiro Mundo".

Paradoxalmente, a crise global de acumulação de capital na era da globalização avançada cria grandes dificuldades novas, ao invés de resolver as iniquidades há muito contestadas do sistema, como os porta-vozes "otimistas" da "globalização" desprovida de problemas querem que acreditemos. Pois as *margens* da viabilidade produtiva do capital estão diminuindo (daí também o direcionamento à *mais-valia absoluta*), a despeito de todos os esforços dos Estados capitalistas – individualmente ou em conjunto, como os *jamborees* do G7/G8 – para expandir, ou ao menos manter constantes, as margens produtivas do sistema. Na realidade, só pode haver uma maneira de alargar as *margens que se encolhem de acumulação do capital*: à custa do *trabalho*. Essa é uma estratégia promovida ativamente pelo Estado – com efeito, por causa dessa necessidade, *o papel intervencionista do Estado nunca foi tão grande*[29] quanto no nosso tempo, apesar de

---

[29] O papel intervencionista do Estado está em evidência tanto no plano econômico quanto no político. No domínio econômico, os fundos generosamente repartidos entre as maiores empresas capitalistas são medidos em centenas de milhões de libras. Assim, a British Aerospace, por exemplo, recebeu quase 600 milhões de libras para uma de suas aventuras atuais, além dos incontáveis milhões obtidos do Estado de forma semifraudulenta no passado não tão distante, também em uma ocasião em que a empresa pretendia colocar sobre uma base econômica sólida a Rover, agora novamente falida. No que se refere a essa última, espera-se mais uma vez que os fundos maciços necessários para salvá-la sejam providenciados pelo Estado – e ninguém parece aclamar agora as virtudes miraculosas da *empresa privada* – ao passo que os lucros são deixados, é claro, à parte

toda a mitologia neoliberal do contrário – e a estratégia é objetivamente sustentada em nosso tempo pela tendência à equalização por baixo da taxa diferencial de exploração. Ao final, entretanto, a estratégia ora seguida está fadada ao fracasso, contanto que o movimento operário consiga rearticular radicalmente suas próprias estratégias e formas de organização, que devem ser orientadas em direção à criação de um movimento de massa genuíno, a fim de enfrentar o desafio histórico. Pois, nem mesmo os teóricos mais "otimistas" do FMI e de outros órgãos, generosamente subsidiados, dos apologistas do capital conseguiram inventar até agora, tampouco tendem a consegui-lo no futuro, um artifício por meio do qual se extraísse, das condições econômicas cada vez piores e dos "pacotes salariais precarizados" da força de trabalho, o necessário poder de compra sempre crescente e a correspondente acumulação de capital.

5.3 Da tirania do *tempo de trabalho necessário* à emancipação pelo *tempo disponível*

Como pode o trabalho – o antagonista estrutural do capital – impugnar a tendência à deterioração que é inseparável do estreitamento da margem de viabilidade produtiva do capital?

Essa questão nos remete ao terceiro elemento da busca da Rifondazione por assegurar as 35 horas de trabalho semanais citada no início deste capítulo: a necessidade de "mudar a sociedade" ("per cambiare la società"). Pois, hoje – uma vez que o capital precisa encurtar sem cerimônias[30] até mesmo suas concessões passadas, em lugar de consentir novas – é completamente impossível realizar sequer os objetivos mais imediatos e limitados do sindicalismo tradicional sem tomar o caminho que conduz a uma transformação social fundamental. A reconstituição radical do movimento socialista é uma parte vitalmente importante desse processo[31].

Alguns dos representantes mais inteligentes do capital, como Dean Witter – o diretor e principal teórico da economia global da Morgan Stanley – estão dispostos a admitir que as tendências atuais são muito mais problemáticas do que seus retratos habituais pintados pelos órgãos de propaganda do neoliberalismo. Em um artigo publicado em

---

capitalista das chamadas "Parcerias Público-Privadas", tão favorecidas pelo Novo Trabalhismo. De igual importância, senão maior, é o papel da intervenção estatal em nome do capital no plano político. Pois o sistema do capital tem extrema necessidade de uma legislação autoritária antitrabalho – obrigatoriamente introduzida pelos governos conservadores e social-democratas da mesma maneira (o que, com efeito, diz muito sobre a gravidade da crise estrutural do sistema, até mesmo por alguns governos presididos por partidos antes comunistas, como na Itália) – para manter seu controle "neoliberal" sobre a sociedade no presente estágio do desenvolvimento histórico.

[30] Como Marshall Berman afirmou em seu artigo citado na nota 10, "a crueldade crassa se autodenomina liberalismo (estamos expulsando você e seus filhos do bem-estar social para seu próprio bem)" e vocês são "dispensados ou demitidos – ou *subcontratados, terceirizados, cortados*. (É fascinante como são bastante novas muitas dessas palavras esmagadoras)", em *The Nation*, 11 de maio de 1998, p. 16.

[31] Ver um capítulo vigoroso sobre os desafios que o movimento operário tem diante de si: "Beyond Labour and Leisure", no livro de Daniel Singer, *Whose Millennium?* (Nova York, Monthly Review Press, 1999).

Sunday New York Times, intitulado "O retrocesso do trabalhador", ele rejeita a explicação de que os acontecimentos recentes resultaram da "desregulamentação e do aumento da produtividade". Sua própria explicação, que demonstra muito mais consciência dos conflitos e menos certezas, é que houve

> uma reordenação drástica do bolo econômico da nação, que destinou uma fatia muito maior ao capital e uma muito menor ao trabalho. Denominemo-la uma retomada do arrocho do trabalho, que floresceu somente porque a América corporativa impõe uma pressão implacável sobre sua força de trabalho.[32]

Na verdade, não apenas a América corporativa impõe uma pressão implacável sobre sua força de trabalho, mas também as "personificações do capital" de *todos os lugares*. Porque as conquistas reformistas do passado tinham como premissa o contínuo *crescimento do bolo* – que aparecia sob condições econômicas favoráveis como concessões do capital, embora *jamais* possa existir uma questão de "reordenação do bolo em favor do trabalho", já que o capital deve sempre se apropriar de maneira leonina da maior parte. Hoje, devido à crise estrutural do capital e ao estreitamento da viabilidade produtiva do sistema, torna-se absolutamente necessário "reordenar o bolo econômico da nação", mais do que nunca, em favor do capital, de modo a assegurar uma "retomada do arrocho do trabalho", em virtude da passividade e resignação da força de trabalho. Mas, o que acontece quando o trabalho se recusa a consentir uma reordenação tão implacável do bolo econômico, porque não pode mais arcar com ela, como consequência das crescentes privações impostas pelas formas tradicionais ou reinventadas da "economia de arrocho do trabalho"? As possibilidades de "reordenar" mesmo um bolo estacionário, para não mencionar um bolo em processo de encolhimento, têm limites bem definidos. Sem esquecer o fato de que a inatividade resignada do movimento operário não pode ser simplesmente pressuposta como algo necessário, natural e eterno em todos os países. Nem mesmo nos países capitalisticamente mais avançados. Não é surpreendente, pois, que hoje até o principal economista da Morgan Stanley tenha de falar sobre "O retrocesso do trabalhador" nos Estados Unidos, dando voz às suas preocupações relativas a uma possível "luta nua e crua entre capital e trabalho", acrescentando que "foi-se o tempo de uma força de trabalho dócil que aquiescia a uma reestruturação corporativa drástica e destrutiva"[33].

Naturalmente, do ponto de vista do capital não há resposta à questão: que tipo de alternativa à "economia de arrocho do trabalho" devemos seguir para evitar a "luta nua e crua entre capital e trabalho"? Quaisquer que sejam seus temores e preocupações, o principal economista da Morgan Stanley deve continuar a aconselhar sua empresa quanto às melhores maneiras de explorar as oportunidades de especulação financeira "globalizada", ou, do contrário, ele será rapidamente despachado a pastos mais tranquilos com um lucrativo acordo compulsório. Da perspectiva do capital,

---

[32] Dean Witter, "The Worker Backlash", em *Sunday New York Times*, citado em uma carta enviada pelos editores aos leitores e apoiadores da *Monthly Review*, out. 1997.

[33] Idem.

não pode haver "nenhuma alternativa" verdadeira ao máximo "arrocho" possível "do trabalho" – e tanto mais em situações de emergência – ainda que se percebam alguns dos perigos implícitos do curso socioeconômico seguido. Pois, ao final há sempre a sedução das *soluções autoritárias*, não apenas no país, cliente dos Estados Unidos, do general Suharto, mas também nas "democracias capitalistas avançadas" do Ocidente que, antes de mais nada, ajudaram a colocar Suharto no poder, dando suporte de todas as maneiras possíveis durante 32 anos, apoiando inclusive sua repressão militar selvagem ao povo e procurando salvar seu regime miserável com fundos maciços do FMI até mesmo no último minuto antes de ele deixar o poder.

A promessa do general para resolver as iniquidades e contradições gritantes do sistema foi por muito tempo – e, em sua totalidade, continua a ser hoje – a de que, pelos benefícios do "livre-comércio" sempre crescente e globalmente integrado, a condição dos trabalhadores melhoraria imensamente em todo o mundo, graças ao retorno da economia a uma situação de expansão intacta do capital, livre dos defeitos das décadas do pós-guerra, que terminaram em inflação e estagnação. Os verdadeiros sinais e indicadores econômicos, no entanto, apontam na direção oposta, fato que é, por vezes, reconhecido até mesmo pelos economistas do *mainstream* que mantêm sua crença nas virtudes insuperáveis do sistema do capital. Assim, para citar um artigo sobre um livro recente escrito por um desses economistas:

> Rodrick argumenta que o comércio em geral, não apenas a importação de países que mantêm baixos salários, piora a distribuição de renda. O aumento da competição internacional, escreve ele, traduz-se em maior "elasticidade" da demanda doméstica por trabalho. Em termos leigos, isso quer dizer que o trabalhador hoje está competindo com uma oferta de trabalhadores muito maior. Por conseguinte, uma pequena mudança nos salários de trabalhadores estrangeiros ou na demanda global por um produto ou serviço pode causar grandes mudanças na demanda doméstica por trabalhadores. A maior vulnerabilidade do trabalho às flutuações do mercado enfraquece sua possibilidade de barganha com o capital. Portanto, conclui Rodrick, "O efeito de primeira ordem do comércio parece ter sido uma redistribuição do excedente da empresa aos empregadores, e não a ampliação do excedente". As evidências, pois, dizem-nos que os críticos do livre mercado estavam certos; o comércio não está ampliando a riqueza, mas redistribuindo-a no alto.[34]

E, contudo, quando se trata da questão das alternativas, Rodrick nos oferece apenas pregações piedosas. Assim, prosseguindo nossa citação:

> As políticas de Rodrick são, na melhor das hipóteses, ingênuas. Ele prega que o trabalho e o governo sejam mais responsáveis, mas não tem nada a dizer aos negócios corporativos multinacionais. [...] Rodrick escreve, "Os trabalhadores devem defender uma economia global que disponha de uma face mais humana", mas não menciona nada sobre os esforços ferozmente organizados dos negócios e das finanças multinacionais para impedir até mesmo que as políticas humanas sejam consideradas pelo Fundo Monetário Internacional, o Banco Mundial, a Organização Mundial do Comércio e outros que estabelecem as regras do mer-

---

[34] Jeff Faux, "Hedging the neoliberal bet", resenha do livro de Dani Rodrick, *Has Globalizaion Gone Too Far?* (Washington, Institute for International Economics, 1997), em *Dissent*, outono de 1997, p. 120.

cado mundial. Isso sugere um ponto de vista que está, para falar de maneira delicada, fora de sintonia com as realidades da economia política global.[35]

Com efeito, adotar o ponto de vista do capital – não somente em sua forma neoliberal mais agressiva e cegamente acrítica, mas também em suas variedades ilusoriamente reformistas liberais – significou, por muito tempo, "perder contato com as realidades da economia política global".

A novidade radical de nosso tempo é que o sistema do capital não está mais em posição de conceder absolutamente nada ao trabalho, em contraste com as aquisições reformistas do passado. A acomodação deprimente, e mesmo a capitulação vendida, de alguns antigos partidos da classe trabalhadora às demandas dos interesses das grandes empresas – como, por exemplo, na Inglaterra e em inúmeros países europeus, mas de maneira alguma apenas na Europa –, uma capitulação que chega ao ponto não somente de manter a autoritária legislação antitrabalho das últimas décadas, mas também de atribuir postos de gabinete centrais do "Novo Trabalhismo", nos governos da "Esquerda Democrática" italiana e em outros países, a representantes proeminentes do capital corporativo, fala inequivocamente nesse sentido (lorde Simon, lorde Sainsbury, Geoffrey Robinson etc. na Inglaterra, e figuras similares na Alemanha, França e Itália). É por isso que, no presente período histórico, até mesmo os objetivos *limitados* e modestos do trabalho – como as 35 horas semanais de trabalho – só podem ser realizados por meio de uma "mudança da sociedade", uma vez que *objetivamente* eles contestam a ordem socioeconômica e política estabelecida (em outras palavras: todo o sistema de decisão) sob a qual "o bolo econômico da nação" é produzido e distribuído.

Sob as condições da crise estrutural do capital, essa é a natureza objetivamente inevitável da contestação socioeconômica, ainda que, por enquanto, muitos representantes do trabalho não conceitualizem ou articulem nesses termos. E essa também é a razão por que o reformismo liberal e social-democrático, que já teve como poderoso aliado o expansionismo dinâmico do capital, está agora condenado à futilidade da pregação piedosa – desde os sermões do professor Kenneth Galbraith sobre "A cultura do contentamento" (rapidamente reverberados, sem o mínimo efeito corretivo, por bispos e arcebispos da Igreja Anglicana) à noção de uma "economia global dotada de uma face humana, inspirada pelo trabalho e pelo governo", acima mencionada. Pregação que as "personificações do capital" não podem absolutamente ouvir.

A demanda por uma redução significativa da semana de trabalho tem uma importância estratégica fundamental. Não apenas porque o problema subjacente afeta profundamente e, portanto, refere-se diretamente a todo trabalhador, manual e intelectual, quer usem gravata ou macacão. Mas, igualmente, porque a questão do enfrentamento do desafio não se dissipará. Ao contrário, sua importância cresce a cada dia e o imperativo de se fazer algo significativo a respeito não pode ser excluído por meios legislativos pelas personificações parlamentares do capital nos países capitalisticamente avançados, tampouco, de fato, reprimido pela força bruta na "periferia"

---

[35] Idem.

da ordem global do capital. Em outras palavras, essa é uma demanda estratégica vital para o trabalho, uma vez que é "não negociável": isto é, não pode integrar-se nas pseudoconcessões manipuladas da ordem existente. Pois concerne diretamente à questão do *controle* – um *sistema alternativo de controle sociometabólico* – ao qual o capital se opõe e tem de se opor adversamente.

Naturalmente, as 35 horas semanais de trabalho – ainda que pudessem ser concedidas de forma genuína, e não sorrateiramente anuladas de diversas maneiras, como já se planeja e pratica com cinismo – não poderiam resolver o problema monumental e cada vez maior, bem como grave do ponto de vista socioeconômico, do desemprego. Assim, a questão legitimamente suscitada é: por que 35, e não 25 ou 20 horas por semana, que fariam uma diferença maior nesse respeito? Eis a questão que nos conduz ao cerne do problema.

As incompatibilidades radicais entre a ordem social existente e uma outra em que os seres humanos detenham o controle sobre sua atividade-vital, incluindo seu "tempo liberado", tornado livre por uma redução significativa da semana de trabalho, foram gráfica e dolorosamente ilustradas na Inglaterra pela destruição da indústria mineradora. Em 1984, os trabalhadores das minas de carvão travaram uma luta heroica, não por dinheiro, mas em defesa de seus empregos: uma greve de um ano derrotada pelos esforços combinados do governo da sra. Thatcher – para quem os mineiros eram "o inimigo interno" – e o Partido Trabalhista de Neal Kinnock, que os apunhalou pelas costas. Como resultado, a força de trabalho dos mineradores, que naquele tempo contava com mais de 150 mil trabalhadores, foi dizimada, chegando ao presente quadro de 10 mil, e as cidades e vilas de muitas comunidades mineradoras foram transformadas no deserto desumanizado do desemprego. No momento da greve dos mineradores, as minas de carvão eram ainda "nacionalizadas", o que significa que eram administradas com os critérios capitalistas mais implacáveis de "eficiência" e controle autoritário pelo Conselho Nacional do Carvão (National Coal Board), tornando-se em seguida "privatizada" em uma fração de sua dimensão original. Altamente característico do modo como o Conselho do Carvão tratava o problema da "maior eficiência", enquanto falava da absoluta necessidade de "racionalizar" as exigências de trabalho na indústria de carvão, foi o fato de que o Conselho dirigido pelo Estado impunha sobre os mineradores um *regime de trabalho de sete dias* quase insano, ao mesmo tempo que cortava de forma selvagem a força de trabalho sob o seu controle. Pois o capital é completamente incapaz de fazer considerações humanas. Conhece apenas uma única maneira de administrar o tempo de trabalho: pela *máxima exploração do "tempo de trabalho necessário" da força de trabalho empregada*, e ignora totalmente o *tempo disponível* existente na sociedade em geral, porque não pode daí extrair lucro.

Eis o que dispõe limites intransponíveis ao capital no que se refere à sua forma de tratar o problema do desemprego. Há nisso algo bastante paradoxal: na verdade, profundamente contraditório. Pois o sistema produtivo do capital *de facto* cria *tempo supérfluo* na sociedade como um todo, em uma escala cada vez maior. Contudo, é inconcebível que reconheça a existência *de jure* (isto é, a legitimidade) de tal tempo excedente socialmente produzido como o tempo disponível potencialmente mais criativo que todos nós possuímos e que poderia ser utilizado em nossa sociedade para a satisfação de muitas das necessidades humanas hoje cruelmente repudiadas, desde as exigências de educação e saúde, até a eliminação da fome e da desnutrição em todo o mundo. Ao contrário, o capital tem de assumir uma postura *negativa/destrutiva/ desumanizadora* diante dele. Com efeito, deve desconsiderar insensivelmente o fato de que o conceito de *trabalho supérfluo*, com seu *tempo supérfluo*, na realidade se refere a *seres humanos vivos* e dotados de capacidades produtivas *socialmente* úteis – ainda que *capitalisticamente* sobejadas ou inaplicáveis.

O conceito de *tempo disponível*, tomado em seu sentido positivo e libertador, como uma aspiração dos socialistas, apareceu muito antes de Marx, em um panfleto anônimo intitulado *A fonte e a solução das dificuldades nacionais* [*The Source and Remedy of the National Difficulties*], publicado em Londres quase cinquenta anos antes de *O capital*, em 1821. Em algumas passagens citadas por Marx, esse panfleto oferecia uma apreensão dialética notável tanto da natureza do processo produtivo capitalista, como – centrando sua atenção nas categorias vitalmente importantes de *tempo disponível, trabalho excedente* e *diminuição do dia de trabalho* – das possibilidades de escapar a essas contradições. Para citar as suas palavras:

> *Riqueza é tempo disponível*, e nada mais. [...] Se a totalidade do trabalho de um país fosse suficiente apenas para produzir o sustento da totalidade da população, não poderia haver *trabalho excedente* e, por conseguinte, nada que se pudesse *acumular como capital*. [...] Uma nação verdadeiramente rica é aquela em que *não há juros* ou em que se trabalha 6 horas ao invés de 12.[36]

Estamos aos poucos alcançando a exigência, como nossos ancestrais fizeram em 1821, das 6 horas diárias de trabalho, mas ainda estamos muito longe de organizar a sociedade com base no potencial de produção de riqueza incomensuravelmente maior do *tempo disponível*. Sem este último, não é possível sequer suscitar a questão da emancipação dos indivíduos com relação à tirania das determinações fetichistas e das iniquidades gritantes. Mesmo a realização de nossos limitados objetivos exigirá a *mobilização de massa*[37] das pessoas empregadas e *desempregadas*, orientada pela *solidariedade* com os problemas que todos somos obrigados a compartilhar, senão hoje, por certo amanhã.

A perspectiva estratégica de longo prazo, que torna possível também a realização das demandas imediatas, é inseparável de nossa consciência da viabilidade e, por certo, da necessidade primordial de adotarmos o modo de controle de nossa reprodução sociometabólica fundado no *tempo disponível*. Se nos importamos com o problema do desemprego, devemos dedicar nossos recursos a esse objetivo. Somente um movimento de massa socialista radical pode adotar a alternativa estratégica de regulação da reprodução

---

[36] Karl Marx, *Grundrisse der Kritik der politischen Ökonomie* (Marx-Engels-Werke, Berlim, Dietz Verlag, 1983, v. 42), p. 311.

[37] O apelo citado na nota 28 trata corretamente da necessidade de "promover uma *mobilização de massa* em favor das 35 horas semanais de trabalho, que afete tanto o mundo do trabalho quanto o da política, e o mundo da cultura tanto quanto o das associações" ("promuovere una *mobilitazione di massa* a favore delle 35 ore che tocchi il mondo del lavoro cosi come quello della politica, quello della cultura come quello delle associazioni").

sociometabólica – uma necessidade absoluta para o futuro – fundada no *tempo disponível*. Pois, devido às restrições e contradições intransponíveis do sistema do capital, toda tentativa de introduzir o *tempo disponível* como o regulador dos intercâmbios sociais e econômicos – o que significaria obrigatoriamente colocar à disposição dos indivíduos um grande montante de *tempo livre*, liberado pela redução do tempo de trabalho muito além dos limites até mesmo de uma semana de trabalho de 20 horas – agiria como *dinamite social*, fazendo a ordem reprodutiva estabelecida explodir pelos ares. Pois o capital é totalmente incompatível com o tempo livre utilizado de modo autônomo e significativo pelos indivíduos sociais livremente associados.

6
TEORIA E POLÍTICA ECONÔMICA – PARA ALÉM DO CAPITAL[1]

6.1 Abordagens econômicas alternativas

Gostaria de começar com dois casos contrastantes que ilustram a fortuna – não tão afortunada – de algumas teorias econômicas influentes.

O primeiro caso emerge de uma citação extraída de um editorial do jornal *The Economist* de Londres. Suas palavras são as seguintes:

> É assombroso considerar tudo o que depende da questão da produtividade norte-americana. As cotações do mercado de ações, desnorteado mesmo hoje pelos padrões históricos; a estabilidade financeira global; os prognósticos do padrão de vida não apenas nos Estados Unidos, mas em todo o mundo; as perspectivas de longo prazo para a combinação de baixo índice de inflação e alto nível de emprego – todos esses fatores, e ainda outros, dependem de se o crescimento da produtividade norte-americana realmente passou a uma faixa nova e mais rápida no final da década de 1990, como amplamente se supôs. No ano passado, muitas das asserções da nova economia se mostraram *falsas*: a noção de que o ciclo comercial estava morto; que os gastos com tecnologia de informação eram "à prova de recessão"; que os métodos clássicos de cotação de ações passaram a ser irrelevantes; e assim por diante. Entretanto, o pilar mais importante da nova economia foi, senão demolido, ao menos gravemente danificado.[2]

E, como conclusão, o editorial de *The Economist* diz aos leitores que haverá um preço a pagar, no devido tempo, por todas aquelas falsas suposições. Por conseguinte, os "fanáticos da nova economia [...] poderão se arrepender por terem apostado tanto

---

[1] Texto apresentado na conferência sobre os "Tipos de pensamento econômico e sua relevância para o mundo atual", organizada pelo editor da *Revista BCV*, Asdrúbal Baptista, e realizada em Caracas entre 10 e 12 de setembro de 2001.

[2] "American productivity: Measuring the new economy", em *The Economist*, 11 a 17 de agosto de 2001, p. 12.

não em uma melhoria sólida e plausível, mas em um *milagre que agora verificamos não ter acontecido*"³.

Assim, podemos ver claramente nesse caso a fragilidade das suposições errôneas, agora denunciadas sem hesitação como *falsas* por *The Economist*. Entretanto, o problema é que todas essas suposições são, em seu auge, avidamente proclamadas como sólidos pilares dos edifícios teóricos mais atuais. Como tais, cantam em louvor de nada menos do que "a nova economia" – a qual, por sua vez, deve garantir um investimento maciço nas novas "bolhas dos mares do sul"*. Como sabemos, os montantes envolvidos na recente implosão da "nova economia" eram tão espantosos que as perdas da Nasdaq em *um ano*, equivalentes a *duas vezes e meia* o total das reduções de impostos anunciadas – para a *década* seguinte – pelo presidente Bush Junior (e imediatamente cortado pelo Congresso), foram extintas por completo, tornando as perdas da Nasdaq em um ano *trinta vezes* mais elevadas do que a correspondente economia de impostos anual pretendida. O fato de que a sabedoria do recente editorial de *The Economist* é "ser sábio após o acontecimento" não deve nos preocupar tanto no contexto presente. Afinal, o arsenal teórico do jornal é precisamente aquele que seus principais autores agora criticam tardiamente, composto sempre por uma perspectiva de muito curto prazo. Eis porque *The Economist* pode prontamente mudar de posição – para tomar como exemplo algo cuja importância não pode jamais ser negligenciada – da idealização há muito seguida da "economia de escala" a seu oposto diametral, denunciando-a como a "deseconomia de escala" no momento em que a panaceia antes defendida fracassa, e voltando a defender a "economia de escala" quando lhe parece mais conveniente.

O segundo caso indicado no início desta apresentação me interessa muito mais do que o primeiro. Pois se refere a uma concepção de organização do sistema produtivo sob os princípios orientadores da *economia planejada* – e tem o intuito de propor uma alternativa viável ao caráter acidental da economia capitalista de mercado.

O caso que pretendo retomar realmente se deu, ainda que hoje possa parecer bastante inacreditável que tal acontecimento tenha alguma vez ocorrido. Contudo, ocorreu. Assim que tomei conhecimento do fato, no verão de 1954 (não pela imprensa, em que essas questões não poderiam ser mencionadas, mas em um quarto de hospital, pela voz de uma pessoa que sofreu o caso: meu vizinho de quarto, diretamente envolvido), expus em público na primeira oportunidade a absurdidade do que denominei uma "sátira da vida real": que, em um pequeno condado do sudoeste da Hungria "alguns burocratas estúpidos acrescentaram a data – 1952 – multiplicada por 100 quilos, à consignação obrigatória de carne de porco do condado ao Estado"⁴. Particularmente absurdo nesse caso não era só o simples fato de que aconteceu, mas, mais ainda, o fato de que se verificou impossível reparar a situação – pelo cancelamento do acréscimo astronômico às obrigações de uma entidade

---

3   Ibidem, p. 13.
*   "South Sea Bubble": trata-se do escândalo financeiro que envolveu a companhia inglesa South Sea em 1720. (N. T.)
4   István Mészáros, *Szatira és valóság* [Sátira e realidade] (Budapeste, Szépirodalmi Könyvkiadó, 1955), p. 53. Meu livro foi concluído no outono de 1954 e publicado em janeiro de 1955.

econômica relativamente pequena – mesmo depois de o óbvio equívoco vir a público e impor às autoridades relevantes o reconhecimento de que havia algo muito errado, com sérias consequências para as condições econômicas já precárias de um dos lugares mais pobres da Hungria, o condado de Zala. Em lugar disso, as autoridades decretaram arbitrariamente que não se poderia permitir nenhuma redução, porque a obrigação ampliada havia se tornado uma parte legalmente sancionada do "Plano Nacional" e, portanto, tinha de ser cumprida. Por essa razão, argumentei nas circunstâncias que

> é evidente que por trás desses acidentes encontramos a desumanidade da burocracia. Com efeito, seria esse o conteúdo social e a força caracterizadora do acontecimento, se o ato tão espantoso não tivesse sido cometido por um burocrata nato, mas acidentalmente por um ingênuo subjetivamente bem-intencionado. Pois o ato em si tem sua lógica interna *objetiva*, que aponta seu dedo acusador contra a burocracia.[5]

Como esperado, o condado de Zala teve de entregar a quantidade insanamente ampliada de porcos ao Estado, comprando-os em todos os lugares possíveis para que pudesse cumprir suas obrigações "nacionalmente planejadas". Pois o número total de porcos em Zala não poderia nem de longe corresponder ao "montante legítimo" que lhe foi imposto. Por conseguinte, a fim de se conformar à lei, o condado de Zala – uma região montanhosa em que se utilizavam bois como força de tração para a agricultura, ao invés de cavalos, que seriam muito menos adequados para a função – precisou trocar muitos de seus bois por porcos nos condados vizinhos e, ainda por cima, emprestar dinheiro, assumindo assim novas dificuldades econômicas para o futuro.

Não é surpreendente, pois, que a arbitrariedade do processo de planejamento econômico, o qual excluiu as pessoas que tiveram de sofrer as consequências, tenha gerado ressentimento e mesmo hostilidade em todos os países sob o sistema socioeconômico de tipo soviético. Para citar apenas um exemplo: em um livro publicado em 1965, um autor russo, O. I. Antonov, descreveu da seguinte maneira a postura quase de negação dos trabalhadores que tinham de se conformar às "normas" arbitrariamente impostas e à correspondente disciplina de trabalho:

> dois trabalhadores incumbidos de descarregar rapidamente tijolos de caminhões realizavam o trabalho lançando-os no chão, quebrando em geral uns 30%. Sabiam que suas ações contradiziam tanto os interesses do país como o simples bom-senso, mas seu trabalho era avaliado e pago com base em um indicador de tempo. Portanto, seriam penalizados – na verdade, não ganhariam o suficiente para sobreviver – se organizassem os tijolos cuidadosamente no chão. Seu modo de fazer o trabalho era ruim para o país, mas, aparentemente, bom para o plano! Assim, agiam contra a sua consciência e inteligência, mas com um sentimento profundo de amargura para com os planejadores: "Vocês não querem que façamos isso do modo como a boa economia o faria, pressionam somente para que o façamos cada vez mais rápido! Bang! Bang!". Assim, por todo o país, cidadãos decentes e responsáveis, seres perfeitamente racionais, agiam de modo a produzir um desperdício quase criminoso.[6]

---

[5] Ibidem, p. 55.
[6] O. I. Antonov, citado em Moshe Lewin, *Stalinism and the Seeds of Soviet Reform: the Debates of the 1960s* (Londres, Pluto Press, 1991), p. 148.

Dessa maneira, a contradição aguda e aparentemente irreconciliável entre o processo de planejamento e as necessidades das pessoas a quem o "Plano Nacional" legalmente aplicado deveria servir tinha de acabar mais cedo ou mais tarde com a implosão do sistema socioeconômico de tipo soviético, em lugar de corrigir, como prometido, os defeitos do capitalismo.

6.2 A necessidade do planejamento abrangente

Entretanto, seria equivocado concluir, como fizeram muitos intelectuais tanto no Leste como no Ocidente após o colapso da *perestroica* de Gorbachev, que o *planejamento* como tal não poderia ter nenhum futuro e, portanto, não poderia haver alternativa à "economia de mercado". Sob o nome de economia de mercado, durante certo tempo, algumas pessoas, inclusive os ideólogos de Gorbachev[7], procuraram postular um sistema econômico que não fosse apenas compatível com o socialismo, mas idealmente adequado a ele. Prometeram a instituição do "socialismo de mercado", afirmando que sua vantagem exclusiva era a capacidade de coexistir em plena harmonia com a democracia; e, com efeito, mais do que isso, em sua visão, era uma "garantia de socialismo e democracia". Contudo, logo ficou evidente que todo o discurso sobre as virtudes insuperáveis da "sociedade de mercado" era, na melhor das hipóteses, apenas uma maneira tímida de defender a permanência absoluta do capitalismo[8].

---

[7] Vadim Medvedev, presidente da Comissão Ideológica do Partido Soviético e membro do Politburo de Gorbachev, foi oficialmente denominado "o Chefe Ideológico". Nessa qualidade, ele proclamou que "as *sociedades anônimas por ações* [*joint-stock companies*] não são de modo algum contrárias aos princípios econômicos socialistas. Consideramos uma reorganização de longo alcance das *relações de propriedade*, bem como a diversidade e a igualdade de todas as suas formas como uma *garantia de renovação do socialismo*", Vadim A. Medvedev, 'The Ideology of Perestroika', em Abel G. Aganbegyan (Ed.), *Perestroika Annual* (Londres, Futura Publications, Macdonald & Co. Ltd., 1990, v. 2), p. 32. Ele também proclamou que o novo curso tomado pela economia, com suas relações de propriedade capitalisticamente reorganizadas e sociedades anônimas por ações, irá "assegurar o progresso social-democrático do país" (Ibidem, p. 27). Naturalmente, nenhuma das projeções ilusórias dos ideólogos de Gorbachev poderia jamais chegar a existir.

[8] De fato, as instáveis teorias sobre o "socialismo de mercado" e sobre "a economia de mercado social" muito rapidamente deram lugar até mesmo à defesa da versão mais conservadora de capitalismo neoliberal. Como *The Economist* comentou com aprovação: "'Uma economia de mercado sem adjetivos.' É isso que o sr. Vaclav Klaus insiste ser necessário na Checoslováquia, onde ocupa o cargo de ministro das finanças desde dezembro. Não, para ele, a 'economia de mercado social', expressão que se difundiu por toda parte na Europa oriental. Esse economista de 48 anos, de fala gentil, mas aparentemente confiante, acredita que meias medidas seriam mais do que inúteis. Para inserir o mercado rapidamente, o sr. Klaus e seu ministério estão preparando um grande conjunto de leis para permitir os mercados financeiros de tipo ocidental. [...] O sr. Klaus e seus colegas delegados da Tchecoslováquia em Davos estavam ávidos por se distanciar das reformas de 1968. (Isto é, da 'Primavera de Praga'.) Mas estavam felizes por se achegarem aos negócios ocidentais. Buscam capital próprio, e não auxílio, e pareciam despreocupados com o modo como este chegaria: por associações [*joint ventures*], investimentos em novas máquinas e estruturas [*greenfield investment*], ou aquisição direta de firmas tchecas. Como um bom friedmanita, o sr. Klaus não demonstra interesse em sentenciar o resultado das forças de mercado: seu papel é manter os preços estáveis enquanto o comércio faz o seu trabalho". "Financial Reform in Czechoslovakia: A Conversation with Vaclav Klaus", em *The Economist*, 10 de fevereiro de 1990. Não é

Adiante, teremos de retornar à importância do planejamento para a humanidade como um todo, após explorarmos alguns temas cruciais relacionados. Contudo, cumpre salientar já neste ponto que a cega hostilidade ao planejamento, que nos é familiar a todos, deixa de considerar fatos históricos embaraçosos, mas inegáveis. Assim, por exemplo, ignora a inevitabilidade do planejamento sob certas condições mesmo para os países capitalistas mais ricos e poderosos. Citemos a consideração de primeira mão feita por Harry Magdoff, que – como oficial governamental de planejamento – era ele mesmo um participante desse empreendimento:

> A necessidade de planejamento central se explicitou nos Estados Unidos durante a Segunda Guerra Mundial, quando as prioridades nacionais eram muito evidentes (por exemplo, aviões militares *vs.* automóveis civis, tanques *vs.* refrigeradores domésticos, alojamentos de quartéis *vs.* casas civis). O planejamento central foi o único meio de alcançar um milagre industrial. Sem demora, proporcionaram-se os armamentos, facilidades de transportes, alimentação, vestuário e moradia para as forças militares que lutavam em dois continentes. As autoridades de Washington realmente prescreviam o que produzir e o que não produzir (não em todos os detalhes, mas com o direcionamento suficiente para assegurar que as prioridades mais urgentes fossem satisfeitas), que tipo de capacidade produtiva se deveria produzir e como distribuir o montante insuficiente de metais, suprimentos industriais, maquinário de metalurgia etc. Uma das deturpações mais tristes desses dias provém da equiparação do método soviético com o planejamento nacional. As falhas do planejamento de estilo soviético são consideradas provas de que o planejamento nacional está fadado ao fracasso. Mas não há nenhuma razão para supor que o modelo soviético é o único possível. Foi um sistema que se desenvolveu em circunstâncias históricas determinadas. Se devemos nos voltar a ele, é para estudar exaustivamente as suas falhas, a fim de evitar que se repitam. [...] Na União Soviética, a produção pela produção, e não a produção para o uso, substituiu a produção para o lucro. Muito embora a lógica da acumulação nas sociedades pós-revolucionárias diferisse acentuadamente da capitalista, o direcionamento de sua atividade produtiva, inclusive a destruição do meio--ambiente, assemelhava-se em grande medida aos padrões do desenvolvimento capitalista.[9]

O tipo de imperativo que induziu os Estados Unidos a empreender o planejamento central não se restringe, em absoluto, às circunstâncias bastante *extraordinárias* de uma guerra mundial. Aplica-se a todas as grandes emergências históricas – como, por exemplo, as perigosas condições ecológicas de sobrevivência já prenunciadas, como situação de *normalidade*, para nosso próprio futuro.

Isso ocorre pela simples razão de que o modo de funcionamento de um sistema composto por uma multiplicidade de capitais – que é, por definição, sempre característico do sistema capitalista privado, por mais subdesenvolvido ou avançado – não pode evitar ser centrífugo, impulsionando em diferentes direções seus microcosmos

---

surpreendente que o friedmanita Vaclav Klaus tenha sido rapidamente promovido a primeiro-ministro da Checoslováquia (posteriormente República Checa). Ele ocupou essa posição-chave, para deleite dos grandes círculos comerciais das "sociedades de mercado" ocidentais, por longuíssimo tempo. [Friedmanita: trata-se do seguidor da teoria de Milton Friedman, economista norte-americano monetarista e membro da Escola de Chicago – N. T.]

[9] Harry Magdoff, "Are there lessons to be learned?", em *Monthly Review*, fev. 1991, p. 13-7.

constituintes, independentemente das consequências positivas ou negativas produzidas por essa centrifugalidade. Contudo, é evidente que sob condições de grande emergência histórica, como a devastação ecológica potencial a que nos referimos acima, a *determinação centrífuga interna* do sistema, que tende ao rompimento e à intensificação dos perigos, deve ser impugnada por alguma forma de autoridade que induza à coesão e, se necessário, *recuse-a* forçosamente, cujo poder de intervenção deve depender da natureza e da dimensão dos problemas gerados pelo modo necessariamente centrífugo de operação do sistema capitalista. O tipo de planejamento central praticado pelos Estados Unidos durante a Segunda Guerra Mundial foi apenas um exemplo específico da variedade de formas possíveis que tendem a emergir das determinações e imperativos gerais de grandes emergências sob circunstâncias históricas muito diferentes. Portanto, é salutar termos em mente ao menos essas considerações quando tentarmos examinar o cego preconceito contra o planejamento abrangente, que entrou na moda, em particular na década de 1990.

6.3 A estrutura de comando hierárquica do capital

Há muito boas razões para adotar uma posição mais crítica com respeito à mensagem autocomplacente das teorias econômicas neoliberais das últimas décadas, a fim de alcançar uma visão mais realista do futuro, capaz de entrever uma alternativa viável aos desenvolvimentos atuais. Pois, afinal, mesmo as habituais tranquilizações de *The Economist* parecem agora ter sido lançadas ao segundo plano pelos principais teóricos do jornal. Ao inverso, convidam-nos a contemplar o fato nada tranquilizador de que "a produção da América caiu novamente em julho, pelo décimo mês consecutivo – o período mais longo de declínio desde 1983. A produção está agora *mais de 4% abaixo de seu auge*. Entretanto, a América não está sozinha. *A produção industrial está caindo em todo o mundo*"[10]. O que piora ainda mais esse estado de coisas, segundo *The Economist*, é que a tendência recessiva dos países capitalistas avançados – uniformemente intensa pela primeira vez desde os anos 1990 – hoje não pode ser suavizada por uma tendência compensatória nas chamadas "economias emergentes", ao contrário de 1990 e do período imediatamente subsequente.

> Em 1990, o crescimento permanecia relativamente rápido nas economias emergentes, sustentando as exportações do mundo rico. Nesse momento, contudo, o mundo emergente também está com problemas, a produção industrial decaiu em 10% ou mais no ano passado em diversas economias do Leste asiático.[11]

Naturalmente, mesmo nessas circunstâncias, em que a existência de sérios problemas em todo o mundo tem de ser publicamente admitida, o ponto de vista teórico de *The*

---

[10] "World Economy: Nowhere to hide. Economies almost everywhere are looking sick", em *The Economist*, 18 a 24 de agosto de 2001, p. 64.

[11] Idem. Os quadros mais atualizados da recessão industrial são: na Malásia, 10%, em Taiwan 12%, e em Singapura – que foi por muito tempo considerada exemplar – nada menos do que 17%.

Economist, a partir do qual se procuram as soluções, mantém-se cativo da incorrigível perspectiva de curto prazo do jornal. Por conseguinte, a última frase do artigo em que são listados os crescentes problemas econômicos de todos os lugares culmina, de maneira típica, com as seguintes palavras: "Quando a Reserva Federal da América se reunir para estabelecer as taxas de juros em 21 de agosto, haverá muito mais com que se preocupar além da fraqueza da economia norte-americana"[12]. Essa não é uma linha muito convincente a seguir, em vista do passado recente. Pois, esperar que as soluções aos problemas cada vez mais profundos da tendência recessiva mundial provenham da *sétima intervenção* da Reserva Federal norte-americana, depois do fracasso dolorosamente óbvio de sua tentativa de produzir melhorias significativas na lenta economia por meio de *seis intervenções anteriores* só nos Estados Unidos, não supera em nada a crença em bruxarias. Afinal, a estratégia de produzir uma solução positiva ilusoriamente postulada por meio da redução da taxa de juros chave não obteve nenhuma melhoria nem sequer na segunda economia mais poderosa do mundo, o Japão, onde o Banco Central do país instituiu a espantosa *taxa de juros zero*, deixando, ao mesmo tempo, a economia estagnar na *taxa*, perigosamente alta, *de 8% de recessão industrial*. Os severos problemas que experimentamos hoje emanam de um nível de determinações socioeconômicas e políticas muito mais profundo do que aquele que poderia ser alcançado pelos instrumentos dos ajustes monetários e fiscais.

A grande dificuldade é que, a fim de entrever uma alternativa significativamente diferente e viável à problemática ordem atual, cumpre adotarmos uma perspectiva de mais longo prazo. Não é suficiente pensar em ajustes parciais – no espírito do famoso conselho de se fazer "pouco a pouco" – às condições socioeconômicas dadas. Com efeito, nem mesmo é suficiente pensar em termos de "derrubar o capitalismo" em favor de uma sociedade adequada aos parâmetros da finada ordem pós-capitalista de tipo soviético. Essa tentativa foi empreendida, à custa de grande sacrifício humano, e fracassou definitivamente, terminando seus dias com uma implosão dramática não apenas na antiga União Soviética, mas também em toda a Europa oriental. Para efetivar as mudanças necessárias, é preciso pensar em um empreendimento incomparavelmente mais difícil: a tarefa histórica de superar a lógica objetiva do *capital como tal*, por meio de uma tentativa sustentada de ir *além do próprio capital*[13]. Pois a derrubada do Estado capitalista e das personificações capitalistas privadas do capital nada pode criar por si só, senão um sistema fatalmente *instável*, que mais cedo ou mais tarde tem de se reverter à ordem capitalista se não se mover para além do capital.

---

[12] Idem.

[13] Essa afirmação não é feita *a posteriori*, após o colapso do sistema soviético. Procurei discutir de maneira consideravelmente detalhada as razões por que é preciso adotar a abordagem muito mais difícil – de ir para além do capital – bem como as condições sob as quais ela pode realizar-se, em um livro intitulado *Beyond Capital: Towards a Theory of Transition* (Londres, Merlin Press, e Nova York, Monthly Review Press, 1995). [Em português, *Para além do capital: rumo a uma teoria da transição* (São Paulo, Boitempo, 2002) – N. T.] O livro demorou 25 anos para ser escrito e antecipou a restauração do capitalismo no sistema de tipo soviético já em meados da década de 1970.

O capital não é apenas um conjunto de mecanismos econômicos, como frequentemente se conceitualiza a sua natureza, mas um modo de reprodução sociometabólica multifacetada e oniabrangente, que afeta profundamente todo e cada aspecto da vida, desde o diretamente material/econômico até as relações culturais mais mediadas. Por conseguinte, *a mudança estrutural só é factível se o sistema do capital for desafiado em sua integridade como um modo de controle sociometabólico*, e não pela introdução de ajustes parciais em sua conformação estrutural.

Como a experiência histórica do século XX nos mostra, o alvo da transformação socialista foi estabelecido por ambas as alas do movimento do trabalho – a social-democrata/reformista e a pós-revolucionária stalinista – bem no interior dos limites estratégicos gerais da ordem estabelecida e, por conseguinte, não conseguiu desafiar as determinações sistêmicas do capital e sua lógica de autorreprodução. O reformismo social-democrático teve de fracassar porque pretendia reformar o capitalismo ao mesmo tempo que aceitava de maneira acrítica suas restrições estruturais. Assim, de modo autocontraditório, pretendia instituir uma transformação reformista no capitalismo – no início, até mesmo ao ponto de transformá-lo, com o tempo, no socialismo (sob o lema bernsteiniano do "Socialismo Evolucionista") – sem alterar sua substância capitalista. Igualmente, o sistema socioeconômico pós-revolucionário permaneceu preso na armadilha das restrições estruturais alienantes do capital como tal, ainda que tenha instituído um *modo pós-capitalista de extração de trabalho excedente por meios diretamente políticos* em uma taxa imposta, fazendo surgir um *novo tipo de imposição do imperativo do tempo do capital* (em lugar do anterior, imposto pelo mercado), conforme convém ao sistema do capital em todas as suas formas possíveis. Essa é também a razão por que todas as tentativas de reforma pós-stalinistas tiveram de fracassar, inclusive a perestroica programaticamente reestruturadora de Gorbachev. A *autocontradição* dessas tentativas de reforma pós-revolucionárias não era menos aguda do que aquela que caracterizava seus congêneres social-democráticos do Ocidente. Pois procuravam "reestruturar" a ordem existente sem transformar sob nenhum aspecto sua estrutura de comando hierárquica e exploradora[14].

Assim, se a questão crucial do poder de controle sociometabólico do capital não for tratada de uma maneira sustentada, na forma de transformações estratégicas oniabrangentes e buscadas com consistência (ao contrário das medidas reativas mais ou menos isoladas), então, até mesmo a intervenção política mais radical em uma situação de grande crise – seja essa uma intervenção de longo alcance, como a derrubada do Estado capitalista já experimentada em diversos países – tende a permanecer "unidimensionalmente" instável e, em última instância, ameaçada. Para ser capaz de produzir a transformação socialista desejada da sociedade, é preciso mudar a *estrutura hierárquica de comando do capital*. Tal mudança é necessária porque, sem ela, não é possível efetivar com êxito a reorientação da economia no espírito da *produção para o uso*. Entretanto, trata-se de uma questão muito mais fundamental do que a conquis-

---

[14] Ver, sobre esse assunto, os capítulos 17 ("Formas mutantes do controle do capital") e 20 ("A linha de menor resistência e a alternativa socialista") de *Para além do capital*, cit.

ta dos instrumentos de controle dos níveis mais altos do Estado político. Pois cada componente singular – não importa sua dimensão – do modo de controle sociometabólico do capital tem sua estrutura de comando autovantajosa e profundamente arraigada, tradicionalmente orientada para assegurar a *expansão* (sem se preocupar com a necessidade e o uso humanos reais) e conduzida pela *acumulação* (que favorece a adoção de suas modalidades mais fáceis de obter, ainda que extremamente prejudiciais no que se refere ao meio-ambiente e outros fatores). Esse é o círculo vicioso que precisa ser rompido para que haja esperança aos objetivos socialistas proclamados. Contudo, para tanto, *a estrutura hierárquica de comando herdada*, mesmo dos menores microcosmos sociometabólicos do capital, deve ser substituída por uma alternativa produtivamente viável.

6.4 Das previsões baseadas nas "leis econômicas que operam sem o conhecimento dos indivíduos" às antecipações de um futuro controlável

Estamos acostumados a pensar *a expansão e a acumulação como inseparáveis* uma da outra e, com isso, a aceitar o *círculo vicioso paralisante* de nossas condições historicamente criadas e historicamente alteráveis de existência socioeconômica como uma determinação *natural*. No entanto, uma vez que o fazemos, segue-se claramente que não pode haver *nenhuma alternativa* ao sistema do capital. Pois haveria um caráter de autoderrota se renunciássemos à ideia da adequação à expansão das necessidades humanas com um correspondente potencial de produção para a sua satisfação; e, de fato, também de promover o enriquecimento das necessidades humanas pelo desenvolvimento produtivo da sociedade. As concepções utópicas do passado condenaram-se a ser facilmente descartáveis, e mesmo ridicularizadas, porque caíram na armadilha de rejeitar a ideia da instituição de um sistema produtivo capaz de se expandir com êxito, que estaria em plena harmonia com as demandas originadas das necessidades humanas em rica expansão. Infelizmente, foi isso o que fizeram, em lugar de desafiar o círculo vicioso da inseparabilidade acima mencionada.

Na verdade, porém, a suposta relação da inseparabilidade "natural" se mantém somente sob o sistema do capital. Isso porque, sob o domínio do capital, o imperativo da acumulação se reduz, com arbitrariedade histórica e finalidade, à *acumulação de capital*. Até mesmo a acumulação de longo prazo do conhecimento humano tem de se tornar, da maneira mais seletiva e restritiva, um atributo do capital, no sentido de que, a fim de ser socialmente reconhecido e apropriado, bem como produtivamente utilizado, deve primeiro obter legitimidade como um bem de capital. E a relação viciosa opera também na direção oposta. Pois, sob o domínio do capital, o único tipo de expansão que pode ser considerado uma expansão genuína (o "crescimento" em geral não qualificado) é aquele que carrega consigo a acumulação de bens de capital. Eis porque a alternativa à nossa problemática ordem socioeconômica, que precisamos entrever, significa: romper o círculo vicioso em questão indo além do próprio capital e insistindo, ao mesmo tempo, na separação necessária entre a expansão (propriamente definida) e as limitações e restrições inevitáveis da acumulação de capital.

Naturalmente, a redefinição necessária da teoria econômica e da política "além do capital" envolve grandes mudanças, se comparada às suas formas tradicionais. Pois não podemos assumir que o fundamento material das *determinações* quase *naturais* sobre o qual foram erigidas desde o seu nascimento deva persistir sob condições tão radicalmente diferentes.

A teoria econômica moderna foi originalmente concebida, de maneira bastante apropriada, como uma abordagem teórica dotada de seus próprios princípios orientadores adequados. Já no século XVIII, alguns economistas clássicos, mais explicitamente Adam Smith, expressaram uma preocupação legítima com a proteção da nova ciência da economia política contra a interferência de políticos individuais e mesmo de corpos políticos inteiros, estipulando, com relação a esse último, que "nenhum conselho ou senado" deve tentar intervir na estrutura objetiva do desenvolvimento econômico espontaneamente benéfico[15]. A multiplicidade caótica das interações econômicas individuais foi idealizada nessa concepção, com referência à tão célebre "mão invisível" como uma orientação um pouco misteriosa, mas integralmente benéfica para as decisões individuais[16]. Assim, Adam Smith reconheceu, ainda que de uma forma idealizada, que o caráter centrífugo da sociedade capitalista carece de corretivos vitais, para que a multiplicidade caótica das interações econômicas entre os "indivíduos" – que, em seu quadro, restringem-se caracteristicamente aos *indivíduos que possuem capital* e que, nas palavras de Smith, se esforçam por "investir seu capital na manutenção da atividade interna" – não se rompesse em pedaços, pelo fato de seus componentes impulsionarem em direções muito diversas.

Na realidade, as determinações centrífugas do processo de reprodução capitalista não emergem simplesmente das intenções divergentes dos indivíduos mas, ao mesmo tempo, também dos interesses irreconciliáveis das classes antagonistas compostas pelos indivíduos da sociedade. Há dois corretivos vitais à centrifugalidade do sistema capitalista, sem os quais ela é perigosamente destrutiva. O primeiro é o mercado, cuja importância é quase universalmente reconhecida. Entretanto, isso não se verifica no

---

[15] Nas palavras de Adam Smith: "O estadista que tentasse orientar indivíduos privados quanto à maneira como deveriam aplicar seus capitais não apenas se incumbiria do mais desnecessário cuidado, como ainda assumiria uma autoridade que não seria sábio confiar não só a uma única pessoa, mas mesmo a qualquer conselho ou senado; autoridade esta que não poderia ser depositada em lugar mais perigoso do que nas mãos de um homem tolo e presunçoso o suficiente para se imaginar capaz de exercê-la". Adam Smith, *A riqueza das nações* (São Paulo, Martins Fontes, 2003 v. 1), p. 568.

[16] "[...] assim como todo indivíduo se esforça o mais possível para investir seu capital na manutenção da atividade interna e com isso dirigir essa atividade de modo que sua produção tenha o máximo valor, todo indivíduo necessariamente também se empenha para tornar o rendimento anual da sociedade o maior possível. É verdade que em geral não tem a intenção de promover o interesse público, nem sabe o quanto o está promovendo. Ao preferir sustentar a atividade interna em detrimento da atividade estrangeira, ele tem em vista somente a sua própria segurança; ao dirigir essa atividade de modo que sua produção tenha o maior valor possível, não pensa senão no próprio ganho, e neste, como em muitos outros casos, *é levado por uma mão invisível a promover um fim que não era, em absoluto, sua intenção produzir*. [...] Ao buscar seu interesse particular, não raro *promove o interesse da sociedade de modo mais eficaz do que faria se realmente se prestasse a promovê-lo*." Ibidem, p. 567. Grifos do autor.

caso do segundo corretivo essencial: o papel mais ou menos amplo da intervenção empreendida pelo Estado capitalista. Com relação a isso, até mesmo os campeões mais estrondosos – e com selvagem exagero – do "mercado", como Hayek e seus seguidores, assumem uma posição totalmente irrealista e convidam os conservadores neoliberais a "recuarem as fronteiras do Estado", quando, na verdade, sem seu oposto diametral, qual seja, o papel de sustentação cada vez maior exercido pelo Estado, o sistema capitalista não poderia sobreviver sequer por um dia.

Por certo, o reconhecimento do antagonismo básico entre capital e trabalho não poderia figurar como parte integrante do quadro pintado por Adam Smith. Em parte por essa razão, ele pôde ainda ignorar mais ou menos o papel corretivo fundamental do Estado; e pôde fazê-lo, em parte, também porque o Estado capitalista, em sua época, desempenhava um papel intervencionista muito menos pronunciado que no nosso tempo. Entretanto, sob certos aspectos, as funções que Smith atribuiu à "mão invisível" cumprem o papel de ambos os corretivos, ainda que não separados de maneira nítida. Com efeito, a caracterização bastante misteriosa da "mão invisível" era consequência da necessidade de fundir as funções corretivas duais, percebidas de modo vago, em uma, ao mesmo tempo que se pretendia proteger os processos econômicos capitalistas espontâneos da interferência da "tolice e presunção" dos políticos.

A função do mercado de produzir coesão se afigurava suficientemente óbvia pela maneira como a "mão invisível" deveria supostamente nortear as intenções dos indivíduos e promover ao mesmo tempo seus interesses particulares. Contudo, a natureza benéfica e eficaz da "mão invisível" não se restringe a isso. Pois, afirma-se que os indivíduos são também orientados a "investir seu capital na manutenção da atividade interna", que, aliás, é uma das funções corretivas mais importantes do Estado capitalista.

No século XX, não era mais possível manter uma definição vaga do papel de corretivo e protetor do Estado. Os economistas precisaram assumir uma postura *contrária ou favorável*. A tentativa de Hayek de idealizar de maneira a-histórica a "mão invisível" de Adam Smith e demonizar ao mesmo tempo a intervenção estatal como "*O caminho da servidão*" – como expõe o título de seu famoso livro de cruzada – serviu a um propósito eminentemente conservador. Mas, mesmo essa hostilidade não poderia negar o caráter objetivo da própria tendência condenada. Keynes, ao contrário, assumiu uma postura integralmente positiva nesse aspecto. Em oposição a seus detratores neoliberais, que o acusam de intenção antiliberal – muito embora ele tenha se pronunciado, de fato, apenas contra a persistência das fantasias do *laissez-faire* – Keynes acatou uma visão positiva do envolvimento do Estado na administração econômica, no franco interesse da sobrevivência do capitalismo privado, ainda que alguns de seus seguidores procurassem utilizar sua abordagem para propósitos reformista orientados mais à esquerda (que, em sua totalidade, não foram mais bem-sucedidos do que os ministros do Partido Conservador [*Tory*] do pós-guerra na Inglaterra). No entanto, era muito evidente a Keynes que as mudanças nas condições e determinações objetivas do desenvolvimento econômico e político tornaram necessário um ajuste correspondente da política econômica geral, em contraste com a antiga época do capitalismo do *laissez-faire*[17]. Essa posição foi rigorosamente expressa em uma importante passagem de sua *Teoria geral*:

> Por isso, enquanto a ampliação das funções do governo, que supõe a tarefa de ajustar a propensão a consumir com o incentivo para investir, poderia parecer a um publicista do século XIX ou a um financista norte-americano contemporâneo uma terrível transgressão do individualismo, eu a defendo, ao contrário, como o único meio exequível de evitar a destruição total das instituições econômicas atuais e como condição de um bem-sucedido exercício da iniciativa individual. [...] Os regimes autoritários contemporâneos parecem resolver o problema do desemprego à custa da eficiência e da liberdade. É certo que o mundo não tolerará por muito mais tempo o problema do desemprego que, à parte curtos intervalos de excitação, é uma consequência – e na minha opinião uma consequência inevitável – do capitalismo individualista do nosso tempo. Mas pode ser possível curar o mal por meio de uma análise correta do problema, preservando ao mesmo tempo a eficiência e a liberdade.[18]

Assim, os principais teóricos que adotaram o ponto de vista da economia capitalista formularam suas concepções com base nas determinações objetivas – de fato, *quase* naturais – do sistema que favoreciam. Se Keynes, ao final, teve de se verificar absolutamente ingênuo em seu prognóstico de que "o mundo não tolerará por muito mais tempo o problema do desemprego, que é uma consequência do capitalismo individualista de nossa época" (mais tarde imitado sem muita convicção por Walt Rostow e outros), não se deveu apenas a uma falha sua como pensador. A ilusória projeção keynesiana tinha a intenção genuína de impugnar um *defeito estrutural* objetivo *do sistema*. Um defeito que se evidenciou ao lado de uma vingança – a derrota com extrema brutalidade do tipo de intervenção corretiva compatível com a defesa explícita das "formas econômicas existentes" pelo próprio Keynes – em um estágio posterior de desenvolvimento, que se afirmou de modo irreprimível com o princípio da crise estrutural do sistema do capital em geral.

As determinações *quase* naturais manifestas sob o domínio do capital são *quase* naturais precisamente porque "operam às costas dos indivíduos", entre eles aqueles que tomam as decisões políticas e econômicas. Isso se aplica também ao modo como os corretivos mencionados acima podem introduzir-se, por menos "conscientes" que possam ser os desígnios daqueles que tomam as decisões. A cegueira que emana das determinações que operam às costas dos indivíduos não afetam apenas aqueles que tomam as decisões, diretamente concernidos, com suas previsões não raro frustradas no âmbito do mercado, mas também os administradores das várias modalidades de intervenção estatal. Com certeza, essa circunstância não diminui o caráter objetivo dos processos em andamento. Ao contrário, tende a intensificá-los, no sentido de que confere às determinações que os indivíduos têm de enfrentar com a sua consciência a tão problemática objetividade da reificação. Eis por que os maiores pensadores que

---

[17] Ver página 320 de *The General Theory of Employment, Interest and Money* de John Maynard Keynes (Londres, Macmillan & Co., 1957).

[18] John Maynard Keynes, *A teoria geral do emprego, do juro e da moeda* (col. Os economistas, São Paulo, Nova Cultural, 1996), p. 347. [Mészáros cita as páginas 380-1 da edição inglesa referida na nota anterior – N. T.]

pintam o mundo a partir da perspectiva do capital, tal como Hegel, sonham com a "identidade de Sujeito/Objeto" que, em princípio, superaria os obstáculos que se erguem diante de sua consciência.

Paradoxalmente, as teorias econômicas concebidas no interior da estrutura dessa objetividade, que se impõe por detrás das "costas dos indivíduos", contam, em uma medida considerável, com a ajuda das determinações *quase* naturais do funcionamento do sistema. Ainda que pensemos nessa objetividade relativamente proveitosa apenas como muletas, ela é, contudo, importante para possibilitar aos pensadores concernidos identificar – embora, com frequência, de maneira unilateral – algumas tendências objetivas fundamentais e basear as políticas defendidas, como o alicerce da decisão, nessas tendências.

No entanto, uma vez que entrevemos as condições que emergem para além do capital, as muletas antes disponíveis – para o tipo de teorização econômica que nos é familiar – desaparecem da vista. Por conseguinte, algo qualitativamente diverso deve tomar o lugar das determinações *quase* naturais como a estrutura orientadora da teoria econômica e dos processos práticos correspondentes de exercício político autônomo.

A diferença se torna clara quando consideramos a questão da *previsibilidade*. Sob as condições do capitalismo, as determinações objetivas de desenvolvimento se manifestam como *tendências* econômicas identificáveis – e, nesse sentido específico, como "leis econômicas" (por essa razão, é necessário introduzir a qualificação que salienta o caráter *quase* natural dessas determinações), em contraste com as leis muito mais firmes das ciências naturais, com sua forma de previsibilidade incomparavelmente mais precisa e confiável – capazes de compor a base das antecipações probabilísticas das consequências futuras. Essa qualidade, que configura simultaneamente uma limitação, circunscreve para melhor ou para pior as possibilidades prognósticas também das *teorias críticas*, não apenas produzidas por aqueles que acreditam de maneira acrítica nas virtudes do sistema estabelecido. As conclusões e recomendações políticas das teorias críticas e não críticas podem, de fato, ser bem diferentes. Mas ambas devem embasar suas avaliações nas determinações *quase* naturais dos desenvolvimentos correntes. É assim que as tendências expansivas ou as recessões podem ser antecipadas com o intuito de se adotar as medidas que se julgam apropriadas para enfrentá-las.

Todos esses aspectos se afiguram muito diferentes quando pensamos nas teorias econômicas possíveis além do capital. Uma vez que as limitações produzidas pelas determinações *quase* naturais que se afirmam "às costas dos indivíduos" são superadas com êxito, as consequências deterministas – que se seguem delas e constituem a estrutura das antecipações probabilísticas anteriores – desvanecem com elas. Por conseguinte, nas novas teorias, as antecipações do futuro não podem ser consideradas *previsões* no sentido anterior. Tornam-se *estipulações* relativas ao futuro, que se originam das decisões políticas tomadas em um determinado contexto, com base em certos objetivos conscientemente estabelecidos pelos indivíduos concernidos, em relação aos recursos materiais e humanos disponíveis. Em outras palavras, esse tipo de "previsão" é análoga a uma agremiação esportiva, como por exemplo, a Associação de Futebol, que estipula e antecipa que um jogo particular deverá começar e começará no sábado à tarde, às 15 horas: é uma ocorrência que, em princípio, tem de se encontrar sob o poder dos indivíduos em questão.

Assim, o fato de que, na sociedade *além do capital*, o "determinismo econômico" é deixado para trás carrega consigo a consequência necessária de que, sob as novas circunstâncias, a teoria econômica tem de encontrar uma maneira muito diversa de relacionar o *futuro* com o presente. A conceitualização da *inércia do passado* como a *força condicionante do presente* e do *futuro* não pode mais desempenhar seu papel tradicional. Por conseguinte, a redefinição prática das relações temporais da interação societária significa que o processo consciente de decisão com respeito ao futuro, incorporado de modo tangível nos objetivos que os indivíduos estabelecem para si mesmos, torna-se a *força orientadora controlável* do presente, em oposição ao mesmo papel antes desempenhado de forma incontrolável pela *inércia do passado*.

6.5 Precondições objetivas para a criação da teoria econômica não determinista

Naturalmente, sem a realização de algumas precondições objetivas, não é possível suscitar a questão da articulação de um novo tipo – não determinista – de teoria econômica, em conjunção com uma estrutura correspondente de decisão política consciente.

Encontramos a raiz do problema no fato de que a teoria econômica não determinista, como norteadora do processo consciente de decisão, só poderá ser concebida quando as condições às quais se refere, o fundamento da avaliação dos objetivos perseguidos, forem *transparentes*. Teorias que visam uma solução por meio da "mão invisível" tentam libertar-se do próprio problema, ao decretarem a *impossibilidade a priori de transparência*. Tais teorias podem assumir formas extremamente conservadoras, que procuram transformar em uma virtude moral o papel que restringe os indivíduos a se subordinar sem questionamento aos imperativos do sistema do capital. O zelo cruzadesco de Hayek é um exemplo proeminente dessa maneira de avaliar os problemas. Ele escreve, em um artigo programaticamente intitulado "O imperativo moral do mercado":

> A fim de possibilitar que as pessoas *se adaptem a uma estrutura que não conhecem* (*e cujos determinantes não conhecem*), temos de permitir que os mecanismos espontâneos do mercado lhes digam o que *devem fazer*. [...] Nossa percepção moderna nos diz que os preços são sinais que informam às pessoas aquilo que *devem fazer* para *se ajustarem ao restante do sistema*[19]. [...] As pessoas têm de estar dispostas a *se submeter à disciplina constituída pelos padrões morais comerciais*.[20]

Assim, Hayek quer fazer-nos acreditar, ao conferir o *status* de uma fictícia "moralidade" ao imperativo capitalista de subordinação dos indivíduos às determinações estruturais de um sistema que, em suas palavras, eles não conhecem, e empregar falaciosamente "devem fazer" em lugar de "são obrigados a fazer", que sua autoritária mensagem (segun-

---

[19] Friedrich von Hayek, "The Moral Imperative of the Market", em Martin J. Anderson (Ed.), *The Unfinished Agenda: Essays on the Political Economy of Government Policy in Honour of Arthur Seldon* (Londres, The Institute of Economic Affairs, 1986), p. 147.

[20] Ibidem, p. 149.

do a qual os indivíduos relutantes[21] têm de "se ajustar ao restante do *sistema*") se torna sinônima da defesa da liberdade. E Hayek segue essa linha de raciocínio, asseverando a impossibilidade *a priori* de transparência em nome do "mecanismo espontâneo do mercado" (que, sob as condições do avanço das tendências monopolistas e as mais iníquas relações de poder correspondentes, não é um mecanismo simples, tampouco espontâneo), muito embora tenha de admitir que os princípios defendidos por ele "jamais foram racionalmente justificados"[22]. Ao mesmo tempo, sem dedicar a mínima preocupação à ausência de justificação racional, Hayek nos adverte que a adoção sem reservas de seus "padrões morais comerciais" (que descarta sumariamente a ideia de *justiça social* como um "milagre"[23] e transforma por decreto em um dever moral o "aprendizado da *firme disciplina do mercado*") é "uma questão crucial para a futura preservação da civilização, que deve ser enfrentada antes que os argumentos do socialismo nos conduzam de volta a uma moralidade primitiva"[24].

Na verdade, a razão fundamental para a falta de transparência em nosso tempo não é o fato *inalterável* de que a sociedade é composta por indivíduos, mas sim a condição *radicalmente alterável* de que eles estão submetidos a forças hierarquicamente estruturadas e antagônicas. As dificuldades básicas que confrontam a teoria econômica e o processo de decisão política não surgem das intenções divergentes dos indivíduos particulares – razão pela qual os bons serviços da "mão invisível" têm de ser invocados, enquanto se mantém o silêncio ou se deturpa de maneira tendenciosa a "mão" bem "visível" do Estado – mas da natureza antagônica das relações sociais prevalecentes. O poder dos indivíduos *como indivíduos particulares* – e não como personificações de forças sociais que agem de acordo com os imperativos de sua "posição social" – é extremamente exagerado, a fim de prejulgar a questão em favor da "mão invisível". Entretanto, a principal razão pela qual o processo de decisão é incorrigivelmente viciado pela opacidade das determinações sociais pode ser localizada em seu caráter *conflitual/adverso*. Assim, para que possamos substituir a *opacidade da objetividade reificada* pela *transparência das relações sociais controláveis*, temos de superar a inércia fatídica da *conflitualidade/adversidade*.

A viabilidade do processo consciente de decisão econômica e política além do capital só é plausível sobre essa base. A submissão a uma *disciplina exterior* – seja em nome da moralidade fictícia que defende a "firme disciplina do mercado" ou a imposição da extração *politicamente impingida* de trabalho excedente – está, nesse respeito, fadada ao fracasso. A única disciplina compatível com a concepção de que estamos tratando (isto é, um novo tipo – não determinista – de teoria econômica, desenvolvido em conjunção com uma estrutura correspondente de processo consciente de decisão política) é a *disciplina interna* adotada pelos indivíduos com base nos objetivos compartilhados

---

[21] No mesmo artigo, Hayek reclama contra "a incapacidade de um grande número de pessoas de aceitar os princípios morais que formam a base do sistema capitalista. [...] A imensa maioria das pessoas (não estou exagerando) não acredita mais no mercado".

[22] Ibidem, p. 148.

[23] Ibidem, p. 146.

[24] Ibidem, p. 148.

que precisam estabelecer para si mesmos de um modo não conflitual/adverso, sem a pressão das determinações conflituosas irreconciliáveis. Do contrário, a consciência dos indivíduos se distorce e se transforma incorrigivelmente em variedades da *falsa consciência*. Pois são induzidos a racionalizar e justificar as decisões que lhes são impostas como se fossem decisões autônomas *suas*, certas e louváveis.

A teoria econômica não determinista pressupõe uma relação qualitativamente diferente entre economia e política em dois sentidos. O primeiro se refere à conexão direta entre os dois domínios, que podemos denominar a sua relação *interna*. Isso se segue do fato de que, uma vez que a preponderância dos imperativos materiais/econômicos é deixada para trás, os processos de decisão política tradicionais podem ser significativamente redefinidos de uma forma muito menos unilateral. O segundo sentido, intimamente vinculado ao primeiro, diz respeito ao problema da superação da alienação tanto na economia quanto na política. Pois, o modo como os dois domínios funcionam sob o governo do capital só pode ser caracterizado como a alienação do poder de decisão dos indivíduos; de *todos os indivíduos*, que têm de se conformar ao papel alienado atribuído a eles como "personificações do capital" ou "personificações do trabalho". Eis porque a noção concernente aos "indivíduos soberanos que afirmam suas intenções e perseguem seus interesses particulares na sociedade de mercado, a única sociedade sustentável" – em plena harmonia com o interesse da sociedade como um todo, graças à benevolente "mão invisível" – é tão absurdamente incapaz de caracterizar o estado de coisas atual[25]. O processo de decisão, tanto na política como no domínio da economia, é, na realidade, restringido e distorcido de maneira grosseira, correspondente aos imperativos alienantes da acumulação de capital e expansão a que ambos têm de se submeter. Ao mesmo tempo, nega-se aos indivíduos como indivíduos o poder de decisão, no sentido de que suas "decisões" lhes são predeterminadas pelo "poder das coisas", em sintonia com a alienação e a reificação. Assim, a mudança qualitativa na relação entre economia e política no segundo sentido significa a *restituição* do poder de decisão aos indivíduos como *indivíduos sociais* que agem conscientemente. Esse é o único modo possível de reconstituir a unidade de política e economia, ao lado da harmonização do processo de decisão individual e social no sentido significativo do termo.

Tudo isso tem implicações de longo alcance para o tempo produtivamente utilizável da sociedade, não apenas no sentido antes mencionado, de que a redefinição prática da interação societária com relação ao *futuro* se torna a força norteadora do *presente*, em contraste com o papel uma vez desempenhado nesse aspecto pela *inércia do passado*. De igual importância é a mudança que se verifica com relação ao tempo diretamente controlável pelos indivíduos como indivíduos sociais. Como sabemos, sob o domínio

---

[25] "O fundamento essencial do desenvolvimento da civilização moderna é permitir que as pessoas persigam suas próprias finalidades com base em seu próprio conhecimento e não sejam obrigadas pelos objetivos de outras pessoas", ibidem, p. 146. Alguém que fale nesses termos com toda a seriedade só pode evidenciar que não apenas não vive na "civilização moderna" da "sociedade moderna", mas nem sequer no mesmo planeta que o restante de nós.

do capital, o *tempo necessário* exigido para a expansão da produção e a acumulação de capital é imposto pelo exterior aos indivíduos – por meio da "firme disciplina do mercado" ou pelos expedientes das modalidades pós-capitalistas de extração de trabalho excedente – conforme o imutável *imperativo do tempo* do sistema. Contudo, quanto mais avançado o potencial produtivo de uma sociedade, mais desperdiçador se torna administrar dessa forma as suas relações produtivas. Pois, muito além da extração e apropriação do trabalho excedente estritamente regulado e externamente controlado (sob o capitalismo, equiparadas de maneira restritiva à *mais-valia*), encontramos também, em uma sociedade produtivamente avançada, a imensa potencialidade positiva do *tempo disponível* dos indivíduos, que não pode ser utilizado de imediato pelo modo de controle sociometabólico do capital, com a "eficiência econômica" administrável pelo exterior.

Naturalmente, não pode haver uma razão sequer para os indivíduos se sentirem *motivados interna/positivamente* – condição vital para ativar essa dimensão da riqueza – a depositar seu tempo disponível no acervo comum de suas práticas produtivas e distributivas, já que não detêm o pleno controle de sua atividade vital como indivíduos sociais. Eis porque, sob as condições da conflitualidade/adversidade e sua necessária ausência de transparência, a riqueza potencialmente imensa – muito embora, devido à sua própria natureza e para desgosto do capital, só passível de se definir *qualitativamente* – do tempo disponível dos indivíduos tem de ser desperdiçada em nossas sociedades, onde a necessidade de sua mobilização criativa cresce de modo doloroso a cada dia. Infelizmente, mesmo quando consideramos a prodigalidade insustentável de nossa ordem sociometabólica, tendemos a enfocar a questão da energia e dos recursos materiais primários mal utilizados e esquecemos por completo essa dimensão vital do problema. Ao contrário, a teoria econômica não determinista e a estrutura correspondente de decisão política, fundadas no envolvimento ativo de todos, não são possíveis sem a realização da grande potencialidade positiva do tempo disponível dos indivíduos.

6.6 A contabilidade socialista e a política emancipatória

Voltando à questão do planejamento como conclusão deste capítulo, é preciso salientar antes de tudo a importância e a grande dificuldade de instituir o planejamento abrangente.

Já vimos que, durante a Segunda Guerra Mundial, até mesmo o governo do país capitalisticamente mais poderoso, os Estados Unidos, teve de adotar o planejamento central, a fim de garantir as condições materiais exigidas para a vitória sobre Hitler. Por certo, isso ocorreu sob as condições extremas de um estado de emergência. Sem tal situação, as determinações sociais e econômicas do sistema capitalista tornam mais problemáticas todas as tentativas de planejamento abrangente. Entretanto, os promotores da idolatria ao mercado adulteram essa questão, como se a oposição entre "planejamento central" e "escolha individual" fosse uma oposição metafísica atemporal. Contudo, a "escolha individual" – e a ideia associada da "autonomia local" – não significa absolutamente nada se as escolhas "autônomas" feitas pelos indivíduos em um nível local anulam-se pelos imperativos materiais do sistema econômico e das diretivas autoritárias de sua estrutura geral de comando. Sem introduzir as qualificações históricas apropriadas, a tão predileta oposição entre "planejamento ou escolha individual" – assim como "crescimento ou não crescimento" – só pode ser uma *falsa oposição* autovantajosa.

Sob circunstâncias normais, na variedade capitalista de nossa ordem sociorreprodutiva, não pode haver planejamento *abrangente*. Tal impossibilidade se verifica mesmo quando as gigantes corporações semimonopolistas adotam uma forma problemática – necessariamente truncada – de planejamento. Seu tipo de planejamento tem de ser truncado porque elas mesmas só podem ser *semi*monopolistas, por mais gigantescas que sejam, uma vez que jamais podem dominar o mercado global, nem em seu próprio ramo de atividade produtiva relativamente restrito, muito menos na totalidade. O fato de que o planejamento corporativo incorrigivelmente truncado é, por vezes, idealizado como um planejamento viável em todos os sentidos, como fez John Kenneth Galbraith[26], com certeza não é surpreendente. Mas essa avaliação do problema equivale a nada mais do que uma ilusão desejosa. Com efeito, no caso de Galbraith, a noção grosseiramente exagerada do planejamento de grandes corporações foi até mesmo associada à ideia de que – devido ao processo de planejamento supostamente compartilhado pela economia soviética como um todo e pelas gigantes corporações norte-americanas – os dois sistemas já estavam, sob as circunstâncias dadas, *convergindo* a algo qualitativamente diverso tanto do capitalismo como do socialismo. É desnecessário dizer que, na realidade, nada poderia estar mais distante da verdade do que a ilusória projeção da "convergência" das duas sociedades, como se demonstrou com clareza pela dramática implosão do sistema soviético e a subsequente restauração do capitalismo em todo o Leste europeu.

O fracasso necessário do planejamento sob o capitalismo[27] veio à tona na Inglaterra sob o governo de Harold Wilson, formado após a vitória eleitoral do Partido Trabalhista em 1964. Naquele momento, Wilson ainda falava de "conquistar os altos postos de comando da economia" e inventou um novo ministério econômico para lorde George Brown, o vice-líder do Partido Trabalhista. Esse ministério deveria introduzir mudanças importantes na administração da economia inglesa, em sintonia com os processos de planejamento defendidos. Entretanto, essa tentativa se verificou um completo fracasso e a aventura teve de conduzir a um fim infeliz. Em lugar de o governo "conquistar os altos postos de comando da economia", deu-se o oposto diametral: "os altos postos de comando" do grande círculo comercial conquistaram o governo, compelindo-o a abandonar por completo as antigas ideias da reforma social-democrática, e prenunciando

---

[26] Ver o livro de sua autoria: *The New Industrial State*, edição revista e atualizada (Nova York, Houghton-Mifflin, 1971).

[27] Uma mudança significativa nesse aspecto só seria possível em circunstâncias em que – devido a algumas grandes crises econômicas e políticas – a pressão das massas populares, em conjunto com a prontidão das forças mais progressistas da legislação estatal, pudesse impugnar com a contundência e pelo tempo necessário a óbvia hostilidade dos círculos comerciais dominantes em direção a uma intervenção reguladora abrangente. Mas, evidentemente, uma situação como essa seria análoga ao estado de emergência experimentado durante a Segunda Guerra Mundial, ainda que em uma escala menor.

com isso a transformação do próprio Partido Trabalhista no "amigo do comércio" – nas orgulhosas palavras de seu líder atual – do "Novo Trabalhismo".

No curso do desenvolvimento histórico do capital, e particularmente nas décadas pós-Segunda Guerra Mundial, o significado original de *economia como o economizar* foi completamente esquecido pelo imperativo do processo de autorreprodução sempre expansivo do sistema. Conforme mencionado anteriormente, a expansão sob o domínio do capital sempre foi subordinada ao imperativo da acumulação de capital, à qual – do ponto de vista do sistema – não se poderia admitir limites. O fracasso em alcançar o "crescimento" nesse sentido atrofiado, como a "expansão de bens de capital sempre expandidos", é considerado, com extrema lugubridade, a violação da lógica interna do sistema. A ideia da introdução consciente de restrições reguladoras à acumulação de capital, no interesse do desenvolvimento sustentável, foi – e terá de ser sempre – excluída como algo absolutamente fadado ao fracasso. As determinações sistêmicas *quase* naturais do capital não a apoiariam. Assim, a "economia" se torna sinônima de "toda e qualquer coisa que conduza à contínua expansão/acumulação", independentemente das consequências humanas e ambientais, que exclui o *economizar* como um conceito inútil, e mesmo hostil. Eis porque o planejamento abrangente como um corretivo necessário tem de ser categoricamente rejeitado, ainda que essa rejeição *apriorística* seja ideologicamente embelezada – desde Ludwig von Mises[28] até Friedrich von Hayek e seus seguidores – como o "bom-senso", impossível de desafiar.

No entanto, é evidente que, sem a redescoberta do significado original de economia como o necessário economizar da boa administração em um mundo de recursos finitos, e sem a sua única aplicação consciente possível por meio do planejamento abrangente, as consequências destrutivas do processo de reprodução do capital[29] não podem ser reparadas. O desperdício extremo de nosso modo de controle sociometabólico – com respeito à utilização de recursos materiais não renováveis e ao perigoso impacto dos processos de produção do capital, bem como aos seus produtos grosseiramente subutilizados, sobre o meio-ambiente global – piora a cada dia, sem que haja nenhuma evidência de abordagem das determinações subjacentes na escala necessária. Mesmo as tentativas mais limitadas de planejar alguma melhoria, em um único domínio: a redução das emissões nocivas na atmosfera, por meio das "boas intenções" dos protocolos de Kyoto, são repudiadas sem cerimônia pelo país capitalista mais poderoso.

O problema é que abordar a necessidade de planejamento abrangente não é simplesmente uma questão de *escala* (parcial em sua aplicação a certos ramos da indústria por certas corporações, por exemplo, em oposição a abarcar o território nacional como um todo) ou mesmo da *duração* do processo (necessariamente temporário sob o capitalismo, no sentido de que deve restringir-se aos estados de emergência, por mais graves que sejam). Ainda mais importante, o compromisso com o planejamento abrangente coloca na agenda o desafio de entrever um modo de reprodução sociometabólico *alternativo*,

---

[28] Ver o livro de Von Mises sobre o socialismo, *Socialism* (New Haven, Yale University Press, 1951).
[29] Idealizado por muitos, inclusive por Schumpeter, como "destruição produtiva", quando, na realidade, a *produção destrutiva* está se tornando cada vez mais dominante.

ao menos por implicação. Pois, dadas as condições sob as quais o próprio problema pode surgir, até mesmo as medidas positivas parciais de intervenção reguladora – que, antes de tudo, tendem a ser predominantemente *contra-medidas* às determinações *quase* naturais do capital – mantêm-se em constante perigo, sob a ameaça da completa reversão e mesmo da restauração capitalista em plena escala, a menos que se ampliem com êxito na direção de perfazer os tijolos do edifício de um modo *radicalmente diferente* de administrar o intercâmbio dos indivíduos entre si e com a natureza. A implosão do sistema de tipo soviético, com seu processo autoritário de planejamento, contestado de maneiras bastante heterodoxas pelos produtores, oferece uma prova bem eloquente da verdade dessa proposição.

Naturalmente, não pode haver economia na acepção significativa de economizar sem uma forma praticamente viável de contabilidade. Ao contrário da "contabilidade econômica" estreitamente quantificadora do capital – que alega ser a única "economicamente aceitável", com efeito, a ideal "alocadora de recursos escassos", muito embora favoreça, na realidade, até mesmo a forma mais extrema de desperdício, em conformidade com os imperativos da acumulação de capital – a *contabilidade socialista* do planejamento abrangente deve operar, na prática social, com base na restauração da dialética de quantidade e qualidade, aniquilada pelo desdobramento universal da vendabilidade, da alienação e da reificação. Nesse sentido, a *contabilidade socialista* tem de ser *orientada à qualidade*, ainda que tenha de avaliar as quantidades disponíveis para alocação entre atividades alternativas e propósitos legitimamente diferentes.

Não há como explorar aqui de maneira adequada a grande variedade de temas[30] complicados e não raro distorcidos, por razões ideológicas, da necessária orientação à qualidade da *contabilidade socialista*. Não obstante, cabe ao menos uma breve menção a alguns deles.

O primeiro diz respeito ao tema da *produção para a necessidade*, em nítido contraste com a submissão hoje predominante e a recusa amplamente difundida até mesmo das necessidades mais elementares da esmagadora maioria da humanidade, a serviço dos ditames autovantajosos da produção "economicamente viável". A determinação do processo de distribuição e consumo está, assim, operando na direção errada. Ao invés de partir da demanda real fundada na necessidade para alcançar a determinação dos objetivos produtivos, os objetivos capitalisticamente adotados conduzem as aspirações humanas frustradas ao seu leito de Procrusto. As pessoas têm de se contentar com o que puderem obter, quando obtêm alguma coisa. E, para piorar ainda mais as coisas, tudo se faz em conjunção com a ideologia risível da "soberania do consumidor".

Um outro aspecto do nosso problema se define como a produção de *valores de uso* em contraposição à predominância dos *valores de troca*, que podem adaptar-se com facilidade à quantificação mecânica e à contabilidade voltada ao lucro. Também aqui, os canais preestabelecidos do sistema de produção têm de prevalecer, independentemente do desperdício acarretado por esse tipo de administração da economia dos recursos

---

[30] O leitor interessado pode encontrar uma discussão desses temas, em *passim*, nos capítulos 14-20 (p. 522-870) de meu livro *Beyond Capital*. [Em português, p. 605-970 de *Para além do capital*, cit. – N. T.]

humanos e materiais. Além disso, nas últimas décadas, a situação piorou efetivamente nesse respeito, com o desdobramento da crise estrutural do capital. É por isso que estamos assistindo a uma *taxa decrescente de utilização* dos produtos, serviços e maquinário produtivo, embora a necessidade do oposto – isto é, de *taxas crescentes de utilização*, a fim de satisfazer a demanda que emerge dos incontáveis milhões obrigados a sobreviver com menos de um dólar por dia – seja inegável.

Cumpre mencionar também, nesse contexto, o problema talvez mais imediato e urgente, que ameaça em todo o mundo a desestabilização social e mesmo a potencial explosão: o câncer do *desemprego* crescente. A abordagem estritamente quantificadora do capital não pode sequer perceber a natureza real do problema, muito menos resolvê-lo. Na melhor das hipóteses, pode transformar uma parcela do desemprego em variedades de *subemprego*, o que, no longo prazo, não tem a menor possibilidade de funcionar. Eis porque todas as soluções projetadas se verificaram ilusórias e insustentáveis, como, por exemplo, o programa do *Pleno emprego em uma sociedade livre*[31], escrito pelo "pai do Estado de bem-estar social", lorde Beveridge, e concebido no espírito keynesiano. Em um mundo onde o trabalho tem de ser considerado um "custo de produção" quantificável, as soluções só podem ser temporárias/conjunturais, sujeitas aos imperativos da acumulação de capital – no mínimo, relativamente intacta – como ocorrido durante as duas décadas e meia de expansão do pós-guerra. A recente tentativa de resolver o problema do desemprego pela *precarização* – que, é, em verdade, o modo mais cruel de *precarizar* os seres humanos vivos – só pode camuflar um fracasso cujo impacto tende a ficar cada vez mais sério no futuro próximo.

Evidentemente, em todos esses aspectos, não é possível alcançar nada que corresponda à importância dos próprios problemas sem reorientar drasticamente a contabilidade social em direção à *qualidade*, no interior da estrutura de planejamento abrangente dos objetivos conscientemente acordados e administrados, funcionando em harmonia com o pessoal – os "produtores livremente associados" – envolvido da maneira mais ativa na administração de suas próprias atividades. Cumpre considerarmos aqui também o famoso princípio marxiano da distribuição que assevera que, em uma sociedade socialista avançada, os indivíduos trabalharão de acordo com as suas *capacidades* e receberão do produto social geral *de acordo com a sua necessidade*[32]. Ora, esse princípio é frequentemente interpretado com unilateralidade burocrática, desconsiderando a ênfase atribuída por Marx à *autodeterminação dos indivíduos*, sem a qual "trabalhar de acordo com as suas *capacidades*" significa muito pouco, ou nada. Assim, ambos os termos-chave da definição marxiana – isto é, a *capacidade individual* e a *necessidade* – só podem adquirir seu verdadeiro significado em uma estrutura de *contabilidade qualitativa*. É isso o que estabelece os parâmetros de um processo de planejamento abrangente praticamente viável, plausível em uma perspectiva de longo prazo.

---

[31] *Full Employment in a Free Society*, título de um influente livro de lorde William Beveridge.
[32] Ver Karl Marx, "Crítica do Programa de Gotha", em Karl Marx e Friedrich Engels, *Obras escolhidas* (São Paulo, Alfa-Omega, s. d., v. 2).

Naturalmente, salientar a importância de uma perspectiva de longo prazo não significa que possamos ignorar o "aqui e agora". Ao contrário, temos de nos preocupar com um horizonte muito mais extenso do que o habitual para que sejamos capazes de conceituar com realismo uma *transição*[33] a uma ordem social diferente das determinações do presente. A perspectiva de longo prazo é necessária porque o alvo real da transformação só pode estabelecer-se no interior desse horizonte. Ademais, sem identificar o alvo apropriado, a jornada tende a se desnortear e, por conseguinte, as pessoas envolvidas podem facilmente se desviar de seus objetivos vitais. Por outro lado, o entendimento das determinações objetivas e subjetivas do "aqui e agora" tem a mesma importância. Pois a tarefa de instituir as mudanças necessárias se define já no presente, no sentido de que, a menos que sua realização tenha início no "aqui e agora" imediato, ainda que, por enquanto, de um modo modesto – com plena consciência das restrições existentes, bem como das dificuldades para se sustentar a jornada no seu horizonte mais remoto – não chegaremos a lugar nenhum. Embora não devamos encorajar, sem responsabilidade, uma ação precipitada e prematura, não podemos excluir o risco da prematuridade, ao dedicarmos-nos a um empreendimento tão fundamental e difícil como a instituição de uma grande mudança estrutural, nem mesmo quando os indivíduos concernidos agem com extrema responsabilidade. A verdade é que nada poderemos adquirir se ficarmos esperando "as condições favoráveis" e "o momento certo".

As pessoas que defendem uma grande mudança estrutural precisam estar constantemente cientes das restrições que têm de enfrentar. Ao mesmo tempo, precisam cuidar para não permitir que essas restrições se congelem na força paralisante de alguma "lei objetiva" fictícia dotada da autoridade para desviá-las de seus objetivos professados. O processo de planejamento possível no "aqui e agora" é um exemplo proeminente. Como Harry Magdoff corretamente enfatizou, tanto em relação às dificuldades objetivas inevitáveis, como à sua transfiguração fetichista:

> Obviamente, a dimensão e as habilidades da força de trabalho, o montante e a qualidade da terra arável, o suprimento potencial de matérias-primas, as ferramentas e outros equipamentos disponíveis, as facilidades de transporte e comunicação – todos esses elementos estabelecem severas restrições àquilo que se pode realizar em uma determinada época. Cada passo do planejamento, em níveis nacionais e locais, deve levar em consideração as limitações práticas. Uma fábrica de alumínio, sem uma fonte adequada de energia elétrica, seria inútil. Uma indústria química geralmente precisa de muita água. Uma fábrica de aço precisa de fontes acessíveis de carvão combustível e minério de ferro. Nos níveis mais elevados do planejamento, várias relações de equilíbrio e proporções têm de ser constantemente levadas em conta – por exemplo, entre indústria e agricultura, bens de produção e consumo, indústrias de extração e manufatura, exigências de transporte e distribuição, renda do consumidor e fornecimento de bens de consumo. Mas o que os limites objetivos têm a ver com as "leis econômicas objetivas" do socialismo? Aqui chegamos ao cerne da questão. O efeito de se confundir limites e

---

[33] Não é sem uma boa razão que o meu livro *Para além do capital* recebeu o seguinte subtítulo: "Rumo a uma teoria da transição".

restrições com leis obscurece, ou encobre, como alguém poderia dizer, os problemas básicos e as questões políticas de uma transição socialista.[34]

Por certo, as restrições e dificuldades associadas com a tentativa histórica de levar uma sociedade amplamente subdesenvolvida de 1,3 milhão de pessoas (ou seja: 55 Venezuelas!) ao nível de produção alcançado pelos países industrialmente mais avançados são, com base em qualquer padrão que tomemos, descomunais. É compreensível, portanto, que os registros históricos demonstrem avanços pontuados por grandes reveses e decepções. É preciso colocar muitas coisas à prova, sob severas restrições e em meio à hostilidade externa, que tende a ser ainda maior no futuro. Observando esses desenvolvimentos a certa distância, podem por vezes parecer bastante desorientadores. Vale recordar, nesse contexto, um antigo adágio, citado com aprovação pelo finado líder chinês Deng Xiaoping, segundo o qual "a cor dos gatos" não importa – quer dizer, não é preciso preocupar-se se são capitalistas ou socialistas – "contanto que peguem o rato". Aparentemente, podemos considerá-lo suficientemente justo. Entretanto, somos também tentados a perguntar o seguinte: e se as políticas adotadas terminarem com uma infestação de ratos gigantesca, na forma do *desemprego estrutural maciço*, em lugar do feliz fim dos ratos? Chamar as inegáveis restrições e perigos existentes de "as leis objetivas do socialismo", como fez o artigo criticado por Magdoff, não oferece absolutamente nenhuma nova certeza nesse aspecto[35]. Utiliza-se da lógica muito peculiar de *The Economist* para admitir, por um lado, que a migração rural às cidades chinesas causaria "uma crise de desemprego com consequências sociais e políticas de longo alcance" e, por outro lado, para defender no mesmo parágrafo a adoção de uma política potencialmente explosiva, insistindo que "a China precisa manter baixos os seus custos de trabalho, permitindo que sua população rural encontre trabalho livremente nas áreas urbanas"[36].

Para nós, a busca do objetivo estratégico socialista de planejamento econômico, como o modo de superar tanto o perigo ecológico, como outros que a humanidade tem de enfrentar – não em um futuro longínquo, mas já nos dias de hoje – permanece mais válida que nunca. Ninguém negará que as mudanças exigidas para a tão necessária transição em direção à sociedade além do capital são de tal dificuldade que quase beiram a impossibilidade. A teoria econômica que respeita o peso das restrições objetivas, mas se recusa a submeter-se à suas determinações fetichistas e, assim, trabalha de mãos dadas com a política emancipatória, pode fazer uma contribuição vital ao sucesso dessa empreitada.

---

[34] Harry Magdoff, "China: new theories for old", em *Monthly Review*, mai. 1979, p. 5-6.

[35] O economista chinês Han Deqiang, em uma conferência proferida na oficina do Grupo Verde do Parlamento Europeu sobre "A entrada da China na OMC", em julho de 2001, pinta um quadro deprimente do impacto negativo do capital ocidental sobre os desenvolvimentos econômicos chineses. Ver "The Advantages and Disadvantages of China's Accession to the WTO" [As vantagens e desvantagens da entrada da China na OMC], disponível na internet.

[36] "China's economy: Persuading the reluctant spenders", em *The Economist*, 25 a 31 de agosto de 2001, p. 54.

7

O DESAFIO DO DESENVOLVIMENTO SUSTENTÁVEL E A CULTURA DA IGUALDADE SUBSTANTIVA[1]

À memória de Daniel Singer com quem conversamos frequentemente sobre a indefensabilidade de nossa ordem de desigualdade estrutural.

7.1 Adeus à *Liberdade – Fraternidade – Igualdade*

No centro desta intervenção, encontram-se duas proposições, estreitamente conectadas. A primeira é que se o desenvolvimento no futuro não for sustentável, não haverá absolutamente nenhum desenvolvimento significativo, por mais necessário que seja; apenas tentativas frustradas de fazer quadrados de três lados, como se verificou nas últimas décadas marcadas por teorias e práticas de "modernização" cada vez mais ardilosas, prescritas com condescendência para o chamado "Terceiro Mundo" pelos porta-vozes das antigas potências coloniais. E, como corolário, a segunda proposição é que a condição inseparável da busca por desenvolvimento sustentável é a realização progressiva da igualdade substantiva. Cumpre enfatizar também neste contexto que os obstáculos a serem transpostos dificilmente poderiam ser maiores. Pois, até nossos dias, a cultura de desigualdade substantiva continua dominante, apesar dos esforços quase sempre indiferentes para impugnar o impacto prejudicial da desigualdade social por meio da instituição de mecanismos de igualdade estritamente formal na esfera política.

Podemos muito bem perguntar: o que aconteceu no curso do desenvolvimento histórico subsequente às nobres ideias de *Liberdade – Fraternidade – Igualdade* proclamadas na época da Revolução Francesa e genuinamente acreditadas tanto tempo

---

[1] Palestra proferida na "Conferência sobre a dívida social e a integração latino-americana", no Fórum Cultural dos Parlamentos Latino-Americanos, realizado em Caracas, Venezuela, entre 10 e 13 de julho de 2001.

depois dela? Por que a *Fraternidade e a Igualdade* tinham de ser totalmente rejeitadas, frequentemente com indisfarçável desprezo, e a *Liberdade* reduzida ao frágil esqueleto do "direito democrático ao voto"; exercido por um número de pessoas que diminui ceticamente nos países que gostam de se proclamar como "modelos de democracia"?[2] E isso nem de longe resume todas as más notícias. Pois, como a história do século XX demonstra amplamente, mesmo as escassas medidas de igualdade formal são com frequência consideradas um luxo inacessível e anuladas sem cerimônia por práticas políticas corruptas e autoritárias, ou ainda por intervenções ditatoriais realizadas abertamente.

Após mais de um século de promessas de eliminação – ou ao menos uma redução sensível – da desigualdade por meio da "taxação progressiva" e outras medidas legislativas do Estado e, portanto, de assegurar as condições do desenvolvimento socialmente viável em todo o mundo, verificou-se que a realidade é caracterizada por uma desigualdade sempre crescente, não apenas entre o "norte desenvolvido" e o "sul subdesenvolvido", mas também no interior dos países capitalisticamente mais avançados. Um relatório recente do Congresso dos Estados Unidos (que não pode ser acusado de ter "preconceito esquerdista") admitiu que a renda do *1%* mais rico da população norte-americana agora excede a dos *40%* mais pobres[3]; um número que *dobrou* nas últimas duas décadas; sendo que 20% já era um número escandaloso mesmo nesse quadro anterior. Esses retrocessos caminharam lado a lado com a primeira estipulação de uma falsa oposição entre "igualdade de resultado" e "igualdade de oportunidade" e, em seguida, com o abandono até mesmo do falso apoio antes concedido à ideia (nunca realizada) de "igualdade de oportunidade". Não que esse tipo de resultado final possa ser considerado surpreendente. Pois, uma vez que o "resultado" socialmente desafiador é eliminado de modo arbitrário da cena e oposto à "oportunidade", esta última se torna desprovida de todo conteúdo e, em nome do termo totalmente vago da "igualdade" sem objeto (e pior: que *nega resultados*), torna-se a justificativa ideológica da negação prática efetiva de todas as oportunidades reais para aqueles que precisam delas.

Há muito tempo, os pensadores progressistas da burguesia emergente previam, otimistas, como de fato fez Henry Home, uma grande figura da escola histórica escocesa do Iluminismo, que a dominação de um ser social sobre o outro seria lembrada no futuro como um sonho ruim, pois "A razão, retomando sua autoridade soberana, banirá inteiramente a opressão e, no próximo século, considerar-se-á estranho que a opressão

---

[2] Basta pensar em dois exemplos recentes: 1) a privação prática de direitos e oportunidades a milhões de pessoas, devido à apatia ou à manipulação, e a farsa eleitoral que testemunhamos em 2000 na eleição presidencial norte-americana; e 2) a menor participação de votantes da história da Grã-Bretanha nas eleições gerais de junho de 2001, que produziu uma maioria parlamentar grotescamente inflada de 169 para o partido do governo com os votos de menos de 25% do eleitorado. Os porta-vozes do partido vencedor, recusando-se a ouvir a mensagem claramente alarmante do eleitorado britânico, gabaram-se de que o "Novo Trabalhismo" havia atingido uma "vitória esmagadora". Shirley Williams comentou corretamente que o que estávamos testemunhando não era uma *vitória esmagadora*, mas um *esmagamento de sua credibilidade*.

[3] Ver David Cay Johnston, "Gap between rich and poor found substantially wider", em *The New York Times*, 5 de setembro de 1999.

tenha predominado entre os seres sociais. Duvidar-se-á talvez até que tenha sido alguma vez seriamente posta em prática"[4]. Ironicamente, no entanto, à luz da forma como as coisas realmente se desenvolveram, o que hoje parece ser realmente difícil de acreditar é que os representantes intelectuais da burguesia em ascendência possam ter algum dia pensado dessa forma. Pois um gigante do Iluminismo francês do século XVIII, Denis Diderot, não hesitou em afirmar com grande radicalismo social que "se o trabalhador cotidiano é miserável a nação é miserável"[5]. Da mesma forma, Rousseau, com extremo radicalismo e ácido sarcasmo, descreveu a ordem prevalecente de dominação social e subordinação da seguinte maneira:

> Podem-se resumir em poucas palavras os termos do pacto social entre esses dois níveis de homem: "Precisas de mim porque sou rico e tu és pobre. Chegaremos, pois, a um acordo. Permitirei que tenhas a honra de me servires, sob a condição de que concedas a mim o pouco que te resta, em troca dos esforços que despenderei em comandar-te".[6]

Com o mesmo espírito, o grande filósofo italiano Giambattista Vico insistia em que o ápice do desenvolvimento histórico é "a era humana em que todos os homens reconheciam uns aos outros como *iguais na natureza humana*"[7]. E, muito tempo antes, Thomas Münzer, o líder anabatista da revolução camponesa alemã, identificou com precisão em seu panfleto contra Lutero a causa fundamental do avanço do mal social em termos muito tangíveis, ao diagnosticá-lo como o culto à vendabilidade universal e à alienação. Conclui seu discurso afirmando como era intolerável o fato de "que se tenha *convertido em propriedade* – aos peixes na água, aos pássaros no ar, às plantas na terra"[8]. Essa foi uma identificação perspicaz do que se desdobraria com o poder integralmente engolidor no curso dos três séculos seguintes. Como é próprio às conquistas paradoxais das antecipações utópicas prematuras, expressou-se do ponto de vista das estruturas muito menos estabelecidas dos desenvolvimentos capitalistas iniciais uma visão muito mais clara dos perigos vindouros do que era perceptível aos participantes diretamente envolvidos nas vicissitudes das fases mais avançadas. Pois,

---

[4] Henry Home (lorde Kames), *Loose Hints upon Education, chiefly concerning the Culture of the Heart* (Londres, Thoemmes Continuum, [1781] 1996), p. 284.

[5] Verbete de Diderot sobre *Journalier* na *Encyclopédie*.

[6] Jean-Jacques Rousseau, *A Discourse on Political Economy* (Londres, Everyman edition, s. d.), p. 264. [*Discurso sobre a economia política e Do contrato social*, Petrópolis, Vozes, 1995 – N. T.] Rousseau também afirmou categoricamente que "a liberdade não pode existir sem a igualdade", *The Social Contract* (Londres, Everyman, 1963), p. 42. [Na edição brasileira, lê-se: "Se quisermos saber no que consiste, precisamente, o maior de todos os bens, qual deva ser a finalidade de todos os sistemas de legislação, verificar-se-á que se resume nestes dois objetivos principais: a liberdade e a igualdade. A liberdade, porque qualquer dependência particular corresponde a outro tanto de força tomada ao corpo do Estado, e a igualdade, porque a liberdade não pode subsistir sem ela". *Do Contrato Social ou Princípios do Direito Político* (São Paulo, Abril Cultural, 1973), p. 72 – N. T.]

[7] Vico, *The New Science*, traduzido da terceira edição (Nova York, Doubleday & Co., [1974] 1961), p. 3. Grifos meus.

[8] Thomas Münzer, *Hochverursachte Schutzrede und Antwort wider das geistlose, sanftlebende Fleisch zu Wittenberg, welches mit verkehrter Weise durch den Diebstahl der heiligen Schrift die erbärmliche Christenheit also ganz jämmerlich besudelt hat* (1524), citado por Marx em *A questão judaica* (São Paulo, Moraes, 1991), p. 60.

uma vez que a tendência social de vendabilidade universal triunfa, em sintonia com as exigências internas da formação social do capital, aquilo que ainda aparece para Münzer como violação grosseira da ordem natural (e que, como sabemos, ameaça com o decorrer do tempo a própria existência da humanidade), para os pensadores que se identificam sem reservas com as restrições historicamente criadas (e a princípio igualmente impossíveis de se eliminar) da ordem social totalmente desenvolvida do capital parece evidentemente natural, inalterável e aceitável. Assim, muitas coisas tornam-se opacas e ofuscadas pela mudança do ponto de vista histórico. Mesmo o termo crucial da "liberdade" sofre uma redução em seu cerne alienado, saudado como a conquista "do poder de vender-se livremente" por meio do suposto "contrato entre iguais", em oposição às restrições políticas da ordem feudal, mas ignorando e até idealizando as graves restrições materiais e sociais da nova ordem. Por conseguinte, os significados originais tanto de "liberdade" quanto de "igualdade" são transformados em determinações abstratas que se sustentam de maneira circular,[9] tornando assim, como uma consequência necessária, a ideia de "fraternidade" – o terceiro membro das aspirações antes proclamadas em tom tão solene – extremamente redundante.

7.2 O fracasso da "modernização e desenvolvimento"

Eis o tipo de espírito que precisamos agora enfrentar, a menos que estejamos dispostos a nos resignar ao *status quo* e, com isso, aceitar a perspectiva de paralisia social contínua e a consequente autodestruição humana. Pois os beneficiários do atual sistema predominante de desigualdade gritante entre as partes "desenvolvidas" e "subdesenvolvidas" do mundo não hesitam em impor, com extremo cinismo, o impacto de sua irresponsabilidade autovantajosa – como fizeram recentemente na recusa arbitrária do protocolo de Kyoto e outros imperativos ambientais – insistindo em que os países do "sul" deveriam ficar estagnados em seu nível de desenvolvimento atual, ou, do contrário, estariam recebendo um tratamento "injustamente preferencial". Eles têm o sangue frio de falar em nome da igualdade! Ao mesmo tempo, também se recusam a ver que a "divisão norte/sul" é um grande defeito estrutural do sistema como um todo, que afeta todos os países, inclusive os deles, ainda que, por enquanto, de uma forma menos extrema do que no chamado "Terceiro Mundo". No entanto, a tendência em questão está longe de ser tranquilizadora, mesmo para os países capitalisticamente mais avançados. Como ilustração, podemos aqui adicionar o quadro acima mencionado, segundo o qual, nos Estados Unidos, a renda de 1% da população ultrapassa a de 40% dessa população, o aumento alarmante da pobreza infantil na Grã-Bretanha: nas duas últimas décadas, de acordo com as estatísticas mais recentes, o número de

---

[9] Em outras palavras, deparamo-nos com uma dupla circularidade, produzida pelo mais iníquo desenvolvimento histórico atual: define-se a "liberdade" como "igualdade contratual" (postulada abstratamente, mas na substância real extremamente fictícia), e a "igualdade" se esvazia no vago desejo de uma "liberdade" de aspirar à concessão de nada além da "igualdade de oportunidade" formalmente proclamada, mas socialmente nula.

crianças que vivem abaixo da linha de pobreza triplicou no Reino Unido e continua crescendo a cada ano.

Nossa dificuldade é que se observarmos essas questões da perspectiva de *curto prazo*, tal como os órgãos culturais e políticos predominantes necessariamente os retratam, cairemos na tentação de seguir "o caminho mais fácil", que não conduz a uma mudança significativa. O argumento associado a essa forma de pensar no tema em jogo é que "os problemas se solucionaram sozinhos no passado; certamente também se resolverão no futuro". Nada poderia ser mais falacioso do que essa linha de raciocínio, ainda que seja a mais conveniente para os beneficiários do *status quo*, que não podem enfrentar as explosivas contradições de nossa situação de apuro no prazo mais longo. Contudo, como os preocupados cientistas do movimento ecológico nos lembram a todo instante: o "longo prazo" não está de forma alguma tão longe agora, uma vez que as nuvens de uma catástrofe ecológica tornam-se visivelmente mais escuras em nosso horizonte. Fechar os olhos não representa uma solução. Tampouco devemos permitir que nos engane a ilusão de que o perigo de conflitos militares devastadores pertence definitivamente ao passado, graças aos bons gabinetes da "Nova Ordem Mundial". Os perigos a esse respeito são tão notáveis quanto antes, se não mais, no sentido de que nem sequer uma única contradição ou antagonismo fundamental se resolveu com a implosão do sistema soviético. O abandono recentemente anunciado dos acordos de armas do passado, por mais frágeis e limitados, e a busca aventureira do projeto pesadelo "filho de *guerra nas estrelas*", com a mais esfarrapada das justificativas de se instalar um armamento como esse "contra Estados vilões"*, representa um lembrete cabal nesse respeito.

Por longuíssimo tempo, esperou-se que acreditássemos que todos os nossos problemas se resolveriam alegremente pelo "desenvolvimento" e pela "modernização" socialmente neutros. A tecnologia deveria superar por si só todos os obstáculos e dificuldades concebíveis. Era, na melhor das hipóteses, uma ilusão imposta a todos que, no desejo de encontrar uma saída para seu próprio papel ativo no processo de decisão, mantinham a esperança de que grandes melhorias em suas condições de existência se realizassem do modo prometido. Tiveram de descobrir com a amarga experiência que a panaceia tecnológica era um subterfúgio autovantajoso das contradições por parte daqueles que empunhavam os timões do controle social. A "revolução verde" na agricultura deveria ter resolvido de uma vez por todas o problema mundial da fome e da desnutrição. Ao contrário, criou corporações-monstro, como a Monsanto, que estabeleceram de tal forma seu poder em todo o mundo, que será necessária uma grande ação popular voltada às raízes do problema para erradicá-lo. Contudo, a ideologia das soluções estritamente tecnológicas continua a ser propagandeada até hoje, apesar de todos os fracassos. Recentemente, alguns líderes de governo, incluindo o inglês, começaram a pregar sermões sobre a vindoura "revolução verde industrial", o que quer que isso signifique. Está claro, no entanto, que panaceia tecnológica de

---

* Em inglês, *rogue states*. Expressão empregada para designar países que possuem armas de destruição em massa e financiam o terrorismo. (N. T.)

última moda é prometida, novamente, como uma forma de fugir da dimensão social e política inextirpável dos perigos ambientais cada vez mais intensos.

Assim, não é exagero dizer que, em nosso tempo, os interesses daqueles que nem sequer conseguem imaginar uma alternativa para a perspectiva de curto prazo da ordem atual, e para a projeção fantasiosa dos corretivos estritamente tecnológicos compatível com ela, colidem diretamente com o interesse da própria sobrevivência humana. No passado, o termo mágico para julgar a saúde de nosso sistema social era "crescimento", que ainda hoje perdura como a estrutura em que se devem entrever as soluções. O que se pretende evitar com o louvor não qualificado do "crescimento" são precisamente as questões: *que tipo de crescimento* e *com que finalidade*? Em especial, porque a realidade do crescimento não qualificado sob nossas condições de reprodução sociometabólica se verifica como *extremo desperdício* e multiplica os problemas que as futuras gerações enfrentarão, já que um dia terão de lidar com as consequências da energia nuclear – tanto pacífica quanto militar – por exemplo. O parente do "crescimento", o conceito de "desenvolvimento", também deve sujeitar-se ao mesmo tipo de escrutínio crítico. Há muito tempo, quase todos o aceitavam sem hesitação e mobilizavam-se grandes recursos institucionais com o intuito de difundir o evangelho da "modernização e desenvolvimento" do tipo norte-americano no chamado "mundo subdesenvolvido". Levou algum tempo para se perceber que havia algo fatalmente defeituoso no modelo recomendado. Pois, se o modelo dos Estados Unidos – no qual *4%* da população mundial desperdiça *25%* da energia mundial e dos recursos materiais estratégicos e também é responsável por *25%* da poluição mundial – for seguido nos demais lugares, sufocaríamos todos num piscar de olhos. Eis porque se nos tornou necessário qualificar todo desenvolvimento futuro como *desenvolvimento sustentável*, a fim de preencher o conceito com um conteúdo realmente factível e socialmente desejável.

7.3 A dominação estrutural e a cultura da desigualdade substantiva

Não é possível abordar de maneira adequada o grande desafio do desenvolvimento sustentável que hoje temos de encarar sem eliminar as restrições paralisantes do caráter *conflitual/adverso* de nosso processo de reprodução social. É por isso que, no nosso tempo, não podemos fugir à questão da *igualdade substantiva*, ao contrário do passado. Pois *sustentabilidade* significa estar realmente *no controle* dos processos sociais, econômicos e culturais vitais, pelos quais os seres humanos não apenas sobrevivem, mas também encontram realização, de acordo com os desígnios que estabeleceram para si mesmos, ao invés de ficarem à mercê de forças naturais imprevisíveis e determinações socioeconômicas *quase* naturais. Nossa ordem social existente se constrói no antagonismo estrutural entre capital e trabalho e, portanto, requer o exercício do *controle externo* sobre todas as forças recalcitrantes. A *conflitualidade/adversidade* é o acompanhamento necessário de um sistema como este, independentemente da quantidade de recursos humanos e econômicos que se pague pela sua manutenção. Contudo, o imperativo da eliminação do desperdício emergiu claramente em nosso horizonte, como um dos principais requisitos para o *desenvolvimento sustentável*.

Pois a "economia", com o decorrer do tempo, deverá caminhar de mãos dadas com o *economizar* racional e humanamente significativo, como convém ao cerne de seu conceito. Mas a maneira significativamente economizadora de regular nosso processo de reprodução sociometabólica, com base no controle *interno/autodirigido*, como oposto ao controle *externo/de cima para baixo*, que prevalece hoje, é radicalmente incompatível com *a desigualdade e a conflitualidade/adversidade estruturais*. O sistema de tipo soviético tinha sua própria forma de conflitualidade/adversidade, que em última instância resultou na sua implosão. Mas ninguém deveria alimentar a ilusão de que nosso tipo de sistema capitalista é imune a tais contradições apenas porque consegue, por enquanto, administrar o desperdício e a desigualdade de uma maneira mais eficaz.

Em nossas sociedades, as determinações estruturalmente estabelecidas e salvaguardadas de desigualdade material são em grande medida reforçadas pela *cultura da desigualdade* dominante, mencionada anteriormente, por meio da qual os indivíduos *internalizam* sua "posição social", resignando-se mais ou menos consensualmente à sua condição de subordinação àqueles que tomam as decisões sobre sua atividade vital. Essa cultura se constituiu em paralelo à formação das novas estruturas de desigualdade do capital, sobre os injustos fundamentos herdados do passado. Houve uma *interação recíproca* entre as estruturas de reprodução material e a dimensão cultural, criando um círculo vicioso que aprisionou a maioria esmagadora dos indivíduos nos limites restritivos de seu campo de ação. Se entrevemos agora uma mudança qualitativa para o futuro, como é necessário que façamos, o papel vital dos processos culturais é inegável. Pois não pode haver uma escapatória do círculo vicioso atualmente dominante, a menos que operemos com êxito o mesmo tipo de interação – mas, dessa vez, em uma direção emancipatória positiva – que caracterizou o desenvolvimento social no passado. Do processo de reprodução social presente, e completamente insustentável no longo prazo, para um outro que não carregue o fardo das tendências destrutivas dos confrontos conflituais/adversos do nosso tempo, não podemos entrever uma mudança instantânea. O êxito exigirá a constituição de uma *cultura de igualdade substantiva*, com o envolvimento ativo de todos e a *consciência* da parcela de *responsabilidade* de cada um implícita na operação de um processo como esse – não conflitual/adverso – de decisão.

É, pois, compreensível que, na criação da cultura há muito arraigada da desigualdade substantiva, envolveram-se até mesmo os maiores e mais ilustrados pensadores da burguesia em ascensão, filhos de seu tempo e posição social. Ilustrarei esse ponto por meio da luta que Goethe travou durante toda a vida com o significado da lenda de Fausto, destinada a representar a busca humana pela realização de seu destino. Como sabemos, de acordo com o pacto do inquieto Fausto com o diabo, ele perderá sua aposta (e sua alma) no momento em que encontrar realização e satisfação na vida. E é assim que Fausto recebe o fatídico momento:

> Quisera eu ver tal povoamento novo,
> E em solo livre ver-me em meio a um livre povo.
> Sim, ao Momento então diria:
> Oh! para enfim – és tão formoso!
> Jamais perecerá, de minha térrea via,

Este vestígio portentoso! –
Na ima presciência desse altíssimo contento,
Vivo ora o máximo, único momento.¹⁰*

Entretanto, Goethe demonstra com suprema ironia a impropriedade da enorme excitação de Fausto. Pois o que ele saúda (quando cegado por Sorge) como a grande obra para conquistar a terra dos pântanos, na realização de seu próprio plano, é na realidade o barulho feito pelos lêmures ao cavarem a sua sepultura. E apenas a intervenção celeste pode, ao final, salvar Fausto, resgatando sua alma das garras do diabo. A grandeza de Goethe se evidencia também no modo como indica a razão pela qual a busca de Fausto deve terminar em ironia e insolúvel ambiguidade, ainda que Goethe não consiga se distanciar da visão de mundo de seu herói, aprisionado na armadilha da concepção de "desigualdade ilustrada". Eis um resumo da visão faustiana:

Corro a pôr termo a meu labor fecundo;
Só a voz do amo efeito real produz.
De pé, obreiros, vós! o povo todo!
Torne-se um feito o que ideei com denodo.
Pegai da ferramenta, enxadas, pás!
Completai logo o traçamento audaz.
Esforço ativo, ordem austera,
O mais formoso prêmio gera.
A fim de aviar-se a obra mais vasta,
Um gênio para mil mãos basta.**

Claramente, a eleição da esmagadora maioria da humanidade para o papel de "mãos", a quem se pede "pegai da ferramenta", a serviço de "um gênio" e em obediência à "voz do amo" com "esforço ativo e ordem austera", é completamente insustentável no longo prazo, por mais que se assemelhe ao real estado de coisas ora dominante. Como poderíamos considerar que seres humanos confinados a um papel como esse estivessem "em solo livre, em meio a um livre povo"? As instruções dadas por Fausto ao *Supervisor* sobre como controlar os trabalhadores, ainda que fielmente realistas, como são, à nossa atual condição de apuro, refletem o mesmo espírito insustentável:

Com rogo e mando,
Contrata obreiros às centenas,

---

10 Extraído da parte II, ato 5 do *Fausto* de Goethe (trad. Jenny Klabin Segall. Belo Horizonte/São Paulo, Itatiaia/Edusp, 1981). Citações extraídas das páginas 433-437. [Mészáros cita a tradução inglesa de Philip Wayne (Harmondsworth, Penguin Classics, 1959). As passagens em inglês foram extraídas das páginas 267-70 dessa edição e reproduzidas em notas de rodapé – N. T.]

* Reproduzimos a versão citada por Mészáros: Such busy – teeming throngs I long to see,/ Standing on freedom's soil, a people free./ Then to the moment could I say:/ Linger you now, you are so fair!/ Now records of my earthly day/ No flight of aeons can impair –/ Foreknowledge comes, and fills me with such bliss,/ I take my joy, my highest moment this. (N. T.)

** Only the master's word gives action weight,/ And what I framed in thought I will fulfill./ Ho, you my people, quickly come from rest:/ Let the world see the fruit of bold behest./ Man all the tools, spade, shovel, as is due,/ The work marked out must straight be carried through./ Quick diligence, firm discipline,/ With these the noblest heights we win./ To end the greatest work designed,/ A thousand hands need but one mind. (N. T.)

Promete regalias plenas,
Paga, estimula, vai forçando.
De dia em dia deixa-me informado
De como se prolonga a obra do cavado.*

E qual significado podemos conferir ao "grande plano em nome da humanidade" de Fausto, quando a ordem social do capital é radicalmente incompatível com o *planejamento abrangente* sem o qual não é possível assegurar a própria sobrevivência da humanidade? Como o Mefistófeles de Goethe descreve com brutal realismo as possibilidades que temos diante de nós:

De que serve a perpétua obra criada,
Se logo algo a arremessa para o Nada?**

"Mil mãos" a serviço de "um gênio" obviamente não podem nos oferecer nenhuma solução. Nem pode o místico Coro de Anjos da última cena do *Fausto* de Goethe reagir à ameaça mefistofélica do *Nada* que assoma no fim do caminho.

Numa época um pouco mais conflituosa, Balzac, em uma de suas grandes novelas: *Melmoth reconciliado*, retoma o tema de Fausto, resgatando de uma forma bastante diferente Melmoth/Fausto – que, graças a seu pacto com o diabo, goza de riqueza ilimitada ao longo da vida. Não há a necessidade de intervenção divina no seu caso. Pelo contrário, a solução é oferecida com extrema ironia e sarcasmo. Pois Melmoth salva habilmente sua própria alma – quando sente que a morte se aproxima e quer romper seu pacto com o diabo – fazendo um trato com outro homem, Castanier, em apuros por desfalque, trocando sua alma em perigo pela dele, que não hesita em entrar no trato que lhe confere riqueza ilimitada. E as palavras de Castanier, quando, por sua vez, vem-lhe à mente a ideia de como se escapar do último problema, conseguindo ainda outra alma em troca da sua comprometida com o diabo, sumarizam de forma impressionante o sarcasmo de Balzac, que atualiza o profético diagnóstico de Thomas Münzer da alienação totalmente usurpadora. Castanier vai à bolsa de valores, absolutamente convencido de que conseguirá encontrar alguém cuja alma possa obter em troca da sua, dizendo que, nesse lugar, "até mesmo o Espírito Santo tem sua cotação" (*Il Banco di Santo Spirito*, do Vaticano) na lista dos grandes bancos[11].

---

*   Use every means, and strive/ To get more workers, shift on shift enrol,/ With comforts spur them on, and good control./ Pay them, cajole them, use a press-gang drive,/ A fresh report you'll bring me daily, showing/ How my projected locks and dykes are growing. (N. T.)

** What matters our creative endless toil,/ When, at a snatch, oblivion ends the coil? (N. T.)

[11] A inspiração direta para a novela de Balzac foi uma longa narrativa de um sacerdote anglicano irlandês, descendente de um padre huguenote francês que deixou a França depois da revogação do Édito de Nantes. Essa obra, de Charles Robert Maturin, cura da igreja de St. Peter em Dublin, intitulada *Melmoth the Wanderer* [Melmoth, o errante], foi publicada pela primeira vez em Dublim em 1820 e imediatamente traduzida para o francês. (Edição recente por The Folio Society, Londres, 1993, p. xvii + 506, com uma introdução de Virendra P. Varma.) A grande diferença é que, enquanto o Melmoth errante de Maturin não consegue escapar do inferno no final, a forma bastante diferente como Balzac aborda a lenda do Fausto, com uma ironia e um sarcasmo devastadores, transfere a história para um plano radicalmente diferente, colocando em relevo uma determinação vital de nossa ordem social.

Entretanto, é suficiente seguir apenas por alguns dias as perturbações ameaçadoras de nossas bolsas de valores para perceber que a solução de Melmoth não é mais realista hoje do que a intervenção celeste de Goethe. Nosso desafio histórico para assegurar as condições de desenvolvimento sustentável tem de ser resolvido de um modo muito diferente.

Libertar-nos da cultura da desigualdade substantiva e substituí-la progressivamente por uma alternativa viável é o caminho que cumpre seguirmos.

8
A EDUCAÇÃO PARA ALÉM DO CAPITAL*

A aprendizagem é a nossa própria vida, desde a juventude até a velhice, de fato quase até a morte; ninguém passa dez horas sem nada aprender.
Paracelso

Se viene a la tierra como cera, – y el azar nos vacía en moldes prehechos. Las convenciones creadas deforman la existencia verdadera [...] Las redenciones han venido siendo formales; – es necesario que sean esenciales [...] La libertad política no estará asegurada, mientras no se asegura la libertad espiritual. [...] La escuela y el hogar son las dos formidables cárceles del hombre.
José Martí

A teoria materialista de que os homens são produto das circunstâncias e da educação e de que, portanto, homens modificados são produto de circunstâncias diferentes e de educação modificada, esquece que as circunstâncias são modificadas precisamente pelos homens e que o próprio educador precisa ser educado. Leva, pois, forçosamente, à divisão da sociedade em duas partes, uma das quais se sobrepõe à sociedade [...]. A coincidência da modificação das circunstâncias e da atividade humana só pode ser apreendida e racionalmente compreendida como prática transformadora.
Karl Marx

Escolhi as três epígrafes deste capítulo a fim de antecipar alguns dos pontos principais a serem abordados. A primeira, do grande pensador do século XVI, Paracelso; a segunda, de José Martí; e a terceira, de Karl Marx. A primeira diz, em contraste agudo com a concepção atual tradicional mas tendenciosamente estreita da educação, que: "A aprendizagem é a nossa própria vida, desde a juventude até a velhice, de fato quase até a morte; ninguém passa dez horas sem nada aprender"[1]. Relativamente a Martí, escreve

---

* Este capítulo integra o livro *A educação para além do capital* (trad. Isa Tavares, São Paulo, Boitempo, 2005).
[1] Paracelso, *Selected Writings* (Londres, Routledge & Kegan Paul, 1951), p. 181.

ele, podemos estar certos, com o mesmo espírito de Paracelso, quando ele insiste que: "A educação começa com a vida, e só acaba com a morte". Mas ele acrescenta algumas restrições cruciais, criticando duramente as soluções tentadas pela nossa sociedade e também resumindo a enorme tarefa que temos pela frente. É assim que ele coloca em perspectiva o nosso problema:

> Chega-se à terra como cera, e o destino nos esvazia em moldes preestabelecidos. – As convenções criadas deformam a existência verdadeira. [...] As redenções vêm sendo formais; é necessário que sejam essenciais. [...] A liberdade política não estará assegurada enquanto não se assegurar a liberdade espiritual. [...] A escola e o lar são as duas prisões formidáveis do homem.[2]

E a terceira epígrafe, escolhida entre as *Teses sobre Feuerbach* de Marx, põe em evidência a linha divisória que separa os socialistas utópicos, como Robert Owen, daqueles que no nosso tempo têm de superar os graves antagonismos estruturais de nossa sociedade. Pois esses antagonismos bloqueiam o caminho para uma mudança absolutamente necessária, sem a qual não pode haver esperança para a própria sobrevivência da humanidade, muito menos para a melhoria de suas condições de existência. Eis o que diz Marx:

> A teoria materialista de que os homens são produto das circunstâncias e da educação e de que, portanto, homens modificados são produto de circunstâncias diferentes e de educação modificada, esquece que as circunstâncias são modificadas precisamente pelos homens e que o próprio educador precisa ser educado. Leva, pois, forçosamente, à divisão da sociedade em duas partes, uma das quais se sobrepõe à sociedade (como, por exemplo, Robert Owen). A coincidência da modificação das circunstâncias e da atividade humana só pode ser apreendida e racionalmente compreendida como *prática transformadora*.[3]

A ideia que pretendo destacar é a de que não apenas a última citação mas de alguma forma todas as três, durante um período de quase cinco séculos, enfatizam a urgência de se instituir – tornando-a ao mesmo tempo irreversível – uma radical mudança estrutural. Uma mudança que nos leve *para além do capital*, no sentido genuíno e educacionalmente viável do termo.

8.1 A incorrigível lógica do capital e seu impacto sobre a educação

Poucos negariam hoje que os processos educacionais e os processos sociais mais abrangentes de reprodução estão intimamente ligados. Consequentemente, uma reformulação significativa da educação é inconcebível sem a correspondente transformação do quadro social no qual as práticas educacionais da sociedade devem cumprir as suas vitais e historicamente importantes funções de mudança. Mas, sem um acordo sobre esse simples fato, os caminhos dividem-se nitidamente. Pois, caso não se valorize um determinado modo de reprodução da sociedade como o necessário quadro de intercâmbio social, serão admitidos, em nome da reforma, apenas alguns ajustes menores em todos os âmbitos,

---

[2] José Martí, "Libros", em *Obras completas* (Havana, Editorial de Ciencias Sociales, 1991, v. 18), p. 290-1.
[3] Karl Marx e Friedrich Engels, *Teses sobre Feuerbach* (São Paulo, Alfa-Omega, 1977), p. 118-9. Grifos do autor.

incluindo o da educação. As mudanças sob tais limitações, apriorísticas e prejulgadas, são admissíveis apenas com o único e legítimo objetivo de *corrigir* algum detalhe defeituoso da ordem estabelecida, de forma que sejam mantidas intactas as determinações estruturais fundamentais da sociedade como um todo, em conformidade com as exigências inalteráveis da *lógica global* de um determinado sistema de reprodução. Podem-se ajustar as formas pelas quais uma multiplicidade de interesses particulares conflitantes se deve *conformar* com a *regra geral* preestabelecida da reprodução da sociedade, mas de forma nenhuma pode-se alterar a *própria regra geral*.

Essa lógica exclui, com uma irreversibilidade categórica, a possibilidade de legitimar o conflito entre as *forças hegemônicas fundamentais rivais*, em uma dada ordem social, como *alternativas viáveis* entre si, quer no campo da produção material, quer no âmbito cultural/educacional. Portanto, seria realmente um absurdo esperar uma formulação de um ideal educacional, do ponto de vista da ordem feudal em vigor, que considerasse a hipótese da dominação dos servos, como classe, sobre os senhores da bem-estabelecida classe dominante. Naturalmente, o mesmo vale para a *alternativa hegemônica* fundamental entre o capital e o trabalho. Não surpreende, portanto, que mesmo as mais nobres utopias educacionais, anteriormente formuladas do ponto de vista do capital, tivessem de permanecer estritamente dentro dos limites da perpetuação do domínio do capital como modo de reprodução social metabólica. Os interesses objetivos de classe tinham de prevalecer mesmo quando os subjetivamente bem-intencionados autores dessas utopias e discursos críticos observavam claramente e criticavam as manifestações desumanas dos interesses materiais dominantes. Suas posições críticas poderiam, no limite, apenas desejar utilizar as *reformas educacionais* que propusessem para remediar os piores *efeitos* da ordem reprodutiva capitalista estabelecida sem, contudo, eliminar seus *fundamentos causais* antagônicos e profundamente enraizados.

A razão para o fracasso de todos os esforços anteriores, e que se destinavam a instituir grandes mudanças na sociedade por meio de reformas educacionais lúcidas, reconciliadas com o ponto de vista do capital, consistia – e ainda consiste – no fato de as determinações fundamentais do sistema do capital serem *irreformáveis*. Como sabemos muito bem pela lamentável história da estratégia reformista, que já tem mais de cem anos, desde Edward Bernstein[4] e seus colaboradores – que outrora prometeram a transformação gradual da ordem capitalista numa ordem qualitativamente diferente, socialista –, o capital é irreformável porque, pela sua própria natureza, como totalidade reguladora sistêmica, é totalmente *incorrigível*. Ou bem tem êxito em impor aos membros da sociedade, incluindo-se as personificações "carinhosas" do capital, os imperativos estruturais do seu sistema como um todo ou perde a sua viabilidade como o regulador historicamente dominante do modo bem-estabelecido de reprodução metabólica universal e social. Consequentemente, em seus parâmetros estruturais fundamentais, o capital deve permanecer sempre *incontestável*, mesmo que todos os tipos de corretivo estritamente marginais sejam não só compatíveis com seus preceitos, mas também benéficos, e realmente necessários a ele

---

[4] Para uma discussão detalhada sobre a estratégia reformista de Bernstein, ver a seção 8.5 intitulada "O beco sem saída representativo de Bernstein", em meu livro *O poder da ideologia* (São Paulo, Boitempo, 2004), p. 376-88.

no interesse da sobrevivência continuada do sistema. Limitar uma mudança educacional radical às margens corretivas interesseiras do capital significa abandonar de uma só vez, conscientemente ou não, o objetivo de uma transformação social qualitativa. Do mesmo modo, contudo, procurar margens de *reforma sistêmica* na própria estrutura do sistema do capital é uma *contradição em termos*. É por isso que é necessário *romper com a lógica do capital* se quisermos contemplar a criação de uma alternativa educacional significativamente diferente.

Farei referência aqui a apenas duas grandes figuras da burguesia iluminista, a fim de ilustrar os limites objetivos, intransponíveis mesmo quando ligados à melhor das intenções subjetivas. A primeira é um dos maiores economistas políticos de todos os tempos, Adam Smith; e a segunda, o extraordinário reformador social e educacional utópico – que também tentou pôr em prática aquilo que pregava, até cair em bancarrota econômica – Owen.

Adam Smith, a despeito de seu profundo compromisso com o modo capitalista de organização da reprodução econômica e social, condenou de forma clara o impacto negativo do sistema sobre a classe trabalhadora. Falando acerca do "espírito comercial" como a causa do problema, ele insistia em que este

> limita as visões do homem. Na situação em que a divisão do trabalho é levada até à perfeição, todo homem tem apenas uma operação simples para realizar; a isso se limita toda a sua atenção, e poucas ideias passam pela sua cabeça, com exceção daquelas que com ela têm *ligação imediata*. Quando a mente é empregada numa diversidade de assuntos, ela é de certa forma ampliada e aumentada, e devido a isso geralmente se reconhece que um artista do campo tem uma variedade de pensamentos bastante superior a de um citadino. Aquele talvez seja simultaneamente um carpinteiro e um marceneiro, e sua atenção certamente deve estar voltada para vários objetos, de diferentes tipos. Este talvez seja apenas um marceneiro; esse tipo específico de trabalho ocupa todos os seus pensamentos, e como ele não teve a oportunidade de comparar vários objetos sua visão das coisas que não estejam relacionadas com seu trabalho jamais será tão ampla como a do artista. Deverá ser esse o caso sobretudo quando *toda a atenção de uma pessoa é dedicada a uma dentre dezessete partes de um alfinete ou a uma dentre oitenta partes de um botão*, de tão dividida que está a fabricação de tais produtos. [...] Essas são as desvantagens de um espírito comercial. As mentes dos homens ficam *limitadas*, tornam-se incapazes de se elevar. *A educação é desprezada, ou no mínimo negligenciada*, e o espírito heroico é quase totalmente extinto. Corrigir esses defeitos deveria ser assunto digno de uma séria atenção.[5]

Contudo, a "séria atenção" advogada por Adam Smith significa realmente muito pouco, se é que tem algum significado. Pois esse arguto observador das condições da Inglaterra sob o avanço triunfante do "espírito comercial" não encontra outra solução a não ser uma denúncia moralizadora dos *efeitos* degradantes das forças ocultas, culpando os próprios trabalhadores em vez do sistema que lhes impõe essa situação infeliz. É nesse espírito que Smith escreve:

---

[5] Adam Smith, *Lectures on Justice, Police, Revenue, and Arms* (1763), em *Adam Smith's Moral and Political Philosophy* (ed. por Herbert W. Schneider, Nova York, Hafner, 1948), p. 318-21.

Quando o rapaz se torna adulto, *não tem ideias de como possa se divertir*. Portanto, quando estiver fora de seu trabalho é provável que se entregue à *embriaguez e à intemperança*. Consequentemente, concluímos, nos locais de comércio da Inglaterra os comerciantes geralmente se encontram nesse estado desprezível; o que recebem do trabalho de metade da semana é suficiente para seu sustento, e devido à *ignorância eles não se divertem senão na intemperança e na libertinagem*.[6]

Assim, a exploração capitalista do "tempo dedicado ao lazer", levada hoje à perfeição sob o domínio do "espírito comercial" mais atualizado, pareceria ser a solução, sem que se alterasse minimamente o núcleo alienante do sistema. Considerar que Adam Smith gostaria de ter instituído algo mais elevado do que uma utilização inescrupulosa e insensível do "tempo de lazer" dos jovens não altera o fato de que até o discurso dessa grande figura do Iluminismo escocês é completamente incapaz de se dirigir às causas mas deve permanecer aprisionado no círculo vicioso dos *efeitos* condenados. Os limites objetivos da lógica do capital prevalecem mesmo quando nos referimos a grandes figuras que conceituam o mundo a partir do ponto de vista do capital, e mesmo quando eles tentam expressar subjetivamente, com um espírito iluminado, uma preocupação humanitária genuína.

O nosso segundo exemplo, Owen, meio século após Adam Smith, não mede palavras quando denuncia a busca do lucro e o poder do dinheiro, insistindo em que "o empregador vê o empregado como um *mero instrumento de ganho*"[7]. Contudo, na sua experiência educacional prática ele espera que a cura se origine do impacto da "razão" e do "esclarecimento", pregando não aos "convertidos", mas aos "inconvertíveis", que não conseguem pensar o trabalho em quaisquer outros termos a não ser como "mero instrumento de ganho". É assim que Owen fundamenta a sua tese:

> Devemos então continuar a obstar a instrução nacional dos nossos camaradas, que, como foi mostrado, podem facilmente ser treinados para serem diligentes, inteligentes, virtuosos e membros valiosos do Estado?
> De fato, a verdade é que todas as medidas agora propostas são apenas uma transigência com os erros do sistema atual. Mas considerando que esses erros agora existem quase universalmente, *e têm de ser ultrapassados apenas por meio da força da razão*; e como a razão, para produzir um efeito sobre os objetivos mais benéficos, faz avanços *passo a passo*, e consubstancia progressivamente verdades de alto significado, uma após outra, será evidente, para mentes abertas e acuradas, que *apenas com essas e outras similares transigências pode-se esperar, racionalmente, ter-se sucesso na prática*. Pois tais transigências apresentam *a verdade e o erro* ao público, e sempre que esses são exibidos em conjunto de um modo razoável, no final das contas *a verdade tem de prevalecer*. [...] Espera-se, confiantemente, que esteja próximo o tempo em que o homem, *por ignorância*, não mais infligirá um sofrimento desnecessário sobre o homem; porque a *maioria da humanidade se tornará esclarecida* e irá discernir claramente que ao agir assim inevitavelmente criará sofrimento a si própria.[8]

---

[6] Ibidem, p. 319-20.
[7] Robert Owen, *A New View of Society and Other Writings* (Londres, Everyman, 1927), p. 124.
[8] Ibidem, p. 88-9.

O que torna esse discurso extremamente problemático, não obstante as melhores intenções do autor, é que ele tem de se conformar aos debilitantes limites do capital. É também por isso que a nobre experiência prática utópica de Owen em Lanark está condenada ao fracasso. Pois ela tenta conseguir o impossível: a reconciliação da concepção de uma utopia liberal/reformista com as regras implacáveis da ordem estruturalmente incorrigível do capital.

O discurso de Owen revela a estreita inter-relação entre a utopia liberal, a defesa de procedimentos como o "passo a passo", "apenas com transigências", e o desejo de superar os problemas existentes "apenas por meio da força da razão". Contudo, uma vez que os problemas em causa são *abrangentes*, correspondendo aos inalteráveis requisitos da dominação estrutural e da subordinação, a contradição entre o caráter *global* e abrangente dos fenômenos sociais criticados e a *parcialidade* e o *gradualismo* das soluções propostas – que em si são compatíveis com o ponto de vista do capital – têm de ser substituídos de modo fictício por uma excessiva generalização de alguns "deve ser" utópicos. Assim, vemos na caracterização de Owen de "o que tem de ser feito?" uma passagem dos fenômenos sociais específicos originalmente identificados com precisão – por exemplo, a deplorável condição em que "o empregador vê o empregado como um *mero instrumento de ganho*" – para a vaga e atemporal generalização do "erro" e da "ignorância", para concluir, de forma circular, que o problema da "verdade *versus* erro e ignorância" (afirmado como uma questão de "razão e esclarecimento") pode ser solucionado "apenas por meio da força da razão". E, claro, a garantia que recebemos do êxito da solução educacional proposta por Owen é, mais uma vez, circular: a afirmação de que "no final das contas a verdade tem de prevalecer [...] porque a maioria da humanidade se tornará esclarecida". Nas raízes da generalidade vaga da concepção corretiva de Owen, vemos que o seu gradualismo utópico é, claramente, motivado pelo medo da emergente alternativa hegemônica sócio-histórica do trabalho e pela angústia em relação a ela. Nesse espírito, ele insiste que, sob as condições em que os trabalhadores estão condenados a viver, eles

> contrairão uma rude ferocidade de caráter, a qual, se não forem tomadas criteriosas medidas legislativas para prevenir o seu aumento e melhorar as condições dessa classe, *mais cedo ou mais tarde fará o país mergulhar num formidável e talvez complexo estado de perigo*. A finalidade direta dessas observações é incentivar a melhoria e evitar o perigo.[9]

Quando os pensadores punem o "erro e a ignorância", deveriam também indicar a origem dos pecados intelectuais criticados, em vez de admiti-los como seus, base última e irredutível à qual a questão do "por quê?" não pode e não deve ser dirigida. Do mesmo modo, também o apelo à autoridade da "razão e do esclarecimento", como a futura e infalível solução para os problemas analisados, é uma falaciosa esquiva à pergunta: "por que é que a razão e o esclarecimento não funcionaram no passado?", e se isso realmente aconteceu, "qual é a garantia de que funcionarão no futuro?". Certamente, Owen não é de forma alguma o único pensador a apontar o "erro e a ignorância" como a razão explicativa

---

[9] Ibidem, p. 124.

fundamental dos fenômenos denunciados, a serem corrigidos de bom grado pela força todo-poderosa da "razão e do esclarecimento". Ele partilha essa característica e a crença positiva a ela associada – crença que está longe de ter uma fundamentação segura – com a tradição iluminista liberal no seu conjunto. Isso torna a contradição subjacente ainda mais significativa e difícil de superar.

Consequentemente, quando nos opomos à circularidade de tais diagnósticos finais e declarações de fé, que insistem em que, possivelmente, não se pode ir além do ponto explicativo aceito, não podemos nos satisfazer com a ideia, encontrada muitas vezes nas discussões filosóficas, de que essas respostas dúbias surgem do "erro" dos pensadores criticados, o qual, por sua vez, deve ser corrigido com um "raciocínio adequado". Agir assim equivaleria a cometer o mesmo pecado do adversário.

O discurso crítico de Robert Owen e a sua solução educacional nada têm a ver com um "erro lógico". A diluição da sua diagnose social num ponto crucial e a circularidade das soluções vagas e atemporais oferecidas por ele são *descarrilamentos práticos e necessários*, devidos não a uma deficiência na lógica formal do autor, mas sim à *incorrigibilidade da lógica perversa do capital*. É este último que, categoricamente, lhe nega a possibilidade de encontrar respostas numa genuína associação comunitária com o sujeito social cujo potencial "caráter de rude ferocidade" ele teme. É assim que ele se depara, no final, com a contradição – não lógica, mas fundamentalmente prática –, de querer mudar as relações desumanas estabelecidas, enquanto rejeita, como um perigo sério, a única e possível alternativa social hegemônica. A contradição insolúvel reside na concepção que Owen tem da *mudança significativa* como *perpetuação do existente*. A circularidade que vimos no seu raciocínio é a consequência necessária da *aceitação* de um "resultado": a "razão" triunfante (procedendo em segurança, "passo a passo"), que *prescreve* o "erro e a ignorância" como o problema adequadamente retificado, para o qual se supõe estar a razão eminentemente adequada a resolver. Dessa forma, mesmo que inconscientemente, a relação entre o problema e sua solução está, na verdade, revertida, e com isso ela redefine anistoricamente o primeiro, de maneira a ajustar-se à solução – capitalistamente permissível – que fora conceitualmente preconcebida. É isso o que acontece quando mesmo um reformista social e educacional esclarecido, que honestamente tenta remediar os *efeitos* alienantes e desumanizantes do "poder do dinheiro" e da "busca do lucro", os quais ele deplora, não pode escapar à autoimposta camisa de força das *determinações causais* do capital.

O impacto da incorrigível lógica do capital sobre a educação tem sido grande ao longo do desenvolvimento do sistema. Apenas as *modalidades* de imposição dos imperativos estruturais do capital no âmbito educacional são hoje diferentes, em relação aos primeiros e sangrentos dias da "acumulação primitiva", em sintonia com as circunstâncias históricas alteradas, como veremos na próxima seção. É por isso que hoje o sentido da mudança educacional radical não pode ser senão o rasgar da camisa de força da lógica incorrigível do sistema: perseguir de modo planejado e consistente uma estratégia de rompimento do controle exercido pelo capital, com todos os meios disponíveis, bem como com todos os meios ainda a ser inventados e que tenham o mesmo espírito.

8.2 As soluções não podem ser apenas *formais*: elas devem ser *essenciais*

Parafraseando a epígrafe de Martí, podemos dizer que "as soluções não podem ser apenas *formais*; elas devem ser *essenciais*".

A educação institucionalizada, especialmente nos últimos 150 anos, serviu – no seu todo – ao propósito de não só fornecer os conhecimentos e o pessoal necessário à máquina produtiva em expansão do sistema do capital, como também gerar e transmitir um quadro de valores que *legitima* os interesses dominantes, como se não pudesse haver nenhuma alternativa à gestão da sociedade, seja na forma " internalizada" (isto é, pelos indivíduos devidamente "educados" e aceitos) ou através de uma dominação estrutural e uma subordinação hierárquica e implacavelmente impostas. A própria história teve de ser totalmente adulterada, e de fato frequente e grosseiramente falsificada para esse propósito. Fidel Castro, falando sobre a falsificação da história cubana após a guerra de independência em relação ao colonialismo espanhol, fornece um exemplo impressionante:

> O que nos disseram na escola? O que nos diziam aqueles inescrupulosos livros de história acerca dos fatos? Diziam-nos que a potência imperialista não era a potência imperialista, mas sim que, cheio de generosidade, o governo dos Estados Unidos, ansioso por nos dar a liberdade, interveio naquela guerra e que, como consequência disso, éramos livres. Porém, não éramos livres em virtude das centenas de milhares de cubanos que morreram durante os trinta anos de combate; não éramos livres pelo gesto heroico de Carlos Manuel de Céspedes, o Pai da Pátria, que iniciou aquela luta e que, ademais, preferiu ter seu filho fuzilado a fazer sequer uma concessão; não éramos livres pelo esforço heroico de Máximo Gómez, Calixto García e tampouco por aqueles próceres ilustres; não éramos livres pelo sangue derramado das vinte e tantas feridas de Antonio Maceo e sua queda heroica em Punta Brava; éramos livres simplesmente porque Theodor Roosevelt desembarcou alguns tantos *rangers* em Santiago de Cuba para combater um exército esgotado e praticamente vencido, ou porque os encouraçados norte-americanos afundaram as "latas-velhas" de Cerveza em frente à baía de Santiago de Cuba. E essas monstruosas mentiras, essas incríveis falsificações eram as que se ensinavam em nossas escolas.[10]

As deturpações desse tipo são a regra quando há riscos realmente elevados, e assim é, particularmente, quando eles são diretamente concernentes à racionalização e à legitimação da ordem social estabelecida como uma "ordem natural" supostamente inalterável. A história deve então ser reescrita e propagandeada de uma forma ainda mais distorcida, não só nos órgãos que em larga escala formam a opinião política, desde os jornais de grande tiragem às emissoras de rádio e de televisão, mas até nas supostamente objetivas teorias acadêmicas. Marx oferece uma caracterização devastadora de como uma questão vital da história do capitalismo, conhecida como *a acumulação primitiva ou original do capital*, é tratada pela ciência da economia política. Num vigoroso capítulo de *O capital*, escreve ele:

---

[10] Fidel Castro, *José Martí: el autor intelectual* (Havana, Editora Política, 1983), p. 162. Ver também p. 150 da mesma obra.

Essa acumulação primitiva desempenha na economia política um papel análogo ao pecado original na teologia. Adão mordeu a maçã e, com isso, o pecado sobreveio à humanidade. Explica-se sua origem contando-a como anedota ocorrida no passado. Em tempos muito remotos, havia, por um lado, uma elite laboriosa, inteligente e sobretudo parcimoniosa, e, por outro, vagabundos dissipando tudo o que tinham e mais ainda. A lenda do pecado original teológico conta-nos, contudo, como o homem foi condenado a comer seu pão com o suor de seu rosto; a história do pecado original econômico, no entanto, nos revela por que há gente que não tem necessidade disso. Tanto faz. Assim se explica que os primeiros acumularam riquezas, e os últimos, finalmente, nada tinham para vender senão a sua própria pele. E desse pecado original data a pobreza da grande massa que até agora, apesar de todo o seu trabalho, nada possui para vender senão a si mesma, e a riqueza dos poucos, que cresce continuamente, embora há muito tenham parado de trabalhar. Tais trivialidades infantis o Sr. Thiers, por exemplo, serve ainda, com a solene seriedade de um homem de Estado, em defesa da *propriété*, aos franceses, outrora tão espirituosos. [...] Na história real, como se sabe, a conquista, a subjugação, o assassínio para roubar, em suma, a violência, desempenham o papel principal. Na suave economia política reinou desde sempre o idílio. [...] Na realidade, os métodos da acumulação primitiva são tudo, menos idílicos. [...] Os expulsos pela dissolução dos séquitos feudais e pela intermitente e violenta expropriação da base fundiária, esse proletariado livre como os pássaros não podia ser absorvido pela manufatura nascente com a mesma velocidade com que foi posto no mundo. Por outro lado, os que foram bruscamente arrancados de seu modo costumeiro de vida não conseguiam enquadrar-se de maneira igualmente súbita na disciplina da nova condição. Eles se converteram em massas de esmoleiros, assaltantes, vagabundos, em parte por predisposição e na maioria dos casos por força das circunstâncias. Daí ter surgido em toda a Europa ocidental, no final do século XV e durante todo o século XVI, uma legislação sanguinária contra a vagabundagem. Os ancestrais da atual classe trabalhadora foram imediatamente punidos pela transformação, que lhes foi imposta, em vagabundos e *paupers*. A legislação os tratava como criminosos *"voluntários"* e supunha que dependia *de sua boa vontade seguir trabalhando* nas antigas condições que *não existiam*. [...] Desses pobres fugitivos, dos quais Thomas Morus diz que os coagiu a roubar, "foram executados *72 mil pequenos e grandes ladrões*, sob o reinado de Henrique VIII".[11]

Naturalmente, nem mesmo os altamente respeitáveis pensadores da classe dominante podiam adotar uma atitude que divergisse do modo cruel de subjugar aqueles que deviam ser mantidos sob o mais estrito controle, no interesse da ordem estabelecida. Não até que a própria mudança das condições de produção modificasse a necessidade de uma força de trabalho – grandemente ampliada – sob as condições expansionistas da revolução industrial.

No tempo em que John Locke escreveu, havia uma maior procura de pessoas empregáveis lucrativamente do que no tempo de Henrique VIII, mesmo que numa quantidade ainda muito distante da que veio a ser demandada durante a revolução industrial. Portanto, a "população excedente", em significativa diminuição, não teve de ser fisicamente eliminada como anteriormente. Todavia, tinha de ser tratada da forma mais autoritária, racionalizando-se ao mesmo tempo a brutalidade e a desu-

---

[11] Karl Marx, *O capital* (São Paulo, Nova Cultural, 1988, v. 1, livro primeiro, tomo 2, cap. XXIV), p. 251-2, 265-6.

manidade recomendadas em nome de uma pretensiosa moralidade. Desse modo, nas últimas décadas do século XVII, em conformidade com o ponto de vista do capital da economia política da época, o grande ídolo do liberalismo moderno, John Locke – um latifundiário absenteísta* em Somersetshire e também um dos mais generosamente pagos funcionários do governo – pregava a mesma "trivialidade infantil", tal como descrita por Marx. Locke insistiu em que a causa para

> o crescimento do número dos pobres [...] nada mais é do que o relaxamento da disciplina e a corrupção dos hábitos; a virtude e a diligência são como companheiros constantes de um lado, assim como o vício e a ociosidade estão do outro. Portanto, o primeiro passo no sentido de fazer os pobres trabalhar [...] deve ser a restrição da sua libertinagem mediante a aplicação estrita das leis estipuladas [por Henrique VIII e outros] contra ela.[12]

Recebendo anualmente uma remuneração quase astronômica, de cerca de 1.500 libras, pelos seus serviços ao governo (como membro da Junta Comercial, um dos seus vários cargos), Locke não hesitou em louvar a perspectiva de os pobres ganharem "um centavo por dia"[13] (*a penny per diem*), ou seja, uma quantia aproximadamente *mil vezes inferior* a seu próprio vencimento, em apenas um dos seus cargos governamentais. Não surpreende, portanto, que "o valor dos seus bens, quando ele faleceu – quase 20 mil libras, das quais 12 mil em dinheiro –, era comparável ao de um comerciante próspero em Londres"[14]. Um grande feito para uma pessoa cuja principal fonte de renda era explorar – confessadamente de bom grado – o Estado!

Além disso, sendo um verdadeiro cavalheiro, com um volumoso patrimônio a resguardar, ele também queria controlar as atividades dos pobres com uma medida perversa, a dos *passes*, propondo que

> Todos os homens que mendiguem sem passes nos municípios litorâneos, sejam eles *mutilados* ou tenham *mais que 50 anos* de idade, e todos os de *qualquer idade* que também mendiguem sem passes nos municípios do interior, longe da orla marítima, devem ser enviados para uma casa de correção próxima e nela mantidos em *trabalhos forçados* durante três anos.[15]

E enquanto as leis brutais de Henrique VIII e de Eduardo VI pretendiam cortar apenas "*metade* da orelha" dos criminosos *reincidentes*, o nosso grande filósofo liberal e funcionário do Estado – uma das figuras dominantes dos primórdios do Iluminismo inglês – sugeriu uma melhoria de tais leis ao recomendar, solenemente, o corte de *ambas* as orelhas, punição a ser aplicada aos réus primários[16].

---

* Mészáros emprega o termo "absenteísta" em relação a Locke, no sentido de um proprietário de terras que não vivia nelas. (N. E.)

[12] John Locke, "Memorandum on the Reform of the Poor Law" em R. H. Fox Bourne, *The Life of John Locke* (Londres, King, 1876), v. 2, p. 378.

[13] Ibidem, p. 383.

[14] Neal Wood, *The Politics of Locke's Philosophy* (Berkeley, University of California Press, 1983), p. 26.

[15] John Locke, "Memorandum on the Reform of the Poor Law", cit., p. 380.

[16] Ibidem.

Ao mesmo tempo, no seu *Memorandum on the Reform of the Poor Law*, Locke também propôs a instituição de oficinas* para os filhos ainda em tenra idade dos pobres, argumentando que

> Os filhos das pessoas trabalhadoras são um corriqueiro fardo para a paróquia e normalmente são mantidas na ociosidade, de forma que geralmente também se perde o que produziriam para a população até eles completarem doze ou catorze anos de idade. Para esse problema, a solução mais eficaz que somos capazes de conceber, e que portanto humildemente propomos, é a de que, na acima mencionada lei a ser decretada, seja determinado, além disso, que se criem *escolas profissionalizantes* em todas as paróquias, as quais os filhos de todos, na medida das necessidades da paróquia, *entre quatro e treze anos de idade* [...] devem ser *obrigados* a frequentar.[17]

Não sendo ele próprio um homem religioso, a principal preocupação de Locke era combinar uma disciplina de trabalho severa e doutrinação religiosa com uma máxima frugalidade financeira municipal e estatal. Ele argumentava que

> Outra vantagem de se levar as crianças a uma escola profissional é que, dessa forma, elas seriam *obrigadas a ir à igreja todos os domingos*, juntamente com os seus professores ou professoras e teriam alguma compreensão da religião; ao passo que agora, sendo criadas, em geral, no ócio e sem rédeas, elas são totalmente alheias tanto à *religião e à moralidade* como o são para a *diligência*.[18]

Obviamente, então, as medidas que tinham de ser aplicadas aos "trabalhadores pobres" eram radicalmente diferentes daquelas que os "homens da razão" consideravam adequadas para si próprios. No final tudo se reduzia a relações de poder nuas e cruas, impostas com extrema brutalidade e violência nos primórdios do desenvolvimento capitalista, independentemente da forma como elas eram racionalizadas nos "primeiros anais da economia política", conforme as palavras de Marx.

Naturalmente, as instituições de educação tiveram de ser adaptadas no decorrer do tempo, de acordo com as determinações reprodutivas em mutação do sistema do capital. Desse modo, teve de se abandonar a extrema brutalidade e a violência legalmente impostas como instrumentos de educação – não só inquestionavelmente aceitos antes, mas até ativamente promovidos por figuras do início do período iluminista, como o próprio Locke, como acabamos de ver. Elas foram abandonadas não devido a considerações humanitárias, embora tenham sido frequentemente racionalizadas em tais termos, mas porque uma gestão dura e inflexível revelou-se um desperdício econômico, ou era, no mínimo, supérflua. E isso era verdadeiro não só em relação às instituições formais de educação, mas também a algumas áreas indiretamente ligadas a ideias educacionais. Tomando-se apenas um exemplo significativo, o êxito inicial da experiência de Owen deveu-se não ao humanitarismo paternalista desse capitalista

---

* *Workhouses*, no original. A tradução mais próxima de *workhouse*, considerado o inglês britânico, é "oficina". No entanto, no inglês dos Estados Unidos é "instituição correcional". Certamente, Locke recomendava um trabalho compulsório para os meninos pobres, num presídio especial a que seriam recolhidos. (N. E.)

[17] John Locke, "Memorandum on the Reform of the Poor Law", cit., p. 383.
[18] Ibidem, p. 384-5.

esclarecido, mas à vantagem produtiva relativa, de início desfrutada pelo empreendimento industrial de sua comunidade utópica. Pois graças à redução da absurdamente longa jornada de trabalho, regra geral na época, a abordagem "owenista" do trabalho levou a uma *intensidade* muito maior de realização produtiva durante a jornada reduzida. Contudo, quando práticas similares foram mais amplamente difundidas, já que tinha de acatar as regras da concorrência capitalista, sua empresa tornou-se condenada e faliu, não obstante as indubitavelmente avançadas concepções de Robert Owen em matéria educacional.

As determinações gerais do capital afetam profundamente *cada âmbito particular* com alguma influência na educação e de forma nenhuma apenas as instituições educacionais formais. Estas estão estritamente integradas na totalidade dos processos sociais. Não podem funcionar adequadamente exceto se estiverem em sintonia com as *determinações educacionais gerais da sociedade* como um todo.

Aqui a questão crucial, sob o domínio do capital, é assegurar que cada indivíduo adote como suas próprias as metas de reprodução objetivamente possíveis do sistema. Em outras palavras, no sentido verdadeiramente amplo do termo *educação*, trata-se de uma questão de "internalização" pelos indivíduos – tal como indicado no segundo parágrafo desta seção – da legitimidade da posição que lhes foi atribuída na hierarquia social, juntamente com suas expectativas "adequadas" e as formas de conduta "certas", mais ou menos explicitamente estipuladas nesse terreno. Enquanto a *internalização* conseguir fazer o seu bom trabalho, assegurando os parâmetros reprodutivos gerais do sistema do capital, a brutalidade e a violência podem ser relegadas a um segundo plano (embora de modo nenhum sejam permanentemente abandonadas) posto que são modalidades dispendiosas de imposição de valores, como de fato aconteceu no decurso do desenvolvimento capitalista moderno. Apenas em períodos de *crise aguda* volta a prevalecer o arsenal de brutalidade e violência, com o objetivo de impor valores, como o demonstraram em tempos recentes as tragédias dos muitos milhares de desaparecidos no Chile e na Argentina.

As instituições formais de educação certamente são uma parte importante do sistema global de internalização. Mas apenas uma parte. Quer os indivíduos participem ou não – por mais ou menos tempo, mas sempre em um número de anos bastante limitado – das instituições formais de educação, eles devem ser induzidos a uma aceitação ativa (ou mais ou menos resignada) dos princípios reprodutivos orientadores dominantes na própria sociedade, adequados a sua posição na ordem social e de acordo com as tarefas reprodutivas que lhes foram atribuídas. Sob as condições de escravidão ou servidão feudal isto é, naturalmente, um problema bastante diferente daquele que deve vigorar no capitalismo, mesmo que os trabalhadores não sejam (ou sejam muito pouco) educados formalmente. Todavia, ao internalizar as onipresentes pressões externas, eles devem adotar as perspectivas globais da sociedade mercantilizada como inquestionáveis limites individuais a suas aspirações pessoais. Apenas *a mais consciente das ações coletivas* poderá livrá-los dessa grave e paralisante situação.

Nessa perspectiva, fica bastante claro que a educação formal não é a força ideologicamente *primária* que consolida o sistema do capital; tampouco ela é capaz de, *por si só*, fornecer uma alternativa emancipadora radical. Uma das funções principais da educação formal nas nossas sociedades é produzir tanta conformidade ou "consenso" quanto for capaz, a partir de dentro e por meio dos seus próprios limites institucionalizados e legalmente sancionados. Esperar da sociedade mercantilizada uma sanção ativa – ou mesmo mera tolerância – de um mandato que estimule as instituições de educação formal a abraçar plenamente a grande tarefa histórica do nosso tempo, ou seja, a tarefa de *romper com a lógica do capital no interesse da sobrevivência humana*, seria um milagre monumental. É por isso que, também no âmbito educacional, as soluções "não podem ser *formais*; elas devem ser *essenciais*". Em outras palavras, elas devem abarcar a totalidade das práticas educacionais da sociedade estabelecida.

As soluções educacionais formais, mesmo algumas das maiores, e mesmo quando são sacramentadas pela lei, podem ser completamente *invertidas*, desde que a lógica do capital permaneça intacta como quadro de referências orientador da sociedade. Na Grã-Bretanha, durante várias décadas, os principais debates acerca da educação centraram-se na questão das *comprehensive schools**, a serem instituídas em substituição ao sistema educativo elitista, há muito estabelecido. Durante aqueles debates, o Partido Trabalhista Britânico não só adotou como parte essencial do programa eleitoral a estratégia geral de substituir o privilegiado sistema anterior de aprendizagem pelas "escolas abrangentes", como de fato também sistematizou legalmente essa política, depois de bem-sucedido na formação do governo, embora não tenha, nesse momento, ousado tratar do mais privilegiado setor da educação, as "escolas públicas"**. Hoje, contudo, o governo britânico do "Novo Trabalhismo" está determinado a *desmantelar* o sistema da "escola abrangente", não só com a renovação das antigas instituições educacionais elitistas, mas também com a instituição de uma nova variedade de "academias" que favoreçam a classe média, apesar das numerosas críticas, que partem mesmo de seus próprios adeptos, acerca do estabelecimento de um sistema de "duas vias" (*two-tier system*), tal como está prestes a ser estabelecido e fortalecido pelo governo britânico no National Health Service.

Assim, não se pode realmente escapar da "formidável prisão" do sistema escolar estabelecido (condenado nestes termos por José Martí) reformando-o, simplesmente. Pois o que existia antes de tais reformas será certamente restabelecido, mais cedo ou mais tarde, devido ao absoluto fracasso em desafiar, por meio de uma mudança institucional isolada, a lógica autoritária global do próprio capital. O que precisa ser confrontado e alterado fundamentalmente é *todo* o sistema de *internalização*, com todas as suas dimensões, visíveis e ocultas. Romper com a lógica do capital na área da educação equivale, portanto, a substituir as formas onipresentes e profundamente enraizadas de internalização mistificadora por uma alternativa *concreta* abrangente.

A internalização é a questão para a qual nos devemos voltar agora.

---

*   Na Grã-Bretanha, escola secundária não seletiva, para jovens com todos os níveis de habilidade, em contraste com as *grammar schools*, escolas onde a matrícula é controlada por um processo de seleção. (N. E.)

** "Público", nesse contexto, significa "privado" na Grã-Bretanha; refere-se às escolas que cobram anuidades exorbitantes. (N. E.)

8.3 "A aprendizagem é a nossa própria vida, desde a juventude até a velhice"

Na sua época, Paracelso estava absolutamente certo, e não está menos certo atualmente: "A aprendizagem é a nossa própria vida, desde a juventude até a velhice, de fato quase até a morte; ninguém passa dez horas sem nada aprender". A grande questão é: o que é que aprendemos de uma forma ou de outra? Será que a aprendizagem conduz à autorrealização dos indivíduos como "indivíduos socialmente ricos" humanamente (nas palavras de Marx), ou está ela a serviço da perpetuação, consciente ou não, da ordem social alienante e definitivamente incontrolável do capital? Será o conhecimento o elemento necessário para transformar em realidade o ideal da emancipação humana, em conjunto com uma firme determinação e dedicação dos indivíduos para alcançar, de maneira bem-sucedida, a autoemancipação da humanidade, apesar de todas as adversidades, ou será, pelo contrário, a adoção pelos indivíduos, em particular, de modos de comportamento que apenas favoreçam a concretização dos objetivos reificados do capital? Considerando esse mais amplo e mais profundo significado da educação, que inclui de forma proeminente todos os momentos da nossa vida ativa, podemos concordar com Paracelso em que muita coisa (praticamente tudo) é decidida, para o bem e para o mal – não apenas para nós próprios como indivíduos, mas simultaneamente também para a humanidade –, em todas aquelas inevitáveis horas que não podemos passar "sem aprender". Isso porque "a aprendizagem é, verdadeiramente, a nossa própria vida". E como tanta coisa é decidida dessa forma, para o bem e para o mal, o êxito depende de se tornar *consciente* esse processo de aprendizagem, no sentido amplo e "paracelsiano" do termo, de forma a maximizar o *melhor* e a minimizar o *pior*.

Apenas a mais ampla das concepções de educação nos pode ajudar a perseguir o objetivo de uma mudança verdadeiramente radical, proporcionando instrumentos de pressão que rompam a lógica mistificadora do capital. Essa maneira de abordar o assunto é, de fato, tanto a esperança quanto a garantia de um possível êxito. Em contraste, cair na tentação dos reparos institucionais formais – "passo a passo", como afirma a sabedoria reformista desde tempos imemoriais – significa permanecer aprisionado dentro do círculo vicioso institucionalmente articulado e protegido dessa lógica autocentrada do capital. Essa forma de encarar tanto os problemas em si mesmos como as suas soluções "realistas" é cuidadosamente cultivada e propagandeada nas nossas sociedades, enquanto a alternativa genuína e de alcance amplo e prático é desqualificada aprioristicamente e descartada bombasticamente, qualificada como "política de formalidades". Essa espécie de abordagem é incuravelmente *elitista* mesmo quando se pretende democrática. Pois define tanto a educação quanto a atividade intelectual, da maneira mais tacanha possível, como a única forma certa e adequada de preservar os "padrões civilizados" dos que são designados para "educar" e governar, contra a "anarquia e a subversão". Simultaneamente, ela exclui a esmagadora maioria da humanidade do âmbito da ação como *sujeitos*, e condena-os, para sempre, a serem apenas considerados como *objetos* (e *manipulados* no mesmo sentido), em nome da suposta superioridade da elite: "meritocrática", "tecnocrática", "empresarial" ou o que quer que seja.

Contra uma concepção tendenciosamente estreita da educação e da vida intelectual, cujo objetivo obviamente é manter o proletariado "no seu lugar", Gramsci argumentou, enfaticamente, há muito tempo, que

> não há nenhuma atividade humana da qual se possa excluir qualquer intervenção intelectual – o *Homo faber* não pode ser separado do *Homo sapiens*. Além disso, fora do trabalho, todo homem desenvolve alguma atividade intelectual; ele é, em outras palavras, um "filósofo", um artista, um homem com sensibilidade; ele partilha uma concepção do mundo, tem uma linha consciente de conduta moral e portanto *contribui para manter ou mudar a concepção do mundo*, isto é, para estimular novas formas de pensamento.[19]

Como podemos observar, a posição de Gramsci é profundamente democrática. É a única sustentável. A sua conclusão é bifacetada. Primeiro, ele insiste em que *todo* ser humano contribui, de uma forma ou de outra, para a formação de uma concepção de mundo predominante. Em segundo lugar, ele assinala que tal contribuição pode cair nas categorias contrastantes da "manutenção" e da "mudança". Pode não ser apenas uma ou outra, mas ambas, simultaneamente. Qual das duas é mais acentuada, e em que grau, isso obviamente dependerá da forma como as forças sociais conflitantes se confrontam e defendem seus interesses alternativos importantes. Em outras palavras, a dinâmica da história não é uma força externa misteriosa qualquer e sim uma intervenção de uma enorme multiplicidade de seres humanos no processo histórico real, na linha da "manutenção e/ou mudança" – num período relativamente estático, muito mais de "manutenção" do que de "mudança", ou vice-versa no momento em que houver uma grande elevação na intensidade de confrontos hegemônicos e antagônicos – de uma dada concepção do mundo que, por conseguinte, atrasará ou apressará a chegada de uma mudança social significativa.

Isso coloca em perspectiva as reivindicações elitistas de políticos autonomeados e educadores. Pois eles não podem mudar a seu bel-prazer a "concepção de mundo" da sua época, por mais que queiram fazê-lo e por mais gigantesco que possa ser o aparelho de propaganda a sua disposição. Um *processo coletivo inevitável*, de proporções elementares, não pode ser expropriado definitivamente, mesmo pelos mais espertos e generosamente financiados agentes políticos e intelectuais. Não fosse por esse inconveniente "fato brutal", posto tão em evidência por Gramsci, o domínio da educação institucional formal e estreita poderia reinar para sempre em favor do capital.

Por maior que seja, nenhuma *manipulação vinda de cima* pode transformar o imensamente complexo processo de modelagem da visão geral do mundo de nossos tempos – constituída por incontáveis concepções particulares na base de interesses hegemônicos alternativos objetivamente irreconciliáveis, independentemente de quanto os indivíduos possam estar conscientes dos antagonismos estruturais subjacentes – num dispositivo *homogêneo e uniforme*, que funcione como um promotor *permanente* da lógica do capital. Nem mesmo o aspecto da "manutenção" pode ser considerado um constituinte *passivo* da concepção de mundo que predomina entre os indivíduos. No

---

[19] Antonio Gramsci, "The Formation of Intellectuals", em *The Modern Prince and Other Writings* (Londres, Lawrence and Wishart, 1957), p. 121.

entanto, mesmo que de uma maneira muito diferente do aspecto da "mudança" da visão do mundo de uma época, a "manutenção" só é *ativa* e benéfica para o capital enquanto se mantém ativa. Isso significa que a "manutenção" tem (e deve ter) sua própria base de racionalidade, independentemente de quão problemática for em relação à alternativa hegemônica do trabalho. Isto é, ela não só deve ser produzida pelas classes de indivíduos estruturalmente dominadas em determinado momento no tempo, como também tem de ser *constantemente reproduzida* por eles, sujeita (ou não) à permanência de sua base de racionalidade original. Quando uma maioria significativa da população – algo próximo de setenta por cento em muitos países – se afasta com desdém do "processo democrático" do ritual eleitoral, tendo lutado durante décadas, no passado, pelo direito ao voto, isso mostra uma mudança real de atitude em face da ordem dominante; pode-se dizer que é uma rachadura nas espessas camadas de gesso cuidadosamente depositadas sobre a fachada "democrática" do sistema. Contudo, de modo nenhum isso poderia ou deveria ser interpretado como um afastamento radical da "manutenção" da concepção de mundo atualmente dominante.

Naturalmente, as condições são muito mais favoráveis à atitude de "mudança" e à emergência de uma concepção alternativa do mundo, em meio a uma crise revolucionária, descrita por Lenin como o tempo "em que as classes dominantes já não podem governar à maneira antiga e as classes subalternas já não querem viver à maneira antiga". Esses são momentos absolutamente extraordinários na história e não podem ser prolongados como se poderia desejar, como o demonstraram no passado os fracassos das estratégias voluntaristas[20]. Portanto, seja em relação à "manutenção", seja em relação à "mudança" de uma dada concepção do mundo, a questão fundamental é a necessidade de modificar, de uma forma *duradoura*, o modo de *internalização* historicamente prevalecente. Romper a lógica do capital no âmbito da educação é absolutamente inconcebível sem isso. E, mais importante, essa relação pode e deve ser expressa também de uma forma *concreta*. Pois através de uma mudança radical

---

[20] "A dificuldade é que o 'momento' da política radical é limitado estritamente pela natureza da crise em questão e pelas determinações temporais de seu desdobramento. A brecha aberta em tempos de crise não pode ser deixada assim para sempre e as medidas adotadas para fechá-la, desde os primeiros passos em diante, têm sua própria lógica e impacto cumulativo nas intervenções subsequentes. Além disso, tanto a estrutura socioeconômica existente quanto seu correspondente conjunto de instituições políticas tendem a agir contra as iniciativas radicais através da sua própria inércia, tão logo tenha passado o pior momento da crise e assim se tornando possível contemplar novamente 'a linha de menor resistência'. [...] Por mais paradoxal que possa soar, somente uma autodeterminação radical da política pode prolongar o momento da política radical. Se não se deseja que esse 'momento' seja dissipado sob o peso da pressão econômica imediata, tem de ser encontrada uma maneira para estender sua influência para muito além do pico da própria crise (quando a política radical tende a afirmar sua efetividade como uma lei). E, desde que a duração temporal da crise como tal não pode ser prolongada à vontade – nem poderia ser, desde que uma política voluntarista, com seu 'estado de emergência' artificialmente manipulado, só poderia tentar fazê-lo em seu próprio risco, através do despojamento das massas, em vez de assegurar o seu sustento –, a solução só pode surgir de uma bem-sucedida conversão de um 'tempo transitório' a um 'espaço permanente' por meio da reestruturação dos poderes de tomada de decisão", István Mészáros, *Para além do capital* (São Paulo, Boitempo, 2002), p. 1077-8.

no modo de internalização agora opressivo, que sustenta a concepção dominante do mundo, o domínio do capital pode ser e será quebrado.

Nunca é demais salientar a importância estratégica da concepção mais ampla de educação, expressa na frase: "a aprendizagem é a nossa própria vida". Pois muito do nosso processo contínuo de aprendizagem se situa, felizmente, fora das instituições educacionais formais. Felizmente, porque esses processos não podem ser manipulados e controlados de imediato pela estrutura educacional formal legalmente salvaguardada e sancionada. Eles comportam tudo, desde o surgimento de nossas respostas críticas em relação ao ambiente material mais ou menos carente em nossa primeira infância, do nosso primeiro encontro com a poesia e a arte, passando por nossas diversas experiências de trabalho, sujeitas a um escrutínio racional, feito por nós mesmos e pelas pessoas com quem as partilhamos e, claro, até o nosso envolvimento, de muitas diferentes maneiras e ao longo da vida, em conflitos e confrontos, inclusive as disputas morais, políticas e sociais dos nossos dias. Apenas uma pequena parte disso tudo está diretamente ligada à educação formal. Contudo, os processos acima descritos têm uma enorme importância, não só nos nossos primeiros anos de formação, como durante a nossa vida, quando tanto deve ser reavaliado e trazido a uma unidade coerente, orgânica e viável, sem a qual não poderíamos adquirir uma personalidade e nos fragmentaríamos em pedaços sem valor, deficientes mesmo a serviço de objetivos sociopolíticos autoritários. O pesadelo em *1984*, de Orwell, não é realizável precisamente porque a esmagadora maioria das nossas experiências constitutivas permanece – e permanecerá sempre – fora do âmbito do controle e da coerção institucionais formais. Certamente, muitas escolas podem causar um grande estrago, merecendo portanto, totalmente, as severas críticas de Martí, que as chamou de "formidáveis prisões". Mas nem mesmo os piores grilhões têm como predominar uniformemente. Os jovens podem encontrar alimento intelectual, moral e artístico noutros lugares. Pessoalmente, fui muito afortunado por, aos oito anos de idade, contar com um professor notável. Não na escola, mas quase por acaso. Ele tem sido meu companheiro desde então, todos os dias. Seu nome é Attila József: um gigante da literatura mundial. Aqueles que leram a epígrafe do meu livro, *Para além do capital*, já conhecem o seu nome. Mas permitam-me citar, em espanhol, algumas linhas de outro dos seus grandes poemas, escolhido para epígrafe do meu livro.

> Nem Deus nem a mente, senão
> o carvão, o ferro e o petróleo,
>
> a matéria real nos criou
> despejando-nos ferventes e violentos
> nos moldes desta
> sociedade horrível,
> para fincarmo-nos, pela humanidade,
> no solo eterno.
>
> Por trás dos sacerdotes, dos soldados e dos burgueses,
> ao fim nos tornamos fiéis
> cumpridores das leis:

por isso o sentido de toda obra humana
ressoa em nós
como um violão.[21]

Essas linhas foram escritas há setenta anos, em 1933, quando Hitler conquistou o poder na Alemanha. Mas elas falam hoje a todos nós com maior intensidade do que em qualquer época anterior. Elas nos convidam a ouvir as leis atenta e fielmente e a proclamá-las sonora e claramente por toda parte. Porque hoje está em jogo nada menos do que a própria sobrevivência da humanidade. Nenhuma prática não educacional formal pode extinguir a duradoura validade e o poder de tais influências.

Sim, "a aprendizagem é a nossa própria vida", como Paracelso afirmou há cinco séculos e também muitos outros que seguiram seu caminho, mas que talvez nunca tenham sequer ouvido seu nome. Porém, para tornar essa verdade algo óbvio, como deveria ser, temos de reivindicar uma educação plena para toda a vida, para que seja possível colocar em perspectiva a sua parte formal, a fim de instituir, também aí, uma reforma radical. Isso não pode ser feito sem desafiar as formas atualmente dominantes de *internalização*, fortemente consolidadas a favor do capital pelo próprio sistema educacional formal. De fato, da maneira como estão as coisas hoje, a principal função da educação formal é agir como um cão-de-guarda *ex-officio* e *autoritário* para induzir um conformismo generalizado em determinados modos de internalização, de forma a subordiná-los às exigências da ordem estabelecida. O fato de a educação formal não poder ter êxito na criação de uma *conformidade universal* não altera o fato de, no seu todo, ela estar orientada para aquele fim. Os professores e alunos que se rebelam contra tal desígnio fazem-no com a munição que adquiriram tanto dos seus companheiros rebeldes, dentro do domínio formal, quanto a partir da área mais ampla da experiência educacional "desde a juventude até a velhice".

Necessitamos, então, urgentemente, de uma atividade de "contrainternalização", coerente e sustentada, que não se esgote na *negação* – não importando quão necessário isso seja como uma fase nesse empreendimento – e que defina seus objetivos fundamentais, como a criação de uma alternativa abrangente *concretamente sustentável* ao que já existe. Há cerca de trinta anos, editei e apresentei um volume de ensaios do notável historiador e pensador político filipino Renato Constantino. Na época, ele era mantido sob as mais rígidas restrições autoritárias do regime cliente dos Estados Unidos, encabeçado pelo "general" Marcos. A certa altura, ele conseguiu passar-me a mensagem de que gostaria que o volume se intitulasse *Neo-Colonial Identity and Counter-Consciousness* [A identidade neocolonial e a contraconsciência][22], nome com que de fato o livro mais tarde

---

[21] "A város peremén" [À margem da cidade], 1993. Traduzido para o espanhol por Fayad Jamís. [Ni Dios ni la mente, sino/el carbón, el hierro y el petróleo,/la materia real nos ha creado/echándonos hirvientes y violentos/en los moldes de esta/sociedad horrible,/para afincarnos, por la humanidad,/en el eterno suelo./Tras los sacerdotes, los soldados y los burgueses,/al fin nos hemos vuelto fieles/oidores de las leyes:/por eso el sentido de toda obra humana/zumba en nosotros/como un violón. – N. T.]

[22] Renato Constantino, *Neo-colonial identity and counter-counsciousness: essays on cultural decolonization* (Londres, The Merlin Press, 1978). Nos Estados Unidos, publicado por M. E. Sharpe, Nova York, White Plains, 1978.

apareceu. Totalmente ciente do impacto escravizador da internalização da consciência colonial no seu país, Constantino tentou sempre dar ênfase à tarefa histórica de produzir um sistema de educação alternativo e duradouro, completamente à disposição do povo, muito além do âmbito educacional formal. A "contraconsciência" adquiriu assim um significado positivo. Relativamente ao passado, Constantino assinalou que

> desde seu início, a colonização espanhola operava mais através da religião do que pela força, afetando portanto, profundamente, a consciência. [...] A modelagem de consciências no interesse do controle colonial seria repetida noutro plano pelos americanos, que após uma década de dura repressão operavam de modo similar através da consciência, usando dessa vez a educação e outras instituições culturais.[23]

Constantino deixou claro que a constituição de uma contraconsciência descolonizada envolvia diretamente as massas populares no empreendimento crítico. Eis como ele definia a "filosofia de libertação" que advogava:

> Em si, ela é algo em desenvolvimento, dependendo do aumento da conscientização. [...] Não é contemplativa, é ativa e dinâmica e abrange a situação objetiva, assim como a reação subjetiva das pessoas envolvidas. Não pode ser uma tarefa de um grupo selecionado, mesmo que esse grupo se veja motivado pelos melhores interesses do povo. Precisa da participação da *"espinha dorsal da nação"*.[24]

Em outras palavras, a abordagem educacional defendida por ele tinha de adotar a totalidade das práticas político-educacional-culturais, na mais ampla concepção do que seja uma transformação emancipadora. É desse modo que uma contraconsciência, estrategicamente concebida como alternativa necessária à internalização dominada colonialmente, poderia realizar sua grandiosa missão educativa.

De fato, o papel dos educadores e sua correspondente responsabilidade não poderiam ser maiores. Pois, como José Martí deixou claro, a busca da cultura, no verdadeiro sentido do termo, envolve o mais alto risco, por ser inseparável do objetivo fundamental da libertação. Ele insistia que "ser cultos es el único modo de ser libres". E resumia de uma bela maneira a *razão de ser* da própria educação: "Educar es depositar en cada hombre toda la obra humana que le ha antecedido; es hacer a cada hombre resumen del mundo viviente hasta el día en que vive..."[25]. Isso é quase impossível dentro dos estreitos limites da educação formal, tal como ela está constituída em nossa época, sob todo tipo de severas restrições. O próprio Martí percebeu que todo o processo de educar deveria ser refeito sob todos os aspectos, do começo até um fim sempre em aberto, de modo a transformar a "formidável prisão" num lugar de emancipação e de realização genuína. Foi por isso que ele, por sua conta, também escreveu e publicou, em 1889, um periódico mensal para os jovens, *La Edad de Oro*[26].

---

[23] Ibidem, p. 20-1.
[24] Ibidem, p. 23.
[25] Citado em Jorge Lezcano Pérez, Introdução a *José Martí: 150 Aniversário* (Brasília, Casa Editora da Embaixada de Cuba no Brasil, 2003), p. 8.
[26] A intenção de Martí era que esse fosse um projeto progressivo; não foi por sua culpa que apenas quatro números puderam ser publicados, por falta de apoio financeiro. Os quatro números estão agora reproduzidos

Esse é o espírito em que todas as dimensões da educação podem ser reunidas. Dessa forma, os princípios orientadores da educação formal devem ser desatados do seu tegumento da lógica do capital, de imposição de conformidade, e em vez disso mover-se em direção a um intercâmbio ativo e efetivo com práticas educacionais mais abrangentes. Eles (os princípios) precisam muito um do outro. Sem um progressivo e consciente intercâmbio com processos de educação abrangentes como "a nossa própria vida", a educação formal não pode realizar as suas muito necessárias *aspirações emancipadoras*. Se, entretanto, os elementos progressistas da educação formal forem bem-sucedidos em redefinir a sua tarefa num espírito orientado em direção à perspectiva de uma alternativa hegemônica à ordem existente, eles poderão dar uma contribuição vital para romper a lógica do capital, não só no seu próprio e mais limitado domínio, mas também na sociedade como um todo.

8.4 A educação como "transcendência positiva da autoalienação do trabalho"

Vivemos sob condições de uma desumanizante alienação e de uma subversão fetichista do real estado de coisas dentro da consciência (muitas vezes também caracterizada como "reificação") porque o capital não pode exercer suas funções sociais metabólicas de ampla reprodução de nenhum outro modo. Mudar essas condições exige uma intervenção consciente em todos os domínios e em todos os níveis da nossa existência individual e social. É por isso que, segundo Marx, os seres humanos devem mudar "completamente as condições da sua existência industrial e política e, consequentemente, *toda a sua maneira de ser*"[27].

Marx também enfatizou o fato de que – se estivermos à procura do ponto arquimediano a partir do qual as contradições mistificadoras da nossa ordem social podem ser tornadas tanto inteligíveis como superáveis – encontramos na raiz de todas as variedades de alienação a historicamente revelada *alienação do trabalho*: um processo de *autoalienação* escravizante. Mas, precisamente porque estamos preocupados com um processo *histórico*, imposto não por uma ação exterior mítica de predestinação metafísica (caracterizada como o inevitável "dilema humano"[28]), tampouco por uma "natureza humana" imutável – modo como muitas vezes esse problema é tendenciosamente descrito – mas pelo próprio trabalho, é possível *superar a alienação* com uma *reestruturação radical* das nossas condições de existência há muito estabelecidas e, por conseguinte, de "toda a nossa maneira de ser".

Consequentemente, a necessária intervenção consciente no processo histórico, orientada pela adoção da tarefa de superar a alienação por meio de um novo metabolismo reprodutivo social dos "produtores livremente associados", esse tipo de ação

---

no volume 18 das *Obras completas* de José Martí, p. 299-503. É impossível ler hoje a preocupação expressa nessas páginas sem se ficar profundamente comovido.

[27] Karl Marx, *The Poverty of Philosophy* (Londres, Lawrence and Wishart, s. d.), p. 123.

[28] "Estamos condenados ao vale das lágrimas", numa versão; e, na outra, "estamos condenados à angústia da liberdade".

estrategicamente sustentada não pode ser apenas uma questão de *negação*, não importa quão radical. Pois, na visão de Marx, todas as formas de negação permanecem *condicionadas pelo objeto da sua negação*. E, de fato, é pior do que isso. Como a amarga experiência histórica nos demonstrou amplamente também no passado recente, a inércia condicionadora do objeto negado tende a acrescer poder com o passar do tempo, impondo primeiro a busca de "uma linha de menor resistência" e subsequentemente – com uma cada vez maior intensidade – a "racionalidade" de regressar às "práticas testadas" do *status quo ante*, que certamente sobreviverão nas dimensões não reestruturadas da ordem anterior.

É aqui que a educação – no sentido mais abrangente do termo, tal como foi examinado anteriormente – desempenha um importante papel. Inevitavelmente, os primeiros passos de uma grande transformação social na nossa época envolvem a necessidade de manter sob controle o estado político hostil que se opõe, e pela sua própria natureza deve se opor, a qualquer ideia de uma reestruturação mais ampla da sociedade. Nesse sentido, a *negação radical* de toda a estrutura de comando político do sistema estabelecido deve afirmar-se, na sua inevitável negatividade predominante, na *fase inicial* da transformação a que se vise. Mas, mesmo nessa fase, e na verdade antes da conquista do poder político, a negação necessária só é adequada para o papel assumido se for orientada efetivamente pelo *alvo global* da transformação social visada, como uma *bússola* para toda a caminhada. Portanto, desde o início o papel da educação é de importância vital para romper com a internalização predominante nas escolhas políticas circunscritas à "legitimação constitucional democrática" do Estado capitalista que defende seus próprios interesses. Pois também essa "contrainternalização" (ou contraconsciência) exige a antecipação de uma visão geral, concreta e abrangente, de uma forma radicalmente diferente de gerir as funções globais de decisão da sociedade, que vai muito além da expropriação, há muito estabelecida, do poder de tomar todas as decisões fundamentais, assim como das suas imposições sem cerimônia aos indivíduos, por meio de políticas como uma forma de alienação por excelência na ordem existente.

Contudo, a tarefa histórica que temos de enfrentar é incomensuravelmente maior que a negação do capitalismo. O conceito *para além do capital* é inerentemente *concreto*. Ele tem em vista a realização de uma ordem social metabólica que *sustente concretamente a si própria*, sem nenhuma referência autojustificativa para os males do capitalismo. Deve ser assim porque a negação direta das várias manifestações de alienação é ainda condicional naquilo que ela nega e, portanto, permanece vulnerável em virtude dessa condicionalidade.

A estratégia reformista de defesa do capitalismo é de fato baseada na tentativa de postular uma mudança gradual na sociedade através da qual se removem *defeitos específicos*, de forma a minar a base sobre a qual as reivindicações de um *sistema alternativo* possam ser articuladas. Isso é factível somente numa teoria tendenciosamente fictícia, uma vez que as soluções preconizadas, as "reformas", na prática são estruturalmente irrealizáveis dentro da estrutura estabelecida de sociedade. Dessa forma torna-se claro que o objeto real do reformismo não é de forma alguma aquele que ele reivindica para si próprio: a verdadeira solução para os inegáveis defeitos específicos, mesmo que sua magnitude seja deliberadamente minimizada e mesmo que o modo planejado para lidar com eles seja reconhecidamente (mas de forma a isentar a própria responsabilidade) muito lento. O único termo que de fato tem um sentido objetivo nesse discurso é "gradual" e mesmo este é abusivamente expandido dentro de uma estratégia global, o que não pode ocorrer. Pois os defeitos específicos do capitalismo não podem sequer ser observados superficialmente, quanto mais ser realmente resolvidos sem que se faça referência ao *sistema como um todo*, que necessariamente os produz e constantemente os *reproduz*.

A recusa reformista em abordar as contradições do *sistema* existente, em nome de uma presumida legitimidade de lidar *apenas com as manifestações particulares* – ou, nas suas variações "pós-modernas", a rejeição apriorística das chamadas *grandes narratives* em nome de *petits récits* idealizados arbitrariamente – é na realidade apenas uma forma peculiar de rejeitar, sem uma análise adequada, a possibilidade de se ter qualquer sistema rival e uma forma igualmente apriorística de eternizar o sistema capitalista. O objeto real da argumentação reformista é, de forma especialmente mistificadora, o *sistema dominante como tal*, e não as *partes*, quer do sistema rejeitado quer do defendido, não obstante o alegado zelo reformista explicitamente declarado pelos proponentes da "mudança gradual"[29]. O inevitável fracasso em revelar a verdadeira preocupação do reformismo decorre da sua incapacidade de sustentar a *validade atemporal* da ordem política e socioeconômica estabelecida. É, na realidade, totalmente inconcebível sustentar a validade atemporal da ordem política socioeconomicamente estabelecida. Na realidade, é completamente inconcebível sustentar a validade atemporal e a permanência de qualquer coisa *criada historicamente*. É isso que torna inevitável, em todas as variedades sociopolíticas do reformismo, tentar desviar a atenção das determinações *sistêmicas* – que no final das contas definem o caráter de todas as questões vitais – para discussões mais ou menos aleatórias sobre *efeitos* específicos enquanto se deixa a sua incorrigível *base causal* não só incontestavelmente permanente como também omissa.

Tudo isso permanece escondido pela própria natureza do discurso reformista. E precisamente por causa do caráter mistificador de tal discurso, cujos elementos fundamentais muitas vezes permanecem escondidos até para os seus principais ideólogos, não tem nenhuma importância para os fiéis desse credo que num determinado momento da história – como com a chegada do "Novo Trabalhismo" na Grã-Bretanha e seus partidos irmãos à Alemanha, à França, à Itália e a outros países – a própria ideia de qualquer reforma social significativa seja completamente abandonada. Contudo, as reivindicações de um pretenso "avanço" (que não levam a nenhum lugar realmente diferente) são dissimuladamente reafirmadas. Assim, mesmo as antigas diferenças entre

---

[29] A polêmica de Bernstein contra Marx é absolutamente caricatural. Em vez de travar uma discussão teórica adequada com Marx, Bernstein prefere seguir outro caminho, lançando-lhe um insulto gratuito, ao condenar, sem nenhum fundamento, a "armação dialética" de Marx – e de Hegel. Como se a transformação dos graves problemas do raciocínio dialético num insulto desqualificante pudesse, por si só, solucionar as importantes questões políticas e sociais em jogo. O leitor interessado pode encontrar uma discussão razoavelmente detalhada dessa controvérsia no capítulo 8 de *O poder da ideologia*, cit. A expressão "grandes narrativas" na pós-modernidade é usada analogamente ao insulto desqualificador de Bernstein contra a condenada "armação dialética".

os principais partidos são convenientemente obliteradas no agora dominante sistema, de estilo norte-americano, de "dois partidos" (*um partido*), não importando quantos "subpartidos" possamos ainda encontrar em determinados países. O que permanece constante é a defesa mais ou menos oculta das atuais *determinações sistêmicas* da ordem existente. O pernicioso axioma que assevera *não haver alternativa* – referindo-se não apenas a determinadas instituições políticas mas à ordem social estabelecida em geral – é tão aceitável para a ex-primeira-ministra do Partido Conservador britânico, Margaret Thatcher (que o tutelou e popularizou), como para o chamado "Novo Trabalhismo" do atual ex-primeiro-ministro Tony Blair, assim como para muitos outros no espectro político parlamentar mundial.

Tendo em vista o fato de que o processo de reestruturação radical deve ser orientado pela estratégia de uma reforma concreta e abrangente de todo o sistema no qual se encontram os indivíduos, o desafio que deve ser enfrentado não tem paralelos na história. Pois o cumprimento dessa nova tarefa histórica envolve simultaneamente a mudança qualitativa das condições objetivas de reprodução da sociedade, no sentido de reconquistar o controle total do próprio capital – e não simplesmente das "personificações do capital" que afirmam os imperativos do sistema como capitalistas dedicados – e a *transformação progressiva da consciência* em resposta às condições necessariamente cambiantes. Portanto, o papel da educação é soberano, tanto para a elaboração de estratégias apropriadas e adequadas para mudar as condições objetivas de reprodução, como para a *automudança consciente* dos indivíduos chamados a concretizar a criação de uma ordem social metabólica radicalmente diferente. É isso que se quer dizer com a concebida "sociedade de produtores livremente associados". Portanto, não é surpreendente que na concepção marxista a *efetiva transcendência da autoalienação do trabalho* seja caracterizada como uma tarefa inevitavelmente educacional.

A esse respeito, dois conceitos principais devem ser postos em primeiro plano: a *universalização da educação* e a *universalização do trabalho como atividade humana autorrealizadora*. De fato, nenhuma das duas é viável sem a outra. Tampouco é possível pensar na sua estreita inter-relação como um problema para um futuro muito distante. Ele surge "aqui e agora" e é relevante para todos os níveis e graus de desenvolvimento socioeconômico. Encontramos um significativo exemplo disso num discurso de Fidel Castro em 1983, relativo aos problemas que Cuba teve de enfrentar ao aceitar o imperativo da *universalização da educação*, apesar das dificuldades aparentemente intransponíveis não só em termos econômicos, mas também em conseguir os professores necessários. Eis como ele resumiu o problema:

> Simultaneamente, havíamos chegado a uma situação em que o ensino se *universalizava*. E para universalizar o ensino em um país subdesenvolvido e não petrolífero – por assim dizer -, do ponto de vista econômico, era necessário *universalizar o trabalho*. Porém, mesmo que fôssemos petrolíferos, teria sido altamente conveniente universalizar o trabalho, *altamente formativo* em todos os sentidos e *altamente revolucionário*. Já que por algum motivo essas ideias foram concebidas há muito tempo por Marx e por Martí.[30]

---

[30] Fidel Castro, *José Martí: el autor intelectual*, cit., p. 224.

As extraordinárias realizações educacionais em Cuba, desde a eliminação rápida e total do analfabetismo até os mais elevados níveis de pesquisa científica criativa[31] – num país que tinha de lutar não só contra as enormes limitações econômicas do subdesenvolvimento como também contra o sério impacto de 45 anos de bloqueio hostil –, somente são compreensíveis dentro desse quadro. Essas conquistas também demonstraram que não há motivo para esperar a chegada de um "período favorável", num futuro indefinido. Um avanço pelas sendas de uma abordagem à educação e à aprendizagem qualitativamente diferente pode e deve começar "aqui e agora", tal como indicado antes, se quisermos efetivar as mudanças necessárias no momento oportuno.

Não pode haver uma solução efetiva para a autoalienação do trabalho sem que se promova, conscientemente, a universalização conjunta do trabalho e da educação. Contudo, não poderia existir uma possibilidade real para isso no passado, devido à subordinação estrutural-hierárquica e à dominação do trabalho. Nem mesmo quando alguns grandes pensadores tentaram conceituar esses problemas dentro de um espírito mais progressista. Paracelso, um modelo para o *Fausto* de Goethe, tentou universalizar o trabalho e a aprendizagem da seguinte forma:

> embora, no que se refere a seu corpo, o homem tenha sido criado por inteiro, ele não foi criado assim no que se refere à sua "arte". Todas as artes lhe foram dadas, mas não numa forma imediatamente reconhecível; ele deve descobri-las pela aprendizagem. [...] A maneira adequada reside no trabalho e na ação, em fazer e produzir; o homem perverso nada faz, mas fala muito. Não devemos julgar um homem pelas suas palavras, mas pelo seu coração. O coração fala através de palavras apenas quando elas são confirmadas pelas ações. [...] Ninguém vê o que está nele escondido, mas somente o que o seu trabalho revela. Portanto, o homem deveria trabalhar continuamente para descobrir o que Deus lhe deu.[32]

De fato, Paracelso afirmava que o trabalho (*Arbeit*) devia ser o princípio geral ordenador da sociedade. Ele chegou mesmo ao ponto de defender a expropriação da fortuna dos ricos ociosos, de forma a compeli-los a ter uma vida produtiva[33].

Como podemos ver, a ideia de universalizar o trabalho e a educação, em sua indissociabilidade, é muito antiga em nossa história. É portanto muito significativo que essa ideia tenha sobrevivido apenas como uma ideia bastante frustrada, dado que sua realização pressupõe necessariamente a *igualdade substancial* de todos os seres humanos. O grave fato de a desumanizante *jornada de trabalho* dos indivíduos representar também a maior parte do seu *tempo de vida* teve de ser desumanamente ignorado. As funções

---

[31] Até o governo hostil dos Estados Unidos teve de reconhecer essa proeza de um modo capenga: concedeu a uma empresa farmacêutica norte-americana na Califórnia o direito de concluir um acordo comercial multimilionário com Cuba, em julho de 2004, para a distribuição de uma droga anticancerígena capaz de salvar vidas, suspendendo assim, por causa disso, uma de suas regras do selvagem bloqueio. Obviamente, mesmo assim, o governo dos Estados Unidos manteve a sua hostilidade ao negar o direito de transferir em "dinheiro vivo" os fundos envolvidos, obrigando, em vez disso, a sua própria empresa a negociar algum tipo de acordo de "troca" (*barter*), fornecendo produtos agrícolas ou industriais norte-americanos em troca da pioneira medicina cubana.

[32] Paracelso, *Selected Writings*, cit., p. 176-7, 183, 189.

[33] Ver Paracelso, *Leben und Lebensweisheit in Selbstzeugnissen* (Leipzig, Reclam, 1956), p. 134.

controladoras da reprodução metabólica social tiveram de ser separadas e postas em oposição à esmagadora maioria da humanidade, à qual se destinou a execução de tarefas subalternas num determinado sistema político e socioeconômico. No mesmo espírito, não só o controle do trabalho estruturalmente subordinado, mas também a dimensão do controle da educação tinham de ser mantidos num compartimento separado, sob o domínio da "personificação do capital" na nossa época. É impossível mudar a relação de subordinação e dominação estrutural sem a percepção da verdadeira – *substantiva* e não apenas *igualdade formal* (que é sempre profundamente afetada, se não completamente anulada, pela dimensão substantiva real) – igualdade. É por isso que, apenas dentro da perspectiva de ir *para além do capital*, o desafio de universalizar o trabalho e a educação, em sua indissolubilidade, surgirá na agenda histórica.

Na concepção de educação há muito dominante, os governantes e os governados, assim como os educacionalmente privilegiados (sejam esses indivíduos empregados como educadores ou como administradores no controle das instituições educacionais) e aqueles que têm de ser educados, aparecem em compartimentos separados, quase estanques. Um bom exemplo dessa visão é expresso no verbete "educação" da renomada *Encyclopaedia Britannica*. E diz o seguinte:

> A ação do Estado moderno não pode se limitar à educação elementar. O princípio da "carreira aberta ao talento" não é mais um tema para uma teoria humanitária abstrata, uma aspiração fantástica de sonhadores revolucionários; para as grandes comunidades industriais do mundo moderno, é convincente como necessidade prática, imposta pela feroz concorrência internacional que prevalece nas artes e nas atividades da vida. A nação que não quiser fracassar na luta pelo êxito comercial, com tudo o que isso implica para a vida nacional e para a civilização, deve cuidar que suas indústrias sejam supridas com uma oferta constante de trabalhadores adequadamente dotados, tanto em termos de inteligência geral como de treinamento técnico. Também no terreno político, a crescente democratização das instituições torna necessário que o estadista prudente trate de proporcionar uma vasta difusão de conhecimentos e o cultivo de um alto padrão de inteligência na população, *especialmente nos grandes Estados imperiais, os quais confiam as mais significativas questões do mundo político ao julgamento pela voz popular*.[34]

Mesmo nos seus próprios termos de referência, esse artigo acadêmico – sem dúvida impressionante em sua investigação histórica – é bastante deficiente devido a razões ideológicas claramente identificáveis. Pois exagera enormemente os efeitos benéficos sobre a educação da classe trabalhadora advindos da "concorrência internacional feroz" de capitais nacionais. Um instigante livro de Harry Braverman, *Trabalho e capital monopolista: a degradação do trabalho no século XX*[35], faz uma avaliação incomparavelmente melhor das forças alienantes e brutalizantes que incidem sobre o trabalhador na moderna empresa capitalista. Elas projetam uma luz negativa e penetrante sobre a deturpação da "luta pelo sucesso empresarial", acerca do qual a

---

[34] Ver o artigo sobre "Educação" na 13ª edição (1926) da *Encyclopaedia Britannica*.
[35] [Rio de Janeiro, Zahar, 1977 – N. E.] Num documentário televisivo sobre a linha de montagem de automóveis em Detroit, perguntava-se a um grupo de trabalhadores quanto tempo eles demoravam para aprender a sua tarefa. Eles olhavam uns para os outros e começavam a rir, respondendo com um indisfarçável desprezo: "oito minutos; é só isso!".

Encyclopaedia Britannica postula um impacto "civilizador", quando muitas vezes, na realidade, o resultado necessário é diametralmente oposto. E mesmo em referência às próprias empresas industriais, a chamada "administração científica" de Frederic Winslow Taylor revela o segredo de quão elevados devem ser os requisitos educacionais/intelectuais nas empresas capitalistas para que elas conduzam uma operação bem-sucedida, competitivamente. F. W. Taylor, o fundador desse sistema de controle de gestão autoritário, assim escreveu, com um indisfarçável cinismo:

> Um dos primeiros requisitos para que um homem seja apto a lidar com ferro fundido como ocupação regular é que ele seja tão *estúpido* e fleumático que mais *se assemelhe, no seu quadro mental, a um boi*. [...] O operário que é mais adequado para o carregamento de lingotes é incapaz de entender a real ciência que regula a execução desse trabalho. *Ele é tão estúpido, que a palavra "percentagem" não tem qualquer significado para ele*.[36]

De fato, muito científico! Quanto à proposição segundo a qual "uma vasta difusão de conhecimento e o cultivo de um alto padrão de inteligência" é o objetivo adotado de bom grado pelo moderno Estado capitalista – *especialmente para os grandes Estados imperiais que confiam os assuntos mais importantes da política mundial ao julgamento pela voz popular* – ela é bastante ridícula e obviamente de caráter demasiadamente apologético para ser considerada, mesmo por um momento, como um argumento sério a favor das causas com que se reivindica a melhoria da educação, de inspiração democrática, e politicamente lúcidas, sob condições de domínio do capital sobre a sociedade.

A educação *para além do capital* visa uma ordem social qualitativamente diferente. Agora não só é factível lançar-se pelo caminho que nos conduz a essa ordem como o é também necessário e urgente. Pois as incorrigíveis determinações destrutivas da ordem existente tornam imperativo contrapor aos irreconciliáveis antagonismos estruturais do sistema do capital uma *alternativa concreta* e sustentável para a regulação da reprodução metabólica social, se quisermos garantir as condições elementares da sobrevivência humana. O papel da educação, orientado pela única perspectiva efetivamente viável de ir para além do capital, é absolutamente crucial para esse propósito.

A *sustentabilidade* equivale ao *controle consciente* do processo de reprodução metabólica social por parte de "produtores livremente associados", em contraste com a insustentável e estruturalmente estabelecida conflitualidade/adversidade e a destrutividade fundamental da ordem reprodutiva do capital. É inconcebível que se introduza esse controle consciente dos processos sociais – uma forma de controle, que por acaso também é a única forma factível de *autocontrole*: o requisito necessário para os "produtores serem associados livremente" – sem ativar plenamente os recursos da educação no sentido mais amplo do termo.

O grave e insuperável defeito do sistema do capital consiste na *alienação de mediações de segunda ordem* que ele precisa impor a todos os seres humanos, incluindo-se as

---

[36] F. W. Taylor, *Scientific management* (Nova York, Harper & Row, 1947), p. 29. [Ed. bras.: *Princípios de administração científica*, São Paulo, Atlas, 1990 – N. E.]. A esse respeito, ver capítulos 2 e 3 de *O poder da ideologia*, cit., especialmente as seções 2.1, "Expansão do pós-guerra e 'pós-ideologia'", e 3.1, "A ideologia administrativa e o Estado".

"personificações do capital". De fato, o sistema do capital não conseguiria sobreviver durante uma semana sem as suas mediações de segunda ordem: principalmente o Estado, a relação de troca orientada para o mercado, e o trabalho, em sua subordinação estrutural ao capital. Elas (as mediações) são necessariamente interpostas entre indivíduos e indivíduos, assim como entre indivíduos e suas aspirações, virando essas de "cabeça para baixo" e "pelo avesso", de forma a conseguir subordiná-los a imperativos fetichistas do sistema do capital. Em outras palavras, essas mediações de segunda ordem impõem à humanidade uma *forma alienada de mediação*. A *alternativa concreta* a essa forma de controlar a reprodução metabólica social só pode ser a *automediação*, na sua inseparabilidade do *autocontrole* e da *autorrealização através da liberdade substantiva e da igualdade*, numa ordem social reprodutiva conscientemente regulada pelos indivíduos associados. É também inseparável dos *valores* escolhidos pelos próprios indivíduos sociais, de acordo com suas reais necessidades, em vez de lhes serem impostos – sob forma de *apetites* totalmente *artificiais*, pelos imperativos reificados da acumulação lucrativa do capital, como é o caso hoje. *Nenhum* desses objetivos emancipadores é concebível sem a intervenção mais ativa da educação, entendida na sua orientação concreta, no sentido de uma ordem social que vá para além dos limites do capital.

Vivemos numa ordem social na qual mesmo os requisitos mínimos para a satisfação humana são insensivelmente negados à esmagadora maioria da humanidade, enquanto os índices de desperdício assumem proporções escandalosas, em conformidade com a mudança da reivindicada *destruição produtiva*, do capitalismo no passado, para a realidade, hoje predominante, da *produção destrutiva*. As gritantes desigualdades sociais, atualmente em evidência, e ainda mais pronunciadas no seu desenvolvimento revelador, são bem ilustradas pelos seguintes números:

> Segundo as Nações Unidas, no seu *Relatório sobre o Desenvolvimento Humano*, o 1% mais rico do mundo aufere tanta renda quanto os 57% mais pobres. A proporção, no que se refere aos rendimentos, entre os 20% mais ricos e os 20% mais pobres no mundo aumentou de 30 para 1 em 1960, para 60 para 1 em 1990 e para 74 para 1 em 1999, e estima-se que atinja os 100 para 1 em 2015. Em 1999-2000, 2,8 bilhões de pessoas viviam com menos de dois dólares por dia, 840 milhões estavam subnutridos, 2,4 bilhões não tinham acesso a nenhuma forma aprimorada de serviço de saneamento e uma em cada seis crianças em idade de frequentar a escola primária não estava na escola. Estima-se que cerca de 50% da força de trabalho não agrícola esteja desempregada ou subempregada.[37]

O que está em jogo aqui não é simplesmente *a deficiência contingente* dos recursos econômicos disponíveis, a ser superada mais cedo ou mais tarde, como já foi desnecessariamente prometido, *e sim a inevitável deficiência estrutural* de um sistema que opera através dos seus *círculos viciosos de desperdício e de escassez*. É impossível romper esse círculo vicioso sem uma intervenção efetiva na educação, capaz, simultaneamente, de *estabelecer prioridades* e de definir as *reais necessidades*, mediante plena e livre deliberação dos indivíduos envolvidos. Sem que isso ocorra, a escassez pode ser – e será – reproduzida

---

[37] Minqi Li, "After Neoliberalism: Empire, Social Democracy, or Socialism?", em *Monthly Review*, jan. 2004, p. 21.

numa escala sempre crescente, em conjunto com uma geração de necessidades artificiais absolutamente devastadora, como tem ocorrido atualmente, a serviço da insanamente orientada autoexpansão do capital e de uma contraproducente acumulação.

Uma concepção oposta e efetivamente articulada numa educação *para além do capital* não pode ser confinada a um limitado número de anos na vida dos indivíduos mas, devido a suas funções radicalmente mudadas, abarca-os a todos. A "autoeducação de iguais" e a "autogestão da ordem social reprodutiva" não podem ser separadas uma da outra. A autogestão – pelos "produtores livremente associados" – das funções vitais do processo metabólico social é um empreendimento *progressivo* – e inevitavelmente *em mudança*. O mesmo vale para as práticas educacionais que habilitem o indivíduo a realizar essas funções na medida em que sejam redefinidas por eles próprios, de acordo com os requisitos em mudança dos quais eles são agentes ativos. A educação, nesse sentido, é verdadeiramente uma *educação continuada*. Não pode ser "vocacional" (o que em nossas sociedades significa o confinamento das pessoas envolvidas a funções utilitaristas estreitamente predeterminadas, privadas de qualquer poder decisório), tampouco "geral" (que deve ensinar aos indivíduos, de forma paternalista, as "habilidades do pensamento"). Essas noções são arrogantes presunções de uma concepção baseada numa totalmente insustentável separação das dimensões prática e estratégica. Portanto, a "educação continuada", como constituinte necessário dos princípios reguladores de uma sociedade para além do capital, é inseparável da prática significativa da *autogestão*. Ela é parte integral desta última, como representação no início da *fase de formação* na vida dos indivíduos, e, por outro lado, no sentido de permitir um efetivo *feedback* dos indivíduos educacionalmente enriquecidos, com suas necessidades mudando corretamente e redefinidas de modo equitativo, para a determinação global dos princípios orientadores e objetivos da sociedade.

Nosso dilema histórico é definido pela *crise estrutural* do *sistema do capital global*. Está na moda falar, com total autocomplacência, sobre o grande êxito da globalização capitalista. Um livro recentemente publicado e propagandeado de modo devotado tem como título: *Why Globalization Works*[38]. Contudo, o autor, que é o principal comentarista econômico do *Financial Times* de Londres, esquece-se de fazer a pergunta realmente importante: *Ela funciona para quem?* Se é que funciona. Certamente funciona, por enquanto (mas não tão bem), para os tomadores de decisão do capital transnacional, e não para a esmagadora maioria da humanidade, que tem de sofrer as consequências. E nenhuma *integração jurisdicional* advogada pelo autor – isto é, em linguagem direta, o maior controle direto sobre um deplorável "grande número de Estados" por parte de umas poucas potências imperialistas, especialmente a maior delas – vai conseguir remediar a situação. Na realidade, a globalização do capital não funciona nem pode funcionar pois não consegue superar as contradições irreconciliáveis e os antagonismos que se manifestam na crise estrutural global do sistema. A própria globalização capitalista é uma manifestação contraditória dessa crise, tentando subverter a relação *causa/efeito*, na vã tentativa de curar alguns efeitos negativos mediante outros *efeitos ilusoriamente desejáveis*, porque é estruturalmente incapaz de se dirigir às suas *causas*.

---

[38] Ver Martin Wolf, *Why Globalization Works* (New Haven, Yale University Press, 2004).

A nossa época de *crise estrutural global* do capital é também uma época histórica de *transição* de uma ordem social existente para outra, qualitativamente diferente. Essas são as duas características fundamentais que definem o espaço histórico e social dentro do qual os grandes desafios para romper a lógica do capital, e ao mesmo tempo também para elaborar planos estratégicos para uma educação que vá além do capital, devem se juntar. Portanto, a nossa tarefa educacional é, simultaneamente, a tarefa de uma transformação social, ampla e emancipadora. Nenhuma das duas pode ser posta à frente da outra. Elas são inseparáveis. A transformação social emancipadora radical requerida é inconcebível sem uma concreta e ativa contribuição da educação no seu sentido amplo, tal como foi descrito neste texto. E vice-versa: a educação não pode funcionar suspensa no ar. Ela pode e deve ser articulada adequadamente e redefinida constantemente no seu inter-relacionamento dialético com as condições cambiantes e as necessidades da transformação social emancipadora e progressiva em curso. Ou ambas têm êxito e se sustentam, ou fracassam juntas. Cabe a nós *todos* – todos, porque sabemos muito bem que "os educadores também têm de ser educados" – mantê-las de pé, e não deixá-las cair. As apostas são elevadas demais para que se admita a hipótese de fracasso.

Nesse empreendimento, as tarefas *imediatas* e as suas *estruturas estratégicas* globais não podem ser separadas ou opostas umas às outras. O êxito estratégico é impensável sem a realização das tarefas imediatas. Na verdade, a própria estrutura estratégica é a síntese global de inúmeras tarefas imediatas, sempre renovadas e expandidas, e desafios. Mas a solução destes só é possível se a abordagem do imediato for orientada pela sintetização da estrutura estratégica. Os passos mediadores em direção ao futuro – no sentido da única forma viável de *automediação* – só podem começar do *imediato*, mas iluminados pelo espaço que ela pode, legitimamente, ocupar dentro da estratégia global orientada pelo futuro que se vislumbra.

9

O SOCIALISMO NO SÉCULO XXI

A questão do socialismo se apresenta no século XXI tanto como a necessidade de uma avaliação crítica do passado quanto como o desafio inevitável de identificar as exigências fundamentais que devem ser incorporadas às estratégias de mudança radical visadas. Isso deve ser realizado nas condições em que a urgência de contrapor-se às contínuas tendências destrutivas de desenvolvimento só pode ser negada pelos piores apologistas da ordem sociometabólica estabelecida.

No presente capítulo, apenas se poderá indicar brevemente os principais objetivos e características da necessária transformação socialista, como *princípios orientadores* para a elaboração de estratégias viáveis para nosso futuro próximo e mais distante. A sequência em que os tópicos particulares são aqui apresentados não pretende sugerir uma ordem de importância, à qual os tópicos subsequentes devam subordinar-se. Pela própria natureza das questões em jogo, seria artificial e deturpador classificá-las dessa maneira. Pois as características que definem uma genuína transformação socialista constituem uma totalidade estreitamente integrada. Todas elas são, em certo sentido, *pontos arquimedianos* que sustentam a si mesmos e uns aos outros por meio de suas determinações recíprocas e implicações globais. Em outras palavras, *todas* elas têm igual importância, no sentido de que *nenhuma* deve ser negligenciada ou omitida no curso mais longo a partir da estratégia geral, seja qual for sua relevância *imediata* no início da jornada.

No entanto, há uma dupla razão pela qual devem ser apresentados como tópicos separados. Em primeiro lugar, pelos propósitos *analíticos*, é proveitoso agrupar os elementos relativamente homogêneos sob o mesmo título quando as interconexões complexas da totalidade só puderem ser estabelecidas colocando-se em jogo uma série de mediações mais distantes e em alguma medida contrastantes com seus próprios contextos específicos. E, em segundo lugar, porque a dimensão *temporal* da realização das características e exigências particulares de uma transformação socialista verdadeiramente duradoura não pode ser assumida como única. Naturalmente, algumas das mudanças defendidas são exequíveis consideravelmente mais cedo do que outras. Contudo, mesmo os objetivos mais difíceis, cuja realização é inevitavelmente mais remota no tempo, devem ser reconhecidos desde o início como vitais para o êxito da necessária transformação radical em sua integralidade, pois, do contrário, mais cedo ou mais tarde todo o empreendimento tende a desencaminhar-se ou se arruinar. Pois sem identificar o *destino geral* da jornada, junto com a *direção estratégica* e a *bússola necessária* adotadas para alcançá-lo, não pode haver esperança de sucesso. O desastroso fracasso histórico da social-democracia por todo o mundo, devido também a sua falsa panaceia de que "o objetivo não é nada, o movimento é tudo" – que contribuiu enormemente para transformar seu programa reformista, outrora genuinamente sustentado, na defesa reacionária até mesmo dos aspectos mais indefensáveis da ordem vigente – serve, a esse respeito, de poderoso lembrete e advertência.

Por certo, a *negação radical* do sistema estabelecido de controle sociometabólico destrutivo é apenas um lado do que precisa ser feito. Pois a negação, indubitavelmente necessária do sistema do capital, só pode obter êxito se for complementada pelo *lado positivo* da totalidade do empreendimento. Isto é, a criação progressiva de uma ordem sociorreprodutiva *alternativa* – desde sua instauração humanamente recomendável e *viável*, bem como verdadeiramente *sustentável* mesmo na perspectiva histórica mais longa. Essa abordagem indica um *processo* social inevitavelmente complexo e entrelaçado que define cada objetivo e exigência singular da transformação socialista como parte integral de uma tarefa histórica *ilimitada*, contrária às acusações autointeressadas de que o socialismo é um "sistema utópico fechado" e, como tal, destinado ao fracasso, uma vez que só poderia ser temporariamente imposto à realidade por meio de medidas ditatoriais indefensáveis. Na verdade, ao contrário, a determinação inerentemente *processual* dos objetivos e exigências socialistas significa que as finalidades particulares, independentemente do momento em foco, sempre se referem, de forma simultânea, explicitamente ou não, a um desígnio geral e se fortalecem, bem como se aprofundam/enriquecem, por suas interdeterminações que se desdobram umas nas outras e, com isso, de um modo orgânico, na totalidade em desenvolvimento. Com essas qualificações, os principais objetivos e exigências da transformação socialista no século XXI podem ser caracterizados como segue.

9.1 Irreversibilidade: o imperativo de uma ordem alternativa historicamente sustentável

9.1.1

A história passada demonstra muitos casos não apenas de nobres esforços dedicados a introduzir mudanças sociais significativas com o intuito de superar algumas contradições maiores, mas também de alguns êxitos parciais na direção originalmente visada. Contudo, muito frequentemente, os êxitos, mais cedo ou mais tarde, retrocederam pela restauração subsequente das relações de dependência do *status quo* anterior. A razão primordial para tais desenvolvimentos foi a inércia fatídica da *desigualdade estrutural* reproduzida de uma forma ou de outra ao longo da história, a despeito de algumas mudanças de pessoal, de tempos em tempos, no topo da sociedade. Pois a desigualdade estrutural agiu como uma âncora tão pesada que não se pode erguer, atada a correntes mais curtas ou mais longas, arrastando o barco invariavelmente de volta a uma posição da qual parecia não haver possibilidade de maiores progressos na jornada, por mais bem intencionados que fossem alguns membros do pessoal do próprio navio durante uma grande tempestade histórica. E, para piorar as coisas, essa situação de apuro historicamente determinada e humanamente alterável do povo dominado pela ordem existente foi conceituada e ideologicamente racionalizada de forma regular como uma *fatalidade da natureza*, mesmo quando era preciso admitir que a desigualdade estrutural predominante estava muito longe de ser globalmente benéfica.

O corolário necessário desse tipo de racionalização – e justificação do injustificável – era que a iniquidade social como uma determinação da natureza supostamente inalterável (que se afirma estar em perfeita harmonia com a própria "natureza humana") é *permanente* e indiscutível. Mas, e se a noção de *permanência* como tal for posta em questão pela evidência de uma mudança histórica claramente identificável e ameaçadora? Pois tão logo seja preciso admitir que o *tempo histórico humano* não é mensurável nos termos de permanência da natureza, para não mencionar o fato de que a própria temporalidade duradoura da natureza em nosso planeta está sendo catastroficamente minada pela contínua intervenção destrutiva de forças socioeconômicas perversas, todo o raciocínio da *justificação anti-histórica* desmorona. Nesse ponto, torna-se imperativo orientarmo-nos bem no interior das potencialidades e limitações do tempo histórico real, com vistas a superar radicalmente os perigosos antagonismos sociais que apontam para o fim da própria história humana. Neste ponto do tempo, exatamente em que nos encontramos hoje, a elaboração das soluções exigidas na forma de uma ordem social alternativa sustentável, juntamente com as salvaguardas apropriadas para fazer desta uma ordem irreversível, torna-se um desafio histórico inevitável. Pois sem realizar com êxito esse desafio, dada a urgência de um tempo histórico único em que a sobrevivência da humanidade está em jogo – sob a sombra tanto da acumulação aparentemente incontrolável e da disposição das armas reais (e não tornadas, de modo cínico/autointeressado, ficcionais) de destruição em massa, como da usurpação devastadora da natureza pelo capital –, o gênero humano não pode arriscar-se a reincidir em uma ordem social cada vez mais destrutiva, como se tivéssemos à nossa disposição a *infinidade do tempo* antes que tenhamos de empreender uma ação corretiva.

9.1.2

Considerando a grave crise estrutural do sistema do capital, hoje a inflexível alternativa é o *socialismo ou a barbárie*, senão a completa aniquilação do gênero humano. Esse oneroso fato histórico clama pela busca de um conjunto de estratégias coerentes que não possam ser revertidas no primeiro momento oportuno, ao contrário dos fracassos passados devidos à aceitação da *linha de menor resistência* e à concomitante *defensiva* do movimento socialista. Ao mesmo tempo, o *alvo* da transformação socialista sustentável deve ser firmemente reorientado a partir da *deposição do capitalismo* – administrável apenas de modo estritamente temporário – à *completa erradicação* do processo sociometabólico do capital. Do contrário, as antigas estruturas do sistema herdado tendem a se revitalizar, tal como testemunhamos nas sociedades de tipo soviético no século XX. E essa revitalização traz consigo consequências potencialmente devastadoras não apenas para as sociedades diretamente concernidas, em que o capitalismo foi efetivamente restaurado, mas para a humanidade como um todo. Com efeito, ela traz inegavelmente essas consequências para toda a humanidade, em virtude de as forças socialistas serem retidas pela paralisia ideológica causada pela internalização desproporcional do êxito relativo da restauração capitalista em algumas áreas, ao lado da ignorância quanto às condições muito mais fundamentais do aprofundamento da crise estrutural do sistema do capital como um todo.

Marx advertiu-nos sobre a capacidade de o capital emergir mais forte do que antes de suas derrotas parciais e caracterizou – em oposição a esse poder restaurador – a orientação necessária das revoluções proletárias, afirmando que elas

> se criticam constantemente a si próprias, interrompem continuamente seu curso, voltam ao que parecia resolvido para recomeçá-lo outra vez, escarnecem com impiedosa consciência as deficiências, fraquezas e misérias de seus primeiros esforços, parecem derrubar seu adversário apenas para que este possa retirar da terra novas forças e erguer-se novamente, agigantado, diante delas, recuam constantemente ante a magnitude infinita de seus próprios objetivos até que se cria uma situação que torna impossível qualquer retrocesso e na qual as próprias condições gritam: *Hic Rhodus, hic salta! Aqui está Rodes, salta aqui!*[1]

Naturalmente, Marx não poderia antecipar em 1851, quando escreveu essas linhas, que o imperativo inevitável de "Aqui está Rodes, salta aqui!" surgiria sob as condições de uma grave emergência social e histórica, em que a ameaça da autodestruição potencial da humanidade se encontra claramente no horizonte. Entretanto, ele teve êxito ao identificar as duas principais considerações que cumpre manter em mente quando se avalia a perspectiva viável de uma transformação socialista irreversível. Em primeiro lugar, o reconhecimento da capacidade fundamentalmente mais ameaçadora do capital de "retirar da terra novas forças e erguer-se novamente", como fez Anteu na mitologia grega, de modo que se deve elaborar medidas estratégicas apropriadas para superar de modo *permanente* o poder do adversário histórico cada vez mais destrutivo; especialmente quando o capitalista dominante declara empreender guerras genocidas para provar a "viabilidade produtiva" de seu sistema. E, em segundo lugar, a percepção de que no curso do desenvolvimento histórico advém um tempo em que a perseguição compreensivelmente muito mais fácil da *linha de menor resistência* não é mais defensável e a tentativa de saltar se torna inevitável. A emergência histórica de nosso tempo modifica a segunda consideração de Marx apenas no sentido de que seguir a *linha de menor resistência* hoje não é meramente *não mais defensável*, mas deve ser trazida ao primeiro plano da consciência social como *suicida*.

---

[1] Karl Marx, "O dezoito brumário de Luís Bonaparte", em Karl Marx e Friedrich Engels, *Obras escolhidas* (São Paulo, Alfa-Omega, s. d.), v. 1, p. 206.

9.2 Participação: a progressiva transferência do poder de decisão aos "produtores associados"

9.2.1

É inconcebível tornar irreversível a ordem social alternativa sem a plena participação dos "produtores associados" na tomada de decisão em todos os níveis de controle político, cultural e econômico. Pois esse é o único meio pelo qual as grandes massas do povo podem adquirir um interesse duradouro em sua sociedade e, com isso, identificar-se com os objetivos e modalidades da reprodução das condições de sua existência social, determinadas não apenas a defendê-las contra todas as tentativas de restauração, mas também a expandir constantemente suas potencialidades positivas.

Até o presente momento, pouquíssimas ideias foram empregadas com maior eficácia para fins de mistificação ideológica do que a pretensa oferta de "participação" na tomada de decisão. Mesmo algumas empresas capitalistas de porte considerável alegam ter escancarado suas portas à "participação democrática" de sua força de trabalho nos negócios da firma, ao passo que, na realidade, mantêm os trabalhadores tão afastados quanto antes — precisamente como os acionistas "soberanos" não votantes — de todas as questões realmente importantes, no espírito da "boa prática empresarial". A ilusória aspiração social-democrata reformista adotou a mesma linha de abordagem, muitas vezes desarmando com êxito as ondas de agitação na base sindicalista de esquerda por meio de "concessões" em última instância desprovidas de significado, supostamente obtidas dos "líderes industriais" de empresas particulares, com o intuito de atar as mãos da força de trabalho tanto mais firmemente e como algo que a governa pelas costas. Uma rejeição amargamente irônica dessa prática pela sabedoria popular obteve por vezes expressão em debates políticos pela conjugação do verbo "participar", terminada não com "nós participamos, vocês participam, eles participam", mas "*eles lucram*" ou, em outra versão: "nós participamos, vocês participam — *eles decidem*".

Com efeito, essa era a substância mistificadora de tão dileta estratégia reformista. Pois, não obstante todas as pretensões do contrário, não se poderia absolutamente colocar em pauta o movimento na direção de transformar progressivamente os "produtores associados" no *sujeito do poder*; nem mesmo no menor dos "pequenos graus" idealizados. O que tinha de permanecer como um tabu absoluto era, de fato, a *direção* da jornada de transformação, que conduz a uma mudança qualitativa. Um ponto cinicamente deturpado, como se fosse uma questão relativa ao *tamanho* dos passos particulares a serem dados: "graduais" ou "por etapas", em oposição a estrategicamente abrangentes. Entretanto, o idealizado "método por etapas" estava muito longe de ser desprovido de sua própria direção estratégica. Pois, na realidade, sua orientação ideológica muito bem ocultada era conduzir a *nenhum lugar* além do labirinto das contradições que se agudizam, "prudentemente" encerrado no círculo vicioso da ordem estabelecida. E, precisamente, esse modo apologético "sensato" de girar em círculos preestabelecidos era — e continua sendo — sua principal função.

Sem a estratégia geral de *transferência progressiva dos poderes de decisão aos "produtores associados"* (o que significa: transferi-los em todos os níveis, inclusive no mais alto), o conceito de participação não tem nenhuma racionalidade louvável. Isso significa que as falsas dicotomias que opõem a "pequena" à "larga-escala", ou a "local" à "global", não têm lugar numa estratégia socialista viável, independentemente das possíveis boas intenções com que se ladrilha a estrada que conduz à preservação do inferno do sistema do capital. Os poderes que se devem transferir aos "produtores associados" não podem ser confinados ao *local*, nem mesmo quando a pílula amarga da contínua falta de poder é açucarada com lemas como "o pequeno é belo" e "pense globalmente, aja localmente".

É uma ilusão paralisadora da legalidade burguesa que os poderes de decisão possam ser apropriadamente *divididos* e *repartidos* de um modo globalmente benéfico entre *alternativas hegemônicas*. Na verdade, contudo, absolutamente nenhum poder real de decisão é repartido em uma ordem social do capital entre *classes sociais* concorrentes, a despeito da ideologia da "divisão de poderes" sob uma suposta "constitucionalidade democrática". Pois todos os poderes significativos – como opostos aos estritamente marginais – estão em posse do próprio capital. Isto é, do capital que por sua própria natureza é uma *força extraparlamentar* oniabrangente e que *também* deve governar sobre o parlamento, deixando uma margem de ação estreitamente circunscrita às forças dadas de oposição parlamentar. Nunca é demais salientar que é necessário visar uma relação muito diferente com os poderes de decisão em nossa sociedade para desafiar radicalmente o capital como o *controlador geral* da reprodução sociometabólica.

O fato de que, no curso de transformação radical, as mudanças oniabrangentes exigidas na transferência visada de poderes efetivos não possam ser realizadas *de uma só vez*, mas devem buscar-se *progressivamente*, de maneira contínua, não significa que a ideia de assegurar em última instância o controle do processo sociometabólico em sua integridade e em todos os níveis pelos "produtores associados" deva ou possa ser abandonada. Do contrário, retornaríamos às criticadas ilusões do passado – anteriormente democrático, mas substantivamente autoritário –, ainda que com uma nova versão de sua divisão de poderes fundamentalmente impraticável. As limitações aos poderes dos "produtores associados" em virtude das restrições das determinações estruturais herdadas no princípio, são admissíveis apenas por um curto período histórico de *transição* e, mesmo ali, apenas se a direção da jornada, destacada acima, apontar de forma inequívoca para a plena transferência dos poderes na primeira oportunidade histórica sustentável. O emergente metabolismo reprodutivo da ordem social alternativa não poderia, de nenhum outro modo, obter êxito duradouro em sua aspiração hegemônica.

A esse respeito, a questão crucial concerne ao modo como as partes da nova ordem sociorreprodutiva que se desdobra – seus *microcosmos* – são coordenadas em um *macrocosmo* qualitativamente diferente. A ordem reprodutiva ora estabelecida é caracterizada pelas estruturas irremediavelmente *conflituais/adversas* de seus microcosmos sociais que, consequentemente, devem *subordinar-se* a um modo estritamente *hierárquico* de determinação geral para tornar possível a única forma plausível de coordenação abrangente do capital. Eis porque a ordem reprodutiva estabelecida é *autoritária* até o âmago, sob todas as circunstâncias. Mesmo se algum tipo de "constitucionalidade democrática formal" puder complementar as estruturas materiais exploradoras inalteráveis no plano político, com o interesse de melhor assegurar a estabilidade do sistema quando as condições históricas o permitem, somente para ser implacavelmente descartada em períodos de maior crise. A ordem sociorreprodutiva alternativa, ao contrário, é inconcebível sem a superação das *determinações conflituais/adversas recônditas* e autoritárias dos microcosmos herdados do capital. Isso só se torna possível pela instituição de um modo qualitativamente novo de intercâmbio reprodutivo, baseado nos interesses vitais plenamente compartilhados dos membros dos microcosmos sociais *não conflituais/adversos* reestruturados. Só assim eles podem ser propriamente *coordenados* em uma forma correspondente de *macrocosmo não conflitual/adverso*.

Por essa razão a participação só é significativa se os poderes de decisão forem realmente transferidos aos "produtores associados" em todos os níveis e em todos os domínios. Exercer o controle apenas *localmente* – adornado com o prêmio de consolação "o pequeno é belo" e afins – é uma contradição nos termos, já que as decisões locais são sujeitas à aprovação ou rejeição em um *nível* estruturalmente resguardado e, por isso, necessariamente conflitual/adverso, *mais alto*. Nesse caso, não se trata em absoluto de decisão, mas, na melhor das hipóteses, de alguma espécie de recomendação talvez admissível (ou não), uma vez que a decisão propriamente assim denominada só pode ser tomada por uma "autoridade maior". Os novos microcosmos visados não podem ser verdadeiramente democráticos – e, por certo, socialistas no sentido não conflitual/adverso – se as contradições puderem retornar ao palco por trás de uma autoridade permanentemente estabelecida. E vice-versa. O macrocosmo de tal ordem social não poderá ser socialista no sentido não conflitual/adverso se um nível estruturalmente mais alto retiver para si os poderes de decisão do governo.

9.2.2

O que está em jogo aqui é o relacionamento vitalmente importante da *coordenação genuína não hierárquica*, como oposta a todas as formas conhecidas e praticáveis de *subordinação e dominação estruturalmente impostas*.

Decretar a impossibilidade de tomar *decisões substanciais* é um dos artifícios preferidos dos adversários do socialismo – em contraste com a participação em *eventos formalizados*, como eleições parlamentares ou referendos – sempre que o número de pessoas envolvidas for muito grande e as próprias questões, variadas. Esse artifício desqualificador preconcebido opera da mesma maneira como a rejeição anteriormente mencionada da possibilidade de *mudança qualitativa abrangente*, declarada como inadmissível em oposição à única abordagem aceitável da "reforma por etapas". Em ambas as ocasiões, o *fetichismo da quantidade* é invocado para conferir plausibilidade à eternização da ordem existente. No primeiro caso, a *direção* da jornada emancipatória que conduz a uma mudança qualitativa é sorrateiramente ejetada da cena para que seja possível transformar a questão real em uma caricatura mecânica de quantidades de contestações, atribuindo a vitória – por definição e nada mais – às "pequenas causas" idealizadas. Do mesmo modo, no segundo caso, nossos "mercadores de complexidades" usam o fetiche da quantidade para declarar que "para além de um certo tamanho de uma comunidade", cuja dimensão jamais se define realmente, a tomada de decisão substantiva não pode ser levada a cabo por seus membros, porque são muito numerosos. Esse tipo de raciocínio é falacioso não apenas porque *assume,* desde o princípio, a conclusão que alega *provar,* mas, ainda mais importante, porque desvia a atenção do problema real de quais são as condições necessárias para coordenar os microcosmos da tomada de decisão participativa num macrocosmo social coerente e historicamente sustentável. Não é uma questão de "tamanho pequeno ou grande", pois mesmo a "menor comunidade" de *duas* pessoas em uma disputa irreconciliável é "demasiado grande" para ser realmente sustentável. Antes, a única solução plausível desse problema exige a suplantação da determinação *conflitual/ adversa* dos microcosmos sociais particulares para combiná-los em uma totalidade social positivamente em desenvolvimento.

Assim, o estabelecimento de uma coordenação genuína não hierárquica e, por conseguinte, não conflitual/adversa, é o desafio que enfrentamos em nossas tentativas de assegurar o futuro. Pois esse é o único modo pelo qual a participação efetiva em todos os níveis da tomada de posição pode prevalecer de modo positivo no curso do desenvolvimento socialista: por meio da atividade autônoma oniabrangente dos "produtores associados" como o *sujeito* real *do poder.*

9.3 Igualdade substantiva: a condição absoluta de sustentabilidade

9.3.1

A igualdade substantiva é, por certo, o corolário necessário do tópico anterior. Pois seria bastante absurdo deixar de considerar a questão da igualdade *substantiva* – e não simplesmente *formal* – ao avaliar o êxito ou fracasso de nossa estratégia de participação genuína como a condição necessária para a criação de uma ordem social alternativa. Em um mundo como o nosso, em que um terço de toda a população deve sobreviver com pouco mais, ou de fato bem menos, do que um dólar por dia, enquanto os "capitães da indústria e dos negócios" do capital recompensam a si mesmos com salários obscenos de centenas de milhões de dólares por ano, não é nada menos do que um ultraje moral falar de "democracia e liberdade" e continuar a reforçar as práticas exploradoras da ordem vigente com todos os meios que se encontram à disposição do sistema, inclusive os meios militares mais violentos de empreender guerras genocidas se necessário for.

É inconcebível eliminar as determinações internas conflituais/adversas de nossos microcosmos sociais existentes sem confrontar de forma consciente o antiquíssimo problema da desigualdade substantiva. A ordem social do capital é estruturada de um modo profundamente iníquo e não poderia em absoluto funcionar de outra forma. Pois, por sua própria natureza, o capital deve sempre reter para si todo o poder significativo de decisão, partindo das menores células constitutivas do sistema até os mais altos níveis de controle societário geral. Isso se verifica não apenas nas chamadas "sociedades subdesenvolvidas" – isto é, na totalidade integrada e nas partes estruturalmente subordinadas e totalmente integradas à lei da selva global do capital – mas também nos países capitalisticamente mais privilegiados do atual sistema dominante de reprodução sociometabólica.

O que torna tanto mais difícil a tarefa histórica de alterar radicalmente as desigualdades estruturais do sistema do capital é o fato de que essa ordem social é inseparáve[1] de uma cultura da desigualdade substantiva há muito estabelecida em cuja constituição, até mesmo as maiores e mais progressistas personagens da burguesia ascendente, estavam profundamente implicadas[2]. Naturalmente, não há nada surpreendente nisso. Pois mesmo as mais sagazes e ilustradas figuras da burguesia – incluindo gigantes intelectuais, como Adam Smith, Goethe e Hegel – viam o mundo e seus problemas da *perspectiva do capital*. Formulavam seus diagnósticos quanto ao que precisava ser retificado e suas soluções aos desafios e contradições identificados, no âmago dos parâmetros e pressupostos estruturalmente restritos ao horizonte do capital. A noção de igualdade real, que abrange plenamente os membros de todas as classes sociais, não poderia em absoluto adentrar suas considerações.

Na grande tempestade da Revolução Francesa de 1789, o desafio fundamental era estabelecer uma ordem social na qual suas principais e superficiais características definidoras se proclamavam no plano da ideologia política. Entretanto, na realidade, elas foram violadas desde o princípio, já que tinham de estar sob a pressão das determinações internas incorrigíveis do capital. O conceito de Iluminismo não poderia estender-se a ponto de tolerar a "Liberdade" daqueles que tentaram lutar pela instituição da *igualdade substantiva*. Não é surpreendente, portanto, que François Babeuf, quando criticou em seu *Tribune du Peuple* o curso que a revolução estava tomando e tentou organizar sua "Sociedade de Iguais", teve de ser arrastado sem cerimônias ao cadafalso e guilhotinado em 1797 por seu crime imperdoável.

Compreensivelmente, pois, no curso do desenvolvimento histórico subsequente do sistema do capital, dois dos três grandes lemas da Revolução Francesa – "Igualdade e Fraternidade" – desapareceram silenciosamente do horizonte. E mesmo a "Liberdade" teve de transformar-se em um artifício favorito das retóricas políticas vazias, de modo a torná-la no devido tempo não apenas compatível, como a pretensa *legitimadora* das violações mais brutais de sua substância.

A ordem social alternativa não é sustentável a longo prazo sem a plena realização da igualdade, em lugar das relações sociais existentes em que a igualdade existe, na melhor das hipóteses, apenas como uma exigência *formal/jurídica*, e não é mais que uma exigência formal ritualisticamente reiterada. Pois, em verdade, mesmo a "igualdade perante a lei" solenemente proclamada é, via de regra, distorcida em favor daqueles que podem facilmente pagar para transformar um escárnio prático nas sonoras *regras formais*. Rousseau, no seu tempo, não hesitou em elaborar questões pertinentes a esse respeito, ainda que não pudesse oferecer uma solução viável às contradições identificadas. Eis como formulou sua crítica:

> As vantagens da sociedade não são todas para os ricos e poderosos? Não estão em suas mãos todos os cargos lucrativos? Não se reservam todos os privilégios e isenções exclusivamente a eles? [...] Como é diversa a situação do pobre! Quanto mais a humanidade lhe deve, mais a sociedade lhe nega. [...] Podem-se resumir em poucas palavras os termos do pacto social entre

---

[2] Ver o capítulo 6 deste livro: "O desafio do desenvolvimento sustentável e a cultura da igualdade substantiva", conferência realizada no encontro sobre "O ápice do débito social e a integração latino-americana" do Fórum Cultural dos Parlamentos Latino-Americanos, realizado em Caracas, Venezuela, de 10 a 13 de julho de 2001.

essas duas classes de homem: "Precisas de mim porque sou rico e tu és pobre. Chegaremos, pois, a um acordo. Permitirei que tenhas a honra de me servires, sob a condição de que concedas a mim o pouco que te resta, em troca dos esforços que despenderei em comandar-te".[3]

Uma vez que a ascendência histórica da ordem burguesa alcançou seu termo, suscitar questões embaraçosas sobre a desigualdade social tornou-se terminantemente incompatível com a perspectiva do capital. O discurso dominante sobre a igualdade teve de se restringir apenas a aspectos limitados da exigência estritamente formal de igualdade e, mesmo isso, apenas porque era relevante às regras dos contratos exequíveis do ponto de vista capitalista, no interesse das seções contratantes particulares do capital. Mas a função principal do discurso sobre a igualdade – em seu sentido esmagadoramente formalizado – era a apologética e a mistificação sociais.

Nada o ilustra melhor do que o ubíquo e cínico discurso dedicado a excluir da ordem a *igualdade de início*. Pois permitir a pressão por uma mudança significativa no "início" envolveria uma interferência inconveniente nas relações de poder estabelecidas, que melhoraria a capacidade dos indivíduos sociais de intervir efetivamente nos processos substanciais de decisão societária. Eis porque a própria ideia de defender a "igualdade de início" teve de ser descartada de maneira categórica em favor da fórmula totalmente vazia que promete a condição irrealizável da "igualdade de oportunidade". Uma condição totalmente irrealizável porque, do modo como a própria questão é definida, a proclamada "igualdade de oportunidade" não poderia corresponder a nada mais do que a uma *concha formal vazia*. Pois a fórmula em si mesma tem como premissa explícita a rejeição implacável e cínica da "igualdade de início". E é evidente que a "oportunidade" não pode ter nenhum significado se aquele que espera por um "resultado" é, por definição, excluído do início.

9.3.2

Por certo, a plena realização da igualdade substantiva é uma tarefa histórica de imensa dificuldade. Com efeito, talvez seja a mais difícil, uma vez que envolve a transformação de toda a ordem social. Pois a criação de uma sociedade verdadeiramente equitativa exige a superação radical das hierarquias estruturais de exploração estabelecidas há milhares de anos e não apenas de sua variedade capitalista.

Como se sabe, nos muitos séculos da história humana, as desigualdades estruturalmente entrincheiradas se justificavam, com alguma legitimidade, no fato de que as condições elementares de reprodução expandida se podiam assegurar melhor pela estrutura de comando das sociedades de classe. Isso porque eram capazes de reservar e acumular em um grau significativo – ainda que do modo mais iníquo – os frutos do trabalho excedente para um avanço produtivo potencial, em vez de consumirem tudo de uma só vez "direto das mãos à boca". É evidente que essa justificação não tem absolutamente nenhuma validade sob as forças e potencialidades produtivas imensas de nosso próprio

---

[3] Jean-Jacques Rousseau, *A Discourse on Political Economy* (Londres, Everyman, 1963), p. 262-4. [*Discurso sobre a economia política e Do contrato social* (Petrópolis, Vozes, 1995) – N. T.]

tempo. Naturalmente, o tipo de transformação historicamente produzida e alcançada pela humanidade – incomparavelmente para melhor – nas condições da reprodução societária expandida indicaria, em princípio, a *possibilidade* de estabelecer uma maneira qualitativamente diferente de ordenar nosso modo de controle sociometabólico, fundada na igualdade substantiva absoluta.

Mas a história não acaba aí. O fato de que uma grande *possibilidade histórica* se abre em nosso tempo não significa em absoluto que se tornará *realidade* no futuro próximo ou mesmo no mais distante. Especialmente porque, sob as condições do controle sociometabólico do capital, neste estágio presente de desenvolvimento, todo *potencial produtivo* é também simultaneamente *potencial destrutivo* ameaçador. Esse segundo caso é levado a uma perigosa realização em nosso tempo com crescente frequência e, em uma escala progressiva, colocando em perigo não apenas a vida humana, mas também a totalidade da natureza viva sobre o nosso planeta finito. Esse é o discreto significado da tão propagandeada *globalização capitalista* em nosso tempo.

Inevitavelmente, tal situação histórica de apuro, antes impensável, convida a uma redefinição de muitos dos nossos problemas, incluindo entre os principais de nossos desafios a questão da igualdade real. Pois a única ordem de reprodução socialista viável não é simplesmente a negação do modo cada vez mais destrutivo de controle sociometabólico destrutivo do capital. Ela não pode sustentar-se a longo prazo a menos que possa se articular simultaneamente como uma *alternativa positiva* às condições ora predominantes. A igualdade substantiva é, nesse caso, um traço *necessário* da definição positiva da ordem sociorreprodutiva alternativa. Pois é impossível eliminar a determinação *conflitual/adversa* interna das células constitutivas de nosso macrocosmo social existente sem reestruturá-las sobre a base da igualdade substantiva.

Uma sociedade de *hierarquia estruturalmente entrincheirada* – a característica definidora fundamental do sistema do capital – por sua própria natureza deve sempre permanecer conflitual/adversa tanto em seus microcosmos constitutivos como em sua totalidade combinada antagonisticamente. Conforme a crise estrutural do sistema do capital se aprofunda, as determinações antagonísticas internas só podem intensificar-se, em última instância ao ponto de explodirem. É por isso que testemunhamos hoje uma guinada em direção à instituição de medidas estatais legislativas progressivamente mais *autoritárias*, mesmo nos países capitalistas mais desenvolvidos[4], e seu engajamento ativo – desfigurando nitidamente suas pretensas "democracia e liberdade" – em guerras devastadoras.

---

[4] Ver, por exemplo, Jean-Claude Paye, "The End of *Habeas Corpus* in Great Britain", em *Monthly Review*, nov. 2005. Eis como o autor caracteriza os recentes desenvolvimentos legais perniciosos no Parlamento britânico: "A lei ataca a separação formal dos poderes conferindo prerrogativas judiciais ao secretário do Interior do Estado. Além disso, reduz os direitos de defesa a praticamente nada. Estabelece também a primazia da suspeita sobre o fato, uma vez que as medidas de restrição das liberdades, que conduzem potencialmente à prisão domiciliar, poderiam ser impostas aos indivíduos não por aquilo que fizeram, mas conforme aquilo que o secretário do Interior pensa que poderiam ter feito ou poderiam fazer. Assim, essa lei deliberadamente volta as costas ao Estado de direito e estabelece uma nova forma de regime político" (p. 34). Sobre esse assunto, ver também o capítulo 10 do presente estudo, especialmente a discussão sobre "A crise estrutural da política".

Entretanto, a tendência autoritária, agora claramente observável, de tentar controlar as contradições explosivas que se acumulam de maneiras e por meios cada vez mais violentos inclina-se a se tornar não apenas impossível de administrar, mas também contraproducente. A perspectiva última desses desenvolvimentos é a destruição da humanidade.

A esse respeito, a única alternativa defensável a longo prazo é uma sociedade em que os "produtores associados" possam identificar-se sem reservas com os objetivos e as exigências operantes humanamente recompensadoras da reprodução de suas condições de existência. E isso é concebível apenas sobre o fundamento da igualdade substantiva.

Em outras palavras, a solução dos antagonismos explosivos, que não se podem reprimir indefinidamente, só é plausível em uma sociedade em que, por um lado, o próprio trabalho seja *universalizado*[5], envolvendo de forma consciente cada indivíduo singular, e, por outro lado, que os frutos potencialmente mais generosos da dedicação positiva dos indivíduos aos seus objetivos produtivos sejam *igualmente repartidos* entre todos eles. Não poderia haver em absoluto nenhuma razão pela qual os produtores devessem se comportar de um modo diferente da "força de trabalho relutante" (bem conhecida nas implodidas sociedades de tipo soviético) sem essas duas dimensões – inseparáveis – da igualdade substantiva.

Eis porque a realização da igualdade substantiva oniabrangente, independentemente do tempo que possa levar, é uma *condição absoluta* para a criação de uma ordem alternativa historicamente sustentável. E precisamente porque é uma condição absoluta da instituição e sustentação bem-sucedida de uma ordem reprodutiva não antagônica, o objetivo de sua realização deve ser uma parte integrante da estratégia geral de transformação social desde o princípio. Sem adotá-lo de modo consciente como o *alvo necessário* da transformação – alvo que proporciona simultaneamente tanto a *bússola* da jornada como a *medida* tangível do êxito no trajeto que conduz à destinação escolhida – todo o discurso sobre a construção do socialismo tende a permanecer um sonho político ilusório.

O discurso sobre a relação necessária entre *socialismo e democracia* escapa desse problema vital. Pois a defesa da "democracia" nesse caso é ou a redução *formal* do conceito de democracia, como visto no passado em diversos países "capitalistas avançados" (que corresponde a nada mais que a *exigência mínima* sob condições socialistas) ou uma *evasão* mistificadora, que procura confinar tudo na busca por soluções na esfera *política* e com isso necessariamente se move em círculos. É assim que a disposição de construir o socialismo se torna uma condição irrealizável e um sonho político ilusório, uma vez que o postulado da "democracia" não tem um *conteúdo social* identificável. Visto que a política, como constituída e herdada do passado capitalista é, de fato, um dos maiores obstáculos para a emancipação da humanidade.

Por essa razão, Marx era explícito em sua defesa inflexível do *fenecimento do Estado* com todos os seus corolários. Somente a condução inexorável à realização de uma so-

---

[5] Essa exigência de universalização socialmente equitativa do trabalho apareceu há muitos séculos nos escritos de grandes pensadores visionários, mas sem proveito, dada a dinâmica opressora do desenvolvimento socioeconômico em curso no seu tempo. Ver sobre esse assunto a discussão de Paracelso no capítulo 8, "A educação para além do capital".

ciedade de *igualdade substantiva* pode fornecer o *conteúdo social* exigido ao conceito de *democracia socialista*. Um conceito que não pode definir-se apenas em termos políticos, porque deve ir *além da própria política* tal como herdada do passado.

Assim, a *igualdade substantiva* é também o princípio orientador fundamental da *política de transição* em direção à ordem social alternativa. Quer seja explicitamente reconhecido ou não, a principal ação da política de transição é colocar-se fora de ação pela transferência progressiva dos poderes de decisão aos "produtores associados", capacitando-os, desse modo, a se tornarem "produtores *livremente* associados". Mas a política não pode fazer isso sem encontrar um princípio orientador apropriado além de si mesma, na ordem social alternativa da igualdade substantiva em desenvolvimento. Essa dedicação à tarefa histórica vital da realização da igualdade substantiva é a única maneira pela qual a política socialista pode cumprir seu preceito de autorredefinição e reestruturação a serviço da grande transformação emancipatória.

9.4 Planejamento: a necessidade de superar o abuso do tempo cometido pelo capital

9.4.1

O socialismo, nome para o necessário modo alternativo de reprodução das nossas condições de existência neste planeta finito, sob as circunstâncias históricas presentes, é inconcebível sem a adoção de uma forma de controle sociometabólico racional e humanamente recompensadora, em lugar da maneira antagonística e cada vez mais destrutiva, própria do capital, de administrar o *lar planetário*.

O planejamento, no sentido mais pleno do termo, é um traço essencial do modo socialista de controle sociometabólico. Pois o nosso modo de controle deve ser viável não apenas no que se refere ao impacto imediato da atividade produtiva sobre as condições de reprodução individual e societária, mas também *indefinidamente*, tão distante no tempo quanto se pode e se deve entrever no interesse de instituir e manter vivas as salvaguardas apropriadas.

A esse respeito, encontramos na ordem sociometabólica do capital uma eminente contradição. Pois, por um lado, nenhum modo anterior de reprodução societária jamais teve um impacto sequer remotamente comparável sobre as condições vitais de existência – incluindo o *substrato natural* da própria vida humana – não somente em sua *imediaticidade*, mas também no *maior longo prazo*. Ao mesmo tempo, por outro lado, a *dimensão histórica a longo prazo* está completamente ausente da visão do modo de controle sociometabólico do capital, transformando-o, com isso, em uma forma *irracional* e absolutamente *irresponsável* de economia. A exigência de racionalidade no plano dos *detalhes* mais *diminutos* não é somente compatível com o capital, na escala temporal da *imediaticidade*, mas é também uma exigência sua, como a condição elementar de sua sustentabilidade, e encontra sua estrutura operacional adequada no mercado capitalista. O problema é, contudo, que a dimensão de importância vital da *racionalidade geral* está necessariamente ausente desse modo de controle sociorreprodutivo. O crescente envolvimento do Estado capitalista como um corretivo assimétrico é um substituto muito pobre – e em última instância indefensável – dela.

Esse defeito estrutural incorrigível do sistema exclui a possibilidade da *consciência histórica* precisamente em uma época em que haveria a maior necessidade dela: em nosso próprio período histórico de *globalização*. Pois o impacto a longo prazo do desenvolvimento do sistema – a princípio imprevisível pelas "personificações do capital" – já acometeu atualmente a totalidade do planeta. Por conseguinte, se alguma vez foi relativamente justificado caracterizar a ordem capitalista como um sistema de "destruição *produtiva*", como retratada por alguns dos maiores economistas políticos liberais, tais como Schumpeter, torna-se uma ilusão muito perigosa continuar hoje a celebrá-lo nesses termos. Isto é, adulterá-lo dessa maneira em uma época em que – sob o impacto do *desenvolvimento histórico* de finais do século XX, que resultou na *crise estrutural* obstinadamente persistente do sistema do capital em sua integridade – torna-se absolutamente inevitável confrontar o impacto devastador e a potencialidade fatal da produção *destrutiva*: o oposto diametral da idealizada "destruição *produtiva*".

Somente um sistema de reprodução sociometabólica racionalmente planejado poderia mostrar o caminho para além das contradições e perigos dessa situação de apuro historicamente produzida, e que agora está escapando ao controle. Remediá-lo exigiria uma forma de *planejamento genuíno abrangente* – que o qualificasse para seu papel ora absolutamente necessário, mas praticamente impossível no passado – capaz de lidar em nosso próprio tempo com os múltiplos problemas e *todas* as dimensões de um desenvolvimento socioeconômico, político e cultural verdadeiramente *global* e não apenas com as dificuldades de coordenação e intensificação positiva das forças produtivas de *países particulares*.

É compreensível que, investidos de interesses profundamente vantajosos e sob as circunstâncias propícias à automitologia da "economia de mercado" capitalista dominante, a própria ideia de uma forma alternativa de economia planejada com êxito seja excluída da ordem de maneira apriorística. Em sua poderosa defesa do socialismo recentemente publicada, os Magdoff caracterizaram essa abordagem míope oposta ao planejamento, nos seguintes termos:

> O ceticismo que o povo sente quanto à eficácia ou mesmo em relação à possibilidade do planejamento central, admite somente as falhas, ao passo que nega as realizações. Não há nada no planejamento central que exija comandismo e o confinamento de todos os aspectos do planejamento às autoridades centrais. Isso ocorre por causa da influência de interesses especiais burocráticos e do excessivo poder do Estado. O planejamento para o povo tem de envolver o povo. Planos de regiões, cidades e vilas precisam do envolvimento ativo das populações, fábricas e estabelecimentos locais em conselhos operários e comunitários. O programa geral – especialmente de decisão sobre a distribuição de recursos entre bens de consumo e investimento – demanda a participação do povo. E, para tanto, o povo deve ter acesso aos fatos, uma maneira clara de informar seu pensamento e contribuir com as decisões básicas.[6]

---

[6] Harry Magdoff e Fred Magdoff, "Approaching Socialism", em *Monthly Review*, jul.-ago. 2005, p. 53-4.

Em períodos de grande emergência histórica, como por exemplo a Segunda Guerra Mundial, mesmo os capitalistas que tomam as decisões dispõem-se a incorporar em suas estratégias produtivas alguns elementos de uma economia planejada, ainda que de um tipo bastante limitado e no total orientado para o lucro. Entretanto, uma vez que a grande emergência finda, todas essas práticas são rapidamente varridas da memória histórica, e a mitologia do mercado – proclamada como idealmente adequada à solução de todos os problemas concebíveis – é promovida mais fortemente do que antes jamais fora.

Seria um milagre monumental se a *normalidade* do modo de controle sociometabólico do capital, em oposição às suas concessões ocasionais de *emergência*, pudesse ser muito diferente disso. Pois a ideia do planejamento não pode separar-se da *determinação de tempo* fundamental apropriada ao sistema sociorreprodutivo dado. Nesse sentido, os preconceitos bem conhecidos contra o planejamento emergem do *abuso de tempo necessário do capital*. A única modalidade de tempo diretamente significativa para o capital é o *tempo de trabalho necessário* e seus corolários operacionais, exigidos para assegurar e salvaguardar as condições de *contabilidade de tempo orientada para o lucro* e, com isso, a realização do capital em uma escala ampliada.

Conforme mencionado anteriormente, a racionalidade míope da preocupação (e, em um sentido abastardado, do "planejamento") com os detalhes diminutos nas empresas particulares, necessariamente desprovidas de um projeto geral para a economia como um todo – uma prática que encontra complementaridade na conflitualidade/adversidade combinada do mercado – só é compatível com o *tempo decapitado e em curto-circuito*. Quando, em um período de grande emergência histórica, como a Segunda Guerra Mundial, são introduzidos alguns elementos de uma racionalidade mais abrangente, com o intuito de satisfazer um grande desafio militar, isso se faz com base em um claro entendimento de que as medidas consentidas devem ser *estritamente temporárias* e terão de ser eliminadas na primeira oportunidade possível.

Em completa oposição ao estado de coisas existente, e se reconhecemos, como devemos reconhecer, o fato de que as práticas reprodutivas de um mundo *globalmente integrado* demandam a introdução *e a conservação* de uma força orientadora efetiva de *racionalidade geral* para nos contrapormos aos crescentes perigos da incontrolabilidade e das explosões resultantes, então, nesse caso, a perversa relação do capital com o tempo deve ser radicalmente reexaminada e alterada. O *planejamento abrangente* verdadeiramente participativo das condições de reprodução sociometabólica da humanidade – que abarca *todos* os seus diversos componentes, inclusive o moral e o cultural, e não apenas a dimensão estritamente econômica – é uma exigência autoevidente nesse respeito. Contudo, para tornar possível todo esse planejamento abrangente, é absolutamente necessário superar a condição fatalmente alienante e mutiladora, já que orientada ao lucro e decapitada de forma míope, pois para ela: "O tempo é tudo, o homem não é mais nada; ele é no máximo a carcaça do tempo"[7].

---

[7] Karl Marx, *Miséria da filosofia* (São Paulo, Ícone, 2004), p. 49.

9.4.2

A principal razão pela qual a normalidade do capital é incompatível com o planejamento abrangente é o fato de que a exigência vital de orientação socioeconômica sustentável emerge dos aspectos *qualitativos* da administração de uma ordem reprodutiva *humanamente viável*. Se fosse simplesmente uma questão de *ampliar* o tempo envolvido nas operações econômicas do capital, seria em princípio plausível do ponto de vista do sistema vigente. O que intervém a esse respeito como uma condição *proibitiva* para resolver o problema aparentemente intratável é a total ausência de uma *medida* apropriada. Uma medida conveniente para avaliar adequadamente o *impacto humano qualitativo* das práticas produtivas adotadas, mesmo em um prazo relativamente curto e não a longo prazo. A maneira altamente irresponsável como os países capitalistas dominantes, sobretudo os Estados Unidos, lidam até mesmo com as exigências mínimas do *Protocolo de Kyoto*[8], é uma boa ilustração desse ponto.

O capital não tem dificuldades com a impressionante *quantificação* nem com a *multiplicação* autoexpansiva, contanto que sua projetada expansão produtiva possa ser definida sem recorrer a nenhuma consideração qualitativa, seja no plano dos *recursos* materiais e humanos seja com relação ao *tempo*. Nesse sentido, o *crescimento*, como um conceito particularmente importante tanto no presente como no passado, deve ser tratado pelo capital no interior dos limites deturpadores da *quantificação fetichista*, embora na realidade não possa ser sustentado em absoluto como uma forma de estratégia produtivamente viável sem dedicar-lhe considerações profundamente *qualitativas*, como veremos na próxima seção. Da mesma maneira, o *planejamento abrangente* – ao contrário das intervenções seguramente *seletivas* (com relação aos alvos produtivos particulares que se pode buscar) e *temporalmente limitadas* (de curto prazo) – é inadmissível porque nem o *escopo* nem a *escala temporal* da racionalidade geral *humanamente válida* são acessíveis à quantificação fetichista.

O conceito-chave aqui não é a racionalidade por si mesma, mas a necessária determinação da *racionalidade sustentável* exigida pelo *caráter humano inerente* à medida geral adotada. A *racionalidade parcial* prontamente quantificável pode estar em plena harmonia com os imperativos operacionais do capital no interior de seus microcosmos produtivos. Mas não a racionalidade geral humanamente válida como estrutura orientadora e *medida* apropriada do sistema como um todo. Pois a única

---

[8] A infeliz Saga de Kyoto é apenas a última fase desses desenvolvimentos. Argumentei há mais de uma década que "Qualquer tentativa de tratar dos problemas relutantemente admitidos deve ser empreendida sob o peso proibitivo das leis fundamentais e antagonismos estruturais do sistema. Assim, as 'medidas corretivas' contempladas em grandes encontros festivos – como a reunião de 1992 no Rio de Janeiro – acabam em malogro, pois estão subordinadas à perpetuação de relações de poder e interesses globais estabelecidos. Causalidade e tempo devem ser tratados como brinquedos dos interesses capitalistas dominantes, não importando a gravidade dos riscos implícitos", István Mészáros, *Para além do capital* (São Paulo, Boitempo, 2002, p. 223). "Até mesmo as ineficazes resoluções da Conferência do Rio de Janeiro – diluídas quase a ponto de perder toda a significância, sob a pressão das potências capitalistas dominantes, principalmente os Estados Unidos, cuja delegação foi chefiada pelo presidente Bush [o pai do atual presidente norte-americano] – só são usadas como álibi para que tudo continue como antes, sem que nada se faça para enfrentar o desafio, enquanto se finge 'cumprir obrigações assumidas'"(ibidem, p. 223, n. 8).

coisa que pode definir um sistema produtivo viável e sustentável com respeito à sua racionalidade geral orientadora é a própria *necessidade humana*: *uma determinação inerentemente qualitativa*.

Essa determinação qualitativa geral só pode emergir da realidade da necessidade humana irreprimível, ainda que agora frustrada do ponto de vista capitalista. É isso que está necessariamente ausente da autodefinição incorrigível e da determinação geral intransponível do sistema do capital. É precisamente por essa razão que o capital deve subordinar o *valor de uso* – que é totalmente desprovido de significado sem sua relação *qualitativa* com a *necessidade humana* claramente identificável – ao *valor de troca* facilmente quantificável. O último não precisa ter absolutamente nada a ver com a necessidade humana; apenas com a necessidade da autorreprodução ampliada do capital. Com efeito, tal fato é integralmente compatível com o *contravalor destrutivo*, como demonstram claramente, em nosso tempo, a realidade repulsiva do *complexo industrial-militar* e seu lucrativo envolvimento "que realiza capital" nas práticas diretamente *anti-humanas* das guerras genocidas.

9.4.3

O planejamento, no sentido mais profundo do termo, é absolutamente vital para retificar esses problemas e contradições. Mas o planejamento em questão não pode ser visualizado sem sua correspondente dimensão de *tempo histórico*. A esse respeito, o conceito de tempo exigido para se compreender o planejamento em seu significado apropriado – em oposição ao estreitamente técnico – não é o de um tempo *cósmico* abstrato e genérico, mas do *tempo humanamente significativo*. Pois, no curso da história, e especialmente ao longo do desdobramento da história humana, o conceito de tempo é significativamente alterado no sentido de que com o desenvolvimento dos seres humanos – e a concomitante "humanização da própria natureza" (Marx) – entra em cena uma dimensão de tempo radicalmente nova.

O fato de que a humanidade, ao contrário do mundo animal, é feita de *indivíduos* historicamente criados e, sob condições variáveis, que se desenvolvem historicamente, não pode ser divorciado da circunstância de que os indivíduos humanos, como opostos à sua espécie, têm um *tempo de vida* estritamente *limitado*. Por conseguinte, graças a um longo desenvolvimento histórico, o problema do tempo não se apresenta no contexto humano simplesmente como a necessidade de sobreviver desde o primeiro dia até a última hora do curto período de vida dos indivíduos particulares, mas também, ao mesmo tempo, como o desafio que lhes defronta diretamente da criação de uma *vida significativa*, no mais alto grau possível, como *sujeitos* reais *de sua própria atividade vital*. Em outras palavras, o desafio de *obter sentido* de sua própria vida como "autores" reais de seus próprios atos, em estreita conjunção com as potencialidades cada vez mais intensificadas de sua sociedade, da qual eles mesmos são parte integrante e ativamente contribuinte. Eis como a consciência individual e a consciência social podem realmente se reunir no interesse do avanço humano positivo.

Naturalmente, sob a vigência do capital, tudo isso é impossível. A exigência vital do planejamento é anulada tanto no plano societário abrangente como na vida dos indivíduos particulares. No plano societário mais amplo, o planejamento abrangente, em sua orientação positiva pela necessidade humana, é desqualificado no interesse da contabilidade do tempo orientada pela visão mais míope, que carrega consigo os crescentes perigos da produção destrutiva na presente conjuntura da história. Ao mesmo tempo, no plano da consciência individual a exigência de "obter sentido da própria vida" só pode entrar nas formas socialmente mais ineficazes de discurso religioso, que não se interessa senão pelo "mundo do além".

O necessário abuso do tempo cometido pelo capital deve prevalecer a todo custo e em todos os domínios. Por conseguinte, com o intuito de entrever uma ordem reprodutiva socialista como alternativa hegemônica viável à existente, a questão do planejamento deve permanecer no primeiro plano de nossa atenção, no sentido discutido nas últimas páginas. Pois não pode haver êxito duradouro sem combinar a ampla dimensão social da racionalidade reprodutiva e a demanda dos indivíduos por uma vida significativa.

Essas duas dimensões fundamentais do que significa ser um *sujeito real*, no sentido próprio do termo, vigoram ou se abatem juntas. Visto que, como poderia o corpo de "produtores livremente associados", como uma *força coletiva* conscientemente autoafirmativa, ser o soberano "sujeito do poder" no mundo social, planejando e administrando de forma autônoma seus intercâmbios produtivos com a natureza e entre os membros da sociedade, se os indivíduos sociais particulares que constituem essa força coletiva forem incapazes de se emancipar ao ponto de se tornarem "sujeitos conscientes de suas próprias ações" e assumirem integralmente a responsabilidade por sua atividade vital plena de significado? E vice-versa: como poderiam os *indivíduos* ter vidas próprias plenas de significado se as *condições gerais* de reprodução sociometabólica forem dominadas por uma *força estranha* que frustra seus desígnios e desconsidera da maneira mais autoritária os objetivos e valores de autorrealização que os indivíduos sociais procuram estabelecer para si próprios?

As violações burocráticas do planejamento nas sociedades pós-capitalistas de tipo soviético foram manifestações da mesma contradição. A paralisante "influência de interesses burocráticos especiais e o poder circundante do Estado" na economia – corretamente deplorados pelos Magdoff – tinham de fracassar. Pois os membros do Politburo atribuíam arbitrariamente a si mesmos o papel exclusivo de sujeitos dotados de plenos poderes de decisão ao conduzirem sua decretada "economia planejada", descartando ao mesmo tempo com franco senso de superioridade até mesmo os mais elevados funcionários estatais do planejamento como "apenas um bando de contadores", como Kruchev demonstrou com abundante clareza em sua conversa com Che Guevara.

Uma entrevista reveladora relata uma conversa que Harry Magdoff teve com Che Guevara:

> Eu disse a Che, "O que importa na elaboração dos planos é que os planejadores, aqueles que sugerem as direções e os números, estejam envolvidos em pensar sobre as políticas alternativas efetivas à luz das condições práticas". Ao que ele riu e disse que quando estava em Moscou, seu anfitrião, Kruchev, que era então a cabeça do Partido e do governo, o levou para visitar lugares como um turista político. Percorrendo a cidade, Che falou a Kruchev que gostaria de

conhecer a comissão de planejamento. Ao que Kruchev disse: "Por que você quer conhecê-los? São apenas um bando de contadores".[9]

Além disso, no que se referia aos indivíduos particulares da sociedade como um todo, tinham ainda menos voz no processo geral de planejamento do que aqueles arrogantemente caracterizados como "bando de contadores". Seu papel, como sujeitos individuais, era restringido, sem cerimônias pelas autoridades do Estado, à execução das ordens que lhes eram transmitidas do alto.

As consequências foram bastante devastadoras, o que é compreensível. Pois, sob as circunstâncias predominantes, o *sujeito coletivo consciente* dos intercâmbios abrangentes necessários não poderia de maneira nenhuma ser constituído como um sujeito coletivo genuíno, de modo a exercer um controle verdadeiramente sustentável sobre os processos vitais da reprodução societária. Isso era impossível porque as duas dimensões fundamentais do que significa ser um *sujeito real*, acima mencionadas – a saber: a necessidade de combinar a dimensão social ampla da racionalidade reprodutiva com os objetivos individuais – foram voluntariamente rompidas e opostas uma à outra. Desse modo – sob a dada modalidade de tomada de decisão de cima para baixo – negou-se aos membros constitutivos potenciais do sujeito coletivo válido da sociedade, os *indivíduos particulares*, o controle autônomo de sua própria atividade vital plena de significado e com isso também o controle da reprodução sociometabólica como um todo. O restante da triste história tornou-se bem conhecido com a implosão do sistema de tipo soviético.

Assim, por todas as razões discutidas nesta seção, a superação radical do necessário abuso do tempo cometido pelo capital – que degrada os seres humanos à condição de "carcaça do tempo", negando-lhes o poder de autodeterminação como sujeitos reais – é vital para a criação de uma ordem social alternativa. O tempo decapitado e em curto-circuito não pode ser remediado apenas no plano societário genérico. As condições da emancipação individual e social não podem ser separadas – e muito menos opostas – umas das outras. Juntas têm êxito ou fracassam no plano temporal da *simultaneidade*, visto que uma é tão integralmente exigida para a realização da outra quanto o contrário. Não se pode esperar pela emancipação dos indivíduos até que mesmo os objetivos gerais elementares da transformação social sejam realizados com sucesso. Pois quem mais poderia dar os primeiros passos de uma transformação social abrangente se não os indivíduos que podem identificar-se – e se identificam – com os objetivos e valores de sua sociedade escolhida?

Mas, para tanto, os indivíduos sociais particulares devem se libertar da camisa de força do tempo decapitado que lhes é estreitamente imposto. E só podem fazê-lo adquirindo o poder de decisão autônoma, consciente e responsável, com sua perspectiva apropriada – não dilatada conflitual/adversamente – de atividade vital plena de significado. Eis como se torna possível constituir uma ordem sociometabólica alternativa sobre uma escala temporal historicamente sustentável. E é isso que confere seu verdadeiro significado fundado no *planejamento* como um princípio vital do empreendimento socialista.

---

[9] Harry Magdoff, entrevistado por Huck Gutman, "Creating a Just Society: Lessons from Planning in the U.S.S.R. & the U.S.", em *Monthly Review*, out. 2002, p. 2.

9.5 Crescimento qualitativo em utilização: a única economia viável

9.5.1

Outrora, o modo de produção capitalista representou um grande avanço sobre todos os precedentes, por mais problemático e, de fato, destrutivo que esse avanço histórico tenha se verificado no final – e tinha de verificar-se assim. Ao *romper* o vínculo – por longo tempo predominante, mas obrigatoriamente direto – entre o uso e a produção humana e ao substituí-lo pela *relação de mercadoria*, o capital abriu as possibilidades, que se desenvolvem de modo dinâmico, da *expansão* aparentemente irresistível à qual – do ponto de vista do sistema do capital e de suas personificações complacentes – não poderia haver limites concebíveis. Pois a determinação interna paradoxal e fundamentalmente indefensável do sistema produtivo do capital é que seus produtos tornados mercadorias "*são não-valores-de-uso para os proprietários, e valores-de-uso para os não proprietários. Consequentemente, devem todos trocar de mãos.* [...] *As mercadorias têm de realizar-se como valores, antes de poderem realizar-se como valores-de-uso*"[10].

A determinação interna em si mesma contraditória do sistema, que impõe a implacável submissão da necessidade humana à necessidade alienante da expansão do capital, é o que elimina a possibilidade de controle racional geral dessa ordem produtiva dinâmica. Ela traz consigo consequências perigosas e potencialmente destrutivas a longo prazo, transformando no devido tempo uma grande *força positiva* do desenvolvimento econômico anteriormente inimaginável, em uma *negatividade devastadora*, na ausência total da necessária restrição produtiva.

O que se ignora sistematicamente – e cumpre ignorar, em razão dos imperativos fetichistas inalteráveis e interesses autovantajosos do próprio sistema do capital – é o fato de que vivemos, sem escapatória, em um *mundo finito*, com seus *limites objetivos* literalmente vitais. Por um longo tempo da história humana, que inclui muitos séculos de desenvolvimentos capitalistas, esses limites podiam ser – como em verdade foram – ignorados com relativa segurança. Entretanto, uma vez que eles se afirmam, como devem se afirmar enfaticamente em nossa época histórica irreversível, nenhum sistema produtivo irracional e desperdiçador, por mais dinâmico (de fato, quanto mais dinâmico pior), pode escapar a essas consequências. Pode apenas desconsiderá-las por um momento reorientando-se em direção à justificação insensível do imperativo mais ou menos abertamente destrutivo da autopreservação do sistema a todo custo: proclamando a sabedoria segundo a qual *não há alternativa* e, nesse espírito, deixando de lado e suprimindo brutalmente, sempre que for preciso, até mesmo os sinais de advertência mais óbvios que prenunciam o futuro insustentável.

A falsa teorização é a consequência necessária dessa assimétrica determinação estrutural objetiva e dominação do valor de uso pelo valor de troca não apenas sob as condições da mais absurda e cega apologética do capitalismo contemporâneo, mas também no período clássico da economia política burguesa, à época da ascendência histórica do

---

[10] Karl Marx, *O capital* (Rio de Janeiro, Civilização Brasileira, 1980, livro I, v. I), p. 96. Grifos meus.

sistema do capital. É por isso que sob a vigência do capital uma produção *ficticiamente ilimitada* deve ser perseguida a todo custo, bem como teoricamente justificada como a única recomendável. Essa busca é imperativa mesmo que não possa haver nenhuma garantia de que (1) a exigida e sustentável "troca de mãos" das mercadorias fornecidas terá lugar no mercado idealizado (graças à misteriosa benevolência da "mão invisível" de Adam Smith, ainda mais misteriosa); e de que (2) as condições materiais objetivas para produzir o suprimento ilimitado projetado – e humanamente ilimitável, uma vez que divorciada em sua determinação primária da necessidade e do uso – de mercadorias poderão ser *asseguradas para sempre*, independentemente do impacto destrutivo do modo de reprodução sociometabólica do capital sobre a natureza e, por conseguinte, sobre as condições elementares da própria existência humana.

A adequação ideal do mercado para retificar o defeito estrutural inalterável indicado no ponto (1) acima é um *pensamento posterior gratuito*, que traz consigo muitas suposições arbitrárias e projeções reguladoras irrealizáveis de igual tendência. A sóbria realidade subjacente ao mercado como um pensamento posterior corretivo é um conjunto de relações de poder insuperavelmente conflituais/adversas, que tendem à dominação monopolista e à intensificação dos antagonismos do sistema do capital. Da mesma forma, o grave defeito estrutural da busca pela expansão ilimitada do capital – que idealiza o importantíssimo "crescimento" como um fim em si mesmo –, conforme salientado pelo ponto (2) acima, é complementado por um *pensamento posterior* igualmente *fictício* quando se tem de admitir que algum remédio deve ser receitado. E o remédio assim projetado – como uma alternativa ao colapso do sistema levado à negatividade irreparável do fatídico "estado estacionário" teorizado pela economia política burguesa no século XIX – é simplesmente a defesa ilusória da *distribuição* "mais igualitária" (e com isso menos tendente ao conflito), enquanto mantém intacto o sistema de produção. Esse postulado, ainda que pudesse ser implementado, o que evidentemente não pode, devido às determinações estruturais hierárquicas fundamentais da própria ordem do capital, não seria capaz de resolver nenhum dos graves problemas da *produção* sobre os quais *também* se erguem as contradições intransponíveis da *distribuição* incurável do sistema do capital.

Um dos principais representantes do pensamento liberal, John Stuart Mill, é tão genuíno em sua preocupação com o "estado estacionário" do futuro como é incorrigivelmente irreal no remédio que propõe para ele. Pois ele pode oferecer apenas uma esperança vazia em sua discussão desse problema que, por sinal, é absolutamente intratável do ponto de vista do capital. Ele escreve: "Espero sinceramente, pelo bem da posteridade, que eles fiquem satisfeitos *de serem estacionários*, muito antes que a necessidade os compile a isso"[11]. Dessa maneira, o discurso de Mill equivale a nada mais que uma prédica paternalista, porque ele só pode reconhecer, em conformidade com a sua aceitação do diagnóstico malthusiano, as dificuldades que emergem do crescimento populacional, mas nenhuma das contradições da ordem reprodutiva do

---

[11] John Stuart Mill, *Principles of Political Economy* (Londres/Nova York, Longmans/Green & Co., 1923), p. 751.

capital. Sua autocomplacência burguesa é claramente visível e priva a sua análise e sua intenção reformadora paternalista de toda substância. Mill afirma peremptoriamente que "É apenas nos *países atrasados do mundo* que o aumento da produção é ainda um objeto importante: nos mais avançados, o que é economicamente necessário é uma *melhor distribuição*, da qual um dos meios indispensáveis é um *controle populacional mais rigoroso*"[12]. Mesmo a sua ideia de "melhor distribuição" é incorrigivelmente irreal. Pois o que Mill não pode de maneira nenhuma reconhecer (ou admitir) é que o aspecto esmagadoramente importante da distribuição é a intocável distribuição exclusiva dos meios de produção à classe capitalista. É compreensível, portanto, que, com base em uma premissa operacional tão autovantajosa da ordem social, um senso paternalista de superioridade permaneça sempre predominante, de modo que não se possa esperar nenhuma solução "até que *os melhores espíritos* consigam educar os demais"[13] e, assim, que aceitem o controle populacional e uma "melhor distribuição" supostamente emergente desse controle. Por conseguinte, as pessoas deveriam esquecer completamente a ideia de mudar as determinações estruturais destrutivas da ordem sociometabólica estabelecida que, de maneira inexorável, conduz a sociedade em direção a um estado estacionário estagnante. No discurso de Mill, a utopia do milênio capitalista, com seu *estado estacionário sustentável*, será trazida à existência graças aos bons serviços dos "melhores espíritos" liberais esclarecidos. E assim, no que concerne às determinações estruturais da ordem sociorreprodutiva estabelecida, tudo pode prosseguir para sempre como antes.

Tudo isso fez sentido do ponto de vista do capital, por mais problemático e fundamentalmente indefensável que esse sentido teve por fim de se verificar, em razão do início dramático e do aprofundamento implacável da crise estrutural do sistema. Mas até mesmo o sentido parcial dessas proposições ilusórias não poderia ser atribuído ao movimento político reformista que alegava representar os interesses estratégicos do trabalho. Contudo, o reformismo social-democrata obteve inspiração posterior em tais pensamentos genuinamente ingênuos no início da economia política liberal. Assim, em virtude da lógica interna das premissas sociais adotadas, que emanam da perspectiva do capital e seus interesses autovantajosos como o controlador imutável do metabolismo reprodutivo, não poderia ser nada surpreendente que o reformismo social-democrata finalizasse seu curso de desenvolvimento da maneira como efetivamente o fez: transformando-se em "Novo Trabalhismo" (na Inglaterra; e seus equivalentes em outros países) e abandonando completamente toda preocupação até mesmo com a mais limitada reforma da ordem social estabelecida. Ao mesmo tempo, em lugar do liberalismo genuíno, as mais selvagens e desumanas variações do *neoliberalismo* apareceram no palco histórico, varrendo a memória das correções sociais antes defendidas – incluindo até mesmo as ilusórias soluções paternalistas – do passado progressista da crença liberal. E como uma ironia amarga do desenvolvimento histórico contemporâneo, os movimentos social-democratas reformistas anteriores

---

[12] Ibidem, p. 749.
[13] Idem.

do tipo do "Novo Trabalhismo" instalados no governo – não apenas na Inglaterra, mas também em todos os outros lugares do mundo capitalista "avançado" e não tão avançado – não hesitaram em identificar-se sem reservas com a fase neoliberal agressiva da apologética do capital. Essa transformação capitulante demarcou claramente o fim do caminho reformista que desde o início era um beco sem saída.

9.5.2

Para criar uma ordem de reprodução social economicamente viável e historicamente sustentável a longo prazo, é necessário alterar radicalmente as determinações internas, em si mesmas contraditórias da ordem estabelecida, que impõem a submissão inescrupulosa da necessidade e do uso humano à necessidade alienante da expansão do capital. Isso significa que a absurda precondição do sistema produtivo vigente – em que os valores de uso, por determinações de posse preordenadas e totalmente iníquas, devem ser divorciados e opostos àqueles que os criam, de maneira a levar a cabo e legitimar de modo circular/arbitrário a autorrealização ampliada do capital – tem de ser permanentemente relegada ao passado. Do contrário, o único significado viável de *economia*, no sentido de *economizar* racionalmente os recursos disponíveis, necessariamente finitos, não pode ser instituído e respeitado como um princípio orientador vital. Em vez disso, o *desperdício* irresponsável domina na ordem socioeconômica – e política correspondente – do capital, que se reafirma invariavelmente como *irresponsabilidade institucionalizada*, não obstante sua automitologia da "eficiência" absolutamente insuperável. (Por certo, o tipo de "eficiência" assim glorificado é de fato a eficiência fundamentalmente autoaniquiladora por levar cegamente adiante as *partes* conflituais/adversas incorrigivelmente à custa da *totalidade*.) É compreensível, portanto, que as fantasias promovidas de maneira governamental do "socialismo de mercado" tivessem de fracassar na forma de um colapso humilhante, devido à aceitação de tais pressupostos e determinações estruturais capitalisticamente insuperáveis.

A concepção ora dominante da "economia", que por sinal é de todo incapaz de estabelecer limites até ao desperdício mais atroz, em nossa época verdadeiramente em uma *escala planetária*, só pode funcionar com *tautologias* autovantajosas e arbitrariamente pré-fabricadas, bem como simultaneamente descartadas, *falsas oposições e pseudoalternativas*, delineadas com o mesmo propósito da autojustificação injustificável. Como uma tautologia ostensiva – e perigosamente capaz de infectar tudo – oferece-se a nós a definição arbitrária de *produtividade como crescimento, e crescimento como produtividade*, muito embora ambos os termos exijam uma avaliação própria historicamente qualificada e objetivamente sustentável. Naturalmente, a razão por que a óbvia falácia tautológica é preferível ao exame teórico e prático exigido e apropriado é que, decretando de modo arbitrário a *identidade* desses dois termos-chave de referência do sistema do capital, a *validade autoevidente e a superioridade atemporal* de uma ordem de reprodução social extremamente problemática – e em última instância até mesmo autodestrutiva – deve parecer não apenas plausível, mas absolutamente inquestionável. Ao mesmo tempo, a *identidade tautológica* arbitrariamente decretada de crescimento e produtividade é escorada pela falsa alternativa igualmente arbitrária e autovantajosa entre *crescimento* e *não crescimento*. Ademais, este último é automaticamente condenado a favor do *crescimento* capitalisticamente postulado e definido. É projetado e definido com quantificação fetichista, como convém ao modo – absurdamente atemporal em suas alegações, embora em realidade estritamente histórico – de pressupor para sempre, como o *sinônimo* autorrecomendável *do próprio crescimento*, nada mais específico e humanamente significativo do que a generalidade abstrata da *expansão ampliada do capital* como a *precondição* elementar para satisfazer a necessidade e o uso humano.

É aí que a separação incorrigível do crescimento capitalista com relação à necessidade e uso humano – com efeito, sua *contraposição* potencialmente mais devastadora e destrutiva – trai a si mesma. Uma vez que as mistificações fetichistas e os postulados arbitrários que se encontram na raiz da falsa identidade categoricamente decretada de *crescimento e produtividade* são escorchados, torna-se muito evidente que o tipo de crescimento postulado e ao mesmo tempo automaticamente eximido de toda análise crítica minuciosa não é de maneira nenhuma inerentemente vinculada aos objetivos sustentáveis correspondentes à necessidade humana. O único vínculo que se deve asseverar e defender a todo custo no universo sociometabólico do capital é a *falsa identidade* – pressuposta de modo apriorístico – de *expansão do capital* e "crescimento" circularmente correspondente (mas, na verdade, aprioristicamente pressuposto da mesma maneira), quaisquer que possam ser as consequências impostas à natureza e à humanidade até pelo tipo de crescimento mais destrutivo. Pois a preocupação real do capital só pode ser sua própria expansão sempre ampliada, mesmo se ela trouxer consigo a destruição da humanidade. Nessa visão, até mesmo o *crescimento canceroso* mais letal deve preservar sua primazia conceitual sobre e contra a necessidade e o uso humano, se a necessidade humana for em algum momento mencionada. E quando os apologistas do sistema do capital estão dispostos a considerar *Os limites do crescimento*[14], como o "Clube de Roma" fez em sua aventura amplamente propagandeada de apologia do capital no início da década de 1970, o objetivo continua a ser inevitavelmente a *eternização das graves desigualdades existentes*[15] pelo congelamento fictício (e quixotesco) da produção capitalista global em um nível totalmente insustentável, culpando primordialmente o "crescimento populacional" (como é frequente na economia política burguesa desde Malthus) pelos problemas existentes. Comparada a tal "intenção corretiva" insensível e hipócrita, que finge retoricamente estar preocupada com nada menos do que "a situação de apuro da humanidade", a prédica paternalista anteriormente citada de John Stuart Mill, com sua defesa genuína da distribuição em alguma medida mais equitativa que aquela com a qual ele estava familiarizado, era o paradigma do iluminismo radical.

---

[14] Para citar o título completo desse livro, absolutamente pretensioso, *The Limits to Growth: A Report for the Club of Rome Project on the Predicament of Mankind* [Os limites do crescimento: um relato para o projeto do Clube de Roma sobre a situação de apuro da humanidade], um livro de Potomac Associates (Londres, Earth Island Limited, 1972).

[15] É revelador que a principal personagem teórica por trás dessa aventura de "limitação do crescimento", o professor Jay Forrester, do Instituto de Tecnologia de Massachusetts, tenha descartado desdenhosamente qualquer preocupação com a igualdade como mera "tagarelice antiquada sobre igualdade". Ver sua entrevista em *Le Monde*, 1º de agosto de 1972.

A falsa alternativa caracteristicamente autovantajosa de "crescimento ou não crescimento" é evidente mesmo se considerássemos apenas o impacto do postulado "não crescimento" sobre as graves condições de desigualdade e sofrimento na ordem social do capital. Isso significaria a *condenação permanente* da maioria esmagadora da humanidade às condições desumanas que é hoje forçada a suportar. Pois atualmente, em seus bilhões, ela é, em sentido literal, forçada a suportar tais condições, quando se poderia *criar* uma alternativa. Ou seja, sob condições em que seria bastante plausível retificar ao menos os piores efeitos da privação global: confiando o *potencial* alcançado de produtividade ao uso humanamente recomendável e recompensador, em um mundo atual de desperdício criminoso de recursos materiais e humanos.

9.5.3

Com certeza, somente podemos falar do *potencial* positivo *de produtividade*, e não de sua realidade existente, como afirmam frequentemente – com intenções boas e inocentes, mas com ilusões sem limites – os antiquados reformistas voltados unicamente a essa questão que afirmam, em sua ilusão, que poderíamos fazê-lo "agora mesmo", com as forças produtivas que temos hoje à nossa disposição, se realmente nos decidíssemos a isso. Infelizmente, porém, essa concepção ignora completamente o modo como nosso sistema produtivo se articula na atualidade, exigindo uma rearticulação radical no futuro. Pois a produtividade aliada ao crescimento *capitalista*, na forma da realidade ora dominante de *produção destrutiva*, é um adversário dos mais ameaçadores. Para transformar a potencialidade positiva de desenvolvimento produtivo em uma tão necessária realidade, que seja capaz de retificar muitas das desigualdades e injustiças gritantes de nossa sociedade existente, seria preciso adotar os *princípios reguladores* de uma ordem social *qualitativamente diferente*. Em outras palavras, o *potencial de produtividade* da humanidade, ora destrutivamente negado, teria de ser libertado de seu invólucro capitalista para se tornar *força produtiva* socialmente viável.

A defesa quixotesca do congelamento da produção no plano alcançado no início dos anos 1970 tentava camuflar, com a fabulação de modelos pseudocientíficos vazios instaurada pioneiramente no Instituto de Tecnologia de Massachusetts, as reais relações de poder reforçadas, de modo implacável, do imperialismo do pós-guerra dominado pelos Estados Unidos. Essa variedade de imperialismo era, evidentemente, muito diversa de forma anteriormente conhecida por Lenin. Pois, no período em que Lenin viveu, ao menos meia dúzia de potências imperialistas significativas competiam pelas recompensas de suas conquistas reais e/ou esperadas. E mesmo na década de 1930, Hitler ainda desejava compartilhar os frutos do imperialismo violentamente redefinido com a Itália de Mussolini e o Japão. Em nosso tempo, ao contrário, temos de enfrentar a realidade – e os perigos letais – que emergem do *imperialismo hegemônico global*[16], com os Estados Unidos como sua potência esmagadoramente dominante. Ao contrário até mesmo da Alemanha de Hitler, os EUA, como a única potência hegemônica não estão nem um

---

[16] Ver o capítulo 4 do presente livro, especialmente a seção 4.2: "A fase potencialmente fatal do imperialismo".

pouco dispostos a compartilhar a dominação global com nenhum rival. E isso não ocorre simplesmente por conta de contingências políticas/militares. Os problemas são bem mais profundos. Eles se afirmam por meio das contradições cada vez mais agravantes da *crise estrutural* do sistema do capital que se intensifica. O imperialismo hegemônico global dominado pelos Estados Unidos é uma tentativa – em última instância fútil – de delinear uma solução a essa crise por meio do domínio mais brutal e violento sobre o resto do mundo, reforçado com ou sem a ajuda dos escravizados "aliados voluntários", agora por uma sucessão de guerras genocidas. Desde a década de 1970, os norte-americanos vêm afundando cada vez mais no *endividamento catastrófico*. A solução fantasiosa proclamada publicamente por diversos presidentes dos Estados Unidos era "crescer para sair dele". E o resultado: o oposto diametral, na forma de um endividamento astronômico e ainda crescente. Por conseguinte, os Estados Unidos precisam arrebatar para si, por qualquer meio que estiver à sua disposição, inclusive a agressão militar mais violenta, sempre que exigida para esse propósito, tudo o que puderem, pela transferência dos frutos do crescimento capitalista de todas as partes do mundo – graças à dominação socioeconômica e político-militar global dos Estados Unidos como a única potência hegemônica que prevalece com êxito hoje. Poderia, pois, alguma pessoa sã imaginar, por mais resguardada que estivesse em seu desprezo insensível pela "tagarelice antiquada sobre igualdade", que o imperialismo hegemônico global dominado pelos Estados Unidos levaria a sério, mesmo que por um momento, a panaceia de "não crescimento"? Apenas o pior tipo de má-fé poderia sugerir essas ideias, por mais pretensiosamente embalado na preocupação hipócrita com "a situação de apuro da humanidade".

Por diversas razões, não pode haver nenhuma questão de importância para o crescimento tanto no presente como no futuro. Mas, para proferir essa afirmação, é preciso fazê-la acompanhar de um exame apropriado do conceito de crescimento não apenas como o conhecemos até o presente, mas também como podemos considerar sua sustentabilidade no futuro. Nossa tomada de partido pelo crescimento não pode favorecer o *crescimento não qualificado*. A questão real tendenciosamente evitada é: *que tipo de crescimento* é plausível hoje, em contraste com o crescimento capitalista perigosamente desperdiçador e mesmo mutilador, que se faz visível por toda parte ao nosso redor? Pois o crescimento deve ser também *positivamente sustentável* no futuro a *longo prazo*.

Como já mencionado, o crescimento capitalista é fatalmente dominado pelos limites inescapáveis da *quantificação fetichista*. O *desperdício* que se agrava cada vez mais é um corolário necessário desse fetichismo, uma vez que não pode haver critérios – e nenhuma *medida* viável – cuja observação seja capaz de corrigir o desperdício. A *quantificação* mais ou menos arbitrária estabelece o contexto, criando ao mesmo tempo também a ilusão de que uma vez que as quantidades exigidas são asseguradas para os mais poderosos, não pode haver outros problemas significativos. Contudo, a verdade da questão é que a *quantificação* auto-orientada não pode, na realidade, sustentar-se de maneira alguma como uma forma de estratégia produtivamente viável mesmo no curto prazo. Pois é parcial e míope (senão inteiramente cega), preocupada apenas com as quantidades correspondentes aos *obstáculos imediatos* que impedem a realização de uma dada tarefa produtiva, mas não com os *limites estruturais* necessáriamente associados ao próprio empreendimento socioeconômico que – quer se saiba ou não – decide tudo em última instância. Do ponto de vista capitalista, a necessária confusão entre limites e obstáculos (que podem ser quantitativamente superados), com o intuito de ignorar os limites (já que correspondem às determinações intransponíveis da ordem sociometabólica do capital), vicia a orientação do crescimento de todo o sistema produtivo. Para tornar o crescimento viável seria preciso dedicar-lhe considerações profundamente *qualitativas*. Mas isso encontra absoluto impedimento no *direcionamento autoexpansivo* do capital a todo custo, que é incompatível com a consideração *restringente* sobre *qualidade* e *limites*.

A grande inovação do sistema do capital é que ele pode operar – *não dialeticamente* – por meio da dominação esmagadora da *quantidade*: submetendo *tudo*, inclusive o trabalho humano vivo (inseparável das qualidades da necessidade e do uso humano), às *determinações quantitativas abstratas*, na forma do valor e do valor de troca. Assim, tudo se torna lucrativamente comensurável e administrável por um determinado período de tempo. Esse é o segredo do triunfo sócio-histórico – por um longo tempo irresistível – do capital. Mas é também o arauto da insustentabilidade última e necessária implosão, uma vez que os *limites absolutos* do sistema (em contraste com seus limites *relativos*, correspondentes aos *obstáculos que impedem a expansão* produtivamente superáveis) forem plenamente ativados, como acontece de modo crescente em nossa época histórica. Esse é o momento em que a dominação não dialética da qualidade pela quantidade torna-se perigosa e intolerável. Visto que é inconcebível ignorar em nosso tempo a conexão inerente fundamental, mas sob o capitalismo necessariamente assimétrica – que deve ser agora adotada de maneira consciente como uma orientação reguladora vital – de *economia como economizar* (o que equivale à economia responsável). Em um ponto crítico do tempo histórico, em que as personificações complacentes do sistema produtivo vigente fazem tudo o que está em seu alcance para varrer por inteiro a consciência dessa conexão objetiva imprescindível, optando pela destrutividade inegável não apenas no culto das práticas produtivas extremamente desperdiçadoras, mas mesmo na glorificação de seu engajamento letalmente destrutivo em infindáveis "guerras preventivas e preemptivas".

A *qualidade*, por sua própria natureza, é inseparável das *especificidades*. Por conseguinte, um sistema sociometabólico que respeita a qualidade – sobretudo das necessidades dos seres humanos vivos como seus sujeitos produtores – não pode ser controlado de modo hierárquico. É preciso um tipo radicalmente diferente de administração socioeconômica e cultural para uma sociedade que opera sobre a base de tal metabolismo reprodutivo qualitativamente diferente, brevemente resumido como *autoadministração*. Mas o regimento era tão plausível como necessário para a ordem sociometabólica do capital. De fato, a estrutura de comando do capital não poderia funcionar de nenhuma outra maneira. A hierarquia e o regimento autoritário estruturalmente assegurados são as características definidoras do sistema de comando do capital. A ordem alternativa é incompatível com o regimento e com o tipo de contabilidade – incluindo a operação estritamente quantitativa do *tempo de trabalho necessário* – que devem prevalecer no sistema do capital. Assim, o *tipo de crescimento* necessário e plausível na ordem sociometabólica alternativa só pode basear-se na *qualidade* diretamente correspondente às *necessidades humanas*: as necessidades reais e historicamente desenvolvidas desde a sociedade como um todo quanto de seus indivíduos particulares. Ao mesmo tempo, a alternativa à contabilidade restritiva e fetichista do *tempo de trabalho necessário* só pode ser o *tempo disponível* libertador e emancipador conscientemente oferecido e administrado pelos próprios indivíduos sociais. Esse tipo de controle sociometabólico dos recursos materiais e humanos disponíveis respeitaria – e realmente poderia respeitar – os limites gerais que emergem do princípio orientador da economia como economizar, bem como, e ao mesmo tempo, os expandiria de maneira consciente conforme as condições historicamente em desenvolvimento permitissem com segurança. Afinal, não devemos esquecer que "o primeiro ato histórico foi a criação de uma nova necessidade" (Marx). É somente a maneira negligente como o capital trata a economia – não como o economizar racional, mas como a legitimação mais irresponsável do desperdício ilimitado – que *perverte totalmente* esse processo histórico: substituindo a necessidade humana pela única e exclusiva necessidade alienante do capital de autorreprodução ampliada a todo custo, ameaçando levar com isso a própria história humana a um fim.

9.5.4

Não é possível sequer introduzir *corretivos parciais* na estrutura operacional do capital, se os mesmos forem genuinamente orientados à qualidade. Pois as únicas qualidades relevantes, nesse respeito, não são características físicas abstratas, mas as *qualidades humanamente significativas inseparáveis da necessidade*. Por certo, é verdade, como salientado anteriormente, que tais qualidades são sempre específicas, correspondentes às necessidades humanas particulares claramente identificáveis, tanto dos próprios indivíduos como de suas relações sociais historicamente dadas e em transformação. Por conseguinte, em sua especificidade multilateral, elas constituem um conjunto coerente e bem definido de determinações sistêmicas invioláveis, com seus próprios *limites sistêmicos*. É precisamente a existência desses limites sistêmicos – muito longe de serem abstratos – que torna impossível transferir determinações operacionais significativas e princípios orientadores da ordem sociometabólica alternativa visada para dentro do sistema do capital. Os dois sistemas são radicalmente excludentes um em relação ao outro, visto que as qualidades específicas correspondentes à necessidade humana, na ordem alternativa, carregam as marcas indeléveis de suas determinações sistêmicas gerais, como partes integrantes de um sistema de controle sociorreprodutivo humanamente válido. No sistema do capital, ao contrário, as determinações gerais devem ser inalteravelmente *abstratas*, porque a *relação de valor* do capital deve reduzir todas as qualidades (correspondentes à necessidade e ao uso) a quantidades genéricas mensuráveis, para asseverar sua dominação histórica alienante sobre tudo, no interesse da expansão do capital, indiferente às consequências.

As incompatibilidades dos dois sistemas tornam-se profusamente evidentes quando consideramos sua relação com a questão do *limite em si*. O único *crescimento* sustentável promovido positivamente sob o controle sociometabólico alternativo é fundado na *aceitação consciente dos limites* cuja violação colocaria em perigo a realização dos objetivos reprodutivos escolhidos – e humanamente válidos. Assim, o *desperdício* e a *destrutividade* (como conceitos limitadores claramente identificáveis) são *absolutamente excluídos* pelas próprias determinações sistêmicas aceitas de modo consciente, adotadas pelos indivíduos sociais como seus princípios orientadores vitais. Ao contrário, o sistema do capital é caracterizado, e fatalmente direcionado, pela *rejeição* – consciente ou inconsciente – *de todos os limites, inclusive seus próprios limites sistêmicos*. Mesmo esses últimos são tratados de maneira arbitrária e perigosa como se não fossem nada mais do que *obstáculos contingentes* sempre superáveis. Assim, qualquer coisa cabe nesse sistema de reprodução social, inclusive a possibilidade – e, no momento que alcançamos nossa própria época histórica, também a grave e esmagadora probabilidade – de *destruição total*.

Sem dúvida, essa relação mutualmente excludente com a questão dos limites prevalece também do outro lado. Desse modo, não pode haver "corretivos parciais" emprestados do sistema do capital quando da criação e fortalecimento da ordem sociometabólica alternativa. As incompatibilidades parciais – para não mencionar as gerais – dos dois sistemas emergem da *incompatibilidade radical de suas dimensões de valor*. Como mencionado acima, é por isso que as determinações particulares de valor e as relações da ordem alternativa não poderiam ser transferidas à estrutura sociometabólica do capital com o propósito de melhorá-la, como postulado por certo projeto reformista fundamentalmente irreal, vinculado à metodologia vazia do "pouco a pouco". Pois mesmo as menores relações parciais do sistema alternativo são *profundamente engastadas nas determinações gerais de valor* de uma estrutura geral de necessidades humanas cujo axioma elementar inviolável é a exclusão radical do *desperdício e destruição*, de acordo com a sua *natureza recôndita*.

Ao mesmo tempo, do outro lado, nenhum "corretivo" parcial pode ser transferido da estrutura operacional do capital para dentro de uma ordem genuinamente socialista, como o fracasso desastroso da aventura do "socialismo de mercado" de Gorbachev demonstrou de maneira dolorosa e conclusiva. Pois, também a esse respeito, seríamos sempre confrontados pela incompatibilidade radical de determinações de valor, mesmo se nesse caso o valor envolvido fosse o *contravalor* destrutivo, correspondente aos limites últimos – necessariamente ignorados – do próprio sistema do capital. Os limites sistêmicos do capital são integralmente compatíveis com o desperdício e a destruição, pois tais considerações normativas só podem ser *secundárias* ao capital. Determinações mais fundamentais devem obter precedência sobre tais preocupações. Esse é o motivo por que a *indiferença* original do capital *ao desperdício e à destruição* (nunca uma postura mais positiva do que a indiferença) transforma-se na sua mais ativa promoção quando as condições requerem essa mudança. De fato, cumpre buscar inexoravelmente o desperdício e a destruição nesse sistema em subordinação direta ao *imperativo da expansão do capital*, o determinante sistêmico esmagador. Quanto mais isso ocorre, mais para trás deixamos a fase historicamente ascendente do desenvolvimento do sistema do capital. E ninguém deveria deixar-se enganar pelo fato de que frequentemente a asserção preponderante do *contravalor* é deturpada e racionalizada como "neutralidade de valor" pelos célebres ideólogos do capital.

Foi, portanto, assombroso que no momento da infortunada perestroica de Gorbachev, seu "Chefe Ideológico" (chamado oficialmente por esse nome) pudesse declarar seriamente que o mercado capitalista e suas relações mercantis eram as encarnações instrumentais dos "valores humanos universais" e uma "grande realização da civilização humana", acrescentando a essas grotescas asserções capitulantes que o mercado capitalista era até mesmo "a garantia de renovação do socialismo"[17]. Esses teóricos continuaram falando sobre a adoção do "mecanismo do mercado", em que o mercado capitalista não era *nada senão* um *mecanismo* neutro adaptável. Era, na verdade, *incuravelmente carregado de valor* e deve sempre permanecer como tal. Nesse tipo de concepção – curiosamente compartilhada pelo "Chefe Ideológico socialista" de Gorbachev (e outros) juntamente com o Friedrich August von Hayek desse mundo que denunciou violentamente qualquer ideia de socialismo como "O caminho da servidão"[18] – a *troca* é em geral anistoricamente e anti-historicamente equiparada à *troca capitalista* e a realidade cada vez mais destrutiva do *mercado capitalista* a um benevolente *mercado* em geral ficcionalizado. Quer tenham ou não percebido isso, capitularam assim à idealização dos imperativos de um sistema implacável de necessária *dominação do mercado* (em última instância inseparável das pilhagens do imperialismo) exigida pelas determinações internas da ordem sociometabólica do capital. A adoção dessa posição capitulante foi igualmente pronunciada, mas ainda mais prejudicial, no documento de reforma de Gorbachev. Pois ele insistia que

> *Não há alternativas para o mercado*. Somente o mercado pode assegurar a satisfação das *necessidades do povo*, a *justa distribuição* da riqueza, *direitos sociais* e o fortalecimento da *liberdade* e da *democracia*. O mercado permitirá que a economia soviética seja organicamente vinculada à do mundo e dê aos nossos cidadãos acesso a todas as realizações da *civilização mundial*.[19]

Naturalmente, dada a total irrealidade da desejosa afirmação de Gorbachev segundo a qual *não há alternativas*, que espera o generoso fornecimento "ao povo" de todas essas supostas realizações e benefícios admiráveis, em todos os domínios, pelo mercado capitalista global, essa aventura só poderia terminar, da maneira mais humilhante, na desastrosa implosão do sistema de tipo soviético.

9.5.5

Não é em absoluto acidental ou surpreendente que a proposição *não há alternativa* ocupe um lugar tão proeminente nas concepções socioeconômicas e políticas formuladas do ponto de vista do capital. Nem mesmo os maiores pensadores da burguesia – como Adam Smith e Hegel – poderiam ser exceções, nesse sentido. Pois é absolutamente verdadeiro que a ordem burguesa ou tenha êxito em afirmar-se na forma da dinâmica *expansão de capital* ou seja condenada ao completo fracasso. Realmente não pode haver *nenhuma alternativa concebível* à infinita expansão do capital do ponto de vista do capital, determinando com isso a visão de todos aqueles

---

[17] Vadim Medvedev, "The Ideology of Perestroika", em Abel Aganbegyan (ed.), *Perestroika Annual* (Londres, Futura/Macdonald, 1989, v. 2), p. 31-2.

[18] *The Road to Serfdom*, título do mais famoso livro de cruzada de Hayek.

[19] Gorbachev, citado em John Rettie, "Only Market Can Save Soviet Economy", em *The Guardian*, 17 de outubro de 1990.

que o adotam. Mas a adoção desse ponto de vista também significa que a questão do *preço que deve ser pago* pela expansão incontrolável do capital para além de um certo ponto no tempo – uma vez que a fase ascendente do desenvolvimento do sistema foi deixada para trás – não pode em absoluto ser levada em consideração. A violação do *tempo histórico* é, portanto, a consequência necessária da adoção do ponto de vista do capital, por internalizar o imperativo expansivo do sistema como seu determinante mais fundamental e absolutamente inalterável. Mesmo nas concepções dos maiores pensadores burgueses essa posição tem de prevalecer. Não pode haver ordem social alternativa futura cujas características definidoras sejam significativamente diferentes daquela já estabelecida. É por isso que mesmo Hegel, que formula a concepção histórica incomparavelmente mais profunda até para o seu próprio tempo, tem também de levar a história, de maneira arbitrária, a um fim no presente inalterável do capital, idealizando o Estado-nação[20] capitalista como o clímax insuperável de todo desenvolvimento histórico concebível, não obstante sua aguda percepção das implicações destrutivas do sistema de Estados-nação como um todo.

Assim, não pode haver alternativa para o pernicioso dogma *não há alternativa* decretado pelo pensamento burguês. Mas é totalmente absurdo que os socialistas adotem a posição da expansão infinita (e por natureza incontrolável) do capital. Pois a consequente idealização – de novo, caracteristicamente não qualificada – do "consumo" ignora a verdade elementar de que da perspectiva autoexpansiva acrítica do capital não pode haver *nenhuma diferença entre destruição e consumo*. Uma é tão boa quanto a outra para o propósito exigido. Isso ocorre porque a transação comercial na relação de capital – mesmo do tipo mais destrutivo, incorporado nos artigos do complexo industrial/militar e o uso a que servem em suas guerras desumanas – completa com êxito o ciclo da autorreprodução ampliada para o capital, de modo a ser capaz de abrir um novo ciclo. Essa é a única coisa que realmente importa para o capital, indiferente ao grau de insustentabilidade das consequências. Por conseguinte, quando os socialistas internalizam o imperativo da expansão do capital como o fundamento necessário do crescimento defendido, não aceitam simplesmente um princípio isolado, mas um "pacote de acordo" completo. Sabendo ou não, aceitam ao mesmo tempo todas as *falsas alternativas* – como "crescimento ou não crescimento" – que podem derivar-se da defesa acrítica da expansão necessária do capital.

Cumpre rejeitarmos a falsa alternativa do *não crescimento* não apenas porque sua adoção perpetuaria a miséria e a desigualdade mais repulsivas que atualmente dominam o mundo, com a luta e a destrutividade que lhes são inseparáveis. A negação radical dessa abordagem só pode ser um ponto de partida necessário. A dimensão inerentemente

---

[20] Para citar um dos postulados idealizadores de Hegel: "O *Estado-nação* é o espírito em sua racionalidade substancial e efetividade imediata e é, portanto, o *poder absoluto* na terra" (G. W. F. Hegel, *Philosophy of Right*, Oxford, Clarendon Press, 1942, p. 212). [Os termos do trecho citado por Mészáros diferem da tradução da mesma passagem na recente edição brasileira, porquanto optamos por traduzir a sua referência. Naquela, lê-se "Enquanto Estado, o povo é o Espírito em sua racionalidade substancial e em sua realidade imediata. É pois o poder absoluto sobre a terra" (G. W. F. Hegel, *Princípios da filosofia do direito*, São Paulo, Martins Fontes, 2003, p. 301) – N. T.]

positiva de nossa visão envolve a redefinição fundamental da *própria riqueza* tal como a conhecemos. Sob a ordem sociometabólica do capital, somos confrontados pelo *domínio alienante da riqueza sobre a sociedade*, o que afeta diretamente cada aspecto da vida, do âmbito estreitamente econômico ao cultural e espiritual. Como consequência, não podemos sair do círculo vicioso do capital, com todas as suas determinações fundamentalmente destrutivas e suas falsas alternativas, sem reverter plenamente essa relação vital. Isto é, sem *fazer a sociedade – a sociedade de indivíduos livremente associados – governar sobre a riqueza*, redefinindo ao mesmo tempo sua relação com o tempo e com o tipo de uso a que servem os produtos do trabalho humano. Como escrevera Marx já em uma de suas primeiras obras:

> Em uma sociedade futura, na qual o antagonismo de classes tenha cessado, onde não existissem mais classes, o uso não seria mais determinado pelo *mínimo do tempo de produção*, mas sim o tempo de produção social que seria consagrado aos diferentes objetos seria determinado pelo seu *grau de utilidade social*.[21]

Isso significa um afastamento impassível da visão da riqueza como uma entidade material fetichista que deve ignorar os *indivíduos reais* que são os criadores da riqueza. Naturalmente, o capital – em sua falsa alegação de ser idêntico à riqueza, como "criador e incorporação da riqueza" – deve ignorar os indivíduos, no serviço autolegitimador de seu próprio controle sociometabólico. Desse modo, usurpando o papel da riqueza real e subvertendo o uso potencial a que ela poderia servir, o capital é o *inimigo do tempo histórico*. Eis o que precisa ser corrigido pelo bem da própria sobrevivência humana. Assim, todos os componentes das relações que se desdobram entre os indivíduos reais que se autodeterminam historicamente, ao lado da riqueza que criam e alocam positivamente por meio da aplicação consciente da única modalidade de tempo viável – tempo disponível – devem ser reunidos em uma estrutura sociometabólica qualitativamente diferente. Nas palavras de Marx:

> a *riqueza real* é a força produtiva desenvolvida de todos os indivíduos. A medida da riqueza não é mais, de maneira nenhuma, o tempo de trabalho, mas passa a ser o tempo disponível. O *tempo de trabalho como medida de riqueza* estabelece a própria riqueza como fundada na pobreza, e o tempo disponível como existente tão somente *na e pela oposição ao tempo de trabalho excedente* ou no e pelo ato de pôr todo o tempo de um indivíduo como tempo de trabalho e, consequentemente, sua degradação a mero trabalhador, sua subsunção ao trabalho.[22]

O *tempo disponível é o tempo histórico real do indivíduo*. Ao contrário, o tempo de trabalho necessário requerido para o funcionamento do modo de controle sociome-

---

[21] Karl Marx, *Miséria da filosofia*, cit., p. 58; grifos meus, à exceção de "mínimo", também grifado pelo autor. Citado em István Mészáros, "O sistema comunal e a lei do valor em Marx e Lukács", capítulo 19 de *Para além do capital*, cit., em *Critique*, n. 23, 1991, p. 36. Ver também o capítulo 15 "A taxa de utilização decrescente no capitalismo" e o capítulo 16 "A taxa de utilização decrescente e o Estado capitalista" de *Para além do capital*, cit., que tratam de importantes temas relacionados.

[22] Karl Marx, *Grundrisse der Kritik der politischen Ökonomie* (Marx-Engels-Werke, Berlim, Dietz Verlag, 1983, v. 42), p. 604.

tabólico do capital é *anti-histórico* e nega aos indivíduos o único meio pelo qual se podem afirmar e satisfazer como *sujeitos históricos reais* no controle de sua própria atividade vital. Na forma do tempo de trabalho necessário do capital, os indivíduos são submetidos ao tempo como *juiz tirânico e medida degradante*, sem corte de apelação, em vez de ser ele mesmo *julgado* e *medido* em relação aos critérios humanos qualitativos pelas *"necessidades* do indivíduo social"[23]. O tempo anti-histórico perversamente autoabsolutizante do capital se sobrepõe assim à vida humana como *determinante* fetichista que reduz o trabalho vivo à "carcaça do tempo", conforme vimos acima. O desafio histórico é, pois, progredir na ordem sociometabólica alternativa, da vigência do tempo congelado do capital como *determinante alienador* para torná-lo livremente *determinado* pelos próprios indivíduos sociais que dedicam, de modo consciente à realização de seus objetivos escolhidos, seus recursos incomparavelmente mais ricos do *tempo disponível* que aquilo que se poderia extorquir deles por meio da tirania do tempo de trabalho necessário. Essa é uma diferença absolutamente vital. A adoção do tempo disponível é o único meio concebível *e correto* pelo qual o tempo pode ser transformado de *determinante tirânico* em componente autônoma e criativamente *determinado* do processo de reprodução.

9.5.6

Esse desafio envolve necessariamente a supressão da divisão social do trabalho hierárquica e estruturalmente imposta. Pois, uma vez que o tempo domina a sociedade na forma imperativa de extrair de sua maioria esmagadora o tempo de trabalho excedente, o pessoal que comanda esse processo deve levar uma forma de existência substancialmente diferente, em conformidade com a sua função como *aqueles que impõem de bom grado o alienante imperativo do tempo*. Ao mesmo tempo, a maioria esmagadora dos indivíduos é "degradada a meros trabalhadores, subordinada ao trabalho". Sob tais condições, o processo de socirreprodução deve afundar-se sempre mais em sua *crise estrutural*, com as perigosas implicações últimas de um caminho sem volta possível.

O pesadelo do "estado estacionário" permanece como tal mesmo que se procure aliviá-lo, como propôs John Stuart Mill, com a ilusória solução da "melhor distribuição" tomada isoladamente. Não pode haver uma "melhor distribuição" sem uma reestruturação radical do próprio *processo de produção*. A alternativa hegemônica socialista ao domínio do capital requer a superação fundamental da *dialética truncada* da inter-relação vital de *produção, distribuição e consumo*. Pois, sem isso, o objetivo socialista de transformar o trabalho na "primeira necessidade vital" é inconcebível. Para citar Marx:

> Na fase superior da sociedade comunista, quando houver desaparecido a subordinação escravizadora dos indivíduos à divisão do trabalho e, com ela, o contraste entre o trabalho intelectual e o trabalho manual; quando trabalho não for somente um meio de vida, mas a *primeira necessidade vital*; quando, com o *desenvolvimento dos indivíduos em todos os seus aspectos*, crescerem também as forças produtivas e jorrarem em caudais os mananciais da

---

[23] Idem.

riqueza coletiva, só então será possível ultrapassar-se totalmente o estreito horizonte do direito burguês e a sociedade poderá inscrever em suas bandeiras: *De cada qual, segundo sua capacidade; a cada qual, segundo suas necessidades.*[24]

Esses são os *alvos gerais* da transformação socialista que fornecem a *bússola* da jornada e simultaneamente a *medida* das realizações alcançadas (ou fracassadas) durante o percurso. No interior de uma tal visão da alternativa hegemônica à ordem sociorreprodutiva do capital não pode absolutamente haver espaço para algo como "o estado estacionário", nem tampouco para nenhuma das falsas alternativas associadas ou derivadas dele. "O *desenvolvimento* dos indivíduos *em todos os seus aspectos*", colocando conscientemente em exercício todos os recursos de seu tempo disponível, no interior da estrutura do novo controle sociometabólico orientado à produção de "riqueza coletiva/cooperativa", tem o intuito de fornecer as bases de uma contabilidade *qualitativamente* diversa: a *contabilidade socialista* necessária, definida pela necessidade humana e diametralmente oposta à quantificação fetichista e ao desperdício concomitante e inevitável.

É por isso que a importância vital do *crescimento de um tipo sustentável* pode ser reconhecida e administrada com êxito na estrutura sociometabólica alternativa. Em uma ordem de controle sociometabólico, isto é, em que a antítese entre trabalho intelectual e trabalho manual – sempre vital para a manutenção da dominação absoluta sobre o trabalho pelo capital como usurpador do papel do sujeito histórico controlador, que lhe é assegurado por sua expropriação estruturalmente preestabelecida dos meios de produção – deve desvanecer de uma vez por todas. Por conseguinte, a própria produtividade conscientemente buscada pode elevar-se a um *nível qualitativamente superior*, sem nenhum perigo de *desperdício* incontrolável, engendrando a *riqueza* genuína – e não o material estreitamente orientado ao lucro – da qual os "indivíduos sociais ricos" (Marx), como sujeitos históricos autônomos (e ricos precisamente nesse sentido) detenham o pleno controle. No "estado estacionário", ao contrário, os indivíduos não poderiam ser sujeitos históricos genuínos, pois não poderiam deter o controle de uma vida própria, em vista de estarem à mercê do pior tipo de determinações materiais, diretamente sob o domínio da *escassez incurável*.

O desperdício sempre crescente – e, por suas implicações últimas, catastrófico – no sistema do capital é inseparável da maneira mais irresponsável como os bens e serviços produzidos são *utilizados*, a serviço da lucrativa expansão do capital. Perversamente, quanto menor a sua taxa de utilização, maior o escopo de substituição lucrativa, no espírito da equação já mencionada, absurda e no futuro totalmente intolerável, segundo a qual não se pode inferir, da perspectiva do capital, uma distinção significativa entre *consumo e destruição*. Pois a *destruição* totalmente desperdiçadora satisfaz a demanda requerida pelo capital autoexpansivo por um novo ciclo de produção lucrativo de maneira tão adequada quanto o consumo genuíno correspondente ao uso seria capaz. Entretanto, o momento da verdade chega quando o preço a pagar pela economia cri-

---

[24] Karl Marx, "Crítica do Programa de Gotha", em Karl Marx e Friedrich Engels, *Obras escolhidas* (São Paulo, Alfa-Omega, s. d.), v. 2, p. 214-5. Grifos meus.

minalmente irresponsável do capital é alto, no curso do desenvolvimento histórico. É esse o momento em que o imperativo de adotar uma *taxa de utilização* cada vez melhor e incomparavelmente mais responsável dos bens e serviços produzidos – e, com efeito, conscientemente produzidos com esse objetivo, em relação à necessidade e uso humano qualitativo – torna-se absolutamente vital. Pois *a única economia possível – significativamente economizadora* e com isso sustentável no futuro próximo e no mais distante – só pode ser o tipo de economia administrada de maneira racional, orientada para a *utilização otimizada* dos bens e serviços produzidos. Não pode haver *crescimento de um tipo sustentável* além desses parâmetros de economia racional orientada pela necessidade humana genuína.

Para tomar um exemplo de importância crucial do que sob esse aspecto constitui um erro incurável sob a vigência do capital, devemos pensar no modo como os automóveis, em número sempre crescente, são utilizados em nossas sociedades. Os recursos esbanjados na produção e abastecimento de combustível dos automóveis são imensos sob o "capitalismo avançado" e representam a segunda maior despesa – depois dos contratos de hipoteca – nos lares particulares. Entretanto, é absurdo que a taxa de utilização dos automóveis seja de menos de *um por cento*, justificada, sem nenhuma legitimidade, pelos direitos de posse exclusivos conferidos a seus compradores. Ao mesmo tempo, a alternativa real integralmente praticável não é apenas negligenciada, mas sabotada de forma ativa pelos maciços interesses autovantajosos de corporações semimonopolistas. Pois a simples verdade é que os indivíduos *precisam* mesmo (e não alcançam, apesar do pesado encargo financeiro que lhes é imposto) é de *serviços de transporte* adequados, e não a mercadoria de posse privada economicamente desperdiçadora e ambientalmente mais devastadora, que também os faz perder incontáveis horas de suas vidas em *engarrafamentos* insalubres. É evidente que a *alternativa real* seria desenvolver o *transporte público* no plano qualitativamente mais elevado, satisfazendo os necessários critérios econômicos, ambientais e de saúde pessoal no interior do escopo desse projeto racionalmente seguido e limitando, ao mesmo tempo, o uso de automóveis – de posse coletiva e alocados de maneira apropriada, e não de propriedade exclusiva e desperdiçadora – a funções específicas. Assim, a própria necessidade dos indivíduos – nesse caso sua necessidade genuína de *serviços de transporte apropriados* – determinaria os alvos dos veículos e as facilidades de comunicação (como rodovias, redes ferroviárias e sistemas de navegação) a serem produzidos e mantidos, de acordo com o princípio de utilização otimizada, em lugar de os indivíduos serem completamente dominados pela necessidade fetichista do sistema estabelecido de expansão lucrativa, mas fundamentalmente destrutiva, do capital.

A questão inevitável, mas até agora tendenciosamente evitada, da *economia real*, correspondente às considerações apresentadas nesta seção, terá de ser enfrentada em um futuro muito próximo. Visto que nos chamados "países de terceiro mundo" é inconcebível seguir o padrão de "desenvolvimento" desperdiçador do passado que, na verdade, os condenou à sua precária condição de hoje, sob a vigência do modo de reprodução sociometabólica do capital. O fracasso clamoroso das tão promovidas "teorias da modernização" e suas incorporações institucionais correspondentes demonstraram claramente a incompetência dessa abordagem.

9.5.7

Pelo menos em um aspecto vimos evocar-se um alarme a esse respeito – que ao mesmo tempo premia caracteristicamente pela afirmação e preservação absoluta dos privilégios dos países capitalistas dominantes – no passado recente. Tal fato concernia à necessidade internacionalmente crescente de *recursos energéticos* e à intervenção competitiva de alguns poderes econômicos potencialmente imensos, sobretudo a China, no desenrolar do processo. Hoje, essa preocupação se refere primordialmente à China, mas deve-se com certeza também acrescentar Índia, no devido tempo, à lista dos maiores países que urgem inevitavelmente por recursos energéticos vitais. E quando acrescentamos à China a população do subcontinente indiano, estamos falando de mais de *2,5 bilhões de pessoas*. Naturalmente, se eles realmente seguissem a prescrição certa vez grotescamente propagandeada de *The Stages of Economic Growth*[25] [Os estágios do crescimento econômico], com sua defesa unilateral da "decolagem capitalista e impulso à maturidade", haveria consequências devastadoras para todos nós. Pois a sociedade plenamente motorizada de 2,5 bilhões de pessoas no modelo dos Estados Unidos de "desenvolvimento capitalista avançado", com mais de setecentos automóveis para cada mil pessoas, significaria que em breve estaríamos todos mortos pelos benefícios globais "modernizadores" da poluição venenosa, sem mencionar o esgotamento total imediato das reservas de petróleo do planeta. Mas, justamente por isso, em um sentido oposto, ninguém pode seriamente presumir que os países em questão possam ser deixados indefinidamente onde se encontram hoje. Imaginar que os 2,5 bilhões de pessoas da China e do subcontinente indiano possam ficar permanentemente condenados à difícil situação existente, ainda sob intensa dependência, de um modo ou de outro, das partes capitalisticamente avançadas do mundo, é uma afronta a toda credulidade. A única questão é se a humanidade pode encontrar uma solução racionalmente viável e verdadeiramente equitativa à demanda legítima pelo desenvolvimento social e econômico dos povos envolvidos ou a competição antagônica e a luta destrutiva pelos recursos são o caminho do futuro, como condiz à estrutura orientadora e aos princípios operantes do modo de controle sociorreprodutivo do capital.

Um outro aspecto pelo qual o imperativo absoluto de adotar um modo qualitativamente diverso de organizar a vida econômica e social que apareceu no horizonte em nossa época concerne à *ecologia*. Mas, novamente, a única maneira viável de tratar os problemas cada vez mais graves de nossa ecologia global – se quisermos enfrentar de modo responsável os problemas e contradições cada vez mais graves do lar planetário, desde seu impacto direto sobre questões vitais, como o aquecimento global, até a demanda elementar por água limpa e ar seguramente respirável – é mudar da economia desperdiçadora de quantificação fetichista da ordem existente para uma ordem genuinamente *orientada para a qualidade*. A ecologia, nesse respeito, é um as-

---

[25] Ver *The Stages of Economic Growth: A Non-Communist Manifesto* (Cambridge, Cambridge University Press, 1960), de Walt Rostow, um proeminente assessor do presidente Kennedy.

pecto importante, mas subordinado, da necessária *redefinição qualitativa* da utilização dos bens e serviços produzidos, sem a qual a defesa da ecologia permanentemente sustentável da humanidade – novamente: uma necessidade absoluta – não pode ser nada senão uma piedosa esperança.

O último ponto a salientar nesse contexto é que a urgência de enfrentar esses problemas não pode ser subestimada, muito menos minimizada, como os interesses autovantajosos do capital continuam fazendo, sustentados por suas formações estatais imperialistas em sua insuperável rivalidade. Ironicamente, muito embora existam muitos discursos propagandísticos sobre "globalização", violam-se constantemente as exigências objetivas de se fazer uma ordem reprodutiva racionalmente sustentável e globalmente coordenada de intercâmbios sociais. Contudo, dado o estágio presente de desenvolvimento histórico, a verdade irreprimível continua a ser que, com relação a todas as questões maiores discutidas nesta seção, estamos realmente preocupados com os *desafios globais* que sempre se agravam e requerem *soluções globais*. Entretanto, nossa preocupação mais grave é que o modo de reprodução sociometabólica do capital – em vista de suas determinações estruturais inerentemente antagônicas e suas manifestações destrutivas – não é em absoluto receptivo a soluções globais viáveis. O capital, dada sua natureza inalterável, não é nada, a menos que possa prevalecer na forma de *dominação estrutural*. Mas a outra dimensão inseparável da dominação estrutural é a *subordinação estrutural*. É dessa maneira que o modo de reprodução sociometabólica do capital sempre funcionou e deve sempre procurar funcionar, trazendo consigo até mesmo as guerras mais devastadoras de que temos muito mais do que apenas uma antecipação em nosso tempo. A asserção violenta dos imperativos destrutivos do imperialismo hegemônico global, por meio do poderio destrutivo antes inimaginável dos Estados Unidos como a potência hegemônica global, não pode trazer *soluções globais* aos nossos problemas cada vez mais graves, mas somente *desastre global*. Assim, a necessidade inevitável de lidar com esses problemas globais de um modo historicamente sustentável apresenta o desafio do socialismo no século XXI – a única alternativa hegemônica viável ao modo de controle sociometabólico do capital – na ordem do dia.

9.6 O nacional e o internacional: sua complementaridade dialética em nosso tempo

9.6.1

Um dos maiores impedimentos do desenvolvimento socialista foi, e continua sendo, a persistente negligência da questão nacional. As razões dessa negligência emergiram tanto de algumas determinações históricas contingentes, mas de longo alcance, como do complicado legado teórico do passado. Além disso, dada a natureza das questões envolvidas, ocorre que ambos são estreitamente entrelaçados.

Com relação às determinações práticas/históricas, cumpre lembrarmos antes de mais nada que a formação das nações modernas realizou-se sob a liderança da classe burguesa.

Esse desenvolvimento teve lugar de acordo com os imperativos socioeconômicos inerentes ao direcionamento autoexpansivo da multiplicidade de capitais desde seus cenários locais, originalmente muito limitados, rumo ao controle territorial cada vez maior, em conflitos de uns contra os outros cada vez mais intensos, culminando em duas guerras mundiais devastadoras no século XX e na potencial aniquilação da humanidade em nosso tempo.

O sistema de relações interestatais constituído sob os imperativos autoexpansivos do capital só poderia ser incuravelmente iníquo. Tinha de forçar e reforçar de maneira constante a posição altamente privilegiada do conjunto de nações estabilizado de forma imperialista e, de modo completamente oposto, tinha de impor ao mesmo tempo a todas as outras nações, com todos os meios disponíveis, inclusive os mais violentos, uma situação de apuro estruturalmente subordinada. Essa maneira de articular a ordem internacional prevaleceu não apenas contra as nações menores, mas mesmo quando os países concernidos tinham populações incomparavelmente maiores que seus opressores estrangeiros, como por exemplo a Índia sob o Império Britânico. Quanto às nações colonizadas, suas condições de dependência econômica e política foram-lhes cruelmente impostas pelas potências imperialistas dominantes, graças também à cumplicidade subserviente de suas classes governantes nativas. De maneira característica, portanto, as mudanças "pós-coloniais" não tiveram nenhuma dificuldade em reproduzir, em todas as relações substantivas, os modos anteriores de dominação, ainda que de uma forma um pouco modificada, perpetuando assim o sistema há muito estabelecido de dominação estrutural e dependência por todo o caminho até o presente.

Somente pela força de um milagre monumental as relações interestatais capitalistas de dominação e subordinação estrutural poderiam ter-se tornado significativamente diferentes do que efetivamente vieram a ser no curso do desenvolvimento histórico. Pois o capital, como a força controladora do processo de reprodução econômica e social, não pode ser senão hierárquico e autoritário em suas determinações recônditas mesmo nos países imperialistas mais privilegiados. Portanto, como um sistema político e social – caracterizado em sua variedade capitalista pelo "autoritarismo da produção e a tirania do mercado" (Marx) – poderia ser igualitário no plano internacional? A necessidade absoluta do capital de dominar internamente sua força de trabalho pode bem ser compatível com a concessão de alguns limitados privilégios à sua população trabalhadora nativa, com o propósito da mistificação chauvinista, pela margem extra de vantagem exploradora derivada da dominação imperialista. Mas tais práticas não introduzem nem mesmo o menor grau de igualdade na relação capital/trabalho do país imperialista privilegiado em que o capital detém plenamente, e deve sempre deter, o poder de decisão em todas as questões substantivas. Sugerir, portanto, que a despeito dessas determinações estruturais internas inalteráveis, as relações externas – interestatais – do sistema poderiam ser não inteiramente iníquas seria bem absurdo, visto que equivaleria a pretender que aquilo que é em sua própria natureza profundamente iníquo produza igualdade genuína sob as condições ainda mais agravantes da dominação estrangeira necessariamente imposta.

É compreensível, pois, que a resposta socialista a tal sistema tenha de ser expressa nos termos da mais radical negação, salientando a necessidade de uma relação qualitativamente diferente no interior da ampla variedade de nações, grandes e pequenas, com base na suplantação dos antagonismos predominantes no interior da estrutura de uma ordem internacional genuinamente cooperativa. Contudo, o problema foi extremamente complexificado no século XX pela trágica circunstância de que a primeira revolução bem--sucedida que projetou a transformação socialista da sociedade irrompeu na Rússia czarista. Pois ocorre que esse país era, naquele momento, um império multinacional opressivo: fato que contribuiu significativamente para que Lenin o caracterizasse como "o elo mais fraco da corrente do imperialismo" e, como tal, uma qualidade positiva à eclosão potencial da revolução: uma avaliação que se mostrou inteiramente correta. Mas o outro lado da mesma moeda era que não apenas o grave atraso socioeconômico, mas também o terrível legado do império multinacional opressivo, representaram imensos problemas para o futuro.

A controvérsia sobre o "socialismo em um único país" foi intensamente levada a cabo por muitas décadas depois que Stalin consolidou seu poder. Entretanto, a consideração simples, mas vital, sempre omitida das discussões, era que a União Soviética não era em absoluto um *único país*, mas uma multiplicidade de nacionalidades divididas pelas graves iniquidades e antagonismos internos legados pelo império czarista.

A falta do tratamento apropriado às contradições potencialmente explosivas da iniquidade nacional após a morte de Lenin carregou consigo consequências devastadoras para o futuro, consequências que resultaram, em última instância, no colapso da União Soviética. O contraste das abordagens de Lenin e Stalin desses problemas não poderia ter sido maior. Lenin sempre defendeu o direito das várias minorias nacionais à plena autonomia, "ao ponto da separação", ao passo que Stalin reduziu-as a nada mais que "regiões marginais", que deviam ser controladas a todo custo, na mais severa subordinação aos interesses da Rússia. Eis por que Lenin o condenou em termos nada incertos, insistindo que, se as visões defendidas por Stalin prevalecessem, como ocorreu mais tarde, "a 'liberdade de separar-se da união' pela qual nos justificamos será um mero pedaço de papel, incapaz de defender os não russos do assalto furioso daquele homem realmente russo, o chauvinista da Grã-Rússia"[26]. Ele destacou a gravidade do dano causado pelas políticas seguidas e denominou claramente os culpados: "A responsabilidade política por toda essa campanha nacionalista verdadeiramente grã-russa deve, evidentemente, ser imputada a Stalin e Dzerjinski"[27].

Após a morte de Lenin em janeiro de 1924, subsequente à doença que por longo tempo o deixou incapacitado, todas as suas recomendações sobre a questão nacional foram anuladas, e as políticas da "Grã-Rússia" de Stalin – que tratavam as outras nacionalidades como "regiões marginais" subordinadas – plenamente implementadas, o que contribuiu de forma decisiva para o *desenvolvimento bloqueado* que, em seguida, caracterizou a sociedade soviética. Mesmo a abordagem de Gorbachev e seus seguidores caracterizou-se pelo mesmo senso de irrealidade tendenciosa das outras teorizações e práticas pós-Lenin, como procurei salientar bem antes da implosão da União Soviética[28]. Eles mantinham a ficção da "nação soviética", com sua alegada *autoconsciência*

---

[26] Lenin, "The Question of Nationalities or 'Autonomisation'" (1922), em *Collected Works*, (Londres, Lawrence & Wishart, s. d., v. 36).

[27] Ibidem, p. 610.

[28] Ver minha discussão desses problemas em "The Dramatic Reappearance of the National Qquestion", parte de um artigo intitulado "Socialismo hoy dia", escrito entre dezembro de 1989 e janeiro de 1990 para uma

unificada, ignorando por ingenuidade ou malícia os explosivos problemas internos da "nação soviética unificada", não obstante os claros sinais de uma tempestade alastrante que logo resultou no colapso da União Soviética, que estava longe de ser unificada. Ao mesmo tempo, tentaram justificar a redução de várias comunidades nacionais, incluindo a báltica, a bielorrussa e a ucraniana, à condição de "grupos étnicos".

Sob o governo de Stalin, a aceitação dessa irrealidade devassa poderia ser imposta com a ajuda de medidas repressivas autoritárias, chegando até a deportação de minorias nacionais inteiras. Entretanto, uma vez que esse caminho teve de ser abandonado, nada poderia fazer prevalecer o terrível legado do opressivo império czarista multinacional e a subsequente preservação de seus antagonismos. Portanto, foi apenas uma questão de tempo o momento e o modo particular como o Estado soviético pós-revolucionário – que estava muito longe de ser um "único país" – se desintegrou sob o peso intolerável de suas múltiplas contradições.

9.6.2

A negligência persistente da questão nacional não se limitava, por certo, às vicissitudes do fracasso soviético em enfrentar seus dilemas. A tendência do movimento socialista da Europa Ocidental de caminhar em direção a um beco sem saída, com relação à questão nacional e ao problema estreitamente associado do internacionalismo, apareceu bem antes da revolução russa. De fato, Engels lamentou-se amargamente, 42 anos antes, no momento da discussão do Programa de Gotha na Alemanha, que no documento preparatório da unificação "*renega-se praticamente por completo* [...] o *princípio internacionalista* do movimento operário"[29]. A necessária negação da ordem existente do capital por uma perspectiva socialista radical era inconcebível sem a adoção de uma posição internacional consistente e, na realidade, plenamente sustentável. No entanto, a manobra oportunista que almejava assegurar a unificação das forças políticas envolvidas na aprovação do Programa de Gotha levava consigo sérias concessões nacionalistas para as quais um preço muito alto teve de ser pago no futuro. A total capitulação da social-democracia alemã às forças do agressivo chauvinismo burguês na eclosão da Primeira Guerra Mundial foi apenas a culminação lógica dessa perigosa guinada do desenvolvimento político alemão, selando com isso também o destino da própria Segunda Internacional.

É importante lembrar aqui que nenhuma das quatro Internacionais – fundadas com a expectativa de fazer prevalecer o poder da solidariedade internacional contra a dominação hierárquica estrutural do trabalho pelo capital – conseguiu satisfazer a esperança agregada a elas. A Primeira Internacional sucumbiu já no período em que Marx vivia, em consequência do desencaminhamento do movimento dos trabalhadores como um movimento interna-

---

investigação do periódico venezuelano trimestral *El Ojo del Huracán* e publicado em sua edição de fev./mar./abr. 1990. Republicado em inglês na parte IV de *Beyond Capital* (Londres, Merlin Press, 1995), p. 965-76. [O referido artigo não foi incluído na edição brasileira da obra – N. E.]

[29] Friedrich Engels, "Carta a August Bebel", 18-28 de março de 1875, em Karl Marx e Friedrich Engels, *Obras escolhidas*, cit., p. 227. Grifos meus.

cional no fim da década de 1870, severamente criticado por Engels como acabamos de ver. A Segunda Internacional carregou consigo as sementes dessa contradição e transformou-as em plantas que cresceram inexoravelmente, esperando apenas a oportunidade histórica – propiciada pela Primeira Guerra Mundial – para que os membros da Internacional se posicionassem a favor das partes rivais em guerra, descreditando com isso fatalmente toda a organização. Essa "Internacional dos Trabalhadores" intensamente descreditada, cujos membros nacionais constituintes ao longo da guerra continuaram a se identificar com sua própria burguesia e, por conseguinte, deixaram de ter qualquer coisa a ver com as exigências vitais do internacionalismo socialista, foi posteriormente restabelecida como um órgão de acomodação socioeconômica e negação institucionalizada da luta de classes. O julgamento de Rosa Luxemburgo resumiu com grande clareza o significado desses desenvolvimentos ao salientar que "ao refutar a existência da luta de classes, a social-democracia negou a própria base de sua existência"[30]. Foi, portanto, apenas uma questão de tempo até que os partidos social-democratas de todo o mundo prosseguissem em direção à adoção de uma posição de explícita defesa da ordem estabelecida.

Contra o pano de fundo do fracasso ignominioso da Segunda Internacional, a Terceira Internacional foi fundada como seguimento da Revolução de Outubro. Entretanto, como resultado da imposição progressiva das políticas autoritárias de Stalin, que tratava as questões internacionais, inclusive a relação com os partidos da própria Terceira Internacional, em estrita subordinação aos interesses do Estado soviético, também essa organização fracassou em cumprir o papel de desenvolver o internacionalismo socialista genuíno. Sua dissolução como a Internacional Comunista (a Comintern) e sua metamorfose na Cominform – isto é, uma organização internacional de informação – não resolveu nada. Pois mesmo a Cominform era uma via de mão única. Isso ocorreu porque qualquer crítica ao sistema soviético permaneceu um tabu absoluto durante a vida de Stalin. E, mesmo depois de sua morte, a severa crítica de Kruchev a seu "culto à personalidade" e suas consequências negativas não conseguiu atingir os problemas fundamentais da sociedade de tipo soviético como um modo de reprodução sociometabólica, apesar de suas contradições cada vez mais intensas e dos sintomas de crise.

No momento em que a gravidade da crise foi reconhecida, sob a glasnost e a perestroica de Gorbachev, os esforços corretivos visados eram concebidos de um modo inseparável do engajamento na via da restauração do capitalismo, como vimos na seção 9.5.4. Quanto à Quarta Internacional, ela jamais poderia alcançar a condição de uma organização internacional com influência de *massa*, apesar das intenções de seus fundadores. Contudo, se a visão estratégica pretendida não pode "penetrar nas massas", conforme as palavras de Marx, a tarefa de desenvolver o necessário internacionalismo socialista não pode se realizar.

A questão nacional assumiu inevitavelmente a forma da polarização entre o conjunto de Estados opressores e a maioria esmagadora das nações oprimidas de maneira imperialista: uma relação muito iníqua em que as classes trabalhadoras dos países

---

[30] Rosa Luxemburgo, *Junius Pamphlet* (Colombo, A Young Socialist Publication, 1967), p. 54.

imperialistas estavam profundamente implicadas. Tampouco se limitava essa relação à dominação militar direta. O propósito desta última – sempre que foi posta em jogo ou por meio de grandes operações militares ou por meio do exercício da "diplomacia de artilharia" – era assegurar continuamente a máxima exploração possível do trabalho nos países conquistados, impondo com isso, em última instância, o modo característico do controle sociometabólico do capital no mundo inteiro. É por isso que no curso da "descolonização" no pós-Segunda Guerra foi possível abandonar o controle militar/político direto dos impérios anteriores sem mudar a substância da relação estabelecida de dominação e subordinação estrutural, como convém ao sistema do capital.

A esse respeito, os Estados Unidos foram pioneiros. Eles exerceram o tipo de dominação militar diretamente colonial em alguns países, sempre que se adequava a seu desígnio, como as Filipinas, por exemplo, juntamente com a supremacia socioeconômica sobre as populações envolvidas. Ao mesmo tempo, asseguraram a dominação maciça de toda a América Latina na forma da imposição, sobre os países do continente, da dependência estrutural sem intervenção necessariamente militar. Mas, por certo, recorreram sem hesitar a intervenções militares abertas ou encobertas em seu proclamado "quintal" sempre que a manutenção de sua dominação exploradora foi colocada em questão. Um dos modos preferidos de impor seu domínio foi a derrubada militar "nativa" de governos eleitos e o estabelecimento de ditaduras "amigáveis", com a mais cínica e hipócrita justificação para esses atos, em inúmeras ocasiões, da ditadura militar do Brasil à de Pinochet no Chile.

Todavia, durante longo tempo a principal estratégia para afirmar seus interesses exploradores no período do pós-Segunda Guerra foi o exercício da dominação econômica, unido à ideologia enganosa de "democracia e liberdade". Esta estava bem em harmonia com uma fase determinada do desenvolvimento histórico do capital, em que as algemas políticas/militares dos antigos impérios se mostraram anacrônicas para a realização das potencialidades de expansão do capital, mais condizente no pós-guerra com as práticas neocoloniais. A respeito disso, os Estados Unidos estavam em uma posição quase ideal, tanto como o componente mais dinâmico do capital global em seu movimento rumo à expansão produtiva, quanto como um país que podia alegar não ter necessidade de dominação política/militar direta das colônias, diferentemente dos impérios Britânico e Francês. É, portanto, altamente significativo – e em suas implicações muito perigoso para a sobrevivência da humanidade – que em nosso tempo essa superpotência tenha tido que reverter à forma mais desperdiçadora e brutal de intervenções e ocupações militares em uma tentativa vã de resolver a crise estrutural do capital, impondo-se sobre o resto do mundo como o senhor do imperialismo hegemônico global.

Essa versão mais nova do imperialismo foi (e continua sendo) uma forma de dominação não menos iníqua para as grandes massas de povos trabalhadores do que suas predecessoras. Por conseguinte, é inconcebível realizar o verdadeiro internacionalismo sem a emancipação radical das muitas nações oprimidas, também na América Latina, de sua contínua dominação pelas nações opressoras. Esse é o significado do legítimo nacionalismo defensivo atual como salientado desde o início por Lenin. Um nacionalismo *defensivo* cujo êxito depende de sua complementação pela dimensão *positiva* do internacionalismo.

9.6.3

A solidariedade internacional é um *potencial positivo* pertencente apenas ao antagonista estrutural do capital. Está em harmonia com o patriotismo que habitualmente se confunde nas discussões teóricas até mesmo da esquerda com o *chauvinismo* burguês. Ocorre que essa confusão é com frequência uma desculpa mais ou menos consciente para negar a necessidade de romper as correntes da dependência exploradora estrutural da qual até mesmo os trabalhadores do "capitalismo avançado" são inegáveis beneficiários, ainda que em um grau muito mais limitado do que seus antagonistas de classe. Mas patriotismo não significa se identificar exclusivamente com os interesses nacionais legítimos do *próprio país*, quando ameaçado por um poder estrangeiro ou, de fato, pelo comportamento capitulante da própria classe governante para a qual Lenin e Rosa Luxemburgo defendiam corretamente que se voltassem as armas de guerra, contra os exploradores de classe internos. Isso também significa *plena solidariedade* pelo patriotismo genuíno dos *povos oprimidos*.

A condição de realização desse patriotismo não é simplesmente uma mudança nas relações interestatais predominantes, impugnando com isso em alguma medida os preceitos estrangeiros da dependência política ou militar/política. Longe disso. Pois a condição de êxito duradouro só pode ser uma luta sustentada contra a dominação hierárquica estrutural, pelo tempo que for preciso, em todo o mundo. Sem isso, também a expulsão por vezes bem-sucedida da anterior supremacia política/militar do poder estrangeiro pode ser restabelecida, sob a forma antiga ou sob uma nova, na próxima mudança dos acontecimentos. A solidariedade internacional dos oprimidos, portanto, requer a plena consciência e a observação prática consistente desses princípios orientadores estratégicos vitais.

O internacionalismo socialista é inconcebível sem o total respeito pelas aspirações do povo trabalhador de outras nações. Somente esse respeito pode criar a possibilidade objetiva de intercâmbios cooperativos positivos. Desde sua primeira formulação, a teoria marxista insistiu que uma nação que domina outras nações priva a si mesma de sua própria liberdade: uma máxima que Lenin nunca deixou de reiterar. Não é difícil ver por que isso se verifica. Pois qualquer forma de dominação interestatal pressupõe uma estrutura estritamente regulada de intercâmbio social em que o exercício do controle é expropriado por relativamente poucos. Um Estado nacional constituído de modo a ser capaz de dominar outras nacionalidades, as chamadas "regiões marginais" ou "periféricas", pressupõe a cumplicidade de seu coletivo de cidadãos politicamente ativos no exercício da dominação, mistificando e enfraquecendo assim as massas trabalhadoras em sua aspiração à emancipação.

Desse modo, a negação radical do sistema das mais iníquas relações interestatais, há muito predominante, é uma exigência absolutamente inevitável da teoria socialista. Ela fornece a base conceitual do nacionalismo *defensivo*. Entretanto, a necessária alternativa positiva à ordem social do capital não pode ser defensiva. Pois todas as posições defensivas sofrem de uma fundamental instabilidade, no sentido de que mesmo as melhores defesas podem ser assoladas sob fogo intenso, dada a relação de forças transformada adequadamente em favor do adversário. O que é preciso nesse respeito, em resposta à perversa globalização do capital, é a articulação de uma alternativa positiva viável. Isto é: uma ordem de reprodução social internacional instituída e administrada com base na igualdade genuína de seus múltiplos componentes, definida não em termos formais, mas em termos substantivos material e culturalmente identificáveis. Assim, a estratégia de internacionalismo positivo significa a substituição do princípio estruturador absolutamente iníquo – e insuperavelmente conflituoso – dos *microcosmos* reprodutivos do capital (as empresas produtoras e distribuidoras particulares que constituem o *macrocosmo* abrangente do sistema) por uma *alternativa plenamente cooperativa*.

O impulso destrutivo do capital transnacional não pode sequer ser aliviado, muito menos positivamente superado, apenas no plano internacional, por meio da ação de governos nacionais particulares. Pois a existência contínua dos *microcosmos* antagônicos e sua subordinação a estruturas cada vez maiores do mesmo tipo conflituoso (como as gigantes corporações transnacionais, conforme surgem hoje pela concentração e centralização do capital) reproduz necessariamente, mais cedo ou mais tarde, os conflitos temporariamente aplacados. Assim, o internacionalismo positivo se define como a estratégia de ir além do capital como um modo de controle sociometabólico, colaborando com a articulação e coordenação abrangente de uma *forma não hierárquica de decisão*[31] no plano reprodutivo material, bem como cultural/político. Em outras palavras, por uma forma qualitativamente diferente de decisão, em que as funções controladoras vitais da reprodução societária podem ser positivamente *devolvidas* aos membros dos *microcosmos* e, ao mesmo tempo, as atividades desses últimos podem ser coordenadas de maneira apropriada até abarcarem os níveis mais abrangentes, já que não são apartadas por antagonismos irreconciliáveis.

9.6.4

Tais antagonismos demonstraram-se intransponíveis mesmo quando Simón Bolívar empreendeu tentativas heroicas de criar uma alternativa viável. Pois era necessariamente preciso, para obter êxito, a transformação de todo o tecido da sociedade muito além até mesmo de medidas como a emancipação legal dos escravos. Assim, em seus esforços para encontrar uma solução duradoura para a qual ainda não chegara o momento histórico, Bolívar esbarrou em grande hostilidade mesmo nos países latino-americanos aos quais prestou serviços inigualáveis, reconhecidos pelo título único de *El Libertador*, com que foi honrado na época. Como resultado, ele teve de passar seus últimos dias em trágico isolamento.

Quanto a seus adversários nos Estados Unidos, que se sentiram ameaçados pela disseminação de sua concepção iluminista de *igualdade*[32] – tanto internamente (como

---

[31] Ver a seção 9.2 do presente capítulo, "Participação...".

[32] Bolívar chamava a igualdade de "a lei das leis" e acrescentava que "sem igualdade, todas as liberdades, todos os direitos, perecem. A ela devemos fazer sacrifícios" ("La ley de las leyes: la *Igualdad*. Sin ella perecen todas las libertades. A ella debemos hacer los sacrificios").

os donos de escravos diretamente desafiados pela emancipação proposta por Bolívar), quanto pela defesa das relações interestatais harmoniosas por todo o mundo – eles não hesitaram em condená-lo e descartá-lo como "o perigoso louco do Sul"[33].

O principal impedimento era o agudo contraste entre a unidade política dos países latino-americanos defendida por Bolívar e os componentes conflituais/adversos de seus microcosmos sociais. Como consequência, mesmo os apelos mais nobres e eloquentes de unidade política podiam funcionar apenas enquanto a ameaça apresentada pelo adversário da colônia espanhola fosse aguda. Mas, por si só, essa ameaça não podia remediar os antagonismos internos. Tampouco podia a situação ser radicalmente alterada pela identificação sagaz de Bolívar de um novo perigo. A saber, que "os Estados Unidos da América do Norte parecem estar destinados pela providência a condenar a América à miséria em nome da Liberdade". Um perigo ainda mais fortemente destacado, no mesmo espírito, por José Martí sessenta anos depois[34]. Ambos foram tão realistas em seus diagnósticos dos novos perigos como foram generosos em defender uma solução ideal para os graves problemas da humanidade. Bolívar, quando propôs um modo de reunir harmoniosamente todas as nações da humanidade no istmo do Panamá, tornado a capital do globo, do mesmo modo "como Constantino queria fazer de Bizâncio a capital do hemisfério antigo"[35], e Martí, quando insistiu que "patria es humanidad": "a humanidade é nossa pátria".

Quando esses ideais foram formulados, o tempo histórico ainda apontava na direção oposta: para a assustadora intensificação dos antagonismos sociais e o horrendo derramamento de sangue de duas guerras mundiais que deles emergiram. No fim de sua vida, Bolívar foi forçado a admitir que, tragicamente, o dia da América, como antes considerava, ainda não havia chegado. Hoje a situação é muito diferente. O "dia da América" de Bolívar chegou, no sentido de que as antiquíssimas condições da dominação semicolonial da América Latina pelos Estados Unidos não podem mais ser mantidas. A esse respeito, os interesses da soberania nacional efetiva dos países latino-americanos coincidem plenamente com o impulso necessário de superar as queixas nacionais por toda parte, uma vez que a dominação nacional há muito predominante de inúmeros países por umas poucas potências imperialistas tornou-se um anacronismo histórico irreversível.

A condição histórica transformada não pode ser desfeita pelo fato de que as potências imperialistas anteriores, e sobretudo aquela que é de longe a mais poderosa de todas, os Estados Unidos, estão tentando fazer a roda da história girar para trás e *recolonizar* o mundo. Seu desígnio desse fim já é visível no modo como recentemente empreenderam aventuras militares devastadoras com o pretexto da chamada "guerra contra o terror". Com efeito, as potências mais agressivas proclamam a nova pana-

---

[33] "El peligroso loco del Sur."

[34] Ver José Martí, *Discurso* (pronunciado em Hardman Hall, Nova York, em 10 de outubro de 1880), e "La Verdad Sobre los Estados Unidos", em *Patria* (17 de abril de 1884).

[35] "Acaso sólo allí podrá fijarse algún día la capital de la tierra, como pretendió Constantino que fuese Bizancio la del antiguo hemisferio."

ceia – ou seja, esse engajamento no que de fato equivaleria a uma ostensiva aventura recolonizadora – como a condição essencial para o êxito de sua "guerra" cinicamente justa "contra o terror internacional" na "nova ordem mundial". Contudo, tendem a fracassar nesse empreendimento.

No passado, muitas tentativas que almejavam retificar as queixas nacionais justificáveis se desencaminharam por seguirem estratégias *chauvinistas*. Pois, dada a natureza do problema em jogo, os interesses nacionais impostos dos países dominantes não podem prevalecer permanentemente à custa dos objetivos sociais justificáveis de algumas outras nações, violando a exigência de *condições internacionais plenamente equitativas* de relações interestatais. Assim, a validade histórica de longo alcance do projeto bolivariano, que preme pela unidade estratégica e igualdade dos países latino-americanos, não simplesmente contra os Estados Unidos, mas no interior da estrutura mais ampla da visada associação internacional harmoniosa de todos, não poderia ser mais clara. De fato, pela realização de sua unidade social e política baseada na solidariedade entre eles, os países latino-americanos poderiam hoje desempenhar um papel pioneiro, no interesse da humanidade como um todo. Nenhum deles pode ser isoladamente bem-sucedido, mesmo no sentido negativo, contra seu poderoso antagonista da América do Norte, mas juntos podem mostrar um caminho adiante a todos nós pela instituição de uma solução confederativa positiva. Todos eles estão em posição privilegiada para fazer isso, no espírito do *internacionalismo genuíno*, porque não são onerados pelo passado de muitas tradições europeias imperialistas ou semi-imperialistas.

Os graves problemas das contradições nacionais são compartilhados e sofridos em diferentes partes do mundo. A esse respeito, é suficiente pensar no Oriente Médio constantemente dilacerado pela guerra, o violento colapso da antiga Iugoslávia, a desintegração da União Soviética e suas consequências profundamente problemáticas (em lugares como a Chechênia, até mesmo explosivas), os conflitos abertos ou latentes na Europa Central, os severos antagonismos internos que eclodem periodicamente no subcontinente indiano, as queixas nacionais ainda longe de serem resolvidas no Canadá e os vários confrontos armados na África do Norte e Central. É impensável encontrar soluções duradouras aos problemas subjacentes sem enfrentar em sua plenitude a questão permanentemente negligenciada das relações interestatais equitativas, que devem ser instituídas pelo respeito à complementaridade dialética do nacional e do internacional como apropriada ao nosso próprio tempo histórico.

Dadas as determinações estruturais antagônicas do modo de controle sociometabólico do capital, que culmina na dominação imperialista da maioria por poucos, apenas uma abordagem socialista consistente pode ser bem-sucedida nesse sentido. Mas o outro lado da moeda deve ser igualmente claro. Ou seja, que a transformação socialista essencialmente necessária de nosso modo de reprodução sociometabólica não é em absoluto plausível sem a instituição de soluções verdadeiramente viáveis às queixas nacionais legítimas há muito negligenciadas dos países dominados, no interior da estrutura do internacionalismo substantivamente igualitário. Pois somente a busca historicamente apropriada da estratégia – capaz de levar a dimensão nacional e internacional de intercâmbio social a seu denominador comum positivo em todos os lugares – pode resolver a grave crise estrutural de nossa ordem social.

9.6.5

Por certo, o capitalismo não inventou a exploração e a opressão. Revoltas escravas brutalmente reprimidas ocorreram na história há milhares de anos, e grandes rebeliões camponesas – reprimidas com igual brutalidade – eclodiram centenas de anos antes do desenvolvimento e estabilização da ordem reprodutiva do capital. A inovação do capital foi tentar e efetivar sua própria variedade de exploração socioeconômica e política universalmente aceitável e de caráter permanente. O mesmo se verifica para a discriminação e a opressão étnica e nacional. Também essas têm raízes históricas muito mais profundas do que os últimos três ou quatro séculos, ainda que as relações interestatais mais iníquas – imperialistas – de dominação e subordinação tenham prevalecido somente sob o domínio do "capital avançado".

Por conseguinte, os problemas de discriminação étnica e nacional não podem ser plenamente superados sem que suas raízes históricas mais profundas sejam observadas. Precisamente como as antiquíssimas questões de exploração e opressão, as queixas nacionais apontam para um quadro muito mais amplo. Considerando a longa história de dominação e exploração hierárquica, o ataque à variedade capitalista pode ser apenas parte da resposta, não obstante o fato de que ele constitui o mais óbvio desafio e ponto de partida em nosso tempo. O mesmo se verifica quanto às contradições e queixas nacionais mais óbvias. Consequentemente, com relação a ambos os conjuntos de problemas não resolvidos, *a alternativa socialista* exige que sejam confrontados em sua *perspectiva histórica plena*, alcançando seu fundamento elementar na busca por uma solução duradoura *que defina uma época*. Devem ser apreendidos em suas raízes históricas mais profundas, das quais a variedade capitalista é apenas *um* florescimento – por mais importante e, hoje, globalmente dominante que seja. Se não se fizer isso, um novo florescimento antagônico pode germinar em algum momento do futuro. No que concerne à alternativa socialista, foi precisamente esse ônus das determinações de classe da história como um todo, e não apenas de seus últimos séculos, que fez Marx contrastar distintamente o que ele denominava a "pré-história da humanidade" com a *história real da humanidade*. Uma concepção da história como um modo qualitativamente diferente de controle produtivo e distributivo conscientemente administrado – de acordo com os objetivos escolhidos – pelos indivíduos sociais como *sujeitos* genuínos da história.

A luta relativa a essas questões vitais caracterizou a história humana por milhares de anos, ainda que tendesse a assumir novas formas com a mudança das circunstâncias e a correspondente mudança dos seres humanos. Em um poema magnífico, intitulado "No Danúbio" ("A Dunánál"), Attila József retrata o processo dos dramáticos conflitos sociais e nacionais em sua plena intensidade histórica. Ele consegue fazer isso com esplêndida imaginação poética, dirigindo-se ao e interrogando o rio – "que é passado, presente e futuro", além de uma parte inseparável e testemunha personificada da história humana – de modo que este ofereça suas próprias respostas. Representando criativamente sua visão na forma de uma interação entre a perspectiva do poeta e do antiquíssimo e grandioso rio, József é capaz de colocar diante de nós, com grande humanidade e força evocativa, todas as dimensões do tempo histórico, em conjunto com o profundo sentimento da carga da responsabilidade histórica. Desse modo, ele pode trazer à vida os grandes antagonismos em "luta ferozmente travada", no passado e no presente, entre as "muitas nacionalidades", com comovente defesa das suas necessárias soluções.

Assim, nos fala Attila József, nas duas últimas estrofes de seu grande poema:

> Sou o mundo, tudo o que houve e há,
> as muitas nacionalidades curvadas sobre fatídico conflito.
> Os conquistadores triunfam comigo em sua morte
> e sou torturado pela agonia dos conquistados.
> *Árpád e Zalán, Werboczy e Dózsa*[36],
> o turco, o tártaro, o eslovaco, o romeno remoinham neste coração,
> em profunda dívida pelo passado
> com um futuro gentil, Ó, húngaros de hoje!
>
> Quero trabalhar. É difícil o bastante
> que se deva confessar o passado.
> Do grandioso Danúbio – que é passado, presente e futuro –
> as suaves ondas fluem em calmo abraço.
> A luta ferozmente travada por nossos ancestrais
> dissolve-se em paz através da memória.
> Cumprir nossas tarefas comuns, colocá-las em ordem enfim,
> eis o nosso trabalho; e não é pouco!

Na presente conjuntura histórica, estamos todos, sem exceção, "em profunda dívida ao passado com um futuro gentil". Com efeito, estamos em tal dívida não só com o mais remoto passado, mas também com o presente perigosamente ameaçador. Em dívida com um "futuro gentil" permanentemente sustentável, a ser assegurado na ordem social alternativa da *história real* da humanidade, bem além das "lutas ferozmente travadas" não só por nossos ancestrais, mas também daquelas que devem ainda ser travadas contra os poderes destrutivos de hoje. Os riscos nunca foram tão altos e não podem ser vencidos sem que se supere os persistentes antagonismos e perigosos conflitos que surgem também das queixas nacionais e étnicas, com suas raízes profundas e multiestratificadas, que reproduzem em nosso tempo a planta venenosa das relações interestatais progressivamente destrutivas do capital. Elas explodiram em duas devastadoras guerras mundiais no decorrer do século XX e, agora, ameaçam diretamente a própria sobrevivência da humanidade.

Há muito se deve a solução dos antiquíssimos conflitos e antagonismos herdados do passado e intensificados no presente. Mas a tarefa de superar as queixas nacionais não pode ser realizada sem extrair as próprias raízes multiestratificadas, assim como as contradições do capital não podem ser superadas por reformas, isto é, sem *erradicar* o *próprio capital* do tecido social. Não é suficiente "abolir a escravidão assalariada" apenas quando devemos ter por alvo as determinações estruturais da *exploração* e da *opressão* em sua

---

[36] Cada par de nomes representa conquistadores e conquistados. Árpád foi o Chefe das tribos húngaras que no século IX triunfaram sobre Zalán na bacia Carpatiana, e Werboczy era o estadista que desforrou-se do levante camponês de 1514 de György Dózsa.

longa continuidade e mudança histórica. Para que tenhamos êxito, devemos erradicar definitivamente todas as formas e variedades possíveis de *exploração e opressão*, inclusive as queixas nacionais e étnicas latentes ou explosivas que vêm de muito longe na história. Sua memória prolonga-se por um longo tempo e assim contribui frequentemente para a irrupção de outros antagonismos. Não se pode remediar essa memória simplesmente pensando o passado de forma diferente. É profundamente verdadeiro que "A luta ferozmente travada por nossos ancestrais dissolve-se em paz através da memória". Mas somente quando a memória histórica é realmente remodelada por meio da *intervenção prática* que retifica as próprias queixas nacionais e étnicas de modo duradouro. Essas são questões fundamentais, de interesse comum e cuja solução não se pode adiar indefinidamente. Para engrossarmos o coro de József: "cumprir nossas tarefas comuns, colocá-las em ordem enfim, eis o nosso trabalho; e não é pouco!".

9.6.6.

José Martí estava absolutamente certo quando destacou o real significado de *patriotismo*, ao insistir que "patria es humanidad", *a humanidade é nossa pátria*. Pois esse tipo de pátria – caracterizada pela identificação consciente dos indivíduos com os valores positivos de sua comunidade – é a única ordem social permanentemente sustentável que não pode ser dilacerada por antagonismos devastadores. Como tal, ela não é um ideal remoto, mas o *alvo, bússola e medida necessários* ao êxito da estratégia socialista de transformação, que visa a instituição do modo alternativo de controle sociorreprodutivo em que não pode haver lugar para discriminação nacional e as queixas concomitantes. Essa é a única ordem *internacional* viável, na mais profunda acepção do termo, em contraste com todas as tentativas de impor uma ordem internacional a partir de fora e de cima: fracassadas no passado e destinadas a fracassar no futuro. O que a faz viável e sustentável é que a pátria de Martí, definida em direta ligação com a humanidade, emerge das *determinações interiores positivas* de suas partes constitutivas que harmonizam as inúmeras manifestações particulares de patriotismo genuíno com as suas condições globais de realização contínua. Essas duas dimensões são inseparáveis na estratégia socialista, como seu alvo geral necessário e sua bússola orientadora. Não pode haver intercâmbio global/internacional sustentável – essa, também, é uma necessidade absoluta de nosso tempo – sem a união positiva das grandes variedades de identificação patriótica das pessoas com as condições de vida efetivas de sua comunidade. E vice-versa. Não pode haver patriotismo digno desse nome sem instituir e fortalecer com êxito a pátria global/internacional da humanidade, capaz de adaptação recíproca e harmonização cooperativa, a única que pode conferir as necessárias características definidoras positivas do próprio patriotismo. Nesse sentido, a complementaridade dialética do nacional e do internacional permanece um princípio orientador vital dos intercâmbios humanos no futuro próximo.

Naturalmente, a dimensão organizacional desses problemas não pode ser subestimada. Pelo contrário, à luz das recentes tendências de desenvolvimento socioeconômico e político, ela adquire uma importância crescente. Pois as ações internacionais do imperialismo hegemônico global, que assumem agora a forma de aventuras militares ainda maiores, representam um enorme perigo para o futuro. Assim, clamam com urgência pelo desenvolvimento de uma estrutura socialista internacional de ação. Sem ela, a tão necessária alternativa hegemônica ao modo destrutivo de controle sociorreprodutivo e político do capital não pode vigorar.

Nos termos das *prioridades estratégicas* indispensáveis a serem realizadas, a articulação e o fortalecimento dessa estrutura de ação socialista internacional ocupam lugar de grande proeminência. Não pode ser visada simplesmente como a *resposta* ocasional/periódica aos desenvolvimentos tão ameaçadores do capital internacional no plano econômico (por exemplo, ambiental) e político, mas como uma *alternativa em coerente desdobramento* que se deve sustentar em todos os domínios por formas apropriadas de ação internacional. Em outras palavras, o que nos preocupa é a *efetividade histórica* (e a necessidade) de tais realizações organizacionais, que devem ser constantemente buscadas em seus próprios termos estratégicos de referência e sustentadas não apenas quando emergem desafios extremos – como, por exemplo, em alguma ocasião explosiva em que se unem nos *protestos de massa* gerados de modo mais ou menos espontâneo contra alguma operação militar imperialista –, mas numa escala contínua de tempo.

Inevitavelmente, uma das principais condições que se exigem em nossa época para a articulação e o fortalecimento bem-sucedidos de um modo de ação internacional viável é um sério exame crítico dos fracassos do passado nesse sentido. Pois, como mencionado acima, todas as quatro Internacionais ficaram muito longe de alcançar os objetivos que declaravam. Se as condições históricas desfavoráveis estorvaram – e pior, impediram – o desenvolvimento internacional bem-sucedido da alternativa organizacional socialista no passado, essas condições são mais favoráveis hoje?

A necessidade de um avanço significativo das forças socialistas radicais, como protagonistas da alternativa hegemônica à ordem reprodutiva do capital, é hoje indubitavelmente imensa, em vista da destrutividade progressiva da ordem vigente. Mas essa necessidade por si só não é suficiente, por mais intensa ou promissora. Pois não podemos negligenciar o pesado ônus das *fraturas internas* da *ala radical* do próprio movimento socialista (além do desencaminhamento reformista há muito predominante na outra ala) como se desdobraram no passado e continuam a exercer sua influência dolorosamente divisora e negativa também no presente. Os fracassos internacionais do passado não podem ser remediados sem que se enfrente esse problema, mesmo se as condições históricas de desenvolvimento e sustentação de um modo organizacionalmente viável de ação internacional radical forem muito mais favoráveis hoje do que jamais foram.

A principal diferença, nesse sentido, é que alcançamos o estágio histórico da *crise estrutural* do sistema do capital. Isso significa, em termos sociais e políticos tangíveis, que alguns caminhos – que no passado possibilitaram ao capital administrar suas contradições e antagonismos com relativa tranquilidade sob suas crises conjunturais periódicas – foram agora bloqueados, produzindo severas complicações para o futuro.

Entre os mais importantes caminhos bloqueados, dois se destacam aqui como os mais relevantes. O primeiro refere-se ao meio pelo qual o capital podia, no passado, persuadir o trabalhismo reformista a *internalizar* e promover ativamente a promessa jamais passível de cumprir-se do *socialismo evolutivo* – e seus irmãos gêmeos: *socialismo parlamentar*, em diferentes partes da Europa, e o fictício estabelecimento do socialismo pela "conquista dos altos postos de comando da economia" na Inglaterra de Harold Wilson – mistificando, assim, e desarmando com êxito seu adversário potencial. Entretanto, sob o pesado impacto da crise estrutural do capital, as pretensas estratégias socialistas – mas, na verdade, totalmente capitulantes – tiveram de ser finalmente abandonadas pelos partidos reformistas, que assim se tornaram, de modo desavergonhado, explícitos defensores da ordem vigente, como o "Novo Trabalhismo" na Inglaterra. Inevitavelmente, esse desenvolvimento reabriu a questão de qual curso de ação deve-se seguir no futuro para contrapor-se às condições de vida cada vez piores dos trabalhadores, mesmo nos países capitalisticamente mais avançados, não importando quanto tempo poderá levar para retificar o passado derrotista.

O segundo caminho bloqueado é ainda mais importante; refere-se à eliminação da possibilidade de resolver os problemas cada vez mais graves do sistema por meio de uma *guerra total*, como duas vezes se tentou em guerras mundiais do século XX. Escrevi no momento inicial da crise estrutural do capital, no fim da Guerra do Vietnã, que

> o sistema foi decapitado com a eliminação de sua sanção final – uma guerra total contra seus adversários reais ou potenciais. [...] A exportação da violência interna já não é possível na *escala maciça exigida*. (As tentativas de fazê-lo em escala limitada – por exemplo, a guerra do Vietnã[37] – não só não são substitutos para o velho mecanismo, como até mesmo aceleram as explosões internas inevitáveis do sistema.) Nem é possível apelar indefinidamente para as mistificações ideológicas que representam o desafio *interno* do socialismo (a única solução possível para a crise atual) como um inimigo *externo* (uma subversão dirigida do exterior por um inimigo "monolítico"). Pela primeira vez na história o capitalismo confrontado globalmente por seus próprios problemas, que não podem ser "adiados" por muito mais tempo, nem transferidos para o plano militar, a fim de serem "exportados" na forma de *guerras totais*.[38]

Acrescentei em uma nota à última frase que "É claro que essa guerra *pode ocorrer*; mas seu planejamento real e sua preparação ativa já não podem funcionar abertamente como um estabilizador interno"[39]. Isso se verifica mesmo se os "homens de visão" neoconservadores do Pentágono – cujas "teorias" beiram a insanidade[40] – estiverem mais dispostos "a pensar o impensável". Mas nem mesmos tais formas extremas de irracionalidade podem desfazer as implicações de longo alcance desse caminho bloqueado. Pois a questão subjacente é uma contradição insolúvel no interior da estrutura reprodutiva do sistema do capital. Uma contradição manifesta, por um lado, pela contínua e implacável concentração e centralização do capital numa escala global e, por outro, pela incapacidade estruturalmente imposta do sistema do capital de produzir a estabilização política exigida em uma escala global correspondente. Mesmo as intervenções militares mais agressivas do imperialismo hegemônico global – no presente, os Estados Unidos – em diversas partes do planeta tendem a fracassar nesse respeito.

---

[37] Aqui podemos acrescentar as guerras no Oriente Médio.
[38] István Mészáros, *A teoria da alienação em Marx* (São Paulo, Boitempo, 2006), p. 282.
[39] Ibidem, n. 33.
[40] Ver meu artigo, "The Structural Crisis of Politics", em *Monthly Review*, set. 2006, p. 34-53.

A destrutividade das incontáveis guerras limitadas está muito longe de ser suficiente para impor em todos os lugares de maneira duradoura o domínio incontestável de uma única potência hegemônica imperialista e seu "governo global": a única coisa que conviria à lógica do capital. Somente a alternativa hegemônica socialista pode mostrar o caminho que conduz para além dessa contradição destrutiva. Uma alternativa viável do ponto de vista organizacional que respeite plenamente a complementaridade dialética do nacional e do internacional em nosso tempo.

9.7 A alternativa ao parlamentarismo: a unificação das esferas da reprodução material e da política

9.7.1

A alternativa necessária ao parlamentarismo é estreitamente vinculada à questão da *Participação* real discutida na seção 9.2. À primeira vista, a principal diferença é que, enquanto a plena participação é um princípio regulador absolutamente fundamental e permanente das inter-relações socialistas – por mais avançada e distante que seja a forma de sociedade socialista –, a necessidade de produzir uma alternativa estrategicamente sustentável ao parlamentarismo é imediata, e confronta-nos inevitavelmente e com urgência. No entanto, esse é apenas o aspecto mais óbvio do importante problema de como libertar o movimento socialista da camisa de força do parlamentarismo burguês. Há também uma outra dimensão, que concerne ao desafio muito mais amplo e fundamentalmente tão inevitável a que normalmente se refere na literatura socialista como *o fenecimento do Estado*. As dificuldades aparentemente proibitivas desse projeto marxiano vital se aplicam com a mesma relevância e peso tanto à *participação* – como a autoadministração plenamente autônoma de sua sociedade pelos "produtores livremente associados" em todos os domínios, muito além das restrições mediadoras (por algum tempo necessárias) do Estado político moderno – quanto ao modo duradouro de unificação das esferas de reprodução material e política como a alternativa radical visada ao *parlamentarismo*. Com efeito, quando consideramos a tarefa histórica de tornar real o fenecimento do Estado, a autoadministração por meio da plena participação e a superação permanentemente sustentável do parlamentarismo por uma forma positiva de decisão substantiva – em oposição à formal/jurídica politicamente limitada – são inseparáveis.

Como consequência, a necessidade de instituir uma alternativa válida ao parlamentarismo emerge das instituições políticas historicamente específicas de nosso próprio tempo, conforme se transformaram – para pior, ao ponto de se tornarem uma força de paralisia, em lugar de avanço potencial – no decorrer do século XX, desapontando amargamente todas as esperanças e expectativas uma vez mantidas pelo movimento radical socialista. Pois o resultado irônico, e sob muitos aspectos trágico, de longas décadas de luta política dentro dos limites das instituições políticas autovantajosas do capital – assinaladas pela plena conformidade dos vários representantes da classe trabalhadora organizada às "regras do jogo parlamentar", maciçamente pré-avaliadas em seu próprio favor pelas relações de poder há muito estabelecidas e constantemente renovadas do domínio mais eficaz sob o aspecto material e ideológico do capital sobre a ordem social em sua integridade – acabou sendo que, sob as condições ora predominantes, a classe trabalhadora foi *totalmente privada de direitos e oportunidades* em todos os países capitalisticamente avançados. Desse modo, a capitulação social-democrática, enquanto alegava representar os "interesses reais da classe trabalhadora", de fato completou plenamente o círculo vicioso desse processo de total privação de direitos e oportunidades do qual não pode haver saída sem a superação radical – de uma maneira verdadeiramente sustentável – do próprio sistema parlamentar historicamente anacrônico.

O contraste entre as condições efetivamente existentes de nosso tempo e as promessas do passado não poderia ser maior. Particularmente quando nos lembramos dos desenvolvimentos políticos das três últimas décadas do século XIX e a esperança do trabalho investida neles. Como todos sabemos, bem antes desse período o movimento da classe trabalhadora apareceu no cenário histórico e fez seus primeiros avanços como um movimento *extraparlamentar*. As últimas três décadas do século XIX, entretanto, produziram uma mudança significativa a esse respeito, com a formação e o fortalecimento dos partidos de *massa* da classe trabalhadora que começaram a se orientar, em sua maioria, em direção à conquista gradual do âmbito político por meios eleitorais, de modo a introduzir – pela intervenção legislativa consensual – as reformas estruturais de longo alcance e duradouras na sociedade como um todo. De fato, à medida que o tempo passou, os partidos de massa da classe trabalhadora conseguiram mostrar alguns êxitos espetaculares em termos estritamente eleitorais, adotando e alimentando, como resultado, a mais problemática antecipação de um êxito correspondente, *no devido tempo*, também nas relações materiais de poder da sociedade. Eis como o reformismo social-democrático se tornou dominante nos partidos da classe trabalhadora dos países capitalistas mais poderosos, marginalizando ao mesmo tempo a ala radical do movimento operário por várias décadas.

Mas o *devido tempo* jamais chegou e nunca poderia chegar. A instituição de uma ordem social radicalmente diversa nos parâmetros autovantajosos do controle sociometabólico do capital não poderia ser desde o início nada mais do que uma *contradição em termos*. Como quer que se denominasse a política defendida e a estratégia social, por Bernstein e seus seguidores do "socialismo evolutivo", ou "conquista dos altos postos de comando da economia", por Harold Wilson e outros, a terra há muito prometida reiteradamente proclamada por essas estratégias só poderia ser a vagarosa marcha em direção à *terra do nunca de lugar nenhum* de um futuro fictício, ao final clamorosa e completamente *deixada para trás* pelo "Novo Trabalhismo" inglês – bem como pelo alemão e muitos outros partidos social-democratas de todo o mundo – sem jamais chegar mais perto dela sequer por um centímetro.

Além disso, o que torna esse problema ainda maior é que alguns dos partidos mais importantes, bem como bem-sucedidos, do ponto de vista eleitoral, da esquerda radical, constituídos no interior da estrutura da Terceira Internacional, em condenação impetuosa e explícita do fracasso histórico irreparável da Segunda Internacional Social-democrata, seguiram – dessa vez realmente *no devido tempo* – o mesmo caminho desastroso dos partidos que implacavelmente denunciaram e descartaram. Nesse sentido, basta pensar na "via parlamentar ao socialismo" que os partidos comunistas italiano e francês seguiam. Com efeito, o Partido Comunista Italiano (uma vez o partido de ninguém menos que a personagem revolucionária de Antonio Gramsci) – após perder-se na outra estratégia-fantástica de "Grande Compromisso Histórico", desconsiderando, ou talvez esquecendo genuinamente, de que são necessários pelo menos dois para selar um compromisso real, caso contrário só é possível comprometer-se consigo mesmo – rebatizou-se como "Democratas de Esquerda", de modo a acomodar-se plenamente ao serviço da ordem social "democrática" do capital. E quando recordamos que Mikhail Gorbachev, o secretário-geral do Partido Soviético – agremiação que fora certa vez o Partido do próprio Lenin – atribuiu a si próprio o poder e o direito de *dissolver o Partido por decreto* e conseguiu efetivamente sair impune de um ato tão autoritário em nome da glasnost e da democracia, isso deveria ser uma indicação de que, nessas questões, algo fundamentalmente errado deve ser reparado. A nostalgia do passado não oferecerá nenhuma solução aos problemas subjacentes. Nada disso foi dito "em reflexão posterior": uma expressão habitualmente usada para desviar-se da crítica e justificar as estratégias fracassadas do passado, juntamente com o papel desempenhado pelas pessoas responsáveis por impô-las, como se não pudesse haver alternativa a esse curso de ação até que a "reflexão posterior" – mesmo agora assimétrica e desqualificada pelo sarcasmo de autojustificação – aparecesse no horizonte. O real estado de coisas historicamente documentado não poderia ser mais diverso. Pois os defensores mais sagazes e profundamente comprometidos da alternativa socialista radical, que estavam ativos no momento em que o desencaminhamento fatal do movimento socialista organizado começava a avançar com rapidez – Lenin e Rosa Luxemburgo –, diagnosticaram claramente os perigos que se desdobravam, demonstrando não em uma reflexão posterior, mas no momento exato, o vazio teórico e político das prescrições "evolutivas" impossíveis de cumprir. E, quando em um estágio ainda anterior desse processo de integração fundamentalmente capitulante ao sistema parlamentar burguês, Marx fez soar sua inequívoca advertência, na "Crítica do Programa de Gotha", sua insistência de que não deveria haver nenhuma concessão quanto aos princípios tinha de permanecer uma voz no deserto.

    As forças do trabalho organizado tiveram de construir sua própria experiência, por mais amarga que esta tenha no fim se verificado. Durante um longo período histórico posterior parecia não haver alternativa à ilusória promessa da *linha de menor resistência* pela maior parte do movimento operário. As promessas e tentações de resolver os problemas fatalmente complexos da sociedade por meio de processos relativamente simples de legislação parlamentar eram demasiado notáveis para serem ignoradas ou negligenciadas até que a própria experiência amarga pudesse revelar que a desigualdade estruturalmente resguardada e reforçada das relações materiais de poder em favor do capital tinha de prevalecer também no cenário político institucionalizado, não obstante a ideologia da "escolha democrática" – na realidade, estritamente *formal*, e jamais *substantiva* – e da "igualdade" assegurada de maneira eleitoral. De fato, a armadilha institucional objetivamente assegurada do trabalho tornou-se ainda mais complicada pelo impacto corruptivo da máquina eleitoral e pela ideologia apologética da "busca pela obtenção da maioria" associada a ela. Conforme Rosa Luxemburgo caracterizou há muito tempo esses aspectos do problema:

o parlamentarismo é o viveiro de todas as tendências oportunistas ora existentes na Social-democracia Ocidental. [...] proporciona o solo para tais ilusões do oportunismo corrente como supervalorização das reformas sociais, colaboração entre classe e partido, a esperança de desenvolvimento pacífico ao socialismo etc. [...] Com o crescimento do movimento operário, o parlamentarismo se torna um trampolim para os carreiristas políticos. Eis porque tantos fracassos ambiciosos da burguesia debandam às bandeiras dos partidos socialistas. [...] [O objetivo é] *dissolver* o setor ativo, com consciência de classe, do proletariado na *massa amorfa de um "eleitorado"*.[41]

Naturalmente, a ideologia perversamente autojustificadora do suposto respeito democrático pelo "mítico" eleitorado poderia ser convenientemente usada para o propósito de controlar de forma arbitrária (e com frequência corrupta) os próprios partidos políticos e anular a possibilidade de instituir até mesmo a menor "reforma gradual", como o deprimente registro histórico do século XX claramente demonstrou, resultando na completa privação de direitos e oportunidades da classe trabalhadora. Não foi, portanto, sob nenhum aspecto acidental que as tentativas de introduzir grandes mudanças sociais – nos últimos quinze anos na América Latina, por exemplo, notavelmente na Venezuela e na Bolívia – foram acompanhadas de uma crítica substancial do sistema parlamentar e pelo estabelecimento de assembleias constitucionais como o primeiro passo em direção às transformações de longo alcance defendidas.

9.7.2

É suficientemente significativo que a crítica do sistema parlamentar seja tão antiga quanto o próprio parlamento. A exposição dessas limitações incuráveis feita de uma perspectiva radical não tem início com Marx. Encontramo-la intensamente expressa já nos escritos de Rousseau. Partindo da posição de que a soberania pertence ao povo e, portanto, não pode ser corretamente alienada, Rousseau argumentou que pelas mesmas razões não poderia ser legitimamente transformada em nenhuma forma de abdicação representativa:

> Os deputados do povo não são, nem podem ser seus representantes; não passam de comissários seus, nada podendo concluir definitivamente. É nula toda lei que o povo diretamente não ratificar; em absoluto, não é lei. O povo inglês pensa ser livre e muito se

---

[41] Rosa Luxemburgo, "Organizational Questions of The Russian Social Democracy", no volume *The Russian Revolution and Leninism or Marxism* (Ann Arbor, The University of Michigan Press, 1970), p. 98. [A passagem citada por Mészáros encerra muitas diferenças com relação ao mesmo trecho na edição brasileira, porquanto optamos por traduzi-lo. Na versão brasileira, lê-se: "o parlamentarismo é o viveiro específico da atual corrente oportunista no movimento socialista da Europa Ocidental; não apenas mantém todas as notórias ilusões do atual oportunismo, tais como a supervalorização do trabalho de reformas, a colaboração das classes e dos partidos, o desenvolvimento pacífico etc. [...] forma, ao mesmo tempo, o solo sobre o qual essas ilusões podem atuar na prática. Enfim, o mesmo parlamentarismo, com o crescimento do movimento operário, faz deste um trampolim para o carreirismo político; eis porque existências burguesas, ambiciosas e fracassadas facilmente encontram abrigo no referido movimento. [...] [O objetivo é] que o compacto núcleo ativo do proletariado se dissolva novamente na massa eleitoral amorfa". "Questões de organização da social-democracia russa", em *A revolução russa* (Petrópolis, Vozes, 1991), p. 51-2 – N. T.]

engana, pois só o é durante a eleição dos membros do parlamento; uma vez estes eleitos, ele é escravo, não é nada. Durante os breves momentos de sua liberdade, o uso, que dela faz, mostra que merece perdê-la.[42]

Ao mesmo tempo, Rousseau também salienta o ponto importante de que muito embora o poder de legislação não possa ser divorciado do povo nem mesmo pela representação parlamentar, as funções administrativas ou "executivas" devem ser consideradas sob uma luz muito diferente. Em suas palavras: "é claro que, no poder legislativo, o povo não possa ser representado, mas tal coisa pode e deve acontecer no poder executivo, que não passa da força aplicada à Lei"[43].

Desse modo, Rousseau propôs um exercício muito mais praticável de poder político e administrativo do que seus detratores, mesmo na esquerda, lhe creditam ou, de fato, acusam. Na deturpação tendenciosa da posição de Rousseau, ambos os princípios vitalmente importantes de sua teoria, passíveis de serem usados em uma forma adequadamente adaptada até mesmo pelos socialistas, foram desqualificados e lançados ao mar. Contudo, a verdade do problema é que, por um lado, o poder de decisão fundamental não deveria jamais ser separado das massas populares. Ao mesmo tempo, por outro lado, o cumprimento de funções administrativas e executivas específicas em todos os domínios do processo sociorreprodutivo pode, com efeito, ser *delegado* por um determinado período de tempo aos membros da dada comunidade, contanto que isso se faça sob regras estabelecidas de modo autônomo, pelos "produtores livremente associados" e por eles controladas em todos os estágios do processo substantivo de decisão.

Assim, as dificuldades não residem nos dois princípios básicos propriamente ditos como formulados por Rousseau, mas no modo como devem relacionar-se com o controle político e material do processo sociometabólico do capital. Pois o estabelecimento de uma forma socialista de decisão, de acordo com os princípios do poder inalienável de determinação do governo (*isto é, a "soberania" do trabalho não como uma classe particular, mas como a condição universal da sociedade*), bem como com os princípios de delegação de papéis e funções específicos sob regras bem definidas, flexivelmente distribuídos e apropriadamente supervisionados, exigiria que se adentrasse e reestruturasse radicalmente o âmbito material antagônico do capital. Um processo que teria, com efeito, de ir muito além daquilo que poderia regular-se com êxito por considerações derivadas do princípio de Rousseau da soberania popular inalienável e seu corolário relativo à delegação. Em outras palavras, em uma ordem socialista, o processo "legislativo" teria de se fundir com o próprio processo de produção de tal modo que a necessária *divisão horizontal do trabalho*[44] fosse complementada de maneira apropriada por um sistema de coordenação autodeterminada do trabalho, dos níveis locais ao global.

---

[42] Jean-Jacques Rousseau, "Do contrato social", em *Rousseau* (col. Os pensadores, São Paulo, Abril Cultural, 1978), p. 108.

[43] Ibidem, p. 109.

[44] Discutida em detalhes no capítulo 14 de *Para além do capital*, cit.

Essa relação está em agudo contraste com a perniciosa *divisão vertical do trabalho*[45] do capital, complementada pela "separação de poderes" em um "sistema político democrático" alienado e inalteravelmente imposto sobre as massas trabalhadoras. Pois a divisão vertical do trabalho sob a vigência do capital necessariamente afeta e infecta de maneira incurável também cada faceta da divisão horizontal do trabalho, das funções produtivas mais simples aos processos mais complicados de equilíbrio da selva legislativa. Esta última é uma selva legislativa ainda mais densa, não apenas porque suas regras e componentes institucionais que se multiplicam infindavelmente devem desempenhar sua parte vital de manter firmemente sob controle o comportamento efetiva ou potencialmente desafiador do trabalho recalcitrante, vigiando as limitadas disputas do trabalho, bem como salvaguardando a vigência geral do capital na sociedade em seu sentido amplo. Também, devem de algum modo reconciliar em qualquer fatia temporal particular do processo histórico em desenvolvimento – na medida em que essa reconciliação é plausível – os interesses distintos da pluralidade de capitais com a dinâmica incontrolável da totalidade do capital social que tende à sua autoafirmação fundamental como uma entidade global.

Naturalmente, as mudanças fundamentais exigidas para assegurar e salvaguardar a transformação socialista da sociedade não podem se realizar *no interior* do domínio político como constituído e ossificado durante os últimos quatro séculos de desenvolvimento capitalista. Pois o desafio inevitável nesse sentido requer a solução de um problema extremamente desnorteador: a saber, que o capital é uma *força extraparlamentar por excelência* de nossa ordem social e, contudo, ao mesmo tempo *domina completamente o parlamento* de fora, embora pretenda ser simplesmente uma *parte dele*, professando operar em relação com as forças políticas alternativas do movimento da classe trabalhadora de um modo *plenamente igualitário*.

Muito embora em seu impacto esse estado de coisas seja profundamente desorientador, nossa preocupação não é apenas uma questão da aparência enganadora de que os representantes políticos do trabalho tornam-se vítimas. Em outras palavras, não é uma condição da qual as pessoas ora enganadas poderiam em princípio se desenredar pessoalmente por meio do esclarecimento ideológico/político apropriado, sem necessidade de mudar radicalmente a ordem de reprodução social tão bem resguardada. Lamentavelmente, é muito mais sério do que isso. Pois a falsa aparência emerge, ela mesma, das *determinações estruturais objetivas* e é com frequência reforçada pela dinâmica do sistema do capital em todas as suas transformações.

9.7.3

Em certo sentido, o problema subjacente pode ser brevemente caracterizado como a *separação* historicamente estabelecida *da política* – efetuada no parlamento e em seus vários corolários institucionais – da *dimensão material reprodutiva* da sociedade,

---

[45] Idem.

uma vez que esta última é incorporada e praticamente renovada na multiplicidade de empreendimentos produtivos. Como uma questão de *desenvolvimento histórico contingente*, o capitalismo como ordem de reprodução social teve de despontar e afirmar-se contra as restrições feudais políticas e de reprodução material, então, predominantes. No início, ele não tomou a forma de uma força política de disputa frontal com a ordem política feudal – isso ocorreu relativamente tarde, no estágio das revoluções burguesas vitoriosas em alguns países principais, em cujo momento o fundamento material que favorecia os processos capitalistas estava bem avançado em suas sociedades – mas de uma multiplicidade emergente de empreendimentos produtivos, livres das restrições políticas da servidão feudal, já que estavam conquistando materialmente parcelas cada vez mais importantes do processo de reprodução societária geral em dinâmica transformação.

Entretanto, o avanço bem-sucedido das unidades de reprodução material em si mesmas estava muito longe do fim da história, a despeito de suas conceituações unilaterais. Isso era inevitável porque a dimensão política estava sempre presente de alguma forma, e de fato tinha de desempenhar um papel tanto maior, não obstante sua articulação peculiar, quanto mais plenamente desenvolvido se tornasse o sistema capitalista. Visto que as múltiplas unidades *centrífugas* de reprodução material tinham de ser agrupadas de algum modo sob a estrutura oniabrangente de comando político do Estado capitalista, de modo que a nova ordem sociometabólica não se desmembrasse na ausência de uma dimensão coesiva.

A irreal presunção da "mão invisível" onipotentemente reguladora parecia uma explicação alternativa adequada para o papel efetivamente muito importante da política. As ilusões necessariamente associadas aos desenvolvimentos capitalistas em andamento eram bem ilustradas pelo fato de que, no momento em que o sistema se tornava cada vez mais consolidado, bem como politicamente salvaguardado na Inglaterra pelo Estado político, após a bem-sucedida derrota do adversário feudal um século antes na guerra civil e na "revolução gloriosa", uma resistente personagem da economia política clássica, Adam Smith, queria banir integralmente o "estadista [...], qualquer conselho ou senado" de envolvimento significativo nos assuntos econômicos, descartando a própria ideia de tal envolvimento como "tolice e presunção perigosas"[46].

O fato de que Adam Smith adotou essa posição era bem compreensível, uma vez que sustentava a visão de que a ordem reprodutiva capitalista representava "o sistema natural da justiça e da perfeita liberdade"[47]. Por conseguinte, em uma concepção semelhante da ordem reprodutiva, não poderia haver nem *necessidade* nem um *espaço* conceitual admissível para a intervenção reguladora da política. Pois, na visão de Smith, a política só poderia interferir em tal "sistema natural" – que se afirmou estar em plena harmonia

---

[46] Adam Smith, *A riqueza das nações* (São Paulo, Martins Fontes, 2003), v. 1, p. 568. [Eis como a segunda passagem citada é traduzida na edição brasileira: "autoridade esta [do estadista] que não poderia ser depositada em lugar mais perigoso do que nas mãos de um homem tolo e presunçoso o suficiente para se imaginar capaz de exercê-la". Mészáros cita aqui *The Wealth of Nations*, editado por J. R. McCulloch, Adam e Charles Black (Edimburgo, 1863), p. 200 – N. T.]

[47] Ibidem, p. 768 [p. 273 da edição citada por Mészáros, acima referida – N. T.]

com as exigências da liberdade e da justiça – de um modo adverso e prejudicial, uma vez que já foi idealmente pré-ordenado para o bem de todos pela própria natureza[48] e perfeitamente administrado nesse sentido pela "mão invisível".

O que faltava completamente no quadro de Adam Smith era a questão sempre vital das *relações de poder* efetivamente existentes e *inerentemente conflituosas* – sem a qual a dinâmica do desenvolvimento capitalista não pode em absoluto fazer-se inteligível – cujo reconhecimento, porém, tornaria absolutamente essencial oferecer também uma forma apropriada de explicação *política*. Na teoria de Smith, o lugar das relações sociais conflituosas de poder foi tomado pelo conceito miticamente inflado da "situação local", aliado à noção dos empreendimentos particulares correspondentes, pertencentes, em âmbito local, a indivíduos puramente autointeressados que, de modo inconsciente – mas com o intuito ideal de beneficiar o conjunto da sociedade –, administraram seu capital produtivo sob a orientação misteriosa da "mão invisível". Essa concepção individualista orientada ao local – ainda que oniabrangente de maneira harmoniosa e universalmente benéfica – das relações de poder insuperavelmente conflituosas do capital estava muito distante da realidade, mesmo na época do próprio Adam Smith, para não mencionar sua variedade "globalizada" de hoje.

O grande defeito dessa variedade de concepções, da qual existem muitas, mesmo no século XX, era não reconhecer e explicar teoricamente a *conexão objetiva imanente* – falta que sempre teve de prevalecer apesar da aparência ilusória de separação inalterável – entre as dimensões da política e da reprodução material do sistema do capital. De fato, sem a relação imanente das duas dimensões, a ordem sociometabólica estabelecida jamais poderia funcionar e sobreviver.

No entanto, é igualmente necessário destacar, no mesmo contexto, que a inter-relação paradoxal das duas dimensões vitais do sistema do capital – ilusória em sua aparência, mas enraizada em determinações estruturais objetivas – tem implicações de longo alcance também para a instituição bem-sucedida da alternativa socialista. Pois é inconcebível superar de maneira substantiva a ordem estabelecida por meio da derrota política do Estado capitalista[49], muito menos pela obtenção da vitória sobre as forças de exploração no

---

[48] Vale recordar aqui a grande indignação moral com a qual Thomas Münzer, o líder anabatista da revolução camponesa alemã, denunciou dois séculos e meio antes o culto do sistema emergente à vendabilidade universal e à alienação, o que muito se afasta do natural, e concluiu seu discurso dizendo como era intolerável "que cada criatura devesse ser *transformada em propriedade* – os peixes da água, os pássaros do ar, as plantas da terra". Citado na seção 7.1.

[49] Lenin explicitou com ampla clareza que "revoluções *políticas* não podem sob circunstância nenhuma, qualquer que seja, nem obscurecer, nem enfraquecer o lema de uma revolução *socialista* [...] que não deve ser vista como um *único ato*, mas como um *período* de turbulentas sublevações políticas e econômicas, da mais intensa luta de classes, guerra civil, revoluções e contrarrevoluções". Lenin, "On the Slogan for a United States of Europe", em *Collected Works*, cit., v. 21, p. 340. Ao passo que Lenin sempre manteve sua consciência da diferença fundamental entre a revolução política e a corrente revolução social, mesmo quando foi irrevogavelmente forçado a defender a mera sobrevivência da revolução política como tal após o arrefecimento da onda revolucionária na Europa, Stalin desconsiderou essa distinção vital, pretendendo que o *primeiro passo* inevitável na direção da transformação socialista representava o próprio socialismo, a ser simplesmente seguido subindo ao "estágio superior do Comunismo" em um estado circundado.

interior da estrutura dada de legislação parlamentar. Essa tentativa não pode dirigir-se de forma duradoura à conexão mistificadoramente compartimentada, mas necessária, entre a dimensão da política e da reprodução material herdada do sistema do capital. É por isso que a reconstituição radical historicamente viável da unidade indissolúvel da esfera política e de reprodução material em uma base permanente é, e permanece, a exigência essencial do modo socialista de controle sociometabólico.

9.7.4

A negligência e a desconsideração da áspera realidade das relações de poder conflituosas do capital, desde o primeiro estágio da emergência do sistema até o presente *democrático*, e sobretudo a transubstanciação da sujeição autoritária e da dominação implacável do trabalho no interior dessas relações de poder na pretensa *igualdade* de todos os indivíduos, eram inevitavelmente concomitantes à visão do mundo do ponto de vista do capital, mesmo nos escritos das maiores e mais progressistas personagens intelectuais da burguesia. O que tinha de ser suprimido pela adoção do ponto de vista do capital, desde o início, era a história embebida em sangue da "acumulação primitiva"[50], pela qual a nova classe dominante emergente continuou as práticas de exploração bem asseguradas da classe precedente – a propriedade fundiária feudal – ainda que em uma nova forma, colocando em relevo, novamente, a significativa continuidade histórica das variedades das antiquíssimas opressão e exploração de classe.

No solo comum dessa afinidade, propriamente redefinida de acordo com a natureza do capital, o *pressuposto permanentemente necessário* da nova ordem produtiva do "trabalho livre": a *propriedade exclusiva* dos meios de produção crucialmente importantes e controladores por uma minúscula minoria, e a simultânea exclusão – em última instância *politicamente salvaguardada* pelo Estado – da esmagadora maioria da sociedade desses meios, tinha de ser perpetuada, apesar da crença professada de "liberdade e igualdade". Ao mesmo tempo, a realidade brutal da exclusão imposta tanto material/reprodutivamente como política/ideologicamente da esmagadora maioria das pessoas com relação às forças controladoras da ordem social – que não poderia ser mais distante, em verdade diametralmente oposta, a qualquer "Estado ético" genuíno – tinha de ser mantida sob o selo do profundo silêncio nos autorretratos do novo modo de controle sociometabólico. Até mesmo nos melhores autorretratos concebidos da perspectiva autovantajosa do capital. É dessa maneira que a separação mistificadora da política com relação à dimensão da reprodução material podia cumprir tanto sua função ideológica/cultural conservadora como ser, ao mesmo tempo, celebrada como eternamente insuperável. Assim Hegel, por exemplo, proporcionou em seu sistema, a separação mais engenhosa e filosoficamente absolutizada entre a realidade material autovantajosa da "sociedade civil" e o "Estado ético" político postulado como o corretivo ideal aos defeitos inevitáveis da "sociedade civil". *Invertendo a ordem causal*

---

[50] Como afirma Marx, no curso da chamada acumulação primitiva, o capital emerge "gotejando da cabeça aos pés, de cada poro, com sangue e pó". Ver Parte Sétima de *O capital* de Marx, livro I, v. 2: "A chamada acumulação primitiva".

efetiva, Hegel retratou misticamente a determinação vital da *autovantagem* como algo que emanava diretamente dos próprios indivíduos, embora na realidade fosse imanente ao fundamento ontológico intransponível do capital, imposto aos indivíduos que não podiam optar por não operar no interior da ordem sociometabólica dada. Consequentemente, os indivíduos tiveram de *internalizar* o *imperativo autoexpansivo objetivo* (isto é, sua determinação inalteravelmente autovantajosa de dominar assim cada aspecto da sociedade) – sem o qual o sistema do capital como tal não poderia sobreviver – como se o autoengrandecimento brotasse do cerne de seus objetivos e propósitos pessoais determinados pela natureza, tal como se supõe que Palas Atena brota da cabeça de Zeus plenamente armado. Desse modo, Hegel foi capaz não apenas de produzir um dualismo filosoficamente absolutizado da ordem social do capital, mas também de glorificar ao mesmo tempo o desenvolvimento histórico correspondente à suposta "realização da liberdade" nele como "a verdadeira *teodiceia*: a justificação de Deus na história"[51].

A crítica dessas concepções, em todas as suas variedades, é altamente relevante hoje. Pois a manutenção da concepção dualista da relação entre sociedade civil e Estado político só pode trazer estratégias desorientadoras, independentemente do lado da visão dualista adotada a que se dá precedência no curso de ação visado. A irrealidade das projeções parlamentares se equipara nesse sentido à fragilidade absoluta das expectativas vinculadas à ideia de resolver nossos maiores problemas por meio do anteparo institucional ingenuamente postulado da sociedade civil.

A adoção de tal posição só pode resultar na armadilha de uma concepção muito ingênua da natureza da própria "sociedade civil" e de uma postura totalmente acrítica com relação à grande multiplicidade de ONGs que, desmentindo sua autocaracterização como "organizações não governamentais", são muito bem capazes de coexistir com as instituições estatais retrógradas dominantes das quais dependem para sua existência financeira. E mesmo quando pensamos em algumas organizações de maior importância do que as ONGs particulares, como os sindicatos, a situação a esse respeito não é muito melhor. Por conseguinte, tratar os sindicatos, em oposição aos partidos políticos, como de algum modo pertencentes apenas à "sociedade civil", e por isso passíveis de ser usados contra o Estado político para uma profunda transformação socialista, não é mais que uma ilusão romântica. Pois, na realidade, o círculo institucional do capital é feito das *totalizações recíprocas* de sociedade civil/Estado político que se interpenetram profundamente e sustentam-se vigorosamente. Não pode haver nenhuma estratégia realista de transformação socialista sem que se busque de modo firme a realização da unidade das dimensões da política e da reprodução material também no âmbito organizacional. De fato, o grande potencial emancipador dos sindicatos consiste precisamente em sua capacidade de assumir (ao menos em princípio) um papel político radical – muito além do papel político conservador que agora tendem a desempenhar como um todo – em uma tentativa consciente de superar a separação fatal entre o *braço industrial* (eles mesmos) e o *braço político* (os

---

[51] G. W. F. Hegel, *Filosofia da história* (Brasília, Editora Universidade de Brasília, 1995), p. 373.

partidos parlamentares) do trabalho, apartados sob seu invólucro capitalista pelo fato de a maior parte do movimento operário ter aceitado a dominação parlamentar no curso dos últimos 130 anos[52].

O aparecimento da classe trabalhadora no cenário histórico foi apenas um *pensamento posterior inconveniente* para o sistema parlamentar, constituído muito antes que as primeiras forças organizadas do trabalho tentassem proclamar em público os interesses da sua classe. Do ponto de vista do capital, a resposta imediata a esse "estorvo" inconveniente, mas crescente, foi a rejeição e a exclusão bastante insustentável dos grupos políticos concernidos. Mais tarde, entretanto, essa resposta foi seguida pela ideia bem mais adaptável de *domar* de algum modo as forças operárias – em primeiro lugar por meio do patrocínio parlamentar paternalista de algumas demandas da classe trabalhadora pelos partidos políticos burgueses progressistas e, mais tarde, pela aceitação da legitimidade de alguns partidos da classe trabalhadora no próprio parlamento, embora, evidentemente, em uma forma *estritamente circunscrita*, que os compela a conformar-se às "regras democráticas do jogo parlamentar". Inevitavelmente, isso significou a esses partidos nada menos do que o "livre consentimento" à sua própria *acomodação* efetiva, mesmo se conseguissem manter por um período considerável a ilusão de que com o passar do tempo seriam capazes de reconformar radicalmente a situação por meio da ação parlamentar em seu favor.

Eis como a *força operária extraparlamentar potencialmente alternativa* transformou-se em uma organização parlamentar *em permanente desvantagem*. Muito embora esse curso de desenvolvimento pudesse ser explicado pela óbvia fraqueza do trabalho organizado no *início*, esse argumento e justificativa do que efetivamente aconteceu simplesmente pressupõe a questão em favor do beco sem saída da social-democracia parlamentar. Pois *a alternativa radical da obtenção de força* pelas potências da classe trabalhadora em sua organização e afirmação *fora do parlamento* – em contraste com a estratégia seguida por muitas décadas, até a *completa privação de direitos e oportunidades da classe trabalhadora* em nome da "obtenção de força" – não pode ser descartada de maneira tão despreocupada, como se uma alternativa verdadeiramente radical fosse uma impossibilidade *a priori*. Especialmente uma vez que a necessidade de ação extraparlamentar sustentável é absolutamente vital para o futuro de um movimento socialista radicalmente rearticulado.

9.7.5

A irrealidade de postular a solução sustentável dos graves problemas de nossa ordem social no interior da estrutura formal/jurídica e das restrições correspondentes da política parlamentar emerge da falsa concepção fundamental das determinações estruturais do domínio do capital, como representadas em todas as variedades que asseveram o dualismo entre sociedade civil e Estado político. A dificuldade, intransponível dentro da estrutura parlamentar, é que uma vez que o capital detém *efetivamente* o controle de todos os aspectos vitais do metabolismo social, *ele pode arcar* com a definição da esfera

---

[52] Sobre essa questão, ver a seção 4.3 ("Os desafios históricos diante do movimento socialista"), bem como o capítulo 18 de *Para além do capital*, cit.

constituída de modo separado, de legitimação política como uma questão estritamente *formal/jurídica*, excluindo assim, necessariamente, a possibilidade de ser desafiado de forma legítima na sua esfera *substantiva* de operação socioeconômica reprodutiva. Direta ou indiretamente, o capital controla *tudo*, inclusive o processo legislativo parlamentar, ainda que este último se suponha, em muitas teorias que hipostasiam de modo fictício a "igualdade democrática" de todas as forças políticas que participam do processo legislativo, plenamente independente do capital. Para visar uma relação muito diversa dos poderes de decisão em nossas sociedades, ora completamente dominados pelas forças do capital em todos os âmbitos, é necessário desafiar radicalmente o próprio capital como *controlador geral* da reprodução sociometabólica.

O que torna esse problema pior para todos aqueles que procuram uma mudança significativa nas margens do sistema político estabelecido é que este último pode reivindicar para si a legitimidade constitucional genuína em seu modo presente de funcionamento, com base na *inversão* historicamente constituída do estado de coisas efetivo da reprodução material. Pois, visto que o capitalista não é somente a "personificação do capital", mas funciona simultaneamente "como a personificação do caráter *social* do trabalho, da *produção total* como tal"[53], o sistema pode alegar representar a força produtiva vitalmente necessária perante os indivíduos como a base de sua existência contínua, incorporando o interesse de todos. Desse modo, o capital se afirma não apenas como o poder *de facto*, mas também como poder *de jure* da sociedade, em sua qualidade de condição necessária objetivamente dada da reprodução societária e, portanto, de fundamento constitucional de sua própria ordem política. O fato de que a legitimidade constitucional do capital é historicamente fundada na expropriação implacável das condições de reprodução sociometabólica – os meios e materiais do trabalho – das mãos dos produtores e, por conseguinte, a pretensa "constitucionalidade" do capital (assim como a origem de todas as constituições) é inconstitucional, essa verdade intragável desvanece na névoa de um passado remoto. As "*forças produtivas sociais* do trabalho ou as *forças produtivas do trabalho social* se desenvolvem pela primeira vez historicamente com o modo especificamente capitalista de produção, e por essa razão aparecem como algo *imanente* à relação de capital e *inseparável* dela"[54].

---

[53] Karl Marx, "Economic Manuscripts of 1861-63", em Karl Marx e Friedrich Engels, *Collected Works*, cit., v. 34, p. 457. [Todas as passagens citadas dessa obra se encontram traduzidas de maneira similar em *Teorias da mais-valia* (Rio de Janeiro, Civilização Brasileira, 1980), v. 1, capítulo "Produtividade do capital. Trabalho produtivo e improdutivo" (p. 384-406), de que extraímos a citação abaixo. Entretanto, à exceção do trecho abaixo, as passagens estão ordenadas de modo diverso e contêm expressões diferentes das adotadas na tradução citada por Mészáros. Por essa razão, optamos por traduzi-las e manter a referência da obra utilizada por Mészáros. Contudo, para uma apreensão do texto completo a que Mészáros se refere é possível recorrer a essa versão em português – N.T.] Outra importante qualificação que se deve acrescentar aqui é que "O trabalho produtivo – como trabalho que produz valor – confronta, por isso, o capital sempre na forma de força de trabalho individual, do *trabalhador isolado*, sejam quais forem as combinações sociais de que participem esses trabalhadores no processo de produção. Assim, enquanto o capital representa perante o trabalhador a força produtiva social do trabalho, o trabalho produtivo representa sempre perante o capital nada mais que o trabalho do *trabalhador isolado*" (Karl Marx, *Teorias da mais-valia*, cit., v. 1, p. 389, grifos de Marx). [Mészáros dá como referência aqui a supracitada edição dos "Economic Manuscripts of 1861-63", v. 34, p. 460 – N. T.]

[54] Karl Marx, "Economic Manuscripts of 1861-63", cit., p. 456.

É assim que o modo de reprodução sociometabólica do capital se torna *eternizado e legitimado* como um sistema licitamente imutável. A contestação legítima é admissível apenas em relação a alguns *aspectos menores* da estrutura geral inalterável. O estado de coisas real no plano da reprodução socioeconômica – isto é, a força produtiva do trabalho efetivamente posta em exercício e sua absoluta necessidade para assegurar a reprodução do próprio capital – desaparece da vista. Em parte pela ignorância com relação à origem histórica, que está muito longe de poder legitimar-se, da "acumulação primitiva" do capital e a concomitante expropriação, frequentemente violenta, da propriedade como precondição do modo presente de funcionamento do sistema; e em parte pela natureza mistificadora das relações produtivas e distributivas estabelecidas. Pois as *condições objetivas de trabalho* não aparecem subsumidas ao trabalhador; antes, este aparece subsumido a elas. Capital *emprega* trabalho. Mesmo essa relação em sua simplicidade é *uma personificação das coisas e uma reificação das pessoas*[55].

Nada disso pode ser desafiado e corrigido no interior da estrutura de reforma política parlamentar. Seria bastante absurdo esperar a abolição da *personificação das coisas e reificação das pessoas* por decreto político e igualmente absurdo esperar a proclamação de tal reforma pretendida no interior da estrutura das instituições políticas do capital. Pois o sistema do capital não pode funcionar sem a perversa subversão da relação entre pessoas e coisas: as forças alienadas e reificadas do capital que dominam as massas do povo. De maneira semelhante, seria um milagre se os trabalhadores que confrontam o capital no processo de trabalho como "trabalhadores isolados" pudessem readquirir o domínio sobre as forças produtivas sociais de seu trabalho por algum decreto político ou mesmo por uma série completa de reformas parlamentares aprovadas sob a ordem de controle sociometabólico do capital. Pois, nessas questões, não pode haver meio de evitar o conflito irreconciliável de *ou um ou outro* relativo aos interesses materiais.

Tampouco pode o capital abdicar de suas forças sociais produtivas – usurpadas – em favor do trabalho, ou *compartilhá-las* com o trabalho, em virtude de um "compromisso político" desejoso, mas fundamentalmente fictício. Pois elas constituem o poder controlador geral da reprodução societária na forma do *domínio da riqueza sobre a sociedade*. Assim, é impossível escapar, no âmbito do metabolismo social fundamental, à severa lógica de *um ou outro*. Pois, ou a riqueza, na forma do capital, continua a controlar a sociedade humana, levando-a à iminência da autodestruição, ou a sociedade de "produtores associados" aprende a controlar a riqueza alienada e reificada, com forças produtivas emergentes do trabalho social autodeterminado de seus membros individuais – porém não mais *isolados*.

O capital é a *força extraparlamentar por excelência* cujo poder de controle sociometabólico não pode de maneira alguma ser restringido pelo parlamento. É por essa razão que o único modo de representação política compatível com o modo de funcionamento do capital é aquele que *efetivamente nega* a possibilidade de contestar seu *poder material*. E, precisamente porque o capital é a força extraparlamentar por excelência, não tem nada a temer das reformas que podem ser aprovadas no interior de sua estrutura política parlamentar.

---

[55] Ibidem, p. 457.

Uma vez que a questão vital sobre a qual tudo o mais se articula é que "as *condições objetivas do trabalho* não aparecem subsumidas ao trabalhador", mas, ao contrário, "este aparece subsumido a elas", nenhuma mudança significativa é plausível sem enfrentar essa questão tanto em uma forma de política capaz de *equiparar-se aos poderes* e modos de ação *extraparlamentares do capital*, quanto no âmbito da *reprodução material*. Assim, o único desafio que poderia afetar de maneira sustentável o poder do capital seria aquele que tivesse simultaneamente o objetivo de assumir as funções produtivas chave do sistema e adquirir o controle sobre os processos políticos de decisão correspondentes em todas as esferas, em lugar de restringir-se de modo incorrigível pela limitação circular da ação política institucionalmente legitimada de legislação parlamentar.[56]

Há muitas críticas – bem justificadas – de personagens políticas anteriormente de esquerda e de seus partidos ora plenamente acomodados nos debates políticos das últimas décadas. Entretanto, o que é problemático nesses debates é que, pela ênfase exagerada no papel da ambição e do fracasso pessoal, com frequência continuam a divisar a retificação da situação no interior da mesma estrutura política institucional que, na verdade, favorece imensamente as criticadas "traições pessoais" e os dolorosos "desencaminhamentos partidários". Infelizmente, porém, as mudanças de governo e pessoal defendidas e esperadas tendem a reproduzir os mesmos resultados deploráveis.

Nada disso deveria causar surpresa. As razões pelas quais as instituições políticas ora estabelecidas resistem com êxito a mudanças significativas para melhor é que elas mesmas são parte do *problema* e não da *solução*. Pois, em sua natureza imanente, elas são a incorporação das determinações e contradições estruturais subjacentes pela qual o Estado capitalista moderno – com sua ubíqua rede de componentes burocráticos – se articulou e estabilizou no curso dos últimos quatro séculos. Naturalmente, o Estado foi formado não como um *resultado* mecânico unilateral, mas por meio de sua *inter-relação recíproca necessária* com o fundamento material do surgimento histórico do capital, não conforme modelado apenas por este último, mas também como algo que o modela ativamente tanto quanto historicamente possível nas circunstâncias vigentes – bem como mutáveis, precisamente em virtude dessa inter-relação.

Dada a determinação insuperavelmente centrífuga dos microcosmos produtivos do capital, mesmo no plano das gigantes corporações transnacionais semimonopolistas, somente o Estado moderno pôde assumir e cumprir a função exigida de incorporar a estrutura de comando geral do sistema do capital. Inevitavelmente, isso significou a completa alienação do poder de decisão das mãos dos produtores. Mesmo às "personificações particulares do capital" ordenava-se estritamente que agissem de acordo com os imperativos estruturais de seu sistema. Com efeito, o Estado moderno, como constituído sobre o fundamento material do sistema do capital, é o *paradigma da alienação* no que concerne aos poderes de decisão abrangentes/totalizantes. Seria, portanto, extremamente ingênuo imaginar que o Estado capitalista poderia de bom grado ceder

---

[56] Extraído de "A necessidade de se contrapor à força extraparlamentar do capital", seção 18.4 de *Para além do capital*, cit., p. 821-60.

os poderes alienados de decisão sistêmica a qualquer ator rival que opere dentro da estrutura legislativa do parlamento.

Assim, a fim de entrever uma mudança societária significativa e historicamente sustentável, é necessário submeter a uma crítica radical tanto as interdeterminações de reprodução material como políticas de todo o sistema e não simplesmente algumas práticas políticas contingentes e limitadas. A totalidade combinada das determinações da reprodução material e a estrutura de comando político oniabrangente do Estado constituem, no conjunto, a realidade esmagadora do sistema do capital. Nesse sentido, em vista da questão inevitável que emerge do desafio das determinações sistêmicas, com relação tanto à reprodução socioeconômica quanto ao Estado, a necessidade de uma transformação política abrangente – em estreita conjunção com o exercício significativo das funções produtivas vitais da sociedade sem o qual uma mudança política duradoura e de longo alcance é inconcebível – torna-se inseparável do problema caracterizado como o *fenecimento do Estado*. Por conseguinte, na tarefa histórica de realização do "fenecimento do Estado", a autoadministração pela plena participação e a superação permanentemente sustentável do parlamentarismo por uma forma positiva de decisão substantiva são inseparáveis, conforme indicado no início da seção 9.7.1.

Essa é uma preocupação vital, e não uma "fidelidade romântica ao sonho irrealizável de Marx", como algumas pessoas a procuram desabonar e descartar. Na verdade, o *fenecimento do Estado* não se refere a algo misterioso ou remoto, mas a um processo perfeitamente tangível que deve iniciar-se já em nosso próprio tempo histórico. Isso significa, em uma linguagem franca, a reaquisição progressiva dos poderes alienados de decisão pelos indivíduos em seu empreendimento de mover-se em direção a uma sociedade socialista genuína. Sem a reaquisição desses poderes – à qual não apenas o Estado capitalista, mas também a inércia paralisadora das práticas de reprodução material bem resguardadas se opõe fundamentalmente – não é possível conceber nem o novo modo de controle político da sociedade como um todo por seus indivíduos, nem tampouco a operação cotidiana *não conflitual/adversa* e, portanto, *coesiva/planejável* das unidades produtivas e distributivas particulares pelos "produtores livremente associados" e autoadministrados. A suplantação radical da *conflitualidade/adversidade* e a consequente seguridade do fundamento material e político do *planejamento globalmente viável* – uma necessidade absoluta para a própria sobrevivência da humanidade, sem mencionar a autorrealização potencialmente enriquecida de seus membros individuais – são sinônimas do *fenecimento do Estado* como um empreendimento histórico contínuo.

9.7.6

Obviamente, uma transformação dessa magnitude não pode realizar-se sem a *dedicação consciente* de um movimento revolucionário à mais desafiadora tarefa histórica, capaz de sustentar-se contra toda adversidade, já que seu engajamento tende a despertar a hostilidade feroz de todas as maiores forças do sistema do capital. Por essa razão, o movimento em questão não pode ser simplesmente um partido político orientado a fim de assegurar concessões parlamentares, que via de regra acabam por anular-se mais cedo ou mais tarde pelos interesses extraparlamentares autovantajosos da ordem estabelecida vigente também no parlamento. O movimento socialista não pode obter êxito diante da hostilidade dessas forças a menos que seja rearticulado como um movimento revolucionário de *massa*, conscientemente ativo em *todas* as formas de luta social e política: local, nacional e global/internacional, utilizando plenamente as oportunidades parlamentares quando disponíveis, por mais limitadas que possam ser, sobretudo sem se esquivar de asseverar as demandas necessárias da desafiadora ação extraparlamentar.

O desenvolvimento desse movimento é muito importante para o futuro da humanidade na presente conjuntura histórica. Pois, sem um desafio extraparlamentar estrategicamente orientado e sustentado, os partidos que se alternam no governo podem continuar a funcionar como *álibis* recíprocos convenientes para o fracasso estrutural necessário do sistema com relação ao trabalho, restringindo assim efetivamente o papel da oposição de classe à sua atual posição de *pensamento posterior* inconveniente, mas *marginalizável*, do sistema parlamentar do capital. Assim, em relação a ambos os domínios de reprodução material e político, a constituição de um movimento socialista extraparlamentar de *massa* estrategicamente viável – em conjunção com as formas tradicionais de organizações políticas do trabalho, ora irremediavelmente desencaminhadas, que *precisam com urgência da pressão e do apoio radicalizantes* de tais forças extraparlamentares – é uma precondição vital para a contraposição ao poder extraparlamentar maciço do capital.

O papel de um movimento revolucionário extraparlamentar é duplo. Por um lado, tem de formular e defender do ponto de vista organizacional os interesses estratégicos do trabalho como uma alternativa sociometabólica abrangente. O sucesso desse papel só é plausível se as forças organizadas do trabalho confrontarem de modo consciente e negarem forçosamente, em termos práticos, as determinações estruturais da ordem *reprodutiva material* estabelecida, manifesta na relação de capital e na concomitante subordinação do trabalho no processo socioeconômico, em vez de ajudarem de maneira mais ou menos complacente a *reestabilizar* o capital em crise, como invariavelmente aconteceu em importantes conjunturas do passado reformista. Ao mesmo tempo, por outro lado, o poder político aberto ou oculto do capital, atualmente predominante no parlamento, precisa ser, e pode ser, desafiado – ainda que apenas em um grau limitado – por meio da pressão que as formas extraparlamentares de ação podem exercer sobre o legislativo e o executivo.

A ação extraparlamentar só pode ser efetiva se enfrentar conscientemente os aspectos centrais e determinações sistêmicas do capital, atravessando o labirinto das aparências fetichistas pelas quais eles dominam a sociedade. Pois a ordem estabelecida afirma materialmente seu poder primordialmente na, e por meio da, *relação de capital*, perpetuada com base na *inversão* mistificadora da relação produtiva real das classes hegemônicas alternativas na sociedade capitalista. Como já mencionado, essa inversão possibilita ao capital usurpar o papel de *produtor* que, nas palavras de Marx, "emprega trabalho", graças à enganadora "personificação das coisas e a reificação das pessoas", e assim legitimar-se como a precondição inalterável para a realização do "interesse de todos". Uma vez que o conceito de "interesse de todos" realmente importa, ainda que seja hoje usado de maneira fraudulenta para camuflar a negação total de sua substância à maioria esmagadora das pessoas pelas pretensões formais/legais de "justiça e igualdade", não pode haver alternativa significativa e historicamente sustentável à ordem social estabelecida sem a superação radical da própria relação de capital oniabrangente. Essa é uma demanda sistêmica inadiável. As *demandas parciais* podem e devem ser defendidas pelos socialistas se forem vinculadas à demanda absolutamente fundamental de superar a relação de capital, que atinge o cerne do problema.

Essa demanda está em nítido contraste com o que os ideólogos fiéis e as personagens políticas do capital permitem hoje às forças de oposição. Seu principal critério para excluir a possibilidade das demandas parciais importantes do trabalho é precisamente seu potencial de afetar de modo negativo a estabilidade do sistema. Assim, por exemplo, mesmo a "ação industrial" local "politicamente motivada" é categoricamente rejeitada (mesmo como ilegal) "em uma sociedade democrática", porque sua execução pode ter implicações negativas para o funcionamento normal do sistema. O papel dos partidos reformistas, ao contrário, é bem-vindo, porque suas demandas ou bem ajudam a reestabilizar o sistema em tempos difíceis – por meio da intervenção industrial de encolhimento de salário (com o lema da "necessidade de apertar o cinto") e de acordos políticos/legislativos de refreamento dos sindicatos – e assim contribuem para a dinâmica da expansão renovada do capital, ou são ao menos "neutras", no sentido de que em algum ponto do futuro, ainda que não no momento de sua primeira formulação, podem integrar-se na estrutura estipulada da "normalidade".

A negação revolucionária do sistema do capital é concebível apenas por meio de uma intervenção organizacional estrategicamente sustentada e consciente. Embora a recusa tendenciosamente unilateral da "espontaneidade" pela presunção vanguardista sectária deva ser tratada com a crítica que merece, não é menos prejudicial menosprezar a importância da consciência revolucionária e das exigências organizacionais de seu êxito. O fracasso histórico de grandes partidos da Terceira Internacional, que uma vez professou objetivos leninistas e revolucionários, como os partidos comunistas italiano e francês acima discutidos, não deve desviar nossa atenção da importância de recriar, sobre um fundamento muito mais seguro, as organizações políticas pelas quais a transformação socialista vital de nossas sociedades pode realizar-se no futuro. Evidentemente, uma avaliação crítica impetuosa do que deu errado é uma parte importante desse processo de renovação. O que já é plenamente claro é que a descida desintegradora desses partidos na ladeira escorregadia da armadilha parlamentar proporciona uma importante lição para o futuro.

Hoje, apenas dois modos abrangentes de controle sociometabólico são plausíveis: a ordem reprodutiva de exploração de classe do capital – imposta a todo custo pelas "personificações do capital" – que falhou miseravelmente com a humanidade em nosso tempo, levando-a à beira da autodestruição. E a outra ordem, diametralmente oposta à estabelecida: a *alternativa hegemônica* sociometabólica do trabalho não como classe particular, mas como a *condição de existência universal* de cada indivíduo na sociedade. Uma sociedade administrada por eles com base na *igualdade substantiva* que lhes permita desenvolver suas potencialidades produtivas humanas e universais à plenitude, em harmonia com as exigências metabólicas da ordem natural, em lugar de se curvarem à destruição da natureza e com ela também à sua própria, como o modo de controle sociometabólico incontrolável do capital está agora engajado em fazer. É por isso que sob as condições presentes da crise estrutural do capital nada que não seja a *alternativa hegemônica abrangente* ao domínio do capital – decifrada como a complementaridade dialética das *demandas imediatas* particulares, *mas não marginalizáveis*, e dos *objetivos abrangentes da transformação sistêmica* – pode constituir o programa válido do movimento organizado revolucionário consciente, por todo o mundo.

Por certo, o movimento revolucionário organizado consciente não pode encerrar-se na estrutura política restritiva do parlamento dominado pelo poder extraparlamentar do capital. Tampouco pode ter êxito como uma organização vanguardista orientada para si mesma. Ele pode definir-se com êxito por meio de dois princípios orientadores vitais. Primeiro, mencionado há pouco, a elaboração de seu próprio programa extraparlamentar orientado aos objetivos da alternativa hegemônica abrangente para assegurar uma transformação sistêmica fundamental. E, segundo, igualmente importante em termos organizacionais estratégicos, seu envolvimento ativo na constituição do necessário *movimento de massa* extraparlamentar, como o portador da alternativa revolucionária capaz de mudar também o processo legislativo de um modo qualitativo, passo primordial na direção do fenecimento do Estado. Somente por meio desses desenvolvimentos organizacionais que envolvem diretamente também as grandes massas do povo, pode-se divisar a realização da tarefa histórica de instituir a alternativa hegemônica do trabalho, no interesse da emancipação socialista oniabrangente.

9.8 Educação: o desenvolvimento contínuo da consciência socialista

9.8.1

O papel da educação não poderia ser maior na tarefa de assegurar uma transformação socialista plenamente sustentável. A concepção de educação aqui referida – considerada não como um período estritamente limitado da vida dos indivíduos, mas como o desenvolvimento contínuo da consciência socialista na sociedade como um todo – assinala um afastamento radical das práticas educacionais dominantes sob o capitalismo avançado. É compreendida como a extensão historicamente válida e a transformação radical dos grandes ideais educacionais defendidos no passado mais remoto. Pois esses ideais educacionais tiveram de ser não apenas minados com o passar do tempo, mas ao final, completamente extintos sob o impacto da alienação que avança cada vez mais e da sujeição do desenvolvimento cultural em sua integridade aos interesses cada vez mais restritivos da expansão do capital e da maximização do lucro.

Não apenas Paracelso no século XVI, mas também Goethe e Schiller[57] no fim do século XVIII e nas primeiras décadas do século XIX ainda acreditavam em um ideal educacional que poderia orientar e enriquecer humanamente os indivíduos ao longo de toda a sua vida. Ao contrário, a segunda metade do século XIX foi já marcada

---

[57] Ver capítulo 8 do presente estudo e o capítulo 10 ("A alienação e a crise da educação") de *A teoria da alienação em Marx*, cit., p. 263-82.

pelo triunfo do *utilitarismo* e o século XX capitulou sem reservas também no campo educacional às concepções mais estreitas de "racionalidade instrumental". Quanto mais "avançada" a sociedade capitalista, mais unilateralmente centrada na produção de riqueza reificada como um fim em si mesma e na exploração das instituições educacionais em todos os níveis, desde as escolas preparatórias até as universidades – também na forma da "privatização" promovida com suposto zelo ideológico pelo Estado – para a perpetuação da sociedade de mercadorias.

Não é surpreendente, pois, que o desenvolvimento tenha caminhado de mãos dadas com a doutrinação da esmagadora maioria das pessoas com os valores da ordem social do capital como a *ordem natural* inalterável, racionalizada e justificada pelos ideólogos mais sofisticados do sistema em nome da "objetividade científica" e da "neutralidade de valor". As condições reais da vida cotidiana foram plenamente dominadas pelo *ethos* capitalista, sujeitando os indivíduos – como uma questão de determinação estruturalmente assegurada – ao imperativo de ajustar suas aspirações de maneira conforme, ainda que não pudessem fugir à áspera situação da escravidão assalariada. Assim, o "capitalismo avançado" pôde seguramente ordenar seus negócios de modo a limitar o período de educação institucionalizada em uns poucos anos economicamente convenientes da vida dos indivíduos e mesmo fazê-lo de maneira discriminadora/elitista. As determinações estruturais objetivas da "normalidade" da vida cotidiana capitalista realizaram com êxito o restante, a "educação" *contínua* das pessoas no espírito de tomar como dado o *ethos* social dominante, internalizando "consensualmente", com isso, a proclamada inalterabilidade da *ordem natural* estabelecida. Eis porque mesmo os melhores ideais da *educação moral* de Kant e da *educação estética* de Schiller – que tinham a intenção de ser, para seus autores, os antídotos necessários e possíveis da progressiva tendência de alienação desumanizadora, contraposta pelos indivíduos moralmente preocupados em sua vida pessoal à tendência criticada – foram condenados a permanecer para sempre no reino das *utopias educacionais* irrealizáveis. Eles não poderiam equiparar-se sob nenhum aspecto à realidade prosaica das forças que impuseram com sucesso a todo custo o imperativo autoexpansivo fundamentalmente destrutivo do capital. Pois a tendência socioeconômica da alienação que tudo traga foi suficientemente poderosa para extinguir sem deixar rastro, até mesmo os ideais mais nobres da época do Iluminismo.

Nesse sentido, podemos ver que, embora o período de educação institucionalizada seja limitado sob o capitalismo a relativamente poucos anos da vida dos indivíduos, a dominação ideológica da sociedade prevalece por toda a sua vida, ainda que em muitos contextos essa dominação não tenha de assumir preferências doutrinárias explícitas de valor. E isso torna ainda mais pernicioso o problema do domínio ideológico do capital sobre a sociedade como um todo e, por certo, ao mesmo tempo sobre seus indivíduos convenientemente isolados. Quer os indivíduos particulares tenham ou não consciência disso, não podem sequer encontrar a mínima gota de "fundamento neutro de valor" em sua sociedade, muito embora a explícita doutrinação ideológica lhes garanta de forma enganosa o oposto, pretendendo – e convidando os indivíduos a se identificarem "autonomamente" com essa pretensão – que eles sejam plenamente *soberanos* em sua escolha dos valores em geral, assim como se afirma que eles são *consumidores soberanos* das mercadorias produzidas capitalisticamente, adquiridas com base nas *escolhas soberanas* nos supermercados controlados de modo cada vez mais monopolista. Tudo isso é uma parte integrante da educação capitalista pela qual os indivíduos particulares são diariamente e por toda parte *embebidos nos valores da sociedade de mercadorias*, como algo lógico e natural.

Assim, a sociedade capitalista resguarda com vigor não apenas seu sistema de educação contínua, mas simultaneamente também de *doutrinação permanente*, mesmo quando a doutrinação que impregna tudo não parece ser o que é, por ser tratada pela ideologia vigente "consensualmente internalizada" como o sistema de crença positivo compartilhado de maneira legítima pela "sociedade livre" estabelecida e totalmente não objetável. Ademais, o que torna as coisas ainda piores é que a educação contínua do sistema do capital tem como cerne a asserção de que a própria ordem social estabelecida não precisa de *nenhuma mudança significativa*. Precisa apenas de uma "regulação mais exata" em suas margens, que se deve alcançar pela metodologia idealizada do "pouco a pouco". Por conseguinte, o significado mais profundo da *educação contínua* da ordem estabelecida é a imposição arbitrária da crença na *absoluta inalterabilidade* de suas determinações estruturais fundamentais.

Uma vez que o significado real de educação, digno de seu preceito, é fazer os indivíduos viverem positivamente à altura dos desafios das condições sociais historicamente em transformação – das quais são também os produtores mesmo sob as circunstâncias mais difíceis – todo sistema de educação orientado à *preservação acrítica* da ordem estabelecida a todo custo só pode ser compatível com os mais *pervertidos ideais e valores educacionais*. Eis porque, diferentemente da época do Iluminismo, na fase ascendente das transformações capitalistas, que podia ainda produzir *utopias educacionais* nobres, como as concepções de Kant e Schiller anteriormente referidas, a fase decadente da história do capital, que culmina na apologia da destruição ilimitada levada a cabo pelo desenvolvimento monopolista e imperialista no século XX e sua extensão no século XXI, teve de trazer consigo uma *crise educacional* antes inconcebível, ao lado do culto mais agressivo e cínico do *contravalor*. Este último inclui em nosso tempo as pretensões de *supremacia racista*, a horrenda presunção do "direito moral de usar armas nucleares por prevenção e antecipação", mesmo contra países que jamais tiveram armas nucleares, e a justificação mais hipócrita do *imperialismo liberal* supostamente mais "humano", ainda que inevitavelmente destrutivo. Diz-se que esse novo imperialismo é correto e apropriado para nossas *condições pós-modernas*: uma teoria vestida, em sua busca por respeitabilidade intelectual, com o esquematismo grotesco da *pré-modernidade, modernidade, pós-modernidade*, depois do colapso ignominioso do imperialismo. Eis a concepção que vemos defender-se hoje, com toda a seriedade, pelos mandarins indicados e realizadores políticos do próprio capital, projetada como a estratégia necessária a ser imposta sobre os "Estados fracassados" peremptoriamente decretados como tal e sobre o chamado "Eixo do Mal".

Essas ideias têm o intuito de ser princípios e valores orientadores estratégicos apropriados às nossas condições históricas. São designadas para estabelecer os parâmetros gerais no interior dos quais os indivíduos devem agora ser educados, de modo a possibilitar que os Estados capitalistas dominantes vençam a "luta ideológica" – um conceito repentinamente propagandeado em termos positivos com grande frequência, em agudo contraste com os mitos felizes e liberais do "fim da ideologia" e do "fim da história" pregados e generosamente promovidos há pouco tempo – sinônima da "guerra contra o terror". Assim, é difícil até mesmo imaginar uma degradação mais completa dos ideais educacionais, comparada ao passado mais distante do capital, do que hoje confrontamos ativamente. E tudo isso é promovido em nosso tempo, com todos os meios à disposição do sistema, em nome da "democracia e liberdade": palavras que condimentam em abundância os discursos de presidentes e primeiros-ministros. Nada poderia dispor com mais clareza a natureza pervertida da *falsa consciência* capitalista, plenamente complementada pela doutrinação ubíqua exercida de modo mais ou menos espontâneo sobre os indivíduos em sua vida cotidiana, pela sociedade de mercadorias.

9.8.2

A concepção socialista da educação é qualitativamente diferente mesmo dos ideais educacionais mais nobres da burguesia ilustrada, formulados na fase ascendente do desenvolvimento capitalista. Pois essas concepções sofriam inevitavelmente os limites impostos sobre seus criadores pelo fato de se identificarem com o *ponto de vista do capital*, ainda que assumissem uma postura crítica diante dos excessos da nova ordem emergente e do impacto negativo de algumas tendências já visíveis sobre o desenvolvimento pessoal dos indivíduos. Eles o fizeram em nítido contraste com os ideólogos mais recentes do capital, que se recusam a ver qualquer coisa errada em sua estimada sociedade.

As maiores personagens do Iluminismo burguês eram favoráveis ao pleno desenvolvimento humanamente realizador dos indivíduos particulares. Mas queriam ver sua efetivação no interior da estrutura da sociedade capitalista liberta de seus traços "prosaicos" ameaçadores e seus corolários humanamente empobrecedores, incluindo o "deboche moral" contra o qual Adam Smith elevou sua eloquente voz. Entretanto, enxergando o mundo do ponto de vista do capital, não puderam divisar a *mudança radical* exigida na ordem social como um todo para fazer prevalecer seus próprios ideais. Pois o ponto de vista do capital adotado por eles tornava impossível entrever a *incompatibilidade estrutural* entre seus próprios ideais educacionais – aplicados aos indivíduos projetados, moral e esteticamente louváveis, de suas contraimagens utópicas – e a ordem social triunfantemente emergente.

Não é possível destacar com suficiente intensidade o caráter vital do conceito de *mudança* na teoria educacional. Pois ele estabelece obrigatoriamente o horizonte e a viabilidade última (ou não) de todo o sistema de educação. Nesse sentido, sob as condições históricas vigentes, a mudança visada pelas grandes personagens burguesas iluministas tinha de permanecer caracteristicamente assimétrica. Pois, embora fosse suficientemente radical em relação à denunciada *ordem feudal* da sociedade dominante no *antigo regime*, com relação ao futuro, a concepção de mudança que eles defendiam só poderia se estender ao desenvolvimento educacional pessoal dos indivíduos particulares, como um meio ilusório de se contrapor às tendências sócio-históricas negativas.

O enfrentamento crítico das *determinações estruturais da ordem social do capital* – que necessariamente afetava, e deve sempre afetar do modo mais significativo, o desenvolvi mento dos indivíduos – tinha de permanecer muito além do seu alcance. Os *corretivos* às tendências denunciadas de desenvolvimento podiam ser entrevistos por eles apenas em termos individualistas. Quer dizer, de um modo que, no final das contas, mantinha intacta a conformação estrutural e os crescentes antagonismos da ordem capitalista vitoriosamente emergente. Eis porque os "antídotos" propostos, mesmo na variedade mais consistentemente elaborada da *educação estética* dos indivíduos, tinham de permanecer como *contraimagens utópicas* irrealizáveis. Pois é impossível mandar parar os *efeitos negativos* de uma poderosa tendência social na formação dos *indivíduos* sem identificar – e impugnar efetivamente nos termos *sociais* apropriados – suas determinações causais que os produziram e prosseguiram inexoravelmente reproduzindo.

Assim, a adoção do ponto de vista do capital como a *premissa social insuperável* de seu horizonte crítico limitou até mesmo as maiores personagens da burguesia em ascensão a projetar a luta dos indivíduos particulares, e antes isolados, contra os *efeitos e consequências* negativos das forças sociais que os representantes do Iluminismo queriam reformar por meio da educação pessoal idealmente adequada dos indivíduos. Uma luta que jamais poderia ser levada a bom termo, tanto porque não se pode vencer uma *força social* poderosa pela ação fragmentada de *indivíduos isolados*, como porque as *determinações estruturais causais* da ordem criticada devem ser rivalizadas e impugnadas no *domínio causal*, em seus próprios termos de referência: isto é, pela força historicamente sustentável de uma *alternativa estrutural* coerente. Mas isso exigiria, é claro, a adoção de uma perspectiva social radicalmente diferente pelos pensadores em questão. Um ponto de vista capaz de avaliar de forma realista as limitações inescapáveis da potencialidade reformadora do capital contra suas próprias determinações causais estruturais. Não é surpreendente, pois, que a aceitação do ponto de vista do capital como o horizonte geral de sua própria visão tenha restringido as medidas retificadoras plausíveis dos grandes pensadores do Iluminismo à defesa de contramedidas incorrigivelmente utópicas, mesmo na fase ascendente ainda relativamente flexível da progressão histórica do sistema do capital. Isto é, antes da época em que as determinações de classe antagônicas da sociedade de mercadorias plenamente desenvolvida se tornassem petrificadas na forma de uma estrutura social irreformável, cada vez mais reificada e alienada.

É aí que podemos ver claramente o contraste entre os ideais e práticas educacionais do passado e as concepções apropriadas aos desafios históricos que temos de enfrentar no curso de uma transformação socialista sustentável. Jamais se pode formular o preceito da educação socialista nos termos de alguns *ideais utópicos* estabelecidos diante dos indivíduos aos quais eles devem supostamente se conformar, em uma esperança bastante ingênua de contrariar e superar os problemas de sua vida social – como indivíduos mais ou menos isolados, porém "moralmente conscientes" – por meio da força de um *tem de ser* moral abstrato ilusoriamente estipulado. Isso nunca funcionou no passado e nunca poderia funcionar no futuro, não obstante a óbvia necessidade de satisfazer os desafios muito reais que surgem constantemente das condições históricas alteradas e dos constrangimentos objetivos da situação das pessoas envolvidas, como membros de sua sociedade. Seria extremamente autoderrotista conceber a educação socialista como um antídoto individualista aos defeitos da vida social, por mais desejável e louvável que o *tem de ser* moral abstrato proposto possa parecer à primeira vista. O fracasso total das "exortações stakhanovistas" para transformar a ética do trabalho na sociedade soviética é uma boa ilustração do problema em jogo. Um fracasso em virtude da ignorância dissoluta das *determinações causais* nas raízes da vigente ética do trabalho da *força de trabalho relutante* sob as condições dadas, que emergem da exclusão autoritária dos trabalhadores do processo de decisão.

O sucesso da educação socialista é plausível porque a sua perspectiva de avaliação – ao contrário das limitações estruturais inerentes à adoção do ponto de vista do capital no passado – não tem de desviá-la dos problemas reais da sociedade determinados de maneira causal (que demandam retificações sociais apropriadas) e voltá-la a um apelo moral abstrato/individualista que somente poderia produzir projeções utópicas irrealizáveis. As causas sociais devem e podem ser enfrentadas na estrutura educacional socialista em um nível adequado: como causas historicamente originadas e determinações estruturais claramente identificáveis, bem como desafiáveis. E precisamente porque o desafio de enfrentar as demandas, por mais dolorosas que sejam, da *mudança social significativa* não é um conceito inibidor nessa abordagem, mas, antes, uma ideia *positiva* inseparável de uma visão *ilimitada* do futuro conscientemente conformado; as forças educacionais exigidas podem ser ativadas com êxito para a realização dos objetivos e valores adotados do desenvolvimento socialista da sociedade visado por seus membros.

Por conseguinte, o preceito ideal e o papel prático da educação no curso da transformação socialista consistem em sua intervenção efetiva continuada no processo social em andamento por meio da atividade dos indivíduos *sociais*, conscientes dos desafios que têm de confrontar *como indivíduos sociais*, de acordo com os valores exigidos e elaborados por eles para cumprir seus desafios. Isso é inconcebível sem o desenvolvimento de sua consciência moral. Mas a moralidade em questão não é uma imposição sobre os indivíduos particulares a partir de fora, muito menos de cima, em nome de um discurso moral destacado e abstrato de *tem de ser*, como a inscrição cinzelada no mármore em muitas igrejas inglesas: "Teme teu Deus e obedece teu Rei!". Tampouco é o equivalente secular a esses comandos externos pseudo-religiosos impostos sobre os indivíduos em todas as sociedades governadas pelos imperativos do capital. Ao contrário, a moralidade da educação socialista se preocupa com a *mudança social* de longo alcance racionalmente concebida e recomendada. Seus preceitos se articulam com base na avaliação concreta das tarefas escolhidas e da parte exigida pelos indivíduos em sua determinação consciente de realizá-las. É desse modo que a educação socialista pode definir-se como o *desenvolvimento contínuo da consciência socialista* que não se separa e interage contiguamente com a transformação histórica geral em andamento em qualquer momento dado. Em outras palavras, as características definidoras da educação socialista emergem e interagem profundamente com todos os princípios orientadores relevantes do desenvolvimento socialista discutidos neste capítulo.

9.8.3

Em vista de sua postura radicalmente diferente com relação à *mudança*, aplicada não apenas ao desenvolvimento pessoal dos indivíduos, mas simultaneamente também às determinações estruturais vitais de sua sociedade, somente no interior de uma perspectiva socialista o pleno significado da educação pode chegar à fruição. Mas colocar essa circunstância em relevo está longe de ser por si só suficiente. Pois o outro lado da moeda é que – em virtude do papel seminal da educação na mudança geral da sociedade – é impossível alcançar os objetivos vitais de um desenvolvimento histórico sustentável sem a *contribuição permanente* da educação ao processo de transformação *conscientemente visado*.

A linha de demarcação, que opõe o desenvolvimento socialista defendido às restrições e contradições do passado, é desenhada pela crítica necessária da *falsa consciência* agigantada em uma variedade de formas sob o domínio do metabolismo social pelo capital. Um metabolismo dominado pela inversão mistificadora das relações reais de intercâmbio sociorreprodutivo sob o fetiche usurpador da hegemonia supostamente legitimada do capital "produtivo" e da dependência total do trabalho capitalisticamente "empregado", assim impondo com êxito à consciência da sociedade como um todo e de seus indivíduos efetivamente trabalhadores e produtivos a falsa consciência da "personificação das coisas e reificação das pessoas"[58], como já vimos.

Naturalmente, o poder da falsa consciência não pode ser superado pela ilustração educacional (por mais bem intencionada) somente dos indivíduos. Os indivíduos particulares como indivíduos isolados estão à mercê da falsa consciência reificadora, porque as relações reprodutivas reais historicamente dadas em que estão inseridos só podem funcionar com base na "personificação das coisas e reificação das pessoas". Consequentemente, para alterar a inversão mistificadora e em última instância destrutiva da relação reprodutiva sustentável dos seres humanos, contrapondo-se ao mesmo tempo à dominação da falsa consciência reificadora sobre os indivíduos particulares, é preciso uma mudança societária oniabrangente. Nada menos abrangente do que isso pode prevalecer de maneira duradoura.

Contentar-se com a "reforma gradual" e as mudanças parciais correspondentes é autoderrotista. A questão não é se as mudanças são introduzidas repentinamente ou ao longo de um período maior, mas a *conformação estratégica geral* da transformação *estrutural fundamental* consistentemente perseguida, independentemente do tempo que a sua realização bem-sucedida possa levar. Os riscos de *ou um ou outro* entre as formas de controle sociometabólico mutuamente excludentes – a ora estabelecida e a futura – são *globais* tanto no espaço quanto no tempo. É por isso que o projeto socialista só pode obter êxito se for articulado e afirmado de maneira consistente como a *alternativa hegemônica* ao metabolismo social estruturalmente resguardado e alienante do capital. Isto é, se a ordem socialista alternativa abarcar no curso de

---

[58] Karl Marx, "Economic Manuscripts of 1861-63", cit., p. 457. [Para o texto em português em que esta passagem se insere, ver nota 53 acima – N. T.]

seu desenvolvimento produtivo *cada sociedade* e o fizer no espírito de assegurar a irreversibilidade histórica da alternativa hegemônica do trabalho ao controle sociometabólico estabelecido do capital.

No projeto socialista, em virtude da crítica radical inevitável e abertamente professada da falsa consciência estruturalmente dominante do sistema do capital, as medidas adotadas de transformação material são *inseparáveis* dos objetivos educacionais defendidos. Isso porque os princípios orientadores da transformação socialista da sociedade são irrealizáveis sem o pleno envolvimento da educação como o desenvolvimento contínuo da consciência socialista. Todos os princípios orientadores anteriormente discutidos – desde a participação genuína em todos os níveis de decisão até o planejamento abrangente (concebido no sentido do planejamento que inclui a autônoma "obtenção de sentido da própria vida" pelos indivíduos, como indicado na seção 9.4.3 acima) e desde a realização progressiva da igualdade substantiva na sociedade como um todo até as condições globalmente sustentáveis da única economia historicamente viável em uma ordem internacional em progressão positiva – só podem traduzir-se em realidade se o poder da educação for plenamente ativado para esse propósito.

As medidas adotadas em qualquer momento dado são históricas também no sentido de que são e permanecerão sempre sujeitas a mudança. Não é preciso dizer, sob condições favoráveis as realizações alcançadas podem ser progressivamente acentuadas e aprofundadas em um sentido positivo. Mas, evidentemente, é da mesma forma razoável que, do lado negativo, as reversões jamais possam ser aprioristicamente excluídas. Isso dependerá sempre da intervenção efetiva da educação socialista no processo contínuo de transformação. Na análise final, é isso o que determinará se prevalecerão as potencialidades positivas ou negativas e em que grau.

9.8.4

Muito se fala hoje nas sociedades capitalisticamente avançadas sobre a *agenda do respeito*. Consiste na ilusória projeção de resolver a *crise de valores* cada vez mais aprofundada – manifesta na forma da crescente criminalidade e delinquência, ao lado da alienação cada vez pior do jovem em relação à sua sociedade – por um apelo direto e retórico à consciência dos indivíduos, postulando, em vão, o adequado "respeito pelos valores da cidadania democrática". E quando toda essa pregação vazia fracassa, como tem de fracassar, uma vez que evita, como a uma praga, as causas sociais dos sintomas negativos denunciados, as personificações políticas do alto escalão do capital, inclusive o mais alto deles, começam a falar de como podem identificar a futura delinquência já "no útero da mãe", indicando as medidas legislativas estatais autoritárias "necessárias" para lidar com a futura criminalidade potencial no estágio mais inicial possível. Essa linha de abordagem não é mais racional ou menos autoritária do que a defesa do Estado capitalista de "adotar implacavelmente a luta ideológica" com o intuito de vencer a já mencionada "guerra contra o terror". Ao mesmo tempo, o que se exclui absolutamente é a possibilidade de mudar as determinações estruturais da ordem social estabelecida que produzem e reproduzem os efeitos e consequências destrutivos. Cumpre negar de maneira categórica que possa haver alguma coisa seriamente errada com a sociedade tal como existe. Apenas os indivíduos tendenciosamente selecionados para serem repreendidos podem precisar de uma ação reparadora. E espera-se que essa ação corretiva seja proporcionada por um grupo privilegiado de indivíduos autodesignados – as personificações e os guardiões complacentes da ordem política e socioeconômica do capital – que alegam conhecer tudo melhor *ex officio*.

Assim, nada poderia ser mais justificado do que a instituição da ordem hegemônica alternativa. A estrutura educacional dessa ordem é tanto individual quanto social, e de maneira *inseparável*. O *destinatário* da educação socialista não pode ser simplesmente o indivíduo apartado, como no modelo dos ideais educacionais tradicionais. Pois, como já indicado, no passado, os preceitos e princípios educacionais defendidos eram via de regra detalhados na forma de *apelos diretos* à *consciência dos indivíduos* particulares, normalmente concebidos em termos de exortações morais. Ao contrário, a educação socialista se destina aos indivíduos *sociais*, e não aos indivíduos isolados. Em outras palavras, concerne aos indivíduos cuja autodefinição como indivíduos – em contraste com o discurso genérico abstrato da filosofia tradicional sobre a individualidade isolada autorreferenciada – não pode sequer ser imaginada sem a relação mais estreita com seu meio social real e com a situação histórica específica claramente identificável de que seus desafios humanos inescapavelmente emergem. Pois é precisamente a sua situação histórica e social concreta que os convida a formular os valores pelos quais seu compromisso ativo com determinadas formas de ação pode levar a cabo a realização de sua parte apropriada adotada de maneira consciente – que, por conseguinte, os define como indivíduos sociais autônomos e responsáveis – na grande transformação contínua. Eis como a educação praticamente efetiva dos indivíduos sociais se torna sinônima do significado mais profundo de educação como *autoeducação*. As referências de Marx ao "indivíduo social rico" têm o intuito de indicar esse tipo de *autodefinição* como a estrutura viável da educação.

Só é possível assumir a responsabilidade social não como o *tem de ser* moralista e abstrato do discurso filosófico tradicional, que defende algum "ideal" externo "a que os indivíduos devem se conformar", mas como a força real *que se integra* à situação histórica e social efetiva, com base na concepção da própria educação como um *órgão social* estrategicamente vital, isto é, como a prática social inseparável do *desenvolvimento contínuo da consciência socialista*. E isso, por sua vez, só é plausível pela *postura radicalmente diferente com relação à mudança* no interior da estrutura da ordem hegemônica alternativa.

Nada pode ser aprioristicamente eximido de mudança na nova ordem, em nítido contraste com a estrutura sociometabólica do capital, em que a crítica às determinações estruturais significativas da sociedade é decretada ilegítima e essas são, portanto, protegidas com todos os meios disponíveis ao sistema, inclusive os mais violentos. Alterar as condições historicamente dadas, de acordo com a dinâmica do desenvolvimento social em andamento, não é apenas aceitável, mas também de importância vital na ordem hegemônica alternativa. Deixar de fazê-lo não somente iria contra o *ethos* socialista professado, como também privaria a sociedade de seu potencial positivo de desenvolvimento, como a história do século XX tragicamente demonstrou.

O papel da educação socialista é muito importante nesse sentido. Sua determinação interna simultaneamente social e individual lhe confere um papel histórico único, com base na *reciprocidade* pela qual ela pode exercer sua influência e produzir um grande impacto sobre o desenvolvimento social em sua integridade. A educação socialista só pode cumprir seu preceito se for articulada a uma intervenção consciente e efetiva no processo de transformação social.

A *reciprocidade* mencionada é altamente relevante nesse sentido porque, por um lado, os indivíduos sociais podem contribuir de maneira ativa para a realização das tarefas e desafios dados, e com isso para a significativa transformação de sua sociedade, e, ao mesmo tempo, por outro lado, são conformados de um modo significativamente internalizável, no curso das mudanças alcançadas. Com efeito, eles mesmos são também legitimamente conformados por sua própria *consciência positiva* do significado dos desenvolvimentos em progresso, percebendo corretamente sua parte ativa neles. Esse tipo de *internalização consensual genuína* dos contínuos desenvolvimentos pelos indivíduos sociais assinala um afastamento radical com relação à doutrina inteiramente apologética do *consentimento tácito* que predominou na teoria política da ordem estabelecida desde John Locke, seu fundador.

O envolvimento ativo dos indivíduos nas mudanças societárias pode ser identificado como *interação social* no melhor sentido do termo. Uma interação social plena de significado, fundada na *reciprocidade mutuamente benéfica* entre os indivíduos sociais e sua sociedade. A emergência e o fortalecimento dessa reciprocidade mutualmente benéfica estariam completamente fora de questão se alguma autoridade designasse que os vários aspectos da ordem hegemônica alternativa, incluindo suas *determinações estruturais* mais importantes, devessem permanecer além do alcance dos indivíduos sociais. Sua "autonomia" nesse caso equivaleria a nada, como de fato significa nada no caso das postuladas "escolhas soberanas" feitas pelos indivíduos na sociedade de mercadorias. Assim, a relevância da educação socialista, como o desenvolvimento contínuo da consciência socialista – nesse sentido vital de *reciprocidade*, que define os indivíduos particulares como *indivíduos sociais* (e evidencia ao mesmo tempo o próprio significado desse termo definidor) – não poderia ser maior. Pois as exigências de um desenvolvimento historicamente viável, no espírito dos importantes princípios orientadores da transformação socialista, tornam-se reais por meio da contribuição mais ativa da educação para o processo. *Nenhuma* delas poderia cumprir sua função social requerida sem a educação.

9.8.5

Como um caso representativo, podemos perceber muito claramente a importância seminal da educação – explicitada na forma da reciprocidade mutuamente benéfica entre os indivíduos particulares e sua sociedade – na relação com a mudança fundamental necessária para transformar as práticas econômicas ora dominantes em um tipo qualitativamente diferente. A diferença concerne diretamente ao domínio da reprodução material vital cuja saúde é essencial para a viabilidade até mesmo das práticas culturais mais mediadas. Pois o *imperativo do tempo* do capital predominante no processo de reprodução material afeta diretamente não apenas as relações estruturais de exploração da sociedade de classes como um todo, mas impõe ao mesmo tempo seus efeitos negativos e humanamente empobrecedores sobre cada aspecto da atividade material e intelectual no *tempo de vida* dos indivíduos particulares. Por conseguinte, a necessidade de *emancipação* humana, em que a educação socialista desempenha um papel crucial, representa a esse respeito um desafio fundamental.

As práticas reprodutivas da sociedade capitalista são caracterizadas pela contabilidade do tempo desumanizadora que *obriga* os indivíduos trabalhadores – em contraste com as "personificações do capital", que são os mais *complacentes impositores* do imperativo do tempo alienante do sistema – a se submeterem à tirania do *tempo de trabalho necessário*. Desse modo, como denunciou Marx, os indivíduos trabalhadores – potencialmente os indivíduos sociais ricos, em suas palavras – sofrem as consequências alienantes ao longo de toda a sua vida porque sofrem "sua degradação a mero trabalhador, sua subsunção no trabalho"[59]. Ademais, essa dependência estrutural e a correspondente degradação não é de maneira alguma o final da história. Sob determinadas circunstâncias, especialmente sob as condições de grandes crises socioeconômicas, os trabalhadores têm também de sofrer a perversidade do desemprego, a mazela cinicamente camuflada e hipocritamente justificada da "flexibilidade do trabalho" e a selvajaria da difundida *precarização*. Todas essas condições emergem da mesma determinação operacional do processo de trabalho capitalista. Devem-se à desumanidade irredimível da *contabilidade do tempo* do capital e à coação do *imperativo do tempo inalterável* do sistema[60].

Como vimos nas seções 9.5.5 e 9.5.6, a alternativa hegemônica do trabalho é a instituição de uma *contabilidade do tempo* radicalmente diversa, sinônima das exigências humanamente enriquecedoras da *contabilidade socialista*. Apenas sobre essa base é possível entrever as práticas produtivas em pleno desenvolvimento dos *indivíduos sociais ricos*. Isso só é plausível por meio de uma substituição radical da tirania historicamente predominante do *tempo de trabalho necessário* pela adoção consciente e o uso criativo do *tempo disponível* como princípio orientador da reprodução societária.

Obviamente, a ideia de uma alteração dessa magnitude carrega consigo implicações de longo alcance. Pois, no momento exato em que focamos nossa atenção na necessidade da mudança qualitativa envolvida na adoção do tempo disponível como a contabilidade do tempo praticamente efetiva, capaz de substituir o tempo de trabalho necessário, torna-se amplamente evidente que é inconcebível instituir na sociedade uma alteração tão fundamental sem a plena ativação da força da educação socialista.

Em primeiro lugar, porque a instituição do *tempo disponível* como o novo princípio orientador e operacional do processo de reprodução societária exige uma adesão *consciente* a ele. Isso se opõe totalmente à tirania do *tempo de trabalho necessário* que domina a sociedade na forma da *compulsão econômica* geral, regulada não pela *apreensão consciente* – nem mesmo pelo "planejamento" *estritamente parcial* aplicável às unidades econômicas particulares introduzidas *como uma reflexão tardia* pelas "personificações

---

[59] Karl Marx, *Grundrisse*, cit., p. 604.
[60] Ver, no capítulo 5 deste livro, a discussão de importantes temas relacionados.

do capital" no processo de trabalho – mas pela contradição antagônica entre capital e trabalho e pela força *post festum* do mercado. Os trabalhadores não têm de ser educados para a tarefa de participar da estrutura operacional do tempo de trabalho necessário. Eles simplesmente não podem escapar de seus imperativos, uma vez que estes lhes são diretamente *impostos*, com a absolutez de um "destino social", correspondente à sua *subordinação estruturalmente assegurada* na ordem social estabelecida. Eis porque essa estrutura recebeu de Marx a sagaz denominação de "a condição inconsciente da humanidade". Como tal, a *inconsciência* ubiquamente predominante no processo capitalista de trabalho, por conta de sua cega contabilidade do tempo – por mais idealizada que seja – significa também *incontrolabilidade*, com suas implicações fundamentalmente destrutivas.

A segunda razão, igualmente importante, é que o *sujeito social* capaz de regular o processo de trabalho com base no *tempo disponível* só pode ser a *força conscientemente combinada da multiplicidade de indivíduos sociais*: os "produtores livremente associados", como são habitualmente denominados. Novamente, podemos ver aqui um contraste notável com o "sujeito" que regula o processo de reprodução societária com base no tempo de trabalho necessário. Pois o tempo de trabalho necessário não é apenas estreitamente *determinista*, mas também terminantemente *impessoal*, no sentido de que a força reguladora da produção e reprodução societária não é em absoluto um sujeito propriamente dito, mas os *imperativos estruturais do sistema do capital em geral*. Mesmo os mais complacentes impositores do *imperativo do tempo* do sistema estabelecido não podem senão *obedecê-los*, com maior ou menor êxito. Se não obtêm êxito em sua exigida *conformidade* com os imperativos fetichistas, serão logo expulsos da estrutura do sistema pela falência de suas empresas. Em vista do fato de que, não obstante as mistificações fetichistas do sistema do capital, seu sujeito produtor real é o trabalhador, o capitalista como suposto sujeito controlador – que é, na verdade, firmemente controlado pelos imperativos estruturais necessariamente predominantes da ordem estabelecida – só pode ser um *pseudo-sujeito usurpador*. Consequentemente, apenas o sujeito efetivamente produtor, o trabalho como tal, pode adquirir a única consciência reguladora plausível e produtivamente viável sob as condições históricas do nosso tempo. É óbvio que não estamos falando aqui da categoria sociológica empirista dos trabalhadores particulares como trabalhadores isolados – que confrontam a força social do capital, por maior que seja o seu número, como trabalhadores isolados – mas sim do *trabalho dos indivíduos sociais conscientemente combinados como a condição universal da vida na ordem hegemônica alternativa*. Esse é o único sujeito social plausível que pode regular de maneira consciente o processo de reprodução societária com base no *tempo disponível*. Ou, para expressar de um modo diverso a mesma correlação dialética, somente pela adoção consciente do tempo disponível como o princípio operacional orientador e praticamente efetivo de nossa vida é possível entrever o desenvolvimento de um sujeito social capaz de controlar de forma apropriada a produção e a reprodução societária da ordem hegemônica alternativa.

O sujeito em questão, como antes mencionado, é simultaneamente social e individual. Esse indivíduo social é impensável sem os processos educacionais – e autoeducacionais – pelos quais se podem satisfazer as exigências criativas da nova ordem sociometabólica.

Como a sociedade se encontra hoje, a adoção do *tempo disponível* em todos os lugares como um princípio operacional vital da produção é apenas uma *potencialidade abstrata*. O futuro depende de nossa capacidade (ou incapacidade) de transformar essa *potencialidade abstrata* em *realidade criativa concreta*.

Nem é preciso dizer que a tirania do tempo de trabalho necessário é uma imposição aos trabalhadores, que devem sempre permanecer uma *força de trabalho relutante* no interior da estrutura do sistema do capital. Além disso, a imposição do tempo de trabalho necessário é também desperdiçadora em seus próprios termos de referência, no sentido de que sua operação pressupõe o estabelecimento de uma estrutura de comando estritamente hierárquica de que algumas partes são extremamente problemáticas ou, de fato, completamente parasitárias, mesmo com relação às suas supostas funções econômicas. Comparadas a isso, as vantagens de se levar a cabo a produção e a reprodução societária com base no tempo disponível, dedicado à realização dos objetivos conscientemente escolhidos pelos indivíduos sociais autorregulados, são inegáveis. Pois os "produtores livremente associados" dispõem de recursos incomparavelmente mais ricos do que aquilo que jamais se poderia arrancar da força de trabalho relutante sob a imposição dos imperativos estruturais do tempo de trabalho necessário do capital.

Cumpre também enfatizar aqui que a educação – como o desenvolvimento progressivo da consciência socialista integrante à vida dos indivíduos sociais em sua estreita interação com seu ambiente social historicamente em transformação – é uma força vital identificável também pelo grande impacto da educação sobre a mudança na reprodução material. Esse impacto emerge diretamente da substituição operacional do tempo de trabalho necessário pelo tempo disponível autonomamente determinado, definida na disposição de sua sociedade pelos indivíduos trabalhadores. É evidente que apenas os indivíduos sociais como indivíduos podem conscientemente determinar por e para si mesmos, a natureza (isto é, a dimensão qualitativa) e o montante de *seu próprio tempo disponível* do qual as realizações criativas de sua sociedade podem emergir com êxito. Tudo isso concerne tanto ao número de horas como à intensidade do trabalho dedicados por eles à tarefa produtiva relevante. Nenhuma autoridade destacada pode decidir ou impor-lhes essas exigências, ao contrário da dominação anteriormente inevitável do tempo de trabalho necessário.

A única força capaz de contribuir positivamente para o novo processo de transformação é a própria *educação*, cumprindo com isso seu papel de *órgão social*, como acima mencionado, pelo qual a *reciprocidade mutuamente benéfica* entre os indivíduos e sua sociedade se torna real. Nada pode ser imposto aqui *de antemão* (como uma norma preestabelecida) ou como *finalidade* restritiva. Vemos no processo reprodutivo positivamente ilimitado da ordem hegemônica alternativa a manifestação de uma *interação* genuína. Por intermédio da educação socialista, a força produtiva dos indivíduos se estende e acentua, simultaneamente ampliando e tornando mais emancipadora a força reprodutiva geral de sua sociedade como um todo. Esse é o único significado historicamente sustentável de *ampliação da riqueza social*, em contraste com o culto fetichista da *expansão do capital* fundamentalmente destrutiva em nosso mundo finito, que é inseparável do desperdício fatal do sistema do capital.

A dominação do valor de uso pelo valor de troca, e a consequente negação sistemática impiedosa da necessidade humana em nossa ordem global, só pode ser retificada com base em uma mudança radical do princípio orientador socialista do tempo disponível conscientemente adotado e exercido pelos próprios indivíduos sociais. Sua educação como *autoeducação orientada ao valor*, inseparável do desenvolvimento contínuo de sua consciência socialista em sua reciprocidade dialética com as tarefas e desafios históricos que têm de enfrentar, os faz crescer tanto em suas forças produtivas como em sua humanidade. É isso que lhes proporciona o fundamento necessário para a autossatisfação criativa como sujeitos autônomos que podem obter sentido de (e, ao mesmo tempo, dar sentido a) sua própria vida como indivíduos sociais particulares, plenamente cientes de sua parte – e responsabilidade – em assegurar o desenvolvimento positivo historicamente sustentável de sua sociedade. E é evidente que isso confere seu significado verdadeiro na expressão "indivíduo social rico".

9.8.6

As mesmas considerações se aplicam a todos os princípios orientadores essenciais da ordem social hegemônica alternativa na vinculação completa de suas exigências reprodutivas com a educação socialista. Pois somente por meio do mais ativo e constante envolvimento da educação no processo de transformação social – alcançado por sua capacidade de ativar a reciprocidade dialética progressivamente mais consciente entre os indivíduos e sua sociedade – é possível transformar em *força operativa* efetiva, historicamente progressiva e *concreta* o que no início podem ser apenas *princípios e valores orientadores genéricos*.

Do modo como os indivíduos determinam conscientemente a natureza e o montante propício de seu tempo disponível, livremente dedicado à realização de seus objetivos sociais escolhidos, que somente eles podem determinar de maneira autônoma e contínua, assim também somente eles podem definir o significado da *participação real* em todos os níveis de decisão. Pois a liberação criativa e a participação produtiva só são concebíveis pelo entendimento apropriado da natureza das tarefas envolvidas, incluindo sua *raison d'être* histórica, e ao mesmo tempo pela percepção da necessidade de aceitar de forma consciente a grande *responsabilidade* inseparável de um modo plenamente participativo de regular sua ordem social em uma base sustentável.

De modo semelhante, o significado da *igualdade substantiva* só pode transformar-se de um *princípio orientador* geral válido em uma *realidade social* criativamente sustentável e humanamente enriquecedora – e na correspondente identificação positiva e sem reservas dos membros da sociedade com as *determinações de valor* subjacentes e sua genuína justificação – por meio da autotransformação da educação como o desenvolvimento contínuo da consciência socialista. Uma forma de educação que deve ser capaz não apenas de confrontar e retificar conscientemente as relações sociorreprodutivas estruturalmente resguardadas e fatalmente prejudiciais da *desigualdade material e social/política* herdadas do passado, mas de superar, ao mesmo tempo, a força mistificadora profundamente engastada da antiquíssima *cultura da desigualdade substantiva* que ainda permeia a consciência social.

Em outro contexto, como vimos acima, o fracasso deplorável do *planejamento* econômico no sistema social de tipo soviético deveu-se à tentativa burocrática de impô-lo sobre a sociedade da maneira mais autoritária, *de cima*, ignorando a necessidade de assegurar a cooperação voluntária dos indivíduos sociais com o plano anunciado pelo Estado. A cooperação consciente positiva era uma exigência essencial impossível de alcançar sem a intervenção positiva da educação praticamente efetiva como autoeducação – na forma e no espírito da reciprocidade anteriormente mencionada entre os indivíduos trabalhadores e seus compromissos societários mais amplos – com o propósito de obter a identificação consciente dos indivíduos particulares com o cumprimento de seus objetivos produtivos escolhidos. Sem isso, os indivíduos não poderiam interagir de forma criativa com o próprio plano geral para contribuírem autonomamente com o processo transformador em um domínio criticamente importante.

E para tomar mais um exemplo, quando pensamos na complementaridade dialética das dimensões nacional e internacional da sociedade em nosso tempo, revela-se imediatamente que o papel da educação como a educação consensual praticada de forma consciente é extremamente importante. Nas palavras de Fidel Castro:

> Na medida em que tivermos êxito em educar profundamente nosso povo no espírito do *internacionalismo e da solidariedade*, tornando-o consciente dos problemas de nosso mundo hoje, no mesmo grau seremos capazes de confiar que nosso povo cumprirá suas obrigações internacionais. É impossível falar de solidariedade entre os *membros de um povo* se a solidariedade não for criada simultaneamente *entre os povos*. Se fracassarmos nisso, correremos o risco de cair no *egotismo nacional*.[61]

Nesse sentido, o legado altamente negativo e divisor do passado ainda pesa muito na consciência dos povos, contribuindo ativamente para a constante erupção de conflitos e confrontos destrutivos em diferentes partes do mundo hoje. É inconcebível desprendermo-nos dessas contradições e antagonismos sem a força criativa da educação autonomamente exercida pelos indivíduos sociais, como o desenvolvimento contínuo da consciência socialista. Pois somente essa educação pode capacitar-lhes a uma apreensão clara da natureza e relevância das questões em jogo e inspirá-los ao mesmo tempo a assumir plena responsabilidade por sua própria parte positiva no processo de trazer ao controle as tendências destrutivas de nossa ordem social globalmente entrelaçada – e em nosso tempo histórico inevitavelmente nacional e internacional.

Em todas essas questões, estamos preocupados com a necessidade vital de uma mudança estrutural radical e oniabrangente de nossa ordem socior reprodutiva, que não se pode alcançar pelas determinações materiais cegas que tiveram de predominar no desenvolvimento histórico passado. Além disso, os grandes problemas e dificuldades de nossas próprias condições históricas são ainda intensificadas e agravadas pela inegável *urgência do tempo* jamais experimentada em épocas históricas anteriores.

Nesse sentido, é suficiente apontar duas diferenças literalmente vitais que colocam em acentuado relevo a urgência do tempo em nossa própria época. Em primeiro lugar,

---

[61] Discurso em Katowice, Polônia, em 7 de junho de 1972. Citado em Carlos Tablada Pérez, *Economia, etica e politica nel pensiero di Che Guevara* (Milão, Il Papiro, 1996), p. 165.

o poder de destruição antes inimaginável que se encontra hoje à disposição da humanidade, pelo qual se pode alcançar facilmente o completo extermínio da espécie humana por meio de uma variedade de meios militares. Isso é gravemente acirrado pelo fato de que testemunhamos, no último século, tanto a escala como a intensidade sempre crescentes de conflagrações militares efetivas, incluindo duas guerras mundiais extremamente destrutivas. Ademais, nos últimos anos da caótica "nova ordem mundial", as pretensões mais cínicas e absurdas foram – e ainda são – empregadas para iniciar guerras genocidas, ameaçando-nos ao mesmo tempo até mesmo com o uso "moralmente justificado" de armas nucleares em projetadas guerras futuras "preventivas e antecipadas". E a segunda condição gravemente ameaçadora é que a natureza destrutiva do controle sociometabólico do capital em nosso tempo – manifesta pela predominância cada vez maior da *produção destrutiva*, em contraste com a mitologia capitalista tradicionalmente autojustificadora da *destruição produtiva* – encontra-se no processo de devastação do ambiente natural, arriscando com isso diretamente as condições elementares da própria existência humana neste planeta.

Por si sós, essas condições já acentuam energicamente tanto a urgência dramática do tempo em nossa própria época histórica, como a impossibilidade de encontrar soluções viáveis aos graves problemas envolvidos sem confrontarmos *conscientemente* os perigos e nos comprometermos com a única busca *racionalmente* plausível – e *cooperativa* no sentido mais profundo do termo – por soluções. Assim, em virtude da magnitude sem precedentes das tarefas em jogo e da urgência historicamente única de nosso tempo que demanda sua solução duradoura, o papel atribuído ao desenvolvimento contínuo da consciência socialista é absolutamente fundamental.

A necessidade de uma mudança estrutural radical e abrangente na ordem sociometabólica estabelecida carrega consigo a exigência da *redefinição qualitativa* das *determinações sistêmicas* da sociedade como a perspectiva geral de transformação. Ajustes parciais e melhorias marginais na ordem sociorreprodutiva existente não são suficientes para cumprir o desafio. Pois poderiam apenas reproduzir em uma escala ampliada – e, de fato, com o passar de nosso tempo histórico opressivamente restrito, necessariamente também agravada – os perigos identificáveis de forma clara tanto no domínio da destruição econômica e militar, como no plano ecológico. É por isso que somente a instituição e a consolidação da *alternativa hegemônica* ao controle sociometabólico do capital pode oferecer uma saída para as contradições e antagonismos de nosso tempo.

Conforme vimos acima, o que distingue as alternativas hegemônicas concorrentes da maneira mais notável é sua postura radicalmente diferente com relação à mudança. O controle sociometabólico do capital é absolutamente incompatível com qualquer ideia de mudança estruturalmente significativa, apesar de todas as evidências de sua urgência. Ao contrário, a ordem hegemônica alternativa do trabalho social não pode sob nenhum aspecto funcionar sem abraçar *positivamente* – e *conscientemente* – as forças dinâmicas da mudança em todos os níveis da vida individual e social, incluindo as determinações estruturalmente vitais da reprodução material e cultural da sociedade. Isso só se pode realizar, em uma base societária contínua e abrangente, pela necessária realização do *planejamento digno do nome*, conscientemente designado e levado à fruição de maneira autônoma, pelos próprios indivíduos sociais.

Nesse sentido, a mudança é plausível na ordem hegemônica alternativa não como um passo ou passos particulares adotados com o pretexto da finalidade ou do fechamento (há sempre algum novo desafio gerado e, de fato, bem-vindo no curso da transformação socialista), mas somente pelo desenvolvimento contínuo – *nunca definitivamente completado* – da consciência socialista. Assim, o modo hegemônico alternativo de controle sociometabólico se define tanto em termos do impacto duradouro de seus princípios orientadores livremente adotados e importantes do ponto de vista operacional – que transformam em realidade a força da consciência individual e social – como por meio da capacidade efetiva de produção material e reprodução societária oniabrangente. De fato, esta última não poderia em absoluto proceder sem sua constante interação com os projetos e desígnios conscientemente formulados pelos seres humanos em sua situação sócio-histórica em transformação, em estreita conjunção com suas determinações de valor e com o compromisso consciente de cumprir os desafios enfrentados e melhorar suas condições de existência. E as melhorias aqui referidas emergem não simplesmente em termos materiais, mas de acordo com o pleno significado anteriormente discutido dos "indivíduos sociais ricos em autodesenvolvimento".

A consciência dos indivíduos sociais que opera nessas relações das alegações concorrentes entre a ordem sociometabólica estabelecida e sua alternativa hegemônica é, em primeiro lugar, sua consciência da necessidade de instituir com êxito uma alternativa historicamente sustentável à crescente destrutividade do modo de controle sociorreprodutivo do capital. Ao mesmo tempo, no que concerne à autoconsciência e à autodefinição historicamente apropriada das pessoas envolvidas, a consciência exigida dos indivíduos sociais engajados no processo transformador é sua consciência positiva de que estão ativamente engajados na instituição da única ordem hegemônica alternativa plausível sob as circunstâncias vigentes. Nada que seja desprovido desse tipo de autodefinição – afirmada com inflexível determinação e consistência – pode alcançar êxito. Pois estamos aqui preocupados com um preceito único para uma transformação qualitativa oniabrangente, que surge em uma conjuntura crítica da história humana. Isto é, em uma conjuntura antes inconcebível, em que nada menos do que a própria sobrevivência da espécie humana está diretamente em jogo.

O único órgão social capaz de satisfazer o preceito histórico vital em questão é a educação firmemente orientada ao desenvolvimento contínuo da consciência socialista.

9.8.7

Uma vez que a ideia de mudança estrutural é excluída *a priori* quando se enxerga o mundo da perspectiva do capital, em vista dos parâmetros conceituais necessariamente limitadores do sistema, a dimensão do *futuro* sofre as consequências, no sentido de que tem de restringir-se na visão de absolutamente todos cujo horizonte histórico é estabelecido pelo ponto de vista do capital. Por conseguinte, mesmo um gênio filosófico como Hegel só poderia oferecer uma *dialética truncada do tempo* quando alcançou o presente em sua monumental concepção da História Mundial. De forma significativa, ele barrou o caminho antes da possibilidade de qualquer mudança futura estruturalmente relevante, insistindo, de maneira apologética – que ao final tinha de se verificar em seu espírito também anti-histórica –, que "A história universal vai do leste para o oeste, pois a *Europa é o fim da história universal*"[62]. E acrescentou, ainda, que esse processo de desenvolvimento a seu clímax e completude ideal é "a verdadeira *teodiceia*, a justificação de Deus na história"[63].

Do ponto de vista fundamentalmente autoderrotista do capital, as perspectivas de desenvolvimento devem ajustar-se de tal modo que a preocupação com a *imediaticidade* domina o horizonte temporal. Toda a mudança visada só é admissível e legítima se as condições potencialmente alteradas puderem se adaptar prontamente à conformação estrutural estabelecida do sistema do capital e a suas determinações de valor correspondentes.

A orientação educacional dos indivíduos – incluindo suas aspirações materiais e valores sociais – segue o mesmo caminho, diretamente dominada pelos problemas da imediaticidade capitalista. Sua consciência temporal, no que concerne ao "futuro", se restringe ao *tempo presente* constantemente renovado de sua luta com o poder fetichisticamente limitador da imediaticidade de sua vida cotidiana: uma luta que não pode em absoluto vencer sob a vigência do tempo de trabalho necessário do capital. O *caráter local* e a *imediaticidade* devem, portanto, prevalecer em toda parte. O conceito de *mudança estrutural geral* material e socialmente plausível, sem mencionar *seu caráter desejável e legítimo*, deve permanecer, nos termos do sistema educacional dominante, como absoluto *tabu*.

Os cultos convenientes, do ponto de vista capitalista, do *local* e do *imediato* predominam e devem caminhar inseparavelmente juntos. Assim, nas concepções que se conformam ao ponto de vista da "ordem natural" automitologizadora supostamente permanente do capital, a ausente dinâmica dos objetivos e ideais transformadores *abrangentes*, que teriam de entrever em alguma conjuntura futura a necessidade – ou ao menos a possibilidade – de mudança sócio-histórica fundamental, não pode tornar-se inteligível sem que se mantenha em mente o *horizonte temporal* inevitavelmente *truncado* dos indivíduos controlados de maneira fetichista em sua vida diária. Há aqui uma perversa reciprocidade que produz um círculo vicioso na relação dos dois. O horizonte temporal truncado dos indivíduos exclui a possibilidade de estabelecerem para si mesmos objetivos transformadores abrangentes e vice-versa, a ausência de determinações transformadoras abrangentes em sua visão condena sua consciência temporal a permanecer trancada no mais estreito horizonte temporal da imediaticidade.

A educação socialista, ao contrário, não pode cumprir seu preceito histórico sem dar o devido peso aos objetivos transformadores abrangentes essencialmente importantes vinculados a seu horizonte temporal apropriado. Por certo, isso não significa que os objetivos mais fundamentais da mudança estrutural devam ou possam ser deixados para um futuro distante, por conta da perspectiva inevitavelmente de longo prazo de sua plena realização. Ao contrário, é uma característica proeminente dos problemas que devem ser confrontados no curso da transformação socialista que as tarefas imediatas não possam ser separadas e convenientemente isoladas dos desafios de longo prazo e mais

---

[62] G. W. F. Hegel, *Filosofia da história*, cit., p. 93. Grifos meus.
[63] Ibidem, p. 373.

abrangentes, muito menos opostas de maneira autojustificada – como no passado – a eles. Os próprios problemas são tão estreitamente entrelaçados, em virtude do caráter histórico único da mudança estrutural oniabrangente exigida, que a ação referente até mesmo aos mais distantes objetivos transformadores *plenamente* realizáveis – como, por exemplo, a instituição da *igualdade substantiva* em todos os lugares, no sentido mais pleno do termo – não pode ser deixada para alguma data futura remota. O caminho que conduz à realização completa da igualdade substantiva deve ser tomado hoje, se falamos a sério sobre a efetivação bem-sucedida da atividade inflexível necessária para a instituição e consolidação de uma mudança material e cultural tão radical.

É um traço historicamente único da defesa socialista da mudança estrutural qualitativa que a consciência – e a autoconsciência – dos indivíduos deva enfocar a natureza *inclusiva/oniabrangente* da requerida transformação social e de sua própria parte nela, como *integrante aos objetivos gerais* em questão, em lugar de ser passível de compartimentação no âmbito privado de alguma individualidade isolada mais ou menos fictícia. Desse modo, também o horizonte temporal dos indivíduos sociais particulares é inseparável do tempo histórico abrangente – não importa em quão longo prazo – de toda a sua sociedade dinamicamente em desenvolvimento. Assim, pela primeira vez no curso da história humana espera-se que os indivíduos se tornem realmente *conscientes* de sua parte no desenvolvimento humano com relação tanto a seus *objetivos transformadores abrangentes* positivamente plausíveis quanto à *escala temporal* de seu próprio envolvimento real e contribuição específica ao processo de mudança de suas sociedades.

Nesse sentido, a consciência e a autoconsciência dos indivíduos particulares quanto a seu papel como indivíduos sociais responsáveis – sua consciência clara de sua *contribuição específica imediata*, mas escolhida de forma autônoma, à transformação *oniabrangente* contínua – é uma parte *integrante e essencial* de todo êxito possível. Pois eles não podem alcançar propriamente nem mesmo seus objetivos relativamente limitados sem perceber e avaliar de maneira autoconsciente a relevância de sua atividade particular na estrutura transformadora mais ampla – que desse modo eles mesmos constituem e conformam de modo autônomo –, como integrante ao tempo histórico circundante criado continuamente por uma sucessão de gerações, inclusive a deles. Somente nessa perspectiva eles podem se tornar plenamente cientes da importância vital de seu próprio *tempo disponível*, como "produtores livremente associados". Essa é a única maneira pela qual podem autonomamente dedicar seu tempo disponível – que é simultaneamente seu *tempo histórico real* como indivíduos sociais particulares capazes de obter sentido da, e dar sentido a, sua própria vida – à criação de uma ordem sociometabólica qualitativamente diferente, bem como historicamente sustentável.

Nessa transformação radical, está em jogo nada menos do que a necessidade literalmente vital da criação de uma nova sociedade viável. Uma transformação cujo sucesso é inconcebível sem assegurar conscientemente o *desígnio racional* – historicamente inevitável – *dos parâmetros gerais da nova ordem* de maneira contínua e sem a *autoconsciência* dos indivíduos sociais como criadores e recriadores desse desígnio geral através das gerações. E, evidentemente, é razoável que a criação e a renovação apropriada do desígnio geral exigido sejam inconcebíveis sem a autoconsciência e as determinações de valor autônomas dos indivíduos sociais capazes e desejosos de se identificarem com a transformação historicamente progressiva de sua sociedade.

O papel da educação, propriamente definido como o desenvolvimento contínuo da consciência socialista, é sem dúvida um componente crucial desse grande processo transformador.

9.8.8

Dada a urgência sem precedentes de nosso tempo histórico, o socialismo no século XXI não pode evitar enfrentar os desafios dramáticos que emergem desses imperativos.

Em um sentido geral, já apareciam na época em que Marx vivia, ainda que naqueles dias a destruição total da humanidade – na ausência dos meios e modalidades militares para realizar com facilidade essa destruição, em estreita conjunção com a crise estrutural inevitável do sistema do capital, como em nosso tempo se experimenta em toda parte – não fosse ainda uma realidade globalmente ameaçadora.

O próprio Marx tentava apaixonadamente explorar os meios para realizar as mudanças transformadoras oniabrangentes necessárias para se contrapor em uma base historicamente sustentável à progressiva tendência destrutiva do sistema do capital. Ele estava plenamente ciente do fato de que sem a dedicação consciente das pessoas à realização da tarefa histórica monumental de instituir uma ordem sociometabólica radicalmente diferente e viável de reprodução não poderia haver êxito. A força intelectual persuasiva da apreensão teórica, por mais bem fundamentada que fosse, não era por si só suficiente. O modo como formulou esse problema, com grande senso de realidade, foi o reconhecimento de que "não basta que o pensamento procure realizar-se; a realidade deve igualmente compelir ao pensamento"[64].

Ele sabia bem que a força material progressivamente destrutiva do capital, na fase decadente do desenvolvimento do sistema, tinha de ser emparelhada e positivamente superada pela força material da alternativa hegemônica historicamente viável. Assim, destacando a maneira como o trabalho teórico podia aspirar ser significativo, ele acrescentou à sentença acima citada: "mas a teoria converte-se em força material quando penetra nas massas"[65]. Naturalmente, não é qualquer teoria que poderia fazê-lo. Uma vez que se tratava de constituir uma relação apropriada entre teoria comprometida com a ideia de uma mudança societária fundamental e com a força material que poderia fazer a diferença, era preciso satisfazer algumas condições de importância vital, sem as quais a ideia defendida da "teoria que penetra nas massas" equivaleria a nada mais que um lema moralista vazio, como frequentemente foi o caso no discurso sectário/elitista. Assim, Marx concluiu suas reflexões sobre o assunto salientando firmemente que "a teoria só se realiza num povo *na medida em que é a realização das suas necessidades*"[66].

---

[64] Karl Marx, "Crítica da filosofia do direito de Hegel – Introdução", em *Crítica da filosofia do direito* (São Paulo, Boitempo, 2006), p. 152.

[65] Ibidem, p. 151.

[66] Ibidem, p. 152. Grifos meus.

Não é necessário dizer que a teoria não pode alcançar o povo em questão somente por livros, nem tampouco se voltando simplesmente, mesmo com a melhor das intenções, a uma multidão aleatória de indivíduos. O pensamento radical não pode ser bem-sucedido em seu preceito de mudar a consciência social sem uma *articulação organizacional* adequada. Uma organização coerente – para proporcionar a estrutura historicamente em desenvolvimento de intercâmbio entre as necessidades das pessoas e as ideias estratégicas de sua realização – é essencial para o sucesso do empreendimento transformador. Não é, portanto, de modo nenhum surpreendente que Marx e Engels, seu companheiro mais próximo, como jovens intelectuais revolucionários tenham aderido ao movimento social mais radical de seu tempo e tenham sido responsáveis por escrever o *Manifesto Comunista*, que defendia a necessária intervenção organizada inflexível no progressivo processo histórico global.

Foi também essencial ter uma ideia clara da orientação estratégica da consciência em desenvolvimento, isto é, seu foco necessário sem o qual poderia desviar-se da realização de sua tarefa histórica. É por isso que Marx continuou salientando que a defendida *consciência comunista* só seria capaz de cumprir seu preceito histórico se fosse "a consciência da *necessidade de uma revolução radical*"[67].

Ademais, uma consideração igualmente importante concernia à questão da *amplitude* em que essa consciência comunista deveria difundir-se na sociedade, para que exista uma chance de subjugar seu adversário, juntamente com a questão conseguinte das *condições* ainda ausentes *de sua difusão* sob as circunstâncias vigentes, dado o longo condicionamento histórico das pessoas envolvidas que agia contra a adoção em larga escala da consciência comunista. Pois as tentações fundamentalmente autoderrotistas do *vanguardismo elitista* não tiveram sua origem em tempos recentes. Eram já proeminentes muito antes do tempo de Marx. Isso se aplicava não apenas à ignorância da questão de "como os educadores são educados?" – presumindo algum tipo de "direito nato" ou superioridade *ex officio* aos "educadores" autodesignados –, mas em termos mais gerais: ao problema vital da *decisão* que exclui as grandes massas do povo. Ao lado disso, tais concepções elitistas foram sempre condenadas à futilidade e ao fracasso, porque sem a mobilização das grandes massas do povo não pode haver esperança de sucesso contra a disparidade esmagadoramente favorável ao capital sob as condições históricas vigentes.

Em oposição a todas as deturpações elitistas concebíveis do desafio, das quais vimos inúmeras incorporações no passado, Marx enfatizou da maneira mais clara que

Tanto para a criação em massa dessa consciência comunista quanto para o êxito da própria causa faz-se necessária uma transformação massiva dos homens, o que só se pode realizar por um movimento prático, por uma *revolução*; que a revolução, portanto, é necessária não apenas porque a classe dominante não pode ser derrubada de nenhuma outra forma, mas também porque somente com uma revolução a classe *que derruba* detém o poder de desembaraçar-se de toda a antiga imundície e de se tornar capaz de uma nova fundação da sociedade.[68]

---

[67] Karl Marx e Friedrich Engels, *A ideologia alemã* (São Paulo, Boitempo, no prelo).
[68] Idem.

Essas considerações permanecem válidas para o presente e para o futuro. O vanguardismo sectário jamais poderia estar à altura da magnitude da tarefa histórica que envolve a constituição de um movimento de massa revolucionário capaz de superar com êxito seu adversário e, ao mesmo tempo, "livrar-se" da sujeira paralisadora de séculos, de modo a tornar-se *adequado para fundar uma nova sociedade*. Eis porque Marx contrastava a necessidade de *consciência comunista de massa* com o "*ideal abstrato* ao qual as pessoas deveriam se conformar". Quer os defensores de tais abordagens estejam cientes disso ou não, o *vanguardismo sectário* sempre foi – e jamais poderia ser outra coisa – precisamente a tentativa de impor sobre as grandes massas do povo o ideal abstrato deplorado por Marx, ao passo que descartava de maneira arrogante, ou ao menos ingênua, a alternativa válida da *consciência comunista de massa* como "populismo" ou alguma coisa do gênero. E o "ideal abstrato" externamente imposto pelo vanguardismo sectário não poderia ser considerado menos prejudicial apenas porque alguns de seus dedicados defensores estariam pessoalmente dispostos a se conformarem a ele.

Paradoxalmente, em alguns períodos do século XX, "a realidade estava compelindo ao pensamento", para empregar a expressão de Marx, mas o "pensamento" – como deveria incorporar-se em estratégias sociais e políticas viáveis da requerida transformação radical, juntamente com suas articulações organizacionais correspondentes – não estava à altura do desafio. Com o intuito de descartar a possibilidade de não se conseguir tirar vantagem das condições favoráveis que surgem em meio à crise estrutural cada vez mais aprofundada do capital, cumpre recordar duas questões de importância seminal. Com relação a ambas, o papel da educação – como o desenvolvimento tão necessário da consciência socialista, sem a qual mesmo a grave crise estrutural da ordem sociometabólica do capital está muito longe de ser suficiente para ativar o processo de "fundação de uma nova sociedade" – é supremo.

A primeira refere-se à necessária *transição* da ordem vigente à sociedade historicamente sustentável do futuro. Como vimos antes, a ordem sociometabólica ora profundamente resguardada do capital se caracteriza pela dominação do *contravalor* – isto é, pela conotação positiva perniciosamente conferida ao desperdício e à destruição – que carrega consigo a degradação da "educação" ao condicionamento conformista das pessoas que devem "internalizar" as exigências destrutivas suicidas do sistema do capital, no espírito adequado à manutenção e ampliação do contravalor. Nesse sentido, o movimento direcionado à nova ordem sociometabólica, na sociedade *de transição*, é inseparável da necessidade de superar o *ethos social herdado* da ordem reprodutiva do capital. Somente por meio da educação concebida como a *autoeducação* radical dos indivíduos sociais, no curso de sua "*alteração* que só pode ter lugar em um *movimento prático*, em *uma revolução*", somente nesse processo podem os indivíduos sociais tornar-se simultaneamente educadores e educados. Essa é a única maneira concebível de superar a dicotomia conservadora de todas as concepções elitistas que dividem a sociedade em seletos "educadores" misteriosamente superiores e o resto da sociedade consignada à sua posição permanentemente subordinada de "educados", como realçado por Marx. A esse respeito, devemos constantemente nos lembrar de que a defendida "alteração do povo para se tornar *adequado para fundar uma nova sociedade*" só é plausível pelo desenvolvimento da "consciência comunista de massa", que abarca a maioria esmagadora da sociedade.

Esse desenvolvimento tem lugar em uma *sociedade de transição*, com suas características dadas que não se pode ilusoriamente desconsiderar para ajustá-la a algum postulado futuro idealizado. Os expedientes mediadores efetivamente disponíveis – as *mediações*[69] práticas identificáveis entre o presente e o futuro sustentável – são os únicos modos e meios pelos quais os *princípios orientadores gerais* da transformação socialista podem tornar-se *forças operadoras* e acentuar de maneira crescente as potencialidades e realizações positivas percebidas, bem como reduzir o poder dos componentes negativos herdados. Para o êxito desse processo, é preciso confiar na dialética prática de mudança *e continuidade*, consolidando as potencialidades e realizações positivas como fundamento necessário sobre o qual é possível construir com êxito. Naturalmente, o modo próprio de apreender os expedientes mediadores disponíveis em uma sociedade de transição inclui a adaptação consciente ao nosso próprio desígnio das aspirações progressistas do passado mais remoto – como vimos anteriormente com referência aos ideais educacionais irrealizados dos grandes pensadores iluministas – e com isso a recriação de uma *continuidade histórica* perdida à qual o capital se contrapõe absolutamente no presente estágio de sua crise sistêmica. A *transição* bem-sucedida é um processo histórico vital, que se desdobra no interior da dialética sustentável de continuidade e mudança. Pelo abandono de um dos dois componentes dialéticos válidos desse processo, para não mencionar a supressão de ambos, só se pode *destruir a história*, como o capital se inclina a fazer hoje. O papel autônomo da educação autoeducadora na apreensão e na adequada adaptação dos expedientes mediadores da sociedade de transição é o construtor necessário da continuidade positiva. Ele é a *história viva*, conforme se desdobra na direção do futuro escolhido e, ao mesmo tempo, o modo consciente de os indivíduos viverem sua própria história no difícil período de transição.

A segunda questão de importância seminal indicada acima concerne ao *desafio internacional* que enfrentamos. Pois ninguém pode seriamente negar que o culto do local – desde o romantismo ingênuo de "o pequeno é belo", até o lema, cuja unilateralidade tende à autoderrota, ainda que seja retoricamente tentador, "pense globalmente, *aja localmente*" – é totalmente impotente contra os recursos globais de dominação e destruição do capital. Ao mesmo tempo, é também muito difícil negar que as tentativas passadas de contrapor-se organizacionalmente ao poder global do capital pela força do internacionalismo socialista não viveram para alcançar seus objetivos declarados. Uma das principais razões para o fracasso das Internacionais radicais foi seu pressuposto extremamente irrealista – mesmo que historicamente condicionado – da *unidade doutrinal* como ponto de partida e necessário modo de operação e suas tentativas de *coerção* de vários modos autoderrotistas, que conduziram a *desencaminhamentos* e à implosão final. Retificar conscientemente esse problema, de acordo com as exigências e potencialidades de nosso tempo histórico, representa um grande desafio para o futuro.

---

[69] Em termos filosóficos, a categoria de *mediação* adquire uma importância particularmente grande no período histórico de transição à nova ordem social.

Do outro lado, a dominação ideológica do capital no âmbito internacional foi fortemente sustentada pela *cultura da desigualdade substantiva*. Ela promoveu o mito autovantajoso das "nações histórico-mundiais" – alguns países capitalisticamente poderosos que alcançaram a dominação sob determinadas circunstâncias históricas – à custa das nações menores supostamente destinadas à eterna subordinação aos países "histórico-mundiais". Essa visão alçou na filosofia abstrata uma *contingência histórica* óbvia ao altivo *status* de necessidade ontológica apriorística, culminando na máxima apologética anteriormente citada segundo a qual as "nações histórico-mundiais" da Europa representam "o fim da história universal". Desse modo, o sistema de dominação e subordinação estrutural totalmente injustificável se justificava pela caricatura especulativa da bruta relação de forças contingentemente estabelecida, mas historicamente mutável, no postulado da permanência da desigualdade substantiva.

O papel da educação é crucial também nesse sentido. Pois, por um lado, é necessário expor – por meio do papel desmistificador da educação socialista – o caráter apologético da cultura há muito estabelecida da *desigualdade substantiva*, em todas as suas formas, para aproximar a realização da única relação humana permanentemente sustentável de igualdade substantiva na ordem global historicamente em transformação. E, por outro lado, a intervenção positiva da educação na elaboração dos meios de contrapor-se com êxito à dominação global do capital, pelo estabelecimento das formas organizacionalmente viáveis de solidariedade socialista, é vital para o cumprimento do grande desafio internacional de nosso tempo histórico.

10
POR QUE SOCIALISMO? O TEMPO HISTÓRICO E A ATUALIDADE DA TRANSFORMAÇÃO RADICAL

Em sua contribuição à primeira edição de *Monthly Review*, já em 1949, Einstein propôs a questão: "Por que socialismo?", destacando de modo contundente em sua resposta que "a sociedade humana está passando por uma *crise*, sua estabilidade foi *gravemente abalada*". Sustentou que os riscos a serem enfrentados eram muito altos em nossa ordem social globalmente interligada porque "Não é exagero dizer que o gênero humano constitui hoje uma *comunidade planetária* de produção e consumo". Ele tampouco pretendia subestimar os problemas que deveriam ser enfrentados no futuro. Ao contrário, asseverou com um senso lúcido de responsabilidade que "A realização do socialismo requer a solução de alguns problemas sociopolíticos extremamente difíceis". E concluiu seu raciocínio com as seguintes palavras: "É de crucial importância, em *nossa época de transição*, a clareza com respeito aos objetivos e problemas do socialismo"[1].

Desde o momento em que essas palavras foram escritas, há quase sessenta anos, a crise à qual Einstein se referia tornou-se muito maior: uma *crise estrutural* genuína da totalidade do nosso sistema de reprodução social. Ademais, ninguém hoje pretenderia negar que devemos nos preocupar com a complexa situação de apuro de uma ordem planetária, ainda que o termo da moda para as atuais tendências de desenvolvimento dessa ordem – frequentemente utilizado como um subterfúgio em proveito próprio – seja "globalização". Além disso, com a implosão do sistema de tipo soviético em meados da década de 1980, que trouxe repercussões dolorosas para incontáveis milhões de pessoas, o parecer de Einstein de que "a realização do socialismo requer a solução de alguns problemas sociopolíticos extremamente difíceis" se intensificou de forma drástica.

Portanto, mais do que nunca, *nossa época de transição* precisa encontrar uma solução historicamente viável para suas contradições e confrontos devastadores, a fim de

---
[1] Albert Einstein, "Why Socialism?", em *Monthly Review*, mai. 1949. Grifos meus.

reparar a estabilidade gravemente abalada pelos antagonismos que deram origem às duas guerras mundiais assoladoras do século XX e que prenunciam a destruição total da humanidade no caso de uma terceira. Somente os defensores mais acríticos da ordem estabelecida poderiam sustentar a possibilidade de manter indefinidamente tudo do modo como tem sido. Portanto, em vista da crise estrutural cada vez mais profunda da ordem sociometabólica do capital, a questão "por que socialismo?" pode – e deve – ser mais uma vez legitimamente evocada.

Então, por que socialismo? Primeiramente porque o capital, por sua própria natureza, é incapaz de atentar para os problemas ameaçadores de sua crise estrutural. O sistema do capital tem um caráter eminentemente – e até mesmo exclusivamente – *histórico*. No entanto, suas "personificações" se recusam a admiti-lo, no interesse de eternizar a vigência de seu modo de controle sócio-reprodutivo, apesar de todos os seus perigos hoje demasiadamente óbvios, mesmo com respeito à destruição da natureza e às inegáveis implicações dessa destruição para a própria sobrevivência humana.

A dificuldade insuperável a esse respeito é que o sistema do capital, como um modo de controle reprodutivo societário, deve seguir a qualquer custo sua própria lógica, correspondente a suas determinações estruturais objetivas. A direção autoexpansiva do capital não pode refrear a si mesma em virtude de alguma consideração humana, simplesmente porque essa consideração pareceria moralmente mais palatável, como a automitologia do "capitalismo caridoso" e do "capitalismo popular" gostaria de nos fazer acreditar. Ao contrário, a lógica do capital é caracterizada pela destrutividade autovantajosa, uma vez que tudo que se encontra no caminho do cruel impulso expansivo do sistema deve ser naturalmente varrido ou esmagado, se preciso. De outro modo, o avanço autoexpansivo do capital seria rapidamente interrompido, e em pouco tempo o capital, como modo de controle sociometabólico, acabaria por implodir.

Isso não é absolutamente uma novidade: afirmar-se apenas sob as circunstâncias históricas atuais da crise estrutural do sistema. Muito pelo contrário. Enfrentamos as perigosas condições da crise estrutural do capital porque essa forma de controle sociometabólico não está mais em posição de *deslocar* suas contradições e antagonismos inerentes sem ativar ao mesmo tempo os limites intransponíveis do próprio sistema. Essa situação de apuro se opõe veementemente à capacidade que o capital tinha no passado de tudo invadir e superar com relativa facilidade os obstáculos encontrados na fase ascendente de seu desenvolvimento sistêmico.

Dadas as limitações objetivas de nosso lar planetário e as forças que competem antagonicamente pelos seus recursos, o modo habitual pelo qual o capital subjuga tudo com crueldade tinha de ser, de fato, um modo cada vez mais problemático de deslocar as contradições constantemente geradas em uma escala progressiva. No século XX, uma das formas pelas quais o capital promoveu o deslocamento em última instância insustentável das contradições foi a extrema destrutividade acima mencionada das duas guerras mundiais, com as implicações certamente nefastas de uma potencial Terceira Guerra Mundial. Obviamente, contudo, uma vez descartada a possibilidade de tal deslocamento destrutivo em uma escala global apropriada, as contradições e os antagonismos sistêmicos podem apenas se intensificar, trazendo consigo a crise estrutural insuperável de todo o sistema.

Com efeito, a ausência de considerações humanas proveniente do implacável direcionamento autoexpansivo do capital esteve em evidência desde o período mais precoce dos desenvolvimentos capitalistas, como a sangrenta história da chamada "acumulação primitiva" demonstra com clareza. Na Inglaterra, por exemplo, somente sob o reinado de Henrique VIII, 72 mil seres humanos considerados "vadios" e "vagabundos" foram exterminados – como "excedentes às demandas" – após terem sido despojados de seu meio de vida anterior nas terras comunais expropriadas com o propósito da lucrativa criação de ovelhas. Foi por essa razão que sir Thomas More expôs com amarga ironia as condições inumanas sob as quais "as ovelhas estão comendo os homens"[2] no serviço lucrativo de produção de lã.

Não devemos ter a ilusão de que, sob as condições cada vez mais graves da crise estrutural da ordem estabelecida, o capital poderia adquirir uma atitude diversa diante do impacto humano de sua cruel autoafirmação. O fato doloroso é que, não obstante todas as promessas autojustificadoras, até hoje o capital falhou em satisfazer mesmo as necessidades elementares da maioria esmagadora do gênero humano. Por conseguinte, o maior desafio para o futuro é encontrar uma maneira de superar positivamente as determinações sistêmicas do capital, que *sempre* impuseram à sociedade seu direcionamento autoexpansivo conflitual/adverso, sem nenhuma consideração pelas consequências humanas. Eis porque o socialismo se coloca na agenda histórica como a alternativa radical à vigência do capital sobre a sociedade.

10.1 As determinações conflitantes do tempo

10.1.1

Quando abordamos a questão do tempo na atual conjuntura histórica, a principal consideração em relação à necessidade de uma ordem social historicamente sustentável tem de ser a supressão radical da conflitualidade/adversidade destrutiva do capital. Kant a descreveu como "o antagonismo dos homens em sociedade", supostamente originário da incorrigível "sociabilidade a-social" de sua natureza humana, como vimos na seção 1.1. Nossa necessária rejeição da cláusula evasiva circular da "natureza humana" – uma vez que não explica coisa alguma por si mesma, ao contrário, condena-nos a aceitar com passividade a condição criticada – só poderia ser o ponto de partida. Além disso, lutar contra a conflitualidade/adversidade destrutiva do capital constituiria por si só apenas o lado negativo da tarefa histórica.

A verdade é que a inevitável negação da conflitualidade/adversidade do capital não pode de modo algum obter êxito se não for complementada pelo lado positivo do mesmo empreendimento. E isso envolve a harmonização criativa do tempo dos indivíduos sociais com o tempo histórico *ilimitado* da humanidade. Pois, a menos que seja ilimitado de modo genuíno, o "tempo histórico" não é, absolutamente, histórico.

---

[2] Ver *Utopia* de sir Thomas More, publicado em 1516.

Essa concepção se opõe com veemência à temporalidade arbitrariamente fechada do "eterno presente", que supostamente caracteriza a "atualidade racional" da ordem estabelecida, como Hegel apresentou. Nada poderia justificar a racionalização especulativa do presente eternizado do capital. Nenhuma tentativa nesse sentido ultrapassaria a defesa acrítica da perpetuação da *atualidade irracional* de uma ordem social insustentável – estruturalmente muito perversa e incorrigivelmente antagônica – ainda que o grande filósofo alemão enuncie o *fim do tempo histórico* com um tom de resignação condescendente.

A necessária harmonização do tempo histórico aqui referida significa, em primeiro lugar, a adoção das *potencialidades positivas* objetivamente factíveis da humanidade pelos indivíduos sociais como princípios orientadores e valores de sua própria atividade vital, em oposição aos *contravalores* do capital impostos de maneira determinista. Naturalmente, isso só é concebível com base em estratégias e objetivos sociais escolhidos de modo consciente, originários dos desafios historicamente determinados pelos grupos sociais aos quais pertencem os indivíduos particulares. Contudo, a sua consciência da *humanidade ameaçada* é uma exigência fundamental para sua autodefinição em nosso tempo. Sem ela, o horizonte geral de seu reconhecido apuro histórico – diretamente relevante em especial para suas ações como indivíduos sociais conscientes – perderia uma dimensão bastante vital. Como Attila József expressou em seu poema excepcional escolhido como epígrafe deste livro:

o carvão, o ferro e o petróleo,

a matéria real nos criou
despejando-nos ferventes e violentos
nos moldes desta
sociedade horrível,
para fincarmo-nos, pela humanidade,
no solo eterno.[3]

Ademais, como József ressaltou no mesmo poema, os indivíduos sociais chamados agora a resistir pela humanidade devem fazê-lo com total consciência da necessidade de observar as leis objetivamente necessárias capazes de assegurar a continuidade do desenvolvimento histórico da espécie humana. Pois apenas como "fiéis cumpridores das leis" – "fieles oidores de las leyes", na tradução espanhola[4] – podem prevalecer sobre as tendências de autoafirmação do capital que hoje avançam ameaçadoramente e que prenunciam a degradação e a destruição da natureza. É por essa razão que – em um poema escrito em 1933, já com notável capacidade de antecipação – os dois últimos versos da estrofe acima vinculam diretamente "nossa resistência pela humanidade" com o respeito vital pela insubstituível base natural da própria existência humana, indicada por essas palavras: "no solo eterno", sobre o qual devemos resistir pela humanidade.

---

[3] Attila József, "A város peremén" [À margem da cidade], 1933, *"real matter created us,/ coal, iron and petrol,/ thrown us into the mould/ of this horrible society,/ ardently and untrammeled,/ to make our stand for humanity,/ on the eternal soil".*

[4] Por Fayad Jamís.

Essa exigência é também inseparável da necessidade de um profundo respeito por aquilo que constitui os valores positivos na progressão histórica da humanidade. Pois eles devem ser observados no espírito da relação dialética entre *continuidade e transformação*. Em outras palavras, a exigência em questão significa a compreensão e a defesa da *continuidade* socialmente viável e significativa *na mudança* e a *mudança* historicamente apropriada e sustentável *na continuidade*. Para citar os versos do poema de József que seguem imediatamente a "no solo eterno":

> Por trás dos sacerdotes, dos soldados e dos burgueses
> ao fim nos tornamos fiéis
> cumpridores das leis:
> por isso o sentido de toda obra humana
> ressoa em nós
> como um violão.[5]

É assim que, sob nosso apuro histórico ameaçador, é possível reconciliar o tempo dos indivíduos sociais conscientemente ativos e o tempo da humanidade. No entanto, é evidente que essa harmonização do tempo de vida dos indivíduos com o tempo histórico da humanidade – em contraste com as dicotomias ontologicamente insuperáveis ideadas pelo filósofo clássico alemão, por meio da pressuposição conveniente da sua "sociabilidade a-social", que se presume diretamente originária de sua "natureza humana" fixa – não pode ser considerada como um dado natural. Ela será possível apenas se as determinações conflitantes do tempo, genuinamente reais e não postuladas de modo especulativo, que afetam profundamente o destino da humanidade – e, com ela, inevitavelmente também a vida da totalidade dos indivíduos – forem resolvidas em favor de uma ordem social historicamente sustentável, por meio da superação bem-sucedida das tendências destrutivas de desenvolvimento do capital, bastante evidentes em nossa época.

10.1.2

Com efeito, as determinações objetivamente conflitantes do tempo são inseparáveis da natureza das forças sociais que competem no palco histórico, opondo-se umas às outras em razão de seus interesses e antagonismos socialmente constituídos. József não tinha a ilusão de que um apelo direto à consciência individual pudesse proporcionar a solução necessária de seus conflitos. Ele entreviu com clareza que a percepção que os indivíduos têm do tempo histórico origina-se da posição que ocupam – não meramente pelo nascimento, mas por sua autodefinição renovada de modo mais ou menos consciente – em relação às alternativas hegemônicas fundamentais da ordem social dada. Portanto, uma solução verdadeiramente possível é inconcebível sem os confrontos que envolvem as

---

[5] A tradução espanhola verte esses versos do poema de József da seguinte maneira: "Tras los sacerdotes, los soldados y los burgueses,/ al fin nos hemos vuelto fieles/ oidores de las leyes:/ por eso el sentido de toda obra humana/ zumba en nosotros/ como un violón". Em inglês: "After priests, soldiers and burghers,/ thus we became at last the faithful/ listeners to the laws:/ this is why the sense of all/ human work throngs in us/ like the deep viola".

principais forças sociais portadoras das alternativas históricas efetivamente disponíveis em uma época – sejam já articuladas de forma integral e bem estabelecidas, ou ainda em processo de emergência e apenas potencialmente preponderantes. E essa determinação traz consigo uma diferença significativa em termos da postura dos indivíduos diante do tempo histórico, ao lado de sua autodefinição em termos das ações orientadas à transformação emancipatória da humanidade ou, ao contrário, à preservação da ordem estabelecida. Como József expôs em um de seus primeiros poemas:

> O tempo está erguendo a névoa,
> para que vejamos melhor nosso cume.
> O tempo está erguendo a névoa,
> trouxemos o tempo conosco,
> trouxemos com nossa luta,
> com nossa reserva de miséria.[6]

Os defensores da ordem estabelecida, armados ainda com seus poderosos *geradores de névoa*, fazem tudo o que estiver a seu alcance para mistificar seu adversário histórico, negando as determinações conflitantes do tempo. Todavia, "o tempo está erguendo a névoa", devido à irreprimível luta contra a desigualdade e a miséria estruturalmente impostas, independentemente do cinismo com que os ideólogos da ordem vigente mentem sobre da suposta eliminação bem-sucedida dos interesses e antagonismos em seu "mundo moderno" caracteristicamente indefinido. Há mais de um século, eles pregam com desfaçatez que "as classes estão *se fundindo* umas nas outras" e que "estamos todos passando à *classe média*". Entretanto – em meio ao crescimento cada vez mais evidente da desigualdade e da exploração que afetam diretamente a maioria esmagadora do gênero humano – esquivaram-se de modo calculado e continuam a esquivar-se da questão: *média entre o quê?**. Para eles, a história já alcançou uma feliz conclusão e, assim, não pode haver nenhuma discussão significativa sobre o tempo histórico, muito menos sobre o confronto objetivo socialmente embasado.

A linha básica de demarcação com relação ao tempo é traçada entre aqueles que querem eternizar o modo de reprodução sociometabólica estabelecido, não obstante sua crescente destrutividade, e aqueles que terão de instituir e restituir a necessária *alternativa radical* humanamente gratificante em uma escala historicamente sustentável. Por conseguinte, os riscos são verdadeiramente históricos/definidores de uma época e excluem a possibilidade de resolver os antagonismos estruturais do sistema do capital por meio de remendos aqui e ali na ordem existente. Essas tentativas já foram feitas sem sucesso no decorrer de muito mais de um século de promessas "reformistas".

A postura que os apologistas do domínio do capital assumem com relação à sociedade é a negação da relevância do tempo histórico enquanto tal – isto é, como um conjunto

---

[6] Attila József, "Szocialisták" [Socialistas], 1931: "Time is lifting the fog,/ so that we can better see our summit./ Time is lifting the fog,/ we have brought time with us,/ we brought it with our struggle,/ with our reserves of misery".

* Em inglês, *classe média* é *middle class*, literalmente, *classe do meio*. A pergunta que Mézsáros faz é: "no meio de quê?". (N. T.)

de determinações temporais claramente identificáveis e objetivamente contestáveis – para nossos problemas. Procuram negá-lo de várias maneiras diferentes, não apenas projetando no passado as relações de troca da sociedade de mercadorias, a fim de entrever ainda com maior facilidade a sua persistência atemporal em um futuro inalterável.

Talvez a abordagem mais reveladora a esse respeito seja a tentativa de transformar as *determinações temporais históricas* – e os desenvolvimentos sociais correspondentes – em *determinações naturais* fictícias. Parecem estar convencidos de que, com essa argumentação, poderão proclamar com segurança que as *estruturas hierárquicas* historicamente criadas – e historicamente mutáveis – da sociedade são predeterminadas e, desse modo, asseverar com legitimidade que são o produto absolutamente inalterável da própria natureza. Graças a esse tipo de artifício do raciocínio, é possível defender perversamente e até mesmo glorificar os interesses sociais mais reacionários, eximindo-os de todo o escrutínio *histórico* a fim de que a própria *natureza* os sancione para sempre.

Para dar um exemplo revelador, o fato da *diversidade* (*ou diferença*) natural – inclusive a diversidade socialmente discriminatória entre seres humanos, que é óbvia, mas de modo algum *ipso facto* – é usado como a eterna justificação falsamente decretada da *desigualdade estruturalmente arraigada* e historicamente instituída da ordem social estabelecida. Portanto, os apologistas do sistema reprodutivo vigente não hesitam em equiparar falaciosamente, com uma *cínica* intenção conservadora, o conceito neutro de *diversidade* com as condições socialmente criadas e totalmente injustificáveis de *dominação e subordinação estruturais*. Ao mesmo tempo, e justamente por isso, condenam de maneira desdenhosa qualquer tentativa que vise desafiar e mudar as condições estabelecidas da desigualdade e da discriminação, tão repulsivas, como nada além de uma "tagarelice antiquada sobre a igualdade"[7], como se essas tentativas representassem uma afronta imperdoável à natureza. Eis o modo como justificam o injustificável, procedendo a uma violação de inspiração conservadora da própria lógica.

Naturalmente, as forças conservadoras aqui mencionadas não são simplesmente as organizações formais que – por causa de um rótulo político disponível – convenientemente chamam a si mesmas por esse nome. As autocaracterizações desse gênero podem variar sem hesitação, conforme a direção em que sopram os ventos políticos no decorrer dos ajustes das respectivas posições políticas dos partidos estabelecidos, em seu esforço de tirar vantagem das oportunidades parlamentares instáveis, por exemplo. Nesse sentido, o que assistimos entre os partidos conservadores tradicionais também se verifica no chamado lado "progressivo" das transformações políticas parlamentares. Por meio dessas mudanças, atingimos uma situação na qual alguns dos partidos políticos mais antigos da esquerda, de orientação reformista, tornaram-se indistinguíveis dos partidos conservadores da direita há muito estabelecidos, ou enraizaram-se ainda mais em posições conservadoras irremediáveis, abandonando mais ou menos abertamente até mesmo suas pretensões, sustentadas no período do pós-guerra, de reformar o sistema

---

[7] Ver sobre isso a observação do professor Jay Forrester – a principal personalidade por trás dos esforços de propaganda do "Clube de Roma", decisivamente promovidos pela rede dos interesses arraigados – citada na seção 9.5.2.

social. A metamorfose do Partido Trabalhista inglês no "Novo Trabalhismo" de Tony Blair é uma boa ilustração desse tipo de desenvolvimento.

Contudo, essas mudanças políticas conjunturais revelam muito pouco, se é que revelam alguma coisa, a respeito das determinações conflitantes do tempo histórico, uma vez que não se ocupam absolutamente com as alternativas hegemônicas fundamentais de nosso apuro histórico atual. Na verdade, os programas políticos ditos transformadores da ordem social por meio de ajustes reformistas – da defesa de Edward Bernstein do "socialismo evolutivo" às suas imitações cada vez mais duvidosas em outras partes – *jamais* foram articulados teoricamente, muito menos empreendidos na prática, como a alternativa hegemônica necessária para o modo de reprodução sociometabólica estabelecido. Ao contrário, todos adotaram como princípio inspirador fundamental a crença – em princípio ingênua, mas cada vez mais vaga – de que o único tipo possível de mudança devia ser *estritamente gradual* ("parcelado", "pouco a pouco" etc.) e tinha de ser instituído no interior dos limites do sistema estrutural estabelecido do capital. Qualquer coisa mais radical que isso era condenada e categoricamente rejeitada como "palanque dialético" marxista, nas notórias palavras de Bernstein. Assim, não é de se estranhar que, em todo lugar, o trabalhismo social-democrata tenha acabado por abandonar completamente até o seu moderado programa reformista, encontrando-se do mesmo lado – e, em alguns casos mais proeminentes, até mesmo muito à direita – de seu antigo adversário político conservador.

Na realidade, o significado de *conservador* verdadeiramente relevante ao tempo histórico está muito vinculado à questão das alternativas hegemônicas de fato existentes, independentemente das mudanças políticas conjunturais. Esse significado é definido de maneira objetiva pelo fato histórico de que, uma vez que o sistema do capital é estabelecido de modo sólido (no sentido de se tornar o modo de reprodução societária globalmente dominante), o capital não pode evitar ser *conservador* na acepção fundamental do termo, opondo-se categoricamente e lutando contra todas as tentativas voltadas à instituição de mudanças mais importantes na sociedade. Desse ponto em diante, apenas ajustes *marginais* são admissíveis e, mesmo assim, somente para fortalecer o sistema do capital.

Sobre esse fundamento, é possível compreender o etos geralmente promovido e reforçado segundo o qual *não há alternativa*. É igualmente compreensível, mas certamente muito longe de justificável, que, de acordo com os "políticos de convicção" conservadores de nosso tempo, incluindo a primeira-ministra Margaret Thatcher, a defesa da *mudança estrutural* deva ser combatida com toda a força do Estado capitalista como "o inimigo interno" (expressão que Thatcher empregou em sua cruzada, empreendida com plena consciência de classe, contra os mineradores de carvão da Inglaterra). Por conseguinte, essa foi uma demonstração muito significativa do terrível consenso das forças políticas que deveriam estar do lado oposto da barricada parlamentar, na qual os mineradores ingleses, que se engajaram em uma greve de um ano, foram por fim derrotados graças à contribuição ativa do Partido Trabalhista em favor da ação estatal repressora que Thatcher entabulou contra eles. E isso não deve surpreender ninguém. Pois sempre que testemunhamos uma possibilidade de confronto hegemônico, ainda que remota, os partidos políticos tradicionais – sejam conservadores ou trabalhistas – encontram-se via de regra alinhados do mesmo lado da divisão social contra as forças orientadas à instituição da alternativa radical historicamente necessária.

Mas, apesar de todas essas circunstâncias negativas e acomodações políticas *conjunturais*, as determinações atualmente conflitantes do tempo histórico não podem ser eliminadas pela força, nem transformadas de fato na solução *permanente* ilusoriamente incontestável dos antagonismos sociais arraigados – estruturalmente irreconciliáveis. Pois, enquanto as contradições destrutivas de nossa ordem social estabelecida continuarem a se intensificar – e agora a ponto de ameaçar diretamente a própria sobrevivência da humanidade – a necessidade de instituir uma alternativa hegemônica sustentável ao modo de reprodução sociometabólica do capital terá de permanecer na agenda histórica.

10.1.3

A tentativa de confinar o tempo histórico ao domínio do "gradual" e do "parcelado", de modo a adequá-lo à apologética prescrição capitalista do "pouco a pouco", e esperar que isso resulte em progresso social duradouro sempre foi um absurdo teórico e uma impossibilidade prática. Pois a instituição "gradual" e "parcelada" do "pouco a pouco", desprovida de um quadro de referência *abrangente* apropriado, não faz sentido algum. Isso porque, sem vislumbrar, à luz dos atuais desenvolvimentos, uma *estrutura estratégica* convenientemente modificável, tal instituição se faz totalmente cega. Essa estrutura deve, desde sua origem, orientar-se com firmeza em direção a uma transformação socialista radical.

Todos sabemos, pela experiência amarga do movimento trabalhista, que os acréscimos graduais ao resultado de algumas medidas parciais iniciais trouxeram facilmente consigo tanto *desastre e autoderrota* como o modesto aprimoramento até mesmo tático – e certamente nunca estratégico. A propaganda da "reforma a passos lentos" promovida ubiquitariamente pelo reformismo do século XX alcançou, na verdade, nada mais que a preservação e até mesmo o fortalecimento da ordem estabelecida.

A intenção real por trás de tais estratégias "evolutivas" – desde os princípios bernsteinianos até suas mais recentes transmutações – sempre foi a *hostilidade fanática* contra o "holismo". Ou seja: contra qualquer tentativa voltada a instituir e consolidar de forma radical na sociedade algumas transformações abrangentes extremamente necessárias. Caracteristicamente, o verdadeiro cômputo de toda a política que uma vez prometeu a realização gradual do socialismo foi a derrota clamorosa e a revogação dos direitos do movimento da classe trabalhadora, por meio da franca capitulação de sua representação política parlamentar diante de seu adversário de classe.

Dado o fato de que o controle metabólico da ordem social não pode ser fragmentado nem dividido entre forças que impelem para *direções diametralmente opostas*, é impensável que o capital – estruturalmente vinculado e confrontado pelo trabalho, como o sujeito da transformação emancipatória e com isso o único modo alternativo de controle societário oniabrangente historicamente factível – pudesse entregar "pouco a pouco" a seu antagonista estrutural o seu poder hegemônico de reprodução autoexpansiva. Especialmente na medida em que as ameaças históricas vitais – em vista da rede de interesses profundamente arraigados e cada vez mais destrutivos do sistema do capital

– são maiores em nosso tempo do que jamais foram. É por essa razão que as determinações conflitantes do tempo histórico se colocam de tal modo que o antagonismo entre as *alternativas hegemônicas* mutuamente excludentes do capital e do trabalho deve ser resolvido na forma de *ou uma ou outra*. E temos agora uma visão bastante clara das fatídicas implicações de sua possível "resolução" em favor da ordem sociometabólica insustentável do capital. Nenhuma fantasia reformista ou engano deliberado pode alterar ou anular essas importantes determinações estruturais e históricas.

Por conseguinte, a única alternativa histórica viável aos interesses irreparavelmente *conservadores* que emanam de forma direta do modo de controle sociometabólico do capital é a *reestruturação revolucionária* de toda a ordem social. As autodefinições políticas variáveis de "conservador" e "liberal" são totalmente irrelevantes a esse respeito. Outrora, "liberalismo" e "utilitarismo" prometeram uma transformação social por meio do "esclarecimento" do espírito do povo para o qual dirigiam seu discurso. Nessa origem distante, o próprio liberalismo fez parte do movimento iluminista. Entretanto, a finalidade do Iluminismo de realizar uma reforma social não pôde ser levada adiante quando os antagonismos latentes na formação heterogênea do "Terceiro Estado" vieram à tona após a Revolução Francesa. Tinham, com efeito, de vir à tona devido à não concretização das expectativas pré-revolucionárias precisamente dos componentes sociais mais radicais do "Terceiro Estado".

Portanto, o discurso liberal dirigido diretamente ao espírito do "povo esclarecido" teve de se tornar, de forma inevitável, cada vez mais problemático. Pois foi – e teve de ser, devido à classe a que pertenciam seus receptores – baseado na preservação das relações sociais hierárquicas estabelecidas na ordem social do capital. De fato, como os antagonismos continuaram a se aguçar, a expectativa de que sua solução advenha do esclarecimento individual tornou-se completamente irreal. Tanto é assim que pudemos testemunhar, com efeito, na segunda metade do século XX, a transformação do liberalismo no *neoliberalismo* agressivo e coisa pior. Atualmente é muito difícil, senão impossível, distinguir entre os autodeclarados "neoliberais" e "neocons" [neoconservadores]. Especialmente nos Estados Unidos. Ambas as orientações ideológicas obtusas satisfazem-se em acompanhar a imprudente estratégia aventureira do governo norte-americano de ameaçar abertamente o *uso preemptivo de armas nucleares* até mesmo contra potências não nucleares. E de alguma forma, como veremos na última seção deste capítulo, também na Europa fomos recentemente presenteados, com toda seriedade, com a influente ideia de impor ao mundo o chamado "imperialismo liberal", projeto justificado de modo grotesco com base na afirmação de que somente essa espécie de relação interestatal global corresponderia apropriadamente às demandas das condições "pós-modernas".

Não se deve esquecer que o horizonte de tempo do *imperialismo* – hoje, a defesa aberta do verbalmente palatável "imperialismo liberal" – sempre foi regressivo, retrógrado e violentamente reacionário. Caracterizou-se por ser a última tentativa insustentável de *interferir no tempo histórico de modo permanente*. Apenas os sujeitos dominantes do grande poder imperialista alternaram entre si, de acordo com as mudanças periódicas na relação de forças – devido à dinâmica interna do desenvolvimento comparativo dos atores principais e às consequências dos imensos confrontos militares em que periodicamente se engajaram –, mas não sua orientação. Por meio de seus confrontos militares, tentavam não apenas ganhar para si vantagem relativa, mas simultaneamente *reverter* as tendências objetivas do desenvolvimento histórico apontando para uma intensificação ainda maior dos antagonismos internos e internacionais e para o desdobramento da crise estrutural insuperável do sistema do capital. Ao longo de quase um século e meio de história do imperialismo moderno, os atores principais foram sempre caracterizados pela cruel adoção do *contravalor destrutivo*. Ignoraram ou desprezaram deliberadamente até mesmo as consequências mais perigosas, desconsiderando em absoluto as implicações, que necessariamente engendram antagonismos, das duas horrendas guerras mundiais que sofremos no século XX.

Tudo isso se alinhava perfeitamente com o mais profundo interesse de classe do capital de tornar impossível a autoafirmação da alternativa hegemônica à ordem sociometabólica dada. E os êxitos indubitáveis do capital a esse respeito não foram de modo algum alcançados sem a cumplicidade reveladora das forças reformistas do trabalho que adotaram "a linha da resistência mínima", ao invés de se dedicarem à tarefa histórica bem mais complexa de reestruturar radicalmente o sistema social estabelecido. Nesse sentido, não foi absolutamente acidental que as forças organizadas da social-democracia reformista alemã submeteram-se a seu adversário de classe de modo humilhante justamente quando foi deflagrada a Primeira Guerra Mundial, pouco depois de prometerem a realização do "socialismo evolutivo".

E, hoje, os riscos históricos são incomparavelmente mais altos do que no período das duas guerras mundiais. A crise estrutural do sistema do capital torna-se mais profunda, exigindo uma solução historicamente viável. Mas a estratégia que supõe sua solução e o estabelecimento de uma "nova ordem mundial" estável por meio de uma defesa séria da utilização de armas nucleares contra potências não nucleares, e reivindicando ainda uma justificativa moral para isso, como o fazem hoje os porta-vozes do imperialismo hegemônico global, é o auge da insanidade, mesmo se comparado a Hitler.

Eis como atingimos um estágio crítico do desenvolvimento humano em que a questão não é mais o fim filosófico especulativo e paradoxal da história, como vimos com relação a Hegel. Pois, deparamo-nos hoje com a contundente ameaça do término da história humana como um todo; por meios militares ou pela destruição ecológica global, ou ainda por uma combinação de ambos. Esse é o único modo pelo qual o capital pode realmente levar a termo o tempo histórico, em imprevista harmonia com a negação da história desde o fim da fase ascendente de seu desenvolvimento sistêmico.

10.1.4

O trabalho, como único sujeito social possível da transformação emancipatória, não pode cumprir seu decreto sem permanecer sempre profundamente comprometido com uma concepção de história *ilimitada*. Não pode haver a esse respeito concessões ou pretextos, em aguda oposição à experiência – conjugada com uma variedade de justificativas igualmente indefensáveis – do passado; do precoce reformismo social-democrata ao voluntarismo dogmático stalinista, e do "grande compromisso histórico" totalmente derrotista do Partido Comunista Italiano à capitulação de Gorbachev ao fim histórico capitalista.

Comprometer-se com o *caráter radicalmente ilimitado da história* não significa, evidentemente, que o projeto socialista de *intervenção consciente* no processo histórico em curso possa ser posto "em banho-maria" até que "surjam condições mais favoráveis" e resolvam nossos problemas. Dada a destrutividade progressivamente agravada de nosso tempo, tais condições ambicionadas que favoreçam a alternativa socialista nunca poderiam simplesmente "surgir". Devem ser combativamente *conquistadas* pelo trabalho e defendidas contra as forças retrógradas, como o antagonista hegemônico do capital, sob as condições existentes indubitavelmente difíceis, por mais que pareçam desfavoráveis para o momento.

Absolutamente certo é que o capital, como controlador inflexível do processo de reprodução societário em sua totalidade, não pode consentir de boa vontade nem mesmo em compromissos táticos com que, de acordo com as evidências históricas, romperá sempre no primeiro momento oportuno, se por conjuntura tiver sido compelido a estabelecê-los. Naturalmente, o capital seria ainda menos propenso ao cumprimento de sua própria parte de qualquer compromisso *histórico* admitido: uma intenção muito irreal. Representantes da esquerda que pensam e agem de outro modo podem portanto comprometer-se apenas consigo mesmos. Pois referimo-nos aqui a um *princípio de exclusão mútua* de importância vital, e não a alguma *conveniência mútua* marginal com base em que alguns compromissos tornam-se factíveis e legítimos. Como Marx energicamente sublinhou já à época de sua "Crítica do Programa de Gotha": "Não pode haver *barganha sobre princípios*"*.

O reconhecimento lúcido das limitações objetivas não tem de significar a capitulação inescrupulosa, o que se contrapõe ao modo como Gorbachev e seus partidários cederam sob o pretexto autojustificador da perestroica, sem absolutamente nenhum plano estratégico para instituir e consolidar a tão necessária ordem social alternativa. Desnecessário dizer, a reestruturação radical de todo o nosso modo de reprodução societário é absolutamente imprescindível. Mas tal reestruturação só pode ter êxito se sua busca estiver fundada em princípios consistentemente sustentados. Caso contrário, cair em armadilha análoga à de Gorbachev no beco sem saída da restauração capitalista, legitimada pelo decreto arbitrário da "igualdade de todos os tipos de propriedade" – isto é, em palavras inequívocas, a restauração jurídica do direito de propriedade privada capitalista –, será a consequência lastimável.

Na parte II de *Para além do capital* – intitulada "Legado histórico da crítica socialista 2: Ruptura radical e transição na herança marxiana" – citei, em uma das epígrafes, a seguinte passagem da obra autobiográfica de Goethe, *Dichtung und Wahrheit*, para ilustrar uma restrição histórica absolutamente inescapável de nosso tempo:

---

* Karl Marx, "Crítica do Programa de Gotha", em Karl Marx e Friedrich Engels, *Obras escolhidas* (São Paulo, Alfa-Omega, s. d.). Grifos de Mészáros. (N. E.)

Em Frankfurt, como na maior parte das cidades velhas, existia a prática de ganhar espaço em prédios de madeira fazendo não apenas o primeiro, mas também os pisos mais altos, se projetarem sobre a rua, o que incidentalmente tornava as ruas, principalmente as estreitas, sombrias e depressivas. Finalmente foi feita uma lei permitindo que apenas o primeiro andar de uma casa nova se projetasse para fora do terreno, enquanto os andares superiores deveriam se manter nos limites do térreo. Para evitar perder o espaço que se projetava sobre a rua no segundo andar, meu pai *contornou esta lei*, como outros o tinham feito antes dele, escorando as partes mais elevadas da casa, tirando um andar depois do outro, da base para cima, enquanto ele *introduzia a nova estrutura*, de tal modo que, apesar de *ao fim nada da velha casa ter restado*, o prédio totalmente novo poderia ser considerado mera renovação.[8]

O ponto central dessa epígrafe era destacar que o processo de transformação socialista – uma vez que deve abarcar todos os aspectos da complexa inter-relação materialmente fundada entre *capital, trabalho* e o *Estado* – é concebível apenas como uma forma de *reestruturação* transicional *com base na alavanca herdada e progressivamente alterável de mediações materiais*. Como no caso do pai de Goethe, ainda que por razões fundamentalmente diversas, não é possível demolir o prédio em que todos nós vivemos e erigir em seu lugar um outro edifício sobre fundações totalmente novas. A vida deve continuar na casa escorada durante todo o curso de reconstrução, "tirando um andar depois do outro, da base para cima, enquanto *introduz-se a nova estrutura*, de tal modo que, *ao fim, nada da velha casa* [terá] *restado*". Com efeito, a tarefa é ainda mais árdua. Pois o madeiramento deteriorado do edifício também deve ser substituído enquanto liberta a espécie humana da perigosa conformação estrutural do sistema do capital.

Portanto, não pode haver "barganha" com relação à meta de reestruturação radical sem a qual até mesmo as condições elementares da sobrevivência da humanidade não podem ser asseguradas. As próprias determinações conflitantes do tempo traçaram a linha de demarcação desse modo inflexível sob as atuais circunstâncias históricas. Tornaram imperativa a busca pelo tipo de reestruturação radical capaz de abranger tanto a *destinação* da jornada, como o *percurso* que conduz à destinação escolhida, provendo ainda, simultaneamente, a *medida do sucesso* da aproximação – ou desvio – dos objetivos fundamentais referentes à transformação socialista previamente determinados.

A condição vital de êxito com relação à concepção socialista ilimitada de história é a adoção consciente de uma orientação estratégica integralmente *abrangente*. Seguir o parecer supostamente prudente do "pouco a pouco", desprovido de qualquer ideia de como os esforços parciais poderiam fazer acréscimos no decorrer do tempo, ou se absolutamente poderiam acrescentar de fato algo sustentável, seria, ao invés de prudente, cego e autoderrotista. Pois advém da natureza do próprio desafio histórico objetivo – com relação às grandes dificuldades da *transformação histórica oniabrangente* – a necessidade de avaliar, em qualquer ponto particular do tempo, o que já foi alcançado e quais obstáculos ainda precisam ser superados em direção ao objetivo global de instituir a necessária, e a longo prazo sustentável, alternativa hegemônica ao modo de reprodução sociometabólica estabelecido.

---

[8] Citado à p. 515 de *Para além do capital* (São Paulo, Boitempo, 2002). Grifos meus.

É por essa razão que *planejar*, no sentido pleno do termo, – isto é, não simplesmente com relação a alguns aspectos parciais da vida econômica, mas em direção às demandas abrangentes da transformação societária, que abarcam as aspirações da totalidade dos indivíduos sociais e capacita-os a estabelecer objetivos significativos para si mesmos, como *sujeitos reais de sua própria atividade vital* – faz-se tão essencial em todas as fases do desenvolvimento socialista. O *projeto abrangente* buscado de forma consciente e o *planejamento* dos objetivos sociais realizáveis, conforme têm origem nas determinações dos indivíduos sociais particulares e não são impostos por alguma autoridade estranha, são inseparáveis. Os necessários falseamento e fracasso do planejamento em todas as formas do sistema do capital se devem à ausência dessas duas condições vitais.

Uma vez que a condição indispensável ao planejamento sustentável seja objetivamente excluída no decurso do atual desenvolvimento social, a possibilidade de resolver as dificuldades inerentes à relação entre as determinações *imediatas* e de *longo prazo* do tempo é também profundamente afetada. A perspectiva de "curto prazo" é uma característica desse modo de reprodução societária. Infelizmente, as pressões do curto prazo continuam a exercer uma influência desproporcional no período de transição para a ordem alternativa de reprodução social.

Com efeito, também o imediato tem sua validade relativa e sua reivindicação relativamente justificável para a ação comprometida. Obviamente, ignoramos essa circunstância por nosso próprio risco. Mas não podemos esquecer – ou ignorar e muito menos desconsiderar deliberadamente, no interesse da autojustificação, como muito frequentemente é o caso – a inevitável escala de tempo de *mais longo prazo* das transformações, mesmo quando atuando sob a pressão das determinações de *curto prazo*. Pois a validade relativa das questões imediatas em foco só pode ser calculada de forma apropriada no interior da estrutura transformadora mais ampla. Mesmo que seja considerável a tentação de render-se às determinações imediatas, gerar-se-ia um desvio se as questões imediatas prevalecessem *à custa* das aspirações de longo prazo estrategicamente mais vitais. Isso seria prejudicial ao objetivo escolhido de reestruturação radical e, portanto, às chances de êxito de todo o empreendimento. Por conseguinte, também a esse respeito, apenas a persecução consistente de uma estratégia abrangente pode indicar uma saída para esse dilema real.

Outra importante questão relativa ao tempo diz respeito diretamente aos *princípios* originais *orientadores do socialismo*. Como já mencionamos no início deste capítulo, esses princípios orientadores envolvem inevitavelmente *diferentes escalas de tempo* quanto às suas condições de realização. Pois, como se pode compreender, algumas das mudanças defendidas são possíveis consideravelmente mais cedo que outras. Entretanto, nunca é demais enfatizar, é absolutamente vital estar consciente de todas essas mudanças já desde o início, como fator imprescindível ao êxito do empreendimento socialista em sua totalidade, e manter-se consciente de sua inseparabilidade básica no decurso da reestruturação radical.

O edifício em que todos vivemos não pode ser demolido. Naturalmente, sabemos muito bem que as "personificações do capital" – sejam neoconservadoras ou neoliberais – estão ativamente engajadas em tentar destruí-lo. Depende do êxito ou fracasso da reestruturação radical saber qual lado das inevitáveis determinações conflitantes do tempo histórico prevalecerá. Qualquer experiência de ceder ao perigoso lado retrógrado das personificações do capital na forma de outro "compromisso histórico" fictício seria tão insano quanto o próprio engajamento ativo do capital em tentar demolir o edifício. Pois apenas sobre uma base socialista sólida pode-se conceber uma solução historicamente viável, que se dirija integralmente tanto aos antagonismos existentes quanto aos interesses de *mais longo prazo* da sobrevivência da humanidade tendo como fundamento o compromisso dos indivíduos com valores criativamente sustentáveis.

Em oposição aos compromissos irresponsavelmente míopes, apenas a compreensão apropriada da perspectiva histórica ampla, sob as graves condições da crise estrutural do sistema do capital que se aprofunda, pode proporcionar a estrutura da *cooperação fundada em princípios* com as forças sociais – inclusive as forças religiosas progressistas – que estão genuinamente interessadas em encontrar uma saída para a maior crise pela qual humanidade já passou. Mesmo quando há reveses, como decerto haverá, nosso comprometimento com os valores positivos do desenvolvimento humano deverá prevalecer no devido tempo em oposição aos *contravalores* destrutivos do capital. O que torna impossível a solução sustentável dos problemas intimamente entrelaçados do nosso tempo no interior do horizonte da necessária ordem alternativa hegemônica não é nossa fidelidade aos princípios socialistas, mas qualquer desvio oportunista com relação a eles. Cito Ernesto Cardenal, teólogo da Libertação e grande poeta: "Pertenço ao tipo de sandinismo que mantém seu comprometimento com os princípios e ideais da revolução"[9]. Esse é o único caminho para um futuro sustentável. É, e continua a ser, a necessária condição de êxito dos objetivos mais fundamentais como também das realizações mais limitadas, embora duradouras.

10.2 Por que a globalização capitalista não pode funcionar?

Usualmente, a questão da globalização é discutida pela mídia dominante da ordem estabelecida com uma típica autocomplacência. É simplesmente proclamado que o glorioso "mercado mundial" pode fornecer as respostas permanentes para nossos problemas globais fundamentais tanto no plano econômico como no político. Assim, o presidente do Banco da Inglaterra, Mervyn King, escreve com uma compreensível solidariedade de classe em louvor a um livro redigido por Martin Wolf, editor associado do *Financial Times*[10] de Londres: "Wolf fornece não apenas uma crítica intelectual devastadora dos adversários da globalização, mas também uma visão otimista, sábia e civilizada de nosso futuro econômico e político. É vital que sua mensagem seja amplamente lida e

---

[9] Ernesto Cardenal, entrevista concedida à Agência Carta Maior, 25 de janeiro de 2007. Ver também o livro de outro teólogo da Libertação, François Houtart, *Délégitimer le capitalisme: reconstruire l'espérance*, com prefácio de Samir Amin (Bruxelas, Colophon Éditions, 2005). Ver especialmente o capítulo 4: "La place du croyant dans les luttes sociales", p. 165-94.

[10] Martin Wolf, *Why Globalization Works? The Case for the Global Market Economy* (New Haven/Londres, Yale University Press, 2004). As citações de King e Summers foram tiradas do texto publicitário da quarta capa do supracitado livro.

compreendida". A apreciação laudatória do mesmo livro é redigida por Lawrence H. Summers, ex-reitor da Universidade Harvard, com espírito semelhante: "O livro de Wolf será a prova definitiva para a globalização de mercado".

Desse modo, o ponto central da globalização *capitalista* é arbitrariamente distorcido e apresentado como simples "globalização", ou capciosamente como simples "globalização de mercado". Muito semelhante aos anos do mandato de Gorbachev, quando o problema real da capitulação soviética à restauração capitalista foi camuflado como a mera introdução do "mecanismo de mercado" e a adoção feliz da "eficiência de mercado"; do mesmo modo, hoje, deveríamos supostamente nos apaziguar por meio da crença de que "o mercado", uma vez plenamente "globalizado", suprimirá para sempre os antagonismos arraigados e as desigualdades em última instância explosivas da ordem estabelecida do capital. Mesmo que nunca tenha sido capaz de qualquer realização do tipo – antes o oposto – em suas transmutações anteriores. É, portanto, necessário considerar primeiro a natureza e as possibilidades reais do sistema do capital antes de examinar com mais atenção o tipo de transfiguração "civilizada, sábia e otimista" dos atuais desenvolvimentos que encontramos nas tão promovidas "mensagem vital" e "prova definitiva" de Wolf.

Na verdade, a questão não é "globalização ou não globalização", do mesmo modo que nosso problema não é do mesmo tipo da falsa dicotomia do "crescimento ou não crescimento", com a qual somos regularmente presenteados pela imprensa financeira burguesa. Nosso principal interesse, ao contrário, é *qual tipo* de alternativas concernentes ao desenvolvimento e crescimento globais integradores pode ser buscado de um modo historicamente sustentável. Pois, como se sabe, mais de um século antes de surgirem os propagandistas da globalização capitalista, Marx já havia antecipado a *tendência inexorável* do desenvolvimento do capital rumo à *integração global* do sistema. Ademais, ele apresentou essa tendência não apenas muito antes de qualquer outro, mas também *criticamente*, como de fato deve ser feito com uma questão de tal magnitude e de impacto potencialmente catastrófico. Ele indagou o objeto em aguda oposição aos apologistas contemporâneos da "globalização" *capitalista* que postulam de acordo com a moda o feliz desfecho global sem nem mesmo avaliar, muito menos indicar, uma saída para esse labirinto de antagonismos e contradições cada vez pior da atual ordem existente. A globalização *capitalista* tal como a vivemos decididamente *não está funcionando* e *não pode funcionar* para a esmagadora maioria da humanidade, mesmo que favoreça em muito as forças econômicas e políticas dominantes e com isso intensifique e acentue as contradições. Essa é a real questão a que devemos nos remeter de modo tangível mais cedo ou mais tarde.

10.2.1

A ideologia vigente mantém seu controle sobre a consciência popular pregando com sucesso a validade eterna da ordem estabelecida. Desse ponto de vista, o sistema requer apenas pequenas mudanças marginais a serem bem acomodadas no interior da estrutura básica anistórica e eternamente adequada da reprodução societária.

Tudo nesse discurso é completamente invertido. Ele não apenas distorce a verdade como também oferece, para consumo geral, seu exato oposto. Pois, não obstante toda mistificação autojustificadora que procura representar o capital como um sistema *natural e eterno*, trata-se de fato de um modo de reprodução sociometabólica *historicamente limitado e que confina o tempo de forma única*. Isso ocorre por três razões principais:

1. O imperativo do *crescimento* como a *autoexpansão do capital*, independente das consequências. Em outras palavras, a busca irrestrita da acumulação de capital, não importa o quanto sejam prejudiciais, e mesmo totalmente destrutivas, as necessárias consequências.

2. A propensão do capital para a *integração global* no *plano econômico*, contestada de forma veemente pelas necessárias implicações dessa tendência no *plano político*, devido ao *modus operandi* permanente do sistema em forma de *dominação e subordinação* em todos os sentidos, inclusive a subjugação de *Estados nacionais* mais fracos pelos mais fortes sob a vigência do imperialismo moderno. A lógica básica – e totalmente insana – desse desenvolvimento é a de que um "superpoder" submete a si *todo* o poder dos outros na expectativa vã de afirmar sua própria dominação incontestável como *o Estado do sistema do capital em geral*.

3. O círculo vicioso de *competição e monopólio*, estabelecido no sentido, em última análise, insustentável da competição que gera o monopólio e, ao mesmo tempo, do monopólio (engendrado nessa forma incontrolável) que traz consigo competição cada vez mais feroz e destrutiva, em um processo irreversível de determinações recíprocas.

Sob os três pontos de vista, estamos lidando com as insuperáveis *determinações autocontraditórias internas* ao sistema do capital, que se tornaram *plenamente ativas e intensificadas* em nossa época. É isso que confere *extrema urgência* a tais questões, requerendo o *imperativo das intervenções radicais* com o objetivo de superar as tendências destrutivas.

É importante destacar aqui que a viabilidade histórica do capital está seriamente afetada, no sentido negativo, não apenas pelos *limites absolutos* do sistema, mas também por sua total incapacidade de admitir a existência de *qualquer limite*. Os limites absolutos evidenciam-se com relação às seguintes considerações:

1. O *horizonte temporal* do sistema é necessariamente de *curto prazo*. Não pode ser outro em vista das pressões desviantes de competição e monopólio e das formas decorrentes de impor a dominação e a subordinação, no interesse do ganho *imediato*.

2. Esse horizonte temporal é também *post festum* por natureza, capaz de adotar medidas corretivas somente depois que o estrago foi feito; e mesmo estas só podem ser introduzidas de forma muito limitada.

3. Conclui-se a partir das duas determinações acima que o sistema é incompatível com todo *planejamento*, em qualquer sentido do termo que não seja o mais míope. Isso se dá ainda que consideremos os gigantescos empreendimentos transnacionais semimonopolistas. Mesmo as maiores empresas só podem instituir algum planejamento *post festum limitado* em seus empreendimentos *particulares* (se tanto), mas são incapazes de controlar por si mesmas o *mercado global* onde operam, exceto de um modo extremamente limitado e conflituoso/antagônico. A importância dessa limitação sistêmica é inegável, especialmente sob a conjuntura histórica da

tendência que atualmente se observa à integração econômica global, inseparável de suas contradições fatídicas, num momento em que a necessidade de um *planejamento abrangente* exequível é absolutamente vital.

4. A relação entre *causa e efeito* é estruturalmente viciada no sistema do capital. Isso porque nunca se pode permitir que as determinações causais mais profundas do capital sejam postas sob sério escrutínio crítico. Em outras palavras, esse sistema dirige a si mesmo inexoravelmente adiante, de modo incondicional e inquestionável, como *causa sui*. Por conseguinte, o capital é estruturalmente incapaz de se remeter às *causas* originárias *como causas*. Deve operar, mesmo em suas tentativas mais sérias de introduzir algumas medidas corretivas *post festum*, na forma de resposta a (bons ou maus) *efeitos* acumulando *efeitos sobre outros efeitos*, por via de regra na forma de *contraefeitos* frequentemente geradores de problemas, em consonância com as restrições do horizonte temporal de extremo curto prazo da ordem estabelecida. Portanto, o que é frequentemente distorcido como "manipulação" retificável não é, na realidade, um aspecto *contingente* do sistema do capital corrigível com maior ou menor esforço. É uma das determinações fundamentais que poderia ser reparada apenas por meio da adoção de um modo radicalmente diferente de relacionar-se com as *causas como causas estruturalmente significativas*, ao invés de lidar com elas como *efeitos* mais ou menos *tratáveis de modo arbitrário*. Para essa solução alternativa, entretanto, seria necessário superar as restrições estruturais do próprio capital, transcendendo-as na direção de uma ordem sociometabólica de produção e reprodução mais elevada. Ademais, o sentido dos *imperativos estruturais* é precisamente o de ser impossível alterá-los de modo significativo sem visar uma *estrutura fundamental qualitativamente diversa*. Nesse caso, uma que seja livre das restrições necessariamente destrutivas da ordem estabelecida. Em oposição, conceber o mundo do ponto de vista do capital constitui um obstáculo insuperável mesmo para os maiores pensadores que se identificam com a posição do capital.

5. O último aspecto a ser mencionado é a desumana *eternização* de uma ordem de controle sociometabólico historicamente específica, de fato única, apresentada como não sujeita às *determinações temporais* bastante identificáveis, bem como situada *acima da história* e capaz de desempenhar o papel de árbitro final *sobre a história*. No decurso dos desenvolvimentos capitalistas, até mesmo o reconhecimento parcial da dimensão histórica pelos grandes pensadores que concebem o mundo a partir do ponto de vista do capital tiveram de ser deixados para trás em favor da aniquilação irrestrita da consciência do tempo histórico, como vimos acima.

O caráter único do sistema do capital é manifesto no imperativo estrutural de "crescer inexoravelmente ou perecer". Nenhum outro sistema de reprodução sociometabólica em toda a história humana jamais teve qualquer coisa semelhante a essa determinação interna – extremamente problemática – do capital. Essa determinação estrutural também revela a completa falácia socialmente autovantajosa de deturpar a ordem reprodutiva do capital apresentando-a como a *regra universal* intransponível, arbitrariamente projetada para trás, em direção ao longo passado histórico, e para frente, rumo a um futuro capitalista eternizado. Uma regra universal decretada de forma arbitrária e para a qual, conforme o lema bem conhecido dos apologistas do sistema, "não pode haver alternativa", é claro.

O que torna todo esse desenvolvimento extremamente problemático é o fato de que as determinações primordiais do sistema do capital orientam-se, de uma maneira perversamente invertida, à *autoexpansão do capital como tal*, e apenas coincidentemente ao crescimento de *valores de uso* correspondentes às necessidades humanas genuínas. Eis porque uma característica dinâmica, que em uma fase anterior do desenvolvimento histórico representa um avanço *positivo* na medida em que caminha de mãos dadas com a satisfação das necessidades humanas legítimas, em nosso tempo se transforma na determinação potencialmente mais destrutiva. Pois o interesse contraditório do ímpeto autoexpansivo do capital tem de prevalecer a todo custo e sob todas as circunstâncias, mesmo quando os *valores de uso* lucrativos produzidos por esse impulso são os materiais bélicos infernais do complexo militar-industrial (cujo único *valor de uso* é a destruição), capaz de exterminar toda a humanidade com as armas *reais* de destruição em massa do imperialismo hegemônico global.

A mesma subversão de uma característica outrora positiva se evidencia no decorrer dos desenvolvimentos capitalistas também com relação à *competição*, marcada pelo papel cada vez mais dominante assumido pelo *monopólio*, como consequência das interdeterminações cada vez mais negativas de um sistema historicamente único. Uma vez que não se pode romper com o círculo vicioso de competição tendente ao monopólio, e tampouco com o monopólio que resulta em competição progressivamente mais feroz, o resultado necessário é o aumento da concentração e da centralização do capital e a constituição de empresas cada vez mais poderosas – as gigantes corporações transnacionais – que dominam a cena, sem que a voracidade com que devoram seus competidores sofra a mínima diminuição. Assim, o crescimento, como a autoexpansão do capital, se torna o *fim em si mesmo* esmagador, excluindo qualquer consideração sobre o valor inerente aos alvos adotados em relação aos objetivos humanos genuínos. Muito pelo contrário. A ausência total de uma medida humana apropriada para avaliar a viabilidade a longo prazo do processo de produção e reprodução, e sua substituição pela consideração única e exclusiva da acumulação de capital como o fim em si mesmo globalmente dominador, abre um caminho perigoso ao avanço inexorável do *crescimento canceroso*, perseguido no interesse da expansão lucrativa e da promessa de outras vantagens na disputa pela dominação semimonopolista.

As consequências destrutivas dessa lógica perversa são duas. *Primeiro*, no plano econômico, o imperativo do crescimento, que deve ser perseguido mesmo quando toma a forma do *crescimento canceroso*, leva a negligenciar por inteiro a defesa das condições elementares da existência humana. Isso se manifesta nas difundidas práticas produtivas que arriscam diretamente até mesmo o *substrato natural* da vida humana no longo prazo: uma grave preocupação geralmente expressa com referência à *destruição ambiental*[11]. Não deveria haver

---

[11] Tenho discutido esses problemas desde 1971. Ver a seção sobre "Capitalismo e destruição ecológica" em *The Necessity of Social Control*, conferência em memória de Isaac Deutscher ministrada na London School of Economics (Londres, Merlin Press, 1971) e reeditada na parte IV de *Para além do capital*, cit., p. 983-1011.

a menor dúvida de que esta é uma *condição absoluta* da reprodução social sustentável, muito embora a sua desconsideração insensível, em plena sintonia com o *horizonte incorrigível do tempo de curto prazo* do sistema do capital, a negue com os argumentos mais grotescos de evasão e racionalização associados às perigosas medidas práticas correspondentes[12].

O *segundo* aspecto vital do *crescimento canceroso* subordinado ao imperativo fundamentalmente destrutivo da expansão incontrolável do capital, e o círculo vicioso concomitante do monopólio e da competição, se explicita no plano político/militar. Pois o impulso em direção à dominação monopolista jamais pode obter pleno êxito em suas aspirações globais. Até mesmo as corporações transnacionais mais poderosas não podem alcançar mais do que uma posição *semi*monopolista, e não monopolista de modo oniabrangente, na ordem global.

Evidentemente, isso não é motivo para otimismo e comemoração. A perigosa dimensão destrutiva da própria tendência não arrefece com essa limitação. Longe disso. A limitação em questão significa apenas que a luta pela dominação global tem de se intensificar, em sincronia com o sucesso relativo das empresas transnacionais gigantes em seus próprios países e no cenário internacional. Por conseguinte, os *Estados* dos países imperialisticamente dominantes têm de entrar *diretamente* no palco, e apoiar com todos os meios à disposição suas gigantes empresas *nacionais*/transnacionais no confronto com as rivais. Assim, a questão do "complexo industrial-militar" não se restringe às determinações da *produção* militarista, tão geradora de imensos desperdícios. Assume também uma forma *política/militar direta*, como demonstram as vicissitudes do imperialismo no século XX – e de acordo com a atual tendência predominante ainda mais ameaçadora no século XXI. A nova fase do *imperialismo hegemônico global*, que tem os Estados Unidos como a sua força esmagadoramente dominante[13], indica uma assustadora intensificação desses perigos. Não simplesmente como uma questão de "política de grande poder" contingente e alterável, mas, muito mais importante, como a manifestação de uma determinação *sistêmica* fundamental na atual fase do desenvolvimento histórico do capital, que exige atenção urgente em seu próprio plano.

Naturalmente, todas essas tendências estão estreitamente entrelaçadas nas determinações mais intrínsecas de um sistema historicamente único. A negação conveniente de seu caráter histórico encontra explicação no desejo de perpetuar os interesses opressores de exploração da ordem vigente, que podem ser prontamente racionalizados por meio dos postulados da *eternização* do "único" sistema reprodutivo "viável". En-

---

[12] Ver o perspicaz estudo de John Bellamy Foster, *A ecologia de Marx: materialismo e natureza* (Rio de Janeiro, Civilização Brasileira, 2005). Ver também o livro contundente de Joel Kovel, *The Enemy of Nature: The End of Capitalism or the End of the World?* (Londres/Nova York, Fenwood Publishing/ZED Books, 2002).

[13] Por certo, essa dominação – por mais cruelmente aplicada que seja hoje – não pode ser mantida de forma indefinida. É preciso sublinhar não apenas o caráter perigoso da dominação dos Estados Unidos, mas também sua instabilidade histórica e seu fracasso em última instância. No devido tempo, os problemas complexos que se encontram nas raízes dessas determinações terão de ser resolvidos para eliminar essa instabilidade, caso contrário, a tendência à afirmação cada vez mais agressiva dos ditames norte-americanos pode conduzir à destruição da humanidade.

tretanto, a incômoda verdade é que o capital é completamente incapaz de reconhecer seus próprios limites mesmo quando a questão a ser tratada é como solucionar de uma maneira humanamente sustentável as contradições e os perigos fatídicos de seu crescimento incontrolável.

Tal consideração é totalmente inadmissível porque a relação com o crescimento constitui o círculo vicioso primordial do sistema. Pois o capital *dirige-se para* o crescimento, de forma absoluta/incontrolável, e, ao mesmo tempo, é *dirigido pelo* crescimento, como condição de sua própria sobrevivência – em última instância totalmente insustentável.

Atualmente, os apologistas do sistema ou bem negam audaciosamente a possibilidade de sérios problemas advirem da modalidade existente de crescimento, que reivindica limites racionais, ou comprometem-se com as fantasias conservadoras de "Os limites do crescimento", discutidas no capítulo 9. No último caso, tomam as determinações perniciosas do capital por certas e propõem quixotescamente como "remédio" a imposição de uma ordem social ainda mais injusta que a atual.

É impossível encontrar soluções viáveis para qualquer um dos problemas que enfrentamos no terreno do capital sem que se tenha plena ciência das determinações históricas do sistema e suas correspondentes limitações estruturais, ao contrário de todas as teorias que buscam eternizar até mesmo seus aspectos mais problemáticos e, por certo, destrutivos. É também importante ter em mente que a determinabilidade histórica desse modo de reprodução sociometabólica é simultaneamente *representativo de uma época* – no sentido de abarcar em sua totalidade um período de tempo com séculos de duração – e característico de uma *fase particular* de seu desenvolvimento. Ambas podem ser muito distintas não apenas em sentido absoluto, mas em seu significado com referência ao tipo de ação que deve ser levado a cabo na tentativa de confrontar, com alguma chance de êxito, os próprios problemas identificados.

Para tomar um exemplo crucial, a busca pelo *crescimento* em última instância incontrolável *sempre* foi uma característica fundamental do capital, como uma determinação sistêmica intrínseca. Sem isso, esse modo de controle sociometabólico não teria conquistado o palco histórico como de fato conquistou. Ademais, o caráter intensamente *problemático* do crescimento orientado para a acumulação de capital não foi um acréscimo posterior mais ou menos acidental. Foi, desde a origem do sistema, igualmente inseparável da natureza do capital, como o modo mais dinâmico de controle da ordem de reprodução sociometabólica já conhecido pelos seres humanos na história, até a maturação desse sistema, que culminou no momento em que alcançou o fim da fase ascendente de seu desenvolvimento.

E é nesse ponto que a segunda dimensão da temporalidade histórica do capital, mais específica, torna-se intensamente relevante. Pois a *mesma característica sistêmica* do crescimento inexorável, profundamente enraizada na própria natureza do capital, desde o momento de sua constituição por meio da alienação e expropriação do trabalho, como um sistema de controle cada vez mais oniabrangente, transforma-se, em certa *fase* do desenvolvimento histórico do capital, em uma determinação potencialmente devastadora.

É essa a especificidade histórica da atual fase ameaçadora da história, que nos impõe a tarefa de reavaliação radical da questão do crescimento. Não no sentido da pseudoalternativa autovantajosa do "crescimento ou não crescimento", que manteria intactas as monstruosas desigualdades de nosso mundo social, ou as tornaria ainda piores do que jamais foram. O crescimento deve ser reavaliado pela mobilização bem-sucedida de recursos materiais e humanos de um movimento de massa radical para reorientar de forma prática nossos métodos produtivos na direção da realização dos tão necessários objetivos socialmente legítimos. Isso é inconcebível se as forças destrutivas inseparáveis das atuais modalidades de crescimento como expansão incontrolável do capital não forem postas sob controle racional.

10.2.2

A conquista bem-sucedida do planeta pelo capital deveu-se *primordialmente* a sua *dinâmica interna*, ainda que a vantagem militarista de alguns países dominantes – especialmente a Inglaterra e a França – tenha desempenhado um papel adicional significativo na primeira etapa do imperialismo, *o estágio inicial de construção do império colonial moderno*. O que assegurou a penetração duradoura do capital e seu impacto de longo alcance nos territórios conquistados foi precisamente a incomparável dinâmica transformadora do sistema. Pois ele era transferível, sob uma forma caracteristicamente alterada, mas ainda dinâmica – como corolários econômicos *estruturalmente subordinados*, mas *internamente expansíveis* da "matriz" ou "metrópole" – às áreas colonialmente conquistadas. Esse tipo de dinâmica, como a fonte primeira do êxito duradouro do capital, estava em extremo contraste com as conquistas militares anteriores, que mais cedo ou mais tarde tinham de "ficar sem energia", na ausência desse poder militar. Significou também que o custo desperdiçador do controle militar dos territórios coloniais poderia ser incomparavelmente menor em termos relativos sob o domínio do capital do que nos impérios coloniais anteriores, já que algumas das funções de controle fundamentais se realizavam de forma mais efetiva durante um longo período pela adequadamente transplantada "mão invisível" do sistema do capital.

    A principal fonte do avanço global do capital era a grande diferença entre a *estrutura material de comando* do capital e sua *estrutura política de comando*, com a obrigatória *primazia da primeira* ao longo da fase *ascendente* do desenvolvimento do sistema. Eis porque Adam Smith pôde insistir com eloquência na necessidade de manter os políticos (e o Estado) alheios aos assuntos do desenvolvimento econômico. Entretanto, após o término da fase ascendente, as coisas se tornaram muito mais complicadas e problemáticas e o envolvimento cada vez mais direto do Estado capitalista na promoção das aspirações imperialistas dos países dominantes passou a ser necessário durante a segunda etapa do imperialismo, *o estágio redistributivo*[14], antagonicamente disputado por inúmeras potências em nome de suas corporações semimonopolistas, até mesmo na forma de guerras mundiais maciçamente destrutivas. Naturalmente, a terceira etapa do imperialismo, característico do nosso próprio tempo – a saber, o estágio do *imperialismo hegemônico global*, que tem os Estados Unidos

---

[14] Denominado por Lenin "o último estágio do capitalismo".

como sua força esmagadoramente dominante –, não é apenas o mais problemático, é também totalmente insustentável, em vista dos perigos suicidas que lhe impõem uma opressiva sobrecarga[15].

A dupla estrutura de comando do capital, cujas partes são separadas, mas estreitamente interconectadas, representou durante muito tempo uma grande vantagem para o desdobramento e a consolidação global do sistema do capital. Pois a adoção internalizada da estrutura material de comando do capital nos territórios coloniais carregou consigo a condição, benéfica para a continuidade da expansão em uma escala global, de que algumas das mais importantes funções de controle sociometabólico não tinham de ser impostas pela força das armas de uma *potência política e militar estrangeira e hostil*, mas podia emergir (com alguma intervenção estimuladora e política/militar, é claro) de um fundamento material nativo. Naturalmente, esse tipo de desenvolvimento foi possível porque as classes governantes nativas desempenharam um papel autointeressado e bastante ativo no processo sociometabólico interno de transformação.

No entanto, o fim da ascendência histórica do capital tornou necessário que a estrutura política oniabrangente de comando do sistema assumisse um papel cada vez maior. Ao mesmo tempo, o Estado capitalista não poderia realmente cumprir esse papel sem o uso crescente e cada vez mais desperdiçador da violência. Também nos países colonialmente dominados, essa determinação regressiva resultou na articulação de movimentos políticos anticoloniais, entre os quais o mais significativo teve lugar no território extremamente populoso da Índia. E, muito embora as classes dominantes nativas – inclusive as da Índia – estivessem longe de tentar instituir uma *mudança sistêmica* no período pós-guerra do "neoimperialismo", introduziram, contudo, no funcionamento global do sistema do capital um conjunto de complicações em última instância insolúveis. O fato de que as forças capitalistas mais reacionárias do nosso tempo estejam pressionando mais ou menos abertamente pela *recolonização do mundo* – trovejando hipocritamente contra o "pandemônio étnico", o "Eixo do Mal", os "Estados fracassados"[16] e tudo o mais, quando cantam em louvor de sua variedade futura de *imperialismo liberal*, supostamente "esclarecida" – só pode sublinhar essa asserção.

Inevitavelmente, com o fim da ascendência histórica do capital, as contradições e os antagonismos do sistema como um todo – tanto nos países "metropolitanos" dominantes, como nos territórios coloniais – se agravaram e passaram a demandar a *reversão* do padrão original de desenvolvimento expansivo. Isso porque, na fase

---

[15] Ver a discussão desses problemas no capítulo 4 deste livro, especialmente a seção 4.2, "A fase potencialmente fatal do imperialismo".

[16] Martin Wolf não é exceção em termos de substância reacionária, ainda que seja mais diplomático na linguagem. Adotando com piedosa subserviência a noção supostamente autojustificadora da "comunidade global" – em cujo nome o imperialismo dos Estados Unidos e seus "aliados voluntários" cometem de forma constante as violações mais brutais dos direitos humanos elementares – Wolf insiste previsivelmente que "a *comunidade global* também precisa da *capacidade e da vontade de intervir ali onde os Estados fracassaram completamente*", Martin Wolf, *Why Globalization Works? The Case for the Global Market Economy*, cit., p. 320, grifos meus.

ascendente – desde a época de Henrique VIII até o início do século XIX – o papel da intervenção política direta demonstra uma *tendência à diminuição*, ao passo que, após o fim da fase ascendente, evidencia uma *tendência de aumento crescente*. Esse tipo de desenvolvimento alcança o ponto da administração mais agressiva das *guerras imperialistas globais* no *plano internacional*, e do *controle burocrático estatal* cada vez mais extremo das questões no plano *interno*. Assim, a "mão invisível" é descartada sem cerimônias e seu mito cinicamente utilizado é perpetuado pela ideologia dominante com o propósito da mistificação, ao contrário de Adam Smith, que realmente acreditava no poder insuperável da "mão invisível".

Sob as novas circunstâncias, a estrutura material de comando do capital não mais podia oferecer por si só escopo suficiente para as classes governantes dos países colonialmente dominados promoverem a continuidade do desenvolvimento econômico e o seu controle relativamente autônomo. Isso porque a nova competição internacional selvagem pela conquista militar exclusiva e o controle direto dos territórios coloniais excluíram de forma definitva essa possibilidade já durante o segundo estágio, redistributivo, do imperialismo. Desse modo, os *antagonismos interestatais* sempre latentes no sistema do capital ativaram-se plenamente e se intensificaram, tornando-se claramente insolúveis, apesar do engajamento irresponsável dos Estados dominantes em aventuras militares extremas, como as duas guerras mundiais do século XX. Naturalmente, essa contradição se tornou ainda mais aguda sob as condições do imperialismo hegemônico global, quando a *recolonização nua e crua* do mundo reapareceu na agenda, com a complicação adicional de que esse desígnio não poderia ser simplesmente imposto pelos meios militares disponíveis sobre o resto do mundo, em vista da natureza absolutamente suicida de uma terceira guerra global.

É aí que a incapacidade de o capital *criar o Estado do sistema do capital como tal* evidencia seu limite insuperável. Cento e cinquenta anos de imperialismo moderno não conseguiram absolutamente nada, nem mesmo diminuir os antagonismos interestatais do sistema do capital, para não mencionar a sua plena eliminação, ilusória e apologeticamente propagandeada. Ao contrário, conseguiram apenas intensificá-los, a ponto de serem necessários confrontos militares cada vez maiores para apaziguá-los de modo estritamente temporário.

Uma deturpação propagandística típica e extremamente primitiva desse problema é apresentada no livro de Wolf – sublimado por aqueles que participam da mesma rede de interesses do autor de *Why Globalization Works?*. Enaltecem-no não apenas como "uma visão civilizada, sábia e otimista de nosso futuro econômico e político", mas até mesmo como "uma análise definitiva"[17]. Pois Wolf apresenta o seguinte tipo de explicação gentilmente "otimista" dos desenvolvimentos correntes:

---

[17] Essa expressão é empregada em um texto publicitário do livro de Wolf, impresso na quarta capa, escrito por Kenneth Rogoff, principal economista do FMI e professor da Universidade Harvard. Ele demonstrou suas impecáveis credenciais de elite, como um adversário amargo até mesmo de Joseph Stiglitz. Ver a consideração de Stiglitz sobre seu agastado confronto no "Afterword to the Penguin Edition" [Posfácio à edição da Penguin] de seu livro *Globalization and Its Discontents* (Londres, Penguin Books, 2003) [ed. bras.: *A globalização e seus malefícios* (São Paulo, Futura, 2002) – N. T.].

todas as grandes potências abandonaram a *noção atávica* de que a prosperidade se deriva dos ganhos e pilhagens territoriais, e não do desenvolvimento econômico interno e da troca pacífica. Um dos traços surpreendentes da atual guerra contra o terrorismo é que todas as *grandes potências* do mundo estão do mesmo lado.[18]

Assim, espera-se que acreditemos que o imperialismo existiu porque algumas grandes potências já foram cativas de uma "noção atávica", agora felizmente consignada para sempre ao passado, uma vez convertidas essas grandes potências à ideia de "desenvolvimento econômico interno e troca pacífica". E a prova dessa "análise definitiva civilizada, sábia e otimista" é a ridícula *falácia lógica* pela qual se conclui que as grandes potências mundiais se encontram do mesmo lado na "guerra contra o terrorismo". Uma falácia lógica concludente digna da hipótese da "noção atávica". Graças a tal "análise definitiva", de agora em diante podemos viver felizes para sempre, sem que nem mesmo a sombra de um pensamento concernente à rivalidade imperialista e à dominação exploradora dos países mais fracos nos preocupe. Mas, e estes últimos? Pois a saga imperialisticamente subserviente de Wolf fala somente das "grandes potências mundiais"!

A verdade perturbadora é que a globalização capitalista não poderia absolutamente funcionar a menos que conseguisse *criar o Estado do sistema do capital como tal*. Mas, para tanto, seria necessário superar radicalmente as contradições e antagonismos que se encontram nas raízes da história destrutiva do desenvolvimento imperialista. Contudo, as contradições *sistêmicas* internas – e os antagonismos interestatais concomitantes e inevitáveis – afirmam-se obrigatoriamente mesmo no estado de coisas atual. Além disso, são gravemente exacerbados pela circunstância de que a limitação material intransponível devida à *finitude* de nossos *recursos planetários* – que era apenas *latente* no passado mais remoto – está agora se tornando não só integralmente óbvia, mesmo quando negada de modo irresponsável e ignorada pelos Estados mais poderosos, sobretudo pelos Estados Unidos, mas cada vez mais *aguda*. Por conseguinte, temos de lidar sobriamente com uma *intensificação* antes inimaginável dos antagonismos imperialistas, em lugar de os consignarmos ilusoriamente ao passado. Pois, dessa vez, a questão não é somente a rivalidade concernente à dominação colonial de alguns países mais fracos, mas, de modo simultâneo, também a competição *capitalisticamente insolúvel* e potencialmente catastrófica pelos nossos recursos planetários finitos.

Com o intuito de nos persuadir a fecharmos os olhos às tendências preocupantes do desenvolvimento contemporâneo, os apologistas do imperialismo oferecem diagnósticos errôneos e soluções totalmente irreais. Não é surpreendente, portanto, que Wolf argumente da seguinte maneira:

> Consideremos o maior obstáculo a uma maior disseminação da prosperidade global e o suprimento de bens públicos globais essenciais. Esse obstáculo não é nem a integração econômica global, nem as companhias transnacionais, como alegam os críticos, mas a *multiplicidade de soberanias independentes*.[19]

---

[18] Martin Wolf, *Why Globalization Works? The Case for the Global Market Economy*, cit., p. 309. Grifos meus.
[19] Ibidem, p. 313. Grifos meus.

E, para completar, ele acrescenta que "a fonte mais importante da desigualdade e da persistência da miséria é, de longe, o fato de que a humanidade está *encerrada em quase 200 países distintos*"[20]. Wolf insiste obsessivamente que a "principal explicação" de nossos problemas "é a *fragmentação política do mundo*"[21]. Assim, como é de se esperar, ele se pronuncia contra a única potencialidade positiva da Organização Mundial do Comércio (OMC), demonstrada em Cancún, afirmando que ela "traz às negociações um *grande número de países pequenos*, com impacto desprezível no comércio mundial, e lhes confere um *poder desproporcional*"[22].

Naturalmente, Wolf é favorável à concentração do poder real de decisão nas mãos das "grandes potências mundiais", como vimos anteriormente. Para justificar essa concepção, ele não hesita em negar o que há de mais óbvio – a saber, que as grandes corporações transnacionais, predominantemente sob o controle dos Estados Unidos, são companhias *nacionais* –, "provando" sua declaração propagandista perniciosa com a ajuda de uma outra falácia lógica impagável: "Nas indústrias mais modernas – inclusive nos serviços – as maiores companhias *não são nacionais*. Uma fábrica da Toyota nos Estados Unidos é menos ou mais norte-americana do que uma fábrica da General Motors na China?"[23]. Evidentemente, a verdadeira resposta é que a questão não faz absolutamente nenhum sentido, porque as fábricas da Toyota são, em todos os lugares, *nacionais/*transnacionais *japonesas*, assim como as fábricas da General Motors são *nacionais/*transnacionais *norte-americanas*, onde quer que se localizem, inclusive na China.

O auge do raciocínio propagandista de Wolf em favor do "nunca mais grandes potências mundiais atávicas" é igualmente revelador. Eis uma amostra:

> Se perguntarmos ainda qual seria o mecanismo mais poderoso para assegurar que as forças da convergência econômica sobrepujem as da divergência, a resposta terá de ser a *integração jurisdicional*. [...] Se o compromisso de proteger a prosperidade e permitir que o capital se mova livremente fosse confiável em toda parte, o movimento do capital em direção aos países pobres aumentaria de forma significativa. Mais uma vez, se as pessoas pudessem se mover livremente dos países pobres e fracassados aos mais ricos, a desigualdade global e a miséria extrema com certeza decairiam substancialmente.[24]

Assim, a "integração jurisdicional" – isto é, o rígido controle estatal imperialista de todo o mundo por um punhado de grandes potências – é a solução decretada para nossos problemas e antagonismos cada vez mais agravados. E os expedientes miraculosos não terminam aí. Pois, eis como continua a passagem acima citada:

> Podemos ir ainda mais longe. *Imaginemos a integração jurisdicional* não apenas no sentido da União Europeia contemporânea, mas no sentido de um Estado federal contemporâneo, digamos, os Estados Unidos. Imaginemos que os EUA não fossem um dos países do mun-

---

[20] Ibidem, p. 316. Grifos meus.
[21] Ibidem, p. 317. Grifos meus.
[22] Ibidem, p. 319. Grifos meus.
[23] Ibidem, p. 311. Grifos meus.
[24] Ibidem, p. 315. Grifos meus.

do, mas tivessem se tornado uma *federação global que oferecesse a todos iguais direitos de voto*. Recursos muito maiores fluiriam então para as regiões mais pobres desses Estados Unidos mundiais imaginários, para financiar a infraestrutura, a educação, a saúde e o maquinário da lei e da ordem. Não seria surpreendente. Sabemos muito bem que os países gastam dinheiro com aqueles que *têm uma voz política*.

Mas, por que não devemos imaginar, acima de todas essas realizações imaginárias, a generosa *chuva de maná*? Pois ela talvez resolvesse até mesmo o único problema remanescente. Qual seja, que, não obstante a asserção totalmente infundada de Wolf, os "iguais direitos de voto" efetivamente existentes estão muito longe de conseguir assegurar uma "voz política" apropriada aos eleitores em nossas democracias liberais, ainda que devessem propiciar os benefícios livremente fluentes listados pelo autor. Muitos milhões de aposentados britânicos, por exemplo, que dispõem de tantos direitos políticos de voto como todos os outros cidadãos ingleses, estão há décadas tentando obter paridade para os aumentos anuais de sua aposentadoria, com relação aos aumentos que são concedidos à média salarial. Contudo, encontraram a mais rígida rejeição de sua demanda por parte dos governos capitalistas do país, conservadores ou trabalhistas (e não só do "Novo Trabalhismo").

No mundo de Wolf, espera-se que todas as dificuldades sejam superadas pelas virtudes de um *mercado mundial* ficticiamente equitativo – na realidade, dominado de forma imperialista – repudiando integralmente a crítica desse mercado. Assim, lemos que: "A crítica permite que os protecionistas aleguem beneficiar os pobres do mundo enquanto os privam da oportunidade de ganhar seu sustento em *mercados mundiais*"[25]. O fato de que, durante séculos, a esmagadora maioria da humanidade não conseguiu ganhar um sustento decente no mercado mundial realmente existente não tem a menor importância. Importa apenas que devemos concordar com a visão "civilizada, sábia e otimista", jurisdicionalmente aperfeiçoada, de acordo com a qual o atual processo de globalização capitalista opera para o benefício de todos. No caso de algumas pessoas ainda sustentarem dúvidas do contrário, serão fulminadas pelo argumento, aparentemente irrefutável, do último parágrafo do livro, que troveja contra "o retorno de todos os clichês anticapitalistas, *como se o colapso do comunismo soviético nunca tivesse acontecido*"[26]. Pois, obviamente, Wolf jamais poderia em toda a sua vida ter prestado a mínima atenção à *crítica socialista* consagrada e profundamente comprometida ao tipo soviético de desenvolvimento.

Na realidade, sua "mensagem vital" e sua "análise definitiva" são um exercício de propaganda evidente, em plena harmonia com a mais retrógrada rede de interesses. A aprovação salutar de Kenneth Rogoff na quarta capa do livro de Wolf ilustra também o contraste com Joseph Stiglitz, ex-chefe do Conselho de Assessores Econômicos do ex-presidente Bill Clinton e antigo economista-chefe do Banco Mundial. Mas até que ponto podemos concordar com a visão de Stiglitz da globalização, indubitavelmente menos deslumbrada, como o título de seu livro indica?

---

[25] Ibidem, p. 319. Grifos meus.
[26] Ibidem, p. 320. Grifos meus.

Por certo, em *Globalization and Its Discontents*, há inúmeras críticas parciais à interferência negativa dos mecanismos políticos e econômicos de controle da atual globalização que podemos compartilhar com o autor, especialmente a sua teoria sobre o papel do Fundo Monetário Internacional. Da mesma maneira, em seu livro subsequente, *The Roaring Nineties*[27], sua crítica do comportamento fraudulento de certas corporações transnacionais gigantes é sólido e claro. Entretanto, como convém ao principal assistente econômico de Clinton, sua abordagem permanece sempre atada aos pressupostos e conclusões da globalização capitalista, muito embora ele deseje que o processo seja implementado "com uma face mais humana". Assim, ao final, sua crítica culmina na retórica – talvez uma retórica bem-intencionada – em lugar de chegar a propostas tangíveis para uma mudança significativa assegurada em termos materiais e estruturais. Podemos perceber tanto a retórica bem-intencionada como as óbvias limitações da abordagem de Stiglitz em uma passagem típica de seu livro, em que ele defende a "globalização democrática":

> Mas a *globalização democrática* significa que essas decisões devem ser tomadas com a plena participação de *todos os povos do mundo*. Nosso sistema de governança global sem governo global só poderá funcionar *se* houver uma aceitação do *multilateralismo*. Infelizmente, o ano passado assistiu a um aumento do *unilateralismo* por parte do governo do país mais rico e poderoso do mundo. *Se* a globalização deve funcionar, *é obrigatório mudar* também isso.[28]

Como vimos, a defesa de Stiglitz é construída com base em "se" e "obrigações", mas sem nenhuma indicação de "como" os objetivos desejados poderiam ser alcançados. Não há o menor proveito em falar de "globalização democrática", a menos que se analise substancialmente como a alternativa ao processo corrente – cruelmente autoritário e dominado de forma imperialista – de globalização poderia ser efetivamente realizada. Infelizmente, mas sob aspecto algum surpreendentemente, na teoria de Stiglitz, presume-se que a *palavra* "democrático" seja capaz de resolver o problema, eliminando a necessidade de explicar a dolorosa dificuldade do "como?".

Encontramos a mesma retórica bem-intencionada e simultaneamente a evasão com relação às difíceis questões substantivas em *Os exuberantes anos 90*, cujo subtítulo é "Por que estamos pagando o preço pela década mais gananciosa da história"*. Novamente, não faltam boas intenções. Mas, eis a que chegam tais intenções:

> *Talvez* a próxima administração norte-americana evite as ciladas em que os EUA caíram. *Talvez* a próxima administração tenha mais sucesso no tratamento das necessidades de longo prazo dos Estados Unidos e do mundo. No mínimo, *talvez* os cidadãos do restante do mundo sejam mais cautelosos e evitem sucumbir aos mitos que conduziram grande parte do pensamento sobre política econômica nos últimos anos. *Talvez*, juntos, os Estados Unidos e a Europa, bem como o mundo desenvolvido e em desenvolvimento, possam forjar uma *nova forma de*

---

[27] Nova York, Norton & Company, 2003 [ed. bras.: *Os exuberantes anos 90* (São Paulo, Companhia das Letras, 2003) – N. E.]

[28] Joseph Stiglitz, *Globalization and Its Discontents*, cit., p. 274.

* "Why We're Paying the Price for the Greediest Decade in History". Na edição brasileira, o subtítulo foi estranhamente traduzido por "Uma nova interpretação da década mais próspera da história". (N. T.)

democracia global, e um novo conjunto de políticas econômicas – políticas que assegurem uma *prosperidade recém-descoberta*, que seja compartilhada por *todos os cidadãos do mundo*.[29]

Assim, o que o livro nos oferece é a esperança infundada do "talvez", não uma vez, mas quatro. Contudo, nada há que a sustente. Eis porque a projeção de uma "nova forma de democracia global" (já tivemos alguma vez uma antiga forma de democracia global?), que deveria "assegurar uma prosperidade recém-descoberta" para "todos os cidadãos do mundo" continua a ser nada mais que um desiderato piedoso, na ausência total de análise do que poderia tornar-se realidade. Pois Sliglitz *jamais* está disposto a considerar, muito menos confrontar combativamente, os *impedimentos estruturais* maciços que militam contra a realização das alternativas necessárias e historicamente viáveis. As determinações estruturais fundamentalmente importantes da ordem vigente são *sistematicamente evitadas*. Sliglitz nunca critica a *natureza e a estrutura capitalista* da globalização corrente. Preocupa-se somente com o seu "gerenciamento", esperando que a solução emerja da retificação do "mau gerenciamento" criticado, com uma forma de administração capitalista mais esclarecida e menos "gananciosa", de seu próprio tipo, sem nenhuma necessidade de *mudança estrutural* na ordem social estabelecida.

É compreensível, portanto, que as recomendações políticas de Sliglitz sejam antes anêmicas, para dizer o mínimo. Ele escreve em sua avaliação geral de *Os exuberantes anos 90*:

> Se há uma mensagem única e simples a ser transmitida por este livro, deve ser a seguinte: é preciso haver um *equilíbrio* entre o papel do *governo e do mercado*. Um país pode sofrer com a sub-regulamentação tanto quanto com a super-regulamentação, com o baixo investimento público como com o gasto público excessivo; o governo pode ajudar a estabilizar a economia – mas as políticas mal definidas podem piorar as flutuações. [...] Esse entendimento mais amplo significa que *os países devem sentir uma maior liberdade em sua escolha das políticas econômicas*.[30]

Ouvimos com frequência a defesa de que se deveria alcançar um *equilíbrio* apropriado entre o papel do governo e do mercado, mas esse conselho é em vão. Pois as *determinações causais* subjacentes e os pesados *impedimentos estruturais* que tendem a agir contra esse equilíbrio são, via de regra, ignorados.

Entretanto, ainda que os itens enumerados na lista de Stiglitz sejam "equilibrados" tal como ele afirma que deveríamos equilibrá-los, como isso resolverá, mesmo no menor grau, os graves problemas estruturais do nosso mundo, para não mencionar a criação de "uma *prosperidade recém-descoberta* compartilhada por *todos os cidadãos do mundo*"? E como devemos compreender a recomendação política fundamental de Stiglitz, segundo a qual "os países devem sentir uma maior liberdade em sua escolha das políticas econômicas"? E o que fazer se eles não alcançam senão o *fracasso sistemático* em sua tentativa de transformar esse sentimento em realidade, devido aos *impedimentos estruturais* maciços do sistema do capital, que simplesmente não existem nos livros de Stiglitz? Não raro, ele é enaltecido como o "supremo inteirado" [insider], o que certamente é. No entanto, a questão é que, a despeito das boas intenções de Stiglitz, sua posição inteirada e interna

---

[29] Joseph Stiglitz, *The Roaring Nineties*, cit., p. 346. Grifos meus.
[30] Ibidem, p. XIV. Grifos meus.

o torna cativo do ponto de vista – em última instância extremamente dúbio – interno estruturalmente arraigado, mas historicamente insustentável.

Em conclusão, nosso problema não é a necessidade de globalização, que é inegável, mas o fracasso sistemático da globalização capitalista, devido aos antagonismos destrutivos gerados e intensificados sob a ordem existente. Pois, mesmo no ponto mais favorável da ascendência histórica do capital, esse modo de reprodução sociometabólica – como resultado de suas mais recônditas determinações estruturais conflituais/adversas, que nenhuma "administração capitalista cuidadosa" poderia alterar – necessariamente não conseguiu introduzir em termos globais um nível de igualdade minimamente tolerável. Ora, mesmo o apologista Wolf tem de admitir que, se as tendências atuais se mantiverem,

> não apenas a diferença absoluta entre os padrões de vida dos países mais ricos e dos mais pobres do mundo, mas até mesmo os abismos relativos existentes entre tais padrões de vida continuarão a crescer. Hoje, essa razão é de aproximadamente *setenta e cinco para um*. Há um século, era em torno de *dez para um*. Dentro de meio século, poderia facilmente ser de *cento e cinquenta para um*.[31]

Portanto, o problema real é a *emancipação* humana e as condições necessárias de sua realização, e não a "globalização baseada no mercado". Esperar que a solução de nossas questões premente, a exploração estruturalmente arraigada e a dominação de classe, provenha do *mercado mundial*, que se supõe globalmente benéfico, sempre foi absurdo, se não uma mentira cínica e insolente. Nenhuma realidade jamais se lhe correspondeu porque – longe de ser imparcial – o mercado mundial foi *imperialisticamente dominado* desde seus primórdios, e assim se manteve. Desde o início constituiu-se como um conjunto das *relações de poder* mais iníquas, operando sempre em vantagem da parte mais forte e do controle cruel – e, se preciso, até a repressão militar mais brutal – da mais fraca.

No passado, muitos problemas puderam ser adiados pela *acumulação de capital* produtivo relativamente imperturbada, ainda que a ideologia dominante a acentuasse caracteristicamente com a promessa de um "bolo sempre crescente para todos" no futuro. Contudo, no nosso tempo, sob as condições da *crise estrutural* do sistema do capital, cumpre enfrentarmos também a grave crise da acumulação de capital. Ela afeta profundamente até mesmo o país capitalista mais poderoso, os Estados Unidos, com implicações de longo alcance para o resto do mundo. Essa crise da acumulação de capital carrega consigo em toda parte a predominância aventureira da forma mais parasitária de *capital financeiro*, ativamente empenhado em construir castelos de cartas sobre areia movediça, com as suas pretensões de globalização sólida. Tampouco devemos nos esquecer da necessidade fundamental da *economia genuína* racionalmente administrada, necessidade que emerge das limitações de nosso planeta finito, instituída contra o desperdício irresponsável da economia do capital há muito estabelecida. Além disso, as determinações internas destrutivas do imperialismo hegemônico global agravam em grande medida esses problemas, já que oferecem à

---

[31] Martin Wolf, *Why Globalization Works? The Case for the Global Market Economy*, cit., p. 314. Grifos meus.

única potência hegemônica esmagadoramente dominante a "solução última" autoenganadora não somente em termos da infindável acumulação de capital, mas também no sentido de arrebatar a parcela leonina dos recursos planetários pelo uso de extrema violência militar, mesmo que isso prenuncie a destruição total da humanidade. Se mantivermos todos esses problemas em mente, como devemos, alcançaremos uma boa ideia da magnitude da tarefa histórica.

A globalização capitalista jamais funcionou e jamais poderia funcionar de uma maneira sustentável. A única *alternativa hegemônica viável* a ela teria de ser uma ordem socioeconômica e política radicalmente diferente. Essa ordem precisaria fundar-se em uma relação muito diversa com a própria natureza, com demandas qualitativamente diferentes de energia e recursos materiais primários, bem como necessidades agrícolas diversas; uma ordem que respeite plenamente as exigências objetivas do processo de reprodução historicamente sustentável em nosso lar planetário. Essa ordem só poderia prevalecer se instituída e mantida com base em relações substantivamente equitativas, tanto *internamente* – pondo um fim à conflitualidade/adversidade de classe e, com isso, libertando os imensos recursos humanos, hoje completamente desperdiçados – como *internacionalmente*, com respeito à adoção de *relações interestatais genuinamente cooperativas*. Contudo, a instituição de qualquer uma das características definidoras dessa ordem é inconcebível no interior da estrutura incuravelmente exploradora da globalização capitalista, ainda que a imaginemos liberta de seus "malefícios administrativos".

10.3 A crise estrutural da política[32]

10.3.1 Sintomas de uma crise fundamental

É necessário sublinhar aqui os desenvolvimentos muito inquietantes – com efeito, mundialmente ameaçadores – no campo da política e do direito. Com respeito a esse assunto, pretendo mencionar que há vinte e três anos tomei conhecimento, pessoalmente, das dolorosas circunstâncias dos motins explosivos realizados em busca de alimentos*. Vinte anos depois, no momento da campanha eleitoral do presidente Lula, li que ele havia anunciado que a parte mais importante de sua estratégia futura era pôr um fim ao grave mal social que atinge os famintos do país. As duas décadas que se passaram desde a época desses dramáticos saques na Paraíba obviamente não foram suficientes para resolver esse problema crônico. E, mesmo hoje, de acordo com as notícias que recebo, as melhoras são ainda muito modestas no Brasil. Além disso, as estatísticas sombrias da Organização das Nações Unidas (ONU) destacam constantemente a persistência do

---

[32] As seções 10.3.1 e 10.3.2 foram proferidas em Maceió (AL), em 4 de maio de 2006, como conferência de abertura do 13º Congresso Nacional dos Magistrados da Justiça do Trabalho e 30º Aniversário de sua Associação. Em inglês, essa conferência foi publicada pela primeira vez em *Monthly Review*, setembro de 2006, p. 34-53. [Com algumas diferenças, o texto foi publicado em *Margem Esquerda – Ensaios Marxistas*, n. 9, São Paulo, Boitempo, jun. 2007, p. 96-113 – N. E.]

* Trata-se dos saques a estabelecimentos comerciais de venda de alimentos que se disseminaram por todo o Nordeste brasileiro durante a seca de 1979-1983. (N. T.)

mesmo problema em diversas partes do mundo, com suas consequências devastadoras. Isso se verifica a despeito do fato de que as forças produtivas que se encontram à disposição da humanidade poderiam relegar para sempre ao passado a falha social ora totalmente imperdoável da fome e da desnutrição.

Pode ser tentador atribuir essas dificuldades, como não raro ocorre no discurso político tradicional, a contingências políticas mais ou menos corrigíveis, postulando assim a solução pelas mudanças de pessoal na oportunidade eleitoral adequada e estritamente dentro da ordem. Mas essa seria uma evasão corriqueira, não uma explicação plausível. Pois a teimosa persistência dos problemas em questão, com todas as suas dolorosas consequências humanas, aponta para conexões com raízes muito mais profundas. Eles indicam alguma força aparentemente incontrolável de inércia que parece ser capaz de transformar, com uma frequência deprimente, até mesmo as "boas intenções" de manifestos políticos promissores nas pedras que pavimentam o caminho do inferno, tomando emprestado as palavras imortais de Dante. Assim, o desafio é enfrentar as causas e determinações estruturais subjacentes que tendem a desencaminhar pela força da inércia muitos programas políticos concebidos para intervenção corretiva, mesmo quando os autores desses programas admitem desde o princípio o caráter insustentável do estado de coisas existente.

Consideremos apenas alguns exemplos notáveis que demonstram com clareza não apenas a presença de algo que está afetando perigosamente o modo como regulamos nossos intercâmbios societários, mas, pior que isso, também a circunstância agravante de que a tendência observável é a intensificação dos perigos a ponto de não haver mais volta.

Em outubro de 1999, escrevi um texto para uma conferência pública proferida em Atenas, que dizia:

> Com toda probabilidade, a forma última de ameaçar um adversário no futuro – a nova "diplomacia das canhoneiras" exercida a partir do "ar patenteado" – será a *chantagem nuclear*. Mas seu objetivo será análogo ao do passado, embora a modalidade imaginada apenas acentue a inviabilidade absurda de tentar impor dessa forma a racionalidade última do capital às partes recalcitrantes do mundo.[33]

Nesses seis anos, tais práticas políticas potencialmente letais do imperialismo global hegemônico tornaram-se não apenas uma possibilidade geral, mas uma parte integrante da "concepção estratégica" neoconservadora abertamente assumida pelo governo dos Estados Unidos. E, hoje, a situação é ainda pior. Recentemente, com relação ao Irã[34], adentramos o estágio do planejamento real de um curso de ação que poderia submeter não somente o próprio Irã, mas toda a humanidade à ameaça de um desastre nuclear. O artifício cínico costumeiro empregado para tornar públicas essas ameaças é "não

---

[33] István Mészáros, *O século XXI: socialismo ou barbárie?* (São Paulo, Boitempo, 2003), p. 57.
[34] "Seymour Hersh relata que uma das opções envolve o uso de uma arma nuclear tática antibunker, tal como a B61-11, para assegurar a destruição da principal usina de centrifugação do Irã, em Natanz." Sarah Baxter, "Gunning for Iran", em *The Sunday Times*, 9 de abril de 2006.

confirmá-las, nem negá-las". Mas esse tipo de truque não deve enganar ninguém. Na verdade, esse perigo muito real do desastre nuclear, recentemente materializado, foi o que induziu um grupo de distintos físicos norte-americanos, entre eles cinco laureados com o Prêmio Nobel, a escrever uma carta aberta de protesto ao presidente George W. Bush, na qual asseveram que:

> É gravemente irresponsável que os Estados Unidos, como a maior superpotência, considere cursos de ação que poderiam ao fim e ao cabo conduzir à completa destruição da vida no planeta. Exigimos da administração o anúncio público de que está retirando da mesa a opção nuclear no caso de todos os adversários não nucleares, presentes ou futuros, e conclamamos o povo norte-americano a fazer ouvir sua voz no que concerne a essa questão.[35]

As instituições políticas legítimas de nossas sociedades estão em posição de corrigir até mesmo as situações mais arriscadas por meio da intervenção democrática no processo de decisão real, como os discursos políticos tradicionais não cessam de nos garantir, apesar de todas as evidências do contrário? Somente os mais otimistas – ou, antes, ingênuos – poderiam asseverar e acreditar sinceramente que uma hipótese feliz feliz como essa realmente se verifica como possibilidade. Pois, nos últimos anos, as principais potências ocidentais embarcaram, sem impedimentos, em guerras devastadoras por meio de dispositivos autoritários – como a "prerrogativa executiva" e a "Prerrogativa Real"[36] –, sem consultar seus povos sobre temas tão graves e brutalmente passando por cima da estrutura do direito internacional e dos órgãos apropriados de decisão da ONU. Os Estados Unidos arrogam-se o direito moral de agir conforme lhes aprouver, sempre que lhes aprouver, até mesmo a ponto de utilizarem armas nucleares – não apenas de maneira preventiva, mas até mesmo preemptiva – contra todo e qualquer país sempre que os seus supostos "interesses estratégicos" assim decretarem. E quem faz tudo isso são os Estados Unidos, o pretenso campeão e guardião da "democracia e da liberdade", e as nossas "grandes democracias" os seguem e sustentam como escravas, com suas ações ilegais.

Há certo tempo, o acrônimo MAD foi usado para descrever o estado existente de confronto nuclear. Agora que os neoconservadores não podem mais presumir que os Estados Unidos (e o Ocidente em geral) estejam ameaçados de aniquilação nuclear, o

---

[35] Essa carta, datada de 17 de abril de 2006, juntamente com os endereços eletrônicos dos signatários proeminentes, pode ser lida em <www.globalresearch.ca>. Essa iniciativa foi precedida, no outono de 2005, por uma petição assinada por mais de 1.800 físicos que repudiaram as novas políticas dos Estados Unidos referentes a armas nucleares, inclusive o uso preemptivo de armas nucleares contra adversários não nucleares.

[36] John Pilger criticou com severidade e corretamente o primeiro-ministro Tony Blair por essa razão. Ele escreveu que: "Blair demonstrou seu gosto pelo poder absoluto ao abusar da Prerrogativa Real, que empregou com o intuito de passar por cima do Parlamento na decisão de ir à guerra". O artigo de Pilger do qual extraímos essa passagem foi publicado no *New Statesman*, em 17 de abril de 2006. Poderíamos também acrescentar que esses dispositivos, tais como a Prerrogativa Real, bem como seus equivalentes igualmente problemáticos presentes em outras constituições, foram todos inventados precisamente para serem abusados, como cláusulas de escape autoritárias e autolegitimadoras, que podem anular de forma arbitrária as exigências democráticas sob circunstâncias difíceis, em lugar de estender os poderes de decisão democrática, como deveria ocorrer em situações de grandes crises.

acrônimo se transformou na loucura [MADNESS] literal, a "orientação política legítima" da insanidade militar/política institucionalizada. Em parte, isso é consequência das decepções dos neoconservadores com relação à guerra do Iraque. Pois

> os neocons norte-americanos esperavam que a invasão do Iraque gerasse um efeito dominó na região, e que o povo do Irã e de outros Estados ricos em petróleo se sublevasse para demandar a democracia e as liberdades de tipo Ocidental. Infelizmente, verificou-se o inverso, ao menos no Irã.[37]

Contudo, a situação é ainda muito pior, porque todo um sistema de "pensamento estratégico" institucionalmente estabelecido e garantido, centrado no próprio Pentágono, se oculta por trás dela. Eis o que torna a nova loucura [MADNESS] tão perigosa para todo o mundo, inclusive para os Estados Unidos, cujos piores inimigos são precisamente esses "pensadores estratégicos".

Podemos percebê-lo muito claramente em um livro publicado em 2004 por Thomas P. M. Barnett[38], resenhado em *Monthly Review* por Richard Peet. Nas palavras dele:

> O 11 de setembro de 2001 foi uma dádiva maravilhosa, afirma Barnett, por mais tortuoso e cruel que isso possa soar. Foi um convite da história para que os Estados Unidos acordassem da onírica década de 1990 e *impusessem novas regras ao mundo*. O inimigo não é nem a religião (o Islã), nem o lugar, mas a condição de *desconexão*. Estar desconectado neste mundo é estar isolado, destituído, reprimido e inculto. Para Barnett, esses sintomas de desconexão definem o perigo. Para dizê-lo de maneira simples, se um país não estiver se aproveitando da globalização, ou estiver rejeitando grande parte de suas correntes de conteúdo cultural, há grandes chances de que os Estados Unidos acabem por enviar suas tropas para lá. [...] A visão estratégica dos Estados Unidos precisa concentrar-se no "crescente número de Estados que reconhecem um conjunto estável de regras concernentes à guerra e à paz" – isto é, as condições sob as quais é razoável travar guerra contra inimigos identificáveis da "nossa ordem coletiva". Fazer aumentar essa comunidade é simplesmente uma questão de identificar a diferença entre bons e maus regimes e encorajar os maus a mudar seus caminhos. Os Estados Unidos, pensa Barnett, têm a responsabilidade de usar seu *imenso poder* para tornar a *globalização verdadeiramente global*. Caso contrário, porções da humanidade serão condenadas à situação de estranhas que, ao fim e ao cabo, *as definirá como inimigos*. E, uma vez que os *Estados Unidos nomearam esses inimigos*, invariavelmente *travarão guerra contra eles*, desencadeando *morte e destruição*. E isso *não é assimilação forçada*, defende Barnett, ou extensão do império; é, antes, a *expansão da liberdade*.[39]

Evidentemente, essa "visão" beira a insanidade. Suas implicações brutais são explicitadas em uma entrevista concedida por Barnett à revista *Esquire*, de julho de 2004: "O que essa nova abordagem significa para esta nação e para o mundo no longo prazo? Serei muito claro: os rapazes jamais voltarão para casa. A América não deixará o Oriente Médio até que o Oriente Médio se junte ao mundo. Simples assim. Sem saída significa sem estratégia de saída".

---

[37] Extraído do artigo de Sarah Baxter publicado na supracitada edição de *The Sunday Times*.
[38] Thomas P. M. Barnett, autor de *The Pentagon's New Map: War and Peace in the Twenty-First Century* (Nova York, G.P. Puttnam's Sons, 2004).
[39] Richard Peet, "Perpetual War for a Lasting Peace", em *Monthly Review*, jan. 2005, p. 55-6. Grifos meus.

De fato, seria difícil expressar essa ideia com maior clareza do que Barnett a expressa aqui e em seu livro. Assim, podemos ver a idealização gratuita das presunções absurdas do "imenso poder" dos Estados Unidos e a correspondente projeção da "globalização" como a dominação norte-americana nua e crua, que reconhece abertamente que os seus veículos são "morte e destruição". E, se alguém imaginar que Barnett não passa de um burocrata inconsequente, ficará ainda mais alarmado com os fatos. Pois Barnett é pesquisador estratégico sênior do United States Naval War College, em Newport, Rhode Island, e "homem de visão" da Secretaria de Transformação de Força, vinculada à Secretaria da Defesa. Além disso, ele é reputado com toda a seriedade como um "homem de visão" a quem se deve escutar e seguir.

Infelizmente, os mais altos escalões do "pensamento estratégico" nos Estados Unidos são povoados por esses "homens de visão", que estão determinados a acrescentar seus blocos maciços de pavimentação, compostos não de boas, mas das piores e mais agressivas intenções, ao caminho do inferno de Dante. Pois o grande poeta italiano jamais sugeriu que o caminho do inferno de que falava era pavimentado apenas com boas intenções. De acordo com um dos mais perigosos "homens de visão", Max Boot – membro sênior do prestigiado Conselho de Relações Exteriores dos Estados Unidos:

> Toda nação empenhada no policiamento imperial sofrerá alguns reveses. O exército inglês, no decorrer das pequenas guerras da rainha Vitória, sofreu grandes derrotas, com milhares de baixas na Primeira Guerra Afegã (1842) e na Guerra Zulu (1879). Isso não amorteceu sensivelmente a determinação inglesa de defender e expandir o império; antes, tornou-o sedento de vingança. Se os norte-americanos não puderem assumir uma postura tão sanguinária quanto essa, então não têm nada que empreender o policiamento imperial.[40]

Nesse tipo de "visão estratégica" agressiva, percebemos a escancarada idealização da construção do Império inglês, inclusive de seus aspectos brutais. Com grande cinismo, em nome da difusão da "democracia e da liberdade", a franca adoção da antiga violência colonial é recomendada como o modelo para a atual construção do Império dos Estados Unidos.

O que torna tudo isso particularmente perturbador é que no que tange a todas as questões de maior importância – das quais algumas podem resultar na destruição da humanidade – percebemos nos altos níveis de decisão política dos Estados Unidos um consenso absolutamente perverso, a despeito dos rituais eleitorais periódicos para a presidência, bem como para o Congresso e para o Senado, que supostamente deveriam oferecer alternativas reais. Entretanto, as alegadas diferenças com relação a essas questões vitais são, via de regra, apenas pretensas diferenças. Como comentei em dezembro de 2002, muito antes da invasão do Iraque:

> O presidente democrata Clinton adotou as mesmas políticas de seu sucessor republicano, ainda que numa forma mais camuflada. Quanto ao candidato democrata à presidência, Al Gore, ele declarou recentemente que defendeu sem reservas a guerra planejada contra o Iraque,

---

[40] Max Boot, *Savage Wars of Peace* [As guerras selvagens da paz] (título extraído de *O fardo do homem branco*, de Rudyard Kipling), citado em "The Failure of Empire", resenha do mês dos editores de *Monthly Review*, jan. 2005, p. 7.

porque essa guerra não significaria uma "mudança de regime", mas apenas "o desarmamento de um regime que possuía armas de destruição em massa".[41]

Além disso, não devemos esquecer que o primeiro presidente norte-americano que bombardeou o Afeganistão não foi senão aquele que é com frequência e ridiculamente idealizado, Clinton. Portanto, não é nada surpreendente que o sucessor de Al Gore como candidato democrata à presidência, o senador John Kerry, tenha se apressado em declarar, na última corrida presidencial, fazendo ecoar as palavras de seu adversário republicano, Bush, que "há, entre os norte-americanos, uma discordância em relação à questão de se deveríamos ter ido à guerra, e como. Mas hoje ser-nos-ia impensável recuar de maneira caótica e deixar para trás uma sociedade em profundo conflito e dominada por radicais". Assim, é compreensível que o distinto escritor e crítico norte-americano Gore Vidal tenha descrito a política dos Estados Unidos, com amarga ironia, como *um sistema de partido único com duas direitas*.

Infelizmente, os Estados Unidos não são o único país que deve ser caracterizado nesses termos. Há muitos outros em que as funções de decisão política também são monopolizadas por disposições institucionais consensuais autolegitimadoras similares, com uma diferença desprezível entre si (se é que há alguma), não obstante a mudança ocasional do pessoal que ocupa os altos escalões. Mas restringirei minha consideração sobre esse assunto à discussão de um caso célebre, o Reino Unido (ou Grã-Bretanha). Esse país particular – que tradicionalmente se promove como a "Nação Mãe da Democracia" em virtude do histórico documento da "Carta Magna" –, sob o governo de Blair, possui certamente todas as qualificações para a dúbia caracterização de "um sistema de partido único com duas direitas", precisamente como o poderoso Estado norte-americano. No Parlamento britânico, tanto o Partido Conservador como o "Novo Trabalhismo" assinaram embaixo da decisão sobre a Guerra do Iraque, com a ajuda de manipulações e violações jurídicas mais ou menos óbvias. Assim, lemos hoje que

> Evidências transcritas fornecidas em particular a uma investigação oficial pelo procurador geral, lorde Goldsmith, sugerem que o parecer jurídico crucial sobre a legalidade da guerra, apresentado ao Parlamento em seu nome, foi-lhe escrito por dois dos aliados mais próximos de Tony Blair. [...] O ex-secretário das relações exteriores, Robin Cook, afirmou ontem à noite que, tendo renunciado um dia antes do início da guerra, jamais ouviu lorde Goldsmith construir a argumentação jurídica em favor da causa da guerra no gabinete. "Hoje penso que ele jamais escreveu formalmente um segundo parecer", disse a *The Guardian*.[42]

Naturalmente, a subsequente exposição e condenação pública dessas práticas por eminentes especialistas jurídicos, com respeito à "guerra ilegal de Bush e Blair"[43], não faz absolutamente nenhuma diferença. Pois a rede de interesses do imperialismo hege-

---

[41] István Mészáros, *O século XXI: socialismo ou barbárie?*, cit., p. 10.
[42] "Transcripts show Nº 10's hand in war legal advice", em *The Guardian*, 24 de fevereiro de 2005. Cumpre mencionar aqui, a título de esclarecimento, que o primeiro parecer de lorde Goldsmith era altamente cético quanto à legalidade da guerra pretendida.
[43] Ver Philippe Sands, *Lawless World: America and the Making and Breaking of Global Rules* (Londres, Allen Lane/Penguin Books, 2005).

mônico global – a que o sistema político consensual de uma ex-potência imperialista serve sem hesitar e de maneira humilhante – tem de prevalecer a todo custo.

As consequências desse modo de regulação dos intercâmbios sociais e políticos são de longo alcance. Com efeito, podem ter implicações devastadoras para as pretensas credenciais democráticas do sistema do direito como um todo. Três importantes casos devem bastar para ilustrar esse ponto.

O primeiro se refere ao alarme suscitado por um famoso escritor, John Mortimer, que no passado foi um defensor apaixonado do Partido Trabalhista inglês, e sob aspecto algum uma figura socialmente radical. Entretanto, à luz dos recentes desenvolvimentos jurídicos e políticos e, em particular, em virtude da abolição da salvaguarda jurídica de importância crucial, o *habeas corpus*, ele sentiu a necessidade de protestar com a mesma paixão e escreveu em um artigo de jornal que:

> agora, emergiu o fato horrível de que a ideia de "modernização" do Novo Trabalhismo é nos empurrar de volta ao período anterior à Carta Magna e à Declaração de Direitos, dias sombrios em que não alcançáramos a pressuposição de inocência. [...] Tony Blair parece ser favorável às condenações sumárias aplicadas pela polícia sem a necessidade de julgamento em um grande número de casos. Assim, os séculos da constituição de que temos tanto orgulho se acabaram.[44]

O segundo caso demonstra como o governo britânico responde às críticas severas, feitas até mesmo pelos mais altos órgãos do Judiciário: "Um juiz da Alta Corte considerou ontem o sistema de ordens de controle do governo contra os suspeitos de terrorismo como 'uma afronta à justiça' e sentenciou que ele violava as leis dos direitos humanos. [...] O Ministério do Interior rejeitou a sentença da Corte".[45]

O terceiro caso, por sua vez, ressalta uma questão da maior importância legislativa: a autoridade do próprio Parlamento, sob a ameaça da Lei da Reforma [Reform Bill] do governo do "Novo Trabalhismo". Para citar as palavras de John Pilger:

> A Lei da Reforma Legislativa e Regulamentar já passou por sua segunda leitura parlamentar sem suscitar o interesse da maioria dos parlamentares trabalhistas e dos jornalistas do tribunal; contudo, ela é absolutamente totalitária em seu escopo. [...] Significa que o governo poderá secretamente mudar o Ato Parlamentar e a constituição, e que as leis poderão ser anuladas por decreto de Downing Street. Esse novo projeto marca o fim da verdadeira democracia parlamentar; em seus efeitos, ele é tão significativo quanto o abandono da Declaração de Direitos pelo Congresso dos EUA no ano passado.[46]

Assim, a manipulação e a violação do direito interno e internacional, a serviço da justificação do injustificável, carregam consigo perigos até mesmo para as exigências constitucionais elementares. As mudanças negativas – que eliminam o escrutínio e as salvaguardas jurídicas vitais da estrutura jurídica e política de seus "aliados" – não

---

[44] Diz John Mortimer: "Não posso acreditar que um governo trabalhista esteja tão disposto a destruir nossas leis, nossa liberdade de expressão e nossas liberdades civis", em *The Mail on Sunday*, 2 de outubro de 2005.
[45] "Terror Law an affront to justice", em *The Guardian*, 13 de abril de 2006.
[46] "John Pilger sees freedom die quietly", em *New Statesman*, 17 de abril de 2006.

podem restringir-se ao contexto internacional (imposto pelos Estados Unidos). Elas tendem a aniquilar a constitucionalidade em geral, com consequências incontroláveis para o funcionamento do sistema jurídico interno dos "aliados voluntários", já que subvertem suas tradições jurídicas e políticas. Arbitrariedade e autoritarismo podem chegar ao paroxismo em virtude dessas mudanças altamente irresponsáveis, que não hesitam em devastar até mesmo a Constituição estabelecida. O atual debate no Japão oferece um exemplo notável:

> Emergiu uma grave situação em que as forças políticas favoráveis à revisão constitucional adversa estão efetivamente competindo umas com as outras para esboçar uma nova constituição. O "esboço de uma nova Constituição" feito pelo PLD [o Partido Liberal Democrático, há muito no poder] [...] suprimiu o segundo parágrafo do artigo 9º da Constituição e acrescentou uma provisão que permite ao Japão "manter uma autodefesa militar" encarregada de realizar "atividades internacionalmente coordenadas a fim de assegurar a paz e a segurança da comunidade internacional", abrindo assim o caminho para que o Japão use da força fora de seu país. Ele contém também uma cláusula de restrição dos direitos humanos fundamentais em nome do "interesse público e da ordem pública", que equivale a negar o constitucionalismo. Ademais, é também muito sério o fato de que o esboço de Constituição do PLD facilite o aditamento de outras emendas adversas ao abrandar a exigência para a inclusão de emendas pela Assembleia Legislativa, passando da atual maioria de dois terços para uma maioria simples de todos os membros de cada câmara.[47]

O propósito imediato dessas mudanças é, obviamente, fazer do povo japonês comida de canhão "voluntária" nas guerras atuais e futuras do imperialismo norte-americano. Mas, alguém pode oferecer seguranças e garantias – desconsiderando as penosas evidências das aventuras imperialistas japonesas do passado, ao lado de seu histórico interno extremamente repressor – de que não haverá outras consequências no longo prazo?[48]

Enquanto isso, inúmeros problemas graves clamam por soluções genuínas, que poderiam estar bem dentro do nosso alcance. Alguns deles nos acompanham há muitas décadas e impõem sofrimentos e sacrifícios terríveis a milhões de pessoas. A Colômbia é um exemplo excelente. Durante quarenta anos, as forças da opressão – internas e externas, dominadas pelos Estados Unidos – tentaram, sem sucesso, sufocar a luta do povo colombiano. As tentativas de alcançar uma solução via negociação – "com a participação de todos os grupos sociais, sem exceção, a fim de reconciliar a família colombiana"[49], nas palavras do líder da Farc – foram sistematicamente frustradas. Como escreveu Manuel Marulanda Vélez em uma carta aberta endereçada recentemente a um candidato presidencial:

---

[47] *Japan Press Weekly*, edição especial, mar. 2006, p. 26.

[48] Como Kazuo Shii advertiu recentemente: "Como o Japão trilhou o caminho errado do expansionismo territorial? Para as nações vítimas, foi a história da perda da sua terra natal em humilhações e devastações sofridas. Reconhecer esse fato não é algo masoquista. Se o Japão for suficientemente corajoso para enfrentar com franqueza a história passada e reconhecer as injustiças que cometeu, poderá ganhar a confiança de outras nações asiáticas, e o povo japonês poderá enfrentar o futuro com confiança. Se, ao contrário, permanecer cego às injustiças do passado, acabará por cometer os mesmos erros novamente", em *Japan Press Weekly*, 2 de setembro de 2006, p. 9-10.

[49] Manuel Marulanda Vélez, "Três poderes atados à política uribista e dos seus cúmplices", texto de abril de 2006, disponível em <http://resistir.info/colombia/marulanda_abr06.html>.

Nenhum governo, liberal ou conservador, apresentou uma solução política ao conflito social e armado. As negociações foram empregadas com o propósito de não mudar nada, a fim de que tudo pudesse permanecer igual. Todos os esquemas políticos dos governos utilizaram a Constituição e as leis como uma barreira, para assegurar que tudo continuasse como era antes.[50]

Assim, quando os interesses sociais dominantes o determinam, a "constitucionalidade" e os preceitos do "consenso democrático" são usados na Colômbia (e em toda parte) como cínicos dispositivos de fuga e pretextos para o eterno adiamento da resolução até mesmo das questões mais prementes, por mais imensa que possa ser a escala de sofrimento imposto ao povo como resultado. E, igualmente, em um contexto social diferente, mas sob o mesmo tipo de determinações estruturais profundamente incrustadas, desconsideram-se até mesmo as violações mais patentes e abertamente admitidas da constitucionalidade estabelecida, a despeito do ritual periódico retórico prestado à necessidade de respeitar as exigências constitucionais. Nesse sentido, quando o Comitê do Congresso norte-americano concluiu, em sua investigação do escândalo "Irã-Contras", que a Administração de Reagan era responsável por "subverter a Lei e aniquilar a Constituição", absolutamente nada aconteceu para condenar o presidente culpado, muito menos para destituí-lo de seu cargo. E, ainda em um outro tipo de caso – como vimos na determinação do governo regido pelo PLD de subverter a Constituição japonesa –, quando as cláusulas constitucionais originais parecem constituir obstáculos ao empreendimento de novas e perigosas aventuras militares, os interesses sociais e políticos dominantes do país impõem uma nova estrutura jurídica cuja principal função é liquidar as salvaguardas antes proclamadas como democráticas e transformar aquilo que antes se decretou ilegal em "legalidade constitucional" arbitrariamente institucionalizada. Tampouco devemos nos esquecer das transformações que se têm imposto à constitucionalidade britânica e norte-americana nos últimos anos, cujo sentido é extremamente adverso e sua tendência perigosamente autoritária.

Como indiquei no início, não podemos atribuir os problemas crônicos de nossos intercâmbios sociais a contingências políticas corrigíveis com maior ou menor facilidade. Há muito em jogo e temos um tempo historicamente limitado para reparar de uma maneira socialmente sustentável os sofrimentos demasiado óbvios das classes sociais estruturalmente subordinadas. O *porquê* – relativo às questões substantivas, e não simplesmente aos insucessos pessoais contingentes, mesmo quando são sérios, tais como o são os exemplos frequentemente destacados de disseminada corrupção política – não pode ser indefinidamente evitado. É preciso investigar as causas sociais e as determinações estruturais profundamente assentadas nas raízes das tendências negativas perturbadoras da política e do direito, a fim de explicar sua teimosa persistência e seu agravamento no momento presente. A esse *porquê* pretendo agora dedicar minha atenção.

---

[50] Idem.

10.3.2 A natureza da crise estrutural do capital

Com relação a esse tema, cumpre esclarecer as diferenças relevantes entre os *tipos* ou *modalidades* de crise. Não é em absoluto indiferente se uma crise na esfera social pode ser considerada uma *crise periódica/conjuntural*, ou algo muito mais fundamental. Pois, obviamente, não é possível conceitualizar o modo de lidar com uma crise fundamental nos termos das categorias de crise periódica ou conjuntural.

Para antecipar um ponto essencial desta conferência, no que concerne à política, a diferença crucial entre os dois tipos de crise em questão, distintamente contrastantes, é que as crises periódicas ou conjunturais se desdobram e se resolvem com maior ou menor êxito no interior de uma dada estrutura política, ao passo que a crise fundamental afeta a própria estrutura política como um todo. Em outras palavras, com relação a um sistema socioeconômico e político dado, trata-se da diferença vital entre as crises mais ou menos frequentes *na* política, em oposição à crise *da* própria modalidade de política estabelecida, que acarreta exigências qualitativamente diferentes para uma possível solução. É esta última que nos preocupa nos dias atuais.

Em termos gerais, essa distinção não é simplesmente uma questão da severidade aparente dos tipos de crise contrastantes. Pois uma crise periódica ou conjuntural pode ser drasticamente severa – como foi a "Grande Crise Econômica Mundial de 1929-1933" – e, não obstante, passível de uma solução no interior dos parâmetros do sistema dado. Interpretar mal a severidade de uma dada crise conjuntural como se fosse uma crise sistêmica fundamental, tal como fez Stalin e seus conselheiros em meio à "Grande Crise Econômica Mundial de 1929-1933", conduzirá necessariamente a estratégias erradas e mesmo voluntaristas, exemplificadas pela declaração feita no início dos anos 1930 de que a social-democracia era o "principal inimigo", o que só poderia fortalecer, e de fato fortaleceu tragicamente, as forças de Hitler. E, da mesma maneira, porém no sentido oposto, o caráter "não explosivo" da prolongada crise estrutural, ao contrário das "tempestades" (Marx) com que se desfecham e resolvem as crises conjunturais periódicas, pode também conduzir a estratégias fundamentalmente equivocadas em consequência da interpretação errônea da ausência de "tempestades", como se essa ausência constituísse a evidência cabal da estabilidade indefinida do "capitalismo organizado" e da "integração da classe trabalhadora". Esse tipo de deturpação, por certo expressivamente promovida pelos interesses ideológicos dominantes sob a máscara de "objetividade científica", tende a reforçar a posição daqueles que representam a aceitação autojustificadora das abordagens reformistas de acomodação nos partidos e sindicatos institucionalizados da classe trabalhadora – que já foram de genuína oposição (e hoje são, entretanto, a "Oposição Oficial de Sua Majestade", como geralmente se diz). Mas, mesmo entre os críticos profundamente comprometidos do sistema do capital, o mesmo equívoco quanto à perspectiva da ausência indefinida de crises na ordem estabelecida pode resultar na adoção de uma postura defensiva autoparalisante, como assistimos no movimento socialista das últimas décadas.

Jamais podemos deixar de salientar que a crise política do nosso tempo é ininteligível se não a remetermos à ampla estrutura social geral da qual a política é uma parte integrante. Isso significa que, a fim de esclarecer a natureza da crise persistente e cada vez mais profunda da política em todo o mundo hoje, temos de concentrar nossa atenção na crise do próprio sistema do capital. Pois a crise do capital por que estamos passando – pelo menos desde o início da década de 1970[51] – é uma crise estrutural oniabrangente.

Vejamos as características definidoras – sintetizadas da maneira mais breve possível – dessa crise estrutural.

A novidade *histórica* da crise de hoje torna-se manifesta em quatro aspectos principais:

1. seu *caráter* é *universal*, em lugar de restrito a uma esfera particular (por exemplo, financeira ou comercial, ou afetando este ou aquele ramo particular de produção, aplicando-se a este e não àquele tipo de trabalho, com sua gama específica de habilidades e graus de produtividade etc.);

2. seu *alcance* é verdadeiramente *global* (no sentido mais literal e ameaçador do termo), em lugar de limitado a um conjunto particular de países (como foram todas as principais crises do passado);

3. sua *escala de tempo* é extensa, contínua e, se preferir, *permanente*, em lugar de limitada e cíclica, como foram todas as crises anteriores do capital;

4. em contraste com as erupções e os colapsos mais espetaculares e dramáticos do passado, seu *modo* de se desdobrar poderia ser chamado de *rastejante*, desde que acrescentemos a ressalva de que nem sequer as convulsões mais veementes ou violentas poderiam ser excluídas no que se refere ao futuro: a saber, quando a complexa maquinaria agora ativamente empenhada na "administração da crise" e no "deslocamento" mais ou menos temporário das crescentes contradições perder sua energia. [...]

[Aqui] é necessário fazer algumas observações gerais sobre os critérios de uma crise estrutural, bem como sobre as formas nas quais podemos imaginar sua solução.

Em termos simples e gerais, uma crise estrutural afeta a *totalidade* de um complexo social em todas as relações com suas partes constituintes ou subcomplexos, como também a outros complexos aos quais é articulada. Diferentemente, uma crise não estrutural afeta apenas algumas partes do complexo em questão, e assim, não importa o grau de severidade em relação às partes afetadas, não pode pôr em risco a sobrevivência contínua da estrutura global.

Sendo assim, o deslocamento das contradições só é possível enquanto a crise for parcial, relativa e interiormente manejável pelo sistema, demandando apenas mudanças – mesmo que importantes – *no interior* do próprio sistema relativamente autônomo. Justamente por isso, uma crise estrutural põe em questão a própria existência do complexo global envolvido, postulando sua transcendência e sua substituição por algum complexo alternativo.

O mesmo contraste pode ser expresso em termos dos limites que qualquer complexo social particular venha a ter em sua imediaticidade, em qualquer momento determinado, se comparado àqueles além dos quais não pode concebivelmente ir. Assim, uma crise estrutural não está relacionada aos limites *imediatos* mas aos limites *últimos* de uma estrutura global. [...][52]

---

[51] Escrevi em novembro de 1971, no prefácio à terceira edição de *A teoria da alienação em Marx*, que os acontecimentos e desenvolvimentos presentes realçavam "de modo dramático a intensificação da crise estrutural global do capital" (São Paulo, Boitempo, 2006, p. 15).

[52] Essa passagem foi extraída da seção 18.2.1 de *Para além do capital*, cit., p. 796-7.

Assim, em um sentido muito óbvio, nada pode ser mais sério do que a crise estrutural do modo de reprodução sociometabólica do capital, que define os limites últimos da ordem estabelecida. No entanto, ainda que profundamente séria em seus importantíssimos parâmetros gerais, à primeira vista pode parecer que a crise estrutural não tem uma importância tão decisiva quando comparada às drásticas vicissitudes de uma grande crise conjuntural. Pois as "tempestades" com as quais se descarregam as crises conjunturais são bastante paradoxais, no sentido de que elas não apenas se descarregam (e se impõem), mas também se resolvem em seu modo de desdobramento, no grau possível que essa resolução pode alcançar nas respectivas circunstâncias. E podem fazê-lo precisamente em virtude de seu caráter parcial, que não coloca em questão os limites últimos da estrutura global estabelecida. Entretanto, ao mesmo tempo, e pela mesma razão, podem apenas "resolver" os arraigados problemas estruturais subjacentes – que se afirmam necessariamente repetidas vezes na forma das crises conjunturais específicas – de uma maneira estritamente parcial e, também no sentido temporal, extremamente limitada. Isto é, até que a próxima crise conjuntural apareça no horizonte da sociedade.

Ao contrário, em vista da natureza inevitavelmente complexa e prolongada da crise estrutural, que se desdobra no tempo histórico em um sentido *de época*, e não episódico/instantâneo, o que determina a questão é a inter-relação cumulativa do todo, mesmo sob a falsa aparência de "normalidade". Isso porque, na crise estrutural, tudo está em jogo: ela envolve os limites oniabrangentes últimos da ordem dada, da qual é impossível haver um exemplo particular "simbólico/paradigmático". Sem compreender as conexões e implicações sistêmicas gerais dos acontecimentos particulares, perdemos de vista as mudanças realmente significativas e os potenciais expedientes estratégicos correspondentes para afetá-las positivamente, no interesse da transformação sistêmica necessária. Nossa responsabilidade social, portanto, exige uma consciência crítica inflexível da inter-relação cumulativa emergente, em lugar de buscar garantias reconfortantes no mundo da normalidade ilusória até que a casa desabe sobre nossas cabeças.

Dada a crise estrutural do capital em nosso tempo, seria um milagre absoluto se ela não se manifestasse – e, com efeito, em um sentido profundo e de longo alcance – no domínio da política. Pois a política, ao lado da estrutura jurídica correspondente, ocupa uma posição de importância vital no sistema do capital. Isso se deve ao fato de que o Estado moderno é a estrutura política de comando totalizante do capital, necessária (enquanto a ordem reprodutiva ora estabelecida sobreviver) para introduzir algum tipo de coesão (ou uma unidade que funcione de forma efetiva) – ainda que seja uma coesão extremamente problemática e periodicamente rompida – na multiplicidade dos componentes centrífugos (os "microcosmos" produtivos e distributivos) do sistema do capital.

Esse tipo de coesão só pode ser instável, porque depende da relação de forças sempre existente, mas mutável por sua própria natureza. Uma vez rompida essa coesão, em razão de uma mudança significativa na relação de forças, ela tem de ser reconstituída de algum modo, a fim de compatibilizar-se com a nova relação de forças. Isto é, até que seja mais uma vez rompida. E assim indefinidamente, como um fato natural consumado. Esse tipo de dinâmica problematicamente autorrenovadora se aplica tanto internamente, entre as forças dominantes dos países particulares, como internacionalmente, exigindo reajustes periódicos de acordo com as relações de poder mutáveis da multiplicidade de Estados da ordem global do capital. Eis como o capital dos Estados Unidos pôde alcançar sua dominação global no século XX, em parte pela dinâmica interna de seu próprio desenvolvimento e, em parte, pela afirmação progressiva de sua superioridade imperialista sobre as potências imperialistas anteriores em grande medida enfraquecidas – sobretudo a Inglaterra e a França – ao longo e depois da Segunda Guerra Mundial.

Nesse aspecto, a questão crucial é: por quanto tempo essa espécie de rompimento e reconstituição da coesão do sistema, com funcionamento efetivo, pode prosseguir sem ativar a crise estrutural do capital? O reajuste forçado da relação interestatal de forças não parece constituir um limite último. Afinal, cumpre lembrarmos que a humanidade teve de suportar, e suportou, os horrores de duas guerras mundiais sem colocar em questão a adequação do capital para se manter como o controlador sistêmico da nossa reprodução sociometabólica. Isso pôde ser considerado compreensível e, ainda pior, também aceitável porque sempre perteceu à normalidade do capital estipular que "tem de haver guerra se o adversário não puder ser subjugado de outra maneira". No entanto, o problema é que esse "raciocínio" – que jamais teve mais "razões" do que a asserção categórica de que "o mais forte prevalece, não importam as consequências" – é agora totalmente absurdo. Pois uma Terceira Guerra Mundial não cessaria no ponto em que somente o adversário denunciado fosse subjugado. Destruiria toda a humanidade. Quando perguntaram a Einstein com que tipo de armas se lutaria a Terceira Guerra Mundial, ele respondeu que não sabia dizer, mas podia garantir com absoluta certeza que todas as guerras seguintes se lutariam com machados de pedra.

O papel da política na reconstituição da coesão necessária sempre foi grande no sistema do capital. É bastante simples: esse sistema não poderia se manter sem ela, pois tenderia a romper em pedaços sob a força centrífuga de suas partes componentes. O que em geral aparece como uma grande crise política sob a normalidade do capital se deve, em um sentido mais profundo, à necessidade de produzir uma nova coesão no plano societário geral, de acordo com a relação de forças materialmente transformada – ou em transformação. Assim, por exemplo, as tendências monopolistas de desenvolvimento não podem ser simplesmente abandonadas à própria sorte sem causar problemas maciços em toda parte. Devem, de alguma maneira, ser incorporadas em uma estrutura relativamente coesa pela política – a estrutura de comando totalizante do capital. Isso deve ser feito mesmo se os passos reguladores adotados de forma demonstrativa não representarem mais do que uma racionalização e uma justificação ideológica flagrante da nova relação de forças, que serão ainda abrandadas em favor das corporações monopolistas (ou semimonopolistas), conforme os ditames da tendência subjacente. Naturalmente, os desenvolvimentos monopolistas internacionais ocorrem com base nesse mesmo tipo de determinações. Mas, todos esses processos são em princípio compatíveis com a normalidade do capital, sem necessariamente resultar na crise estrutural do sistema. Tampouco, de fato, na crise estrutural da política. Pois, no que concerne à questão da crise, trata-se ainda da crise *na* política – isto é, crises particulares que se desfecham e se resolvem no interior dos parâmetros administráveis do sistema político estabelecido – e não da crise *da* política.

As instituições políticas estabelecidas têm a importante função de administrar, até mesmo no sentido de tornar rotineiro, o modo mais conveniente e durável de reconstituir a coesão societária requerida, de acordo com os desenvolvimentos materiais contínuos e a correspondente mudança na relação de forças, ativando ao mesmo tempo também o arsenal cultural e ideológico disponível a fim de alcançar esse objetivo. Nas sociedades capitalistas democráticas, esse processo no domínio político é normalmente administrado na forma de eleições parlamentares periódicas mais ou menos genuinamente disputadas. Mesmo quando os reajustes necessários à reconstituição não podem encerrar-se no interior desses parâmetros próprios da ordem estabelecida, devido a grandes mudanças na relação de forças subjacente, e trazem consigo modalidades ditatoriais de intervenção política/militar, podemos ainda falar de crises na política que o capital pode encerrar em si, contanto que mais cedo ou mais tarde vejamos um retorno à "constitucionalidade democrática" característica da normalidade do capital. Ademais, com frequência, desdobramentos como esses são em grande medida controlados a partir de fora, como demonstram os inúmeros casos de governos autoritários na América Latina, inspirados e administrados pelos Estados Unidos.

Por certo, uma questão muito diversa se coloca quando os processos e tendências autoritários de desenvolvimento começam a predominar não em regiões subordinadas, mas no cerne – nas partes estruturalmente dominantes – do sistema global do capital. Nesse caso, o padrão anterior de "duplo critério", que consiste em dominar de modo brutal (até mesmo pelo imperialismo militar) os outros países, ao mesmo tempo que internamente se conforma às "regras democráticas do jogo", mantendo inclusive a plena observação da constitucionalidade, torna-se impossível. O deslocamento das contradições é uma aspiração sistêmica do capital, sempre presente enquanto for praticável. Dadas as hierarquias que prevalecem e têm de prevalecer em todo e qualquer momento também nas relações interestatais, faz parte da normalidade do sistema que os países dominantes procurem exportar para outras partes menos poderosas do sistema – na forma de intervenções violentas, inclusive guerras – as suas contradições internas. E fazem-no com a esperança de assegurar internamente a coesão social necessária e, em meio a grandes embates, intensificá-la até mesmo além das fronteiras de classe[53].

Entretanto, esse deslocamento se faz tanto mais difícil – não obstante toda a mitologia autovantajosa sobre a "globalização universalmente benéfica" – quanto mais globalmente entrelaçado se torna o sistema do capital. Por conseguinte, têm de se desdobrar daí mudanças significativas, com sérias consequências em toda parte.

---

[53] Kant sugeriu uma solução ideal para o problema dos antagonismos interestatais postulando a realização futura da "paz perpétua" por meio dos bons serviços da "política moral". Hegel, ao contrário, considerava o conflito interestatal uma qualidade positiva. Descartou sumariamente a alternativa ilusória de Kant com um senso de realismo que beirava o cinismo, e afirmou que "as nações se corromperiam como consequência de uma paz prolongada, para não mencionar 'perpétua'". G. W. F. Hegel, *Philosophy of Right*, § 324. [Optamos por traduzir a passagem citada por Mészáros uma vez que esta difere do trecho presente na edição brasileira, onde se lê: "[...] tal como os ventos protegem o mar contra a estagnação em que os mergulharia uma indefinida tranquilidade, assim uma paz eterna faria estagnar os povos". G. W. F. Hegel, *Princípios da filosofia do direito* (São Paulo, Martins Fontes, 2003, nota ao § 324), p. 298 – N. T.]

Pois a preocupação primordial do país esmagadoramente dominante, no momento atual os Estados Unidos, como a potência suprema do imperialismo hegemônico global, é assegurar e deter o controle sobre o sistema global do capital. Contudo, em vista dos impeditivos custos materiais e humanos envolvidos, que têm de ser pagos de uma maneira ou de outra, o desígnio da dominação global carrega consigo inevitavelmente imensos perigos, bem como a resistência implicada, não apenas no plano internacional, mas também internamente. Por essa razão, com o intuito de manter o controle sobre o sistema do capital como um todo, sob as condições de uma crise estrutural cada vez mais profunda e inseparável da globalização capitalista do nosso tempo, a inequívoca tendência autoritária deve intensificar-se não apenas no âmbito internacional, mas também no interior dos países imperialistas dominantes, a fim de subjugar toda resistência provável. As graves violações da constitucionalidade que já observamos nos Estados Unidos e na estrutura jurídica/política de seus aliados próximos, e que com maior probabilidade observaremos no futuro, conforme anunciado pelas medidas e cláusulas jurídicas codificadas até hoje, ou ainda sob a "consideração" completamente unilateral dos canais legislativos cinicamente manipulados, são indicações claras dessa tendência perigosa, sob o impacto da crise estrutural do capital.

Um exemplo revelador da manipulação legislativa tendenciosa é o modo como o ramo executivo do governo esboça as leis importantes. Não é surpreendente, pois, que um juiz da Alta Corte da Inglaterra tenha precisado reclamar de uma questão vital de direitos humanos, afirmando que "as leis aprovadas foram esboçadas de modo a impedir que os tribunais subvertessem os mandados de controle. [...]". Segundo o juiz, "Charles Clarke [o secretário do Interior britânico naquele momento] tomou a decisão de expedir o mandado com base em informações unilaterais, mas foi incapaz de entrever as circunstâncias que permitem ao tribunal revogar a decisão do secretário do Interior". "Por conseguinte", afirmou o juiz, "ele teria de manter o mandado, muito embora sentenciasse que tal mandado infringia as leis dos direitos humanos."[54]

No período pós-Segunda Guerra, celebrou-se com precipitação e ingenuidade "o fim do imperialismo". Pois, na realidade, vimos somente um reajuste atrasado nas relações de forças internacionais, em harmonia com o modo como as relações socioeconômicas e políticas de poder foram objetivamente remodeladas antes e durante a Segunda Guerra Mundial, conforme já projetado em uma passagem crucial do discurso inaugural do presidente Roosevelt, em defesa da "política das portas abertas" em todas as partes do mundo, inclusive nos territórios então coloniais. O reajuste do pós-guerra levou consigo, evidentemente, a redução das antigas potências coloniais à segunda e terceira divisão, como forças subordinadas do imperialismo norte-americano. No

---

[54] "Terror Law an affront to justice", em *The Guardian*, 13 de abril de 2006. Um outro artigo publicado na mesma edição de *The Guardian*, escrito por Tania Branigan, a correspondente da editoria de política do jornal, relatou que: "Críticos alegaram que a Lei da Reforma Legislativa e Regulamentar permitiria ao governo mudar quase toda lei que desejasse – até mesmo introduzindo novos crimes ou alterando a Constituição – sem um escrutínio. [...] Conservadores [*tories*] e liberais democratas a apelidaram de 'lei de abolição do escrutínio parlamentar'".

entanto, por muitos anos – no período pós-guerra de reconstrução e expansão econômica relativamente impassível, que colaborou com o estabelecimento bem-sucedido e o financiamento do Estado de Bem-Estar Social – a grande mudança anunciada pela "política das portas abertas" (isto é, aberta aos Estados Unidos) forçosamente instituída foi acompanhada pela ilusão de que o próprio imperialismo havia sido para sempre relegado ao passado. Além disso, foi também acompanhada pela ideologia amplamente difundida, que infectou não apenas os intelectuais, mas também alguns importantes movimentos organizados da esquerda tradicional, segundo a qual as crises da ordem socioeconômica e política estabelecida (admitidas apenas pouco antes da guerra) pertenciam irremediavelmente ao passado. Essa ideologia foi promovida – ao lado de seu irmão gêmeo ideológico que pregava "o fim da ideologia" – com base na suposição gratuita de que vivíamos agora no mundo do "capitalismo organizado", que conseguiu sobrepujar permanentemente as suas contradições.

Teve de haver um brusco despertar, tanto na política como na ideologia, conforme a crise estrutural do sistema do capital, oniabrangente e cada vez mais profunda, afirmava-se. Em 1987, quando ocorreu uma grande crise nas bolsas de valores internacionais, proprietários de bancos de investimentos europeus argumentaram em uma discussão pública televisionada que a razão da crise fora a recusa dos Estados Unidos de oferecer alguma solução para sua dívida astronômica. Um banqueiro norte-americano retorquiu agressivamente que eles deviam esperar até que os Estados Unidos começassem a resolver sua dívida e então veriam a enorme crise que lhes explodiria na cara. E, em certo sentido, ele tinha razão. Pois foi bastante ingênuo imaginar que a Europa poderia se isolar convenientemente do impacto brutal e cabal da crise estrutural global crônica e sem solução, da qual a dívida dos Estados Unidos é apenas um aspecto, que envolve plenamente a cumplicidade autointeressada dos países credores.

Nas últimas duas décadas, assistimos ao retorno do imperialismo palpavelmente manifesto com uma vingança, depois de ser camuflado com êxito durante muito tempo como o mundo pós-colonial de "democracia e liberdade". E, sob as circunstâncias atualmente predominantes, ele assumiu uma forma particularmente destrutiva. Domina agora o palco histórico, combinado com a franca asserção da necessidade de travar, no presente e no futuro, "guerras ilimitadas". Ao lado disso, como anteriormente mencionado, não se envergonha sequer de decretar a "legitimidade moral" do uso de armas nucleares – de uma maneira "preventiva" e "preemptiva" – também contra países que não possuem tais armas.

Desde o princípio da crise estrutural do capital no início da década de 1970, os graves problemas do sistema têm se acumulado e piorado em todos os campos, e igualmente no domínio da política. Muito embora, em oposição a todas as evidências, o pensamento ilusório da "globalização universalmente benéfica" continue a ser propagandeado em toda parte, não dispomos de órgãos políticos internacionais viáveis que possam reparar as consequências negativas claramente visíveis das atuais tendências de desenvolvimento. Mesmo o limitado potencial da ONU é anulado pela determinação norte-americana de impor ao mundo as políticas agressivas de Washington, como aconteceu quando a Guerra do Iraque se iniciou sob falsas intenções.

Agindo assim, o governo dos Estados Unidos arrogou para si o papel incontestável de governo global do sistema do capital como um todo, impassível diante da ideia do necessário fracasso final desse desígnio. Pois não basta pôr em ação a "força esmagadora", como prescreve a doutrina militar dominante, destruindo o exército da outra parte e infligindo no curso das aventuras militares empreendidas imensos "danos colaterais", como foram obscenamente denominados, sobre toda a população. A ocupação e a dominação permanentes e sustentáveis – que incluem a exploração econômica impassível e lucrativa – dos países atacados é uma questão totalmente diversa. Imaginar que mesmo a maior superpotência militar poderia fazer isso, como uma questão de "normalidade forçada" imposta sobre o mundo inteiro e, nesse sentido, estipulada como a condição inalterável da "nova ordem mundial", é uma proposição completamente absurda.

Infelizmente, os acontecimentos e desenvolvimentos vêm apontando nessa direção há muito tempo. Pois não foi o presidente Bush, mas sim Clinton quem declarou arrogantemente que "há apenas uma nação necessária, os Estados Unidos". Os "neocons" quiseram somente cumprir e reforçar essa crença. Contudo, nem sequer os chamados liberais puderam pregar algo mais positivo do que o mesmo credo pernicioso, integralmente no mesmo espírito. Reclamavam que tínhamos no mundo "muitos Estados" e defendiam a chamada "integração jurisdicional"[55] como a solução viável para esse problema. Quer dizer, algo grotescamente denominado "integração jurisdicional" que, na verdade, significaria a pseudolegitimação de um controle autoritário direto sobre os deplorados "muitos Estados" por um pequeno punhado de potências imperialistas, sobretudo os Estados Unidos. Essa concepção, a despeito de sua terminologia encobridora, não difere muito da teorização de Thomas P. M. Barnett citada acima sobre como lidar com a deplorada "condição de desconexão".

Se hoje há "muitos Estados", não é possível desejar que desapareçam. Tampouco podem ser destruídos pela devastação militar, de modo a estabelecer sobre essa base a felicidade globalizada da "nova normalidade". Não é possível reprimir indefinidamente os interesses nacionais legítimos. De todos os lugares do mundo, são os povos da América Latina que podem atestar com maior eloquência essa simples verdade.

A crise estrutural da política é parte integrante da crise estrutural há muito supurante do sistema do capital. É ubíqua e, por conseguinte, não pode resolver-se por meio da adulteração autoperpetuadora/apologética de um de seus aspectos políticos. Menos ainda poderia resolver-se pela adulteração da própria constitucionalidade, da qual podemos ver muitos casos alarmantes. Nem sequer pela completa subversão e abolição da constitucionalidade. Se os juízes da Alta Corte da Inglaterra e os magistrados italianos podem protestar contra tais tentativas, por mais agressivas que sejam as denúncias que os Berlusconis deste mundo lhes dirijam até mesmo a três dias de uma eleição geral[56], também nós todos podemos fazer o mesmo, com consciência crítica do que está em jogo. Nosso modo de controle sociometabólico estabelecido está em profunda crise, e

---

[55] Ver Martin Wolf, *Why Globalization Works? The Case for the Global Market Economy*, cit.
[56] Ver *La Repubblica*, edição de 7 de abril de 2006, em particular o artigo de Giorgio Ruffolo: "Un paese danneggiato".

ela só pode ser remediada com a instituição de um outro modo radicalmente diverso, fundado na igualdade substantiva que se torna, pela primeira vez na história, efetivamente possível no nosso tempo.

Muitas pessoas criticam com razão os fracassos dolorosamente óbvios da política parlamentar. Contudo, também nesse aspecto, a necessária reconsideração do passado e do presente do parlamentarismo não é capaz de conduzir a resultados sustentáveis sem inserir-se em seu cenário amplo, como parte integrante da nova ordem sociometabólica visada, inseparável das exigências da igualdade substantiva.

Não é muito difícil reconhecer hoje que – em virtude de sua destrutividade ascendente até mesmo no plano ambiental, bem como na esfera da produção e da desperdiçadora acumulação de capital, para não mencionar as manifestações diretas crescentes da mais irresponsável destruição militar – a nossa ordem sociometabólica não é viável no longo prazo. No entanto, o que precisamos trazer ao primeiro plano da nossa consciência crítica sobre as tendências correntes de desenvolvimento e seu impacto cumulativo é o fato de que o longo prazo está se tornando cada vez mais curto no nosso tempo. Nossa responsabilidade é fazer alguma coisa antes que o nosso prazo chegue ao fim.

10.4 Os novos desafios em nosso horizonte e a urgência do tempo

10.4.1

Faz seis anos desde o início da Guerra do Afeganistão e quatro da Guerra do Iraque, eventos causadores de imensa destruição e sofrimento humano. Mas não há absolutamente nenhum fim em vista, apesar do discurso frequente e hipócrita – ou, antes, extremamente violento[57] – sobre alguma "estratégia de saída". E, mesmo se no futuro as soluções para uma "saída apropriada", defendidas com o intuito de salvar as aparências, puderem ser concebidas para alguns dos conflitos militares atuais, em razão de alguma conveniência política conjunturalmente urgente e bem calculada (como uma futura eleição presidencial nos Estados Unidos, por exemplo), isso não será motivo para celebrar. Pois as graves determinações causais subjacentes do imperialismo hegemônico global produzirão em um futuro não tão distante outras intervenções militares genocidas empreendidas por nossas "Grandes Democracias" (sobretudo os Estados Unidos), não apenas no Oriente Médio, mas também em outras partes do mundo. E tais agressões se farão acompanhar, com certeza, pela cínica invenção de todos os tipos de *falsas intenções* para justificar o injustificável, como ocorreu no passado em diversas ocasiões, desde o "incidente de Tomkin"* durante a Guerra do Vietnã, sob a Presidência de Lyndon Jonhson, até as inexistentes "armas de destruição em massa" que supostamente estariam prontas para ser lançadas "em 45 minutos",

---

[57] Como exemplificado pela entrevista de Thomas P. M. Barnett citada à página 350.

* Trata-se do falso ataque contra o navio norte-americano USS Maddox, supostamente em águas vietnamitas, que foi realizado com o intuito de obter a aprovação do Congresso para a intervenção militar no Vietnã, o que de fato acabou acontecendo. (N. T.)

de acordo com o capcioso discurso de Tony Blair proferido no Parlamento britânico em favor da legitimação da guerra.

Dado o monopólio total da mídia pela ideologia dominante, seus mais altos representantes podem distorcer tudo da maneira que bem entenderem, a fim de fazer prevalecer o interesse da ordem dominante, deturpando até mesmo as formas mais patentes de *agressão* militar como *defesa* autojustificada. Assim, por mais difícil de acreditar, um dos inspiradores de Blair descreve a Guerra do Afeganistão como "imperialismo defensivo", sem temer que o inferno se abra sob seus pés e o engula como fez com Don Giovanni ao final da ópera de Mozart, por seu crime muito menos sério de recusar-se a se arrepender de seu mau comportamento sexual. Na visão de Cooper, se os Estados tais como o Afeganistão "tornarem-se muito perigosos para serem tolerados pelos Estados estabelecidos, é possível imaginar um *imperialismo defensivo*. Não é exagero conceber sob essa luz *a resposta do Ocidente ao Afeganistão*"[58].

Novamente, não se trata de um burocrata inconsequente. Pois, eis como o jornal *The Observer* apresenta o artigo supracitado de Cooper, muito influente e abertamente pró-imperialismo:

> O diplomata britânico sênior Robert Cooper ajudou a conformar as exigências do primeiro-ministro inglês Tony Blair de um novo internacionalismo e uma nova doutrina de *intervenção humanitária* que disporia *limites à soberania estatal*. [...] A exigência de Cooper de um novo *imperialismo liberal* e a admissão da necessidade de *duplos padrões na política internacional* escandalizaram a esquerda, mas o ensaio apresenta uma rara e cândida compreensão não oficial do pensamento subjacente à estratégia britânica no Afeganistão, no Iraque e em outros lugares.

Naturalmente, não devemos exagerar a importância pessoal de Cooper. Ele é relevante apenas como um franco representante da "linha partidária" característica do imperialismo hegemônico global. Observamos o mesmo gênero de abordagem que ele proclama sobre o Afeganistão na denúncia de Barnett da suposta "desconexão" das áreas imperialisticamente dominadas e na exigência de Wolf da "integração jurisdicional", que impõe uma limitação à soberania dos "muitos países" de nosso "mundo fragmentado". O esquematismo "pré-moderno/pós-moderno" intelectualmente grotesco de Cooper é irrelevante nesse sentido. Não acrescenta nem subtrai nada da substância agressiva de seu célebre artigo. É simplesmente usado como uma justificativa "acadêmica" da orientação imperialista nua e crua de sua abordagem. As referências peculiares de Cooper à pós-modernidade servem exatamente ao mesmo propósito a que se presta o esquema de "desconexão/conexão" de Barnett: ambas as "teorias" visam, como solução última dos problemas identificados, o emprego da força pelas potências imperialmente dominantes, ainda que o raciocínio diplomático inglês seja muito mais intrincado do que o de sua alma gêmea norte-americana.

Vale citar uma longa passagem do artigo de Cooper como uma racionalização característica não apenas do "pensamento subjacente à estratégia britânica no Afeganistão e no Iraque", mas integralmente subjacente ao *pensamento ilusório* mais irresponsável do

---

[58] Robert Cooper, "The New Liberal Imperialism", em *Observer Worldview Extra*, 7 de abril de 2002. Todas as citações de Cooper foram extraídas desse artigo e contêm grifos meus.

imperialismo hegemônico global que brinca com o fogo da maneira mais imprudente – potencialmente até mesmo com o fogo nuclear – e acredita ser capaz de escapar impune. Eis o que afirma a passagem em questão:

> enquanto os membros do mundo pós-moderno podem não representar um perigo uns aos outros, tanto as zonas modernas como as pré-modernas constituem ameaças. [...] O desafio do mundo pós-moderno é acostumar-se à ideia dos *duplos padrões*. Entre nós, operamos com base nas leis e na segurança cooperativa aberta. Mas, quando lidamos com tipos antiquados de Estados alheios ao continente pós-moderno da Europa, precisamos retornar aos métodos mais ásperos de uma era anterior – *força, ataque preemptivo, trapaça*, tudo o que for necessário para lidar com aqueles que ainda vivem no mundo do século XIX, de cada Estado por si. Entre nós, mantemos a lei, mas quando operamos na selva, temos de *usar as leis da selva*. [...] O desafio proposto pelo mundo pós-moderno é novo. O mundo pré-moderno é *um mundo de Estados fracassados*. [...] É precisamente em razão da *morte do imperialismo* que assistimos à emergência do mundo pré-moderno. Império e imperialismo são palavras que se tornaram uma forma de abuso no mundo pós-moderno. Hoje, não há potências coloniais dispostas a assumir essa tarefa, muito embora as oportunidades, e talvez até mesmo a *necessidade da colonização* seja tão grande como jamais foi no século XIX. [...] Existem todas as condições para o imperialismo, mas tanto a oferta como a procura pelo imperialismo feneceram. E, contudo, *o fraco ainda precisa do forte* e o forte ainda precisa de um mundo *ordenado*. Um mundo em que os *eficientes* e os bem governados *exportem estabilidade e liberdade*, e que é aberto ao investimento e ao crescimento – tudo isso se afigura eminentemente desejável. Assim, o que é preciso é *um novo tipo de imperialismo*, um imperialismo aceitável a um mundo de *direitos humanos e valores cosmopolitas*. Podemos já distinguir seu contorno: um imperialismo que, como todo imperialismo, almeja trazer *ordem e organização*, mas que descansa hoje sobre o *princípio voluntário*.

No caso de algumas pessoas ingênuas levarem a sério a noção de "princípio voluntário", cumpre fazê-las voltarem rapidamente a si apresentando a defesa veemente de Cooper do "imperialismo voluntário da economia global", sob o governo ferrenho do Fundo Monetário Internacional (FMI) e do Banco Mundial, e da dominação exercida em nome da ajuda internacional. Nesse aspecto, ele torna claro que "Se os Estados querem o benefício, devem abrir-se à *interferência das organizações internacionais e dos Estados estrangeiros*". (Naturalmente, a interferência dos Estados grandes e "eficientes" que podem "exportar estabilidade e liberdade".) Ele é também extremamente favorável àquilo que denomina "o imperialismo dos vizinhos", que tem como exemplo a intervenção militar dos Estados Unidos e da União Europeia nos Bálcãs, justificada com o argumento de que a não intervenção "representaria uma ameaça à Europa".

Surpreendentemente, contudo, ele também decreta que a necessidade de um novo imperialismo surgiu "em razão da *morte do imperialismo*". É evidente que Cooper jamais ouviu falar do imperialismo norte-americano e do modo como este relegou o imperialismo inglês e francês – para não mencionar as variedades holandesa e portuguesa – à segunda e à terceira divisão durante a Segunda Guerra Mundial e imediatamente após o término do conflito. Por conseguinte, no que concerne ao tema em questão, o esquema do diplomata britânico sênior é completamente fantasioso. Não satisfeito com as recompensas que a subserviência militar britânica consegue obter dependurando-se na rabeira das forças armadas norte-americanas, Cooper procura extrair um campo de ação um pouco maior para o Estado britânico no terreno do "imperialismo liberal" futuro, com o auxílio de sua visão – "a visão", modestamente chamada por esse nome pelo próprio autor ao final de seu artigo. Como se a relação real de forças do *imperialismo hegemônico global*, que tem os Estados Unidos como potência esmagadoramente dominante, não existisse e não exercesse hoje a estratégia imperial potencialmente mortífera sobre o mundo inteiro na totalidade da história humana.

Não há dúvida de que a defesa fantasiosa de Cooper de "um novo tipo de imperialismo", com um lugar proeminente atribuído à antiga e experiente potência imperial britânica, que "se oferece como voluntária" para esse papel, explica a sua influência acima mencionada nos círculos governamentais ingleses, inclusive sobre Blair, ávido por um "legado histórico". Nesse aspecto, são reveladoras as referências aos Estados Unidos apenas esporádicas em todo o artigo[59], a despeito do papel absolutamente subjugador, não raro semiditatorial, que esse país exerce sem hesitar, nos assuntos internacionais. Por conseguinte, os Estados Unidos podem assegurar para suas aventuras militares a submissão não apenas dos "aliados voluntários", mas também de muitos Estados "não voluntários", como demonstrado pela Guerra do Iraque e pela participação até mesmo dos países constitucionalmente constrangidos e relutantes da Otan – como a Alemanha – na Guerra do Afeganistão.

A verdade é que o imperialismo nunca morreu. Apenas assumiu uma forma mais agressiva e ainda mais perigosa, como o imperialismo hegemônico global do nosso tempo, que tem os Estados Unidos no papel de única potência hegemônica, função que exercerá enquanto puder (mas, certamente, não para sempre). O desdobramento da Guerra do Iraque e o papel humilhante desempenhado pela Inglaterra na ONU no processo hipócrita de preparação, com suas intenções de assegurar a legalidade internacional, para a aventura militar norte-americana que não deu em absolutamente nada, destacou de forma veemente a total vacuidade do "imperialismo voluntário pós-moderno". A força bruta do imperialismo tradicional teve de ser o princípio operacional imposto sem cerimônias pelos Estados Unidos, tal como os "neocons" evidenciaram com plena clareza desde o início, e as bagatelas legalistas britânicas não poderiam ter absolutamente nenhuma utilidade porque os Estados Unidos sempre estiveram dispostos a tratar as Nações Unidas com desprezo. A tentativa de aplicar o pretensioso esquematismo "pós-moderno" de Cooper ao imperialismo realmente existente – hegemônico global – é bastante absurda. Por mais que tente fazer entrar nos Estados Unidos a fantasiosa indumentária pós-moderna, tudo o que Cooper consegue é propor o frágil resultado que se segue:

> Os Estados Unidos são o caso mais duvidoso, uma vez que não está claro se o governo ou Congresso norte-americano admite ser necessária ou desejável a interdependência ou seus corolários de abertura, a mútua inspeção e a mútua interferência, na mesma medida em que a maioria dos governos europeus hoje admitem.

---

[59] Ainda que esqueça a história real do "fim de jogo" da guerra dos Bálcãs sob as decisões e ordens militares impostas pelo presidente Clinton, ao mesmo tempo que assevera ilusoriamente a primazia "pós-moderna" da União Europeia na região, Cooper teve de admitir, contudo, em uma de suas poucas referências aos Estados Unidos, que "a presença norte-americana é um fator estabilizador indispensável".

As qualificações "não está claro" e "não na mesma medida que a maioria dos governos europeus" distorcem completamente o quadro – uma vez que o embelezam de forma artificial. Pois o oposto é de fato *amplamente claro*. Isto é, que o governo e o Congresso norte-americano *se recusam categoricamente* a aceitar *em qualquer medida* as restrições postuladas, quer estejamos falando do *Tribunal Penal Internacional*[60], do Protocolo de Kyoto, tratado de forma deplorável, ou de outros protocolos internacionais. Mas, se é assim, qual é o valor explicativo da "visão" pela qual o país mais poderoso do mundo atual deve ser deixado de fora, porque não pode adequar-se ao quadro fantasioso do "novo tipo de imperialismo", com a sua postulada "*abertura* e *mútua* interferência", bem como seus "direitos humanos e valores cosmopolitas"? Obviamente, nenhum. Eis porque se devem fazer qualificações enganosas do tipo "não está claro" e "não na mesma medida", com o intuito de conciliar também os Estados Unidos com a visão do autor, ainda que a realidade do imperialismo hegemônico global norte-americano contradiga cada um dos critérios definidores da variedade pós-moderna de imperialismo projetada.

Não é possível haver um papel preferencial atribuído ao "imperialismo pós-moderno" britânico no esquema norte-americano de dominação global. A posição estritamente subordinada do exército britânico nas guerras do Afeganistão e do Iraque e os sofrimentos e sacrifícios impostos também a suas tropas, precisamente como a outros "aliados voluntários", comprovam com eloquência essa simples verdade. As condições reais do desenvolvimento político e militar são hoje, de fato, extremamente sérias, dado o aprofundamento da crise estrutural do sistema do capital. Acrescentemos às guerras do Oriente Médio impostas ao mundo pelos Estados Unidos, e aos demais tratamentos deploráveis, recentemente destacados, dispensados pelo governo norte-americano ao direito internacional, também a vergonhosa capitulação de todas as democracias ocidentais – em desacordo com as suas próprias afirmações clamadas com orgulho contra regimes de tortura – à prática degradante da chamada "rendição" de pessoas pela CIA em nome do poder administrativo dos Estados Unidos[61]. Se fizermos tal acréscimo, revelar-se-á com clareza que apenas os defensores mais acríticos da ordem estabelecida poderão negar quem prescreve as condições do imperialismo realmente existente e quem as obedece sem quase nenhum murmúrio de divergência.

10.4.2

Por certo, do ponto de vista do imperialismo, parece óbvio que a melhor maneira de governar os países menores – quer sejam chamados "Estados fracassados" ou "Estados jurisdicionalmente fragmentados", ou mesmo "os fracos que ainda precisam dos fortes"

---

[60] O Tribunal Penal Internacional é para Cooper um exemplo paradigmático idealizado de instituição pós-moderna. Contudo, seu esquematismo não se altera pelo fato de os Estados Unidos se recusarem a aceitar para si mesmos a autoridade do Tribunal.

[61] Na Itália, 23 agentes da CIA foram indiciados pelo sequestro e pela "rendição" de pessoas politicamente malvistas pelo poder administrativo dos Estados Unidos. Contudo, o governo norte-americano, convencido de seu direito de manter-se acima da lei internacional, já declarou que se recusará a extraditar qualquer um desses agentes.

e aqueles considerados como pertencentes ao "Eixo do Mal" – é a imposição totalmente autoritária de todas as decisões significativas, sem tribunal de apelação. O fato de que, no passado, esse modo de regulação e domínio da ordem internacional por um pequeno punhado de Estados imperialistas gerou não apenas ressentimento, mas também a resistência ativa, não parece constituir uma questão para os "neocons" mais agressivos. Eles assumem arrogantemente que, no tempo do imperialismo hegemônico global, os Estados Unidos podem, como única potência hegemônica, por meio do uso mais brutal do poder militar – abertamente declarado como ilimitado – superar prontamente os problemas que se provaram intransponíveis às grandes potências que competiam entre si pela proeminência em um estágio anterior do imperialismo.

Entretanto, a doutrina da proeminência dos Estados Unidos[62], abertamente decretada e protegida com extremo zelo, eleva cada vez mais os riscos militares, ao ponto de prenunciar o espectro da aniquilação total da humanidade. E o fato de que a Guerra Fria seja declarada finda não faz diferença alguma a esse respeito. Em 2006, o general Musharraf relatou, em uma entrevista para a televisão em Washington, que recebeu do subsecretário de Estado norte-americano, Armitage, a ameaça de que o Paquistão "será bombardeado até voltar à Idade da Pedra", a menos que seu governo obedecesse às ordens dos Estados Unidos. É possível imaginar um grande país como o Paquistão sendo bombardeado até voltar à Idade da Pedra sem o uso extensivo de armas nucleares?

Da mesma maneira, o conhecido "neocon" norte-americano Richard Perle asseverou, em apoio ao ex-secretário de Defesa Donald Rumsfeld, que a sua estratégia militar no Iraque era perfeitamente adequada. Faltaram somente a "vontade política" necessária e a decisão política certa para "lidar com o Irã e a Síria", o que causou as "dificuldades no Iraque". Talvez fosse possível "lidar com a Síria" por meio do uso do armamento militar maciço, mas não nuclear, ainda que isso criasse sérios problemas adicionais na guerra do Iraque. Mas subjugar militarmente o Irã apenas com o uso do armamento tradicional – algo que o Iraque de Saddam Hussein tentou durante oito anos, com o apoio norte-americano e de outros países ocidentais – é completamente inconcebível. De fato, a ideia de empregar "armas nucleares táticas" contra o Irã é proclamada com frequência nos Estados Unidos e nos círculos pró-norte-americanos. Contudo, quem pode oferecer alguma garantia quanto ao "efeito adequadamente limitado" de uma intervenção militar nuclear tão imprudente, com consequências potencialmente catastróficas não apenas no plano militar, mas também no domínio econômico?

Os planos estratégicos agressivos a serviço da dominação global são plenamente compatíveis com a produção de equipamentos militares, inclusive as propagadas "armas

---

[62] Ver na seção 4.2.9 a discussão desse problema, com referência à impetuosa advertência do antigo subsecretário de Estado, Strobe Talbot, sobre a necessidade de respeitar "a proeminência global dos Estados Unidos", em uma importante reunião do Royal Institute of International Affairs [Instituto Real de Assuntos Internacionais] em Londres. Talbot foi membro da administração do presidente Clinton. Assim, a preocupação de impor ao mundo a proeminência global norte-americana não se restringe de maneira alguma à extrema direita neoconservadora do Partido Republicano. A assustadora observação do presidente democrata Clinton, segundo a qual "há apenas uma nação necessária, os Estados Unidos", coloca em relevo a mesma crença na legitimidade incontestável da dominação global norte-americana.

nucleares táticas antibunker", cujo emprego contra o Irã é frequentemente defendido. Entretanto, muito além disso, preparam-se ativamente para ter em mira, com fácil alcance e sem impedimentos, os potenciais objetivos bélicos dos Estados Unidos – tanto com o propósito de chantagem, inclusive a chantagem nuclear, como para desencadear efetivamente alguma ação militar devastadora – mesmo nos mais remotos cantos do mundo. O projeto Guerra nas Estrelas de ontem ainda poderia pretender ser um "escudo defensivo", embora na realidade não fosse nada desse gênero. Entretanto, seu sucessor expressivamente atualizado, cujo codinome é "Falcon"*, poderia ser considerado, sem nenhum exagero imaginativo, nada mais que um sistema armamentário incontestavelmente ofensivo, a ser disposto contra o mundo inteiro. A primeira fase operacional desse sistema terminou em 2006 e os testes iniciais foram realizados já em 2004. Relata-se que os veículos de lançamento não tripulados plenamente desenvolvidos são capazes de "atingir alvos a 9 mil milhas náuticas em menos de duas horas". Além disso, poderão "carregar ogivas de até 12 mil libras e poderiam em última instância voar em velocidades de até dez vezes a velocidade do som". O propósito dessa máquina de guerra infernal é possibilitar aos Estados Unidos *atuarem sozinhos* contra qualquer país que desejarem subjugar ou destruir, em seu desígnio de alcançar a dominação mundial como o governante incontestado e incontestável do imperialismo hegemônico global. John Pike, dirigente da GlobalSecurity.org – organização localizada em Washington e que presta consultoria em assuntos militares –, fez o seguinte comentário sobre o novo sistema de armas: "trata-se de explodir pessoas do outro lado do planeta, mesmo se nenhum país da Terra permitir que utilizemos seu território"[63].

Assim, enfrentamos a *urgência do tempo* tanto em razão do já planejado, como também das contínuas *práticas de guerra agressivas* que emergem das condições e contradições temerárias de nosso tempo. O que torna essa questão particularmente grave é que as ações perigosas empreendidas pelo imperialismo hegemônico global não são *nem* passíveis de se conduzirem a uma conclusão duradoura, *nem tampouco* é factível que sejam abandonadas em favor de um curso de desenvolvimento mais sustentável e mesmo minimamente racional. Pois, não obstante a arrogância sem fim da potência estatal militarmente sustentada, permanece o fato desagradável de que, para assegurar um resultado historicamente sustentável, não basta, nem de longe, destruir no Iraque a posição militar central do inimigo arbitrariamente decretado "por meio da força esmagadora", nas palavras da sua doutrina estratégica predileta, como os norte-americanos são agora obrigados a reconhecer, ainda que não a admitir. A ocupação permanente de um país e, naturalmente, a geração dos recursos necessários para uma ocupação lucrativa, é uma questão extremamente complicada, sem mencionar a completa absurdidade de estender a dominação imperial direta – com as armas de destruição em massa que os Estados Unidos possuem em abundância – a grandes áreas do nosso planeta. Sem dúvida, as aventuras bélicas agressivas do imperialismo hegemônico global são plenamente

---

* Abreviação de Force Application and Launch from the Continental US [Aplicação e lançamento de força a partir do território continental dos EUA]. A sigla, em inglês, forma a palavra falcão. (N. T.)

[63] Julian Borger, "US-based missiles to have global reach", em *The Guardian*, 1º de julho de 2003.

capazes de destruir a civilização humana e podem realmente alcançar esse objetivo. Mas são absolutamente incapazes de oferecer uma solução sustentável aos graves problemas do nosso tempo.

Nunca é demais salientar a seriedade do fato de que nem mesmo a agressividade crescente é capaz de produzir de modo duradouro os efeitos ilusoriamente previstos, por mais imensos que possam ser os recursos investidos com esse intuito pelo Estado imperialista dominante. E o problema se complica mais ainda pelo fato de que os recursos prodigamente investidos são derivados, em grande medida, do crescente endividamento dos Estados Unidos às custas do restante do mundo, que, ironicamente, agora inclui em lugar de destaque a China. Contudo, por mais que se desperdice e por mais agressiva e humanamente destrutiva que seja a estratégia perseguida, a ponto de assumir formas genocidas, os resultados reais se mostram muito aquém das expectativas imperialistas. A crise estrutural do sistema do capital como um todo se aprofunda também nesse sentido.

Todavia, por enquanto, o imperialismo hegemônico norte-americano pode dominar com relativa facilidade seus rivais potenciais. Mas é possível afirmar que esse estado de coisas persistirá para sempre? A relação interestatal de forças nunca foi permanente no passado, e jamais poderia tornar-se permanente no futuro capitalista. É inevitável que existam sempre custos significativos envolvidos na manutenção da dominação de um Estado sobre outro e, portanto, essa situação tem de permanecer estritamente transitória, para não mencionar as implicações da postulada dominação de um único Estado sobre o restante do mundo, de acordo com a arrogante perspectiva neoconservadora do "Milênio Norte-Americano". O relativo poder produtivo material dos rivais potenciais é um fator importantíssimo nesse aspecto, e apenas um tolo poderia assumir como natural a permanência da proporcionalidade existente entre os países mais poderosos, com inalterável vantagem de um país muito menor, como os Estados Unidos, com relação à China, por exemplo. Como foi discutido no capítulo 4, não é segredo que nos círculos mais agressivos de Washington são feitos constantemente grandes investimentos na propaganda em defesa de um "modo apropriado de lidar com a ameaça chinesa" à supremacia norte-americana no futuro, o que inclui o uso antecipado de destruição militar de larga escala.

Independentemente do êxito que esse desígnio alcance no futuro próximo por meio do antigo e não tão antigo "lobby chinês", por certo o próprio problema não desaparecerá. Pois o poder econômico da China tende a se tornar muito maior do que o dos Estados Unidos em um espaço de tempo relativamente curto. Hoje, se a China decidisse retirar dos Estados Unidos os ativos financeiros de magnitude quase astronômica, causaria um terremoto econômico maciço não apenas nesse país, mas no mundo inteiro. Esse problema, com todos os seus corolários políticos e, potencialmente, até mesmo militares, terá de ser enfrentado de maneira *racional* e sustentável em um futuro não tão distante, a fim de evitar o impacto destrutivo das estratégias favorecidas pelo lobby chinês e por seus aliados mais longínquos e implacáveis de Washington.

Ademais, com relação a um futuro um pouco mais distante, também a promessa de desenvolvimento crescente – e potencialmente imenso – da Índia deve ser reconsiderada de acordo com a sua verdadeira relevância. Não basta observar a China e a Índia pelo propósito evidentemente autovantajoso dos países capitalistas ocidentais, que já lhes imputam a culpa pelo agravamento das condições ecológicas do nosso planeta. Pois é absolutamente certo que a relação de forças existente em nossa ordem global é plenamente insustentável no longo prazo. Tampouco é possível atribuir o menor grau de racionalidade aos planos militares norte-americanos de posicionar um novo sistema antimíssil na Polônia, com o claro pretexto de que a disposição desse armamento ao lado da Rússia tem o intuito de constituir um "escudo defensivo" dos Estados Unidos "contra a Al Qaeda". Os protestos russos contra esse plano explicitaram com ampla clareza que sequer por um momento eles levam a sério a justificativa apresentada. Seria possível considerar esse tipo de medida militar norte-americana, estabelecida com a plena cumplicidade da Polônia[64], como qualquer outra coisa senão um exemplo de brincadeira imprudente com o fogo?

As estratégias agressivas do imperialismo hegemônico global, hoje não apenas discerníveis, mas já colocadas em prática, não podem senão piorar as coisas em todos os aspectos, porque o imperialismo, como o inimigo anacrônico visceral do tempo histórico, não funciona sem impor às suas dependências cruelmente controladas as formas mais iníquas de dominação. Ao contrário, somente a defesa genuína do enfrentamento responsável aos graves problemas da crise estrutural cada vez mais profunda do capital, no espírito da *igualdade substantiva* – que poderia tornar o país paradoxalmente "pequeno" dos Estados Unidos o inconteste igual dos grandes países da Índia e da China – constitui a exigência absoluta para o futuro. Pois apenas a adoção generalizada do espírito de igualdade substantiva pode oferecer uma solução historicamente sustentável à relação interestatal de forças hoje predominante e potencialmente destrutiva.

10.4.3

Os perigos militares potencialmente catastróficos de maneira alguma esgotam os grandes desafios presentes em nosso horizonte. O abuso incontrolável que o capital exerce sobre a natureza representa um risco igualmente grande para o futuro da humanidade, apesar das recentes tentativas de explorar capitalisticamente cada aspecto possível da deterioração das condições ecológicas pela suposta apresentação de "soluções ecológicas" – por certo, comercialmente lucrativas. Por um lado, assistimos ao mesmo tempo aquele que é de longe o pior infrator – os Estados Unidos – recusar-se continuamente a enfrentar sua responsabilidade nessa questão. Por outro lado, para fazer sua dúbia contribuição a esses problemas aparentemente intratáveis, também os países que declaram publicamente a sua aceitação das restrições e protocolos internacionais necessários, na realidade, não cumprem os objetivos anunciados. Falham até mesmo com relação ao exclusivo problema do aquecimento global, isentando arbitrariamente

---

[64] De acordo com relatos bem fundados, a Polônia e a Romênia também estão facilitando a "rendição" de pessoas pela CIA para regimes de tortura e fazendo funcionar em seus países campos de detenção ilegais no interesse de beneficiar os Estados Unidos. No período em que as Nações Unidas debatiam a Guerra do Iraque, Donald Rumsfeld elogiava esses países como representantes da "Nova Europa" e, ao mesmo tempo, condenava a "Velha Europa" que naquele momento rejeitava a legalidade da guerra alegada pelos norte-americanos.

algumas das esferas mais nocivas – como os prejuízos maciços e ainda crescentes causados pela aviação, atividade na qual ocorre um imenso consumo de combustível – de seus cálculos adequados. Nenhum deles está disposto a considerar – muito menos reconhecer e começar a agir de maneira conforme – que seria preciso uma mudança fundamental na ordem existente de produção e distribuição para assegurarmos realmente as salvaguardas necessárias nesse âmbito para o futuro da humanidade.

Com certeza, as ameaças à relação vital da humanidade com a natureza são incomparavelmente maiores e mais complexas do que os destaques unilaterais das manchetes em voga dedicadas ao "aquecimento global". Mesmo em termos do aquecimento global, a questão fundamental não é a "emissão de gás carbônico" dos indivíduos – que os governos capitalistas favorecem propagandisticamente com o intuito de compor boas manchetes políticas, enquanto encobrem o fato de que eles, como governos, não fazem quase nada em relação à enorme participação negativa das grandes empresas na produção de danos em escala crescente – mas a necessidade de adotar uma *política energética responsável e sustentável a longo prazo*, com o máximo desenvolvimento possível de *recursos energéticos renováveis*, ora impedida ativamente pela rede de interesses capitalistas. Naturalmente, esse problema se complica ainda mais pelo intransponível horizonte do tempo do capital, sempre de curto prazo, conforme discutimos no capítulo 1. Ele se torna bastante tangível pelo fato de que não é mais possível negar com seriedade os sintomas negativos insustentáveis a longo prazo que hoje indicam com clareza os danos potencialmente irreversíveis e a necessidade de uma ação corretiva de longo alcance enquanto ainda há tempo. Contudo, as "personificações do capital" são incapazes de apresentar respostas, além dos relatórios vazios patrocinados pelo governo que, sem nenhum respaldo, falam de como os objetivos exigidos serão alcançados em 2050.

Entretanto, muito além da preocupação genuína que compreende todas as dimensões das necessidades energéticas de longo prazo, ao lado dos passos imprescindíveis que devem ser dados contra o esgotamento capitalista irreversivelmente predador dos recursos materiais estratégicos vitais do nosso planeta, a questão mais difícil é: como ter certeza de que fazemos o melhor uso das invasões científicas inevitáveis, reais e plausíveis, às determinações objetivas da natureza. Isto é, como ter certeza de que essas invasões se fazem a fim de aumentar as potencialidades positivas da humanidade, em lugar de promover os *contravalores* destrutivos hoje explorados com êxito, em uma escala monumental, com desperdício e destrutividade irresponsáveis, pelo complexo industrial-militar e pelas outras variedades de incorporações "produtivas" das mediações alienantes de segunda ordem do sistema do capital, estritamente orientadas ao lucro e historicamente retrógradas. Apenas um comprometimento profundo com uma maneira positivamente inspirada de lidar com os resultados dos desenvolvimentos tecnológicos científicos e potenciais será capaz de cumprir essa tarefa.

O Estado capitalista é o facilitador essencial dos desenvolvimentos monopolistas, mesmo quando simula legislar contra eles, o que só pode fazer de um modo estritamente marginal. Nesse sentido, o Estado é o facilitador não somente das formas relativamente inócuas da expansão do capital, mas também de suas formas mais problemáticas e prejudiciais – inclusive o complexo industrial-militar, evidentemente – mesmo quando a predominância do *contravalor* nas aventuras facilitadas ou ativamente patrocinadas pelo Estado é obviamente inegável. Qualquer outra possibilidade seria espantosa. Pois o Estado moderno é a estrutura política oniabrangente de comando do sistema do capital e, assim, não pode exercer suas funções políticas substantivas (não marginais) em contraposição às determinações materiais vitais do capital voltadas à sua expansão autorrealizadora, independentemente da visão assaz estreita (na verdade, cegamente prejudicial) da perspectiva de acumulação lucrativa a curto prazo. Eis porque as considerações ecológicas historicamente sustentáveis têm de ser rigidamente excluídas – com a ajuda de todo tipo de falsas intenções – das políticas adotadas pelos governos capitalistas retoricamente pró-ecologia. Essa relação incestuosa entre a rede de interesses materiais do capital e sua estrutura política de comando autolegitimadora sublinha com veemência a necessidade inescapável de uma *mudança sistêmica* genuína, para que seja bem-sucedida a nossa determinação de impugnar os perigos ecológicos hoje reconhecidos até mesmo no âmbito oficial.

Naturalmente, o mesmo se aplica a todos os perigos militares demasiado óbvios de nosso tempo. Sem uma mudança sistêmica fundamental, não há esperança de deixar para trás em termos históricos a fase potencialmente fatal do imperialismo hegemônico global. Jamais devemos nos esquecer de que as diversas fases do imperialismo vinculavam-se estreitamente às fases correspondentes do desenvolvimento capitalista. Por certo, todas as variedades do imperialismo são arbitrárias e autoritárias na forma como tratam suas dependências, mas seu modo geral de operação será ininteligível se as raízes e determinações sociais das próprias "matrizes" não forem consideradas de forma integral. Sem superar radicalmente tais determinações sociais internas, todo discurso sobre a "morte do imperialismo" pertencerá ao reino da fantasia mais pura – ou, antes, absolutamente autointeressada. Tampouco é concebível superar essas determinações sociais tão arraigadas na fase atual do desenvolvimento histórico do capital sem uma profunda *mudança sistêmica*. Isto é, substituindo o modo de reprodução sociometabólica ora dominante e incuravelmente antagônico pela alternativa hegemônica socialista. Pois o inevitável sistema de dominação interestatal imperialista – uma dominação, se preciso, tão destrutiva a ponto chegar ao genocídio – é incompreensível sem o fundamento material do qual emerge. Qual seja, o único modo de operação produtiva (e reprodutiva) concebível do sistema do capital na forma da dominação e subordinação.

Na era do imperialismo hegemônico global, a noção de "imperialismo liberal" – em que a Inglaterra desempenharia o papel de igual – não é puramente fictício, ainda que o seja em grande medida. E é no sentido de que o parceiro esmagadoramente dominante, os Estados Unidos, está disposto a atribuir a seu subordinado inglês somente o papel de "cavalo de Troia" (mais ainda, o papel de asno de Troia), necessário para legitimar como "o aliado mais voluntário" as medidas e aventuras militares internacionais norte-americanas. Entretanto, a proposta do "imperialismo liberal" é também sintomática em dois sentidos. Primeiro, como uma *aspiração* que tem o interesse de restaurar de alguma forma para a Inglaterra o seu antigo papel imperial. E, segundo, como uma *plena cumplicidade* – abertamente reconhecida – ao modo imperialista de regular as relações interestatais, fazendo com que a relação de forças nua e crua prevaleça sobre os países menos poderosos. Nesse aspecto, seria bastante ingênuo imaginar que o mesmo tipo de aspiração, bem como disposição, ao modo imperialista de regular as relações interestatais e asseverar os supostos interesses nacionais do país sejam ideias estranhas aos antigos círculos coloniais franceses. Ao mesmo tempo, seria igualmente ingênuo desconsiderar as implicações potenciais de tais aspirações, que ainda persistem nas ex-principais potências coloniais, para futuros conflitos com a dominação imperial dos Estados Unidos.

É compreensível, pois, que na era do imperialismo hegemônico global, maciçamente dominada pelos Estados Unidos em termos militares, as formas tradicionais de rivalidade interimperialista precisaram tornar-se inteiramente *latentes*, o que de maneira alguma significa que se extinguiram. É só uma questão de tempo e circunstância até que os antagonismos latentes, enraizados em uma rede de interesses rivais – reais e potenciais – tendam a vir à tona de uma maneira mais abertamente conflitual/adversa. Pois as determinações sociais subjacentes à ordem sociometabólica do capital prescrevem a realidade *estruturalmente assegurada* da dominação e a da subordinação em todos os âmbitos, inclusive, é claro, na esfera *política*. Isso significa que, em termos das relações interestatais, os Estados mais fortes devem sempre tentar impor seus interesses pela dominação dos países mais fracos. É impensável que os grandes países possam operar de qualquer outra forma no interior da estrutura do sistema do capital.

O mesmo se verifica também com relação às formações interestatais do século XX, tais como a União Europeia. Quem imagina que os países pequenos da União Europeia têm plena igualdade em seus poderes de decisão com relação aos países grandes – Alemanha, Inglaterra e França –, como declara a ideologia mistificadora da "União", só pode ludibriar-se. A igualdade substantiva nas relações interestatais é inconcebível enquanto prevalecer o modo de controle sociometabólico do capital. E, uma vez que a estrutura interna da União Europeia, precisamente como a de suas formações estatais potencialmente rivais, se articula na forma da dominação e da subordinação hierárquica, é impossível traçar uma linha de demarcação a partir da qual a *conflitualidade/adversidade estruturalmente assegurada e salvaguardada* se transformaria convenientemente em *acordos interestatais harmoniosos* com o intuito de regular as *relações interestatais globais* das maiores potências e blocos de países entre si. Um sistema historicamente sustentável de relações interestatais exige, portanto, a suplantação da conflitualidade/adversidade estruturalmente assegurada do próprio sistema do capital. Essa é a única maneira concebível de superar no futuro a lógica destrutiva da dominação e a decorrente rivalidade imperialista. Sem ela, não há esperança de consignar permanentemente ao passado a fase potencialmente fatal do imperialismo hegemônico global.

Sob as circunstâncias atuais, as grandes potências imperialistas anteriores estão perfeitamente dispostas a sustentar tácita ou explicitamente as violações colossais do direito internacional pelos Estados Unidos, não apenas na baía de Guantánamo, mas em todos os lugares onde o infame processo de "rendição" é praticado pela CIA, com centenas de voos ilegais de transporte de prisioneiros relatados pela ONU nos territórios das grandes democracias ocidentais, cujos respectivos governos, no entanto, toleram como escravos e negam com cinismo tal prática. Desse modo, nossas "democracias liberais" podem demonstrar com clareza – e demonstram – a sua cúmplice disposição de aceitar como natural a forma autoritária de regulação das relações interestatais, sujeitando-se à supremacia da prática aplicada pela mais reacionária abordagem "neocon" dos assuntos internacionais. Já vimos acima, na discussão da "crise estrutural da política", que mesmo as graves violações da constitucionalidade são mais aceitáveis a esse respeito. Os casos de violação dos "princípios e salvaguardas democráticos" anteriormente idealizados continuam a se multiplicar, a despeito de todos os protestos das pessoas (inclusive juristas e juízes experientes) que procuram defender as formas de liberdade civil anteriormente estabelecidas. Com efeito, a administração estatal desses problemas não hesita em realizar a violação dos princípios da democracia e da liberdade civil, ao mesmo tempo que alega cinicamente que todas essas ações são empreendidas "em nome da democracia e da liberdade". Não devemos subestimar a seriedade desses desdobramentos como manifestações da crise estrutural cada vez mais profunda do sistema do capital.

10.4.4

O desafio e o fardo do tempo histórico não poderiam ser maiores do que nas circunstâncias atuais. Pois, os próprios riscos não poderiam ser maiores, no sentido de que o modo estabelecido de reprodução sociometabólica – cujas determinações estruturais fundamentais impedem que funcione de outra maneira – agora ameaça diretamente a sobrevivência da humanidade.

Há duas décadas, no fim da aventura de Gorbachev, internacionalmente celebrada como a perestroika, ouvimos cantar os louvores da "nova ordem mundial" e de suas promessas de um futuro estável e muito mais produtivo, inclusive dos benefícios que se originariam do "dividendo da paz", que deveria supostamente fluir em grande abundância a partir do "fim da Guerra Fria". A realidade se mostrou muito diversa. Nada de dividendo da paz (muito pelo contrário) e nada que guardasse a mais remota semelhança com uma ordem aceitável na chamada "nova ordem mundial". Antes, a mais agressiva denúncia de um elevado número de Estados – como "Estados fracassados" e integrantes do "Eixo do Mal" – porque foram considerados objetáveis pela potência imperialista hegemônica global, seguida pela erupção de conflitos sobre conflitos. Fiel à lógica desses desenvolvimentos, a insana estratégia subjacente para lidar com essas questões, pela disposição militar de "força esmagadora", logo assumiu a forma das aventuras genocidas no Afeganistão e no Oriente Médio. E sequer parou por aí. Essa estratégia foi seguida pela perspectiva abertamente anunciada do uso de *armas nucleares* pelos Estados Unidos, que alegaram ao mesmo tempo uma ultrajante *justificativa moral* para o caso de colocarem em prática tal ameaça. Uma vez que nos reservam para o futuro a estratégia militar mais agressiva em defesa de ações destrutivas infindáveis, independentemente das consequências, é mais do que legítimo perguntar: *onde tudo isso terminará? Onde estão os limites intransponíveis? Existem tais limites? Há alguma garantia de que a humanidade poderá sobreviver à destrutividade irresponsável do imperialismo hegemônico global, que decreta – sem temer uma censura significativa – encontrar-se acima do direito internacional e de toda responsabilidade?*

As expectativas vinculadas à "nova ordem mundial" sonoramente proclamada são totalmente gratuitas desde o início. Porque se supunha que elas emergiriam no interior da conformação da mesma ordem de reprodução sociometabólica – sem promover a mínima transformação nos seus fundamentos e determinações estruturais – que *gerou* (e continua a gerar) *necessariamente* as contradições e antagonismos que o "fim da Guerra Fria" deveria dissipar, conforme declarado. O sistema do capital é absolutamente incapaz de admitir *mudanças causais* em sua conformação estrutural. Todos os ajustes devem confinar-se ao domínio dos *efeitos* manipuláveis e reversíveis. Eis porque a crença proverbial tantas vezes expressa pelas "personificações do capital" é a de que "não pode haver alternativa". Naturalmente, a crise estrutural cada vez mais profunda do sistema do capital só poderia agravar a situação e tornar menos plausível qualquer intervenção corretiva – mesmo no nível dos efeitos marginais, como o desastroso colapso dos movimentos reformistas social-democratas em todo o mundo demonstrou com clareza. Assim, nada surpreendente poderia ser encontrado na intensificação real dos antagonismos sistêmicos e no engajamento do Estado imperialista dominante em guerras genocidas, com o apoio subserviente de seus "aliados voluntários", em lugar das graças prometidas da "nova ordem mundial" e de seu "dividendo da paz".

O desafio e o fardo do tempo histórico são inseparáveis da nossa consciência necessária da *humanidade ameaçada*. Pois não é demasiado difícil perceber as graves implicações de um fracasso da tentativa de impugnar as atuais tendências destrutivas de desenvolvimento, que impõem seu poder não apenas no domínio militar, mas também na produção econômica e na relação da humanidade com a natureza. Assim, o fardo de que estamos falando indica tanto as grandes *dificuldades* emergentes do desafio histórico claramente identificável, sublinhado pela inegável *urgência do tempo* para empreender a ação corretiva necessária, quanto a *responsabilidade* que cada indivíduo tem de contribuir para que alcancemos êxito.

Em vista das restrições e contradições sistêmicas incorrigíveis do capital, somente a alternativa socialista pode apresentar uma maneira historicamente sustentável de escapar de nossa situação de apuro tão perigosa. Para torná-la possível, é preciso fazer um exame crítico do passado, bem como reavaliar algumas estratégias que, mesmo hoje, são ainda seguidas pelo movimento operário.

Como sabemos, houve um tempo em que o "socialismo evolutivo" prometia a reforma da sociedade por meio de suas demandas parciais, sem questionar a conformação estrutural geral do próprio sistema do capital. Conhecemos também o completo fracasso desse desígnio e suas consequências desorientadoras. Contudo, inúmeros componentes da estrutura tradicional de sindicatos e partidos políticos permanecem iguais em termos organizacionais, e estão até mesmo enfraquecidos pela perda de muitos membros, devida à incapacidade dessas organizações em obter êxito em suas demandas limitadas.

Essa circunstância evidencia a dolorosa verdade de que não pode haver sucesso significativo sem a reorientação radical do movimento socialista no sentido de asseverar seu objetivo estratégico fundamental como a *alternativa hegemônica* estruturalmente assegurada à ordem sociometabólica do capital. A realização das demandas dos sindicatos tradicionais é hoje completamente frustrada e anulada pela aceitação dos *pressupostos* econômicos e políticos do sistema reprodutivo, que prescrevem a regra geral segundo a qual se devem fazer apenas "demandas realistas", e pela economia dos "ganhos acessíveis" (se é que há algum), abandonando assim ao capital, tanto quanto antes, o pleno controle da ordem socioeconômica e política.

Assim, a única estratégia alternativa viável do movimento do trabalho acabou sendo o oposto diametral da abordagem reformista uma vez proposta (porém mais tarde abandonada de modo humilhante). Pois, à luz das constantes derrotas e dos reveses sofridos pelo movimento operário organizado, tornou-se evidente que uma articulação plenamente consciente da alternativa hegemônica socialista ao modo de controle do capital é a *precondição* necessária até mesmo das realizações *parciais*. Inevitavelmente, a rearticulação indispensável do movimento do trabalho envolve um reexame radical da promessa baldada do "socialismo parlamentar" e a elaboração de estratégias organizacionalmente viáveis – tanto no campo da ação política direta, como no modo redefinido das formas antes sindicalmente restringidas da atividade socioeconômica transformadora potencial – a fim de instituir a mudança historicamente exigida e sustentável.

Dada a urgência do nosso tempo histórico, apenas a redefinição mais consistente e radical dos objetivos transformadores podem apresentar alguma esperança de sucesso. A alternativa hegemônica ao domínio do capital implica a necessidade de uma transformação revolucionária irreversível. Naturalmente, os "realistas" sempre afirmam que essa estratégia é "prematura" e deveria ser adiada até o advento de "condições mais favoráveis". Contudo, o que poderia ser, de fato, menos "prematuro" do que uma intervenção radical inflexível no processo histórico sob as condições dos maiores perigos possíveis que cumpre enfrentarmos agora? Ou, em outras palavras, quando essa intervenção poderia ser considerada não prematura, senão sob a urgência do nosso próprio tempo histórico? As objeções espúrias suscitadas contra as formas "prematuras" de ação são, via de regra, distendidas a ponto de serem condenadas como "aventureirismo". Até Che Guevara sofreu esse tipo de repreensão por parte de "marxistas" e "comunistas". Fidel Castro respondeu-lhes em termos inequívocos ao salientar, na ocasião da primeira publicação dos diários de Che na Bolívia, que:

> entre aqueles que possam se interessar em manter inédito o diário estão os pseudo-revolucionários, oportunistas e charlatães de toda estirpe. Essas pessoas se autodenominam marxistas, comunistas e outros títulos como esses. Entretanto, não hesitaram em atribuir a Che a alcunha de aventureiro equivocado ou, quando falavam de maneira mais benigna, um idealista cuja morte assinalou o canto do cisne da luta armada revolucionária na América Latina. [...] Após a morte de Che, Zamora[65] se tornou um de seus mais venenosos críticos "marxista-leninistas".[66]

Naturalmente, a verdade é que toda intervenção revolucionária no processo histórico é e continuará sendo, em certo sentido, necessariamente "prematura", até que haja uma mudança radical na relação geral de forças em favor da alternativa hegemônica do trabalho contra o capital. Esse tipo de mudança significa não somente uma alteração temporária na relação de forças predominante – que pode ser enfraquecida e revertida pelas forças e tendências restauradoras – mas sim uma transformação de

---

[65] Um dos líderes do Partido Comunista Boliviano.
[66] Fidel Castro Ruz, "A Necessary Introduction" [1968], em D. Deutschmann (org.), *Che: A Memoir by Fidel Castro* (Melbourne/Nova York, Ocean Press, 2006), p. 105 e 110.

longo alcance e reforçada/consolidada, sustentável (ao menos em princípio) de uma forma duradoura. A sua realização envolve uma estratégia coerente para ir além do capital, em contraste com a ineficiência da "negação do capitalismo" ou "derrubada do Estado capitalista". Na ausência dessa estratégia sustentada, voltada a erradicar irreversivelmente o capital do processo sociometabólico, a restauração capitalista, com as suas consequências desastrosas – como a era Gorbachev evidenciou com plena clareza – é apenas uma questão de tempo.

Não se pode evitar a seguinte conclusão: somente uma perspectiva internacional de transformação revolucionária perseguida com consistência pode ser historicamente sustentada. Fidel Castro, em seu artigo supracitado, destacou com veemência as implicações de longo alcance dessa linha de abordagem não apenas para a América Latina, mas simultaneamente também para a possibilidade de desenvolvimento global, afirmando que

> Somente a transformação revolucionária da América Latina possibilitará que o povo dos Estados Unidos acerte suas próprias contas com o imperialismo. Ao mesmo tempo, e da mesma maneira, a luta crescente do povo dos Estados Unidos contra a política imperialista pode se tornar um aliado decisivo do movimento revolucionário na América Latina.[67]

O desafio e o fardo do nosso tempo histórico é fazer prevalecer a *reciprocidade dialética* do internacionalismo socialista. A casa em que todos nós vivemos não pode ser demolida, mas precisa de uma reestruturação verdadeiramente radical. As exigências da transformação revolucionária são profundamente interconectadas no mundo inteiro. Somente sobre essa base a globalização poderá funcionar para o benefício na humanidade.

Sem adotar uma perspectiva socialista internacional viável, o movimento do trabalho não pode recobrar suas forças. Nesse sentido, a reavaliação crítica da história das Internacionais passadas não é menos importante do que a crítica radical da "via parlamentar ao socialismo". De fato, as promessas baldadas dessas duas abordagens estratégicas estão estreitamente vinculadas. A incapacidade de perceber as condições necessárias do sucesso em uma delas afetou profundamente as possibilidades da outra, e vice-versa. Por um lado, sem um movimento socialista internacional forte e autoafirmativo, não havia chance de fazer prevalecer a perspectiva socialista nos parlamentos nacionais. Ao mesmo tempo, por outro lado, com a predominância esmagadora do capital no cenário nacional, e a decorrente adaptação do trabalho, internacionalmente organizado da maneira mais inadequada, às restrições parlamentares dadas e às tentações nacionalistas (clamorosamente evidenciadas pela capitulação dos partidos social-democratas às suas burguesias nacionais na irrupção da Primeira Guerra Mundial), não se poderia sequer colocar como questão a transformação das Internacionais radicais em uma força organizada coesa e estrategicamente efetiva.

Assim, o fracasso das Internacionais radicais não foi, sob aspecto algum, acidental. Vinculava-se à suposição irrealista da necessidade e de uma *unidade doutrinária* – e suas tentativas de *aplicação* – embora operasse no interior de uma estrutura política que impunha à maioria esmagadora do movimento operário a exigência de adaptação ao sistema

---

[67] Ibidem, p. 116.

parlamentar. Com efeito, não é impreciso dizer que a perseguição paralela das duas linhas estratégicas de abordagem era *autocontraditória*. Por conseguinte, a mudança necessária no futuro não é possível sem o exame crítico dos problemas de ambas.

Marx escreveu em uma de suas primeiras obras que a "produção de novas necessidades constitui o primeiro ato histórico"[68]. Nesse sentido, preconizam-se agora atos históricos importantes porque é impossível responder com êxito ao desafio e ao fardo do nosso tempo histórico sem a criação e a consolidação das necessidades capazes de assegurar não apenas a sobrevivência da humanidade, mas também seu desenvolvimento positivo no futuro.

Assim, como conclusão, consideremos suficiente a indicação dos novos atos históricos absolutamente necessários sob a urgência do nosso tempo para a criação de duas necessidades vitais das quais outras se seguirão naturalmente.

A primeira é a necessidade de adotar a *economia responsável* em nosso sistema produtivo, que só a alternativa socialista hegemônica ao modo de controle sociometabólico do capital pode proporcionar.

E a segunda é a busca consciente da determinação de superar – de uma forma historicamente sustentável – a conflitualidade/adversidade antagônica endêmica ao sistema do capital e que produz destruição em última instância incontrolável em uma escala potencialmente catastrófica.

Obviamente, o papel da educação socialista é imenso nesse sentido. Mas não podemos evitar a questão propriamente dita. Pois, apenas com a adoção dessas necessidades vitais pelos indivíduos como suas próprias necessidades pode a consciência individual e social reunir-se no interesse do avanço humano positivo.

---

[68] Karl Marx e Friedrich Engels, *A ideologia alemã* (São Paulo, Boitempo, no prelo).

ÍNDICE REMISSIVO

A

Acumulação do capital, A (Rosa Luxemburgo) 93 n. 10, 138 n. 5
Adão 203
Afeganistão 135, 352, 364, 365, 367, 368, 376
África 58, 69, 72, 91, 100 n. 23, 106, 270
Aganbegyan, Abel G. 164 n. 7, 254 n. 17
Agostinelli, Mario 152
Aguinaldo 99
ajuda externa 93
Akahata (jornal) 108
Al Gore 135, 351, 352
Al Qaeda 372
Alemanha 21, 72, 82, 96, 97, 143, 144, 157, 212, 216, 250, 264, 367, 375
alienação 56 n. 3, 81, 86-7, 176, 180, 187, 193, 215, 283 n. 48, 289, 293, 294, 300
    autoalienação 214, 217-8
    do trabalho 214, 337
    e mediações de segunda ordem 220
    alimentos geneticamente modificados 103
Ambrus, József 109 n. 37
ameaça nuclear 121, 136
América Central 107
América do Norte 32, 141, 269, 270
América Latina 31, 58, 69, 72, 80, 91, 108, 133, 266, 269, 279, 360, 363, 378, 379
    integração da 278

American Federation of Labor (AFL) 119 n. 60
Amin, Samir 331 n. 9
Anderson, Martin J. 174 n. 19
Angola 107
aniquilação da humanidade 133, 138, 227, 262, 334, 369
Ankara 113 n. 46
antagonismo estrutural 58-9, 127, 190
antitrabalho 148, 154 n. 29, 157
Antonov, O. I. 163, 163 n. 6
Argélia 106
Argentina 108, 206
armas de destruição em massa 135, 189, 352, 364, 370
Armitage 369
Árpád 272, 272 n. 36
Ásia 58, 91, 110, 113, 114, 144 n. 5
Atena, Palas 285
Atenas 107 n. 33, 108 n. 35, 135, 348
Austrália 113
autodestruição 28, 119, 121, 188, 228, 288, 292

B

Babeuf, François 78, 233
Baía dos Porcos 98
Bálcãs 106, 109, 117, 366, 367 n. 59
Balzac, Honoré de 193, 193 n. 11
Banco da Inglaterra 331

Banco di Santo Spirito, Il 194
Banco Mundial 102-3, 156, 343, 366
Baptista, Asdrúbal 161 n. 1
Baran, Paul 94, 94 n. 11, 100
Baretta Pierpaolo 152 n. 28
Barnett, Thomas P. M. 350, 351, 350 n. 38, 363, 364 n. 57, 365
base material 49-50, 66, 123, 127, 128
Baxter, Sarah 348 n. 34, 350 n. 37
Bebel, August 264 n. 29
Bélgica 94
Belgrado 111
Bell, Susan 147 n. 12
Bello, Walden 144 n. 5
Berlim 133
Berman, Marshall 145 n. 10, 154 n. 30
Bernstein, Edward 197, 197 n. 4, 216 n. 29, 277, 324
Bertinotti, Fausto 81, 113 n. 46
Beveridge, lorde William 145 n. 9, 181, 181 n. 31
Bhopal (Índia) 80
biotecnologia 119, 121
 ver também clonagem
birmaneses 95
Birnbaum, Heinz 152 n. 28
Bismarck 133
Bizâncio 269, 269 n. 35
Black, Charles 282 n. 46
Blair, Tony 125, 148, 217, 324, 349 n. 36, 352-3, 365, 367
Bolívar, Simón 268-9, 268 n. 36
Bolívia 279, 378, 378 n. 65
Napoleão *le petit* 114
Boot, Max 351, 351 n. 40
Borger, Julian 370 n. 63
Boston 99 n. 22, 109
Bourne, R. H. Fox 204 n. 12
Boutwell, George S. 99 n. 22, 118, 121
Branigan, Tania 361 n. 54
Brasil 108, 213 n. 25, 266, 347
Braverman, Harry 219
British Aerospace 153 n. 29
Brown, lorde George 178
Buhle, Paul 118 n. 59
Bush, George W. 135, 162, 349, 352, 363

C

Calábria 153
Callaghan 125 n. 70
Canadá 82-3, 270
Cancún 342
capital 25-8, 31, 33, 40-1, 44, 52, 55-8, 61-2, 65-6, 68, 74, 76-7, 89, 92-3, 98, 104-5, 115, 123-4, 127, 129, 131, 137, 146, 150-2, 154-6, 158-9, 160, 168, 197, 210, 214, 228, 230, 232, 237, 239, 240-1, 224, 252, 255, 256, 261-2, 274, 281, 284 n. 50, 286-7, 287 n. 53, 288-9, 291, 315, 318-9, 324-5, 327-8, 333-4, 337, 340, 342, 359, 360, 372, 378-9
 acumulação do 25, 39, 44, 68, 72, 73, 75, 93 n. 10, 123, 127, 138, 142, 146, 153, 154, 165, 169, 176, 177, 179-81, 201-3, 221, 222, 227, 284, 284 n. 50, 288, 319, 333, 335, 337, 346-7, 364
 ajuda das democracias ao 93 n. 10
  ver também democracia
 além do 62, 167, 167 n. 13, 170, 173-5, 183, 196, 215, 219-23, 268, 379
 apologética do 37, 51, 60, 79, 80, 89, 126, 142, 154, 247-8
 autorreprodução do 151, 168, 179, 241, 252, 255
 círculo vicioso do 38, 40-1, 44, 131, 256, 277
 como antagonista do trabalho *ver* trabalho como antagonista do capital
 conflitualidade/adversidade do 38, 319
 contabilidade do tempo do 41, 44, 303
 controle sociometabólico do 39, 41, 43, 52, 63, 76, 122, 124, 168-9, 177, 235, 237, 239, 256, 261, 266, 270, 277, 288, 308, 326, 375, 380
 crise conjuntural do 39, 88, 274, 356, 358
 crise estrutural do 32, 36, 62, 88, 90, 93, 107, 115, 124, 125 n. 70, 126, 132, 135, 142, 150, 155, 157, 181, 223, 266, 275, 293, 314, 318, 356-9, 361-2, 372
 destruição produtiva do 28, 42, 60, 60 n. 9, 131, 179 n. 29, 221, 238, 308
 determinações estruturais antagônicas do 50, 270
 estrutura de comando do 87, 114, 166, 251, 289, 339, 359
 eterno presente do 25, 38, 320
 expansão e acumulação do 123, 142

financeiro 125, 346
global 51, 61-3, 65-6, 71, 74, 82, 102 n. 27, 104, 127, 151-2, 222, 232, 266, 332, 359-61
globalizante *ver* capital global
"hibridização do" 62
imperativo do tempo do 50, 168, 302
imperativo sistêmico da acumulação de 33, 39
imperativo social de dominação/subordinação do 37, 87
limitações sistêmicas do 57, 253, 324
limites sistêmicos do *ver* limitações sistêmicas do
lógica do 48, 74-5, 100, 104, 136, 138, 145, 167, 196, 198, 199, 201, 207, 209, 210, 214, 223, 276, 318
"lógica *stop-go*" do 126
mediações de segunda ordem do *ver* mediações
monetário 55
ocidental 108, 183 n. 35
ordem sociometabólica do *ver* controle sociometabólico
permanente universal 42
personificações do 23, 26, 62, 73, 74, 78, 122, 124, 130, 148, 155, 157, 176, 217, 219, 221, 238, 287, 289, 292, 303, 330, 331, 373, 377
reprodução societária do *ver* reprodução societária
"Século Norte-Americano" do 85
sistema orgânico do 55, 56, 79
social total *ver* capital global
tempo do capital 41, 44, 50, 168, 239, 257, 302-3, 310, 373
tendência universalizante do 51, 52, 86
trabalho do *ver* trabalho
transnacional 93, 93 n. 9, 98, 222, 268
Capital, O (Marx) 70, 159, 202, 203 n. 11, 244 n. 10, 284 n. 50
capitalismo
avançado 77, 92, 115, 142, 152, 259, 267, 293-4
do *laissez-faire* 172
global 92
no fim da Guerra Fria 115
restauração do *ver* restauração capitalista
Cardenal, Ernesto (teólogo da Libertação) 331, 331 n. 9
Caribe 98

Carroll, Eugene 111
Carta Magna 352-3
Casalini, Carla 152 n. 28
Castanier 193
Castle, Stephen 146 n. 11
Castro, Fidel 30, 30 n. 12, 202, 202 n. 10, 217, 217 n. 30, 307, 307 n. 61, 378, 378 n. 66, 379
Céspedes, Carlos Manuel de 202
ceticismo 45-6, 49, 238
Chechênia 121, 270
Checoslováquia 164-5 n. 8
Chicago, Escola de 165 n. 8
Chile 206, 266
China 57, 61, 67, 69, 80, 90, 92, 95, 99, 106, 111-3, 115-6, 115 n. 54, 145, 183, 183 n. 34, n. 35 e 36, 260, 342, 371-2
Chomsky, Noam 101, 101 n. 25
Churchill, Winston 95
CIA 111, 119 n. 60, 368, 368 n. 61, 372 n. 64, 375
Ciência da lógica (Hegel) 48
Singapura 166 n. 11
Cini, Marcello 152 n. 28
Congress of Industrial Organizations (CIO) 119 n. 60
Clark, Ronald W. 120 n. 66
Clarke, Charles 361
classe dominante 145, 197, 203, 313
nova 284
classe operária 91, 122
ver também classe trabalhadora
classe trabalhadora 72, 74-5, 80, 90 n. 9, 116, 118-21, 123, 125, 149-50, 155, 196, 201, 217, 263, 274-5, 277, 279, 284, 323, 354
Clausewitz, Karl Marie von 31, 133-4
Clinton, Bill 101, 135, 343-4, 351-2, 363, 367 n. 59, 369 n. 62
clonagem 119, 121
ver também biotecnologia
"Clube de Roma" 248, 248 n. 14, 323 n. 7
Colômbia 354-5
colonialismo 92, 95, 202
Cominform 265
Comintern (Internacional Comunista) 265
competição 87, 95, 96, 98, 136, 156, 260, 333, 335-6, 340-1
ver também monopólio

complexo militar-industrial 93 n. 10, 120, 137, 335
Confederação Britânica da Indústria 153
Confederação da Indústria Italiana (Confindustria) 147
Confederação Nacional Japonesa de Sindicatos 151
Conferência de Yalta 95
conflitos de classes *ver* luta de classes
conflitualidade/adversidade 32, 38, 129, 175, 177, 190-1, 220, 290, 319, 347, 375, 380
Congo 98, 106
Congresso dos EUA
    Escritório Orçamentário do 115, 142
    Comitê do 355
Conselho de Assessores Econômicos 343
Conselho de Relações Exteriores dos Estados Unidos 351
Conselho Nacional do Carvão (National Coal Board) 158
Constantino 269, 269 n. 35
Constantino, Renato 92 n. 9, 105, 105 n. 31, 212-3, 212 n. 22
consumo 59, 87, 88-9, 107, 180, 182, 238, 255, 257-8, 317, 332, 373
contravalor 35-6, 43-4, 241, 253, 295, 314, 327, 374
Cook, Robin 352
Cooper, Robert 365-7, 365 n. 58, 367 n. 59, 368 n. 60
    esquematismo "pré-moderno/pós-moderno" 365
Coreia 144 n. 5
Cornwell, Rupert 117 n. 57
corporações
    monopolistas 359
    semimonopolistas 178, 259, 338
    transnacionais 51, 77, 268, 289, 335-6, 342, 344
Corte Distrital de Tóquio 150
Cremaschi, Giorgio 152 n. 28
crise estrutural da política 235 n. 4, 359, 363, 376
"Crítica do Programa de Gotha" (Marx) 181 n. 32, 258 n. 24, 278, 328
"Crítica da filosofia do direito de Hegel – Introdução" (Marx) 78, 312 n. 64
Cuba 21, 30-1, 98, 202, 213 n. 25, 217-8, 218 n. 31

D

Dante 348, 351
Davos 164 n. 8
De Gaulle, Charles 100
decolagem capitalista 90, 260
democracia 94, 101-2, 112, 115, 135, 148, 164, 186, 224, 232, 235-6, 254, 266, 278, 296, 349, 350-1, 362, 376
    formal 91
    global 345
    multipartidária 91, 97
    nova forma de 344
    parlamentar 353
    socialista 237
democracias 108, 349, 364
    capitalistas avançadas 156
    emergentes 91
    liberais 343, 375
    ocidentais 89, 90, 93 n. 10, 112, 115, 135, 164, 232, 350, 368, 375
Deqiang, Han 183 n. 35
desemprego 44, 72, 82-3, 88-9, 91, 115, 125, 132, 141-4, 144 n. 6, 145-7, 149, 151, 158-9, 172, 181, 183, 303
desenvolvimento
    histórico 25, 26, 31, 34, 47-9, 81, 86, 93, 122, 134, 145, 154 n. 29, 179, 185, 187, 188 n. 9, 228, 233, 238, 241, 247, 255, 259, 261-2, 266, 282, 285, 299, 307, 320, 327, 335-7, 374
    sustentável 179, 185, 190, 191, 194, 233 n. 2
desigualdade substantiva 183, 188-9, 192, 230-1, 304, 314
Dezoito brumário de Luís Bonaparte, O (Marx) 30 n. 11, 113, 228 n. 1
desperdício e destrutividade 42, 60, 252-3, 314, 373
destruição ambiental 88, 335
determinações
    estruturais 41, 50, 136, 174, 197, 230, 245-7, 261-2, 270, 272, 281, 283, 286, 291, 294-5, 297-8, 299, 300-2, 318, 326, 345-6, 348, 355, 376-7
    históricas 116, 261, 337
    naturais 323
    temporais 210 n. 20, 323, 334

determinismo
  econômico 44, 49, 174
  mecanicista 49
  naturalista 49
Deutscher, Isaac 65, 143 n. 3, 335 n. 11
Deutschmann, David 378 n. 66
Diderot, Denis 187, 187 n. 5
"diplomacia das canhoneiras" 106, 135, 348
direita radical 57, 60, 62, 123
direitos de propriedade intelectual 103, 103 n. 30
direitos humanos 97, 339 n. 16, 353-4, 361, 366, 368
divisão do trabalho *ver* trabalho socialmente dividido
dominação imperialista 98, 106, 262, 270
"Doutrina Howard" 113-4
Downing Street 353
Dózsa, György 272 n. 36
Dublin 193 n. 11
Dulles, John Foster 100
Dzerjinski 263

E

ecologia 25, 75, 260-1, 374
economia
  de escala 162
  de mercado 101, 164, 164 n. 8, 238
  de mercado social 164 n. 8
  planejada 162, 238-9, 242
"Economic Manuscripts of 1861-63" [Manuscritos econômicos de 1861-63] (Marx) 287 n. 53 e 54, 299 n. 58
Economist, The (jornal) 88, 90 n. 7, 91, 91 n. 8, 94, 94 n. 12, 101 n. 26, n. 27, 102 n. 27, 107 n. 34, 110 n. 39, 112-3, 113 n. 47, 115-7, 115 n. 53, 117 n. 56, 142, 147, 147 n. 15, 148-9, 149 n. 18, 161, 161 n. 2, 162, 164 n. 8, 164-5, 166 n. 10, 181, 181 n. 36
Édito de Nantes 193 n. 11
Eduardo VI 204
educação socialista 297-8, 300-3, 305-6, 310, 316, 380
eficiência 44, 102 n. 27, 158, 172, 177, 247, 330, 377
Einstein, Albert 120-1, 120 n. 62 e 66, 317, 317 n. 1, 359
Eisenhower, D. (general) 107

"Eixo do Mal" 136, 295, 339, 369, 376
El Salvador 107
emancipação 47, 49, 50-2, 154, 213, 266-9
  a busca da *ver* Iluminismo por 48
  do trabalho 79, 154
  humana 49, 51, 208, 236, 303, 346
  individual 159, 243
  socialista oniabrangente 293
enclaves capitalistas 92
Engels, Friedrich 30 n. 11, 122 n. 67, 145 n. 10, 181 n. 32, 196 n. 3, 228 n. 1, 258 n. 24, 264, 264 n. 29, 287 n. 53, 313, 313 n. 67, 328, 380 n. 68
escala temporal 35, 38-9, 43, 132, 237, 240, 244, 311
Espanha 98
espírito comercial 36, 42, 59, 198-9
Esquire (revista) 350
Estado 37, 37 n. 6, 52, 57, 59, 59 n. 6, 60, 60 n. 7, 62, 69, 73, 76, 79, 83, 92-4, 97-8, 100, 108, 121, 123-6, 129, 134, 137-8, 153, 153 n. 29, 158, 162-3, 167-9, 171, 175, 186, 187 n. 7, 199, 204, 215, 219, 220-1, 235 n. 4, 236-8, 242-3, 255 n. 20, 256 n. 21, 267, 276, 282-4, 285-6, 289, 290, 293-4, 300, 307, 324, 329, 333, 338, 339, 340-2, 358, 366-7, 371, 373-4, 377, 379
  crise estrutural do 62
Estado de bem-estar social 145 n. 9, 146, 181, 362
Estados nacionais 88, 93-4, 97-8, 134, 137-8, 267, 333
Estados-nação 59, 60-1, 255
Estados Unidos 97, 104, 110, 118, 119 n. 60, 120, 167-8, 218 n. 31, 240
  "11 de setembro" 135, 350
  a "questão dos interesses nacionais" 100, 137
  aliança Turquia e 113, 113 n. 46
  condições de trabalho nos 82-3, 92 n. 9, 145 n. 10, 146-7, 146 n. 11
  conflitos "interimperialistas" 116-7, 137
  domínio econômico dos 144, 144 n. 4 e n. 6, 145, 161
  e "governo global" 102, 114
  e o neocolonialismo do pós-guerra 114, 212, 266, 268-9
  e o pós-Guerra Fria 107-8, 115-6
  e socialismo 86, 118-9

e Vietnã 85, 98, 106, 106 n. 32, 145, 275, 364
"trabalhadores de gravatas" nos 71, 150
história cubana e 202
holocausto universal e 119, 134, 136
imperialismo dominado pelos 47, 93-6, 99 n. 22, 100, 102-5, 107-9, 114, 118, 119 n. 60, 120, 134-6, 145, 249, 250, 326, 338-9
intervenção no campo da tecnologia 103
intervenções militares dos 96, 98, 106, 108-10, 133, 167, 275
mercados financeiros globais e 115
militarização da ciência nos 119-20
movimento anti-imperialista nos 98, 99 n. 22, 118, 119 n. 60
movimento operário nos 118, 118-9 n. 60
na crise mundial de 1929-1933 95, 114
"Parceria pela paz" 113
planejamento central nos 165-6, 177
versus China 61, 99, 111, 111 n. 43, 112-3, 115, 145
versus organizações internacionais 100-1, 109
estivadores de Liverpool 83
Europa oriental 29-31, 57, 91, 164 n. 8, 167
exploração 25, 33-4, 52, 81, 82-3, 87-8, 92, 131, 150-4, 199, 234, 266, 271-3, 284, 292, 294, 302, 322, 336, 346, 363
expropriação 42, 45, 68, 203, 215, 218, 258, 287-8, 337

F

"Falcon" (Force Application and Launch from the Continental US) 370
Farc 354
Fausto (Goethe) 191-3, 192 n. 10, 193 n. 11, 218
Faux, Jeff 156 n. 34
Federação Russa 144
fetichismo 231, 250
Feuerbach, Ludwig 75
Filipinas 90, 92 n. 9, 95, 98, 105-6, 133, 266
filosofia kantiana 36-8, 37 n. 6, 50-1, 59, 60, 60 n. 8, 98, 294-5, 319, 360 n. 53
ver também Kant
filosofia weberiana *ver* Weber
Financial Times (jornal) 148, 149 n. 17, 222, 331
Força de Autodefesa dos EUA (FAD) 110

forças produtivas 51, 84-6, 236, 247, 255, 285-6, 304, 346
Ford Filipinas Inc. 92 n. 9
Forrester, Jay 248 n. 15, 323 n. 7
Fórum Cultural dos Parlamentos Latino-Americanos 185 n. 1, 233 n. 2
Fossa, Giorgio 147
Foster, John Bellamy 336 n. 12
França 81-3, 94, 103, 106, 147-8, 150, 157, 193 n. 11, 216, 338, 359, 375
Frankfurt 329
Friedman, Milton 165 n. 8
Friedrich, Carl J. 36 n. 2, 37 n. 6
Fundo Monetário Internacional (FMI) 102, 144, 144 n. 5 e 6, 149, 154, 156, 340 n. 17, 366
Fuwa, Tetsuzo 109, 110 n. 39

G

G7 91, 153
G8 153
Galbraith, John Kenneth 107 n. 33, 149, 157, 178
García, Calixto 202
GATT 103
General Motors 342
Giovanni, Don (Mozart) 365
glasnost 31, 265, 278
globalização 52, 61, 65-6, 70-1, 81, 86, 92, 101, 127-8, 130, 134, 137, 139, 141, 145-6, 151-3, 222, 235, 238, 261, 268, 317, 331-2, 340-1, 343-6, 347, 350-1, 360-2, 379
Goethe 36, 191-4, 192 n. 10, 218, 233, 293, 328-9
Goldsmith, lorde 352, 352 n. 42
Gómez, Máximo 202
Gompers, Samuel 99 n. 22, 118 n. 60
Gorbachev, Mikhail 69, 164, 164 n. 7, 253-4, 254 n. 19, 263, 265, 278, 328, 332, 376, 379
governo mundial 128
Grã-Bretanha 92, 94-5, 103, 105, 115, 186 n. 2, 188, 207, 216, 262, 352
  ver também Império Britânico
Gramsci, Antonio 19-24, 30-2, 209, 209 n. 19, 278
Granada 106
Graziani, Augusto 152

Grécia 107, 107 n. 34
Greer, Thomas H. 95 n. 16, 100 n. 23
Grundrisse (Marx) 51 n. 17, 56 n. 2, 86 n. 3, 159 n. 36, 256 n. 22, 303 n. 59
Guantánamo 375
Guardian, The (jornal) 254 n. 19, 352, 352 n. 42, 353 n. 45, 361 n. 54, 370 n. 63
Guatemala 98, 106
Guerra
    do Afeganistão 364-5, 367
    do Golfo 108, 110
    do Iraque 108, 135, 350-2, 363-70, 372 n. 64
    do México 98
    do Vietnã 98, 275, 364
    Fria 89, 107-8, 114-5, 120, 369, 376-7
    hispano-americana 98
    zulu 351
Guevara, Che 19-21, 30-2, 242, 307 n. 61, 376 n. 66, 378,
Guiana Inglesa 98, 106
Gutman, Huck 243

H

Habsburgo 46
Hayek, Friedrich von 51, 171, 174-5, 174 n. 19, 175 n. 21, 179, 254, 254 n. 18
Healey, Denis 126
Heath, Edward 74, 125 n. 71
Hegel, G. W. F. 42, 42 n. 9, 44-5, 44 n. 11, 48-9, 48 n. 14, 51, 59 n.6, 60 n. 7 e 8, 76 n. 3, 133, 173, 216 n. 29, 233, 254-5, 255 n. 20, 284-5, 285 n. 51, 309, 310 n. 62, 312 n. 64, 320, 327, 360 n. 53
Henrique VIII 62, 93, 203-4, 319, 339
Hersh, Seymour 348 n. 34
Heseltine, Michael 102 n. 28
Hiroshima 136
história
    abertura radical da 49-50
    filosofia da 45
    fim da 48, 50, 57, 282, 296, 310, 316
Hitler, Adolf 97, 133-4, 177, 212, 249-50, 327, 356
Holanda 94
Home, Henry 186, 187 n. 4
homo faber 209

homo sapiens 45, 209
Hong Kong 95
horizonte temporal 310-1, 333-4
Houtart, François 330 n. 9
Howard, John 113, 113 n. 49
Hull, Cordell 100 n. 23, 107 n. 35
humanidade
    história real da 50, 271-2
    pré-história da 50, 271
    tempo histórico da 35, 39, 319
    tempo livre da 50-52
Hungria 72, 109 n. 38, 144, 162-3

I

ideologia 47-8, 86, 90, 99 n. 22, 106, 109, 112, 180, 189, 220, 233, 266, 278-9, 295-6, 332, 340, 346, 362, 375
    da carência de sentido 47-8
    da escolha democrática 278-9
    da modernização do Terceiro Mundo 90
    e consumo 180
    e dominação econômica 266
    e tecnologia 189
    fim da 296
Ideologia alemã, A 75, 313, 380
    ver também Marx
igualdade substantiva 50, 86, 88, 119, 131, 185, 187, 189-91, 232-7, 292, 300, 306, 311, 316, 364, 372, 375
    ver também desigualdade substantiva
Iluminismo 45-9, 186, 204, 233, 249, 294, 295-7, 326
    escocês 199
    francês 187
imperialismo hegemônico global 114, 261, 346, 353, 361, 374-5
    democracia e mercado livre no 112
    dominado pelos EUA 135-8, 249-50
    e classes trabalhadoras 118
    e poder militar 261, 266, 273, 275, 327, 335-6, 340, 364-70, 372, 376
    terceira fase do 131-2
    ver também capital
Império Britânico 92, 94-5, 105, 262
    ver também Inglaterra
imprensa 93 n. 10, 162, 332

"incidente de Tomkin" 364
Independent on Sunday (jornal) 146 n. 11
Índia 58, 69, 71-2, 80, 92, 95, 105, 112, 116, 143, 260, 262, 339, 371-2
Indochina 97, 105, 110
Indochina Francesa 95, 100 n. 23
Indonésia 97, 110
Industrial Workers of the Word (IWW) 118 n. 61
Inglaterra 63, 72, 76, 82-3, 92, 95-6, 105, 121, 125, 142-4, 145 n. 10, 153, 157-8, 170, 178, 196-7, 244
    Alta Corte da 361, 363
    antigo papel imperial da 374
    de Harold Wilson 275
    e Novo Trabalhismo 157
    Estado de bem-estar social na 146
    Partido Conservador da 171
    Partido Trabalhista da 178, 246-7, 275
    Revolução Gloriosa da 282
    trabalhadores mineiros na 43, 83
Ingrao, Pietro 152
intervenções estatais no século XX 62
intervenções militares 96, 106, 109-10, 133, 167, 266, 275, 364
Inukai, Akira 150 n. 23
Irã 108, 348, 348 n. 34, 350, 355, 369-70
Iraque *ver* Guerra do
Islã 350
Itália 72, 81-3, 141, 144, 147-8, 150, 153-4, 153 n. 29, 157, 216, 249, 368
Iugoslávia 270

J

Jacarta 142 n. 5
Jamís, Fayad 22 n. 5, 24 n. 9, 27 n. 10, 212 n. 21, 320 n. 4
Japan Press Weekly 109 n. 40, 110 n. 42, 142 n. 2, 150 n. 19 a 22, 354 n. 47 e 48
Japão 72, 83, 103, 109-10, 110 n. 41, 112-3, 116, 142-3, 148-9
    Partido Liberal Democrático (PLD) do 110, 354-5
    ver também Tratado de Mútua Segurança entre Japão e EUA
Jemnitz, János 144 n. 6
Johnston, David Cay 115 n. 53, 186 n. 3
Johnson, Lyndon 107, 107 n. 33
Jospin, Lionel 147
József, Attila 19-22, 24, 26-7, 30, 32, 211-2, 271-2, 320, 320 n. 3, 322 n. 6

K

Kadena, Base de 111
Kai-Shek, Chiang 95
Kant, Immanuel 36-8, 36 n. 2, 37 n. 6, 50-1, 59-60, 60 n. 8, 98, 294-5, 319, 360
Kennedy, John 89, 107 n. 34, 260 n. 25
Kerry, John 352
Keynes, John Maynard 73, 89, 125, 171-2, 172 n. 17 e 18
keynesianismo 57, 93 n. 10, 125-6
Kruchev, Nikita 242-3, 265
King, Mervyn 331, 331 n. 10
Kinnock, Neal 76, 158
Klaus, Vaclav 164 n. 8
Kolko, Gabriel 106 n. 33, 145 n. 7
Kovel, Joel 336 n. 12
Kuhn, Anthony 145 n. 8
Kumagai, Kanemichi 151

L

Lanark 200
lar planetário 237, 260, 318, 347
Lenin, V. I. 114, 128, 210, 249, 263, 263 n. 26, 266-7, 278, 279 n. 41, 283 n. 49, 292, 338 n. 4, 378
Lewin, Moshe 163 n. 6
Li, Minqi 221 n. 37
liberalismo 66, 154 n. 30, 326
    genuíno 246
    moderno 204
Lincoln, Abraham 98 n. 22, 118
Liverpool 83
Locke, John 203-5, 204 n. 12 e 15, 205 n. 17-8
London School of Economics 143 n. 3, 335 n. 11
Lukács, Georg 37 n. 7, 256 n. 21
Lula 347
luta de classes 265, 283 n. 49
Lutero, Martinho 187
Luxemburgo, Rosa 93 n. 10, 131-2, 138, 138 n. 73, 265 n. 30, 267, 278, 279 n. 41

M

Maceo, Antonio 202
MAD 121, 349
Magdoff, Fred 238, 238 n. 6
Magdoff, Harry 58 n. 5, 96, 96 n. 19, 165, 165 n. 9, 182-3, 183 n. 34, 238, 242, 243 n. 9
mais-valia 43, 45, 56-7, 67-8, 177
    absoluta 152-3
    sobretrabalho como 92
Malásia 113, 166 n. 11
Malthus 246, 248
Manifesto Comunista (Marx e Engels) 75, 145, 145 n. 10, 313
Manning, John 109 n. 38
Marcos, Ferdinand 98, 106, 212
Margem Esquerda (revista) 347 n. 32
Marrocos 100 n. 23
Martí, José 195, 196 n. 2, 202, 202 n. 10, 207, 211, 213, 213 n. 25, 217, 217 n. 30, 269, 269 n. 34, 273
Marx, Karl 29-30, 34, 42, 43 n. 10, 46, 48-51, 55, 56 n. 2, 62, 65-8, 70-1, 73-5, 78-81, 86, 86 n. 3, 88-9, 92, 113, 121-2, 122 n. 67, 131, 144, 145 n. 10, 146, 159, 159 n. 36, 181, 181 n. 32, 187, 195-6, 196 n. 3, 202, 203 n. 11, 204-5, 208, 214-5, 214 n. 27, 216 n. 29, 217, 228, 233 n. 1, 235, 239 n. 7, 241, 244 n. 10, 252, 256, 256 n. 21 e 22, 257-8, 258 n. 24, 262, 264, 264 n. 29, 265, 271, 275, 278-9, 284 n. 50, 287 n. 53 e 54, 290-1, 293 n. 57, 299 n. 58, 301, 303 n. 59, 304, 312-4, 312 n. 64, 313 n. 67, 328, 332, 336, 356, 357 n. 51, 380, 380 n. 68
Massachusetts, Instituto de Tecnologia de 248 n. 15, 249
Maturin, Charles Robert 193 n. 11
mediações
    de primeira ordem 40-1, 43
    de segunda ordem 40-2, 220-1, 373
Medvedev, Vadim A. 164 n. 7, 254 n. 17
Mefistófeles 193
Melmoth reconciliado (Balzac) 193-4, 193 n. 11
mercado
    livre 91, 97, 106, 112, 115, 156
    mão invisível do 51-2, 59, 129, 170-1, 170 n. 16, 174-6, 245, 282-3, 338, 340
    sociedade de 50, 57, 103 n. 30, 164, 176, 294-7, 302, 323
    ver também sociedade de mercadorias

metabolismo social 55, 72, 75, 78, 80, 88, 92, 98, 121, 126, 128-30, 145-6, 287-8, 299
México 98, 107, 144
Microsoft Corporation 103
milagre econômico
    alemão 77, 143
    asiático 77
    italiano 77
    japonês 72, 77
Milão 152
Mill, John Stuart 245-6, 245 n. 11, 249, 257
Ministério do Trabalho da China 145
Miséria da filosofia (Marx) 43 n. 10, 122 n. 67, 239 n. 7, 256 n. 21
Mises, Ludwig von 179, 179 n. 28
Mississippi 120 n. 66
Mobutu, Seseseko 105, 107 n. 34
Moçambique 107
modernização
    do Terceiro Mundo 58, 80, 89-90, 92, 114, 185
    e desenvolvimento 114, 147, 189-90, 259
    e Novo Trabalhismo 90, 353
modo de reprodução sociometabólica *ver* reprodução sociometabólica
monetarismo 73, 90, 126
monopólio 66, 87, 94, 97, 136, 333, 335-6
    estatal 51
    total da mídia 365
    global 103, 128
    ver também competição
Monsanto 103, 189
Montefiore, Alan 119 n. 61
Monthly Review 119 n. 60, 155 n. 32, 165 n. 9, 183 n. 34, 221 n. 37, 235 n. 4, 238 n. 6, 243 n. 9, 275 n. 40, 317, 317 n. 1, 347 n. 32, 350, 350 n. 39, 351 n. 40
More, Thomas 203, 319, 319 n. 2
Morel, J. C. 43 n. 10
Mortimer, John 353, 353 n. 44
Mossadegh 108
movimento anti-imperialista dos Estados Unidos 118
movimento operário 148, 150-1, 154 n. 31, 155, 164, 259, 278-9, 279 n. 41, 286, 377-8, 380
movimento socialista 30, 63, 77, 118, 122, 124, 130, 132, 154, 227, 264, 274, 276, 278, 279 n. 41, 286, 291, 356, 377, 379

Moynihan, Daniel 100 n. 24
Mozart 365
Münzer, Thomas 187-8, 187 n. 8, 193, 283 n. 48
Musharraf, general 369
Mussolini, Benito 249

N

Nações Unidas *ver* Organização das Nações Unidas
Nagasaki 136
Naghd [Crítica] (revista) 65
Nakamoto, Michiyo 149 n. 17
Namier, Lewis 45-6, 45 n. 12
Nasdaq 162
Nathan, Otto 120 n. 62
Nation, The (jornal) 142, 144, 144 n. 5, 145 n. 7 e 10, 152, 154 n. 30, 159
natureza
 destruição da 80, 93, 318, 320
nazifascismo 93
necessidade histórica 34, 51
Negt, Oskar 152 n. 28
neocolonialismo 114
"neocons" (neoconservadorismo) 275, 326, 331, 348-50, 363, 367, 369, 369 n. 62, 371
neoliberalismo 73, 93, 93 n. 10, 126, 148, 154, 246, 326
Nerozzi, Paolo 152 n. 28
New Deal 20, 93 n. 10, 97, 97 n. 21
New York Times, The (jornal) 115 n. 52, 155, 155 n. 32
Nicarágua 107
Niihara, Shoji 109 n. 36, 110 n. 40, 111 n. 42
Nishimura, Shingo 110
Nissan 149
Noble, Denis 119, 119 n. 61
Norden, Heinz 120 n. 62
Nordeste brasileiro 347
"nova ordem mundial" 89, 107, 114, 189, 270, 308, 327, 363, 376-7
Novo Trabalhismo 63, 90-1, 103, 124, 146, 148, 154 n. 29, 157, 179, 186 n. 2, 246-7, 275, 277, 324, 343, 352-3

O

Observer, The (jornal) 94, 94 n. 13, 365, 365 n. 58
Obuchi, Keizo (primeiro-ministro japonês) 110 n. 39
Ocalan 111
 ver também PKK
Ocidente 69, 71, 80, 95, 108-9, 156, 164, 168, 350, 365
Okinawa 110
Organização das Nações Unidas (ONU) 98, 100-1, 109, 117, 221, 347, 349, 362, 367, 372 n. 64, 375
organizações não governamentais (ONGs) 285
operários 43, 115, 220
 conselhos comunitários e 238
 partidos políticos 91, 123, 128
Oriente Médio 106, 108, 111, 117, 135, 270, 275 n. 37, 350, 364, 368, 376
Organização do Tratado do Atlântico Norte (Otan) 105, 109, 109 n. 37, 111, 113, 116-7, 198, 367
Organização Mundial do Comércio (OMC) 102-3, 156, 183 n. 35, 342
Organização Mundial da Saúde (OMS) 101
Orwell, George 211
Owen, Robert 196, 198-201, 199 n. 7, 205-6

P

países capitalistas ocidentais 77, 80-2, 372
Panamá 106, 269
Papandreou, Andreas 107, 105 n. 33
Paquistão 369
Para além do capital (Mészáros) 40 n. 8, 55 n. 1, 65 n. 1, 67, 72, 74, 79, 82 n. 2, 83, 102 n. 28, 108 n. 35, 125 n. 69, 143 n. 3, 152 n. 27, 167 n. 13, 168 n. 14, 180 n. 30, 182 n. 33, 210 n. 20, 211, 240 n. 8, 256 n. 21, 280 n. 44, 286 n. 52, 289 n. 56, 328-9, 335 n. 11, 357 n. 52
Paracelso 195-6, 195 n. 1, 208, 212, 218, 218 n. 32 e 33, 236 n. 5, 293
Paraíba 347
Paris 147
Parlamento francês 147
Parlato, Valentino 152 n. 28
Partido Comunista
 boliviano 378
 italiano 278, 328

Partido Político Curdo (PKK) 112
  ver também Ocalan
Partido Trabalhista inglês 76, 83, 158, 178-9, 207, 324, 353
"Pax Americana" 85
Paye, Jean-Claude 235 n. 4
paz perpétua 59-60, 98, 360
Peet, Richard 350, 350 n. 39
Pentágono 102, 111 n. 43, 250, 275
perestroica 31, 69, 168, 253, 265, 328, 376
Perestroika Annual 164 n. 7, 254 n. 17
Pérez, Carlos Tablada 307 n. 61
Pérez, Jorge Lezcano 213 n. 25
Perle, Richard 369
Philosophy of History (*Filosofia da História*) (Hegel) 59 n. 6
Philosophy of Right (*Princípio da Filosofia do Direito*) (Hegel) 42 n. 9, 60 n. 7, 255 n. 20, 360 n. 53
Pike, John 370
Pilger, John 349 n. 36, 353, 353 n. 46
Pinochet, Augusto 106, 266
planejamento abrangente 166, 177-81, 193, 239-40, 242, 300, 334
planejamento central 165-6, 177, 238
Plender, John 149 n. 17
pleno emprego 145, 181
Poder da ideologia, O (Mészáros) 86 n. 1, 197 n. 4, 216 n. 29, 220 n. 36
Politburo 164 n. 7, 242
política de porta aberta 97, 112
Polônia 372, 372 n. 64
poluição 75, 90, 190, 260
Porto Rico 98
pós-moderno 295, 326
  continente europeu 366
  e pré-moderno, esquematismo de Cooper 365
  mundo 366
  versus "grandes narrativas" 46, 216
Primavera de Praga 164 n. 8
processo de reprodução societária *ver* reprodução societária
processo de reprodução sociometabólica *ver* reprodução sociometabólica
Prodi, Romano (primeiro-ministro da Itália) 148

produção
  custos de 41, 56
  de tempo livre 50, 52, 88
  meios de 42, 246, 258, 284
  modo de 88, 143, 151, 244
  militarista 93 n. 10, 138, 336
progresso 34, 48, 72, 110, 114, 164 n. 7, 227, 302, 325
proletariado 70-1, 203, 209, 279, 279 n. 41
Protocolo de Kyoto 188, 240, 368
propriedade 56, 122, 144 n. 5, 164 n. 7, 187, 259, 283, 288
  fundiária feudal 287
  intelectual 103
  privada capitalista 328

Q

Questão judaica, A (Marx) 187 n. 8

R

Ranke 45
Rankin, John 120
Reagan, Ronald 148, 355
recursos planetários finitos 341, 347
reformismo
  no século XX 325
  social-democrata 157, 168, 246, 277, 327
  variedades sociopolíticas do 216
reificação 86, 172, 176, 180, 214, 288, 291, 299
reino da liberdade 52
reino da necessidade 52
Reino Unido 189, 352
relações inter-estatais 262, 267, 269-72, 347, 360, 374-6
Renault (empresa) 149
reprodução do metabolismo social *ver* reprodução sociometabólica
reprodução material 138, 191, 276, 282-5, 287, 289-91, 302, 305, 308
reprodução societária 41, 43, 52, 54, 235, 237, 243, 268, 282, 287-8, 303-5, 309, 324, 328, 330, 332
reprodução sociometabólica 25, 28, 33, 40, 59, 67-8, 76-7, 81, 92, 98, 121-2, 124, 128, 132, 159, 168, 180, 190-1, 197, 218, 220-1, 230, 232, 238, 242-3, 259, 261, 265, 270, 287, 322, 324-5, 329, 333-4, 337, 346, 358-9, 374, 376-7

República Dominicana 98, 106
Repubblica, La (jornal) 363 n. 56
Reserva Federal da América 167
restauração capitalista 69, 145, 180, 228, 328, 332, 379
Rettie, John 254 n. 19
Revelli, Marco 152 n. 28
Revista BCV 161 n. 1
revolução 79, 98, 283, 313-4, 331
    camponesa 187, 283
    da informação 80
    de Outubro de 1917 85, 265
    Francesa 48, 76, 78, 185, 233, 326
    Gloriosa 282
    industrial 203
    keynesiana 89
    Russa 263-4
    socialista 78, 283
    verde 189
    "verde industrial" 189
Rhode Island 351
Rifondazione (jornal) 81, 125, 141, 152, 154
Riolo, Giorgio 113 n. 46
Robertson, lorde 117
Robinson, Geoffrey 157
Rodes/Rhodus 228
Rodrick, Dani 156, 156 n. 34
Rogoff, Kenneth 340 n. 17, 343
Romênia 372 n. 64
Rongji, Zhu 115
Roosevelt, Franklin Delano 93 n. 10, 94, 94 n. 13 e 14, 95, 95 n. 16, 96-100, 103 n. 30, 107 n. 34, 114, 361
Roosevelt, Theodor 202
Rossanda, Rossana 152 n. 28
Rostow, Walt 89, 89 n. 6, 172, 260 n. 25
Rotblat, Joseph 119
Rousseau, Jean-Jacques 187, 187 n. 6, 233, 234 n. 3, 279-80, 280 n. 42
Rover 153 n. 29
Royal Institute of International Affairs 117, 369 n. 62
Ruffolo, Giorgio 363 n. 56
Rumsfeld, Donald 369, 372
Rússia 69-70, 72, 77, 109, 113, 116-7, 121, 144, 263, 279, 372

S

Sabattini, Claudio 152 n. 28
Sachs, Jeffrey 101, 101 n. 26, 103 n. 30
Sainsbury, lorde 157
Salk, Jonas 104
sandinismo 107, 331
Sands, Philippe 352 n. 43
Santiago de Cuba 202
Schiller 79, 293-5
Schirmer, Daniel B. 98, 99 n. 22
Schumpeter, J. 60 n. 9, 179 n. 29, 238
Sen, Sukomal 58 n. 4, 144 n. 4
Senkaku, ilhas 110
Seul 144 n. 5
Shii, Kazuo 354 n. 48
Siang, Lim Kit 113
Simon, lorde 157
sindicatos 63, 80, 82, 122-3, 141, 147, 149-50, 285, 292, 356, 377
Singer, Daniel 154 n. 31, 185
sistema capitalista *ver* capital, capitalismo
sistema de tipo soviético 73, 144, 167, 180, 191, 243, 254, 317
sistema produtivo 39, 146, 158, 162, 169, 241, 244, 247, 249, 251, 380
Sivo, Vittorio 147 n. 13
Smith, Adam 36, 40, 51, 57, 59, 170-1, 170 n. 15, 198-9, 198 n. 5, 233, 245, 254, 282-3, 282 n. 46, 296, 338, 340
Snower, Dennis 149
sobretrabalho 87-8, 92, 122
sociabilidade 36, 38
    a-social 37-9, 317, 319, 321
social-democracia 59, 226, 264-5, 279, 279 n. 41, 286, 327, 356
socialismo 68, 73, 75-7, 82, 86, 132, 175, 178, 179 n. 28, 182-3, 225-7, 231, 275, 279, 283, 317-9, 325, 330
    alternativa hegemônica do 257, 276, 374, 378
    de mercado 164
    e democracia 164, 236
    "em um único país" 263
    evolutivo 274, 277, 324, 327, 377
    parlamentar 274, 278, 379
    transição para o 63, 68, 130, 182, 183, 223, 230, 237, 314-5, 317, 328, 330

sociorreprodução 43, 68, 76, 257
Soesastro, Hadi 113
Solana, Xavier 117
Somersetshire 204
Somoza 106-7, 107 n. 34
"South Sea Bubble" 162
Stalin 95, 119 n. 60, 123, 168, 263-5, 283 n. 49, 327, 356
Stanley, Morgan 154-5
Stiglitz, Joseph 340 n. 17, 343-5
Story, Jonathan 111, 112 n. 45, 115 n. 52
subdesenvolvimento 87, 89-90, 143, 147, 218
    bolsões de 143
subemprego 72, 144, 181
Sudeste Asiático 69
Suharto, general 97, 106, 110, 156
Summers, Lawrence H. 331-2
Sweezy, Paul 58 n. 5

T

Taiwan 166 n. 11
Talbot, Strobe 117, 369 n. 62
Taylor, Frederic Winslow 220, 220 n. 36
Teoria da alienação em Marx, A (Mészáros) 275 n. 38, 293 n. 57, 357 n. 51
Terceira Guerra Mundial 318, 359
"Terceiro Estado" 326
Teses sobre Feuerbach (Marx e Engels) 196, 196 n. 3
Teutsch, Arno 152 n. 28
Thatcher, Margaret 76, 119, 125 n. 70, 148, 158, 217, 324
Thiers 203
Timor Leste 97
Tocqueville, Alexis de 45
Tomkin *ver* "incidente de Tomkin"
Tory (Partido Conservador inglês) 171
Toyota 342
trabalhadores mineradores 144, 158, 324
trabalho 21, 25, 31-3, 36, 40, 42-3, 46, 48, 58, 62-3, 65, 67, 69, 71-2, 74-5, 77, 79-80, 82-3, 87, 92 n. 9, 105, 118, 122-4, 126-30, 142, 144-53, 155-60, 163, 168, 176, 181, 183, 198-200, 203-5, 209-11, 218, 251-3, 272-3, 284, 298
    alienação do *ver* alienação

alternativa hegemônica do 63, 210, 293, 300, 303, 378
sociometabólica do 292-3, 300, 303, 308, 327, 378
como mais-valia 92
como o antagonista do capital 71, 77, 91, 98, 122-3, 127, 129, 151, 154, 304, 328
complicado 42
composto 42
divisão internacional do 51
do capital 75, 87, 151, 155, 246, 281
dominação estrutural do 66
e capital 71, 87, 127, 130, 139, 153, 155, 171, 190, 197, 221, 258, 262, 264, 287-8, 299, 303, 326, 329
e educação 218-9, 220, 221, 298
e participação democrática 229, 278, 279 n. 41
excedente 43-5, 55-8, 62, 67-70, 159, 168, 175, 177, 234, 257
feminino 153
flexibilidade do 142, 148-51, 303
industrial 80, 123, 286
infantil 153
intelectual 257-9, 312
manual 257-8
mercado de 69, 82, 148, 149 n. 18, 221
"Mezzogiorno" 153
processo de 40
produtivo e improdutivo 71, 123, 287, 287 n. 53, 288
regimes arbitrários de 150, 150 n. 19
semana de 81, 141, 147-8, 150-2, 154, 157-9, 199
simples 42-3
sindicalizado 118 n. 59, 123-4
socialmente dividido 42, 87, 198, 257, 280-1
tempo de 44, 81, 141, 150, 157-8, 160, 239, 251-2, 256-7, 303-5, 310
totalidade do 65-6, 71-2, 87, 143, 159
universalização do 217, 236 n. 5
vivo 41, 56, 81, 87, 251, 257
Tratado de Mútua Segurança entre Japão e EUA 109-10, 112, 114
Tribunal Penal Internacional 368, 368 n. 60
Turquia 112-3, 113 n. 46

U

União Europeia 91, 116-8, 342, 366-7, 375
União Soviética 29-31, 57-8, 67, 69, 73, 91, 108, 165, 167, 263-4, 270
United States Naval War College 351
Universidade de Oxford 119
Universidade Harvard 107 n. 33, 332, 340 n. 17

V

valor de troca 41-2, 56, 241, 245, 251, 306
  autoexpansivo 41
valor de uso 41-2, 241, 245, 251, 306, 335
valor-trabalho 67-8
Varma, Virendra P. 193 n. 11
Vaticano 194
Vélez, Manuel Marulanda 354 n. 49, 355
Venezuela 121, 183, 279
Vico, Giambattista 187, 187 n. 7
Vidal, Gore 352
Vietnã 20, 85, 98, 106, 104 n. 32, 145, 275, 364
Vinci, Luigi 113 n. 46, 116 n. 55, 125, 125 n. 71
Vines, David 119 n. 61
Vitória, rainha 351

W

Washington 94 n. 13, 103, 109-11, 111 n. 43, 113, 117, 120, 135, 144 n. 5, 165, 362, 369-71
Waterloo 144 n. 5
Watts, David 113 n. 48
Wayne, Philip 192 n. 10
Weber, Max 37, 37 n. 7
Werbóczy 272, 272 n. 36
Wilson, Harold 125 n. 70, 126, 178, 275, 277
Witter, Dean 154, 155 n. 32
Wolf, Martin 222 n. 38, 331, 331 n. 10, 332, 339 n. 16, 340, 340 n. 17, 341, 341 n. 18, 342-3, 346, 346 n. 31, 363 n. 55, 365
workfare 146

X

Xiaoping, Deng 183

Y

Yates, Michael D. 118 n. 59 e 60
Yeltsin, Boris 121

Z

Zala 163
Zalán 272, 272 n. 36
Zamora 378
Zeus 285
Zevin, B. D. 93 n. 10
Zimbábue 107

SOBRE O AUTOR

Nascido em Budapeste, Hungria, em 1930, István Mészáros graduou-se em filosofia na Universidade de Budapeste, onde foi assistente de György Lukács no Instituto de Estética. Deixou o país após o levante de outubro de 1956 e exilou-se na Itália, onde trabalhou na Universidade de Turim. Posteriormente, ministrou aulas nas universidades de Londres (Inglaterra), St. Andrews (Escócia) e Sussex (Inglaterra), além de na Universidade Nacional Autônoma do México e na Universidade de York (Canadá). Em 1977, retornou à Universidade de Sussex, onde recebeu, catorze anos depois, o título de Professor Emérito de Filosofia. Permaneceu nessa universidade até 1995, quando se afastou das atividades docentes – mesmo ano em que foi eleito membro da Academia Húngara de Ciências. É reconhecido como um dos principais intelectuais marxistas contemporâneos e recebeu, entre outras distinções, o Premio Libertador al Pensamiento Crítico, em 2008, concedido pelo Ministério da Cultura da Venezuela, por sua obra *O desafio e o fardo do tempo histórico*, o título de Pesquisador Emérito da Academia de Ciências Cubana, em 2006, e o Deutscher Memorial Prize, em 1970, por *A teoria da alienação em Marx*. Sobre a obra do filósofo húngaro, a editora publicou: *István Mészáros e os desafios do tempo histórico* (2011), que, organizado por Ivana Jinkings e Rodrigo Nobile, contém ensaios de diversos autores.

Obras de István Mészáros

Szatira és valóság. Budapeste, Szépirodalmi Könyvkiadó, 1955.

La rivolta degli intellettuali in Ungheria. Turim, Einaudi, 1958.

Attila József e l'arte moderna. Milão, Lerici, 1964.

Marx's Theory of Alienation. Londres, Merlin, 1970. [Ed. bras.: *A teoria da alienação em Marx*. Trad. Nélio Schneider. São Paulo, Boitempo, no prelo.]

Aspects of History and Class Consciousness. Londres, Routledge & Kegan Paul, 1971.

The Necessity of Social Control. Londres, Merlin, 1971.

Lukács' Concept of Dialectic. Londres, Merlin, 1972. [Ed. bras.: *O conceito de dialética em Lukács*. Trad. Rogério Bettoni. São Paulo, Boitempo, 2013.]

Neocolonial Identity and Counter-Consciousness. Londres, Merlin, 1978.

The Work of Sartre: Search for Freedom and the Challenge of History. Brighton, HarvesterWheatsheaf, 1979. [Ed. bras.: *A obra de Sartre: busca da liberdade e desafio da história*. Trad. Rogério Bettoni. São Paulo, Boitempo, 2012.]

Philosophy, Ideology and Social Science. Brighton, HarvesterWheatsheaf, 1986. [Ed. bras.: *Filosofia, ideologia e ciência social*. Trad. Ester Vaisman. São Paulo, Boitempo, 2008.]

The Power of Ideology. Brighton, HarvesterWheatsheaf, 1989. [Ed. bras.: *O poder da ideologia*. Trad. Magda Lopes e Paulo Cézar Castanheira. São Paulo, Boitempo, 2004.]

Beyond Capital: Towards a Theory of Transition. Londres, Merlin, 1995. [Ed. bras.: *Para além do capital: rumo a uma teoria da transição*. Trad. Paulo Cézar Castanheira e Sérgio Lessa. São Paulo, Boitempo, 2002.]

Socialism or Barbarism: from the "American Century" to the Crossroads. Nova York, Monthly Review, 2001. [Ed. bras.: *O século XXI: socialismo ou barbárie?*. Trad. Paulo Cézar Castanheira. São Paulo, Boitempo, 2003.]

A educação para além do capital. Trad. Isa Tavares. São Paulo, Boitempo, 2005.

O desafio e o fardo do tempo histórico: o socialismo no século XXI. Trad. Ana Cotrim e Vera Cotrim. São Paulo, Boitempo, 2007.

A crise estrutural do capital. Trad. Francisco Raul Cornejo. São Paulo, Boitempo, 2009.

Social Structure and Forms of Consciousness, v. I. *The Social Determination of Method*. Nova York, Monthly Review, 2010. [Ed. bras.: *Estrutura social e formas de consciência*, v. I. *A determinação social do método*. Trad. Luciana Pudenzi e Paulo César Castanheira. São Paulo, Boitempo, 2009.]

Historical Actuality of the Socialist Offensive: Alternative to Parliamentarism. Londres, Bookmark, 2010. [Ed. bras.: *Atualidade histórica da ofensiva socialista: uma alternativa radical ao sistema parlamentar*. Trad. Maria Orlanda Pinassi e Paulo Cézar Castanheira. São Paulo, Boitempo, 2010.]

Social Structure and Forms of Consciousness, v. II. *The Dialectic of Structure and History*. Nova York, Monthly Review, 2011. [Ed. bras.: *Estrutura social e formas de consciência*, v. II. *A dialética da estrutura e da história*. Trad. Caio Antunes e Rogério Bettoni. São Paulo, Boitempo, 2011.]

The Necessity of Social Control: enlarged edition. Nova York, Monthly Review, 2014.

A montanha que devemos conquistar: reflexões acerca do Estado. Trad. Maria Izabel Lagoa. São Paulo, Boitempo, 2015.

COLEÇÃO
Mundo do Trabalho
Coordenação Ricardo Antunes

ALÉM DA FÁBRICA
Marco Aurélio Santana e
José Ricardo Ramalho (orgs.)

A CÂMARA ESCURA
Jesus Ranieri

O CONCEITO DE DIALÉTICA
EM LUKÁCS
István Mészáros

ATUALIDADE HISTÓRICA DA
OFENSIVA SOCIALISTA
István Mészáros

O CARACOL E SUA CONCHA
Ricardo Antunes

O CONTINENTE DO LABOR
Ricardo Antunes

A CRISE ESTRUTURAL DO CAPITAL
István Mészáros

CRÍTICA À RAZÃO INFORMAL
Manoel Luiz Malaguti

DA GRANDE NOITE À ALTERNATIVA
Alain Bihr

DA MISÉRIA IDEOLÓGICA
À CRISE DO CAPITAL
Maria Orlanda Pinassi

A DÉCADA NEOLIBERAL E A CRISE
DOS SINDICATOS NO BRASIL
Adalberto Moreira Cardoso

A DESMEDIDA DO CAPITAL
Danièle Linhart

O DESAFIO E O FARDO DO
TEMPO HISTÓRICO
István Mészáros

DO CORPORATIVISMO AO
NEOLIBERALISMO
Angela Araújo (org.)

A EDUCAÇÃO PARA ALÉM DO CAPITAL
István Mészáros

O EMPREGO NA GLOBALIZAÇÃO
Marcio Pochmann

O EMPREGO NO DESENVOLVIMENTO
DA NAÇÃO
Marcio Pochmann

ESTRUTURA SOCIAL E FORMAS DE
CONSCIÊNCIA, 2v
István Mészáros

FILOSOFIA, IDEOLOGIA E CIÊNCIA
SOCIAL
István Mészáros

FORÇAS DO TRABALHO
Beverly J. Silver

FORDISMO E TOYOTISMO
Thomas Gounet

HOMENS PARTIDOS
Marco Aurélio Santana

INFOPROLETÁRIOS
Ricardo Antunes e Ruy Braga (orgs.)

LINHAS DE MONTAGEM
Antonio Luigi Negro

A MÁQUINA AUTOMOTIVA
EM SUAS PARTES
Geraldo Augusto Pinto

MAIS TRABALHO!
Sadi Dal Rosso

O MISTER DE FAZER DINHEIRO
Nise Jinkings

O MITO DA GRANDE CLASSE MÉDIA
Marcio Pochmann

A MONTANHA QUE DEVEMOS
CONQUISTAR
István Mészáros

NEOLIBERALISMO, TRABALHO E SINDICATOS
Huw Beynon, José Ricardo Ramalho, John McIlroy e Ricardo Antunes (orgs.)

NOVA DIVISÃO SEXUAL DO TRABALHO?
Helena Hirata

NOVA CLASSE MÉDIA
Marcio Pochmann

O NOVO (E PRECÁRIO) MUNDO DO TRABALHO
Giovanni Alves

A OBRA DE SARTRE
István Mészáros

PARA ALÉM DO CAPITAL
István Mészáros

A PERDA DA RAZÃO SOCIAL DO TRABALHO
Maria da Graça Druck e Tânia Franco (orgs.)

POBREZA E EXPLORAÇÃO DO TRABALHO NA AMÉRICA LATINA
Pierre Salama

O PODER DA IDEOLOGIA
István Mészáros

A POLÍTICA DO PRECARIADO
Ruy Braga

RETORNO À CONDIÇÃO OPERÁRIA
Stéphane Beaud e Michel Pialoux

RIQUEZA E MISÉRIA DO TRABALHO NO BRASIL, 3v
Ricardo Antunes (org.)

O ROUBO DA FALA
Adalberto Paranhos

O SÉCULO XXI
István Mészáros

SEM MAQUIAGEM
Ludmila Costhek Abílio

OS SENTIDOS DO TRABALHO
Ricardo Antunes

SHOPPING CENTER
Valquíria Padilha

A SITUAÇÃO DA CLASSE TRABALHADORA NA INGLATERA
Friedrich Engels

A TEORIA DA ALIENAÇÃO EM MARX
István Mészáros

TERCEIRIZAÇÃO: (DES)FORDIZANDO A FÁBRICA
Maria da Graça Druck

TRABALHO E DIALÉTICA
Jesus Ranieri

TRABALHO E SUBJETIVIDADE
Giovanni Alves

TRANSNACIONALIZAÇÃO DO CAPITAL E FRAGMENTAÇÃO DOS TRABALHADORES
João Bernardo

Este livro foi composto em AGaramond 10,5/12,6 e reimpresso em papel Avena 80g/m² na Sumaço Gráfica Editorial para a Boitempo, em novembro de 2015, com tiragem de 1.000 exemplares.